Le potager par les méthodes naturelles, un trésor de santé

Victor Renaud et Christian Dudouet

Le potager par les méthodes naturelles, un trésor de santé

Préface de Michel Lis

Éditions RUSTICA

Des mêmes auteurs

Dudouet Christian

L'Alimentation minérale bovine et ovine, Éditions Ch. Dudouet, 64 pages, 1987.
Comment réaliser son bilan fourrager, Éditions Ch. Dudouet, 48 pages, 1985.
L'Insémination artificielle, bovine, ovine, porcine et caprine, Éditions Ch. Dudouet, 128 pages, 1986.
Les Manipulations et interventions chez les bovins, Éditions Ch. Dudouet, 396 pages, 1987.
Les Manipulations et interventions chez les ovins, Éditions Ch. Dudouet, 308 pages, 1984.
Les Manipulations et interventions chez les porcins, Éditions Ch. Dudouet, 216 pages, 1986.

Renaud Victor

Les légumes rares et oubliés, Éditions Rustica, 96 pages, 1991.
Le potager au naturel, Éditions Camugli, 304 pages, 1982.

Dépôt légal : 1er trimestre 1995
ISBN : 2-84038-057-9
N° d'éditeur : 48048

Sommaire

Remerciements

À tous ceux qui nous ont apporté leur concours ou qui nous ont aidé à retrouver ces merveilleuses plantes potagères et condimentaires, dont près de 500 variétés ou espèces ont été cultivées dans nos potagers.

Un grand merci, principalement à messieurs :

Philippe Marchenay, chargé de recherche au C.N.R.S., laboratoire d'ethnobiologie-biogéographie du Muséum national d'histoire naturelle de Paris, au contact de qui nous avons beaucoup appris, et qui a eu la riche et l'importante idée de faire l'inventaire des variétés traditionnelles de plantes cultivées en France.

Michel Lis, pour sa préface.

Nicolas le Jardinier et Jean-Marie Martin, qui se sont beaucoup dépensés en faveur du jardinage, à la télévision, à la radio, dans les médias en général.

Jean Nicolas, André Hatesse et Jean Guillaume, collectionneurs, toujours prêts à rendre service.

Roland Heu, Louis Giordano, François Gauthier, Philippe Desbrosse, M. et Mme Houlmont qui nous ont rendu beaucoup de services.

Nous ne pouvons hélas citer toutes les personnes qui nous ont envoyé ou échangé des semences d'espèces ou de variétés rares, oubliées ou méconnues. Plusieurs pages n'y suffiraient pas. Nous garderons toujours un très bon souvenir de tous, grâce à qui notre patrimoine horticole est en partie sauvé aujourd'hui.

Enfin, nous voudrions mettre à l'honneur tous les membres de l'Association des croqueurs de pommes, ainsi que divers pépiniéristes courageux qui ont beaucoup œuvré pour sauver nos variétés locales d'espèces d'arbres fruitiers, sans oublier les pionniers de l'agriculture biologique qui n'ont pas toujours été écoutés ou compris par le passé et à qui nous rendons un très grand hommage.

Victor Renaud
et Christian Dudouet

Préface
Le jardin de Victor
par Michel Lis

S'il y avait encore dans nos églises de campagne une niche de pierre pour y loger un saint jardinier d'aujourd'hui c'est bien à mon ami Victor Renaud qu'il faudrait la réserver ! Il est de ces jardiniers qui portent à la semelle de leurs sabots toute la terre de nos vieux courtils, mêlée au savoir jardiner qui fait tant rêver nos contemporains.

L'art du jardinage n'est-il pas, en effet, un immense et multiple rêve où la semence, grain de poussière tombé de la main de l'homme, se transmute en couleur, en parfum, en arôme, en saveur... Pour Victor Renaud, le potager est toujours ce creuset des alchimistes, la rosée matinale y a les vertus de l'eau régale et entre ses mains d'orfèvre – de jardinier, pardon ! – naissent ces légumes pas comme les autres que sont les herbes à pot de nos ancêtres. Pour ajouter encore au bonheur de ses nombreux amis passionnés comme lui et fous de potager, il a voulu écrire cet ouvrage, que dis-je cette bible du jardinier curieux. Sa lecture en est tout autant instructive que distractive. Les non-initiés y trouveront à alimenter les anecdotes d'après pot-au-feu, les « potagistes » de quoi se mettre sous la binette et le râteau, les gastronomes et gourmands, enfin, une littérature croquante, fraîche et digeste comme ces jeunes plants de salade qu'on ne trouve jamais au marché et qui sont le régal du jardinier.

Sans le secours d'aucun institut de sondage, je parie bien aujourd'hui qu'il disparaît plus de plantes que d'animaux sur notre pauvre planète chamboulée par les désordres des hommes. Hélas, les légumes n'ont pour se faire entendre que leur rustique saveur, c'est bien peu au milieu du fracas et de la fureur causés par les gens pressés. Le cotylédon d'un haricot qui se déplie, la tige d'une cucurbitacée qui déroule ses volutes, la première pointe d'une asperge qui voit le jour, la fraise qui vous tire une langue rouge sous sa capuche verte, les topinambours qui se prennent pour le Roi-Soleil, et les potirons pour le carrosse de Cendrillon, ce sont là autant de plaisirs innombrables qu'un jardinier ne partage souvent qu'avec lui-même au cours de ses longues promenades dans son potager. Victor Renaud, d'une plume rustique, au ras des marguerites, veut nous le faire découvrir et il y réussit fort bien le bougre !

J'ai dit souvent les grands mérites de nos Croqueurs de pommes qui, depuis quelques années, nous font redécouvrir les variétés anciennes et régionales des vergers d'autrefois, mon ami Victor, lui, est un croqueur de légumes oubliés sans pareil. Accompagnez-le donc, ce Candide en sabots, dans son potager-conservatoire qui est tout le contraire d'un musée. Là les chefs-d'œuvre n'ont peut-être pas le sourire de la Joconde mais sûrement l'exubérance des paradis perdus que savait si bien peindre le grand Arcimboldo.

Rien qu'en écrivant ces quelques lignes je sens déjà le parfum du cerfeuil musqué, de l'ail ou de l'oignon rocambole, de la ciboule de Chine et du cerfeuil tubéreux... Sans oublier ces fleurs qui se mangent, comme le cresson d'Inde offert pour la première fois à la Maintenon par son royal amant et qui n'est autre que notre bucolique capucine, la sauge sclarée et l'alkékenge dit groseille du Cap... Un livre vrai comme un chou attendri par la première gelée et qui ne risque pas de vous donner une indigestion, même si vous le dévorez d'un coup !

Michel LIS
(Michel le jardinier)

Avant-propos

par Philippe Marchenay, chargé de recherche au C.N.R.S.

Le livre que nous proposent Victor Renaud et son co-auteur Christian Dudouet a pour objectif principal de revaloriser un certain nombre de plantes potagères oubliées ou rares. Il s'agit là d'un thème d'actualité. Plus généralement, l'évolution et le contrôle de la diversité des plantes cultivées est une composante de notre société dont on ne saurait négliger l'importance stratégique. Aussi me paraît-il opportun d'insister ici sur cet aspect des choses.

Nos variétés traditionnelles et anciennes d'espèces légumières disparaissent. Phénomène inéluctable, disent certains, qui fait partie de l'évolution normale des choses. Dramatique appauvrissement qui nous conduit vers un avenir très sombre, déclarent les autres ; mais peut-on mettre la main sur les « instigateurs » de cette érosion de nos ressources végétales, et les mettre au banc des accusés ? Cela serait bien difficile : en effet, à mon sens, c'est notre société tout entière qui porte la responsabilité de cette évolution de la diversité variétale, qu'on le veuille ou non. Transformations économiques, évolution des systèmes agricoles et sociaux nous ont conduit vers une normalisation génétique qui a de quoi éveiller notre inquiétude. L'appauvrissement de notre flore cultivée va de pair avec la vulnérabilité des variétés à l'égard des maladies, des parasites, ou des conditions climatiques et écologiques particulières.

D'une manière peut-être un peu confuse, on fait aujourd'hui porter la responsabilité de l'érosion génétique des plantes cultivées aux entreprises de sélection et de création variétale, à la recherche agronomique, aux multinationales ou au catalogue officiel des espèces et variétés qui réglemente le commerce des semences. Mais il ne faut pas oublier que les producteurs ont des impératifs qui imposent des directions précises de recherche aux sélectionneurs ; il leur faut un matériel végétal qui réponde parfaitement à leurs désirs, ou plutôt à leurs exigences : facilité de culture, aptitude au transport, à la conservation, qualités gustatives déterminées, résistance à une maladie ou à un parasite du moment. Le revendeur, lui, ne fait que répercuter auprès du producteur une demande précise émanant de sa clientèle, le tout remontant là aussi vers le sélectionneur.

Côté grand public, le consommateur représente une énorme force de pression qui peut faire infléchir les tendances. Prenons l'exemple des pommes : si nous ne trouvons sur le marché qu'un nombre très restreint de variétés, pour la plupart américaines ou étrangères, c'est bien aussi parce qu'il existe une forte demande en leur faveur. Ceux qui aimeraient trouver des variétés locales sont encore une toute petite minorité, face à un groupe énorme de consommateurs qui ne cherchent pas quelque chose de différent. Je crois que c'est un peu la même chose pour les légumes. Si on trouve si peu de diversité variétale sur les marchés, c'est aussi parce qu'une part de responsabilité incombe au consommateur, qui est rarement un aventurier.

Quelle ménagère questionne le marchand de primeurs sur les noms des variétés qui vont remplir son panier ? Tout juste si on ne se moque pas de vous lorsque vous le demandez. Si vous réclamez un cultivar ancien ou local, il est bien rare que vous obteniez satisfaction.

Autre exemple : si telle ou telle variété n'est pas inscrite au fameux catalogue officiel, cela peut être tout simplement dû à une absence de demande... La preuve en est que certaines variétés anciennes ou locales d'espèces fruitières sont en cours d'inscription à la suite d'interventions d'associations d'amateurs auprès de l'organisme concerné, celles-ci représentant un courant populaire de plus en plus fort. Ainsi, les choses sont en train de changer, grâce notamment au milieu associatif et aux campagnes menées par les journaux, revues, radio et télévision. L'impact auprès des producteurs va certainement devenir de plus en plus sensible. Cela n'est donc pas facile ; les causes de raréfaction des espèces et variétés sont complexes et les acteurs sociaux nombreux...

Depuis longtemps, agronomes, horticulteurs, chercheurs d'horizons divers se préoccupent de la sauvegarde des cultivars anciens, locaux ou acclimatés. Ils voient dans ce matériel végétal une source de gènes propice à l'amélioration des plantes, un intérêt historique ou ethnologique (n'oublions pas que les premiers sélectionneurs professionnels ont travaillé à partir des variétés locales issues de l'empirisme paysan). Il suffit de consulter les vieux périodiques agricoles et horticoles pour se rendre compte que l'on a commencé à se soucier du phénomène dès le milieu du XIXe siècle ! Par ailleurs, de nombreux ouvrages ont été publiés à partir de 1850, dont certains sont de véritables bibles : *Les Plantes potagères* par Vilmorin-Andrieux (1883), *Le Potager d'un curieux* par A. Paillieux et D. Bois (1885), *Histoire des légumes* par G. Gibault (1912), *Les Plantes alimentaires chez tous les peuples et à travers les âges* par D. Bois (1927-1937), les nombreuses éditions du *Bon jardinier* depuis le XVIIIe siècle. Pour ne citer que ceux-ci ! Plus récemment est paru *Retrouvez les légumes oubliés* par F. Couplan (1986) et *Les Légumes rares et oubliés* de notre Victor Renaud (1991).

À partir des années 50, tout a été accéléré. Emportés par le courant économique actuel, d'ampleur nécessairement internationale, les entreprises de sélection comme la plupart des gros producteurs se sont spécialisés pour survivre ; et il ne faut pas compter sur eux pour conserver ou multiplier des cultivars anciens et locaux qui n'ont plus de raison d'être à l'échelon européen, voire planétaire. Bien sûr, les maisons de sélection et les organismes de recherche agronomique entretiennent des collections de variétés de légumes de toutes sortes : les cultivars locaux et anciens y tiennent même parfois une bonne place, mais en aucun cas ils n'ont vocation de conserver pour conserver ou de les promouvoir. Ces végétaux sont maintenus uniquement pour leur valeur génétique, qui pourra être utilisée dans des programmes d'amélioration.

Devant ce constat, il est de la responsabilité de chacun d'assurer la sauvegarde de ce patrimoine collectif. C'est important, aussi bien d'un point de vue biologique que culturel :

– biologique, car nous constituons ainsi une sorte de réservoir de gènes potentiellement utiles. Mais attention, on aurait bien tort de prêter aux plantes des propriétés exceptionnelles, sous prétexte qu'elles sont traditionnelles, anciennes ou locales. Là comme ailleurs, il y a du bon et du médiocre. Aussi faut-il bien se méfier des affirmations gratuites et non vérifiées : il nous est souvent arrivé de constater chez des variétés vraiment locales des sensibilités marquées à des maladies !

– culturel, car nous gardons ainsi des témoins concrets de l'histoire de la domestication des plantes, étape capitale dans l'évolution des sociétés humaines ; témoins aussi des multiples interrelations entre la plante et l'homme : l'approche ethnobotanique des espèces légumières représente un sujet d'étude aussi vaste qu'enrichissant.

Quel type d'aide peut-on espérer dans ce domaine ? Les institutions publiques ne disposent que de moyens limités, mais elles ont pu catalyser certaines actions dans plusieurs régions depuis quelques années. Par exemple, un programme de recensement et de sauvegarde des plantes cultivées en montagne (zone du Parc des Écrins), piloté par le laboratoire d'ethnobotanique du Museum national d'histoire naturelle, nous a permis de retrouver de nombreux cultivars assez originaux. Parmi eux, les plantes potagères tiennent une place honorable, et leurs caractères sont souvent très particuliers, qu'ils soient d'ordre agronomique : précocité, saveur, résistance au froid et à certaines maladies, ou ethnobotanique : importance en économie autarcique, techniques spéciales de culture ou de conservation, relations avec les faits sociaux. Afin de pouvoir opérer aux niveaux national et international, la France est maintenant dotée du Bureau des ressources génétiques, dont la vocation est entre autres d'harmoniser et d'encourager les actions dans ce domaine, y compris celles des amateurs et des associations bénévoles. La mode est depuis une dizaine d'années à l'inventaire et à la conservation des espèces fruitières. Toutefois, un très net engouement pour les légumes se développe en ce moment.

Quelques passionnés, amateurs éclairés, constituent le noyau dur des collectionneurs de potagères anciennes ou locales. Rassembler des plantes est pour eux une passion. Mais il faut aussi posséder une bonne dose de savoir-faire, car la démarche n'est pas aussi simple qu'elle en a l'air. D'une part, la notion de local reste bien difficile à saisir, car la plupart du temps, le cultivar sorti de son système agricole, écologique et social, devient différent de ce qu'il est réellement, de ce qui le caractérise tant du point de vue biologique que culturel. D'autre part, les problèmes concernant le maintien de l'intégrité génétique sont extrêmement sérieux. Il est en effet difficile de maintenir des populations anciennes et/ou locales dans le potager sans s'entourer d'un minimum de précautions. Pour cela, il faut avoir les connaissances de base, pratiques et théoriques, sur la gestion des ressources phytogénétiques, notamment les modes de reproduction des plantes et les contraintes relatives à leur maintien et à leur multiplication. Malgré tout, cela ne suffit pas, et il serait utopique de penser que l'on peut, à long terme, conserver fidèlement n'importe quel type de variété. Il s'agit donc de prendre des mesures d'urgence en attendant de trouver mieux...

L'un des aspects passionnants de ce type d'activité concerne le potager du curieux ; celui où l'on peut trouver des plantes (anciennes ou actuelles) sortant de l'ordinaire, exotiques, amusantes, à la saveur ou aux formes particulières, etc. Bien sûr, cela ne représente qu'un aspect, d'aucuns diront presque anecdotique, du domaine des ressources phytogénétiques. Néanmoins, cela aussi fait partie, d'une certaine façon, de la conservation du patrimoine végétal ; c'est en tous cas une bonne manière de sensibiliser le public au problème de l'érosion des végétaux cultivés.

Et Victor Renaud fait partie de ce club très spécial. Spécial mais aussi largement ouvert, puisque l'un des buts avoués est la diffusion auprès des autres collectionneurs. La liste des légumes cultivés par Victor Renaud est impressionnante. Je le sais pour avoir visité « ses » jardins. Il est rare d'avoir à employer le pluriel dans ce cas, mais un seul jardin ne suffit pas à Victor Renaud : il lui en faut un au sol calcaire, un sablonneux et un argileux... et ce ne sont pas des jardinets !

Victor Renaud est déjà bien connu dans le milieu des jardiniers : collectionneur « enragé », il est en même temps un praticien émérite. S'il parle d'une plante potagère, c'est qu'elle a fait au moins un séjour dans son jardin... L'originalité des fiches de légumes présentées dans cet ouvrage est qu'elles sont émaillées de remarques personnelles, issues d'une expérience solide acquise sur le tas. Par ailleurs, une foule de détails pratiques nous sont très utiles.

Aujourd'hui, le grand public se sent plus que jamais concerné par la raréfaction de notre flore domestique, patrimoine commun de l'humanité. Beaucoup désirent participer, fût-ce modestement, à cette gigantesque entreprise. Chacun peut effectivement faire quelque chose. Au cours des différents programmes de recherche que nous avons entrepris dans ce domaine, j'ai constaté que la demande était très forte du côté des agriculteurs utilisant des méthodes dites naturelles. Les propositions de collaboration aux actions de prospection, de collecte et de conservation de variétés traditionnelles émanant de ce milieu de l'agriculture biologique sont en effet bien plus nombreuses que celles émanant des agriculteurs « classiques » ! À chacun ses convictions. L'essentiel est de faire le travail avec sérieux selon des protocoles d'enquête, de maintien ou de multiplication bien établis. En regroupant quelques jardiniers du gabarit de Victor Renaud, il deviendrait possible de créer des antennes de conservatoires d'espèces et de variétés légumières anciennes et locales, dans la mesure où chacun prendrait en charge le maintien d'un ou plusieurs cultivars originaux. L'avenir de nos ressources végétales est aussi dans les jardins !

Philippe MARCHENAY

À tous les grands botanistes

Depuis le XVIIIe siècle, de nombreux botanistes ont décrit des milliers de plantes et leur ont attribué un nom scientifique. Dans ce « binome latin », le premier terme sert à désigner le nom du genre, le second celui de l'espèce.

Comme dans tous les domaines, il y eut des précurseurs. Parmi eux, Charles Linné (1707-1778), d'origine suédoise, fut certainement le plus grand. Il a été le premier à établir une classification scientifique des plantes et des animaux. Après lui, beaucoup d'autres ont apporté leur contribution à cette entreprise. Nous citerons ici ceux qui ont particulièrement œuvré dans le domaine des plantes cultivées.

Les Français : Baillon H.E. (1827-1895), Cogniaux A.C. (1841-1916), Cosson E. St. C. (1819-1889), Desfontaines R.T. (1750-1833), Duchesne A.N. (1747-1827), Dunal M.F. (1789-1856), Gilibert J.E. (1741-1814), Jussieu A.L. (1748-1836), Lamarck J.B. (1744-1820), Naudin C. (1815-1899).

Les Allemands : Ascherson P.F.A. (1834-1913), Bernhardi J.J. (1774-1850), Ehrhart F. (1742-1795), Koch K.H. (1809-1979), Kuntze O. (1843-1907), Medikus F.C. (1736-1808), Metzer J. (1789-1852), Moench K. (1744-1805), Schrank F.P. von (1747-1835), Sendtner O. (1814-1859), Willdenow K.L. (1765-1812), Zuccarini J.G. (1797-1848).

Les Suisses : Roemer J.J. (1763-1812), De Candolle A.P. (1778-1841).

Les Anglais : Bentham G. (1800-1884), Gardner G. (1812-1849), Miller P. (1691-1771), Salisbury R.A. (1761-1829).

Les Italiens : Allioni C. (1725-1804), Savi G. (1769-1844).

Les Autrichiens : Crantz H.J.N. von (1722-1817), Jaquin N.J. (1727-1817), ainsi que le Japonais : Makino T. (1863-1956), l'Indien : Roxburgh W. (1759-1815), le Suédois : Swartz O.P. (1760-1818), le Hollandais : Miquel F.A.W. (1811-1871), le Portugais : Loureiro J. (1715-1796), l'Américain : Bailey L.H. (1858-1954).

Avertissement

"Que ton aliment soit ton médicament"
(Hippocrate)

Apporter à sa famille ou à ses amis des légumes frais, savoureux, sains, de haute qualité nutritive donne beaucoup de satisfaction. De plus, surtout en période de difficulté, posséder un potager peut se révéler d'un précieux secours moral, physique et d'une grande aide pécuniaire.

Aussi, toutes les communes de France devraient faire un petit effort pour développer les jardins potagers et les mettre à la disposition des personnes concernées, de les motiver et de leur apporter les connaissances nécessaires à cette activité. Certaines localités ont réussi ces expériences, d'autres s'y préparent. De nombreuses communes possèdent des terrains incultes qui pourraient être aménagés à cet effet pour le bien de tous.

Cet ouvrage a pour ambition de remettre en valeur certaines espèces potagères qui disparaissent aujourd'hui de nos catalogues. Pour répondre à la demande d'un grand nombre de jardiniers amateurs et de nombreux consommateurs, nous avons voulu sortir de l'ombre ou de l'oubli plusieurs variétés en voie de disparition et pour lesquelles on observe aujourd'hui, fort heureusement, un certain regain d'intérêt.

Chacun pourra constater que nous ne mentionnons pas ici de variétés hybrides. On rencontre couramment ces dernières dans les catalogues spécialisés et, si elles ne sont pas toutes à rejeter, loin s'en faut, il appartient à chacun de choisir les espèces et les variétés selon sa conviction et ses goûts. Or, pour faire ce choix, il faut être informé des qualités et spécificités d'un légume : valeur gustative, valeur nutritive, comportement de la plante selon la nature du sol, le climat, le mode de culture, etc.

De nombreuses variétés anciennes ont été obtenues par les jardiniers de châteaux ou de maisons bourgeoises, mais aussi par des professionnels qui consacraient tout leur temps et leur talent à améliorer leur goût, leur valeur nutritive, leur aspect, leur rendement, leur résistance aux maladies et aux parasites, la tenue à la cuisson pour certaines...

Aujourd'hui, les critères principaux retenus pour la mise sur le marché d'une nouvelle variété sont :

– le rendement,
– la tenue au transport, à l'arrachage et à la saison pour certaines,
– l'absence de défauts,
– l'uniformité,
– la résistance aux maladies.

La valeur gustative arrive souvent en dernier lieu, quand elle n'est pas oubliée. La valeur nutritive, elle, n'est pas prise en compte.

C'est dans ce contexte que les variétés locales ont une grande utilité car elles sont adaptées à la nature du sol, au climat et même à certains microclimats ; elles sont l'héritage du travail de nos aïeux. Et si elles ont parfois quelques défauts, elles doivent néanmoins pouvoir trouver leur place dans divers catalogues.

Persévérons et n'effaçons pas d'un trait tous les efforts des anciens. Profitons plutôt de leur expérience. Déjà nombreux sont ceux qui cultivent leur jardin de façon traditionnelle ou biologique. Pourquoi ne pas, vous aussi, sans grand surplus de travail, réaliser les quelques soins, traitements et fumures nécessaires à votre potager en utilisant des techniques naturelles ?

Alors jardiniers, à vos binettes et bon courage !

Victor RENAUD
Chevalier du mérite agricole
Technicien d'agriculture biologique
Collectionneur de plantes potagères anciennes

Christian DUDOUET
Professeur technique agricole

Membres de l'Association des écrivains paysans

LE JARDINAGE AU NATUREL

Le sol et ses propriétés

Une usine vivante : l'action des micro-organismes

La terre que nous foulons de nos pieds depuis des milliers d'années et dans laquelle les végétaux plongent leurs racines pour puiser les éléments nécessaires à leur vie, cette terre nourricière qui apporte aux végétaux, aux animaux et aux hommes leur nourriture quotidienne abrite une population phénoménale, qui peut varier énormément selon la fertilité du sol.

Cette population se divise en deux groupes importants :

▶ ***la macrofaune, ou macro-organismes,*** qui sont visibles soit à l'œil nu, soit à la loupe.

▶ ***la microfaune, ou micro-organismes,*** invisibles à l'œil, ne pouvant être observés qu'au microscope.

Parmi les macro-organismes, on distingue :
• les insectes, qui ont une influence mécanique, car ils digèrent divers constituants humiques qu'ils restituent aux plantes sous des formes complexes organo-minérales.
• les arachnides (classe d'arthropodes au corps composé de deux parties possédant des chélicères servant de mâchoires) et les crustacés (au corps divisé en segments articulés recouverts de matière organique souple).
• les myriapodes (classe d'articulés allongés, dont le corps est composé de nombreux anneaux portant chacun une ou deux paires de pattes).
• les vers de terre (les plus connus), dont le nombre varie selon la fertilité du sol (on peut en trouver jusqu'à 15 kg/are) ; ils jouent un rôle très important dans l'amélioration du sol : cette terre « frisée » en surface a été digérée par les vers de terre et enrichie en éléments assimilables tels que : l'azote, le calcium, le magnésium, le phosphore et la potasse.

Pour ces raisons, les macro-organismes sont les garants de l'activité biologique du sol : ils favorisent le transfert, le mélange, l'aération, le drainage et la structure granulaire du sol.

La microfaune constitue, de loin, la majorité des êtres vivants dans le sol. Ces derniers se classent en deux groupes :

– ceux appartenant au règne animal (la microfaune),

– ceux appartenant au règne végétal (la microflore).

Parmi les micro-organismes, on relève :

▶ ***Les algues,*** qui se développent principalement dans la couche superficielle du sol : elles sont nombreuses dans une terre riche en humus ; on peut en trouver près de 3 kg/are, ce qui représente une population d'environ 80 à 100 000 dans un gramme de terre.

▶ ***Les bactéries,*** qui représentent la population la plus importante du sol ; on peut en compter jusqu'à 100 millions dans un gramme de terre, ce qui fait un poids d'environ 5 kg/are.

▶ ***Les champignons,*** également très nombreux (plus d'un million par gramme de terre, ce qui représente environ 15 kg/are).

▶ ***Les nématodes,*** se nourrissant de la matière organique en décomposition ou d'autres micro-organismes parasites des plantes et représentant environ 8 kg/are.

▶ ***Les protozoaires,*** (plusieurs centaines d'espèces), à raison de 3 kg/are environ, présents principalement dans les couches supérieures du sol ; plus nombreux au printemps ou à l'automne, ils régularisent le développement de diverses familles de bactéries.

Dans les conditions normales, les micro-organismes jouent un rôle très important dans le sol, car toutes les réactions et les transformations nécessaires à la vie se font grâce à cette main-d'œuvre. Cependant, certains micro-organismes peuvent devenir parasites des tissus végétaux ou des racines si les conditions du milieu et le déséquilibre de la plante rendent celle-ci vulnérable ; généralement, ils se trouvent vite détruits par la microflore avec laquelle ils sont alors en concurrence.

Les micro-organismes se divisent selon les deux catégories suivantes :

– les aérobies, qui ont besoin de l'oxygène de l'air pour vivre ; ils se trouvent dans les 12 à 15 premiers centimètres du sol ;

– les anaérobies, qui vivent à l'abri de l'air, d'où l'importance de travailler le sol en profondeur sans retourner les couches pour ne pas bouleverser cette vie microbienne.

Toute cette population cohabite sans problème, travaille sans relâche 24 h sur 24, pour le bien-être des plantes, des animaux et bien entendu des hommes.

Les différents types de sol

Il y a des différences profondes entre les diverses sortes de terres destinées à la culture. On peut trouver des sols légers et sablonneux, des terres fortes, franches ou crayeuses, suivant les régions. Parfois, sur une même parcelle, il peut y avoir une différence d'un coin à un autre.

Une terre idéale devrait avoir la composition suivante :

– 50 à 70 % de sable (silice),
– 10 à 20 % d'argile,
– 5 à 10 % de calcaire,
– 2 à 3 % d'humus.

LES TERRES FRANCHES

De couleur brun foncé, on les appelle souvent « bonne terre ordinaire », « terre à blé » ou

Les plantes légumières et les terres qu'elles préfèrent

En terre humifère et acide :
Ail, asperge, betterave, carotte, céleri, courge, concombre, aubergine, tomate, pissenlit, échalote, mâche, navet, pomme de terre, oseille, oignon, piment, poireau, tétragone, fenouil, fraisier, ciboule, ciboulette, patience...
• Si le sol est trop acide, il faut éviter : chou, radis, pois, haricot, épinard, salsifis, scorsonère, énothère bisannuelle, melon...

En terre argileuse :
Aubergine, poireau, épinard, courge, concombre, chou, betterave, oseille, céleri, haricot, melon, tomate, tétragone, laitue, chicorée, fenouil, fraisier, piment, radis d'été, patience...
• Si la terre est trop argileuse et humide, éviter : pomme de terre, asperge, ail, oignon, échalote, salsifis, scorsonère, pois, navet, carotte...

En terre sablonneuse :
Ail, oignon, échalote, ciboulette, ciboule, salsifis, énothère, pomme de terre, fenouil, asperge, ciboule de Chine, topinambour, betterave, haricot, radis, tétragone, fraisier...
• Si la terre est trop sablonneuse et peu riche en humus, éviter : courge, tomate, melon, concombre, aubergine, chou, pois, laitue, chicorée, céleri...

En terre légèrement calcaire :
Chou, cucurbitacées, épinard, chicorée, asperge, oignon, poireau, piment, céleri, énothère, tomate, pomme de terre, tétragone, salsifis, scorsonère, bardane à racine géante, radis, mâche, pois, haricot, laitue, échalote, carotte, aubergine, ail, fenouil, navet, crosne, topinambour...

« terre des jardins ». Elles sont assez faciles à travailler et elles sont perméables, tout en retenant bien l'humidité. Elles contiennent suffisamment d'humus, conservent bien les éléments fertilisants et donnent généralement de bonnes récoltes. Pour ces terres, il suffira d'entretenir la fertilité par des apports annuels de compost et de fertilisants.

LES TERRES ARGILEUSES

De teinte claire, grisâtre, appelées aussi « terre lourde », « terre glaise » ou « terre forte », elles sont douces au toucher, boueuses par temps de pluie, très dures et crevassées en période de sécheresse. Toutes les terres qui contiennent jusqu'à 40 % d'argile sont des sols lourds, compacts, retenant l'eau (l'argile retient environ 3 fois plus d'eau que le sable fin, environ 70 % de son poids). Elles sont parfois trop humides et surtout difficiles à travailler, elles se réchauffent difficilement au printemps ; ces terres fortes doivent être travaillées de préférence avant les grands froids, au plus tard en janvier. On les améliore par des apports de compost, de tourbe (riche en cellulose et lignine, ne contenant pas d'engrais de synthèse), de poudre de roches (riche en silice).

Si elles sont très humides et présentent donc une tendance à l'acidité, des apports de lithothamne (riche en calcium et magnésium) faciliteront la décomposition des matières organiques. Dans certains cas, un drainage peut être nécessaire, pouvant se traduire par un apport d'une dizaine de brouettes de sable de rivière à l'are au maximum.

LES TERRES SABLONNEUSES

De couleur grisée, elles peuvent être maigres ou sèches, rudes au toucher mais également brûlantes. Elles sont le plus souvent riches en sable et pauvres en matières organiques ; elles ne collent pas et peuvent être travaillées à n'importe quelle période avec une actibêche ou une grelinette. Elles ne retiennent pas l'eau, sèchent vite, absorbent difficilement les engrais (surtout azotés) et s'émiettent facilement.

Les vents les dessèchent rapidement, mais elles se réchauffent assez vite. Il est donc possible de semer plus tôt dans une terre légère que dans un sol lourd.

Les terres sablonneuses peuvent être travaillées en toutes saisons (sans retournement), même quelques heures après une pluie importante. Lors des années suffisamment pluvieuses, les plantes potagères, principalement celles à racines (carotte, panais, salsifis...) et à tubercules (pomme de terre, crosne, topinambour...) s'y développent bien.

On améliore les terres sablonneuses par des apports de compost, de tourbe, de calcaire, plus de l'argile (marne) selon son acidité (pH).

Le paillage entre les plantations est conseillé en période de sécheresse, en plus des arrosages nécessaires.

LES TERRES CALCAIRES

De couleur blanchâtre, elles se dessèchent très vite, surtout si elles contiennent plus de 20 % de carbonate de chaux. Elles ne retiennent pas les éléments fertilisants ; quand elles sont riches en argile, elles deviennent compactes, difficiles à travailler, collantes par temps de pluie. Souvent peu profondes, elles se réchauffent assez tardivement sauf si elles sont à bonne exposition.

Elles provoquent le jaunissement des feuilles de nombreux végétaux (chlorose), principalement celles des fraisiers et des arbres fruitiers tels que les pommiers, les poiriers et les pêchers.

On les améliore lentement par des apports importants et réguliers de compost, tourbe blonde (acide), terre de bruyère, terreau de feuilles et par des engrais à base de poudre de roches, d'algues-guano à doses normales. Le soufre fleur utilisé à raison de 400 g/are, les pulvérisations de complexe d'essences naturelles de plantes peuvent sensiblement modifier le pH sans corriger la nature du sol.

LES TERRES HUMIFÈRES

De couleur noirâtre – plus la terre est foncée, plus elle est riche en matières organiques – les terres humifères retiennent et absorbent facilement l'eau et se travaillent aisément. Elles se réchauffent assez vite au printemps. Certaines plantes s'y développent mal, car elles sont généralement acides.

On les améliore par des amendements calcaires (lithothamne à texture plus grossière) et par des apports de poudre de roches.

LES TERRES GRAVELEUSES

Ce sont des terres dont la nature peut être acide, calcaire, lourde ou légère, mais qui comportent toutes une quantité importante de cailloux. Elles sont difficiles à travailler. La plupart des plantes s'y développent mal, principalement les légumes-racines.

Enlever les plus gros cailloux, procéder à des apports annuels de compost et de fertilisants sont les principales interventions qu'elles demandent.

COMMENT CORRIGER LE PH ?

Terre trop acide : par des apports de lithothamne grossièrement broyé et destiné à cet effet : 2 kg/are à la fin de l'hiver et 2 kg/are à l'automne.

Terre calcaire (pH basique) : par des apports réguliers de compost, de tourbe acide (sans engrais chimiques de synthèse), de poudre de roches ; pratiquer des pulvérisations de complexe d'essences naturelles de plantes et un léger apport de soufre fleur, environ 400 g/are.

Le pH

Le pH de chaque sol est une caractéristique très importante. Il exprime son degré d'acidité (de 0 à 6,9) ou d'alcalinité (de 7,1 à 14). La terre neutre, ayant un pH égal à 7, convient à la plupart des plantes potagères, mais un sol ayant un pH compris entre 6,5 et 7 (légèrement acide à neutre) se prête aussi à leur culture.

Comment reconnaître la nature de votre sol ?

Prélevez dans divers endroits de votre jardin des échantillons entre 2 et 5 cm de profondeur. Mélangez (400-500 g) et envoyez le tout à une maison spécialisée. Une analyse de terre porte normalement sur : le pH, la teneur en azote, en acide phosphorique, en potasse, en magnésium, en oligo-éléments et en humus...
On peut se faire une idée sur la nature d'un sol par sa flore spontanée qu'il est préférable d'appeler « herbes sauvages » plutôt que « mauvaises herbes » (elles protègent la terre de l'érosion).

Voici quelques exemples :

– le laiteron : terre fraîche et argilo-calcaire ;
– le coquelicot : sol à tendance calcaire ;
– le trèfle blanc : sol à tendance calcaire ;
– la moutarde : sol à tendance calcaire ;
– le plantain : terre lourde, acide, mal aérée ;
– la prêle : terre lourde, acide, humide, tassée ;
– le tissulage : terre argilo-calcaire ;
– le bouton d'or : terre à pH acide, humide, lourde et argileuse ;
– le liseron : terre lourde, argileuse, humide et acide ;
– l'oseille sauvage : terre lourde, tassée et acide ;
– la pâquerette : terre lourde et acide ;
– la ravenelle : terre légère, siliceuse, manquant de phosphore assimilable ;
– la grande oseille : terre riche en humus ;
– le chiendent : terre légère et siliceuse ;
– le mouron : bonnes terres, mais principalement terre légère et siliceuse ;
– la chicorée sauvage : terre lourde et argileuse ;
– la gesse : terre lourde et argileuse ;
– le bleuet : terre calcaire ;
– le chardon : terre calcaire ;
– l'ortie : terre humifère.

Le travail du sol : questions-réponses

FAUT-IL RETOURNER (BÊCHER) LA TERRE ?

Non, il faut éviter de la retourner profondément. Dans certains cas, on peut être amené à avoir recours au retournement (terrains en friches, sales...) ; il faut alors bêcher à plat, donc au maximum à 12-15 cm de profondeur. Par la suite, il faudra aérer en profondeur avec des outils spéciaux (actibêche, grelinette, biofourche, aérabêche...).

POURQUOI NE PAS RETOURNER LE SOL ?

Cette façon de travailler la terre surprend beaucoup de jardiniers ; d'autres sont sceptiques, parce que jusqu'ici ils ont toujours bêché leur jardin.

Dans une poignée de terre fertile se trouvent des milliards d'êtres vivants, et parmi ceux-ci, en grand nombre, les micro-organismes.

QUE SE PASSE-T-IL QUAND ON BÊCHE À 25-30 CM ?

On bouleverse cette vie microbienne en mettant ceux qui ont besoin d'oxygène en dessous, ceux qui n'en ont pas l'utilité au-dessus ; on crée un déséquilibre et beaucoup de micro-organismes disparaissent par étouffement pour les uns, par excès d'oxygène pour les autres.

LES INCONVÉNIENTS DU BÊCHAGE AVEC RETOURNEMENT PROFOND :

– bouleverser la population microbienne ;

– remonter en surface la terre stérile, peu riche en humus ;

– remettre en surface des graines de plantes sauvages dont la faculté germinative est parfois de plusieurs dizaines d'années.

Par ailleurs, la plupart du temps, les jardiniers « bêcheurs » introduisent le fumier ou le compost dans le fond de la raie ; cette matière organique va faire écran, empêchant la montée de l'eau par capillarité.

Enfin, une terre profondément retournée devient souvent une terre « battante », c'est-à-dire mal aérée en surface. Après avoir subi pendant quelques semaines les rayons du soleil et l'action du vent, elle se durcira et se fendillera rapidement (surtout les terres argileuses) ; la fertilité sera médiocre car la vie microbienne s'y fera au ralenti.

LES AVANTAGES DE L'AÉRATION DU SOL SANS RETOURNEMENT :

– maintien des micro-organismes dans leur milieu ;

– garantie d'avoir en surface une terre toujours fertile tout en étant correctement ameublie en profondeur ;

– préservation de la structure du sol ;

– possibilité d'effectuer des semis aussitôt après le travail du sol ;

– conservation de l'humus dans les 12-15 premiers centimètres du sol qui sera mieux aéré, absorbant et retenant mieux l'eau ;

– satisfaction d'avoir un potager plus propre, car les semences d'herbes sauvages ne seront pas ramenées en surface ; bien entendu, il faudra entretenir son jardin par des sarclages et des binages répétés ;

– souplesse de la terre, si elle est ainsi travaillée tous les ans.

Pour les petits jardins, on peut donc remplacer avantageusement la bêche ou la fourche-bêche par un de ces outils conçus pour ameublir le sol sans le retourner : l'actibêche, la biofourche, la grelinette, l'aérabêche. Ces outils soulèvent, remuent, divisent et aèrent la terre, tout en conservant une bonne structure du sol ; le travail se fait plus rapidement et sans fatigue (plus de corvée du bêchage). De plus, ces outils peuvent servir à aérer et à régénérer les pelouses, à arracher les légumes (pomme de terre, carotte, betterave, poireau, énothère, salsifis, scorsonère...). Si le terrain n'est pas très propre (parsemé d'herbes), binez-le avec une houe ou un cultivateur polyvalent. Cet appareil très pratique est muni d'une roue (on peut adapter un sarcloir oscillant ou une lame « patte d'oie ») ; il vous suffira de ramasser les herbes (après un fanage de quelques jours) et de les incorporer au tas de compost à condition qu'elles ne soient pas montées à graines.

PEUT-ON SE SERVIR D'UN MOTOCULTEUR MUNI DE SES FRAISES ?

Oui exceptionnellement ou dans certaines circonstances. Ainsi, pour enfouir superficiellement du compost maison ou des engrais verts gyrobroyés, il ne faudra pas faire tourner trop rapidement les fraises qui peuvent détériorer la structure du sol en l'émiettant trop finement et ne travailler la terre que superficiellement (15 cm de profondeur au maximum).

QUAND FAUT-IL TRAVAILLER LE SOL ?

Il est important de travailler une terre au bon moment, quand elle n'est pas trop mouillée, ni trop sèche. Une terre argileuse devra être préparée avant la fin de l'hiver, au plus tard en janvier, tandis qu'un sol léger devra être travaillé à la fin de l'hiver ou au début du printemps.

Éviter de laisser un sol déjà préparé entièrement nu. Qu'importe la saison, couvrez-le d'une couverture végétale (paille, feuilles...) ; la terre sera moins tassée, elle sera davantage protégée du vent, du soleil ou du froid. Une terre couverte d'un engrais vert résistant aux froids sera plus protégée.

Il est très bénéfique de couvrir les interlignes des plantes d'une couverture protectrice végétale (paillage) ; évitez de préférence les films plastique : la terre ne respire pas et elle n'est plus aérée.

Aussitôt le travail de la terre terminé, griffez-la pour briser les mottes sinon elles deviennent dures et incassables.

Les « mauvaises herbes »

Elles protègent les terrains incultes contre les pluies battantes, le vent, le soleil, les eaux courantes, le froid... elles empêchent l'asphyxie du sol par leur enracinement.
Si vous avez une prolifération d'herbes sauvages dans votre jardin, les causes sont généralement les suivantes :
– sol pauvre en humus actif,
– manque de phosphore et de magnésium assimilables,
– apports de fumier brut (source de graines),
– mauvais entretien, laissant les adventices monter à graines,
– façon de travailler le sol (par retournement).

Comment les éviter ?
– par un bon entretien du jardin (binages et sarclages réguliers),
– en travaillant la terre sans retournement des couches, mais en l'aérant profondément,
– en apportant du fumier composté (faculté germinative des semences perdues à cause de la chaleur de la fermentation),
– en travaillant le sol en lune croissante favorisant la levée des herbes sauvages que l'on binera aussitôt,
– en pratiquant une culture intelligente en suivant bien les rotations,
– en cultivant des engrais verts, principalement à base de légumineuses ou en les mélangeant avec une graminée.

L'aromathérapie appliquée au sol

L'aromathérapie-sol est l'utilisation d'huiles essentielles, appelées aussi essences naturelles de plantes, provenant de plantes aromatiques, sur le sol et sur la végétation.

L'aromathérapie était connue par les Chinois, les Romains et les Égyptiens en médecine. Cette thérapie oubliée fut reprise après la Première Guerre mondiale, grâce aux travaux de R.M. Gattefosse puis de Max Fesneau.

Voici une vingtaine d'années, les docteurs vétérinaires Henri Quiquandon et Louis Sevelinges et leur équipe appliquèrent cette médecine millénaire à la médecine vétérinaire, puis à la médecine du sol et des plantes.

Les essences naturelles de plantes sont utiles au jardin car elles possèdent :

– un pouvoir antiseptique sur la flore et la faune pathogène ;

– une action de non-accoutumance sur les plantes ;

– un effet acidifiant, en abaissant le pH des sols alcalins ;

– un pouvoir de stimulation de la croissance ;

– une action rééquilibrante ;

– une action désintoxicante pour les terres ayant souffert des effets des engrais et des pesticides chimiques de synthèse, en aidant les micro-organismes du sol à faire leur travail ;

– un pouvoir osmotique élevé, en pénétrant rapidement dans les tissus vivants (écorces, feuilles, tiges...).

Ces essences peuvent être utilisées pour le trempage des semences et des racines avant les semis et le repiquage mais elles le sont surtout en pulvérisation foliaire en dilution à 0,5 %, c'est-à-dire 1 cuillère à café par litre d'eau ; bien mélanger la solution.

Vous trouverez des informations complémentaires sur une solution à base de complexe d'essences naturelles de plantes (Stimuphytol), dans le chapitre *Des recettes naturelles contre parasites et maladies.*

La confection d'une couche chaude

Une couche est un amas de fumier frais, avec parfois d'autres matières végétales susceptibles d'entrer en fermentation, qui produit de la chaleur permettant d'effectuer des semis alors que la température extérieure est basse.

– Les couches chaudes sont obtenues uniquement avec du fumier de cheval frais.

Pendant quelques jours, la température peut atteindre 60-70 °C, il faut alors attendre que celle-ci descende à 22-25 °C pour effectuer un semis. Une température de 18-20 °C se maintiendra pendant plusieurs semaines.

– Les couches tièdes sont créées avec un mélange de fumier de cheval frais (environ les 2/3) et de feuilles (environ 1/3). Elles maintiendront généralement une température de 12-15 °C pendant plusieurs semaines, voire plusieurs mois.

– Les couches sourdes sont préparées en creusant, à une profondeur d'un fer de bêche, une bande d'environ 70 cm de large. On étale alors une bonne couche de fumier décomposé ou de compost que l'on recouvre de 15 à 20 cm de terre. Ces couches sourdes permettront la culture de diverses plantes potagères ayant besoin d'une certaine chaleur de fond (melon, concombre, alkékenge...) ; elles fournissent assez longtemps une température suffisante au sol pour activer leur végétation.

Sur couches chaudes ou tièdes, on pose des coffres que l'on recouvre de châssis (cadres en bois vitré). La hauteur minimum entre les châssis et les semis doit être de 15 cm environ.

FABRICATION D'UNE COUCHE CHAUDE

Dans un endroit bien exposé (au midi), le long d'un mur ou près d'une haie, creusez une tranchée de 40 cm de profondeur, sur une largeur et une longueur de 2 m environ. Ceci permet de poser des coffres et des châssis « nantais » ou « parisiens », qui mesurent 1,35 m x 1,30 m, munis de 4 vitres.

Préparez le fumier frais mis en tas en le brassant et en l'arrosant à plusieurs reprises ; ramenez régulièrement celui de l'intérieur vers l'extérieur. Quand le fumier commence à chauffer, c'est le moment de faire la couche.

Entassez le fumier préparé dans la tranchée, par couches successives, en l'arrosant si possible avec de l'eau tiède. La couche sera surélevée d'environ 20 cm au-dessus du sol.

Recouvrez la couche de 10 à 15 cm de terre humifère émiettée ou tamisée, posez les coffres et ajoutez 2 à 3 cm de terreau par-dessus la terre ; le châssis sera incliné vers le midi.

Laissez les couches jeter leur « feu » (température élevée). Quand la température sera redescendue à 22-25 °C, on pourra effectuer les semis. En cas de nuits fraîches, recouvrez les châssis de paillassons.

Si la température baisse dans les châssis en raison de la fraîcheur extérieure, il faut entourer les coffres de « réchauds » (bandes de fumier frais). Si, par la suite, la température baisse encore pour la même cause, renouvelez les réchauds qui doivent atteindre le haut des coffres pour éviter les pertes de chaleur de la couche et réchauffer les parois en bois.

L'emplacement peut être préparé à l'avance, mais le montage d'une couche chaude devra attendre au moins la mi-janvier, c'est largement suffisant.

RÉALISATION D'UNE COUCHE CHAUDE

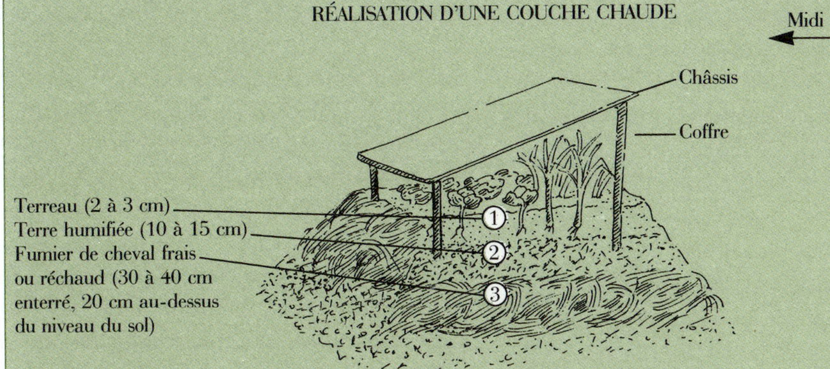

Bon à savoir !

– Les châssis à cadre métallique sont plus froids ; le bois conserve mieux la chaleur.
– Quelle que soit la taille de vos coffres et de vos châssis, la couche devra leur être supérieure de 30 cm en longueur comme en largeur.
– La face du châssis orientée vers le nord devra être plus élevée d'au moins 10 cm.
– Il est conseillé de changer chaque année les emplacements des couches.
– Si la température d'une couche est trop élevée (elle doit se maintenir autour de 20 °C) aux meilleurs moments de la journée, il faut entrouvrir le châssis et le maintenir avec une crémaillère ; il est préférable d'ouvrir le châssis sur le côté opposé au vent.
– La hauteur des planches arrière des coffres est de 40 à 60 cm ; celles de l'avant, près de 30 cm.
– Généralement pour une culture de melon, il ne faut recouvrir la couche chaude que de 7-8 cm de terreau.
– L'épaisseur du fumier de cheval pour une couche chaude peut varier suivant le sol. Dans une terre froide et argileuse l'épaisseur pourra atteindre 60 cm, dans un sol sablonneux une couche de 30 à 40 cm sera suffisante.
– Une couche chaude devra être montée environ 15 jours avant de semer ou de planter ; il faut que le « coup de feu » soit terminé et que la température ait atteint un niveau constant (autour de 20-22 °C).

Le climat et ses influences

Les climats, les microclimats, les haies et leur rôle, les meilleures expositions pour créer un jardin potager

Le climat dépend de nombreux facteurs : altitude, nature du sol, régime des pluies et des vents, températures, éloignement ou voisinage de la mer... En France, on définit quelques grands ensembles climatiques :

▶ ***Le climat méditerranéen*** concerne la majorité de l'Hérault, une partie des Pyrénées-Orientales, de l'Aude, du Gard, du Var, du Vaucluse, une partie de l'intérieur de la Corse, une petite partie de l'Ardèche, de la Drôme, des Alpes-Maritimes, des Basses-Alpes et des Bouches-du-Rhône – toute cette région appelée l'arrière-pays. L'été y est chaud et l'hiver frais (on y craint la gelée pendant 3 semaines à 2 mois). La partie longeant la côte qui va de l'Espagne à l'Italie connaît rarement de gelées ; cette région comprend la majorité des Bouches-du-Rhône, une partie du Var, le tour de la Corse et une petite partie des Alpes-Maritimes, de l'Hérault, de l'Aude, des Pyrénées-Orientales et du Gard.

▶ ***Le climat océanique*** des régions atlantiques touche une bande plus ou moins large partant des Landes, longeant la Gironde, la Charente-Maritime, la Vendée, la Loire-Atlantique, le Morbihan, couvrant pratiquement tout le Finistère, puis se rétrécissant de nouveau dans les Côtes-d'Armor et l'Ille-et-Vilaine pour finir par une fine bande à la pointe de la Manche. Le climat de ces régions est frais en été et doux à tempéré en hiver, mis à part les années très froides. Les gelées y sont rares (moins de 1 semaine par an en moyenne).

▶ ***Le climat océanique à demi-océanique*** couvre le Gers, une grande partie de la Haute-Garonne, du Lot, de la Garonne, du Maine-et-Loire, de la Vendée, de la Gironde, des Landes et de la Charente-Maritime, environ la moitié de l'Aude, de l'Ariège, de la Dordogne, de la Charente, des Deux-Sèvres, des Pyrénées-Atlantiques, des Hautes-Pyrénées et de la Loire-Atlantique. Enfin, une partie du Tarn-et-Garonne est concernée. Dans ces régions, les gelées s'étendent de quelques jours à 1 mois. Le climat est assez chaud l'été, frais à très frais l'hiver.

▶ ***Le climat semi-océanique*** s'étend sur la totalité de la Mayenne, de l'Orne, du Calvados, de l'Eure, de l'Oise, de la Seine-Maritime, de la Somme et du Pas-de-Calais, du Val-d'Oise, de la Seine-Saint-Denis, des Yvelines, des Hauts-de-Seine, pratiquement sur toute la Seine, le Nord, l'Ille-et-Vilaine et la Manche, sur une partie de la Loire-Atlantique, de la Sarthe, de l'Eure-et-Loir, de l'Aisne, des Côtes-d'Armor et du Morbihan et sur un petit morceau du Maine-et-Loire, de la Seine-et-Marne, de l'Essonne et du Val-de-Marne. Dans ces régions, l'hiver est très frais à froid, l'été est plutôt frais, les pluies sont plus importantes. L'époque des gelées dure de 3 à 7 semaines environ.

▶ ***Le climat demi-océanique*** s'applique à la totalité des départements du Loiret, du Loir-et-Cher, de l'Indre-et-Loire, de l'Indre, de la Vienne, pratiquement l'ensemble du Cher, de l'Yonne, de la Seine-et-Marne, de l'Essonne, du Val-de-Marne et de l'Aube, une grande partie du Tarn-et-Garonne, une partie de l'Aisne, de l'Eure-et-Loir, de la Sarthe, des Deux-Sèvres, de la Charente, de la Dordogne, de la Haute-Vienne, de la Creuse, de l'Allier, de la Nièvre et de la Marne, une fraction moins importante de la Haute-Garonne, du Lot et du Maine-et-Loire, enfin, une bribe de la Côte-d'Or et du Tarn. Dans toutes ces régions, l'été est chaud à frais, plus orageux, l'hiver très frais, les gelées sont envisageables durant 5 à 12 semaines.

▶ ***Le climat demi-continental*** intéresse la quasi-totalité des départements de la Côte-d'Or, du Lot, du Rhône, de la Saône-et-Loire, de l'Ain, une partie de l'Allier, de la Creuse, de la Haute-Vienne, de la Corrèze, du Tarn, de l'Ardèche, de l'Isère, du Jura, de la Haute-Saône et de la Loire, un petit morceau de la Drôme, de la Nièvre, du Doubs, de la Dordogne, de la Haute-Savoie, de l'Aveyron, de la Haute-Garonne et du Puy-de-Dôme. L'été y est chaud, l'hiver très frais. L'époque des gelées varie de 6 à 12 semaines environ.

▶ ***Le climat semi-continental*** concerne les Ardennes, la Meuse et la Haute-Marne, la majorité du Haut-Rhin, du Bas-Rhin, de la Moselle, de la Meurthe-et-Moselle, un fragment de la Marne et de la Haute-Saône, une bribe du Nord, de l'Aisne et de l'Aube. L'été y est frais et l'hiver froid ; les gelées pouvant durer de 10 à plus de 14 semaines.

▶ ***Le climat des montagnes*** concerne les départements de la Savoie, des Hautes-Alpes, du Cantal, de la Lozère et de la Haute-Loire, une très grande partie des Alpes-Maritimes, des Basses-Alpes, de la Drôme, de la Haute-Savoie, de l'Ariège, du Puy-de-Dôme, de l'Aveyron, de la Loire, du Doubs, des Vosges, une partie de l'Isère, du Vaucluse, des Pyrénées-Atlantiques, des Pyrénées-Orientales, des Hautes-Pyrénées, de l'Aude, du Tarn, de l'Ardèche, du Jura, de la Haute-Saône, du Var, de l'Hérault, du Gard, de la Côte-d'Or, de la Saône-et-Loire, de la Nièvre, de l'Ain, de la Meurthe-et-Moselle, de la Moselle, du Bas-Rhin, du Haut-Rhin, de la Haute-Saône ; enfin, une toute petite partie de l'Yonne. L'été est sec, parfois orageux, l'hiver est très rude et long. On y craint les gelées pendant 14 à plus de 21 semaines.

Le département français où le mercure du thermomètre descend le plus bas est le Doubs.

▶ ***Les microclimats*** sont l'effet de conditions atmosphériques particulières à un secteur ; ce sont des climats locaux, différents du climat moyen de la région. Ils dépendent de la nature du sol, des versants, des haies (brise-vent), des massifs forestiers, des murs, des marécages, etc.

Au jardin, on crée un mini-microclimat en plantant des haies qui feront office de brise-vent. Tout ne conviendra pas : un ensemble d'essences végétales est conseillé, qu'il faudra choisir en fonction des critères propres du sol, de la situation géographique et du goût personnel.

LES HAIES, LEUR RÔLE ET LEURS RÉGLEMENTATIONS

Les haies sont les meilleurs brise-vent. Elles sont bien plus efficaces qu'un mur que le vent vient frapper, puis escalade pour redescendre derrière en tourbillonnant. La zone protégée ne dépasse guère le double de la hauteur du mur, tandis qu'une haie abritera un espace beaucoup plus grand, qui pourra aller de 10 à 20 fois sa hauteur (ainsi, une haie de 2 m de hauteur préservera une bande de 20 à 40 m, suivant sa perméabilité).

En effet, une haie protège mieux qu'un mur parce qu'elle laisse le vent s'infiltrer, le freinant au passage. Et puis les arbres et les arbustes, puissants « échangeurs » d'énergie entre la terre et l'atmosphère, sont nécessaires à la vie humaine. Ils rendent de grands services en régularisant les climats, en freinant les vents, en créant des microclimats plus tempérés, en adoucissant les écarts du climat, en favorisant les pluies et les rosées, en régularisant les eaux (par leurs racines qui facilitent la pénétration de l'eau dans les nappes phréatiques) et en maintenant les sources. En outre, les haies abritent les prédateurs (crapauds, hérissons, orvets, oiseaux, etc.) qui sont de grands amis pour l'homme.

Les talus boisés dans les champs ont une place très importante dans l'équilibre cultural. Il faut se rappeler l'erreur sur le remembrement commise dans la région de Morlaix (Finistère), qui a provoqué un déferlement de boue sur la ville, les haies, les talus et les arbres n'étant plus là pour retenir ou absorber l'eau !

Les haies doivent être entretenues ; il existe une réglementation concernant leur plantation et leur entretien.

Cette réglementation est une bonne chose pour les relations de voisinage, reposant sur le respect mutuel des personnes.

Pour réussir une haie, il faut d'abord donner la priorité aux espèces locales qui sont bien adaptées au climat, à la nature du sol. L'exposition, ombragée ou ensoleillée, est à déterminer ainsi que la situation géographique. Les normes de plantation (espace, nombre de plants, etc.) et la législation en vigueur (interdiction de vente actuelle des aubépines, à cause du feu bactérien) sont à prendre en considération, sans oublier tout simplement les critères relatifs aux équilibres naturels car une haie doit être composée de plusieurs espèces ou essences. Ainsi pour les noisetiers, il est conseillé de planter plusieurs variétés pour aider la pollinisation et la fécondation, la plupart d'entre elles étant autostériles. Une association de plusieurs espèces dans une haie donne une harmonie paysagère, une meilleure résistance aux maladies et aux parasites, un meilleur équilibre écologique. Enfin, il est nécessaire d'étudier et de choisir soigneusement le style de jardin.

Voici les règlements de la législation (extraits des articles 670 à 673 du code civil) : les plantations (sauvages ou volontaires) ne peuvent être conservées ou effectuées à moins de 2 m par rapport à la ligne séparatrice si les arbres ou arbustes ont une hauteur supérieure à 2 m, à moins d'un accord entre les deux riverains ; les arbustes de moins de 2 m pourront être plantés à 50 cm de la ligne séparatrice ; si cette hauteur est dépassée, ils devront être taillés.

Il est interdit de tailler soi-même les haies ou les branches d'arbres qui empiètent sur son terrain ; en revanche, on est à même d'exiger que le propriétaire le fasse ou le fasse faire. Les branches peuvent s'étendre jusqu'à la limite de la propriété, mais pas au-delà. Il n'existe aucun recours pour les feuilles des arbres voisins qui atterrissent chez soi.

Si ces arbres sont porteurs de fruits et que les branches dépassent la limite séparatrice, il est interdit de les cueillir sans l'accord du propriétaire, sauf s'ils sont tombés sur le sol (à partir de ce stade, il ne peut empêcher quiconque de les ramasser, ni les réclamer).

Aucune autorisation n'est requise pour couper les racines qui se propagent au-delà de la limite de séparation pour des plantations respectant les distances normales, mais on ne peut pas contraindre son voisin à le faire lui-même. Il est en revanche responsable des dommages dus aux racines de ses arbres, ce qui permet d'obtenir réparation.

Si les propriétés sont séparées par un mur, le possesseur de ce mur a le droit d'y appuyer des arbres en espalier sans respecter la moindre distance imposée. Si le mur séparateur est mitoyen (appartenant aux deux propriétaires), chaque propriétaire pourra utiliser ce mur pour y adosser ses arbres fruitiers en espalier. Par ailleurs, ceux-ci ne devront pas dépasser la hauteur du mur !

Les meilleurs arbustes pour les haies ou le jardin

Tous ces arbustes supportent bien la taille.
Les arbustes à feuilles persistantes : les cyprès, les houx, les fusains, les buis, les lauriers, les troènes, les genêts à balais, les genêts d'Espagne, les buissons ardents, les thuyas, les rhododendrons, les viornes ridées, les chamaecyparis et certains berberis.
Les arbustes à feuilles caduques : les seringats, les charmes, les noisetiers (très bons pour créer un microclimat), les tamaris, les prunelliers, les argousiers.

Des règles particulières existent dans certaines régions, se renseigner avant d'entreprendre une plantation ; la chambre d'Agriculture ou la Direction départementale de l'agriculture et de la forêt indiqueront la marche à suivre. Garder à l'esprit qu'il est toujours préférable de s'arranger à l'amiable. Cependant, si tout a été tenté en vain dans cet état d'esprit, le tribunal d'instance peut être saisi, qui fera appliquer la réglementation.

LES MEILLEURES SITUATIONS ET EXPOSITIONS

Avant de créer un potager, il faut en déterminer l'emplacement, ce choix est primordial pour l'avenir des cultures. Situation et ensoleillement sont très importants : le terrain sera le plus lumineux et ensoleillé possible, plat ou légèrement en pente dans le Midi (sans exagération, car une terre trop inclinée peut subir de gros dégâts en cas d'orages). Les versants sud sont préférables aux pentes exposées au sud-est ou au sud-ouest, les versants nord sont plus froids et mal ensoleillés. Si la pente est trop abrupte, il sera nécessaire de jardiner par paliers (en escalier) ou terrasses. Dans un terrain légèrement en pente, semer dans le sens opposé au versant. On réservera les murs ou les arbustes trop hauts vers le nord ou l'est du terrain, surtout pas du côté ensoleillé.

Opter si possible pour une terre riche et profonde. Éviter les endroits où l'humidité est stagnante ou qui sont souvent inondés. Sans poste d'eau, il faudra, dans une région chaude et sèche, aménager entièrement le jardin avec de la paille, des feuilles, des tontes de gazon ; il est impossible de pratiquer le compostage en tas sans eau. Le buttage de certaines plantes freinera les pluies dévalant dans les jardins inclinés.

Un trop grand éloignement entre potager et habitation est à proscrire : un potager à proximité de la maison restreint les pertes de temps, on y travaille même si l'on ne dispose que de très peu de temps, cela facilite la surveillance et rend légumes et herbes disponibles à toute heure de la journée. On réservera les immenses potagers à ceux qui ont beaucoup de temps ; il vaut mieux en posséder un plus petit et bien entretenu. La proximité des autoroutes, des routes encombrées, de certaines industries plus ou moins polluantes est à éviter absolument.

La composition du jardin est établie de différentes façons. Pour les jardins assez grands en créant des parcelles de 1,30 m environ, séparées par de petites allées ; dans les petits jardins qui ne peuvent souffrir de perte de place, rejeter les parcelles, totalement ou partiellement.

Certaines espèces exigent beaucoup de place, tailler les planches en conséquence. Tout potager nécessite une allée principale soit au centre soit sur un côté ; choisir si possible le côté le moins ensoleillé. L'allée principale peut être ensemencée de gazon qu'il faudra tondre régulièrement : c'est joli et on ramène moins de terre à ses chaussures ; il est conseillé de séparer l'allée gazonnée par des bordures en ciment ou en pierre qui empêcheront les racines du gazon de gagner sur le terrain cultivé. Aérer l'allée une ou deux fois par an.

QUELQUES SIGNES POUR PRÉVOIR LE TEMPS

À force d'observation, les anciens parvenaient à prévoir le temps. Ils appuyaient leurs dires sur la formation, la vitesse et la couleur des nuages, sur le coucher et le lever du soleil, sur le ciel nocturne ou sur le comportement des différents insectes, plantes, oiseaux ou animaux.

Aujourd'hui, les journaux, la radio et la télévision nous donnent leurs prévisions pour le lendemain avec une certaine précision. Mais les recettes de « grand-papa » ont gardé un certain charme, un peu suranné ; elles nous arrivent d'un temps où les gens savaient pressentir les choses simplement en observant autour d'eux certains êtres vivants, écoutant en permanence le pouls de la nature.

La pluie arrive si...

les fleurs de la belle-de-jour se ferment dans la journée ;
les fourmis retrouvent leur fourmilière ;
les vers de terre surgissent du sol en grand nombre ;
les tiges des légumineuses, principalement des trèfles, se tiennent ;
les mouches sont gênantes et remuantes ;
les chevaux hennissent et font des sauts ;
les feuilles (trilobées) des oxalis se ferment ;
les abeilles rentrent dans leur ruche et n'en ressortent pas ;
les pétales des fleurs de la laitue sont entièrement ouvertes ;
les pies et les geais se regroupent et lancent de grands cris ;
les hirondelles volent en rasant le sol ;
les fleurs des népenthès (plantes carnivores) se renversent ;
les chats nettoient leur face et leurs oreilles ;
les araignées chutent de leur toile ;
les fleurs de la potentille s'étalent ;
les pinsons, les alouettes et les moineaux chantent de bonne heure le matin ;
le bourdonnement des moucherons se fait entendre plus fort qu'à l'habitude ;
les pétales des fleurs sèches des immortelles ont tendance à se refermer ;
les crapauds et les grenouilles (hélas de plus en plus rares) coassent dans les mares, les ruisseaux ou les fossés ;
les corneilles apparaissent rapidement pour repartir en groupe ;
le soleil se couche sous un nuage épais ;
le soleil se lève rouge, puis prend une couleur noirâtre ;
le soleil se lève sombre et pâle ;
le soleil se lève sombre et obscurci par les nuages ;
les sons de cloches, le bruit des trains ou les aboiements des chiens sont plus distincts ;
si le ciel est panaché et pommelé, la pluie sera faible et de courte durée ;
l'épaisseur des nuages augmente ainsi que leur étendue ;
les pointes du croissant de lune sont émoussées, soit à sa première apparition soit 2 ou 3 jours après le 1er quartier (mais du beau temps pour le reste de son cycle) ;
le disque de la lune est pâle ;
la lune est encerclée et si le vent souffle du sud (pour le lendemain) ;
les étoiles paraissent grossies et pâles, peu étincelantes ou entourées d'un cercle ;
par un soir d'été, avec un vent venant de l'est, les étoiles paraissent plus grandes qu'à l'habitude ;
le liseron et le mouron ferment leurs fleurs.

L'orage n'est pas loin si...

les étoiles perdent leur clarté et leur brillant, alors que l'air du soir est chaud et que les nuages gris ou noirs s'accumulent ;
par temps chaud, il y a une formation rapide de nuages au milieu d'un ciel bleu ;
dans le courant de l'été, le vent souffle du sud depuis 2 ou 3 jours, alors que le baromètre est haut et que des nuages forment un ensemble blanc ressemblant à des montagnes, accompagné de nuages noirs en dessous (quand des nuages noirs s'amoncellent de chaque côté, l'orage se précise encore davantage).

Il va faire beau si...

les nuages diminuent en épaisseur et en étendue ;
le soleil se lève clair ou se couche étincelant ;
les étoiles sont nombreuses et brillantes ;
le soleil se lève escorté de nuages se dirigeant vers l'ouest ;
le disque de la lune est brillant 3 jours après le changement de lune (en lune montante) et 3 jours avant qu'elle ne soit pleine ;
les feuilles des oxalis s'ouvrent nettement ;
les zones sombres de la lune se distinguent clairement ;
les pointes du croissant sont très apparentes le 4e jour, et ce, jusqu'à la pleine lune ;
un cercle brillant entoure la pleine lune ;
la tête des nigelles des champs (cheveux de Vénus) se penche ;
les fleurs de la potentille (quintefeuille) se courbent ;
les fleurs de népenthès (cultivées en serre) relèvent la tête ;
les fleurs d'immortelles séchées sont très ouvertes ;
les chauves-souris sortent tôt le matin ;
les hirondelles volent haut et si leurs cris sont perçants ;
les moineaux sont en mouvement ;
les alouettes s'élèvent très haut et si leur chant est bruyant ;
les vanneaux s'agitent, crient et font du bruit au lever du soleil.

Le vent ou la tempête menacent si...

les nuages et le ciel sont rouges le matin ;
les corneilles s'élancent dans les airs ou si elles volent d'une rive à l'autre d'un cours d'eau à maintes reprises ;
les poules d'eau s'agitent et poussent des cris ;
la lune paraît beaucoup plus grosse ;
les fleurs de la carline, une composée que l'on rencontre sur les chemins, se referment ;
la lune est entourée d'un cercle rougeâtre et clair ;
le soleil se couche avec une couleur très rouge ;
le soleil se lève en paraissant plus gros ;
le soleil se lève pâle et se couche rouge avec un arc-en-ciel.

Attention à la grêle si...

des nuages de couleur blanche à jaune se déplacent lentement malgré un vent fort ;
avant le lever du soleil, le ciel est pâle à l'est et les rayons du soleil percent des nuages épais paraissant modifier ces rayons (orage de grêle).

Prévoyez de la neige si...

en hiver, les nuages sont blancs et si l'air s'est adouci.

Méfiez-vous du froid si...

le vent souffle du nord ou de l'est vers la mi-octobre, que le baromètre baisse (les gelées sont à craindre) ;
en hiver, les étoiles sont étincelantes, brillantes et très nombreuses ;
la neige est fine et sèche, il perdurera ;
la neige qui tombe est légère, floconneuse, avec des cristaux irréguliers, groupés, il diminuera ;
la neige tombe en cristaux réguliers, il s'installe.

Le temps ne va pas tarder à changer si...

après quelques jours de gelées, le froid devient très vif, ce qui annonce généralement un prochain dégel ;
les étoiles sont nettes et étincelantes, le givre abondant sur la végétation, c'est l'arrivée du dégel ;
les étoiles paraissent plus grandes qu'à l'ordinaire et plus proches les unes des autres, si elles sont très brillantes.
Les signes énumérés ci-dessus ne s'appliquent pas, bien entendu, à toutes les régions françaises ; il faut considérer les particularités locales.

Le rôle de l'humus

L'humus est l'architecture du sol. De quoi se compose-t-il ? Comment préparer les composts ?

L'humus est un produit résultant de matières organiques qui, sous l'action combinée de l'air, de la température, de l'eau et des micro-organismes du sol, se sont décomposées en une matière vivante. L'humus contient pratiquement toutes les substances minérales qui existaient dans les corps organisés dont il provient et elles sont directement assimilables par les plantes. Il améliore la structure physique du sol, il régularise les échanges de l'air, de l'eau et de la chaleur entre le sol, la plante et l'air. En retenant l'eau dans un sol léger, il évite le lessivage. Pivot essentiel de la fertilité, c'est un constituant très important du sol, qui joue un rôle de régulateur du pH (acidité) et constitue un milieu favorable à la vie microbienne du sol (les vers de terre y sont très nombreux). Il permet de solubiliser, de fixer et de retenir les éléments fertilisants, ce qui signifie qu'une terre humifère entraîne une économie d'engrais (moins de lessivage).

LES SOURCES D'HUMUS

L'humus provient de la matière végétale mûre : engrais vert, fumier, paille, feuilles, bois de taille, brindilles, déchets de légumes (non véreux), résidus de récolte, sciure de bois (peu riche en tanin). La plupart de ces matières organiques, principalement le fumier, devront être assainies par un compostage (fermentation aérobie et anaérobie) avec un bon équilibre entre le carbone (paille) et l'azote (déjections).

COMMENT PRÉPARER LES COMPOSTS ?

Beaucoup de jardiniers utilisent du fumier frais pour enrichir leur sol en humus. La plupart du temps, ils recherchent un fumier bien « gras », c'est-à-dire peu pailleux, mais riche en déjections. Ils ignorent que ce fumier de ferme est malsain parce qu'il renferme une multitude de germes pathogènes qui auraient été éliminés par un compostage correct. Un fumier brut, trop riche en déjections, est souvent responsable de certaines maladies des plantes cultivées. Pour se rendre compte de la différence qui existe entre un fumier frais et un compost, il suffit de les sentir : le premier sent très mauvais, tandis que le second rappelle l'odeur de l'humus forestier. Il y a donc eu transformation de la matière organique lors du compostage.

▶ *Compostage pour un petit jardin*

Dans un endroit du jardin, de préférence près de l'emplacement prévu pour le tas de compost, étaler sur un lit de branchages (c'est l'idéal) déchets ou épluchures de légumes, herbes, tontes de gazon ou toutes autres matières organiques vertes. Au bout de quelques jours, quand le tout est fané et légèrement sec, on peut l'incorporer au tas de compost comme il est indiqué ci-dessous.

Dans un endroit abrité des vents froids, installer le tas de compost après avoir tendu 2 ficelles éloignées de 60 cm (largeur du tas de compost). On commence par un lit de paille que l'on recouvre d'une couche de tonte de gazon préalablement fanée ; saupoudrer du lithothamne, arroser et tasser. Ajouter une nouvelle couche de paille, puis de matière végétale verte et fanée, saupoudrer des engrais azotés organiques (poudre d'os, de corne, de plume ou du guano), arroser et tasser fortement. Les couches et les poudres (en alternant le lithothamne et les engrais azotés organiques), les arrosages et les tassements se succéderont ainsi pour atteindre une hauteur maximale de 60 cm.

Le tas prendra la forme d'un tas de betteraves (entre un triangle et un demi-cercle). L'allongement du tas se fera au fur et à mesure des apports de matières organiques. Il sera recouvert de quelques centimètres de terre, en partant du bas vers le haut, puis sera protégé des intempéries par une armature en bois recouverte d'une bâche qui évoluera avec le tas.

Les couches succédant à celles de paille peuvent être de matières organiques vertes différentes. Les tontes de gazon, les épluchures de légumes (non véreux) et les « mauvaises herbes » non montées à graines devront toujours être fanées avant leur incorporation au tas de compost. La sciure de bois blanc, les copeaux de bois, les feuilles mortes, les tiges sèches et finement coupées de topinambours, d'asperges, de pois, de haricots ou de fleurs, seront mélangés aux matières organiques vertes. Près de la mer, les algues brunes ou les goémons hachés seront incorporés au compost. L'incorporation d'orties non montées à graines, finement hachées et légèrement fanées, participera avantageusement à l'enrichissement du compost en sels minéraux et favorisera la décomposition de la matière organique, facilitant donc le compostage. Les arrosages à base de purin d'orties auront le même effet bénéfique.

Lorsque le tas de compost est terminé et qu'il ne reste plus de matières organiques à ajouter, il faut le protéger en le recouvrant avec la bâche sur les côtés comme aux extrémités. Le tas est à surveiller régulièrement. Il faudra le conserver dans cet état pendant une période de 4 à 6 mois environ.

Un mois et demi environ avant l'utilisation du compost, commence la phase de fermentation chaude. À cet effet, on déplace le tas. Tendre 2 ficelles éloignées de 60 cm environ. Placer au centre quelques briques pleines ou des pierres assez plates, déposer quelques branchages ficelés pour réaliser une légère cheminée horizontale qui ne devra pas déboucher hors du tas. Y placer le fumier en le secouant énergiquement pour bien l'aérer. Le tas fini, le recouvrir de paille ou de feuilles sèches, d'une épaisseur de 15-20 cm, en commençant par le bas pour finir par le haut. Au bout de quelques jours, la fermentation chaude se déclenche ; au bout de 1 ou 2 semaines, la température atteint 60 °C ; il ne faut pas qu'elle dépasse 65 °C car il y aurait alors perte de matière organique. La température redescendra progressivement, après environ 3 à 5 semaines de fermentation. Lorsque le compost est tiède, il est bon à épandre.

▶ *Compostage à base de paille pour un grand jardin*

La plupart des jardiniers ne possèdent pas de paille, mais les agriculteurs voisins ne rechignent généralement pas à en livrer une douzaine de bottes ou un gros rouleau. Pour faciliter l'opération d'ensilage de la paille, il est préférable d'avoir aménagé un coin comprenant 3 murs, un sol incliné et une fosse de récupération. Étaler la paille, l'arroser fortement, saupoudrer d'os, de corne ou de guano (engrais azotés organiques) et aussi d'un peu de lithothamne ; bien tasser, recommencer à chaque couche.

L'eau de la fosse sera récupérée pour effectuer d'autres arrosages. Il est évident qu'il sera judicieux d'arroser avec du purin d'orties ou d'ajouter à chaque lit de paille une petite couche d'orties légèrement fanées et hachées. Saupoudrer un peu de roches volcaniques est bénéfique.

Au bout de quelques semaines à plusieurs mois, quand la paille aura changé de couleur, qu'elle sera devenue jaune-brun, qu'elle aura été bien imprégnée, qu'elle sera molle et gluante, il faudra alors passer à la fermentation comme décrit plus loin pour le compostage du fumier (2e phase).

▶ *Compostage de fumier de ferme pour un grand jardin*

Qu'il soit d'origine bovine, caprine, ovine, ou équine, le fumier de ferme doit toujours être pailleux ; seule la paille est source d'humus. Les ovins et les chevaux donnent les meilleurs fumiers ; celui de cheval est, de plus, le plus facile à composter. Pour obtenir un compost correct, le rapport carbone/azote doit être de 33 %. La 1re période, qui est l'ensilage ou l'imprégnation qualifiée d'anaérobie (sans air), consiste à mettre le fumier en tas par couches successives suffisamment mouillées et tassées. Étaler une couche de fumier frais, arroser, poudrer avec du lithothamne (si l'agriculteur ne l'a pas fait sur ses litières), tasser fortement par piétinement ou tout autre moyen, puis recommencer jusqu'à ce que le tas atteigne environ 50 cm de hauteur – la longueur et la largeur importent peu. S'il doit être stocké plusieurs mois, le couvrir de paille, de feuilles sèches ou d'une bâche, en prenant soin de laisser pénétrer l'air entre le tas et la bâche ; il suffira pour cela de placer des branchages entre le tas et la bâche. Si le fumier a été abondamment humidifié et bien tassé, la paille sera bien écrasée et ramollie ; on aura alors bien préparé cette première phase.

On aura également facilité la deuxième phase : la période de fermentation chaude consiste là encore à déplacer le tas en le secouant fortement pour que le fumier soit bien aéré. C'est cette aération qui va déclencher, au bout de quelques jours, une fermentation chaude, qui atteindra les 55 °C à 60 °C.

Cette opération doit être effectuée de préférence sur terre nue. Tendre 2 ficelles éloignées de 2 m, à l'intérieur desquelles on placera quelques parpaings, puis des rondins de bois ou des branchages (voir dessins). Le but est de faire un tunnel d'aération, facilitant le départ de la fermentation chaude et permettant aussi d'éviter l'asphyxie du centre du tas. À l'aide d'une fourche, déplacer le fumier ensilé en le secouant énergiquement. Monter le tas en forme de silo de betteraves de 2 m de largeur, de 1,50-1,60 m de hauteur, de 4-5 m de longueur (minimale), car une certaine masse est nécessaire au déclenchement de la fermentation.

Lorsque le brassage est terminé, il faut couvrir le tas pour l'abriter du vent, du froid et de la pluie. Commencer par une légère épaisseur de terre environnante (2-3 cm) ; cette première protection favorisera la fermentation. Puis recouvrir tout le tas de 15-20 cm de paille, de sciure de bois blanc, de feuilles de fougères ou de feuilles sèches. Débuter par le bas pour terminer au-dessus : le tas sera mieux protégé. Ceux qui ont oublié d'ajouter le lithothamne à la 1re phase se rattraperont lors du brassage. Pour un fumier trop riche en déjections, adjoindre de la paille.

Il est préférable de faire son compost toujours au même endroit, à l'abri des vents dominants et froids, l'idéal étant l'angle de 2 haies. En moyenne, on utilisera ce compost « maison » à raison de 200 à 250 kg/are, c'est-à-dire 4 ou 5 brouettes par are. Il sera avantageux d'en apporter une partie à l'automne et le reste à la fin de l'hiver.

Si la fermentation chaude doit débuter pendant les froids, on l'amorcera en couvrant le tas d'une bâche en plastique ; l'enlever si la tem-

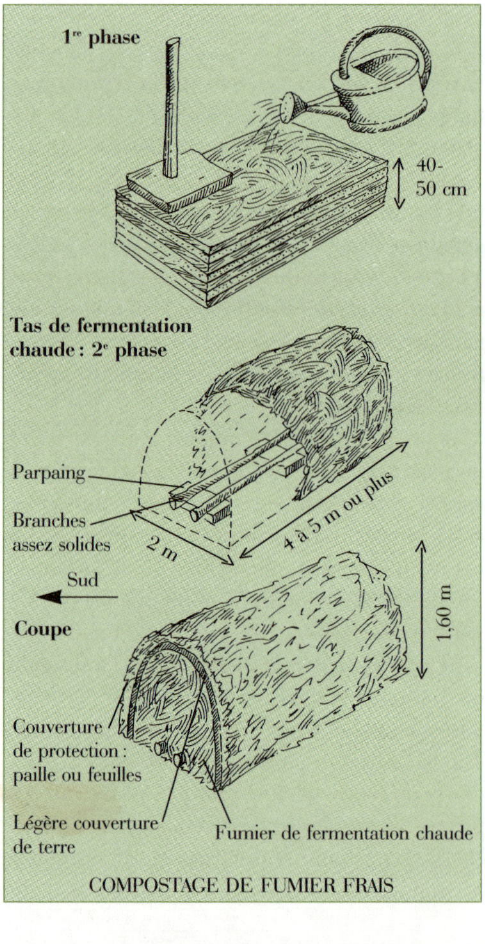

COMPOSTAGE DE FUMIER FRAIS

pérature monte normalement. En cas d'excès de chaleur lors de la fermentation chaude, réaliser une ou plusieurs cheminées verticales à l'aide de branchages (il est impératif que la température ne dépasse pas 65 °C). La fermentation doit débuter au bout de 4 à 6 jours, elle s'étend généralement sur 2 ou 3 semaines. Le compost est prêt à l'emploi quand il devient tiède ; ne pas le conserver trop longtemps après le compostage.

Les branches minces venant de la taille des haies ou des arbres, finement coupées (8 cm au plus) puis trempées dans l'eau pendant quelques jours au moins, pourront être incorporées au compost pour y subir l'imprégnation, puis la fermentation. Le broyage des branchages avec un broyeur se révélera ici des plus bénéfiques.

L'incorporation du compost se fait après avoir préparé la terre, soit à l'aide d'une fourche-bêche, en l'enterrant superficiellement (à plat), soit en le laissant tout l'hiver sur le sol. Les jardiniers qui possèdent un motoculteur avec fraise régleront celle-ci pour qu'elle travaille superficiellement ; en la faisant tourner le moins vite possible, ils s'acquitteront parfaitement de cette tâche, et leur compost se trouvera dans les 10 premiers centimètres du sol. Ceux qui possèdent un gros motoculteur ou un minitracteur équipé d'une mini-actisol étaleront d'abord leur compost sur le sol ; la mini-soussoleuse incorporera superficiellement le compost en travaillant la terre.

On trouve dans le commerce des bacs à compostage destinés aux petits jardins.

Le compost doit être la matière de base de tous les jardiniers pour enrichir la terre en humus. Un sol sans humus est une terre stérile ; que ce soit pour le potager, le jardin d'agrément ou le verger, l'humus doit être présent.

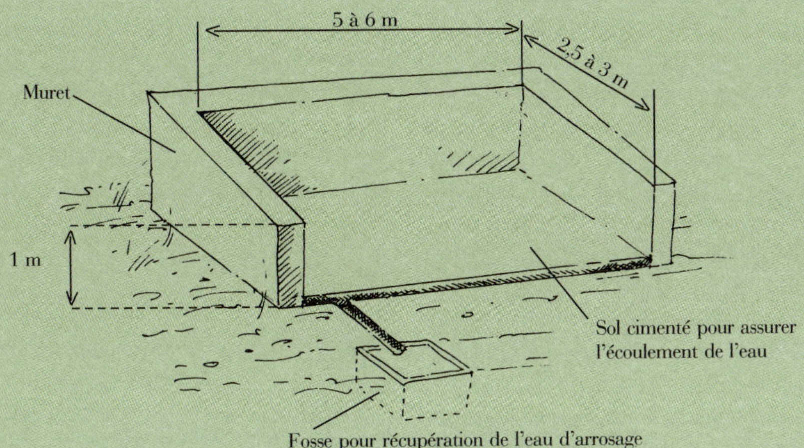

STRUCTURE POUR ENSILAGE DE LA PAILLE

La fertilisation

Pourquoi apporter à la terre une fertilisation ? En quoi consiste-t-elle ?

Pour que cette terre, si généreuse, nous fournisse tout au long de l'année des légumes que nous retrouvons dans notre assiette midi et soir, il faut lui apporter une fertilisation. Il est tout naturel et indispensable de nourrir au moins une fois l'an cette grande population qu'est la vie microbienne du sol et qui va donner à son tour aux plantes les éléments qui leur sont nécessaires. Ne rien apporter au sol, c'est à coup sûr encourager parasites et maladies, c'est surtout obtenir des plantes déséquilibrées qui ne produisent pas ou peu.

Les fumiers servent à la fabrication des composts : le fumier de cheval est le plus facile à composter, car il chauffe aisément ; le fumier de mouton chauffe assez rapidement ; le fumier de vache est un peu plus difficile à composter ; le fumier de volaille qui est très riche en azote sera bénéfique en mélange avec d'autres fumiers. Tous ces fumiers devront être très riches en paille. Il existe d'autres composts dont la matière organique est à base d'écorce de résineux ou de broussailles. Dans le commerce, on trouve différents composts dont le but est d'enrichir le sol en humus.

Les fertilisants apportent divers éléments selon leur origine. Riches en azote, les cornes broyées se distinguent par leur assimilation progressive ; il en est de même pour les fertilisants à base de plumes, de déchets de laine ou de sang desséché. Les phosphates d'os et les phosphates naturels contiennent beaucoup de phosphore. Les farines de déchets de poissons (guanos de poissons) apportent de l'azote et du phosphore, tout comme les guanos d'oiseaux de mer (du Pérou). Le patentkali contient du magnésium et de la potasse. Les poudres de roches (les zéolithes) importées de Bulgarie sont riches en potasse, en magnésium, en calcium et en oligo-éléments convenant aux terres ayant un pH neutre ou calcaire ; les poudres de roches volcaniques (basaltes) sont bénéfiques pour les sols plutôt acides ; toutes les poudres de roches sont riches en silice. La cendre de bois comporte de la potasse et du phosphore, ainsi que des oligo-éléments ; mélanger surtout très rapidement la cendre de bois à la couche superficielle du sol. L'algue marine « lithothamne » finement broyée est utilisée en fertilisation foliaire et, plus grossièrement réduite en farine, elle sert d'amendement pour les terres trop acides ; elle contient beaucoup de calcium, du magnésium et des

Faut-il chauler ?

Le jardinage classique donne une place importante à la chaux comme amendement et comme moyen d'amélioration de la structure du sol pour les terres acides.
Mais un vieux dicton rappelle « la chaux enrichit le père et ruine le fils », ce qui veut dire que la chaux déclenche une véritable flambée de matières organiques au détriment des réserves d'humus du sol ; en plus, elle libère un excès de potassium, gênant l'assimilation du magnésium et du phosphore et bloquant de nombreux oligo-éléments indispensables à la vie.
Il est préférable de faire des apports annuels de lithothamne broyé plus grossièrement à raison de 2 à 4 kg par are.

oligo-éléments. La tourbe, blonde ou brune, non enrichie, sert à alléger les terres trop lourdes ; les composts jouent le même rôle.

▶ ***Les apports pour 100 m² ou 1 are***

Pour les composts « maison », on compte environ 5 brouettes à l'are (250 kg) ; pour les composts du commerce, se reporter à l'étiquetage, car les doses varient beaucoup. Pour les cornes broyées, la proportion est de 2 à 4 kg/are ainsi que pour les farines de plumes, de sang desséché, les guanos, le patentkali ou les phosphates d'os ; pour la poudre de roches, 3 à 6 kg/are ; pour la cendre de bois, 5 à 7 kg/are ; pour le lithothamne, 1 à 4 kg/are. Les doses préconisées sont annuelles.

Dans cet ouvrage, pour la plupart des plantes potagères, il est conseillé une fumure et des fertilisations « normales » : il s'agit des doses citées ci-dessus.

La fumure est un apport de compost, source d'humus. Pour la fertilisation, on apporte de l'engrais de fond (agissant lentement), ou de l'engrais « coup de fouet », riche en azote (à action rapide). Tous les fertilisants doivent être utilisés en surface et mélangés superficiellement à l'aide d'une fourche crochue. Il est souvent conseillé de faire les apports d'engrais en deux fois (une partie au printemps et l'autre partie à l'automne).

LA FERTILISATION FOLIAIRE

La fertilisation foliaire est fondée sur l'absorption des éléments fertilisants directement par les tissus de la feuille. En culture « biologique », on utilise à cet effet le concentré d'algues brunes (ficus, laminaire, ascophylium) ; les essences naturelles de plantes, des extraits liquides qui s'emploient en pulvérisations fines ; le lithothamne des glénans (algues marines) à l'aide d'une poudreuse à ventilateur spéciale ; le purin d'orties et diverses autres recettes énumérées dans cet ouvrage.

Les algues brunes et le lithothamne sont des produits très riches en oligo-éléments, en hormones de croissance, en acides aminés et en vitamines. Le complexe d'essences naturelles de plantes et d'oligo-éléments est un complément des fertilisants donnant un coup de fouet à la croissance de la végétation.

La fertilisation foliaire active la végétation, renforce la résistance des plantes contre les maladies cryptogamiques et le parasitisme, corrige les troubles de nutrition des plantes, augmente les teneurs en éléments nutritifs, renforce la résistance au froid, améliore le rendement et la qualité des produits.

La fertilisation foliaire à base de lithothamne s'effectue en saupoudrant sur une végétation humide, à la rosée du matin ou du soir, au-dessus et surtout au-dessous des feuilles. La dose normale est de 150 à 300 g/are (selon la végétation), avec 3 à 5 pulvérisations au cours de la végétation de chaque plante. Aussitôt après un orage, il est conseillé de saupoudrer certaines plantes : pomme de terre, échalote, oignon et tomate.

Les solutions d'extrait d'algues brunes s'utilisent en pulvérisations fines ; diluer un quart de litre d'extrait dans 10 l d'eau, 2 à 4 pulvérisations sur la même culture, espacées d'environ 3 semaines : c'est un très bon moyen préventif contre les maladies cryptogamiques.

Le complexe d'essences naturelles de plantes est un activateur de croissance, un antiseptique de la flore et de la faune pathogènes, c'est aussi un régulateur du pH du sol, recommandé en terre à pH calcaire.

Toutes les fertilisations foliaires doivent s'effectuer tôt le matin ou le soir ; éviter de les réaliser en plein soleil, par grand vent ou en période de sécheresse. Attendre au moins une huitaine de jours pour passer d'un poudrage de lithothamne à celui d'un complexe d'essences naturelles de plantes ou à une pulvérisation d'extrait d'algues brunes. Bien mélanger les solutions à base d'essences naturelles de plantes ou d'extrait d'algues brunes. Que la fertilisation foliaire soit en poudre ou en liquide, il faut toujours chercher à atteindre principalement le dessous des feuilles. Il est préférable de saupoudrer du lithothamne à raison de 150 g/are et de faire 2 ou 3 passages à la dose de 300 g/are.

LES ENGRAIS VERTS AU POTAGER

La pratique des engrais verts n'est pas une nouveauté, elle est connue depuis l'Antiquité ; elle permet d'enrichir et d'améliorer le sol en y apportant une grande quantité de matière organique, source d'humus ; de plus, les engrais verts à base de légumineuses apportent de l'azote au sol. Il y a un demi-siècle, cette « fertilisation verte » était très répandue en agriculture traditionnelle ; on y cultivait principalement des légumineuses. Aujourd'hui, certains agriculteurs pratiquent parfois la culture d'engrais verts, mais à base de crucifères ; en agrobiologie, cette pratique est très fréquente.

Dans un potager, il est possible de cultiver des engrais verts, en août-septembre, si une planche est libre. Il est également envisageable de faire des semis d'engrais verts (trèfle blanc nain, féverole) entre les rangs de diverses plantes potagères (pomme de terre, topinambour, chou, courge, concombre ou tomate). La plupart des plantes de 10-15 cm de hauteur bénéficieront avantageusement d'un semis de légumineuses entre les rangs. Comment pratiquer une culture intercalaire (le trèfle blanc nain est le plus conseillé) entre les rangs des plantes ? Lors d'un binage, semer un rayon de cette légumineuse, recouvrir très légèrement les semences, tasser ; ce semis doit être effectué quand les plantes sont suffisamment développées.

Quand un engrais vert est près de sa maturité (généralement quand les boutons apparaissent), il faut le gyrobroyer avec la tondeuse à gazon, le laisser sécher sur le sol pendant une huitaine de jours ou plus, puis l'enfouir superficiellement (dans les 10-15 premiers centimètres du sol) ; il devra être incorporé 4 ou 5 semaines avant les semis. Il est avantageux de l'enfouir avec un compost.

▶ *Les avantages des engrais verts*

Ils remettent en activité les éléments minéraux entraînés en profondeur par les pluies. Ils fixent l'azote de l'air (pour les légumineuses), par les bactéries symbiotes des racines. Ils protègent le sol contre les intempéries (insolation, neige, gel et sécheresse). Ils favorisent l'humidification de toute matière organique ligneuse (paille, bois de tailles, déchets de récolte, etc.). Ils améliorent la structure du sol, le drainant par leurs racines très profondes. Ils empêchent le développement des herbes sauvages, dites « mauvaises herbes ». Ils évitent l'érosion du sol par le ruissellement des pluies battantes et par le vent. Ils protègent la faune utile (les prédateurs, principalement les coccinelles). Ils favorisent la nutrition de la culture suivante en apportant de la matière végétale (source d'humus). Ils assurent une couverture végétale permanente, réduisant les écarts de température au niveau du sol.

Il est conseillé de varier d'une année sur l'autre les végétaux cultivés comme engrais sur une même planche – crucifères, graminées et légumineuses. Parmi ces végétaux verts, certains sont riches en racines et en végétation : féverole, lupin, minette, luzerne, trèfle, vesce, pois, gesse ; ce sont des légumineuses. D'autres sont peu riches en racines, mais donnent une masse considérable de matière organique : colza, moutarde, navette, radis fourrager ; ce sont des crucifères. Avoine et seigle sont des graminées et le sarrasin est une polygonacée. Les trèfles et la féverole sont les meilleurs abris pour les coccinelles. Éviter la culture des engrais verts dans les régions peu pluvieuses ou sèches.

Quelques exemples de semis d'engrais verts sur le sol nu, pour 100 m² ou 1 are (ces semis devront être effectués avant la 2e semaine de septembre) :

100 g de minette + 20 g de trèfle blanc nain ;

80 g de trèfle violet + 10 g de trèfle ladimo + 10 g de trèfle blanc nain ;

100 g à 150 g de trèfle d'Alexandrie ;

700 g de pois fourrager + 1,2 kg de vesce d'hiver + 1,5 kg de fève ;

500 g de pois fourrager + 1 kg de vesce d'hiver + 400 g de seigle ;

500 g d'avoine + 1,5 kg de féverole ;

550 g de seigle + 1,5 kg de vesce d'hiver ;

400 g de gesse + 500 g de seigle ou d'avoine ;

250 g de luzerne (à laisser en place 2 ou 3 ans) ;

400 g de gesse + 500 g de seigle ou d'avoine.

Les formules suivantes sont à semer avant le 15 octobre :

200 g de moutarde à semer de mai à août ;

200 g de trèfle incarnat à semer en septembre ;

100 g de colza à semer de mars au 15 septembre ;

1 à 2 kg de lupin doux jaune à semer depuis le début mars jusqu'à la fin juillet, pour les terres légères à squelettiques, acides à très acides (pH 6,5 max.) ;

100 à 120 g de navette à semer d'avril à septembre pour les terrains légers, siliceux et calcaires ;

600 g de sarrasin à semer de la fin mai à juillet, pour les sols pauvres et acides ;

200 g de placelie, à semer d'avril à août;

200 g de fenugrec, à semer en juin-juillet ;

1 à 2 kg de lupin doux blanc, à semer de mars à juillet, pour les terres fortes et fraîches ;

200 à 500 g de mélilot de Sibérie, à semer en juin, peut rester en place 2 ans, il repousse ;

500 g de serradelle, à semer au printemps ou à l'automne en régions douces.

Les travaux au potager

La rotation des cultures, le voisinage, l'entretien et le repiquage

L'alternance des cultures revêt de nombreux avantages : c'est l'un des meilleurs moyens de prévention contre les maladies et les parasites ennemis des cultures. Les exigences alimentaires des plantes sont différentes d'une espèce à l'autre, d'où l'importance d'une rotation bien menée.

On améliore la structure du sol en cultivant des sujets à racines superficielles, puis des plantes à racines profondes. On économise du compost et de l'engrais. La rotation évite la fatigue et l'épuisement de la terre ; au contraire, elle en augmente la fertilité.

La succession d'une même culture peut aller de 2 ans au minimum à 5 années ; certaines plantes, telles que l'artichaut, le crambé, le fraisier, le raifort sauvage, la patience et, surtout, l'asperge, sont hors rotation à cause de leur longue durée en place. Il est évident qu'il ne faudra pas cultiver des plantes de la même famille pendant quelques années au même endroit.

En faisant un plan chaque année et en numérotant chaque planche, on évitera les erreurs et on sera sûr de pratiquer une bonne alternance. Si l'on possède un grand potager, il est avantageux d'y cultiver pendant 1 an un engrais vert à base de légumineuses sur une partie pouvant rester libre ; ce sera un très bon précédent pour les pommes de terre et diverses autres plantes potagères gourmandes en azote et en humus.

▶ *4 ou 5 successions*

Il faut de préférence commencer par des plantes dites « améliorantes », qui enrichissent le sol en azote. Ces plantes sont toutes des légumineuses (fève, gesse commune, haricot, lentille, pois) ou des engrais verts de légumineuses (trèfles divers, luzerne, minette, lupin, vesce ; cette dernière peut être avantageusement associée avec une graminée – seigle, avoine).

Le sol étant enrichi en azote et en matière organique, on peut donc au deuxième passage y cultiver des plantes exigeantes (betterave, céleri-rave, poireau, chou, igname de Chine, topinambour, hélianthe), qui sont de grosses consommatrices d'humus. Le sol ne sera pas fatigué si l'on procède de cette façon.

En troisième rotation, il est conseillé de cultiver des plantes à racines qui vont récupérer les éléments entraînés en profondeur ; leur système radiculaire, à racines pivotantes, va améliorer la structure du sol. Ce sont : l'énothère bisannuelle, la carotte, le salsifis, le scorsonère, le radis d'hiver ou le panais.

En quatrième session, les plantes-feuilles (arroche, laitue, chicorée, cresson des jardins, épinard, fenouil, poirée, tétragone), les plantes à bulbes (ail, oignon, échalote, etc.) : ces plantes n'occupent pas le sol trop longtemps ou ne sont pas exigeantes dans une terre fertile.

En cinquième place, viennent les plantes potagères à fruits (aubergine, courge, concombre, cornichon, melon, tomate, physalis, piment) ; ce sont des plantes peu exigeantes, aimant une terre riche en humus actif.

LE VOISINAGE DES PLANTES

Nos ancêtres connaissaient déjà la « cohabitation » pour les plantes. S'ils ne savaient pas expliquer certains phénomènes, ils observaient et constataient le rôle des associations favorables ou défavorables dans un potager ; petit à petit, ces connaissances ont été oubliées de notre civilisation dite « moderne ».

Certaines plantes ont un effet bénéfique sur leurs voisines, elles les protègent des parasites ou des maladies, ou bien elles les stimulent en favorisant leur croissance. À l'inverse, certaines espèces entravent la croissance des autres ; il arrive même qu'une espèce cultivée à côté d'une autre voit son goût modifié.

Ainsi, la carotte repousse la teigne du poireau, tandis que le poireau éloigne la mouche de la carotte, d'où l'avantage d'alterner rang de carottes et rang de poireaux ; les laitues éloignent l'altise du chou ; les radis cultivés près du cerfeuil sont plus piquants, tandis que les radis de tous les mois semés parmi les carottes sont doux ; le basilic repiqué entre les pieds de tomate éloigne certains parasites et évite diverses maladies ; le céleri planté à côté du chou le protège des chenilles en éloignant la piéride ; la plupart des plantes aromatiques, principalement le romarin, l'absinthe, les menthes, la sauge, repoussent les piérides ; le romarin et la scorsonère éloignent la mouche de la carotte ; le raifort sauvage fait fuir les doryphores ; l'origan repousse certains parasites des cucurbitacées.

Il est très agréable de planter certaines fleurs parmi les plantes légumières, soit pour leur beauté, soit pour leur utilité : ainsi le souci éloigne certains insectes parasites des aubergines, des courges, des haricots et des tomates. Éviter de cultiver le pissenlit et l'absinthe parmi les plantes potagères car ils entravent généralement la croissance des autres.

▶ *Associations défavorables*

Absinthe : carvi, sauge, anis, fenouil, ainsi que les semis et les jeunes plants ;
ail : pois, haricot, fève, lentille, gesse ;
basilic : rue officinale ;
betterave : haricot à rame ;
carotte : aneth ;
cerfeuil : radis ;
chou : fraisier, tomate, oignon ;
chou-rave : haricot, tomate ;
concombre : pomme de terre, tomate ;
courge : pomme de terre ;
échalote : pois, haricot, fève, lentille, gesse ;
fenouil : tomate, chou-rave, absinthe, coriandre, carvi, haricot, pois, échalote ;
haricot : ail, oignon, échalote, tomate, fenouil ;
laitue : tournesol, persil ;
melon : concombre, courge ;
oignon : pois, haricot, fève, lentille, gesse ;
poirée : poireau ;
pois : ail, échalote, oignon, poireau ;
pomme de terre : tomate, courge, carotte, oignon, framboisier, arroche, tournesol ;
radis : cerfeuil, hysope ;
tomate : haricot, concombre, chou-rave, pomme de terre, betterave.

▶ *Associations favorables*

Ail : betterave, fraisier, laitue, carotte, tomate ;
artichaut : fève ;
asperge : haricot nain, persil, tomate ;

aubergine : haricot (en vert) ;
carotte : poireau, oignon, laitue, pois, radis, tomate, haricot nain, ciboulette, coriandre, scorsonère, romarin ;
céleri à côtes : poireau, tomate, chou-fleur hâtif ;
céleri-rave : radis, betterave, pois, haricot ;
ciboulette : carotte, concombre ;
courge : maïs, laitue ;
cresson : radis ;
échalote : betterave, fraisier, laitue, tomate ;
épinard : betterave, fraisier, laitue, haricot à rame ;
fraisier : bourrache, épinard, laitue, haricot nain, tomate, thym ;
fève : artichaut, maïs ;
haricot : pomme de terre, carotte, concombre, chou-fleur, fraisier, aubergine, maïs, chou, betterave, céleri, épinard, sarriette ;
laitue : chou-fleur, aneth, carotte, radis, fraisier, concombre, courge, poireau ;
mâche : poireau, oignon (blanc) ;
maïs : pomme de terre, concombre, courge, pois, fève ;
navet : pois, romarin, menthe ;
panais : oignon ;
persil : asperge, tomate ;
poireau : oignon, tomate, carotte, laitue, céleri, mâche ;
pois : navet, concombre, carotte, radis, maïs, pomme de terre, chou-rave ;
pomme de terre : haricot, maïs, chou, pois, fève, raifort ;
radis : pois, laitue, carotte, cresson, épinard ;
tomate : ail, oignon, carotte, asperge, céleri, poireau, basilic, persil ;
tournesol : concombre.

L'ENTRETIEN DU POTAGER

Un seul coup d'œil sur un potager suffit à déterminer la qualité du jardinier. On reconnaît le bon jardinier à la tenue du jardin, s'il n'est pas envahi par les herbes sauvages, si les rangs de plantes sont bien droits...

▶ ***Le sarclage*** consiste à éliminer les herbes sauvages, appelées mauvaises herbes ou adventices, qui se développent spontanément dans les semis ou parmi les plantes : on les détruit en les arrachant à la main ou à l'aide d'outils (binette, cultivateur, etc.).

▶ ***Le binage*** consiste à ameublir les interlignes d'une surface de terre ensemencée ou plantée, en vue d'aérer celle-ci ; c'est l'un des travaux les plus utiles au jardin.

Souvent ces deux opérations n'en font qu'une car, en ôtant les herbes sauvages, on effectue un binage qui les arrache ou les coupe. L'opération binage-sarclage contribue à détruire les herbes sauvages, à réduire l'évaporation du sol, à y maintenir une bonne structure (ce qui facilite le développement des plantes), à laisser pénétrer l'air et l'eau, à empêcher la formation d'une croûte à la surface du sol (ce qui favorisera la remontée de l'eau par capillarité) et, enfin, à joindre l'utile à l'agréable, puisqu'un jardin bien entretenu est plus joli.

Les binages doivent être renouvelés souvent (chaque semaine est une bonne habitude) à l'aide d'une binette ou d'un cultivateur (manuel ou à roue). Prendre certaines précautions en binant, pour ne pas abîmer les racines des plantes cultivées. Il faut toujours biner de façon à ne pas tasser la terre ; attention à ne pas piétiner l'endroit : soit on se décale d'un rang, soit on travaille en reculant. Certains jardiniers binent avec un simple râteau : ils font plus de mal que de bien, la terre n'est remuée que sur quelques millimètres ; après leur passage, elle est encore plus tassée. Si la pluie menace, éviter de biner ; il en est de même si la terre est trop humide ou collante, car il vaut mieux biner-sarcler par beau temps, ce qui permet de dessécher les adventices. Arrachées et laissées sur place avant une pluie, ces dernières reprennent facilement, et le travail est à refaire. Pailler après un bon binage est excellent, car cela permet de garder la fraîcheur et empêche la prolifération des herbes sauvages.

En binant souvent, on gagne beaucoup de temps et les plantes cultivées se développent mieux. Le binage est un excellent moyen de surveiller et d'éliminer les plantes qui pourraient être malades. La plupart du temps, on profite d'un binage et d'un sarclage pour faire un éclaircissage.

▶ ***Le buttage*** consiste à ramener de la terre autour des pieds de certaines plantes potagères atteignant une hauteur donnée. Son but est de favoriser le développement de la partie souterraine de plantes telles que pomme de terre, oca, topinambour, crosne, tout en gardant mieux la fraîcheur.

Pour d'autres, l'objectif est de les soutenir (pois, gesse, haricot, chou), de blanchir leur tige (chicorée de Bruxelles, cardon, céleri à côtes, asperge) ou de les protéger du froid (artichaut). Le buttage s'effectue quand les plantes sont suffisamment fortes pour supporter cette opération (il faut laisser le haut des tiges hors du sol). Il est toujours précédé d'un bon binage. Le buttage s'effectue à l'aide d'une houe, d'un buttoir manuel ou adapté sur un motoculteur.

▶ ***Le paillage*** consiste à couvrir le sol autour des plantes en place, avec de la paille, du fumier pailleux, du compost, de la tonte de pelouse, des feuilles diverses, des fougères, pour maintenir une évaporation minimale, donc pour conserver le sol suffisamment humide tout en le protégeant des excès de température. La plupart des plantes potagères ou ornementales de 10-15 cm de hauteur au moins peuvent être paillées.

Cela sert à protéger le sol de la chaleur, du froid et du vent, à diminuer la prolifération des herbes sauvages, à éviter le tassement lors des pluies ou des arrosages, à maintenir la fraîcheur du sol en empêchant l'évaporation, à protéger du contact avec la terre certains fruits qui se salissent (courge, fraise, melon, concombre), à éliminer pratiquement les binages, à empêcher le lessivage lors de fortes pluies, à apporter (après décomposition) une source d'humus au sol. Ne pailler l'ail, l'échalote ou l'oignon qu'en cas de grande sécheresse. La couche de matières végétales utilisée comme paillage ne devra pas excéder 7 cm d'épaisseur.

▶ ***L'arrosage*** consiste à distribuer de l'eau aux plantes quand le besoin s'en fait sentir, l'eau étant un élément nécessaire à toute culture. On arrose généralement lors des mois de chaleur, soit en juin, juillet, août et parfois septembre. L'arrosage se pratique soit tard le soir en période chaude, soit tôt le matin au printemps ou à l'automne. Il est préférable d'arroser profondément et moins souvent. Les arrosages journaliers refroidissent le sol si l'eau n'a pas été exposée au soleil dans des récipients et n'apportent pas assez d'humidité aux racines des plantes ; ils peuvent être plus nuisibles qu'utiles. Par ailleurs, il n'est jamais bon de laisser des plantes souffrir ou végéter par manque d'eau. Il en résulte un arrêt végétatif, la plupart des végétaux ne s'en remettent pas et donnent des légumes petits, filandreux ou montant à graines prématurément. Les plantes herbacées ou à végétation rapide (laitue, radis, arroche, épinard, tomate, céleri) demandent plus d'eau que les espèces à végétation lente (topinambour, igname, artichaut, oignon, échalote).

Il est évident que la meilleure des eaux est l'*eau de pluie* ; il est possible d'en récupérer dans des bacs en plastique, en vérifiant préalablement qu'ils n'ont pas contenu de produits dangereux (ils restent très souvent imprégnés de produit toxique et, dans ce cas, il vaut mieux en acheter des neufs). L'eau pourra y séjourner quelques jours sans problème, mais pas trop longtemps, l'avantage est qu'elle s'y sera réchauffée.

L'*eau de source* est généralement bonne, sa teneur en sels minéraux varie beaucoup suivant les terrains qu'elle traverse ; comme elle est souvent froide, il faut la stocker dans des récipients pendant une journée pour qu'elle se réchauffe (bacs ou tonneaux).

L'*eau de puits* est très froide, peu aérée ; dans beaucoup de régions, elle est calcaire, il faut la réchauffer dans des récipients avant de l'utiliser, surtout si le puits est profond.

Les *eaux courantes* (rivières, ruisseaux, etc.) seraient les meilleures, après l'eau de pluie, car elles sont très bien aérées, relativement chaudes car le soleil les recharge en énergie (à condition de les prendre assez loin de leur source). Hélas ! dans cette époque moderne qu'est la nôtre, elles sont souvent polluées ! À noter qu'une eau même très claire peut être polluée.

Les *eaux stagnantes* (mares, étangs, etc.) sont déconseillées, le taux de pollution étant souvent élevé. Elles sont mal aérées car elles contiennent des matières organiques en décomposition qui utilisent l'oxygène de l'eau. Les plantes arrosées avec ces eaux (salade, chou et autre végétal consommé cru) peuvent être à l'origine de maladies microbiennes chez l'homme.

L'*eau du robinet* a aussi quelques inconvénients car, dans de nombreuses régions, elle est calcaire (sauf en Bretagne, où elle est très douce), froide (la réchauffer au soleil dans des réservoirs, avant utilisation), trop chlorée et fluorée.

Dans un jardin assez important, il est quasi impossible de réchauffer l'eau avant d'arroser ; il est préférable d'arroser en profondeur à l'aide d'arroseurs portatifs sur trépied, d'arroseurs oscillants, d'arroseurs rotatifs, d'arroseurs canons, de tuyaux perforés, etc. ; arroser peu souvent, ne pas oublier qu'un paillage vaut de nombreux arrosages, surtout si la couche de matière organique atteint plusieurs centimètres, les arrosages n'étant alors plus nécessaires. Arroser doucement, il faut que l'eau arrive avec le moins de force possible sur les plantes, d'où l'avantage des tourniquets et arroseurs divers cités plus haut. Enfin, une terre légère demande beaucoup plus d'eau qu'un sol argileux ou riche en humus.

Il est indispensable d'arroser les jeunes plants fraîchement repiqués, à l'aide d'un arrosoir, mais au goulot en évitant de mouiller les feuilles et en maintenant celui-ci le plus près du pied pour ne pas le déchausser. Ne pas arroser en plein soleil ou pendant les heures chaudes. Il faut éviter de mouiller les feuilles de diverses plantes dont les tomates, les melons, les pommes de terre ou les courges, qui sont assez sensibles aux maladies cryptogamiques. Les plantes à bulbes ou à tubercules ne nécessitent pas d'arrosage lors de leur plantation. Les besoins en eau varient selon l'importance de l'évaporation et suivant les plantes en place, certaines absorbant plus d'eau que d'autres.

Les arrosages s'effectuent soit avec un arrosoir muni de sa pomme pour atteindre diverses plantes ou semis, soit au goulot (arrosoir sans pomme) pour arroser aux pieds des plants fraîchement repiqués ou pour les plantes très écartées (courge, concombre) et dont les feuilles ne supportent pas l'eau. Les modes d'arrosage sous pression d'eau permettent d'arroser moins souvent et plus profondément : ils projettent l'eau sous forme de pluie et le jardinier y gagne du temps et des forces. Les arroseurs portatifs sur trépied, rotatifs ou à canons arrosent en cercle ; les arroseurs oscillants arrosent en rectangle ; les arroseurs à lance munis d'un brise-jet ou d'un jet réglable monopolisent une personne et sont malaisés. Il est important de bien choisir un matériel d'arrosage et de l'entretenir correctement. L'arrosage par irrigation est pratiqué dans les régions méridionales pour les jardins en terrasse (sols en pente). Les arrosages des semis, contrairement aux plantes en place, doivent être répétés, légers et effectués avec de l'eau suffisamment chaude pour favoriser la levée des semences.

LE REPIQUAGE

Cette opération consiste à transplanter un jeune plant provenant d'un semis en pépinière sur un emplacement provisoire ou définitif. La transplantation est contre-indiquée pour certaines plantes qu'il faut semer directement en place. Parfois le repiquage est répété avant la mise en place définitive pour donner du chevelu à certaines plantes (les choux). Le repiquage s'effectue à l'aide d'un plantoir pour la plupart des plantes potagères, mais une houe est préférable pour les fraisiers.

Pour réaliser correctement un repiquage à l'aide d'un plantoir, il faut tendre un cordeau, tracer une ligne (peu profonde) à la serfouette, enfoncer le plantoir, y déposer le plant en prenant la précaution de ne pas recourber la racine, combler le trou jusqu'au collet du plant (le cœur doit être apparent) ; appuyer sur le côté avec le plantoir pour tasser la terre autour des racines, arroser le pied des plants transplantés au goulot (arrosoir sans pomme) pour faciliter la reprise. Attendre la reprise des plants repiqués avant d'éliminer les pieds restés en pépinière, ils suppléeront éventuellement aux sujets manquants. Il est préférable de transplanter les plants en quinconce pour permettre à la lumière et à l'air de mieux pénétrer entre les jeunes plants.

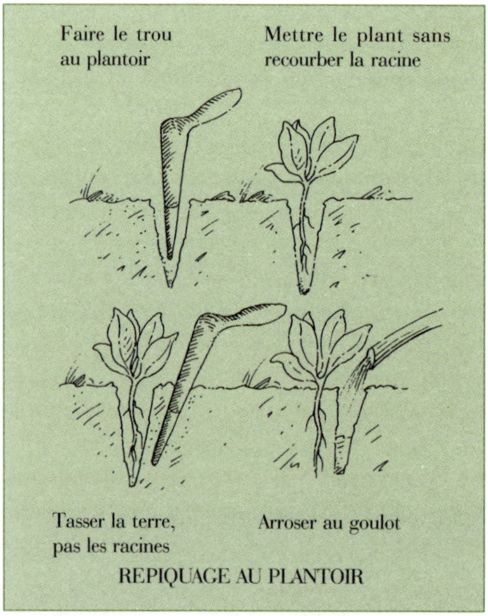

REPIQUAGE AU PLANTOIR

La plantation à la houe consiste à faire un trou en tirant vers soi avec cet outil. Y déposer le plant, enlever délicatement l'outil, combler le trou jusqu'au collet du plant, tasser la terre au pied, arroser chaque plant au goulot.

Les écarts à respecter entre les plants varient selon les espèces. Il faut toujours choisir des plants vigoureux, ayant un bon chevelu (enracinement). Certaines plantes demandent à être plus profondément repiquées (jusqu'aux feuilles), principalement la tomate, le chou, le poireau, le piment ; d'autres préfèrent l'être un peu moins comme la laitue, la chicorée, le fraisier, le céleri.

Il faut attendre que le plant soit parvenu à la grosseur voulue pour être transplanté. Prendre quelques précautions à l'arrachage des plants : soulever la terre avec le plantoir avant d'arracher les jeunes plants pour ne pas blesser les racines et conserver les radicelles (chevelu). Il faut habiller les plants avant le repiquage : couper l'extrémité des feuilles pour faciliter la reprise en diminuant l'évaporation ; pour certains plants, rafraîchir aussi le bout des racines trop longues, gênantes ou déchirées à l'arrachage. Il est préférable d'effectuer la transplantation des plants le soir, surtout en été ou en période chaude ; par temps couvert, cette opération est réalisable à tout moment.

La reprise se fera sans problème si l'on prend soin de tremper les racines dans une solution d'extrait d'essences naturelles de plantes (40 gouttes par litre d'eau) pendant quelques heures, avant de praliner les racines de tous les plants dans une bouillie de farine d'algues lithothamne (100 g par litre d'eau).

HABILLAGE

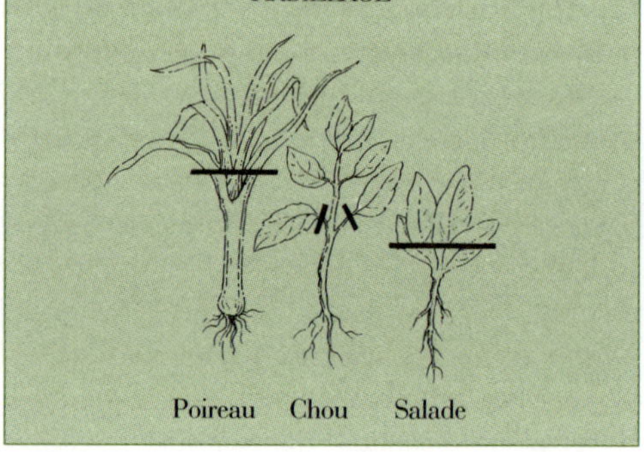

La lutte contre les parasites

Comment lutter contre les principaux parasites des plantes tout en protégeant leurs prédateurs

Certains jardiniers amateurs font du jardinage en recherchant la facilité, en limitant le travail au minimum ; ils ont recours à tout un arsenal de produits chimiques de synthèse (désherbants, pesticides, etc.). Il existe pourtant d'autres moyens naturels et logiques pour jardiner sainement et récolter sain !

LES ALTISES

On en compte plusieurs : l'altise de l'artichaut *(Sphaeroderma rubidum)* mesure 3-4 mm, elle est rouge ; l'altise des crucifères (petite) *(Phyllotreta nemorum)*, 3-4 mm, appelée altise à bandes jaunes ; l'altise des crucifères (grosse) *(Psylliodes chrysocephala)* est noire, 6-8 mm ; l'altise de la betterave *(Chaetocnema tibialis)*, 2 mm environ ; l'altise du chou *(Altica brassicae)*, 1 mm environ.

Les altises sont des petits coléoptères sauteurs, de couleurs variées, parfois appelées « puces des jardins », « puces de terre », « pucettes » ou encore « tiquets ». C'est surtout en période de sécheresse qu'elles perforent les feuilles de nombreux trous.

▶ ***De bons principes préventifs :*** semer dans des conditions adéquates (levée rapide, pas d'arrêt végétatif) ; apporter au sol du compost correct et une bonne fertilisation ; planter entre les rangs des plantes pouvant être attaquées ou y déposer quelques branches de sureau ; l'absinthe, la menthe, le romarin, la sarriette, le cresson alénois et, bien entendu, la tomate repoussent les altises.

▶ ***Lutte :*** pulvérisations d'insecticide végétal à base de pyréthrine et de roténone, répétées à 4 ou 5 jours d'intervalle si nécessaire ; bassinage des plantes (arroser très légèrement en pluie fine, en mouillant seulement les feuilles), plusieurs fois par jour, surtout pour les jeunes plants ; pulvérisations à base de savon de Marseille ; saupoudrages des plantes avec de la cendre de bois, à la rosée du matin ou du soir ; destruction des œufs sous les feuilles en les écrasant ; pulvérisations d'eau additionnée de jus de tabac, de macérations d'absinthe, de feuilles et de gourmands de tomate ; saupoudrages de lithothamne en prévention.

Pièges : attirer ces indésirables dans des pièges qui seront disposés à divers endroits du jardin, et composés de petits tas de paille ou de brindilles sèches. Pour se protéger de la pluie, les altises viendront s'y réfugier. On place ces pièges courant octobre et on y met le feu vers la fin janvier.

Une recette : faire bouillir pendant 15 à 20 mn 100 g de feuilles fraîches de laurier, d'hysope ou de thym, ajouter 100 g de mégots de cigarette (sans filtre) et laisser infuser pendant 24 h, filtrer, ajouter 100 g de savon noir et bien remuer la solution, pulvériser.

LES PUCERONS

Il en existe plusieurs espèces : le puceron de l'artichaut *(Brachycaudus cardui)*, de couleur allant du jaune au brun ; le puceron cendré du chou *(Brevicoryne brassicae)*, de couleur grise ; le puceron noir de la fève *(Aphis fabae)* ; le puceron vert du fraisier *(Cerosipha forbesi)* ; le puceron jaune du fraisier *(Passerimia fragaefolii)* ; le puceron vert du pois *(Acyrthosiphon pisi)* ; le puceron des racines *(Pempphigus sp.)*.

Ces insectes de petite taille sucent la sève des plantes et s'attaquent à de nombreuses plantes potagères (feuilles, tiges et racines).

▶ ***De bons principes préventifs :*** des feuilles de papier d'aluminium étalées entre les rangs (la face brillante à la lumière), maintenues avec des briques ou des pierres, font fuir ces indésirables à cause de la lumière vive qu'elles provoquent par réverbération ; c'est un bon traitement préventif pour les fèves souvent attaquées par les pucerons. Apporter une bonne fertilisation ; pratiquer des rotations correctes ; ne semer ni trop tôt ni trop tard ; éviter les arrêts végétatifs des plantes, souvent provoqués par le manque d'eau ; éviter également l'abus des engrais azotés habituellement responsables de ces attaques.

Les plantes potagères les plus appréciées des pucerons sont la fève, le haricot et le chou (surtout les porte-graines). Les plantes ayant une vitalité normale sont rarement attaquées.

▶ ***Lutte :*** pulvérisations d'insecticide végétal (à la rosée du soir) ; saupoudrages de lithothamne (à la rosée ; en les enrobant, ils finissent par être asphyxiés) ; saupoudrages ou pulvérisations de roténone (soir) ; pulvérisations de solution à base de savon noir ; pulvérisations de macération de feuilles et tailles de tomates ; pulvérisations de purin d'orties ; pulvérisation de solutions à base d'absinthe, de feuilles de noyer, d'ail, de nicotine.

Les grands consommateurs de pucerons sont les coccinelles, les oiseaux, les perce-oreilles et les larves de syrphe.

LES MOLLUSQUES

Ils comprennent les escargots des jardins *(Helix hortensis)*, les limaces grises *(Limax maximus)*, les limaces rouges *(Arion rufus)*, les limaces agrestes ou loches *(L. agrestis)*, etc.

Très voraces, ils dévorent les jeunes plantes ; ils sortent la nuit, par temps de pluie dans la journée.

▶ ***Un bon principe préventif :*** faire des remparts assez épais autour des planches à protéger avec de la sciure de bois ou de la cendre de bois.

▶ ***Lutte :*** ramasser les escargots pour les manger (si vous en avez envie) ; pulvérisations de macération de feuilles et fleurs d'absinthe ; pulvérisations de sulfate de cuivre neige ou cristaux (chez les droguistes), à raison de 100 g pour 10 l d'eau, bien mélanger, pulvériser uniquement tard le soir pour que les mollusques soient sortis, effectuer les pulvérisations principalement autour du jardin sur le sol et entre les rangs des plantes (si les plantes sont atteintes par la solution, ce n'est pas grave, mais il est tout de même préférable d'attendre quelques jours avant de les consommer et de bien les laver).

Pièges : enterrer des récipients au niveau du sol, les remplir de bière (les limaces viennent boire et s'y noient) ; mettre des planches ou des tuiles sur le sol, maintenues soulevées par un caillou de 2-3 cm, les mollusques vont se réfugier dessous, visiter ces pièges dans la journée et détruire les indésirables.

Les consommateurs de mollusques sont les hérissons, les orvets, les crapauds, les carabes et les oiseaux.

LA COURTILIÈRE *(Gryllotalpa gryllotalpa ou G. vulgaris)*

Cet orthoptère mesurant 4-5 cm, connu sous les noms d'« avant-taupe », de « taupe-grillon », de « laboureuse » ou de « taupette » et ressemblant à un grillon brun velouté, se trouve principalement dans les terres humides, légères et ameublies. Son cycle évolutif est de 2 années. C'est pendant la nuit que la courtilière cherche sa nourriture (vers blancs, lombrics, fourmis, divers tubercules et racines). Commettant certains dégâts en creusant des galeries superficielles, elle s'attaque aux organes souterrains de toutes les plantes potagères et bouleverse les semis ; c'est l'un des insectes les plus redoutés du potager.

▶ ***Un bon principe préventif :*** les pulvérisations d'essences naturelles de plantes utilisées pour le sol éloigneraient également ces indésirables.

▶ ***Lutte :*** les galeries superficielles mènent à des « puits verticaux », abris des insectes ; dégager légèrement le dessus et verser avec un arrosoir (au goulot) une solution d'insecticide végétal (pyréthrine et roténone) dosée à 2 ou 3 cuillerées à café par litre d'eau, inonder la galerie ; à l'aide d'une bêche, détruire les nids reconnaissables par les petites élévations de terre, entourées de débris végétaux secs, creuser environ à 25 cm de profondeur, repérer l'abri contenant les œufs, le nid est en forme de boule entouré d'une enveloppe de terre dure, ramasser les œufs et les détruire.

Pièges : à partir de la fin mars jusqu'en septembre, enterrer au ras du sol des boîtes de conserve (boîtes de grande taille) parmi les cultures, les courtilières qui tomberont dedans ne pourront pas remonter. Pour les attirer, il suffit de verser une cuillerée à soupe d'essence de térébenthine par boîte. Visiter ces pièges tous les jours pendant les beaux jours et détruire les prisonniers ; les boîtes de conserve remplies aux trois quarts d'eau sont aussi de bons pièges, les courtilières s'y noient ; placer dans divers endroits du jardin des petits tas de fumier de cheval frais puis, chaque matin, visiter ces pièges et détruire les insectes qui s'y abritent ; vers la fin septembre-début octobre, creuser quelques trous de 10 cm de profondeur, les remplir de fumier de cheval frais et les couvrir de tuile ou autres matériaux pour les protéger de la pluie, pendant les froids et jusqu'au printemps, visiter ces abris et éliminer les insectes et leurs larves.

Les taupes sont les grands ennemis de la courtilière, ainsi que les hérissons, les musaraignes, les merles et les pies. Les scarabées et les staphylins odorants dévorent les œufs de la courtilière.

LE TAUPIN *(Agriotes lineatus, A. obscurus, A. sputator)*

Ce coléoptère dépasse parfois 1 cm de longueur, son cycle de vie est de 5 années. Ses larves, qui atteignent jusqu'à 25 mm de longueur, sont très minces, jaune brillant avec une tête brune à noire et une peau en forme d'écaille. Souvent appelées « ver fil de fer », elles sont très difficiles à écraser, s'attaquent aux racines, souvent au niveau du collet, provoquant la mort des plantes attaquées. Beaucoup de plantes craignent la larve du taupin, principalement les jeunes plants de betterave, pomme de terre, carotte, tomate, maïs ou fraisier.

▶ ***De bons principes préventifs :*** pulvérisations d'essences naturelles de plantes de décembre à janvier, sur le sol ; en cours de saison, quelques pulvérisations sur le sol et sur la végétation seront très bénéfiques ; les rotations bien menées, les fertilisations correctes, la culture d'engrais verts sont de très bons moyens préventifs ; souvent les larves des taupins se développent dans les sols à pH très faible (sols acides) : on peut y remédier en apportant du lithothamne (voir le chapitre *Les différents types de sol*).

▶ ***Lutte :*** les binages répétés sont une excellente lutte contre les œufs et la multiplication des larves.

Pièges : enterrer des pommes de terre à 4-5 cm de profondeur, après les avoir coupées en deux et creusées légèrement, placer ces demi-pommes de terre la face coupée et creusée vers le sol, repérer les endroits et les visiter régulièrement, ramasser et détruire les larves, elles sont très dures à écraser, d'où sans doute le nom de ver fil de fer.

Les ennemis de la larve du taupin sont les oiseaux, les carabes, les musaraignes, les taupes et les hérissons.

LE HANNETON *(Melolontha melolontha ou M. vulgaris)*

Ce coléoptère, de couleur rougeâtre avec la tête brune, atteint environ 3 cm de longueur, son cycle évolutif est de 3 ans. Sa larve est blanche avec la tête et les pattes jaunes. Grosse, charnue et recourbée en arc, on la nomme « ver blanc ». Mesurant 6-8 cm, elle se nourrit des racines de toutes les plantes potagères, mais principalement celles des laitues, betteraves et fraisiers ; les plantes attaquées se flétrissent, jaunissent et meurent.

▶ ***De bons principes préventifs :*** pratiquer de bonnes rotations ; semer des engrais verts sur les planches envahies, à base de sarrasin (blé noir) ou de colza, les larves disparaîtront en partie, car elles n'apprécient guère les racines de ces plantes ; enfouir les engrais verts quand ils sont suffisamment développés (voir *Les engrais verts au potager*).

▶ ***Lutte :*** lors des labours d'hiver, détruire les larves ; les déchets de laine brute sont le plus grand ennemi du ver blanc ;

Pièges : planter des laitues entre diverses plantes potagères, quand la plante-piège se fane, chercher rapidement la larve au pied et l'écraser ; les feuilles de chou, de navet, de moutarde de Chine ou de chou de Chine hachées grossièrement et légèrement incorporées dans le sol éliminent ou repoussent les larves du hanneton.

Les ennemis du hanneton et de sa larve sont les chauves-souris, les hérissons, les taupes, les mulots, les musaraignes, les couleuvres, les scarabées dorés et de nombreux oiseaux, dont les mésanges, les moineaux, les étourneaux, les bergeronnettes, les engoulevents, les pies, les hiboux, les corneilles ou les buses.

L'ARAIGNÉE ROUGE
(Tetranychus telarius)

Connue sous le nom de « tétranique tisserand », c'est un petit acarien rouge qui mesure environ 0,5 mm. Vivant en colonies nombreuses, elle est souvent appelée « la grise » à cause de la toile grise qu'elle forme sous les feuilles. Une autre espèce commet parfois des dégâts.

L'ARAIGNÉE JAUNE *(T. urticae)*

Ces acariens s'attaquent à diverses plantes potagères (pois, haricot, courge, tomate, cardon, concombre) en suçant la sève (au-dessous des feuilles) à l'aide de leur suçoir et en sécrétant un genre de soie (feutrage grisâtre). Les feuilles se couvrent de taches, jaunissent et finissent par se dessécher.

▶ ***De bons principes préventifs :*** ces acariens aiment la chaleur et la sécheresse ; en conséquence, maintenir le sol suffisamment humide, le paillage favorisera cette fraîcheur ; bassinages répétés, principalement en dessous des feuilles ; éviter les excès d'engrais, surtout les engrais azotés ; respect des rotations ; enfin, fertilisations foliaires régulières à base de lithothamne.

▶ ***Lutte :*** pulvérisations de solutions à base de nicotine, de savon noir, d'eau de suie ; pulvérisations de préparations à base d'absinthe, d'ortie, de prêle ; pulvérisations d'insecticide végétal. Toutes les pulvérisations doivent principalement toucher la face inférieure (dessous) des feuilles.

Les meilleurs prédateurs des araignées rouges et jaunes sont les coccinelles et de nombreux oiseaux.

LA PIÉRIDE DU CHOU
(Pieris brassicae)

Les chenilles sont des larves de papillons communs dans les jardins, elles dévorent les feuilles et les fleurs de beaucoup de plantes. La piéride du chou est gris-vert avec trois lignes longitudinales jaunes parsemées de petits points noirs. D'une longueur de 5 cm, couverte de poils blanchâtres, elle ronge les feuilles des crucifères, principalement des choux.

▶ ***De bons principes préventifs :*** saupoudrage de suie sur végétation humide ; pratiquer des rotations correctes, apporter des fumures et des fertilisations ; les plantes aromatiques, principalement la menthe, le romarin, la sauge, la tanaisie, l'absinthe et le thym, repoussent les papillons de la piéride du chou ; étaler une feuille de fougère sur chaque chou, car un papillon se pose rarement sur une feuille de fougère ; planter quelques branches de genêt à balai dans les planches de choux.

▶ ***Lutte :*** rechercher les œufs sous les feuilles (de couleur jaune) et les écraser (la période de ponte s'étale de la mi-mai à juin) ; pulvérisations d'une solution à base de sel marin (dissoudre 500 g dans 10 l d'eau) ; pulvérisations d'insecticide végétal ; pulvérisations de macérations à base de feuilles et gourmands de tomate, de genêt à balai, de feuilles de noyer ; enlever les chenilles à la main et les écraser ; utiliser les pièges Gobexor, ou lumineux, qui capturent les papillons.

Les prédateurs des chenilles en général sont principalement les taupes, les musaraignes, les orvets, les ichneumons jaunes, les échynomies, les chrysopes, les ophions jaunes ou les apantèles agglomérées. Les oiseaux jouent un rôle précieux dans cette lutte contre les chenilles ; citons les étourneaux, les perdrix, les corneilles, les merles, les pies, les loriots, les bergeronnettes ou les fauvettes.

N'oublions pas que les papillons ne sont pas nuisibles, au contraire : volant de fleur en fleur, ils participent à la fécondation croisée des plantes. Grâce à cette pollinisation, nous avons des plantes vigoureuses, et puis les papillons ne sont-ils pas de jolies « fleurs volantes » ?

LE PETIT PAPILLON BLANC DU CHOU *(Pieris rapae)*

La chenille verte, longue de 4 cm, s'attaque principalement au chou et au navet.

▶ ***Lutte :*** identique à celle contre la piéride du chou ; mêmes prédateurs.

LA NOCTUELLE FIANCÉE *(Triphaema pronuba)*

Toutes les noctuelles sont des insectes nocturnes.

Chenille vert-brun avec trois lignes longitudinales plus claires, longue de 6 cm, qui dévore principalement les feuilles de l'oseille et de la laitue.

▶ ***Un bon principe préventif :*** la tanaisie repousse toutes les noctuelles.

▶ ***Lutte :*** identique à celle contre la piéride du chou ; mêmes prédateurs.

LA NOCTUELLE DU CHOU *(Mamestra brassicae)*

Chenille de 45 mm de longueur, allant du gris au brun clair, parfois du jaune au vert brunâtre, qui possède des raies et une tête noires, elle dévore les feuilles et le cœur des choux.

▶ ***Un bon principe préventif :*** la tanaisie est un bon répulsif.

▶ ***Lutte :*** identique à celle contre la piéride du chou ; mêmes prédateurs.

LA NOCTUELLE POTAGÈRE *(M. oleracea ou Polia oleracea)*

Chenille verte ayant trois lignes blanches et deux raies jaunes longitudinales, changeant de couleur en vieillissant, pour devenir vert-brun. Longue de 4 cm, elle s'attaque pratiquement à toutes les plantes potagères.

▶ ***Un bon principe préventif :*** la tanaisie est un bon répulsif.

▶ ***Lutte :*** identique à celle contre la piéride du chou ; mêmes prédateurs.

LA NOCTUELLE GAMMA *(Plusia gamma)*

Chenille verdâtre avec six lignes longitudinales jaunes ou blanches, c'est l'une des seules chenilles à posséder trois paires de pattes membraneuses. Longue de 5 cm, elle s'alimente la nuit, s'attaquant aux chou, fève, betterave, pois, rongeant et perforant les feuilles. Dans la journée, elle s'abrite au pied des plantes.

▶ ***Un bon principe préventif :*** la tanaisie est un bon répulsif.

▶ ***Lutte :*** identique à celle contre la piéride du chou ; mêmes prédateurs.

LA NOCTUELLE DES MOISSONS *(Agrotis vegetum)*

Chenille gris-vert sombre, mesurant jusqu'à 5 cm de longueur, appelée souvent « ver gris » ; elle s'attaque principalement aux jeunes plantes et au collet de nombreuses plantes potagères ainsi qu'aux tubercules de pomme de terre. Elle opère la nuit ; le jour, elle se cache dans le sol. On la reconnaît par cette caractéristique : dès qu'on la touche, elle s'enroule sur elle-même.

▶ ***Un bon principe préventif :*** pulvérisations à base d'absinthe, de tanaisie ou d'essences naturelles de plantes.

▶ ***Lutte :*** comme elle hiberne dans le sol, lors des travaux d'hiver, ramasser les larves et les écraser pour les détruire ; capturer les papillons avec des pièges ; la nuit, à l'aide d'une lampe, récolter les chenilles, puis les détruire ; les binages superficiels mais répétés remettent à la surface les larves, les ramasser rapidement et les détruire. Mêmes prédateurs que la piéride du chou.

LA NOCTUELLE DE LA LAITUE *(Polia dysodea)*

Chenille vert clair, avec trois lignes longitudinales brunâtres, longue de 25 mm, elle ronge les feuilles et les semences des pieds reproducteurs.

▶ ***Un bon principe préventif :*** la tanaisie est un bon répulsif.

▶ ***Lutte :*** identique à celle contre la piéride du chou ; mêmes prédateurs.

LA NOCTUELLE DES ARTICHAUTS *(Gortyna ochracea ou G. flavago)*

Chenille blanche à jaune avec une tête rouge-noir, de 40 mm de longueur, qui s'attaque aux artichauts en creusant des galeries dans les tiges (moelle) qui finissent par casser au niveau du collet.

▶ ***Un bon principe préventif :*** la tanaisie est un bon répulsif.

▶ ***Lutte :*** dès le début de l'attaque, éliminer les tiges contaminées et les brûler ; mêmes prédateurs que la piéride du chou.

LA NOCTUELLE POINT D'EXCLAMATION *(Agrotis exclamationis, Scotia exclamationis ou Feltia exclamationis)*

Chenille gris violacé avec trois raies longitudinales légèrement plus claires, longue de 45 mm, elle ronge le collet ou coupe les racines des plantes, principalement de l'asperge, du navet, de l'épinard, des salades et de la carotte.

▶ ***Un bon principe préventif :*** la tanaisie est un bon répulsif.

▶ ***Lutte :*** identique à celle contre la piéride du chou ; mêmes prédateurs.

LA TEIGNE DU POIREAU *(Acrolepia assectella)*

Chenille blanchâtre à tête jaune, ressemblant à un petit ver, elle est connue sous le nom de « ver du poireau ». Longue de 5-10 mm, vivant entre les épidermes, puis à l'intérieur des tiges, elle s'attaque principalement au poireau et parfois à l'ail, à l'échalote et à l'oignon, dans lesquels elle creuse des galeries qui descendent au cœur de la plante. Cette dernière finit par mourir. On reconnaît un poireau attaqué par les décolorations sur les feuilles, qui jaunissent et périssent.

▶ ***De bons principes préventifs :*** les premières attaques débutent à partir de la fin mai-début juin, les secondes fin juillet-début août ; faire des traitements préventifs espacés pendant ces périodes avec des décoctions de plantes à base d'absinthe, de tomate, de rhubarbe, d'ortie, etc. ; si l'on a été infesté par ces indésirables, pulvériser des essences naturelles de plantes sur le sol en hiver et de nouveau au début du printemps ; respecter les rotations ; saupoudrage de suie sur végétation humide ; cultiver les poireaux en association avec la carotte (1 rang de poireaux, 1 rang de carottes, etc.), la carotte repousse le papillon de la teigne du poireau ; tenir le sol suffisamment frais, un bon paillage sera précieux, la teigne affectionnant la sécheresse ; prendre garde au moment de l'achat : il arrive que les plants soient véreux.

Si les poireaux sont attaqués par le ver du poireau, c'est généralement le signe d'un déséquilibre du sol. Il faut donc commencer par corriger la cause en rééquilibrant le sol par une fumure (compost) et une fertilisation correctes (des engrais anticarentiels à base de roches volcaniques, riches en oligo-éléments, corrigent rapidement ce problème) : en 2 ou 3 années généralement, les attaques se raréfieront.

▶ ***Lutte :*** arracher les plants de poireau, les laisser sur le sol, en plein soleil, pendant 48 h, puis couper le bout des feuilles et des racines, enrober celles-ci avec une bouillie de lithothamne ou, mieux, après les avoir fait tremper au préalable pendant quelques heures dans une solution à base de complexe d'essences naturelles de plantes ; couper les tiges des plantes attaquées en dessous de la galerie, les brûler (les poireaux peuvent être taillés au ras du sol) ; après la coupe, pulvériser une solution d'insecticide végétal, un bon binage fera repartir rapidement les poireaux ; arrosages fréquents au moment de la ponte (de la mi-mai au début juin et de la mi-juillet à la fin août) ; pulvérisations à base de savon noir dilué dans de l'eau (500 g de savon pour 10 l d'eau) ; pulvérisations à base de savon noir (300 g), de nicotine (voir recette pp. 54-55), 1 verre d'alcool à brûler, le tout additionné de 10 l d'eau ; faire dissoudre 500 g de savon de Marseille dans 10 l d'eau (de pluie si possible), ajouter 500 g de poudre de pyrèthre (en droguerie), bien mélanger le tout, pulvériser le soir juste avant la rosée. Mêmes prédateurs que la piéride du chou.

LA TEIGNE DES POIS *(Grapholita pisana)*

Appelée aussi « tordeuse du pois », cette chenille blanchâtre à tête rougeâtre, d'un peu moins de 1 cm de longueur, vivant dans les gousses qu'elle a perforées, s'attaque aux pois à l'intérieur des cosses.

▶ ***De bons principes préventifs :*** choisir des variétés pas trop tardives car les premières planches cultivées paraissent moins attaquées ; effectuer de bonnes rotations ; la tomate repousse la teigne du pois.

▶ ***Lutte :*** cueillir les cosses attaquées et les brûler ; pulvérisations d'insecticide végétal, de macération de feuilles et de gourmands de tomate ; pulvérisations de solution à base de nicotine ; mêmes prédateurs que la piéride du chou.

LES RONGEURS

Le campagnol des champs *(Microtus arvalis)* et le campagnol terrestre *(Arvicola terrestris)* sont deux espèces de campagnols qui sont parmi les principaux mammifères les plus nuisibles aux cultures.

Le campagnol des champs est un petit rongeur mesurant 10-13,5 cm, son museau est arrondi, ses oreilles, ses pattes et sa queue sont courtes, il est de couleur grise et ressemble à une souris. Il vit en colonie. Nuisible dans les jardins, il fait des galeries de surface et s'attaque à de nombreuses espèces légumières à racine ou tubercule, comme la pomme de terre, la carotte, le topinambour, l'oca, la betterave, le navet.

Brun, le campagnol terrestre est plus grand, mesure 12-20 cm, il ressemble à un petit rat, avec sa queue assez longue, qui atteint parfois 10 cm. Il creuse de nombreuses galeries verticales mais il est beaucoup moins nuisible que le campagnol des champs. S'il mange quelques plantes potagères, c'est aussi un précieux prédateur de divers insectes et mollusques.

En ce qui concerne les mulots, on distingue deux espèces : *Apodemus flavicollis* et *A. sylvaticus.* Mesurant 8-12 cm, ils ont une queue très longue pouvant atteindre jusqu'à 12 cm, ils ressemblent à des souris, hormis leurs oreilles plus larges et leurs pattes arrière plus fortes qui leur permettent de se déplacer en sautillant. Ils s'attaquent aux plantes à racine et à tubercule, ils mangent aussi des insectes.

Ne pas confondre ces rongeurs avec la musaraigne qui est très utile ; cette dernière se reconnaît à son museau pointu.

▶ ***De bons principes préventifs :*** les bouteilles plastique aident à éloigner les rongeurs (voir à taupe) ; les pulvérisations d'essences naturelles de plantes sur le sol font parfois fuir ceux-ci ; il existe dans le commerce des appareils qui émettent des vibrations sonores (voir à taupe).

Les potagers envahis par les rongeurs sont généralement entourés de champs ou de terrains incultes ; de plus, la suppression des haies et des buissons, qui a entraîné la disparition des ennemis naturels des rongeurs, est à l'origine d'un grand déséquilibre : c'est l'une des causes principales de la prolifération de ces petits nuisibles. Les prédateurs sont souvent victimes d'appâts empoisonnés destinés aux rongeurs.

▶ ***Lutte :*** en hiver, pulvériser sur le sol une solution de purin de genêt à balai ou de sureau, en insistant dans les galeries.

Pièges : prendre de grandes boîtes de conserve utilisées dans les restaurants ou les collectivités, les enterrer au ras du sol, les remplir à moitié d'eau, les rongeurs tombent parfois dans ces pièges et se noient ; il existe des pièges à trous (mais ils sont difficiles à tendre) ; un chat (qui commet aussi quelques dégâts en se roulant dans les semis) élimine les rongeurs ; un chien ratier est également salutaire.

Les ennemis des rongeurs sont les couleuvres, les chats, les renards, les hiboux, les chouettes ou les buses.

LA TAUPE *(Talpa europaea)*

Ce mammifère familier des jardiniers commet souvent des dégâts en creusant des galeries souterraines et en formant des taupinières, bouleversant par là même les semis ou les plantations. Mais la taupe est également très utile car elle participe activement à l'équilibre naturel en se nourrissant de vers blancs ou gris, de larves du taupin, de limaces, de courtilières et de divers insectes ; elle consomme environ l'équivalent de son propre poids en 24 heures.

▶ ***De bons principes préventifs :*** planter dans les galeries principales des tiges de coudrier (noisetier) ou de métal d'un diamètre d'environ 10 mm et dépassant du sol de 40-50 cm ; au bout de ces tiges emmancher à l'envers une bouteille en matière plastique, le vent produira un bruit qui éloignera les taupes ; des bouteilles vides, ouvertes, enfoncées dans les planches, le goulot dépassant de quelques centimètres au-dessus du sol, éloigneront les taupes par le bruit que fait le vent qui s'y engouffre ; la grande épurge *(Euphorbe)*, la fritillaire impériale *(Fritillaria imperialis)*, les scilles *(Scilla)* repoussent les taupes et la plupart des rongeurs par l'odeur de leurs racines ou de leurs bulbes ; on peut déposer dans les galeries principales des chiffons imbibés d'essence de térébenthine, l'odeur fait fuir ce mammifère ; il existe enfin des appareils émettant des vibrations sonores qui éloignent les taupes et les rongeurs (l'inconvénient est qu'ils coûtent cher).

▶ ***Lutte :*** s'il y a quelques dégâts, surveiller la taupe sans faire de bruit, se munir d'une fourche crochue et attendre le moment où elle rejette la terre (taupinière), enfoncer brutalement la fourche crochue (il faut faire très vite), puis retirer rapidement vers soi l'outil pour remonter la taupe hors du sol ; le moindre coup la tue ; elle travaille généralement entre 7 et 8 h, 10 et 12 h et entre 18 et 19 h (heure d'hiver) : ce sont les périodes de grande activité de ce mammifère.

Pièges : le piège est certainement le moyen le plus sûr, le moins polluant et l'un des moins coûteux ; poser des pièges dans les galeries principales ; au moment de l'achat, demander un plan et la méthode du piégeage ; introduire dans les galeries principales des bouts de fil de fer barbelé ou des tailles de rosier, en les déposant de façon que la taupe se pique (pour certains, la taupe est hémophile, pour d'autres non).

Comment poser les pièges ? Essuyer les pièges, prendre des gants car la taupe a beaucoup de flair, elle sent l'odeur humaine ; poser les pièges correctement, bien droits ; bien reboucher le trou sans faire tomber de terre dans la galerie ; poser deux pièges à chaque endroit, la taupe pouvant arriver soit d'un côté ou de l'autre ; les pièges sont très dangereux, attention aux doigts lors de la pose ; visiter les pièges avec précaution. Généralement, on utilise des pièges à pince. Il existe des pièges en tube plastique munis d'un clapet à chaque extrémité (pour celui-ci, un seul piège suffit par endroit) ; ils sont faciles à poser et ne sont pas dangereux, ils s'installent au milieu du trou.

LE LAPIN *(Oryctolagus cuniculus)*

Ce rongeur peut faire de gros dégâts dans les jardins proches des champs ou des bois en rongeant les tiges et les feuilles des plantes potagères (principalement le chou, la carotte, le pois).

▶ ***De bons principes préventifs :*** entourer le potager d'une ficelle tendue, ayant été auparavant trempée dans de l'huile de vidange, bien l'égoutter et la laisser sécher avant de l'installer à 8-10 cm de hauteur (hauteur du museau) ; le lapin sera repoussé par l'odeur que dégage la ficelle ; entourer le jardin avec un grillage de 1,50 m (au moins) de hauteur, l'enterrer de 10-15 cm, surveiller le pourtour assez souvent, ne pas laisser de trous ; les épouvantails ou des chiffons blancs flottant au bout d'une perche les repousseraient.

Des recettes naturelles contre parasites et maladies

Dans ce chapitre sont rassemblées quelques recettes qui rendent de grands services. Elles sont efficaces à différents niveaux : certaines sont mortelles pour les parasites des plantes, mais inoffensives pour celles-ci et dépourvues de toxicité pour les humains (ce n'est pas le cas de la plupart des produits phytosanitaires du commerce traditionnel) ; d'autres sont seulement répulsives ; le but de quelques préparations est de renforcer la résistance de la plante au parasitisme et aux maladies. En toute logique, ne vaut-il pas mieux soigner la cause que les effets ?

LES INSECTICIDES VÉGÉTAUX

Ils détruisent les parasites par contact ou ingestion, généralement en épargnant la plupart des prédateurs. Pour cela, il faut prendre certaines précautions en utilisant ces produits de préférence tard le soir, à défaut tôt le matin ; ils ont l'avantage d'être sans rémanence, à effet immédiat ; parfois il faut recommencer le traitement au bout de quelques jours.

Chez certains spécialistes de produits de jardinage, on trouve des insecticides végétaux à base de pyréthrine (extrait de fleurs, principalement du chrysanthème), « Pyrèthre de Dalmatie » *(Chrysanthemum cinerarufolium* ou *Pyrethum c.)* ou à base de roténone (extrait de racines de certaines plantes tropicales – *Derris elliptica, Lonchocarpes*), et extrait de feuilles et graines *(Tephrasia vogelu)* ; parfois il est proposé des insecticides naturels contenant à la fois de la pyréthrine et de la roténone, c'est le cas du Phytolinsect.

Un conseil avant l'achat : bien lire sur l'étiquette la composition du produit, car certains fabricants ajoutent des produits chimiques de synthèse à ces insecticides naturels. Certains produits phytosanitaires du commerce traditionnel sont inscrits aux tableaux A et C ; c'est indiqué sur l'emballage (A = poison, C = dangereux). Deux attitudes fréquentes à proscrire : doubler la dose pour éviter les échecs, ne pas prendre les précautions suffisantes avec ces produits. Cela ne sert à rien et l'on s'expose à de grands dangers.

Les insecticides végétaux du commerce à base de pyréthrine ou de roténone sont sensibles à la lumière du jour et à l'oxygène de l'air. Ils sont non toxiques pour l'homme et les animaux dans les conditions normales d'emploi, mais ceux contenant de la roténone sont à appliquer tard le soir car ils sont toxiques pour les abeilles ; il ne faut les utiliser qu'en cas de besoin car les vers de terre sont sensibles à la roténone (c'est par ailleurs un poison pour les poissons). Ils sont sans accoutumance pour les parasites. Ils s'emploient en pulvérisations fines, dilués dans de l'eau de pluie de préférence ; avec de l'eau du robinet calcaire, verser 1 cuillerée à café de vinaigre (de cidre ou de vin) par litre d'eau. On peut renforcer leur action en ajoutant du purin d'orties (2 l de purin d'orties pour 10 l d'eau) ; agiter énergiquement le mélange après l'avoir dilué dans un peu d'eau ; si le besoin s'en fait sentir, répéter une autre pulvérisation à 4 ou 5 jours d'intervalle. Après usage, bien rincer l'appareillage à l'eau ordinaire. Avant toute chose, bien lire la notice d'utilisation, généralement la dose normale est de 10 cc par litre d'eau, soit 1 % ou 2 cuillerées à café par litre d'eau ; en cas de grosses attaques, on peut porter la dose à 1,5 ou 2 %, soit 3 ou 4 cuillerées à café par litre d'eau.

LES PRÉPARATIONS MAISON

Utiliser impérativement des récipients en plastique, en bois ou en verre, surtout pas en métal. Pour les infusions, les décoctions et, surtout, les macérations, il est préférable de se servir d'eau de pluie, à défaut d'eau de source. L'efficacité de ces recettes est généralement de courte durée, il faut parfois répéter les applications plusieurs jours de suite. Pulvériser les solutions tard le soir ou tôt le matin, à éviter par grand vent ou fort soleil. Par précaution, attendre 2 ou 3 jours avant de récolter les légumes qui ont été traités avec des insecticides naturels ou avec diverses recettes.

Macération : opération qui consiste à laisser séjourner pendant quelques jours (dans de l'eau de pluie de préférence) des substances organiques pour en dissoudre les parties solubles. Certaines préparations sont à diluer.

Décoction : opération qui consiste à faire bouillir doucement, pendant un certain temps (généralement 15 à 20 mn sans oublier de couvrir le récipient), des substances organiques pour en extraire les principes actifs ; laisser refroidir (sauf indication). La décoction commence par un trempage (durant 24 h) des plantes utilisées.

Infusion : opération qui consiste ici à mettre dans l'eau bouillante une substance organique pour en recueillir les parties solubles, laisser infuser pendant 24 h (sauf cas contraire).

MACÉRATION (OU PURIN) D'ORTIES

Dans 10 l d'eau, jeter 800 à 900 g de feuilles hachées (pour le sol, en prévention des maladies cryptogamiques) ou 1 kg à 1,5 kg (contre les parasites des plantes) ; laisser macérer une dizaine de jours au moins et, pour limiter la mauvaise odeur du purin d'orties, ajouter à la solution une poignée de lithothamne ; filtrer avant l'usage ; il faut diluer le purin d'orties, 1 ou 2 l pour 10 l d'eau.

S'utilise sur le sol contre les maladies cryptogamiques, principalement contre le mildiou ; en pulvérisation fine, on l'emploie contre les pucerons, seul ou associé à un insecticide végétal ; la macération d'orties est un bon activateur de croissance pour les plantes et renforce la résistance de celles-ci grâce à sa richesse en sels minéraux (fer, calcium, chlore, silicium, manganèse, soufre) et en acide formique ; le purin d'orties sera avantageusement employé comme activateur de compost (avec ou sans dilution), les feuilles d'orties hachées pouvant être incorporées au compost.

Éviter de faire macérer des orties montées à graines : elles envahiraient rapidement. En ajoutant un tiers de décoction ou de macération de prêle au purin d'orties, on renforcera l'efficacité de la solution en traitement préventif contre les maladies cryptogamiques. À conserver dans des récipients hermétiques, pendant quelques semaines, à l'abri de la lumière et de la chaleur.

MACÉRATION (OU PURIN) DE RUE OFFICINALE

Dans 10 l d'eau, jeter 800 à 900 g de rue officinale fraîche ; laisser macérer pendant une dizaine de jours ; filtrer ; diluer 2 l de purin de rue pour 10 l d'eau avant l'emploi.

S'utilise contre les pucerons.

MACÉRATION (OU PURIN) DE LAVANDE

Faire macérer pendant une dizaine de jours 1 kg de lavande fraîche dans 10 l d'eau ; filtrer ; avant emploi, diluer à raison de 2 l de macération pour 10 l d'eau.

S'utilise contre les pucerons, les fourmis, etc. Les fleurs de lavande parfument le linge et éloignent les mites.

MACÉRATION (OU PURIN) DE FEUILLES DE FOUGÈRE

Pendant une dizaine de jours, faire macérer environ 850 g de feuilles de fougère fraîches ou 125 g de feuilles sèches, dans 10 l d'eau ; filtrer.

S'utilise contre les pucerons et les limaces.

MACÉRATION (OU PURIN) DE GENÊT À BALAI

Faire macérer pendant 15 à 20 jours 4 ou 5 branches de genêt dans 10 l d'eau ; filtrer.

S'utilise en pulvérisation, en prévention contre le papillon de la piéride du chou qu'elle repousse ainsi que divers autres papillons. Cette macération forme à la surface de l'eau une légère couche huileuse.

MACÉRATION (OU PURIN) DE FEUILLES ET TAILLES DE TOMATE

Jeter 600 g à 1 kg de feuilles et gourmands de tomate, hachés et pilés, dans 10 l d'eau ; laisser macérer au moins une demi-journée à quelques jours ; filtrer.

S'utilise en pulvérisation sur les plantes, en prévention contre la teigne du poireau, la piéride du chou, l'altise, en traitement curatif contre les pucerons. Pour lutter contre le ver du poireau, pulvériser avec cette solution à partir du début juillet jusqu'au 15 août (époque de la ponte), tous les 4 ou 5 jours.

Une recette précieuse : dans un récipient en terre, en faïence ou en verre, couper finement 500 g de feuilles et gourmands de tomate, les piler ; verser le contenu dans un bocal hermétique d'une contenance de 2 l, recouvrir d'alcool à brûler (environ 1 l). Au bout d'une huitaine de jours, presser et filtrer le contenu, conserver dans des récipients en verre d'une contenance de 25 cl (un quart de litre). Juste avant l'utilisation, mélanger dans 10 l d'eau. Conserver ces préparations à l'abri de la lumière et de la chaleur, pendant plusieurs semaines. L'utilisation est la même que pour la macération ; pour la lutte contre les pucerons, on rendra la solution plus efficace en y ajoutant 100 g de savon de Marseille ou de savon noir.

MACÉRATION (OU PURIN) D'ABSINTHE

Faire macérer 2 kg à 2,5 kg d'absinthe (feuilles, tiges et fleurs) dans 10 l d'eau pendant une dizaine de jours ; filtrer.

S'utilise en pulvérisation contre les pucerons, les chenilles, l'altise ou les mollusques. Avec de l'absinthe sèche, la dose est de 250 à 300 g pour 10 l d'eau.

MACÉRATION (OU PURIN) DE FEUILLES DE NOYER

Pendant quelques jours, faire macérer dans 10 l d'eau 1,5 kg à 2 kg de feuilles de noyer fraîches ou 200 g de feuilles sèches, hachées ou broyées ; filtrer.

S'utilise en pulvérisation contre les chenilles et les pucerons. Récolter les feuilles de noyer en octobre ou novembre.

DÉCOCTION DE FEUILLES DE NOYER

Mettre dans 10 l d'eau, pendant 24 h, 200 à 250 g de feuilles sèches ; laisser bouillir 15 mn, couvrir et laisser refroidir ; filtrer ; pulvériser la solution quand elle est encore légèrement tiède, elle n'en sera que plus efficace.

Même utilisation que la macération de feuilles de noyer.

MACÉRATION (OU PURIN) DE SUREAU

Faire macérer dans 10 l d'eau environ 800 g à 1 kg de sureau (jeunes tiges, feuilles, fleurs et fruits), finement hachés ; laisser séjourner pendant au moins 2 jours ; filtrer.

S'utilise en pulvérisation contre les altises, les papillons noctuelles, les thrips ou bien les pucerons.

DÉCOCTION DE SUREAU

Mêmes doses que ci-dessus, faire tremper pendant 24 h ; puis bouillir pendant 30 mn ; laisser tiédir ; filtrer.

Même utilisation que la macération.

MACÉRATION (OU PURIN) DE PRÊLE (QUEUE DE RAT)

Faire macérer pendant quelques jours 200 g de feuilles fraîches, finement coupées, ou 40 à 50 g de feuilles sèches, réduites en poudre, dans 10 l d'eau ; filtrer avant l'utilisation.

S'utilise sur le sol en traitement préventif contre les maladies cryptogamiques (mildiou, rouille). Cette même solution additionnée d'un peu de savon noir (environ 100 g) combattra les pucerons et les araignées rouges.

La prêle se récolte de la mi-juin à la mi-juillet. La faire sécher à l'ombre et la conserver à l'abri de la poussière et de l'humidité, dans des sacs en toile ou des cartons. La prêle des champs est de qualité supérieure à celle des marais.

DÉCOCTION DE PRÊLE

Faire tremper pendant 24 h des feuilles de prêle (aux mêmes doses que la macération) ; faire bouillir pendant 15 à 20 mn, couvrir ; laisser refroidir ; au bout de 24 h, filtrer.

S'utilise comme la macération. Sur les plantes craignant les maladies cryptogamiques, effectuer (en prévention) des pulvérisations toutes les 2 ou 3 semaines en alternant soit avec des pulvérisations d'algues brunes, soit avec des saupoudrages de lithothamne. Les pulvérisations seront plus importantes par temps chaud et humide ou après un orage.

INFUSION DE FEUILLES DE RHUBARBE

Mettre dans l'eau bouillante 1,5 kg à 1,8 kg de feuilles de rhubarbe pour 10 l d'eau ; quand l'eau bout de nouveau, éteindre et laisser infuser au moins 24 h ; filtrer.

S'utilise en pulvérisation contre le ver du poireau.

DÉCOCTION DE TANAISIE

Faire tremper pendant 24 h dans 10 l d'eau 300 à 400 g de tanaisie (tiges, feuilles, fleurs) ou 30 à 40 g de plante sèche ; laisser bouillir pendant 15 mn, couvrir le récipient, laisser refroidir ; filtrer avant l'usage.

S'utilise en pulvérisation contre les papillons (noctuelles, piérides), contre les pucerons et les altises.

DÉCOCTION DE BOIS DE QUASSIA

Mettre dans un récipient 150 à 200 g de quassia, couvrir de 3 l d'eau ; faire bouillir pendant 30 mn, laisser refroidir ; filtrer, diluer dans 20 l d'eau et laisser reposer quelques jours.

S'utilise en pulvérisation contre les altises, les pucerons et les araignées. Les copeaux de quassia sont en vente dans les herboristeries et les pharmacies.

INFUSION À BASE D'OIGNON ET D'AIL

Faire bouillir 10 l d'eau ; pendant ce temps, hacher finement (sans éplucher) 650 g d'oignons et 40 g d'ail ; quand l'eau bout, éteindre, y verser les oignons et l'ail préparés, couvrir le récipient, laisser infuser 12 à 15 h ; filtrer.

S'utilise en prévention contre les maladies cryptogamiques ; faire des pulvérisations répétées, espacées d'une journée, pendant une huitaine de jours. Ces pulvérisations sont principalement conseillées par temps chaud et humide.

INFUSION DE GOUSSES D'AIL

Faire bouillir 10 l d'eau ; pendant ce temps, écraser au mortier environ 80 g de gousses d'ail, sans les éplucher ; quand l'eau bout, éteindre, y jeter la préparation, couvrir et laisser infuser pendant au moins 15 h ; filtrer, ajouter 100 g de savon noir, bien mélanger la solution.

S'utilise en prévention contre les pucerons et les araignées parasites, repousse la teigne du poireau et la mouche de la carotte.

L'infusion d'ail, sans ajout de savon noir, s'emploie préventivement contre les maladies cryptogamiques.

MACÉRATION À BASE D'AIL

Faire macérer pendant 2 jours dans 10 l d'eau une grosse tête d'ail réduite en pâte au mortier ; filtrer.

S'utilise en traitement préventif contre les maladies cryptogamiques (mildiou, rouille).

INFUSION DE FLEURS DE CAMOMILLE COMMUNE

Faire chauffer 10 l d'eau ; dès qu'elle bout, éteindre, y jeter une centaine de fleurs sèches ou fraîches, couvrir ; laisser infuser pendant 24 h ; filtrer.

S'utilise en pulvérisation contre les premières attaques de pucerons. Cette infusion renforce la résistance des plantes contre certaines maladies. Elle active également leur croissance.

DÉCOCTION À BASE DE NICOTINE

Faire bouillir 10 l d'eau contenant 300 g de mégots de cigarettes sans filtre ; laisser bouillir doucement pendant environ 30 mn, laisser refroidir ; filtrer ; diluer avant usage (2,5 l de solution nicotinée pour 10 l d'eau).

S'utilise en pulvérisation contre les pucerons, les chenilles, les bruches du haricot, celles du pois, les cochenilles. Traiter tard le soir ; il est conseillé de pulvériser, le lendemain matin, de l'eau claire sur les plantes ayant subi un traitement à base de nicotine. Cette solution sera plus efficace encore si on y ajoute 200 g de savon noir ou de Marseille. Attendre une dizaine de jours au moins avant de consommer des légumes traités à la nicotine qui est dangereuse.

Lors des pulvérisations, prendre des précautions en se protégeant les mains et la figure. Une solution nicotinée (non diluée) se conserve 1 ou 2 semaines dans un récipient hermétique.

EAU DE SUIE

Mettre un sac en toile contenant 600 à 700 g de suie dans 10 l d'eau ; le laisser tremper pendant quelques jours ; filtrer s'il y a lieu.

S'utilise contre les araignées rouges et jaunes.

SOLUTION À BASE DE SAVON NOIR

Dans 10 l d'eau, ajouter 200 g de savon, mélanger activement.

S'utilise contre les pucerons.

SOLUTION À BASE DE SAVON NOIR ET D'ALCOOL À BRÛLER

Dans 10 l d'eau, verser 200 g de savon noir, ajouter 0,5 l d'alcool à brûler et 8 g de sel marin, bien mélanger le tout. S'utilise contre les araignées parasites, les pucerons ou les chenilles.

BOUILLIE BORDELAISE

Faire dissoudre 200 g de sulfate de cuivre dans un seau en plastique contenant 2 l d'eau froide ; bien délayer à l'aide d'un manche à balai. Dans un autre seau en plastique, diluer 300 g de chaux fraîchement éteinte dans 3 ou 4 l d'eau froide, agiter. Quand les deux solutions sont bien diluées, verser progressivement la 2e solution (chaux) dans la 1re (sulfate de cuivre) en continuant de brasser ; puis ajouter 4 ou 5 l d'eau pour que la préparation totale atteigne 10 l d'eau, laisser reposer une bonne demi-journée.

S'utilise en pulvérisation, en traitement préventif ou tout au début de l'attaque, contre les maladies cryptogamiques (de la pomme de terre, de la tomate, du haricot, de l'oignon, de l'échalote, de l'asperge, de l'artichaut ou du fraisier). Pour certaines plantes fragiles, il est conseillé de diviser par 2 ou 3 le poids du sulfate de cuivre (50 à 100 g).

SOLUTION D'EXTRAIT D'ALGUES BRUNES

Cette préparation est réalisée à partir des algues brunes (ficus, laminaire, ascophylium) que l'on trouve chez certains spécialistes du jardinage biologique. L'extrait d'algues brunes s'utilise principalement en pulvérisation foliaire sur et, surtout, sous les feuilles des plantes. Il se dilue dans l'eau à raison d'un demi-verre pour 10 l d'eau. Trois pulvérisations sur la même culture, espacées d'environ 3 semaines, sont généralement suffisantes.

Les algues brunes contiennent des matières minérales et des oligo-éléments (calcium, potassium, phosphore, magnésium, manganèse, sodium, soufre, iode, fer, cuivre, zinc, strontium, cobalt, argent, antimoine, nickel, étain, brome, chrome, lithium, bismuth, molybdène, bore, baryum, plomb, vanadium), ainsi que de nombreuses vitamines, des acides aminés, des hormones et des enzymes.

Les pulvérisations d'extrait d'algues brunes augmentent la résistance des plantes au froid et elles activent leur croissance. Une solution d'un demi-verre par litre d'eau en badigeonnage sur les troncs des arbres fruitiers est également très bénéfique.

L'extrait d'algues brunes est miscible : il peut former un mélange homogène avec d'autres produits d'origine minérale (soufre, sulfate de cuivre, etc.), végétale (essence naturelle de plantes Stimuphytol, lire plus loin) ou organique (purin d'orties ou de prêle, etc.). L'avantage de tels mélanges est d'entraîner une meilleure adhérence du produit sur le feuillage, apportant un allongement de la période d'activité ou un effet de rémanence. On modifie les effets de l'extrait d'algues brunes (répulsifs ou préventifs pour certains insectes, stimulateur de croissance, fongicide, etc.) selon le produit avec lequel on l'associe. Les qualités des composants s'additionnent.

POUDRAGE DE LITHOTHAMNE

Le lithothamne est une algue calcaire ayant l'aspect d'un corail. Elle est riche en calcium et en magnésium, contient la plupart des macro et micro-éléments (calcium, phosphore, magnésium, chlore, fer, iode, titane, nickel, étain, vanadium, zinc, argent, germanium, manganèse, cuivre, cobalt, baryum, soufre, fluor, or, glucinium, strontium, bore, tungstène, arsenic, antimoine, plomb, molybdène, brome, sodium) qui apportent aux plantes l'énergie vitale de l'eau de mer.

S'utilise en saupoudrage à la rosée du matin ou du soir, à raison de 150 à 200 g/are (suivant la végétation), toutes les 3 semaines environ, en cherchant à atteindre principalement le dessous des feuilles ; 3 à 5 applications au cours de la végétation de chaque plante. Les saupoudrages de lithothamne renforcent la résistance des plantes contre le parasitisme et les maladies cryptogamiques, ils activent aussi la végétation. Les pucerons et les chenilles enrobés de ce produit meurent.

SOLUTION À BASE DE COMPLEXE D'ESSENCES NATURELLES

Ce mélange complexe d'huiles essentielles et d'oligo-éléments (Stimuphytol), extraits par distillation, s'utilise en pulvérisation fine à 0,5 % par litre d'eau (1 cuillerée à café). Généralement, 4 l de solution suffisent pour un are, en application sur le sol. En pulvérisation foliaire, diluer toujours à 0,5 % (le nombre de litres de la solution varie selon la végétation).

Le complexe d'huiles essentielles stimule la croissance des plantes (sans forçage), complétant l'action des fertilisants. C'est un modificateur du terrain, un excellent régulateur du pH du sol recommandé en terre calcaire (pH alcalin). C'est un antiseptique non spécifique de la flore et de la faune pathogène. Possède des propriétés désintoxiquantes, permettant une lutte plus rapide contre des résidus de produits chimiques de synthèse dans le sol (une ou plusieurs applications sur le sol en hiver, décembre à février, sur une terre humide). Il est avantageux de tremper les semences pendant 4 à 6 h dans une solution dosée à 40 gouttes par litre d'eau (1 cuillerée à café en contient environ 100) ; laisser égoutter légèrement et enrober les graines avec de la poudre de lithothamne ; la levée régulière des plantes est alors étonnante. Avant les repiquages des plants, tremper les racines dans une solution à 0,2 % (40 gouttes par litre d'eau) pendant quelques heures, puis les enrober (racines) avec une bouillie de lithothamne (100 g par litre d'eau), la reprise en sera facilitée.

L'odeur de ce produit est très agréable. Les essences naturelles de plantes sont à conserver à l'abri de la lumière et de l'oxygène de l'air. Aux périodes critiques, humides, chaudes et orageuses, préparer les deux solutions suivantes. La première a une action fongicide contre le mildiou (tomate, pomme de terre, aubergine, oignon, persil, épinard, panais ou navet) : verser dans un récipient 1 l d'extrait d'algues brunes, y ajouter progressivement 30 à 50 g de sulfate de cuivre en mélangeant bien, remettre dans un récipient hermétique en plastique ou en verre. Bien agiter avant l'emploi. Effectuer 1 ou 2 pulvérisations par mois. Le dosage est d'un demi-verre d'extrait d'algues brunes et de sulfate de cuivre pour 10 l d'eau, dose préconisée pour 100 m^2 selon la végétation.

La seconde solution concerne les autres plantes potagères craignant l'oïdium ou blanc (courge, concombre, fraisier, artichaut, pois, sauf le melon qui ne supporte pas le soufre), contre l'anthracnose du haricot ou la rouille blanche du salsifis : faites la même préparation que ci-dessus, en remplaçant le sulfate de cuivre par 50 g de soufre de fleur de préférence ou un soufre mouillable. Boucher et conserver.

Un passage par mois est conseillé, surtout en début de végétation, après un refroidissement brutal ou par temps chaud et humide.

Les auxiliaires indispensables au jardin

La protection des végétaux commence dans le sol. Une terre carencée ou souffrant d'un excès d'azote donnera des plantes fragiles et déséquilibrées, qui seront attaquées par des maladies ou des parasites. Il est donc indispensable de donner à la terre les éléments fertilisants et les matières organiques (source d'humus) dont elle a besoin.

En culture biologique, on considère que certaines maladies ou attaques de parasites sont principalement dues au facteur temps. On intervient donc, mais en douceur, avec des produits les moins toxiques possible ou, mieux, avec des recettes naturelles.

Une autre protection importante des plantes résulte des auxiliaires, qui se nourrissent des insectes parasites de celles-ci. On les appelle prédateurs. Il faut chercher à les retenir ou à les attirer. Normalement, ils sont nombreux et variés. Ils nous débarrassent des ennemis des cultures même si certains commettent quelques dégâts (consommation de fruits, de graines, de baies, etc.). Leur place est extrêmement importante, ils ont tous une « mission » à accomplir. Mais ils sont fragiles et sensibles aux pesticides (produits chimiques de synthèse utilisés pour les traitements). Chaque traitement élimine au premier chef les prédateurs soit par l'action des substances, soit parce qu'ils ne trouvent plus leur nourriture. Ces soi-disant ennemis des cultures ont aussi leur place car ils contribuent à l'équilibre biologique, prennent en charge la pollinisation des fleurs ; ils sont la nourriture des prédateurs et peuvent jouer d'autres rôles que l'homme ignore. Les haies ont une très grande importance, car elles sont les abris de tous ces animaux ou insectes prédateurs.

Il ne faut pas oublier les insectes agents de la pollinisation des fleurs. Les abeilles, les bourdons, les guêpes, les papillons, les mouches ou moucherons sont les plus importants et les plus connus de ces travailleurs indispensables. En visitant des milliers de fleurs jour et nuit, ces insectes assurent la fécondation croisée de nombreuses plantes cultivées ou sauvages, ainsi que de la plupart des arbres, notamment les fruitiers ; ils sont hélas souvent victimes des différents traitements.

LES OISEAUX

Le rouge-gorge et le pinson nous débarrassent des pucerons et de divers insectes et larves ; la bergeronnette se nourrit d'insectes, de lavres, de vers, d'araignées ; le roitelet, l'hirondelle, le moineau et le rossignol consomment de nombreux insectes ; la perdrix s'alimente avec des araignées, des mollusques, des insectes dont le doryphore ; le merle et la grive mangent des vers, mollusques, insectes, larves ; le chardonneret et le bouvreuil apprécient les larves et insectes ; la fauvette mange les araignées, les insectes et les larves ; le bruant est friand d'araignées et d'insectes ; la tourterelle raffole d'insectes et de mollusques ; le loriot recherche les araignées, insectes, petits mollusques et larves ; le geai aime les insectes, mollusques et vers ; la pie bavarde se délecte d'insectes, mollusques et vers ; l'alouette apprécie les taupins ; la corneille nous débarrasse des insectes, larves, limaces et vers ; les diverses chouettes se nourrissent d'insectes, musaraignes, rongeurs et taupes ; le hibou moyen duc consomme des coléoptères, hannetons et rongeurs ; le hibou grand duc, des rongeurs divers et de gros insectes ; l'étourneau se précipite sur les insectes, les taupins ; le rouge-queue mange des insectes ; la huppe, des courtilières ; la buse et le faucon crécerelle se partagent les campagnols, mulots et rats ; le coucou gris se délecte d'insectes ; le verdier d'Europe aussi ; l'engoulevent, seulement des insectes volants ; la mésange à grande queue, des araignées, insectes et larves ; la mésange bleue, des insectes et larves ; l'épervier d'Europe consomme des mammifères et des insectes (certains font des dégâts) ; le merle mange des fruits, des baies et des graines (dont les pois) ; la grive consomme des fruits ; la corneille, des graines et fruits (rare dans les jardins) ; le moineau, des graines ; le geai, des fruits ; l'étourneau, des fruits (s'ils sont nombreux, ces animaux sont parfois nuisibles) ; l'épervier est friand d'oiseaux et de poussins ; le verdier d'Europe, de pousses d'arbres fruitiers et de fruits ; la pie bavarde, parfois de fruits.

LES MAMMIFÈRES

La chauve-souris mange le papillon géniteur du ver du poireau (teigne) et divers autres insectes, dont ceux responsables des larves du bois de charpente ; le hérisson s'occupe des vers, mollusques et chenilles ; la musaraigne, des insectes, vers, larves et mollusques ; la taupe apprécie les courtilières, limaces, insectes, vers gris et larves. Musaraignes et taupes consomment l'équivalent de leur propre poids en 24 h. La musaraigne se distingue des autres rongeurs par son museau mince et long.

LES REPTILES

La salamandre recherche les limaces et les vers ; l'orvet aime les insectes, chenilles et limaces ; le lézard des murailles se délecte des petits insectes ; le lézard des souches, des chenilles, limaces, insectes et vers ; la couleuvre, de campagnols et de divers rongeurs.

LES BATRACIENS

Le crapaud adore les larves, limaces et vers ; la grenouille s'intéresse aux insectes, larves, mollusques et vers.

LES INSECTES

La coccinelle (bête à bon Dieu) raffole des pucerons, cochenilles et aleurodes ; la syrphe (larve) aime les pucerons ; la chrysope commune mange pucerons et acariens ; l'anatis ocellée apprécie les pucerons et les acariens ; la diérète de la rave consomme les pucerons ; le perce-oreilles (forficule) préfère les limaces, larves, vers, pucerons, araignées et insectes divers ; l'ichneumon jaune, les chenilles ; l'ophion jaune, les chenilles aussi ; le tachinaire des larves, les chenilles également ; la zophomie, les chenilles ; l'echynomie, les chenilles ; l'apantèle agglomérée choisit les chenilles des piérides ; la phasie tachetée préfère les punaises des jardins ; l'ascalaphe à longues antennes, les insectes ; la raphidie marquée, les insectes aussi ; les carabes aiment les insectes, mollusques, vers, chenilles et larves ; le carabe côtelé se délecte des doryphores ; le procuste chagriné, des limaces ; l'épeire des jardins, des insectes ; les araignées, des insectes et chenilles ; la guêpe adore les insectes et les chenilles ; la mante religieuse, les insectes ; le ver luisant préfère les mollusques ; la sauterelle, les papillons et les insectes.

La multiplication

La pollinisation et la fécondation, les diverses techniques de multiplication

LA POLLINISATION ET LA FÉCONDATION

La pollinisation est le transport du pollen de l'anthère sur le stigmate (extrémité collante du pistil). Elle est effectuée la plupart du temps par une foule d'insectes (abeilles, bourdons, mouches, moucherons, papillons, etc.) qui sont des agents très importants. Cette forme de pollinisation est qualifiée d'« entomophile » ; quand c'est le vent qui se charge du transport du pollen, on la dit « anémophile » : c'est le cas des maïs, des betteraves et des poirées (attention, ces deux dernières espèces se croisent facilement).

La fécondation est l'acte de reproduction sexuée des plantes : le pollen déposé sur le pistil féconde les ovules pour donner naissance par la suite à un fruit contenant des graines. Pour certaines plantes comme les cucurbitacées, principalement les courges à cause de la taille des fleurs, la fécondation artificielle est à la portée de tous les jardiniers. Pour pratiquer la fécondation manuelle, il est nécessaire de disposer d'un peu de temps le matin et le soir.

PRATIQUER LA FÉCONDATION ARTIFICIELLE

Pour cultiver plusieurs variétés de courges de la même espèce, dans le même jardin potager, en évitant l'hybridation des porte-graines, il est indispensable de suivre quelques principes : choisir des sujets porte-graines vigoureux et sains ; reconnaître la fleur mâle de la fleur femelle, cette dernière arbore un ovaire soudé à la base des pétales, qui semble situé au-dessous de la fleur (formation du fruit) ; identifier les espèces et les variétés différentes ; faire la fécondation artificielle avec des fleurs (mâles et femelles) venant de pieds différents mais de la même variété. Avant que les fleurs mâles et femelles ne s'ouvrent (elles ne tardent pas à éclore quand la séparation des pétales s'élargit et devient jaune vif), il faut les protéger des insectes soit avec des capuchons en tulle, soit avec des sacs plastique (inconvénient : ceux-ci produisent de la condensation). L'idéal est de fabriquer soi-même des sachets en Agril P 17, qui protègent les fleurs tout en laissant passer l'air. Avec une agrafeuse, les sachets en Agril P 17 sont très vite préparés. Cette opération s'effectue le soir.

Il est parfois difficile d'obtenir en même temps des fleurs mâles et femelles sur une même variété, les fleurs mâles fleurissant plus tôt. Il faut alors pratiquer comme suit : protéger les fleurs mâles et, quand le pollen est mûr (en principe 4 h après l'ouverture de la fleur), le récolter dans une boîte. De cette manière, il peut se conserver 3 ou 4 semaines ; congelé, on le gardera plusieurs années.

Quand les fleurs (mâles et femelles) sont ouvertes, cueillir la fleur mâle, enlever les pétales, découvrir la fleur femelle, frotter les étamines contre le pistil, remettre la protection sur la fleur fécondée et la repérer à l'aide d'un bout de fil électrique de couleur que l'on torsade autour du pédoncule. Pendant l'opération, faire attention qu'aucun insecte ne vienne se poser sur l'une des fleurs. La fécondation peut être effectuée à l'aide d'un petit pinceau.

Si plusieurs variétés doivent être fécondées, utiliser un pinceau pour chacune ou le nettoyer énergiquement avec de l'alcool à 90 ° en l'essuyant avant de passer à une autre variété. Faire la fécondation par beau temps de préférence, si possible entre 9 et 11 h.

Pour savoir si le pistil de la fleur femelle est prêt, y déposer du pollen et souffler dessus ; si celui-ci adhère, c'est un facteur de réussite ; s'il ne colle pas, remettre la protection de la fleur et recommencer l'opération le lendemain.

Il est préférable de pratiquer la fécondation artificielle sur les premières fleurs pour que les fruits aient le temps de venir à maturité. Quand les pétales sont fanés, généralement au bout de 2 ou 3 jours, enlever la protection de la fleur femelle. Récolter les fruits destinés à la reproduction à complète maturité. S'il y a deux fruits l'un près de l'autre, garder seulement celui qui a subi la fécondation artificielle.

Pour réaliser une protection destinée aux fleurs entièrement gratuite : couper les deux extrémités d'une bouteille plastique, pour obtenir un tube ; couper celui-ci en deux, ce qui donne deux parties de 10-12 cm environ ; prendre une paire de bas ou un collant usagé, garder l'extrémité du pied sur 15-20 cm ; enfiler le bout du bas sur le tube de la bouteille plastique, voilà une protection efficace à attacher sur le pédoncule.

MULTIPLIER LES PLANTES POTAGÈRES ET CONDIMENTAIRES

La majorité des plantes cultivées se multiplient par graines, par plantation de tubercules, par caïeux ou par bulbilles ; d'autres peuvent en plus se multiplier par bouturage, par marcottage, par division de touffes, par séparation de coulants ou par œilletonnage.

▶ *La multiplication par semis*

Pour réussir ses semis, il y a quelques règles à respecter : pour germer, les graines ont besoin de chaleur, d'air et d'humidité ; avoir des semences de qualité satisfaisante, ayant une bonne faculté germinative ; tenir compte de l'époque des semis suivant les régions et les espèces, ne semer ni trop tôt ni trop tard ; ne pas semer trop dru.

Les petites graines doivent être à peine enterrées et toujours suivant leur grosseur ; plus elles sont fines, moins il faut les recouvrir ; en général, on les recouvre de 1 à 3 fois leur diamètre ; il vaut mieux qu'elles soient moins enterrées que trop ; certaines semences ne doivent pas être enterrées, seulement terreautées ; dans une terre lourde, il est préférable de semer moins profond que dans un sol léger (mais en période chaude, il peut être avantageux de semer légèrement plus profond que par temps humide) ; tenir compte des facteurs lunaires ; pour les semis, la terre doit être bien préparée et suffisamment émiettée ; les graines préfèrent être semées dans une terre fine, principalement celles de petite taille ; dans un sol mal préparé la germination se fait difficilement ; il est bénéfique de recouvrir les petites semences avec un peu de terre fine mélangée avec du terreau ou du compost tamisé.

Tasser légèrement les semis à l'aide du dos du râteau ; attendre 10 à 15 jours avant d'ensemencer une terre retournée ; tenir le sol suffisamment frais pour que la levée s'effectue le plus rapidement possible ; toujours semer dans une terre suffisamment réchauffée ; en principe, on sème plus tôt dans un sol sablonneux que dans une terre argileuse qui est plus longue à se réchauffer ; la levée de certaines plantes sera activée en posant à même le sol un plastique à trous que l'on enlèvera dès la sortie des plants ; la levée des semences doit s'effectuer le plus rapidement possible, la réussite en dépend ; arroser les semis le plus doucement possible pour ne pas tasser la terre ; si les semis sont trop denses, éclaircir les plants dès qu'ils ont 3 ou 4 feuilles, en éliminant les moins forts.

Pour les graines qui ont une levée assez longue ou difficile, il est très avantageux de faire une prégermination : la levée sera plus rapide et les semis plus réguliers. Il existe des germoirs en terre cuite, facilitant cette opération. Pour les graines fines, étaler au fond du germoir une toile naturelle en fibre très fine pour que les semences ne passent pas à travers les trous du germoir. Le premier jour, laisser tremper les graines dans l'eau (de pluie, de préférence) pendant 24 h ; puis placer les semences dans l'étage supérieur, rincer toutes les 24 h ; au bout de 2 ou 3 jours (suivant la température), elles commencent à germer. Dès le début de la germination (ne pas attendre), semer les graines au fond du sillon préalablement arrosé, les couvrir avec un peu de terre fine ou de terreau. Ne pas tasser, mais arroser les semis. La plupart des graines dont la levée excède 10 à 12 jours peuvent être traitées de cette façon, comme le persil, la carotte, le martynia, la tétragone, ainsi que les pois, les fèves et les haricots. Il est évident qu'il est inutile de faire germer des graines de radis ou de choux qui lèvent en quelques jours. Ne pas tasser les graines germées pour ne pas briser les germes.

Un autre procédé très intéressant consiste à faire tremper les semences dans l'eau tiède additionnée d'extrait d'essences naturelles de plantes (40 gouttes par litre d'eau). Au bout de 5 ou 6 h, égoutter les graines, puis les enrober de farine d'algues marines (lithothamne) avant de les mettre en terre.

Il est important de tasser le sol après un semis, surtout pour les petites graines, pour les mettre en contact avec les petites particules de terre qui leur fourniront l'humidité pour germer. Le tassement s'effectue généralement avec des outils tels que le râteau (avec le dos), la batte, une bouteille. Pour les semis plus importants ou à la volée, le rouleau est tout indiqué.

▶ *Le semis en pépinière*

Il consiste à semer des graines sur une planche, peu étendue, bien ameublie, humifère, à exposition chaude, bien abritée du vent ; l'idéal est sur ados incliné vers le sud ou sur côtière (au pied d'un mur à exposition sud). On y sème des plantes qui préfèrent ou supportent les repiquages. Une fois libérée, la planche pourra servir pour une culture hâtive : radis, pois, carotte, laitue, melon ou concombre. Parfois en été, il faut choisir une exposition ombragée pour les semis. Les semis en pépinière s'effectuent à la volée ou en ligne.

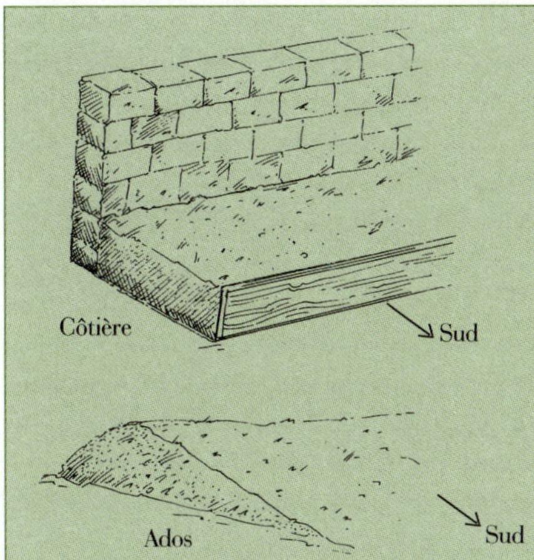

SEMIS EN PÉPINIÈRE

▶ *Le semis à la volée*

C'est un mode de semis que je déconseille, sauf sur couche, en pépinière ou en terrines. Il consiste à prendre des graines par demi-poignées ou par pincées pour les épandre régulièrement à la surface du sol ; les enfouir ensuite superficiellement à l'aide d'une fourche crochue. Il est assez difficile de semer régulièrement une planche, il faut en avoir l'habitude, sinon par endroits on sème trop dru, tandis que d'autres révèlent des manques.

Les binages, les sarclages et l'éclaircissage ne sont pas facilités, le paillage est impossible et le développement des plantes est malaisé.

▶ *Le semis en ligne*

C'est le semis le plus pratiqué. Il consiste à faire un sillon droit plus ou moins profond (suivant la grosseur des semences) en s'aidant d'un cordeau et d'une serfouette ; déposer les graines au fond, les recouvrir et tasser. Pour les graines très fines, ne pas faire de sillon, semer le long du cordeau et plomber. Ce mode de semis présente

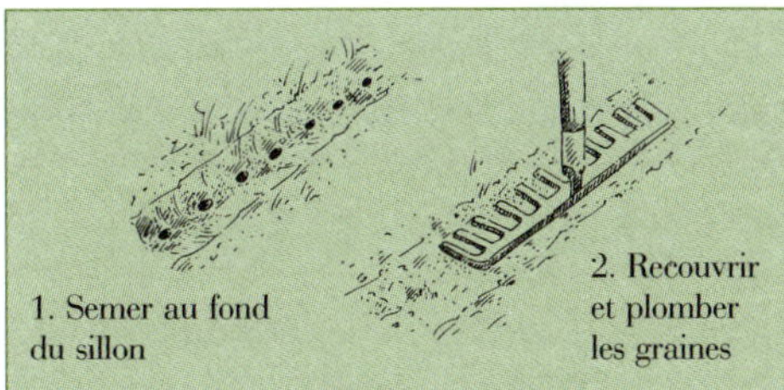

SEMIS EN LIGNE

beaucoup d'avantages : on économise des semences ; on apprécie mieux la répartition des graines ; l'entretien (binages, sarclages, etc.) est facilité ; les plantes se développent mieux.

▶ Le semis en poquet

Les semis par poquets consistent à faire des trous, de préférence en quinconce, dont la profondeur et l'écartement diffèrent suivant les semences et les espèces cultivées. Ce mode de semis est principalement utilisé pour la culture du pois, du haricot, de la lentille, de la courge, du concombre, du melon ou de la betterave potagère. La plupart des plantes cultivées acceptent le semis en poquet ; il suffit de réaliser un sillon dont la profondeur varie selon les semences. Préparer un morceau de bois servant de gabarit pour la distance entre les plants sur le rang. Semer quelques graines et se déplacer à l'aide du gabarit. Les avantages de ce mode de semis est l'économie de semences et un éclaircissage rendu plus aisé (on ne laisse que le sujet le plus fort).

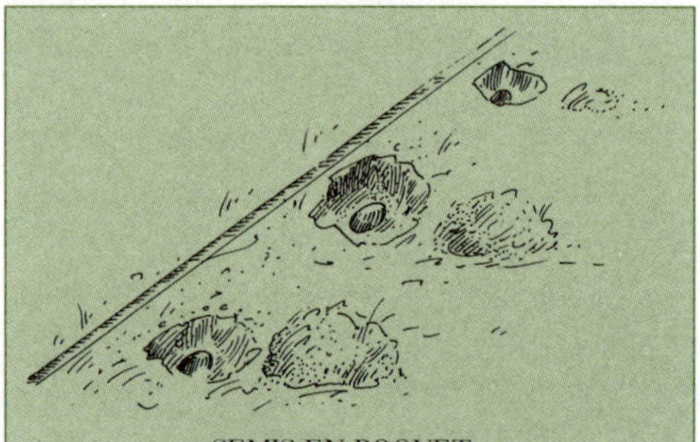

SEMIS EN POQUET

▶ Les différentes méthodes de semis

Sous tunnel plastique : procédé qui sert à avancer une culture en protégeant les jeunes plants des dernières gelées et à réchauffer le sol dans la journée.

Sous cloche : ces semis ne sont plus beaucoup utilisés de nos jours ; ils permettent d'avancer les semis en poquets (melon, courge, concombre, margose), ou la transplantation de plants de tomates précoces.

Sous châssis froid : afin de protéger les premiers semis fragiles et d'activer leur croissance.

Sous châssis, sur couche chaude : la couche chaude est préparée avec du fumier de cheval frais ; avant de semer, il faut que la température de l'intérieur du châssis soit descendue à environ 30 °C ; elle se stabilisera pendant plusieurs semaines autour de 20 °C. La couche tiède entretient une température intérieure de 12 à 18 °C.

Les semis sous châssis sont souvent réservés aux plantes destinées au repiquage. Certaines comme la laitue, le persil ou le cerfeuil peuvent y être cultivées au début ou en fin de saison. Les châssis doivent être posés à bonne exposition. Ne pas oublier d'ouvrir les châssis dans la journée dès que le temps le permet.

Sous serre froide ou chauffée : ce sont des abris en verre ou en matière plastique pour cultiver les végétaux fragiles ou bien hâter leur croissance.

Les serres chauffées doivent avoir une température de 19 à 20 °C ; on les chauffe avec un poêle à bois, à charbon, au méthane avec un tas de compost en fermentation chaude, à l'aide d'un chauffage solaire ou à l'électricité. Les semis sont généralement effectués dans des caissettes en bois, en matière plastique ou en polystyrène, de 10-15 cm ou plus de profondeur. On peut aussi semer en terrines, en godets ou en pots en matière plastique, en terre ou en tourbe (ces derniers semis sont chers). Les caissettes, les terrines ou les godets ne doivent pas être remplis jusqu'au bord pour permettre les arrosages. Il existe des mini-serres que l'on peut mettre dans un local suffisamment chaud et éclairé (près d'une fenêtre et d'un radiateur).

Les récipients sont remplis généralement d'un mélange composé pour moitié de terre légère, d'un quart de compost tamisé et d'un quart de tourbe (non enrichie avec des engrais chimiques de synthèse) ou de terreau.

Les semis en pots ou godets sont utilisés pour les plantes à repiquer avec la motte : courge, melon, concombre, martynia, piment, maïs sucré, tomate, alkékenge, basilic ou physalis.

▶ La multiplication par plantation de tubercules

La multiplication par plantation de tubercules ou de rhizomes est souvent destinée aux végétaux ne donnant pas de graines (oca, topinambour, hélianthe, crosne du Japon, patate douce, igname de Chine, etc.) ou qui en produisent aléatoirement (pomme de terre). Les tubercules de patate douce et d'igname de Chine peuvent être plantés dans de grands pots, en serre chaude ou sur couche chaude ou tiède, pour avancer leur culture ; ils seront mis en place quand il n'y aura plus de risque de gelée.

Ce mode de multiplication consiste à faire des trous de profondeur et à distance différentes selon les plantes en vue d'y loger un tubercule.

▶ La multiplication par bulbes, caïeux ou bulbilles

Cette multiplication est réservée à l'ail, l'oignon, l'échalote, aux poireaux bulbeux. On plante les caïeux, les bulbes ou les bulbilles en les maintenant entre le pouce et l'index, à une profondeur de 2-3 cm pour les bulbes et les caïeux, et de 1-1,5 cm pour les bulbilles. Dans les terres humides, les planter sur des buttes.

▶ La multiplication par bouturage

Cette opération consiste à multiplier des végétaux à l'aide de rameaux semi-ligneux et demi-aoûtés (pousses de l'année) ou herbacés, détachés du pied-mère, que l'on plante en terre ou dans des mélanges de sable-terre-tourbe. Le bouturage s'effectue de différentes manières : en plein air, sous châssis, sous cloche, sur couche chaude, en serre chauffée, etc. (voir à chaque plante pouvant être multipliée par bouturage).

Le bouturage est l'un des moyens de reproduction le plus employé après le semis. La multiplication végétative permet de reproduire fidèlement le pied-mère, ce qui n'est pas toujours aisé par graines. Cette méthode de reproduction permet de multiplier un certain nombre de plants assez rapidement.

Il est indispensable de choisir des plantes saines et vigoureuses. La coupe d'une bouture doit être faite avec un outil tranchant, quelques millimètres au-dessus d'un nœud ; on choisit l'extrémité des rameaux demi-aoûtés, d'une longueur de 15-20 cm, bien droits, le bout taillé en biseau (la coupe) ; en enterrer la moitié après avoir enlevé les feuilles de la partie enterrée, bien tasser et tenir le sol humide.

Beaucoup de plantes se bouturent en août-septembre (estragon, menthe ou romarin), d'autres en juillet (thym), ou au printemps (sauge officinale ou sarriette vivace). Les sujets issus de bouturage autorisent une récolte beaucoup plus tôt que par semis. En cas de fortes gelées, il est plus prudent de protéger les boutures du froid avec de la paille ou des feuilles sèches.

Le bouturage par racines est utilisé pour la reproduction du raifort sauvage et du crambé (tronçons de racines). Il est possible de multiplier le pissenlit par bouturage de racines de vieux pieds que l'on replante. Concernant la pomme de terre, le bouturage de germe muni d'un léger talon sert à régénérer la variété, ou à la multiplier plus rapidement.

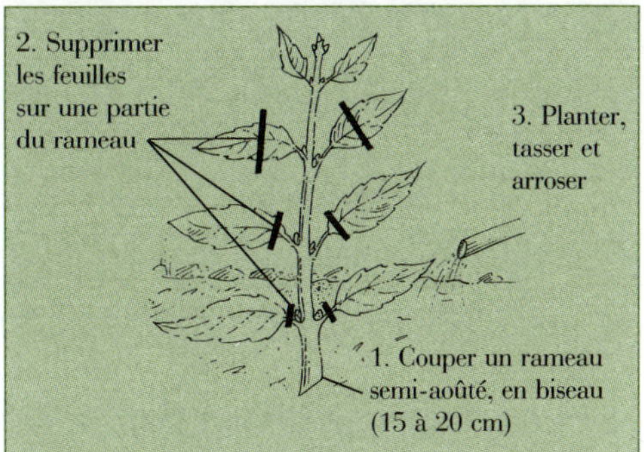

MULTIPLICATION PAR BOUTURAGE

▶ La multiplication par marcottage

Cette multiplication végétative de certaines plantes souples consiste à faire développer des racines sur un rameau sans le sevrer du pied-mère, soit en le recourbant et en l'enterrant en partie (par couchage), soit en buttant la touffe. Simple, ce mode de multiplication reproduit fidèlement le pied-mère. Choisir des sujets sains et vigoureux. Les rameaux seront alors recouverts avec la butte de terre sur 15-20 cm de hauteur. Pour faciliter le maintien d'un rameau recourbé, on utilise une fourche en bois en forme de Y que l'on retourne, ou un crochet. Courant septembre, séparer le rameau de la plante mère tout en le maintenant en place, le transplanter de la fin novembre à la fin mars. En cas de sécheresse, maintenir la butte des rameaux suffisamment humide.

Le marcottage est surtout employé pour la reproduction du romarin, de la lavande, de la verveine officinale, de la sauge officinale (elle se marcotte toute seule). Le marcottage est un procédé assez facile, à la portée des amateurs.

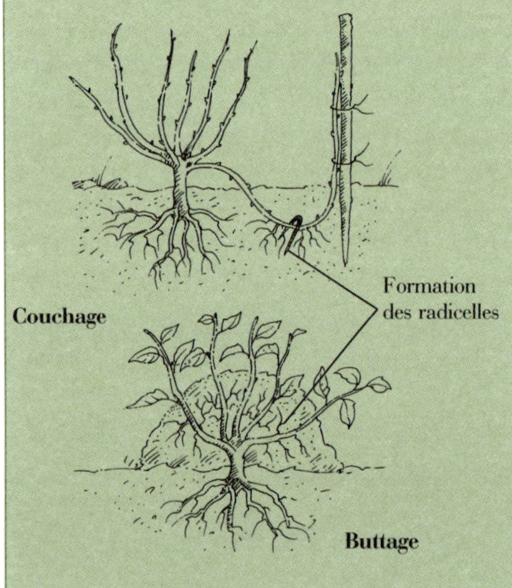

MULTIPLICATION PAR MARCOTTAGE

▶ *La multiplication par division de touffes (éclats)*

Cette opération consiste à multiplier des plantes à souche vivace, qui, au bout de quelques années, forment une touffe bourgeonnante. On la sépare d'une coupe franche (à l'aide d'une bêche) en plusieurs parties, en gardant de préférence les éclats du contour munis d'yeux et de racines, qui, une fois plantés, donneront de nouvelles touffes. La division de touffes s'effectue de préférence au printemps (mars-avril).

La plupart des plantes condimentaires vivaces se reproduisent ainsi. Citons la ciboule, la ciboulette, l'estragon, les menthes, la mélisse, l'origan, le thym, la sarriette ou l'oseille. La division de touffes est le procédé de reproduction le plus rapide.

▶ *La multiplication par œilletonnage*

Cette opération consiste à détacher des pousses appelées rejets ou œilletons, se développant au collet de certaines racines de la plante mère. Au potager, l'artichaut se reproduit généralement par ce mode de multiplication.

Courant avril, on sépare les rejets à l'aide d'une bêche ; ne garder que ceux qui sont munis de quelques racines que l'on met en place après avoir coupé l'extrémité des feuilles pour faciliter la reprise. L'œilletonnage est en quelque sorte une division de touffes particulière.

▶ *La multiplication par coulants, stolons ou filets*

C'est l'un des modes de reproduction du fraisier. Les tiges rampantes émises par le pied-mère produisent, de place en place, des bourgeons qui développent des feuilles, puis des racines pour devenir des plantes autonomes.

La séparation et la plantation des stolons s'effectuent de préférence en août-septembre. Il est préférable de ne garder que le sujet le plus près du pied-mère et d'éliminer les suivants.

MULTIPLICATION PAR COULANTS,
STOLONS OU FILETS

FAIRE SES PROPRES SEMENCES

Beaucoup de plantes cultivées se multiplient par graines. Quels sont les avantages de produire soi-même ses semences ? Conserver des espèces ou des variétés introuvables dans le commerce ; avoir ses propres semences ; cultiver à sa guise, en dédaignant les catalogues restrictifs ; apporter des satisfactions personnelles : grâce à certains jardiniers amateurs, un nombre important d'anciennes variétés ont été sauvées et recensées lors de l'inventaire des plantes cultivées en France.

Pour certaines espèces ou variétés, produire ses semences ne pose pas trop de problèmes ; pour d'autres, c'est assez complexe car, si les espèces ne se croisent généralement pas entre elles, il n'en va pas de même pour la plupart des variétés. Voici quelques précautions à prendre pour réussir : choisir toujours les plus beaux sujets comme porte-graines ; ils doivent être exempts de maladies et bien représenter l'espèce ou la variété ; tenir compte de leur précocité, de leur adaptation à la nature du sol et au climat, de leur résistance au parasitisme. Pour les plantes allogames (dont la fécondation présente un caractère croisé), ne cultiver comme reproducteur qu'une seule variété par espèce pour éviter les croisements ; s'assurer que personne n'élève d'autres variétés porte-graines de la même espèce dans le voisinage. Pour certaines plantes comme la carotte, vérifier qu'il n'y a pas de carottes sauvages dans les environs. Récolter les graines à parfaite maturité, au fur et à mesure de leur mûrissement, par temps sec ; les faire sécher quelques jours à l'ombre sur une toile ou une feuille de papier, dans un endroit aéré ; surtout ne pas les exposer au soleil, ni à une forte chaleur ; les conserver dans des sachets en papier ou en toile, puis les stocker dans des boîtes en fer, dans un endroit à l'abri de l'humidité, sec et frais ; étiqueter chaque sachet et marquer la date de la récolte des semences ; les surveiller de temps en temps. Ne pas essayer de reproduire des graines avec des variétés hybrides qui dégénèrent souvent. Ne pas oublier de préserver les porte-graines des oiseaux à l'aide de filets.

La majorité des plantes potagères ou condimentaires portent des fleurs hermaphrodites (qui contiennent chacune des organes mâles – étamines – et femelles – pistil – nécessaires à la reproduction) ; d'autres plantes sont dioïques (certaines ne portent que des fleurs mâles, d'autres que des fleurs femelles) ; certaines sont monoïques (portant à la fois des fleurs mâles et des fleurs femelles) ; il y a un petit nombre de plantes polygames (elles portent à la fois des fleurs mâles, des fleurs femelles et des fleurs hermaphrodites). Une fleur complète se compose généralement d'un calice, d'une corolle, d'étamines et d'un ovaire surmonté d'un pistil.

Les principales plantes légumières dont un bon jardinier peut reproduire lui-même les graines sont la carotte, le cerfeuil, le cerfeuil bulbeux, le chervis, le concombre (fécondation artificielle), la courge (fécondation artificielle), le cresson alénois, le cresson des jardins, la fève, le haricot, le melon (fécondation artificielle), l'énothère bisannuelle, l'oignon, le persil, le persil tubéreux, le piment, la pimprenelle, le poireau, le pois, le radis, la roquette, les salsifis, le scolyme d'Espagne, la scorsonère et la tomate.

Pour les crucifères, le chou en particulier, il est très difficile de faire ses semences (pour garder les variétés à peu près pures), car il faut beaucoup de porte-graines et être absolument sûr qu'il n'y a pas d'autres variétés montées à graines aux alentours : les insectes se déplacent facilement ! Certaines composées (chicorées et laitues), les légumineuses (fèves, lentilles, pois et haricots), les solanacées (piments et tomates), ainsi que les mâches sont généralement autogames (régulière, l'autofécondation a lieu sans nécessiter trop de surveillance).

Certaines plantes potagères produisent leurs graines dès la première année (annuelles), d'autres à partir de la seconde année (bisannuelles), d'autres encore ne produisent pas de semences sous notre climat. Les premières graines venant à maturité sont souvent les meilleures. Quelques graines demandent à être conservées stratifiées dans du sable. Surveiller tous les jours les reproducteurs car, dans le cas de certaines espèces, les graines tombent facilement ; il faut donc les récolter successivement selon leur maturité.

JARDINER AVEC LA LUNE

Jardiner avec la lune, est-ce simplement une vieille croyance ? À notre époque, n'est-il pas rétrograde d'avoir recours à ces méthodes empiriques pour semer ou repiquer ? Tout dépend du mode de jardinage pratiqué. Si l'on emploie tout l'arsenal chimique des engrais et pesticides de synthèse, il sera évidemment difficile d'observer ces influences lunaires. Si l'on applique la culture dite « biologique », c'est-à-dire si l'on n'utilise que des fertilisants naturels, le problème des facteurs lunaires sera amplifié.

LES PHASES LUNAIRES

La lune agit certainement sur la croissance des plantes, et on peut tenir compte de son influence au jardin (semis, repiquage, dégermage des pommes de terre, etc.). Mais s'il est important de considérer l'évolution de la lune, il serait inutile de s'obstiner à semer par temps froid, défavorable à la germination des semences, simplement parce que la lune est « bonne ». En revanche, on note une différence sur le rendement et la robustesse des plantes semées dans les mêmes conditions, en lune favorable, mais avec un temps « poussant », dans une terre bien préparée, avec une fertilisation correcte, en utilisant si possible des semences non traitées.

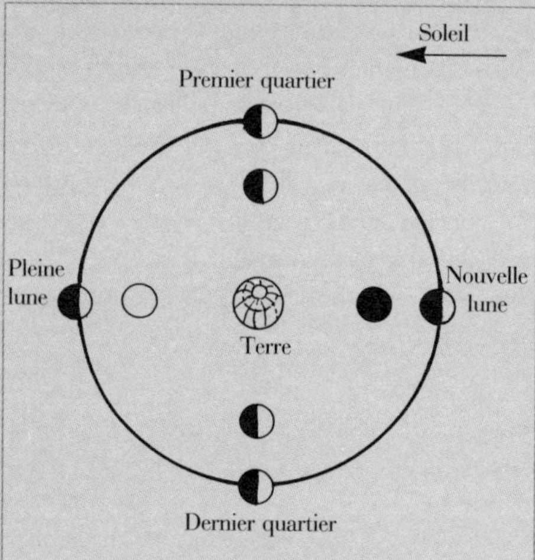

LES PHASES LUNAIRES

La lune est un satellite de la terre, qui réfléchit la lumière du soleil la nuit. On peut déterminer deux périodes selon sa position dans l'espace. La lune décroissante ou descendante qui se trouve entre la pleine lune et la nouvelle lune est en forme de C; en le fermant d'un trait vertical (avec l'index pointé) on obtient un d, comme dernier quartier. La lune croissante ou montante est la période entre la nouvelle lune et la pleine lune ; elle forme un C à l'envers ; en le fermant d'un trait vertical (avec l'index pointé), on obtient un p, comme premier quartier. La période du cycle lunaire est de 29 jours, 12 heures et 44 minutes.

SEMER AVEC LA LUNE

En lune croissante (de préférence 2 ou 3 jours avant la pleine lune), semer les plantes potagères donnant des fruits (aubergine, courge, concombre, melon, physalis, tomate), celles apportant des graines comestibles (fève, gesse commune, haricot, lentille, pois), ainsi que les fleurs. En lune décroissante (de préférence 2 ou 3 jours avant la nouvelle lune), semer tous les légumes poussant au ras du sol (arroche, cerfeuil, chicorée, chou, cresson, épinard, laitue, mâche, oignon, oseille, pissenlit, poirée, tétragone) et ceux poussant en terre (betterave, carotte, crosne, igname de Chine, navet, énothère bisannuelle, panais, pomme de terre, radis, salsifis, scorsonère, topinambour).

La plantation des bulbes ou bulbilles d'oignon, d'échalote, d'ail ainsi que les plants de fraisiers est à pratiquer de préférence en lune décroissante. Il est préférable de couper les stolons des fraisiers à la fin du dernier quartier. Tondre le gazon en lune décroissante pour limiter les opérations. Le dégermage des pommes de terre s'effectue de préférence 4 ou 5 jours avant la nouvelle lune.

La conservation des légumes

Pour consommer des légumes toute l'année

Il y a plusieurs façons de conserver les légumes l'hiver, à l'abri du froid et de l'humidité. Certains supportent de rester en place une partie de l'hiver ou jusqu'à la fin des gelées ; d'autres légumes résisteront aux premiers froids en jauge ou sous châssis.

EN PLACE

Certains légumes se conservent mieux en place : le crosne, le topinambour, l'igname, le salsifis, la scorsonère, l'onagre, le raifort sauvage ou le panais supportent les grands froids. Au début de ceux-ci, les recouvrir de paille ou de feuilles sèches pour faciliter l'arrachage. Le chou de Bruxelles, le poireau, la mâche et la chicorée rouge d'Italie sont très résistants. Le chou pommé endure les froids moyens en ayant la tête tournée vers le nord (pour éviter qu'il gèle ou dégèle). La carotte d'hiver, le céleri-rave, le radis et le navet d'hiver, dont on aura coupé les feuilles, qu'on aura buttés et recouverts de paille ou de feuilles sèches (20 cm) passeront l'hiver en place. Découvrir les planches lors des pluies ou par temps humide pour éviter la pourriture.

Pour récolter les poireaux quand il gèle, écarter les deux feuilles extérieures ; enfoncer au milieu du poireau une aiguille à tricoter ; tourner légèrement en serrant bien les feuilles et en tirant, en prenant soin de ne pas prendre les deux feuilles extérieures ; le poireau vient facilement, démuni des deux feuilles extérieures et de ses racines.

SOUS CHÂSSIS

Avant que les gelées d'automne apparaissent, couvrir les salades (chicorée, scarole) avec des coffres et des châssis. Quand les froids arrivent, protéger les salades avec de la paille ou des feuilles sèches disposées entre les plantes et le châssis ; couvrir les châssis de paillassons. Ceux qui possèdent beaucoup de châssis conserveront de la même manière les choux (repiqués avec la motte) et divers autres légumes.

EN JAUGE

La conservation en jauge consiste à faire des tranchées de la profondeur d'un fer de bêche, à bonne exposition, pour grouper certains légumes, libérant par là même le terrain et facilitant la récolte. Pendant les froids, recouvrir les légumes en jauge avec de la paille ou des feuilles sèches. Attention à l'humidité et aux rongeurs qui sont parfois plus néfastes que le froid.

EN TRANCHÉE PROFONDE

Ce mode de conservation assez courant consiste à creuser une tranchée de 40 cm de profondeur, de 1 à 1,50 m de largeur (suivant la largeur des plaques), de longueur variable selon les besoins.

Arracher les légumes avec la motte ; les planter au fond de la tranchée, tout en ameublissant le fond ; éviter que les plantes ne se touchent trop ; placer des plaques en plastique ondulé, posées sur des chevrons ; déposer sur ces plaques 20 cm de paille puis 10 cm de terre, le tout peut être recouvert d'un plastique.

Pour récolter les légumes, tirer les deux chevrons que l'on posera sur des parpaings (pour maintenir les plaques droites). Les extrémités des tranchées seront aérées par temps doux ; lors des froids, supprimer l'aération en bouchant avec de la paille ou des feuilles sèches.

Le chou, la salade, le poireau, la poirée et le céleri à côtes se conservent en tranchée.

AU GRENIER OU DANS UN LOCAL AÉRÉ

Les légumes à bulbes (ail, oignon, échalote) se conservent dans un local bien aéré et pas ou peu chauffé. On les étale sur le plancher du grenier (si on a de la place) ou dans des cageots superposés, ou bien encore, on les pend en bottes ou en nattes. En cas de très grand froid, les rentrer dans un endroit plus chaud.

Les légumes-graines (haricot sec, lentille) se gardent bien dans leurs cosses, dans un local aéré et non chauffé, le froid étant favorable à leur conservation. Généralement, on pend les bottes des haricots nains et des lentilles ; quant aux haricots à rames, on en cueille les gousses que l'on met dans des cageots superposés.

EN CAVE

Les légumes à tubercules ou à racines se conservent dans une cave, à condition que celle-ci soit saine, fraîche, sans humidité, sombre, avec de préférence un sol en terre battue ; si ce dernier est en béton, il est conseillé de le couvrir d'une bonne couche de sable sec ou de terre (n'aménager que la partie utilisée et la séparer par divers matériaux). Si le sol est en terre battue, y placer des tuiles ou des briques creuses, ces matériaux laisseront l'air circuler entre le sol et les légumes.

La température idéale d'une cave se situe entre 2 et 5 °C, elle ne doit pas être chauffée. On l'aérera de temps en temps (côté sud en hiver, côté nord par temps doux), sauf en période de grands froids.

Les principaux légumes se conservant en cave ou en silo sont la betterave, la carotte, le céleri-rave, le cerfeuil tubéreux (stratifié dans du sable sec), le chou-rave, le chou rutabaga, le navet, l'oca, le panais, le persil tubéreux, la pomme de terre et le radis d'hiver.

EN SILO

Ce système de conservation des légumes à racines ou à tubercules consiste à entasser les légumes après la récolte et à les recouvrir de paille, de terre et autres matériaux (voir dessin). Il est destiné aux personnes ne possédant pas de cave. Il y a plusieurs façons de faire un silo : au pied d'un mur, bien exposé à l'abri des vents, en silo enterré, en silo de surface.

Pour le silo au pied d'un mur, on creuse un trou de 50-60 cm de profondeur au fond duquel on place une isolation faite de tuiles, de briques ou de planches placées sur des parpaings. Y déposer les légumes, les recouvrir de paille sèche ; en cas de grands froids, ajouter du fumier de cheval frais ; couvrir le tout avec une tôle ondulée. Pour le silo enterré, le trou mesure environ 1 m de profondeur sur 1 m de large, la longueur étant fonction des besoins. Peu pratique, le silo de surface est peu utilisé, hormis dans les terrains humides.

Les silos doivent avoir une cheminée (une aération), qui est souvent fabriquée avec des branchages ou avec un tuyau perforé. Un silo enterré peut être fait à l'intérieur d'une cabane de jardin. S'il fait froid ou s'il pleut, fermer l'ouverture du silo (servant à prendre les légumes) avec une botte de paille ; boucher la cheminée avec un pot de fleur renversé. Attention aux mulots, mettre des pièges.

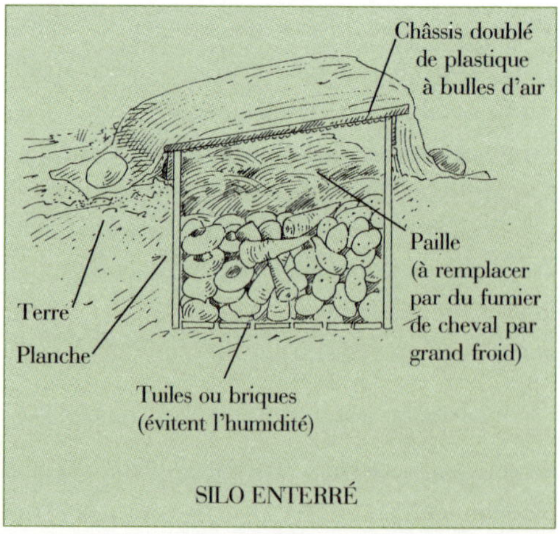

SILO ENTERRÉ

LA CONGÉLATION

Ce mode de conservation est certainement l'un des meilleurs, sinon le meilleur, mais il s'agit tout de même d'une conserve. Le congélateur est surtout utile pour les excédents ou pour dépanner. Certains légumes se prêtent bien à la congélation, principalement le haricot vert, le petit pois ; l'épinard, l'arroche, la tétragone, la fève et le haricot demi-sec, l'asperge, la tomate prête à recevoir une farce ou destinée à la préparation d'une sauce se congèlent aussi.

Pour préparer les tomates à recevoir une farce après décongélation, choisir de beaux spécimens ; les préparer à être farcis ; les saler légèrement ; retourner les tomates à l'envers dans un plat, elles perdront une partie de leur eau. Pour la farce ou la sauce tomate, je conseille la variété 'Cœur de bœuf', peu aqueuse et sans graines.

PAR LE SEL

Cette méthode est beaucoup moins en vogue aujourd'hui. Elle est surtout destinée aux haricots verts : dans un pot en grès, placer un lit de haricots verts, une couche de sel et ainsi de suite, pour finir avec une couche de sel. On peut également mettre les haricots dans un récipient et finir de le remplir avec de l'eau salée à 200 g par litre d'eau. Quand une épaisse couche de saumure surnage au-dessus des haricots verts, généralement au bout de quelques jours, y verser un peu d'huile et couvrir le dessus du pot avec un linge propre et bien tendu. Avant de consommer ces haricots verts, les dessaler pendant 24 h en changeant plusieurs fois d'eau (froide). Ils sont assez longs à cuire.

On peut conserver les tomates entières de cette façon : les nettoyer, supprimer les queues, les piquer à l'aide d'une aiguille autour de l'emplacement du pédoncule, les mettre en pots et les recouvrir d'une saumure à 100 g par litre d'eau. Ces tomates (très salées) conviennent pour les garnitures, les potages... La choucroute est aussi une conservation par le sel.

PAR STÉRILISATION

Il s'agit de mettre en bocaux des légumes préparés. On dépose dans une lessiveuse ou, mieux, dans un stérilisateur les bocaux qui seront immobilisés pour éviter les chocs pendant l'ébullition. On remplit le stérilisateur d'eau que l'on maintient à ébullition pendant un temps variable selon les produits.

Après refroidissement, les bocaux doivent rester fermés. Beaucoup de légumes se conservent par stérilisation.

AU VINAIGRE

On confit dans le vinaigre les cornichons, les petits oignons blancs, les bulbilles d'oignons rocambole ou de Catawissa, les petites tomates vertes, les petits melons, les petites têtes de chou-fleur, les petites carottes nouvelles, les pointes d'asperges ou les piments.

Utiliser de préférence du vinaigre de cidre ou de vin, éviter le vinaigre d'alcool. Le vinaigre peut être parfumé avec de nombreuses plantes aromatiques (basilic, estragon) ou condimentaires (ail, échalote).

DANS L'HUILE

Cette conservation est réservée aux plantes aromatiques et condimentaires. Quelle que soit la recette suivie, il est souhaitable d'étaler préalablement la plante dans une assiette, de la saler superficiellement et de laisser agir pendant 24 h ; la secouer pour enlever l'eau, la découper et la mettre dans l'huile.

Pour faire une huile aromatisée, plonger quelques branches de la plante concernée dans 1 l d'huile ; boucher la bouteille et l'exposer au soleil pendant 8 à 10 jours ; puis enlever les branches et filtrer si nécessaire. Voilà une huile parfumée délicieuse avec les grillades, les crudités et les salades. Le basilic, le persil commun, l'estragon, l'ail, le thym, la menthe, le cerfeuil musqué, le cerfeuil ordinaire ou la sauge aromatisent les diverses huiles (olive, tournesol, arachide). Il est préférable d'employer des huiles de première pression à froid, garanties de culture biologique.

Une autre façon de faire : hacher finement les feuilles de la plante (le basilic s'y prête bien), remplir un verre à moutarde d'un quart d'herbe finement émincée, puis remplir le verre d'huile, boucher et conserver au réfrigérateur.

PAR SÉCHAGE

Cette conservation est pratiquement destinée uniquement aux plantes aromatiques et condimentaires : cueillir les plantes (de préférence après la rosée du matin), le plus fréquemment avant la floraison ; trier ces plantes, surtout ne pas les laver ; les faire sécher à l'ombre dans un local aéré ; étaler les tiges sur des claies en les retournant une ou plusieurs fois. On peut aussi faire sécher ces plantes en les suspendant par petits bouquets. Certaines plantes exigent que l'opération soit rapide : c'est le cas de la bourrache, qui sera séchée au four, à feu doux (thermostat 1 ou 2) ; bien surveiller l'opération. Les plantes séchées peuvent être coupées en morceaux de quelques centimètres ou froissées puis conservées dans des récipients hermétiques (boîtes ou bocaux), à l'abri de l'humidité.

La conservation des courges (potirons, pâtissons, giraumons, courges musquées), qui sont de couleur et de forme très différentes, ne pose aucune difficulté : dans la maison, elles décoreront joliment meubles et cheminées. Un cellier, une cave ou un local sain, sans humidité, à la température comprise entre 10 et 18 °C, sont parfaits pour conserver les courges. On les posera sur des étagères ou sur de la paille. Les surveiller régulièrement, quelques-unes risquent de pourrir.

La conservation de certains légumes, tels que la carotte (juin), le navet (juillet-août), le radis d'hiver (juin) ou la betterave (mai), se déroulera mieux si les plantes proviennent d'un semis tardif.

Saupoudrer de lithothamne le collet des légumes-racines dont on aura coupé les feuilles : cela favorisera la cicatrisation. Cette algue marine aidera à conserver les légumes insuffisamment ressuyés (ce qui est à éviter).

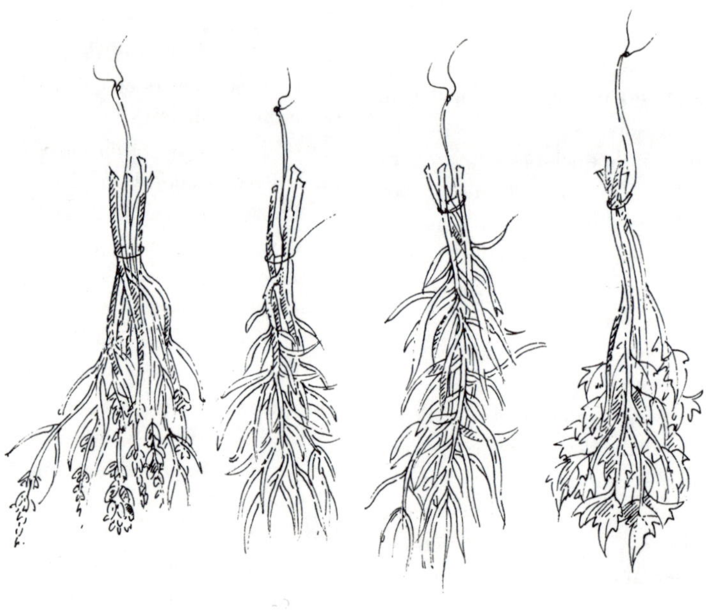

Le rôle des légumes dans l'alimentation

Leur composition et leurs propriétés

Pour vivre, il faut manger et certaines règles alimentaires entretiennent ou améliorent notre santé. On peut détériorer son capital santé par une nourriture déséquilibrée, frelatée, par des excès de consommation de viande, de sucre, de conserves ou de surgelés. Manger des légumes frais et de saison est capital. Mais il n'est pas toujours facile de se procurer des légumes vraiment frais (qui méritent ce titre) : ceux que l'on achète ont souvent été récoltés 3 ou 4 jours auparavant (parfois plus), d'autres sont cueillis avant maturité (tomate). Ils ont perdu une partie de leur valeur nutritive ou sont moins riches, du fait du mode de culture pratiqué. Un légume vert doit être consommé le plus rapidement possible, une laitue cueillie depuis 2 jours peut perdre jusqu'aux trois quarts de sa teneur en vitamine C.

Pour avoir des légumes très frais, la meilleure des solutions est de les cultiver ou de se fournir chez un maraîcher voisin. Consommer des légumes récoltés depuis peu dans le potager est un avantage important pour leur goût, leur fraîcheur et leur qualité nutritive, particulièrement les légumes-feuilles ou verts (salade, chou, épinard, arroche, haricot vert, pois, asperge, artichaut), les légumes-fruits (concombre, tomate, fraise) ainsi que les herbes condimentaires ; ne pas les stocker à l'air, à la lumière du jour et à la chaleur ; éplucher, couper et râper les légumes au dernier moment, particulièrement l'ail, l'oignon et l'échalote qu'il est impératif de ne pas éplucher à l'avance ; laver les légumes verts à l'eau courante sans les laisser tremper dans l'eau (quelques minutes, ce n'est pas grave) ; sinon ils perdent leurs vitamines et leurs sels minéraux.

Cuire les légumes de préférence dans des récipients couverts (pour éviter les pertes des substances minérales), en fonte, en fonte émaillée, en acier inox, en terre cuite, en porcelaine à feu, tous de bonne qualité ; éviter les ustensiles en aluminium ; apprendre à prévoir les quantités nécessaires à chaque repas, les salades et les crudités restant du repas précédent ont perdu une part très importante de leur qualité première ; ne pas oublier que les légumes congelés et les conserves ne sont que des dépannages, ils seront précédés si possible de crudités ou d'une salade pour favoriser la digestion ; plus généralement, à chaque repas, un plat de crudités ou une salade seront toujours agréables et bénéfiques.

Ne pas hésiter à agrémenter les plats d'herbes aromatiques et condimentaires, à ajouter en fin de cuisson ou de préparation ; varier le plus souvent possible plats de légumes et espèces ou variétés de salades ; les légumes et les plantes condimentaires contiennent de nombreuses vitamines, des oligo-éléments, des enzymes, des fibres, des ferments, des huiles essentielles (herbes aromatiques).

LES VITAMINES

Les vitamines sont indispensables au maintien de l'équilibre vital : on en absorbe continuellement, à des doses minimes, en s'alimentant ; leur absence provoque des maladies de carence. La plupart de nos plantes potagères contiennent des vitamines à dose très faible.

▶ ***La vitamine A***

Le rôle principal de cette vitamine est de favoriser la croissance et la résistance aux maladies. On la trouve dans l'ail, l'artichaut, l'asperge, l'aubergine, la betterave, la carotte, le céleri, la chicorée, le chou (principalement dans le brocoli, le chou de Bruxelles, le chou-fleur), la ciboule, la ciboulette, le concombre, les diverses courges, le cresson, le crosne, l'échalote, l'épinard, le fenouil, la fève (fraîche), la fraise, le haricot, l'igname, la laitue, la lentille, la mâche, le maïs doux, le melon, le navet, l'oignon, l'oseille, la patate douce, le persil (très riche), le piment fort ou doux, le pissenlit (riche), le poireau, la poirée, le pois, la pomme de terre, le radis, le soja, la tétragone et la tomate.

▶ ***La vitamine B1***

Vitamine de l'équilibre nerveux, de l'assimilation des glucides (sucres, féculents), stimulant de l'appétit. On la trouve dans de nombreux légumes : l'ail, l'artichaut, l'asperge, l'aubergine, divers choux, la carotte, le céleri vert, la chicorée, le concombre, la courge, le cresson, l'épinard, la fraise, le haricot (vert et sec), la laitue, la lentille (riche), la mâche, le maïs doux, le melon, le navet, l'oignon, l'oseille, le panais, la patate douce, le persil, le pissenlit, la poirée, le pois (riche, surtout le sec), la pomme de terre, le radis, le soja (très riche), la scarole (riche), la tétragone, la tomate et le topinambour.

▶ ***La vitamine B2***

Celle de l'équilibre nutritif, elle participe à l'équilibre des yeux, excite l'action de l'insuline, aide à la respiration des tissus. On la trouve dans l'ail, l'artichaut, l'aubergine (riche), la carotte, divers choux, le concombre, le cresson, l'épinard, le fenouil, la fraise, le haricot, la laitue, la lentille (riche), la mâche, le maïs sucré, le melon, le navet, l'oseille (riche), le panais, la patate douce, le persil, le pissenlit, le poireau, la poirée (riche), le pois, la pomme de terre, le soja (très riche), la tétragone et la tomate.

▶ ***La vitamine B5***

Vitamine fournissant l'énergie nécessaire aux fonctions vitales, elle joue un rôle dans le fonctionnement de la mémoire, protège nos cellules. Quelques légumes seulement en contiennent, principalement l'épinard, divers choux, le soja et la tomate.

▶ ***La vitamine B6 ou G***

Liée au bon fonctionnement des protéines, des graisses, des sucres, elle régularise le métabolisme de divers tissus du système nerveux, du foie et de la peau, contribue à la formation de l'hémoglobine du sang. On la trouve dans divers choux, l'épinard, la laitue, le pois (sec), la pomme de terre, le soja et la tomate.

▶ ***La vitamine B7 ou I***

La vitamine des muscles joue un rôle contre l'accumulation de graisses dans le foie. Certains légumes en contiennent, dont l'épinard, le maïs doux et le soja.

▶ ***La vitamine B8 ou H1***

Cette vitamine joue un rôle important dans le métabolisme cellulaire et dans la synthèse des protéines. On la trouve dans certains légumes verts et frais, principalement dans le chou pommé et le chou-fleur, l'épinard, le haricot, la laitue, la pomme de terre et la tomate.

▶ ***La vitamine B9 ou L1***

La vitamine B9 est la vitamine de l'anti-anémie, elle est essentielle pour le métabolisme de nos cellules. Pratiquement tous les légumes à feuilles vertes consommables renferment cette vitamine, principalement l'épinard, le chou pommé et, dans une moindre mesure, l'asperge, la chicorée, le chou-fleur, la laitue, la poirée ou la pomme de terre.

▶ ***La vitamine C***

Elle combat, bien sûr, le scorbut (carence en vitamine C), aide à la formation des os, à la croissance du système circulatoire et détruit des toxines. On la trouve dans l'ail, l'artichaut, l'asperge, l'aubergine, la betterave, la carotte, le céleri vert, le cerfeuil, la chicorée, divers choux, la ciboule, le concombre, la coriandre, le cresson (riche), l'épinard, le fenouil, la fraise, le haricot vert (surtout les mangetout), la laitue, la lentille, la mâche, le melon, le navet, l'oignon, l'oseille, le panais, la patate douce, le persil (très riche), le piment (riche), le pissenlit, le poireau (assez riche), la poirée, le pois frais, la pomme de terre, le radis, le raifort (riche), la rhubarbe, la roquette, le soja, la tomate et le topinambour.

▶ ***La vitamine D***

La vitamine des os (antirachitique) joue un rôle dans la fixation du calcium ; le soleil en est une grande source. Cette vitamine est présente dans quelques légumes, dont la betterave, le chou de Bruxelles, le chou pommé, le chou rouge, le cresson, les haricots verts et secs, la laitue, le maïs sucré, le navet, l'oignon, les pois (frais et secs), la pomme de terre, le soja et la tomate.

▶ ***La vitamine E***

Son terrain d'action principal est la reproduction (stimulant les fonctions sexuelles) ; en outre, elle empêche la dégénérescence des muscles et du foie. La plupart des légumes-feuilles en contiennent (choux divers, chicorée, cresson, épinard, laitue ou mâche) ainsi que la carotte, le chou-fleur, les haricots verts et secs, la lentille, le persil, le pois, le soja et les tomates.

▶ ***La vitamine F***

Facteur de croissance, elle joue un rôle dans le métabolisme du cholestérol, est anti-eczématique. Peu de légumes en renferment : on ne connaît pour l'instant que le fenouil et le soja.

▶ ***La vitamine K***

C'est la vitamine de la coagulation du sang, elle joue un rôle dans le métabolisme cellulaire. On la rencontre principalement dans les légumes verts (chicorée, choux divers, épinard), ainsi que dans la carotte, le chou-fleur, la fraise, le maïs, le pois, la pomme de terre, le soja et la tomate.

▶ ***La vitamine M***

Elle empêche la raideur musculaire. On en trouve dans la betterave, le céleri à côtes, la chicorée de Bruxelles, le chou frisé, le navet, le pissenlit et la poirée.

▶ ***La vitamine U***

Elle joue un rôle protecteur au niveau digestif, elle est anti-ulcéreuse. On en trouve dans la carotte, le céleri à côtes, divers choux, la laitue et la tomate.

Les sources de vitamines citées dans cet ouvrage sont uniquement celles contenues dans les légumes, il est évident qu'on les trouve dans divers produits alimentaires, dont les céréales, le pain, le miel, les poissons, les fromages, les fruits, les viandes ou les huiles de première pression. La teneur en vitamines des légumes crus est assez élevée, la cuisson les élimine partiellement, voire totalement dans certains cas. On les rencontre à dose infinitésimale.

LES MINÉRAUX : LES MACRO ET LES MICRO-ÉLÉMENTS

Ces éléments, que l'on trouve en faibles proportions dans les corps organiques, sont des substances simples et indispensables à la vie. Leur rôle est considérable. Ils ont des fonctions primordiales dans les phénomènes biologiques et vitaminiques. Indispensables à l'équilibre physiologique et au fonctionnement de notre organisme, ces minéraux sont presque tous des biocatalyseurs.

Ils se divisent en deux groupes : les macro-éléments et les micro-éléments. Les besoins en macro-éléments sont exprimés en grammes pour 1 000 g de matières fraîches ; pour les micro-éléments, ils sont exprimés en milligrammes pour 1 000 g de matières fraîches.

▶ ***L'aluminium (Al)***

Il lutte contre l'anxiété, l'insomnie et pour le développement intellectuel. On le trouve principalement dans la carotte, l'épinard, le melon, l'oignon, la pomme de terre et le topinambour.

▶ ***L'arsenic (As)***

C'est un stimulant de l'appétit et un tonique, il joue un rôle contre l'eczéma et active les échanges nutritifs. L'ail, la carotte, le chou pommé, le cresson, l'épinard, la laitue, le navet, la pomme de terre en contiennent.

▶ ***Le brome (Br)***

Il exerce une action calmante sur le système nerveux. Il joue un rôle dans une glande à sécrétion interne située dans le cerveau, et qui produit des hormones indispensables à l'organisme. On le rencontre dans l'ail, l'artichaut, l'asperge, la carotte, le céleri-rave, le chou, la fraise, le melon, l'oignon, le poireau, le radis, la tomate et le topinambour.

▶ ***Le calcium (Ca)***

Il participe à des fonctions d'entretien des ensembles cardio-vasculaires dont la coagulation du sang, il prend part à l'édification de nos os. On le trouve dans l'asperge, la carotte, le céleri, la chicorée, divers choux, le concombre, le cresson, l'épinard, les haricots verts et secs, la laitue, la lentille, le melon, le navet, l'oignon, le pois (sec), la pomme de terre, le radis, la rhubarbe, le soja et la tomate.

▶ ***Le chrome (Cr)***

Il active l'action de l'insuline. Il est indispensable au métabolisme des sucres dans l'organisme. Il est rare, on le rencontre principalement dans le thym, d'où l'importance d'utiliser cette plante.

▶ ***Le cobalt (Co)***

C'est un élément constitutif de la vitamine B12. Il a une importance sur la composition du sang. L'ail, la carotte, le céleri, le cerfeuil, la chicorée, divers choux, le concombre, le cresson, l'épinard, le haricot vert, la laitue, la lentille, l'oignon, l'oseille, le pissenlit, le radis, le raifort sauvage, le thym et la tomate en comportent.

▶ ***Le cuivre (Cu)***

Il permet une bonne utilisation de la vitamine C, nécessaire à la fixation du fer et à la constitution de l'hémoglobine, indispensable à la vie des cellules. Il participe également à la réduction du cholestérol dans le sang. L'artichaut, l'asperge, l'aubergine, la betterave, le céleri, la chicorée, divers choux, le concombre, la courge, le cresson, l'épinard, la fève, la fraise, les haricots verts et secs, la laitue, la lentille, le maïs sucré, le melon, le navet, l'oignon, l'oseille, le persil, le poireau, le radis, le raifort sauvage, le salsifis, le soja, la tomate et le topinambour en contiennent.

▶ ***Le fer (Fe)***

Il intervient dans la respiration et favorise le transit intestinal, c'est un constituant très important dans la fabrication de l'hémoglobine, il est anti-anémique. On le trouve dans l'asperge, l'aubergine, la betterave, la carotte, le céleri, la chicorée, divers choux, la courge, le cresson, l'échalote, l'épinard, la fève, la fraise, le haricot vert, la laitue, la lentille (très riche), le maïs sucré, le melon, le navet, l'oignon, le persil (très riche), le pissenlit, le poireau, le pois sec, le radis, le raifort sauvage, la rhubarbe, le soja, la tomate et le topinambour.

▶ ***Le fluor (F)***

Il est important pour l'entretien des os et des dents, évitant les caries. Il participe à la fixation du soufre et du phosphore. On le rencontre principalement dans l'asperge, l'épinard, la pomme de terre, le radis et la tomate.

▶ ***L'iode (I)***

Il joue un rôle dans la croissance du système nerveux ; essentiel dans le fonctionnement de la glande thyroïde, il est antitoxique. L'ail, l'artichaut, l'asperge, l'aubergine, la carotte, le chou, le concombre, le cresson, l'épinard, la fraise, le haricot vert, la laitue, le navet, l'oignon, l'oseille, le poireau, le pois, la pomme de terre, le radis, le raifort sauvage et la tomate en contiennent.

▶ ***Le magnésium (Mg)***

C'est l'un des meilleurs anti-infectieux, facteur de croissance, régénérateur cellulaire. Il assouplit les artères, augmente la sécrétion biliaire, participe à la synthèse des protéines. Tous les légumes verts en contiennent ; citons l'asperge, l'aubergine, la betterave, la carotte, le céleri, le cerfeuil, la chicorée, divers choux, le concombre, la courge, le cresson, l'échalote, l'épinard, la fraise, la laitue, la lentille, la mâche, le maïs sucré, le melon, le navet, l'oignon, l'oseille, le persil, la pomme de terre, le poireau, le radis, le raifort sauvage, la rhubarbe, le salsifis, la tomate et le topinambour.

▶ ***Le manganèse (Mn)***

Constituant de divers systèmes enzymatiques, il favorise les fonctions hépatiques et rénales et participe au métabolisme du fonctionnement du cerveau. L'ail, l'artichaut, l'asperge, la betterave, la carotte, le céleri, la chicorée, divers choux, la courge, le cresson, l'épinard, le haricot vert, la laitue, le maïs sucré, le melon, le navet, l'oignon, l'oseille, le persil, le pissenlit, le poireau, le pois, la pomme de terre, le radis, le soja et la tomate en renferment.

▶ ***Le nickel (Ni)***

Il agit contre le vieillissement cellulaire, stimule les fonctions pancréatiques. On en trouve dans la plupart des légumes à feuilles vertes (chicorée, divers choux, cresson, épinard, laitue, pissenlit), la carotte, le haricot vert, l'oignon et la tomate.

▶ ***Le phosphore (P)***

Il est indispensable à la structuration des os. C'est un élément important de l'énergie intellectuelle, nerveuse et sexuelle. Il joue un rôle dans l'assimilation de la vitamine D. L'ail, la carotte, le céleri, la chicorée, le haricot, la lentille, le melon, le navet, l'oignon, le poireau, le pois (sec), le soja et la tomate en contiennent.

▶ ***Le potassium (K)***

Il stimule les mouvements intestinaux, c'est un tonique musculaire, il joue un rôle dans l'équilibre de l'eau tissulaire. On le rencontre dans la plupart des légumes verts (chicorée, chou, cresson, épinard, laitue, poirée), l'asperge, l'artichaut, le haricot, le melon, le navet, l'oignon, le poireau, le pois, la pomme de terre et le soja.

▶ ***Le sélénium (Se)***

Il joue un rôle dans les fonctions du foie, est indispensable aux enzymes qui protègent les cellules et au fonctionnement du cœur. Certains légumes en renferment, principalement le chou, le céleri, le concombre, l'oignon, le radis et le soja.

▶ ***Le silicium (Si)***

Il est indispensable à la croissance, dans les cartilages osseux. Il joue un rôle important dans les domaines nerveux, respiratoire et vasculaire. On en trouve dans l'ail, l'asperge, le chou, le cresson, l'échalote, l'épinard, la fraise, la laitue, le maïs sucré, le melon, l'oignon, le piment, le pissenlit, le poireau, le radis, la tomate et le topinambour.

▶ ***Le sodium (Na)***

Il est indispensable aux équilibres minéraux des cellules. La carotte, le céleri, divers choux, le haricot vert, la laitue, le melon, le pissenlit, la pomme de terre et le radis en contiennent.

▶ ***Le soufre (S)***

Ce minéral très important, dépuratif et anti-infectieux, est un élément important pour les articulations, les dents et les os. On le rencontre dans l'ail, la carotte, le chou, le concombre, le cresson, l'épinard, le haricot sec, la lentille, le navet, l'oignon, le poireau, le pois sec, la pomme de terre et le radis.

▶ ***Le vanadium (V)***

Il participe au métabolisme du cholestérol dans le sang, joue un rôle dans la croissance. Le maïs sucré principalement en contient, ainsi que le radis et le soja.

▶ ***Le zinc (Zn)***

Il est primordial pour la croissance des cellules, pour la synthèse des protéines. Il joue un rôle dans les fonctions de reproduction et dans le diabète. L'asperge, l'aubergine, la betterave, la carotte, le chou, le cresson, le céleri-rave, la chicorée, le concombre, la courge, l'épinard, la fraise, le haricot vert, la laitue, la lentille, la mâche, le maïs sucré, le navet, l'oignon, l'oseille, le pois et la tomate en comportent.

L'oignon contient du baryum, la betterave potagère du rubidium, la laitue et la pomme de terre du lithium et le céleri du chlore.

Quelques exemples de quantités moyennes de vitamines et de minéraux (mg/100 g)

	vit. A	vit. B1	vit. C	phosphore	magnésium	cuivre	iode
ail	10 mg	5 mg	100 mg	–	–	–	–
carotte	80 mg	9 mg	15 mg	30 mg	15 mg	0,10 mg	0,01 mg
épinard	500 mg	20 mg	100 mg	–	–	–	–
oignon	4 mg	10 mg	80 mg	35 mg	10 mg	0,10 mg	0,02 mg
pomme de terre	1 mg	10 mg	60 mg	50 mg	30 mg	0,70 mg	0,003 mg
tomate	30 mg	12 mg	160 mg	20 mg	10 mg	0,10 mg	0,007 mg

Les quantités de vitamines et de minéraux contenues dans les légumes varient énormément selon les laboratoires qui effectuent les analyses, les variétés de légumes, la fraîcheur du produit, le mode de culture, avec engrais naturels et compost ou engrais chimiques de synthèse, en culture de plein air ou de serre, suivant les facteurs climatiques et la nature du sol.

Si les légumes contiennent des vitamines, des oligo-éléments, ainsi que des calories, des protéines, des lipides, qui ont leur importance, il ne faut pas oublier qu'ils renferment aussi d'autres « trésors » importants pour notre santé et notre digestion : les fibres, les enzymes et les ferments ; ces derniers sont assez peu connus des consommateurs.

LES FIBRES

Les fibres sont des filaments qui constituent certains tissus végétaux (cellulose) favorisant le transit intestinal. Ils jouent un rôle préventif contre les tumeurs pédiculées.

LES ENZYMES

Les enzymes sont des substances organiques solubles (diastases) sécrétées par les cellules vivantes, et qui ont un rôle spécifique de catalyseur dans les différentes réactions chimiques des organismes vivants.

LES FERMENTS

Les ferments sont des agents provoquant la fermentation grâce à des substances sécrétées par les cellules vivantes (diastases, enzymes, etc.).

Si l'on retrouve toujours les fibres de nos légumes dans notre alimentation, il n'en est pas de même pour les enzymes et les ferments qui sont en partie détruits à la cuisson. Leur présence est pratiquement nulle dans les conserves. Consommer des crudités ou de la salade à chaque repas facilite la digestion et allège le travail des bactéries.

Richesses des légumes en vitamines et sels minéraux

vit. A	vit. B	vit. B2	vit. C	vit. D	vit. E	fer	calcium	potassium
persil	soja	haricot	persil	blé (germe)	laitue	persil	cresson	céleri
épinard	haricot	pois	laitue	avoine (floc.)	haricot	mâche	épinard	épinard
carotte	pom. de ter.	soja	chou	topinambour	épinard	betterave	chou	pom. de ter.
chou	pois	bette	cresson	champignon	carotte	épinard	navet	chou
tomate	tomate	épinard	haricot	soja	pois	navet	pom. de ter.	cresson
laitue	radis	aubergine	pom. de ter.	betterave	chou	cresson	chou-rave	champignon
chicorée	ail	chou	oseille	chou		pois	betterave	navet
endive	lentille	laitue	poireau	haricot		asperge	céleri	scorsonère
haricot	scarole	oseille	tomate	pois		radis	poireau	carotte
cresson	laitue	melon	pois	tomate		scorsonère	haricot	laitue
pissenlit	carotte	haricot	épinard			chou	carotte	poireau
mâche	épinard	persil	mâche					
piment		raifort						

LES PLANTES POTAGÈRES, OFFICINALES, CONDIMENTAIRES ET AROMATIQUES

Explication des symboles utilisés dans les fiches

Le nom des plantes est accompagné des symboles suivants :
P, plantes potagères
A, plantes aromatiques, officinales ou condimentaires
* culture facile, ** culture délicate, *** culture complexe

Les noms botaniques sont accompagnés de numéros qui signifient :
(1) D'après le Prodrome à l'énumération des espèces agricoles et horticoles, à l'exception des plantes ornementales, de Rudolf Mansfeld. Berlin, Akademie verlag, 1962, 664 pages.
(2) D'après l'Encyclopédie des plantes comestibles du monde, de Tanaka. Tokyo, Keigaku pull. co., 1976, 928 pages.

Absinthe commune (A, **)

Cycle végétatif : vivace.
Famille : Composées.
Noms botaniques : (1) et (2) *Artemisia absinthium* Linné.
Synonymes botaniques : *Absinthium vulgare* Lamarck, *A. officinale* Brotero, *A. bipedale* Gilibert, *A. absinthia St.-Lag.*
Synonymes français : absinthe officinale, absinthe romaine, aloïne, aluine, aluyne, alvine, armoise amère, artémise amère, armoise absinthe, herbe sainte, herbe aux vers, grande absinthe...

Plante aromatique et médicinale pouvant atteindre 1,50 m de hauteur. Les feuilles argentées sont recouvertes de duvet ; elles sont très divisées. La plante a une odeur très forte, pénétrante et agréable. La floraison a lieu de juillet à septembre : les fleurs sont hermaphrodites, de couleur jaunâtre, en grappes. Elle est indigène dans les Alpes, en Europe, Sibérie et Afrique du Nord.

UTILISATIONS

Ce sont les feuilles et les sommités fleuries qui sont utilisées.

L'absinthe entre dans la fabrication de diverses liqueurs, vins, apéritifs et produits pharmaceutiques ; elle est également employée en tisane.

Elle éloigne les mites, les puces des animaux domestiques (chiens, chats), les fourmis...

Elle peut être utilisée comme insecticide, en macération ou en infusion, car elle repousse les pucerons, les chenilles, les limaces, l'altise et la piéride du chou.

Très utile au jardin, son odeur forte repousse certains parasites des plantes cultivées.

PROPRIÉTÉS

Apéritives, antiseptiques, digestives, diurétiques, carminatives, emménagogues, fébrifuges, stimulantes, stomachiques, vermifuges et toniques... Contient une huile essentielle. Attention à l'abus d'absinthe, il est très dangereux.

CULTURE

▶ **SOLS PRÉFÉRÉS :** toutes les terres bien aérées, légèrement argileuses, calcaires, saines et riches en humus lui conviennent mieux, mais elle n'est pas difficile.

▶ **EXPOSITION :** chaude et ensoleillée.

▶ **MULTIPLICATION :** par semis ou division de touffes qui se pratique au printemps ou bien à l'automne.

▶ **CULTURE :** semer en pépinière bien abritée ou sous tunnel plastique en mars-avril, recouvrir peu les graines qui sont très fines. Maintenir le sol suffisamment humide jusqu'à la levée. Quand les plants ont 4 à 5 feuilles, les repiquer en pépinière à 15-20 cm de distance en tous sens. Mettre en place au début de l'automne, en rangs espacés de 50 cm et à 80 cm sur la ligne.

Lors de la plantation, praliner les plants avec une bouillie de lithothamne.

Cette plante est cultivée généralement en bordures.

▶ **VOISINAGE :** l'absinthe est un mauvais voisin pour la sauge, le carvi, l'anis.

Cette plante a tendance à entraver la croissance des jeunes plants : éviter de faire des semis dans son voisinage.

▶ **FACTEURS LUNAIRES :** pas d'importance.

▶ **ROTATION :** cette plante restant longtemps

en place (4 à 8 ans et plus), il faudra attendre au moins 4 années pour qu'elle revienne à la même place. Elle peut être classée dans la rotation des plantes exigeantes à cause de sa longue durée en place.

▶ **FUMURES, FERTILISATIONS :** normales.

▶ **FERTILISATIONS FOLIAIRES :** pas nécessaires.

▶ **SOINS :** binages et sarclages sont nécessaires ainsi que des arrosages en cas de grande sécheresse, bien qu'elle souffre peu du manque d'eau. En cas de très grands froids, l'abriter avec de la paille ou des feuilles sèches.

VARIÉTÉS

Il y a plusieurs autres espèces d'absinthes dont la petite absinthe *(Artemisia pontica L.)*, de culture annuelle, et l'absinthe aurone *(Artemisia abrotanum L.)*.

GRAINES

▶ **PORTE GRAINES :** récolter les graines au moment de leur maturité, les premières sont les meilleures. Faire sécher, conserver à l'abri de l'air et de l'humidité.

▶ **DURÉE GERMINATIVE DES GRAINES :** 4 ans.

▶ **NOMBRE DE GRAINES AU GRAMME :** 11 500.

▶ **LEVÉE :** 20 à 30 jours.

▶ **INTERVALLE ENTRE LE SEMIS ET LE DÉBUT DE LA RÉCOLTE :** il faut attendre environ 15 mois pour récolter les sommités fleuries, 10 à 12 mois pour les feuilles, ceci pour ne pas affaiblir la plante.

RÉCOLTE ET CONSERVATION

La récolte des feuilles et des sommités fleuries (pour la conservation) s'effectue de préférence en juillet-août, faire sécher à l'ombre et conserver dans un local sec, à l'abri de la poussière.

MALADIES ET PARASITES

Néant.

NOMS ÉTRANGERS

ANGLAIS : *absinth, wormwood, common wormwood.* **ALLEMAND :** *Wermut, Absinth, Aniskraut, Wermutbeifuss, Wiegekraut.* **ESPAGNOL :** *ajenjo, ajenjo mayor.* **ITALIEN :** *assenzio volgare, assenzio majore o Romano.* **NÉERLANDAIS :** *Absintkruid, Absint Alsem.*

Ail ordinaire (A, **)

Cycle végétatif : cultivé comme annuel mais vivace par son bulbe.
Famille : Liliacées.
Noms botaniques : (1) et (2) *Allium sativum* Linné.
Synonymes français : ail commun, ail de cuisine, ail cultivé, ail à potager, chapon, perdrix, thériaque des pauvres, thériaque des paysans...

Plante condimentaire, médicinale, herbacée, haute de 40 à 60 cm, bulbeuse, très anciennement cultivée en Europe ; ses feuilles sont planes, longues, étroites, en lanières, de couleur vert pâle ; sa tige est cylindrique, creuse, partant du milieu du bulbe et se terminant par une ombelle portant en même temps des fleurs et des bulbilles ; son bulbe (appelé souvent tête) est composé de nombreuses gousses ou caïeux. La floraison a lieu de juin à août, fleurit peu souvent sous notre climat. Les

fleurs sont hermaphrodites, en ombelles, peu nombreuses, entourées de très petites bulbilles. Les fleurs sont de couleur blanche ou rougeâtre. L'ail est originaire d'Asie centrale ou méridionale.

UTILISATIONS

Les gousses d'ail se consomment de différentes manières. Crues : pour assaisonner diverses crudités, les salades (les chicorées aux croûtons de pain grillés et frottés à l'ail), les mayonnaises ou encore pour accompagner les cornichons confits dans le vinaigre (écraser toujours l'ail utilisé pour parfumer les salades et les crudités) ; cuites : pour aromatiser les viandes, dont le gigot de mouton, les ragoûts de mouton, les volailles, le lapin et le porc, les farces, les sauces, les soupes, les légumes, les courts-bouillons, les champignons, les poissons, dont la brandade de morue...

Les jeunes feuilles peuvent être utilisées pour assaisonner les omelettes ou quelques salades.

L'ail a une saveur très forte et pénétrante et donne souvent une mauvaise haleine pendant la digestion ; on supprime en partie cet inconvénient en mangeant une pomme ou en mâchant quelques graines de café ou d'anis vert.

PROPRIÉTÉS

Antiseptiques, antispasmodiques, apéritives, aphrodisiaques, carminatives, dépuratives, digestives, désinfectantes, excitantes, expectorantes, fébrifuges, nutritives, stimulantes, toniques, vermifuges... L'ail contient des huiles essentielles, des vitamines (A, B1, C...) ainsi que du cobalt, de l'iode, du manganèse, du silicium et du soufre.

CULTURE

▶ **SOLS PRÉFÉRÉS :** légers, bien ameublis, humifères, sains, perméables, profonds ; éviter les terres trop lourdes et humides. Dans une terre trop humide, cultiver l'ail en billon.

▶ **CLIMAT :** pousse sous tous les climats, mais il les préfère doux et tempérés, et supporte bien les grands froids.

▶ **EXPOSITION :** ensoleillée.

▶ **MULTIPLICATION :** par plantation de caïeux ou de bulbilles.

▶ **CULTURE :**

Par plantation de caïeux : on plante les caïeux en octobre-novembre dans les terrains légers et perméables, en février-mars dans les terres plus lourdes. Planter les gousses à 3-4 cm de profondeur la pointe en haut, espacées de 12 cm sur la ligne, les rayons distants de 25-30 cm.

Par plantation de bulbilles : certaines années, l'ail commun donne de très petites bulbilles en haut de sa tige ; on les sème en mars, en rayon peu profond, une bulbille tous les centimètres ; elles donneront de petits bulbes qu'il faudra de nouveau planter l'année suivante et qui, à leur tour, donneront de belles têtes.

Parfois, certains pieds d'ail portent autour de la tige un renflement renfermant quelques grosses bulbilles (genre petites gousses) qui pourront être plantées comme les gousses.

N'utiliser pour la reproduction que les caïeux du pourtour de la tête.

▶ **VOISINAGE :** l'ail pousse favorablement avec les fraisiers, les betteraves potagères, les pommes de terre, le fenouil, les laitues, les tomates ; lui éviter le voisinage des légumineuses (haricots, pois, fèves, lentilles, gesses...).

▶ **FACTEURS LUNAIRES :** planter les gousses ou les bulbilles en lune décroissante.

▶ **ROTATION :** il entre dans la rotation des plantes herbacées, pratiquer une alternance de 3 à 4 années, car l'ail est peu épuisant pour le sol.

▶ **FUMURES, FERTILISATIONS :** normales ; pratiquer un léger apport d'azote au départ de la végétation à raison de 500 g/are. L'ail ordinaire n'aime pas du tout les fumures fraîches ou non décomposées.

▶ **FERTILISATIONS FOLIAIRES :** quelques poudrages de lithothamne en cours de végétation de mars à la fin juin.

▶ **SOINS :** binages, sarclages, arrosages en cas de nécessité seulement (au début de l'été en cas de grande sécheresse). En cas d'été pluvieux, déchausser les bulbes pour éviter la pourriture. En juin, on peut nouer les tiges.

VARIÉTÉS

Ail commun blanc, à planter au plus tard en janvier ; ail rose, résistant mieux en terre lourde ou un peu humide ; 'Violet de Cadours', 'Rouge de Lautrec', 'Rose d'Italie', 'Blanc de Lomagne', 'Rouge de Vendée'...

GRAINES

L'ail ne produit pas de graines. Choisir les gousses sur les plus beaux pieds pour la reproduction. Parfois certaines variétés produisent des bulbilles autour de la tige (à la mi-hauteur), les replanter pour régénérer la variété.

Possibilité de planter les bulbilles se trouvant en haut de la tige.

▶ **LEVÉE :** généralement, l'apparition des pousses se produit une semaine ou deux après la plantation printanière, plusieurs semaines pour une plantation d'automne.

▶ **DURÉE DE LA PLANTATION À LA RÉCOLTE :** 4 à 5 mois (plantation de printemps) ; 8 à 9 mois (plantation d'automne).

RÉCOLTE ET CONSERVATION

La récolte commence à partir de juin dans le Midi, généralement en juillet-août, quand les feuilles jaunissent ; s'aider d'une fourche bêche pour ne pas casser les tiges, les laisser se ressuyer quelques jours si le temps le permet ; il faut rentrer l'ail bien sec. Les têtes d'ail se conservent dans un local sec, aéré, frais, sans trop d'écart de température ; on les étale dans des cageots ou on les pend en bottes ou en nattes. L'ail blanc est de moins bonne conservation.

MALADIES ET PARASITES

▶ **LA ROUILLE :** taches jaunâtres ou rougeâtres sur les feuilles et parfois sur les bulbes. Effectuer 4 à 5 fertilisations foliaires au cours de la végétation, à base d'algues marines. En prévention, si vous avez déjà eu des problèmes ou dès l'apparition des premières taches : pulvérisation de bouillie bordelaise. Respect des rotations et des bases de l'agriculture biologique.

▶ **LA GRAISSE :** le feuillage jaunit et le bulbe pourrit. Respecter les rotations. Éviter les terres trop humides. Ne pas utiliser de matière organique non décomposée. Brûler les pieds atteints. En prévention, apporter 3 kg/are de sel marin.

▶ **LA TEIGNE DE L'AIL :** chenille verte qui s'attaque aux feuilles en mai-juin. Couper les feuilles atteintes et les brûler ; si la plante est trop atteinte, l'arracher. Respecter les rotations, effectuer une alternance plus longue en cas d'attaque.

▶ **L'ANTHONIE DE L'OIGNON :** ver blanc ravageant l'intérieur des bulbes. En cas d'attaque, pratiquer une rotation plus longue. Arracher et brûler les plantes atteintes. En hiver, effectuer des pulvérisations d'essences naturelles de plantes sur le sol.

NOMS ÉTRANGERS

ANGLAIS : *garlic, common garlic.* **ALLEMAND :** *Knoblauch, gewöhnlicher Knoblauch.* **ESPAGNOL :** *ajo, ajo vulgar, ajo común.* **ITALIEN :** *aglio.* **NÉERLANDAIS :** *knoflook.*

Ail rocambole (A, **)

Cycle végétatif : cultivé comme annuel mais vivace par son bulbe.
Famille : Liliacées.
Noms botaniques : (1) et (2) *Allium sativum var. ophioscorodon* (Link) Döll.
Synonymes botaniques : *A. scorodoprasum* Linné, *A. controversum* Schrader, *A. ophioscorodon* Link, *A. scorodoprasum* var. *controversum* Moore et Bailey.
Synonymes français : ail bulbifère, ail d'Espagne, échalote d'Espagne, rocambole...

Plante condimentaire, herbacée, médicinale, haute de 40-80 cm, pratiquement semblable à l'ail ordinaire. Ses feuilles sont plates, allongées, de couleur vert pâle ; sa tige cylindrique, d'abord contournée en spirale, puis devenant pratiquement droite, porte au sommet de nombreuses bulbilles réunies en groupe ; son bulbe est parfois plus gros que celui des variétés ordinaires, il est surtout de couleur plus foncée (grisâtre). Ne fleurit pas, mais des bulbilles apparaissent de la fin juin au début juillet. Originaire d'Europe ou d'Asie centrale ou méridionale. Ses utilisations et ses propriétés sont les mêmes que celles de l'ail ordinaire.

CULTURE

Sols préférés, climat, exposition, multiplication, culture, voisinage, facteurs lunaires, rotation, fumures, variétés, soins : voir *Ail ordinaire*.

Pour une culture destinée a la consommation, planter des gousses choisies sur les plus beaux sujets qui donneront une récolte normale, tandis que les bulbilles donneront en principe un beau bulbe qui replanté l'année suivante donnera de belles têtes.

Levée, durée de la plantation à la récolte, récolte, conservation : voir *Ail ordinaire*.

MALADIES ET PARASITES

L'ail rocambole n'est que rarement atteint par les maladies ; il est plus résistant que les variétés ordinaires. Les parasites sont identiques à ceux de l'ail commun, mais il est très rarement attaqué.

NOMS ÉTRANGERS

ANGLAIS : *rocambol, giant garlic.* **ALLEMAND :** *Rockembolle, Roccambol.* **ESPAGNOL :** *rocambola, ajo pardo.* **ITALIEN :** *specie d'aglio, aglio d'india.* **NÉERLANDAIS :** *echter schlangenlauch, perlzwiebel, slangerlook, spaanse knoflook.*

Alkékenge jaune doux (P, **)

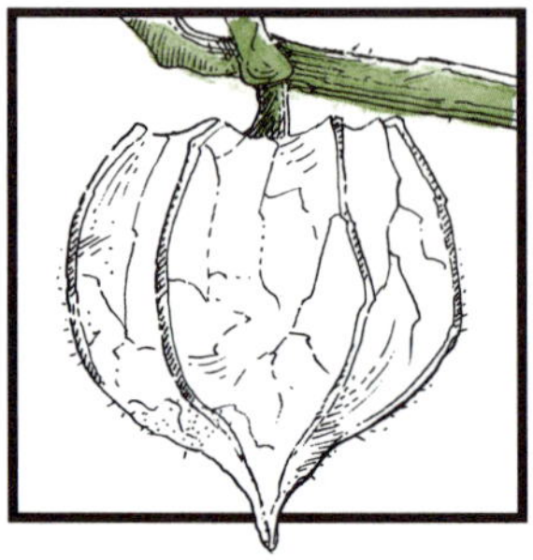

Cycle végétatif : annuel, vivace dans les pays chauds.
Famille : Solanacées.
Noms botaniques : (1) et (2) *Physalis peruviana* Linné.
Synonymes botaniques : *Ph. esculenta* Salisbury, *Ph. tomentosa* Medikus.
Synonymes français : alkékenge du Pérou, coqueret comestible, coqueret du Pérou, groseille du Cap.

Plante mesurant de 60 cm à 1 m de hauteur, dressée et ramifiée ; ses feuilles entières, en forme de cœur, sont légèrement pointues et recouvertes d'un léger duvet ; ses tiges sont dressées et légèrement ramifiées. Elle est cultivée pour ses fruits de couleur jaune orangé qui sont entourés d'un calice membraneux jaune pâle ressemblant à une petite vessie qui se dessèche à maturité. L'alkékenge est originaire d'Amérique du Sud. Floraison : de juillet à septembre. Fleurs : hermaphrodites, de couleur jaune, ayant au centre une tache brune, solitaires à l'aisselle des feuilles.

UTILISATIONS

Les fruits, d'une saveur agréable légèrement acidulée et rappelant la groseille à maquereaux, se consomment cuits ou crus ; crus : à l'état frais ; cuits : en tartes, en confitures, pour la préparation de certaines sauces ou enrobés de caramel.

PROPRIÉTÉS

Antigoutteuses, antirhumatismales, dépuratives, diurétiques, émollientes, fébrifuges, laxatives, rafraîchissantes, sédatives ; contient des vitamines A, B, C, D, K.

CULTURE

▶ **Sols préférés :** toutes les terres saines, fertiles, fraîches, plutôt légèrement humides que sèches, ayant un pH plutôt neutre.

▶ **Climat :** chaud, craint le froid, ne réussit généralement bien que dans le Midi, le Sud-Ouest et la Bretagne.

▶ **Exposition :** chaude et ensoleillée.

▶ **Multiplication :** par semis.

▶ **Culture :** semer au printemps, du début mars à la fin avril, 4 à 5 graines par godet, sur couche chaude, sous châssis ou en serre chauffée. Il faut que la température atteigne 18-20 °C pour que la levée s'effectue correctement.

Repiquer environ 1 mois après le semis à 10 x 10 cm, sur couche chaude, sous châssis ; mettre en place à partir de la 2e quinzaine de mai (quand le sol est suffisamment réchauffé), plus tôt sous tunnel plastique. La plantation s'effectue de 30 à 40 cm en tous sens.

▶ **Facteurs lunaires :** semer en lune croissante (de préférence).

▶ **Rotation :** pratiquer une rotation de 3 à 4 années, rentre dans la rotation des légumes-fruits.

▶ **Fumures, fertilisations :** normales.

▶ **Fertilisations foliaires :** bénéfiques, mais pas indispensables.

▶ **Soins :** binages, sarclages, arrosages si nécessaire. Il est préférable de tuteurer chaque plante comme les tomates.

▶ **Taille :** pincer la tige principale quand elle atteint environ 30 cm de hauteur.

VARIÉTÉS

En dehors de l'espèce botanique, il existe d'autres espèces de physalis dont le physalis officinal *(Ph. alkekengi)* connu sous le nom d'« amour en cage » ou « cerise d'hiver », plutôt ornemental mais pouvant être utilisé en confiture, *Ph. pruinosa* appelé « tomate fraise », dont les baies sont plus petites, mais excellentes crues ; elles accompagnent favorablement les salades de fruits.

GRAINES

▶ **PORTE-GRAINES :** choisir parmi les plus beaux pieds des fruits bien mûrs (le fruit doit être orange), retirer les graines, les nettoyer, les faire sécher à l'ombre et les ensacher.

▶ **DURÉE GERMINATIVE :** 8 à 10 ans.

▶ **NOMBRE DE GRAINES AU GRAMME :** 1 000 environ.

▶ **LEVÉE :** environ une dizaine de jours.

▶ **INTERVALLE ENTRE LE SEMIS ET LE DÉBUT DE LA RÉCOLTE :** 5 à 6 mois.

RÉCOLTE ET CONSERVATION

Récolter les fruits quand ils sont bien mûrs ; ils doivent avoir une couleur orange et le calice doit se dessécher.

Les fruits sont sensibles aux gelées, généralement la récolte s'effectue d'août à octobre. Consommer les fruits le plus tôt possible.

MALADIES ET PARASITES

▶ **LES LIMACES :** s'attaquent aux jeunes plants.

NOMS ÉTRANGERS

ANGLAIS : *cape goosberry, barbadoes goosberry, ground cherry.* **ALLEMAND :** *capische Stachelberre.* **ESPAGNOL :** *alquequenje amarillo.* **ITALIEN :** *alchechengi giallo, erba rara, agro dolce.* **NÉERLANDAIS :** *ananaskers.*

Amarante (P, *)

Cycle végétatif : annuelle.
Famille : Amarantacées.
Noms botaniques : (1) et (2) *Amaranthus sp.* (diverses espèces).
Synonyme français : amarante-épinard.

Plante à la fois potagère et ornementale, dont la hauteur varie selon les espèces : de 50 cm à plus de 2 m. Ses feuilles sont entières, alternes, jolies, de couleur différente selon les espèces : elles se composent de vert, de rouge et de jaune blanchâtre pour l'amarante tricolore ; de rouge pourpre pour l'amarante à panicules. Les feuilles de l'amarante bicolore de Gange vont d'un rouge foncé à un rouge plus clair pour celles du sommet, tandis que les feuilles de l'amarante hypochrondriacus sont vertes. Origine : Asie, sans doute de l'Inde. Floraison : généralement tout l'été. Fleurs : hermaphrodites, de couleur rouge, petites, disposées en épis ou en panicules (comme des plumeaux) selon les espèces.

UTILISATIONS

On consomme les feuilles quand elles sont tendres et jeunes, avant que les plantes ne fleurissent ; elles se préparent comme celles des épinards. Les graines fines et très nombreuses de l'amarante à panicules et de l'espèce hypochrondriacus s'utilisent comme le millet ; les Aztèques en faisaient une nourriture de base.

Les amarantes sont appréciées dans beaucoup de pays.

PROPRIÉTÉS

Peu connues, contiennent des vitamines A et C, ainsi que du calcium et du potassium. Les graines sont riches en protéines. Les feuilles renferment une teneur assez élevée en acide oxalique. Une consommation importante de ces plantes est déconseillée.

CULTURE

▶ **Sols préférés :** toutes les terres meubles, profondes, humifères et suffisamment fraîches.

▶ **Climat :** chaud ou tempéré, craignent le froid.

▶ **Exposition :** chaude et ensoleillée.

▶ **Multiplication :** par semis.

▶ **Culture :** semer très clair, en avril-mai, en lignes espacées de 40 cm, éclaircir à 30 cm. Les amarantes peuvent être semées sur couche vers la fin mars-début avril ; les mettre en place quand les plants ont près de 2 cm de hauteur. Praliner les racines dans une bouillie de lithothamne pour faciliter la reprise et tenir le sol suffisamment humide. Les plantes issues d'un semis en place montent moins rapidement à graines.

▶ **Facteurs lunaires :** semer de préférence en lune décroissante.

▶ **Rotation :** plante à croissance rapide, entre dans la catégorie des légumes-feuilles ; peut revenir au même endroit au bout de 2 à 3 ans.

▶ **Fumures, fertilisations :** normales, faire un apport léger d'engrais azoté au début de la végétation.

▶ **Fertilisations foliaires :** facultatives.

▶ **Soins :** binages, sarclages, arrosages sont souvent nécessaires, car il faut tenir le sol suffisamment frais ; en cas de sécheresse, un paillage est conseillé.

VARIÉTÉS

Il y a 4 espèces qui peuvent être cultivées comme plantes potagères : l'amarante de Gange bicolore *(Amaranthus gangeticus)*, l'amarante à panicules *(A. paniculatus)*, l'amarante tricolore *(A. tricolor)*, et l'amarante hypochrondriacus, pouvant atteindre parfois plus de 2 m de hauteur.

GRAINES

▶ **Porte-graines :** garder quelques pieds parmi les plus beaux (1 seule espèce pour éviter l'hybridation), les laisser monter à graines, les tuteurer, couper les épis ou panicules peu avant maturité, les étaler sur une toile puis les battre, les ventiler et ensacher les semences.

▶ **Durée germinative :** environ 10 ans.

▶ **Nombre de graines au gramme :** 1 650.

▶ **Levée :** quelques jours sur couche jusqu'à une dizaine de jours en plein air, elle est parfois capricieuse.

▶ **Intervalle entre le semis et le début de la récolte :** environ 4 à 5 semaines.

RÉCOLTE ET CONSERVATION

On récolte les feuilles selon les besoins : les utiliser rapidement.

MALADIES ET PARASITES

Néant.

NOMS ÉTRANGERS

Anglais : *amaranth.* **Allemand :** *Amarant, Suchffchwanz.* **Espagnol :** *amaranto, bledos.* **Italien :** *amaranto, blito.* **Néerlandais :** *amarant.*

Aneth (A, *)

Cycle végétatif : annuel.
Famille : Ombellifères.
Noms botaniques : (1) et (2) *Anethum graveolens* Linne.
Synonymes botaniques : *A. arvense* Salisbury, *A. sawa* Roxburch, *Peucedanum gravedens* Bentham et Hooker, *P. gravedens* Clarke, *Selinum anethum* Roth, *S. anethum* E.H.L. Krause.
Synonymes français : fenouil batard, aneth odorant, faux anis, fenouil puant...

Plante condimentaire mesurant de 40 cm à près d'un mètre de hauteur ; aux feuilles finement découpées, très ressemblante au fenouil commun (*Fœniculum vulgare*). L'aneth se reconnaît surtout en froissant ses feuilles car son odeur est peu agréable, tandis que celle du fenouil se rapproche de celle de l'anis. Origine : Europe méridionale et Asie occidentale, pousse à l'état spontané dans le midi de la France. Floraison : de juin à septembre (suivant les régions), généralement vers la fin juillet en région parisienne. Fleurs : hermaphrodites, de couleur jaune pâle.

UTILISATIONS

Employé comme condiment. Ses feuilles, fraîches (elles sont plus parfumées) ou séchées, finement hachées, relèvent les salades, les soupes, le beurre aux fines herbes, divers légumes cuits, certaines viandes (principalement le mouton), et entrent dans les bouquets garnis, les sauces à poissons... Elles aromatisent le vinaigre et les cornichons confits. N'ajouter les feuilles qu'au moment de servir.

Les graines sont utilisées dans diverses liqueurs ou confitures.

La saveur de l'aneth rappelle à la fois celles du fenouil et de la menthe.

Cette plante condimentaire est très utilisée dans de nombreux pays, principalement dans les pays scandinaves (surtout en Suède).

PROPRIÉTÉS

Carminatives, apéritives, diurétiques, stimulantes et stomachiques....

Cette plante est riche en vitamine C. Contient une huile essentielle.

CULTURE

▶ **Sols préférés :** toutes les terres saines, meubles, bien aérées, pas trop humides, plutôt sèches.

▶ **Climat :** plutôt chaud ou tempéré.

▶ **Exposition :** chaude et ensoleillée, surtout au nord de la Loire.

▶ **Multiplication :** par semis.

▶ **Culture :** semer en place en avril-mai, semer clair, les rangs espacés de 30 cm, éclaircir à 25-30 cm ; semer en pépinière (moins utilisé) au printemps, repiquer en place quand les plants ont 4 ou 5 feuilles ; recouvrir les graines de 0,5 cm de terre ; peut être cultivé en bordures ; possibilité de semer en pots (quelques graines par godet) sous châssis et serre, ne garder que le plant le plus vigoureux, mettre en place quand les gelées ne sont plus à craindre ; arroser les jeunes plants si besoin.

▶ **Voisinage :** favorable avec les choux, défavorable avec la carotte.

▶ **Facteurs lunaires :** semer de préférence en lune décroissante.

▶ **Rotation :** pratiquer une rotation de 3 à 4 ans, en évitant de cultiver une autre ombellifère sur la même planche.

▶ **Fumures, fertilisations :** normales ; éviter dans la mesure du possible les fumures non décomposées et les engrais azotés.

▶ **Fertilisations foliaires :** quelques poudrages de lithothamne pendant la végétation jusqu'à la montée à graines.

▶ **Soins :** binages, sarclages, arrosages si nécessaire.

VARIÉTÉS

'Tetra goldkronne', 'Sari'.

GRAINES

▶ **Porte-graines :** laisser quelques beaux sujets monter à graines (tuteurer de préférence), récolter les graines à maturité, généralement en septembre-octobre, quand celles-ci prennent une couleur brun foncé. Ne pas trop attendre car elles tombent facilement. Couper les ombelles, les faire sécher à l'ombre, les battre et les conserver dans des sacs ou des boîtes hermétiques.

▶ **Durée germinative :** 2 ou 3 ans.

▶ **Nombre de graines au gramme :** environ 900.

▶ **Levée :** 8 à 15 jours.

▶ **Intervalle entre le semis et le début de la récolte :** environ 2 mois pour les feuilles et 5 ou 6 mois pour les graines.

RÉCOLTE ET CONSERVATION

On récolte les feuilles au fur et à mesure des besoins. Pour la conservation : cueillir les feuilles avant la floraison, les faire sécher à l'ombre et les conserver dans des boîtes hermétiques. Pour les graines, les récolter à maturité (voir plus haut) et les conserver à l'abri de l'air (après séchage).

MALADIES ET PARASITES

▶ **La fonte des semis :** les jeunes plants disparaissent après la levée. Éviter d'effectuer des semis trop drus ; pratiquer une bonne rotation.

▶ **Les mollusques :** dévorent les jeunes plants. Voir page 44.

▶ **Les pucerons :** sucent la sève des plantes. Voir le paragraphe qui leur est consacré page 43.

NOMS ÉTRANGERS

Anglais : *dill.* **Allemand :** *Dill.* **Espagnol :** *eneldo, aneldo, aneto.* **Italien :** *aneto, aneto odorosa, finocchio fetido.* **Néerlandais :** *dilkruid.*

Angélique officinale (A, *)

Cycle végétatif : vivace ou souvent triannuelle (cette plante vivant 3 ans).
Famille : Ombellifères.
Noms botaniques : (1) et (2) *Angelica archangelica* Linné.
Synonymes botaniques : *Archangelica officinalis* Hoffmann, *A. major* Gilibert, *A. officinalis* Moench, *A. sativa* Miller, Gardner, *A. procera* Salisbury, *Selinum archangelica* Vest., *Ligusticum angelica* Stokes.
Synonymes français : archangélique, angélique de bohême, angélique cultivée, angélique vraie, herbe aux anges, herbe de Saint-Esprit...

Plante à la fois potagère et condimentaire. Sa tige grosse, creuse, charnue et striée dépasse parfois 2 m de hauteur. Ses feuilles sont grandes, à folioles dentées, de couleur verte, violacées ; elles sont munies d'un long pétiole (2e année) charnu pouvant atteindre plus de 50 cm. Fleurs en ombelles très mellifères. Cette plante très aromatique a une odeur assez proche de celle du miel. Origine : Europe du Nord, Sibérie, très répandue en Europe et en Asie. Floraison : de juin à début septembre (3e année). Fleurs : hermaphrodites de couleur blanchâtre à verdâtre, en ombelles.

UTILISATIONS

Les tiges et les pétioles sont utilisés pour la confiserie et la pâtisserie, les tiges confites au sucre (pâte de fruits) étant très appréciées. Les graines et tiges coupées en morceaux entrent dans la préparation des liqueurs. Les feuilles peuvent être employées comme celles du céleri dans les potages, les salades et certaines sauces. Utiliser l'angélique avec modération.

PROPRIÉTÉS

Antispasmodiques, béchiques, carminatives, digestives, emménagogues, expectorantes, sédatives, stimulantes, stomachiques et toniques. L'angélique contient des huiles essentielles.

CULTURE

▶ **Sols préférés :** profonds, riches en humus, frais, légers ou argilo-calcaires.

▶ **Climat :** très résistante au froid, pousse partout en Europe.

▶ **Exposition :** ensoleillée.

▶ **Multiplication :** par semis.

▶ **Culture :** semer de juillet à septembre, de préférence après la récolte des graines ou en mars-avril (graines stratifiées) soit en pépinière avec une mise en place au printemps ; soit en place, les rangs étant espacés de 80 cm ; éclaircir à la même distance sur la ligne. Recouvrir les graines de 0,5 cm de terre fine ; au repiquage, praliner les racines avec du lithothamne et bien arroser chaque pied repiqué.

▶ **Facteurs lunaires :** sans importance.

▶ **Rotation :** généralement la plante reste 3 années en place, il faut attendre au moins 3 à 4 ans avant qu'elle revienne au même endroit. L'angélique officinale entre dans la catégorie des plantes herbacées.

▶ **Fumures, fertilisations :** normales.

▶ **Fertilisations foliaires :** pas nécessaires.

▶ **Soins :** binages, sarclages, arrosages fréquents en cas de sécheresse ; le paillage est très bénéfique. En novembre, couper les feuilles sèches.

VARIÉTÉS

Le type botanique.

GRAINES

▶ **PORTE-GRAINES :** choisir de beaux pieds destinés à la reproduction (3e année de culture). Couper les ombelles à maturité quand celles-ci brunissent légèrement ; cette opération sera si possible réalisée le matin à la rosée pour éviter que les graines ne tombent. Les faire sécher à l'ombre. Ne pas tarder pour les semer ou les stratifier dans du sable sec.

▶ **DURÉE GERMINATIVE :** quelques mois à 1 an.

▶ **NOMBRE DE GRAINES AU GRAMME :** 170.

▶ **LEVÉE :** environ 20 jours pour un semis de juillet-août, plusieurs mois pour un semis de septembre (levée au printemps).

▶ **INTERVALLE ENTRE LE SEMIS ET LE DÉBUT DE LA RÉCOLTE :** pour les feuilles (utilisées comme condiments), 8 à 10 mois ; pour les tiges et les pétioles, 2 ans ; pour les graines, 3 ans.

RÉCOLTE ET CONSERVATION

On récolte les tiges et les pétioles à partir de la 2e année de culture et jusqu'à la montaison. Les graines se récoltent la 3e année. Pour la consommation en cuisine : cueillir les feuilles au fur et à mesure des besoins. Pour cette utilisation, on peut prendre quelques feuilles dès que la plante est suffisamment forte.

MALADIES ET PARASITES

▶ **LES PUCERONS :** s'attaquent parfois à la tige florale. Voir page 43.

NOMS ÉTRANGERS

ANGLAIS : *angelica.* **ALLEMAND :** *Engelwurg, Angelika.* **ESPAGNOL :** *angelica.* **ITALIEN :** *angelica.* **NÉERLANDAIS :** *tuin-angelica, engelkruid.*

Anis vert (A, **)

Cycle végétatif : annuel à bisannuel.
Famille : Ombellifères.
Noms botaniques : (1) et (2) *Pimpinella anisum* Linné.
Synonymes botaniques : *Anisum vulgare* Gaertner, *A. officinale* A. de Candolle, *A. officinarum* Moench Meth, *Carum anisum* Baillon, *Sison anisum* Sprengel, *Tragium anisum* Link, *Selinum anisum* E.H.L. Krause.
Synonymes français : anis boucage, anis d'Europe, anis officinal, petit anis, pimpinelle anis.

Plante herbacée, aromatique et médicinale, généralement haute de 30 à 60 cm, feuilles longuement pétiolées à 3 folioles dentelées, plus minces sur la tige qu'à la base ; tiges creuses et dressées, graines oblongues, grisâtres très parfumées. Origine : Égypte. Floraison : de fin juin à août. Fleurs : hermaphrodites, blanches, en ombelles.

UTILISATIONS

On utilise les graines, qui ont un goût parfumé et fin avec une saveur chaude très agréable. Elles sont employées : en pâtisserie (biscuits, pain d'épices), en confiserie (dragées), en distillerie (anisette), en infusion, pour la fabrication de liqueurs et de médicaments ; au Maroc et en Tunisie, les semences parfument les petits pains. Il faut consommer l'anis vert modérément.

PROPRIÉTÉS

Antispasmodiques, carminatives, digestives, diurétiques, expectorantes, galactogènes (favorise la sécrétion lactée des nourrices), sédatives, stimulantes, stomachiques et sudorifiques... L'anis contient une huile essentielle.

CULTURE

▶ **Sols préférés :** toutes les terres saines, plutôt légères, fraîches, riches en humus et bien ameublies ; supporte les sols secs et argileux.

▶ **Climat :** pousse partout, mais préfère les régions méridionales.

▶ **Exposition :** chaude et ensoleillée.

▶ **Multiplication :** par semis.

▶ **Culture :** en avril-début mai, semer clair, directement en place, en lignes espacées de 30 à 40 cm à une exposition chaude ; recouvrir peu les graines et plomber légèrement ; éclaircir à 15 cm sur le rang.

▶ **Facteurs lunaires :** sans importance.

▶ **Rotation :** pratiquer une alternance de 3 à 4 années.

▶ **Fumures, fertilisations :** quelques-unes à base de lithothamne, elles seront toujours bénéfiques.

▶ **Soins :** les binages, sarclages et arrosages sont nécessaires. On peut butter légèrement les pieds.

VARIÉTÉS

'Vert d'Albi', 'Vert d'Espagne', 'Vert de Malte', 'Vert de Touraine', 'Vert de Tunis'...

GRAINES

▶ **Porte-graines :** choisir les ombelles principales mûres sur les plus beaux pieds que l'on récolte en août-septembre, au fur et à mesure de leur maturité.

▶ **Durée germinative :** 2 ans.

▶ **Nombre de graines au gramme :** 200 environ.

▶ **Levée :** 8 à 12 jours environ.

▶ **Intervalle entre le semis et le début de la récolte :** autour de 4 mois.

RÉCOLTE ET CONSERVATION

Les semences se récoltent en août-septembre-octobre, quand elles sont mûres, de préférence le matin. On coupe les ombelles au fur et à mesure de leur maturité ; les étaler sur une toile à l'ombre, les égrener à la main et les conserver dans des récipients hermétiques.

MALADIES ET PARASITES

Néant.

NOMS ÉTRANGERS

Anglais : *anise, anise plant, aniseed.* **Allemand :** *Anis.* **Espagnol :** *anis, matalahuga, hierba dulce.* **Italien :** *anice, anisio, anis verde.* **Néerlandais :** *anys.*

Ansérine bon-henri (P, **)

Cycle végétatif : vivace par sa souche.
Famille : Chénopodiacées.
Noms botaniques : (1) et (2) *Chenopodium bonus-henricus* Linné.
Synonymes botaniques : *Ch. sagitatum* Lamarck, *Ch. esculentum* Salisbur, *Ch. spinacifolium* Stokes, *Ch. triangulare* Dulac.
Synonymes français : bon-henri, épinard du roi Henri, épinard sauvage, oseille de Tours, patte d'oie triangulaire, toute bonne, sarron, serron...

Plante potagère haute de 30-70 cm, ses feuilles sont entières, alternes, triangulaires (en forme de lance), de couleur vert foncé ; le dessous est recouvert d'une légère poudre farineuse, son pétiole est assez long ; ses tiges sont striées et rameuses. Son nom, ansérine bon-henri (bon roi Henri), a été donné à cette plante en hommage à Henri IV, grand défenseur de la botanique. Origine : indigène en Europe, spontanée dans divers endroits de France, principalement au pied des vieilles habitations surtout en montagne. Floraison : de juin à septembre. Fleurs : hermaphrodites, de couleur verdâtre, groupées en épis rameux, terminaux et à l'aisselle des feuilles. La pollinisation s'effectue par le vent.

UTILISATIONS

Les feuilles se consomment quand elles sont jeunes : crues, mélangées avec d'autres salades ; cuites, à la manière des épinards.

Les jeunes tiges et inflorescences printanières cuites peuvent se manger de la même façon que les asperges ou les brocolis (à la vinaigrette).

PROPRIÉTÉS

Antianémiques, dépuratives, diurétiques, émollientes, laxatives et nutritives... L'ansérine contient des vitamines : A, B1, B2, C, PP, ainsi que du calcium, du fer et du phosphore. Cette plante contient des oxalates solubles.

CULTURE

▶ **Sols préférés :** frais, humifères, plutôt humides que secs, légers ou lourds sans excès. L'idéal est un pH neutre.

▶ **Climat :** tempéré, très rustique au froid.

▶ **Exposition :** moyennement ombragée, peut même supporter l'ombre.

▶ **Multiplication :** par semis ou division de touffes.

Par semis : à l'automne ou au printemps directement en place, en lignes espacées de 40-50 cm ; éclaircir à 40 cm sur le rang ; enterrer peu les graines.

Semer en pépinière, repiquer en pépinière quand les plants ont quelques feuilles, mettre en place à l'automne. Semer clair de préférence. Les semis d'automne sont plus réguliers.

Par division de touffes : elle s'effectue au printemps à 40 cm en tous sens.

▶ **Facteurs lunaires :** semer de préférence en lune décroissante.

▶ **Rotation :** cette plante peut rester 4 à 5 années à la même place, mais il faudra attendre autant de temps pour qu'elle soit cultivée au même endroit ; rentre dans la rotation des plantes potagères herbacées.

▶ **Fumures, fertilisations :** fumures et fertilisations normales ; cette plante aime l'azote, lui en apporter environ 3 kg/are.

▶ **Fertilisations foliaires :** pas réellement indispensables.

▶ **Soins :** binages, sarclages, arrosages si nécessaire, le paillage est recommandé en cas de sécheresse.

▶ **Taille :** le pincement des hampes florales dès leur apparition favorisera le développement des feuilles.

VARIÉTÉS

L'espèce botanique.

GRAINES

▶ **Porte-graines :** choisir quelques beaux pieds, ne pas pincer les hampes florales et ne pas cueillir les feuilles. Quand les inflorescences deviennent rougeâtres et commencent à se dessécher, les couper et les étaler à l'ombre sur une toile dans un endroit sec et aéré, froisser les inflorescences et ensacher.

▶ **Durée germinative :** 5 ans environ.

▶ **Nombre de graines au gramme :** environ 430.

▶ **Levée :** parfois difficile. Pour les semis de printemps : 10 à 15 jours environ ; pour les semis d'automne : 5 à 6 mois.

▶ **Intervalle entre le semis et le début de la récolte :** 1 an environ.

RÉCOLTE ET CONSERVATION

On récolte les feuilles au fur et à mesure des besoins, pendant le printemps et l'été, parfois jusqu'aux gelées (d'avril à la fin octobre). En été, les feuilles ont un goût plus fort. Consommer les feuilles le plus rapidement possible après la cueillette.

MALADIES ET PARASITES

Néant.

NOMS ÉTRANGERS

Anglais : *allgood, good King Henry, goosfoot.* **Allemand :** *guter Henrich, gemener Gänsefuss.* **Espagnol :** *pie de ánade, buen Enrique, zuron, ansarina, spinachio selvatico.* **Italien :** *bono Enrico, tutta-buona.* **Néerlandais :** *goede Hendrik, brave Hendrik, ganzevoet, golde Hendrik, algoede...*

Arroche (P, *)

Cycle végétatif : annuelle.
Famille : Chénopodiacées.
Noms botaniques : (1) et (2) *Atriplex hortensis* Linné.
Synonymes botaniques : *A. virgata* Roth, *A. benghalensis* Lamarck.
Synonymes français : arrode, belle-dame, bonne dame, épinard géant, érible, érode, golette, poule grasse, prude-femme...

Plante potagère pouvant atteindre parfois plus de 1,50 m de haut, aux tiges ramifiées, aux feuilles larges (partie utilisée) de couleur blonde, verte ou rouge selon les variétés. Origine : Asie centrale, Sibérie. Floraison : généralement de juillet à septembre. Fleurs : monoïques ou polygames de couleur verdâtre, réunies en grappes.

UTILISATIONS

Ses feuilles s'utilisent comme celles des épinards, cuisinées au jus, au beurre, à la crème fraîche, en potage... Elles adoucissent très agréablement l'acidité de l'oseille.

PROPRIÉTÉS

Calmantes, laxatives, rafraîchissantes...

CULTURE

▶ **Sols préférés :** tous les sols de préférence frais, riches en humus. Lui éviter les terres trop calcaires.

▶ **Climat :** tempéré, craint la chaleur et la sécheresse.

▶ **Exposition :** ensoleillée.

▶ **Multiplication :** par semis.

▶ **Culture :** semer clair, en place, successivement de mars à août, en lignes distantes de 50 cm environ ; éclaircir de 25 à 30 cm quand les plantes ont 4 à 5 feuilles. Recouvrir les graines d'un centimètre de terre fine.

▶ **Facteurs lunaires :** semer de préférence en lune décroissante.

▶ **Rotation :** entre dans la rotation des plantes potagères herbacées. Peut revenir au même endroit au bout de 3 à 4 ans. Éviter de cultiver l'arroche derrière la betterave (même famille).

▶ **Fumures, fertilisations :** normales.

▶ **Fertilisations foliaires :** quelques poudrages de lithothamne seront bénéfiques.

▶ **Soins :** binages, sarclages, arrosages par temps sec. L'arroche monte rapidement à graines sans arrosage par temps sec. Le paillage est conseillé.

▶ **Taille :** pincer le bout des tiges de temps en temps : cette opération permet d'avoir des feuilles plus grandes et aussi de retarder légèrement la montée à graines.

VARIÉTÉS

Arroche blonde, arroche verte, arroche rouge, arroche très rouge 'Opéra'. On cite parfois une arroche vivace : arroche bon-henri : cette plante n'est pas un atriplex, mais un chénopodium (voir *Ansérine bon-henri*).

GRAINES

▶ **Porte-graines :** garder quelques beaux pieds, ne pas cueillir les feuilles après l'apparition des fleurs, laisser monter à graines, couper les tiges à maturité, généralement en octobre (suivant la date de culture), faire sécher dans un endroit abrité, détacher les graines et ensacher. Les porte-graines devront être issus d'un semis printanier.

▶ **Durée germinative :** jusqu'à 5 ans.

▶ **Nombre de graines au gramme :** environ 250.

▶ **Levée :** environ 15 jours.

▶ **Intervalle entre le semis et le début de la récolte :** environ 4 mois.

RÉCOLTE ET CONSERVATION

L'arroche doit être consommée le plus rapidement possible après la cueillette, car ses feuilles fanent très vite.

MALADIES ET PARASITES

▶ **Les mollusques** (limaces, escargots...) : dévorent parfois les jeunes plants (voir page 44).

▶ **La casside nébuleuse :** l'épiderme du dessous des feuilles est rongé par une larve verdâtre ayant un aspect dégoûtant, dont la ponte a lieu en mai et août.

▶ **Soins :** pulvérisation ou poudrage de roténone. Ramasser et écraser les larves et les œufs gluants se trouvant sous les feuilles. Cependant, la présence de ce parasite est très rare si l'on respecte les bases du jardinage.

NOMS ÉTRANGERS

Anglais : *garden orache, mountain spinach.* **Allemand :** *Gartenmelde, spinischer Spinat.* **Espagnol :** *armuelle de huerta.* **Italien :** *atreplice, bietolone rosso.* **Néerlandais :** *melde.*

Artichaut (P, *)

Cycle végétatif : vivace.
Famille : Composées.
Noms botaniques : (1) et (2) *Cynara scolymus* Linné.
Synonymes français : bérigoule, scolyme...

Plante potagère, dressée, haute de 1 m à 1,50 m ; ses feuilles sont larges, découpées, grisâtres, très longues, pouvant atteindre parfois près de 1 m ; les tiges portent des capitules verts ou violets, trés gros, formés d'écailles ovales (bractées), charnus à la base, ils sont appelés « fonds d'artichaut ». Origine : Bassin méditerranéen, possible d'Éthiopie. Floraison : de juin à septembre. Fleurs : hermaphrodites, de couleur bleu violacé, en capitules entourés de bractées.

UTILISATIONS

Les fonds d'artichaut (réceptacles) se consomment crus ou cuits, ainsi que la base des bractées : crus quand ils sont tendres, à la croque au sel ou à la vinaigrette ; cuits à l'eau salée et préparés à la vinaigrette, à la lyonnaise, à la sauce blanche, à la provençale, à la crème, à la grecque, à la niçoise, à la piémontaise, à la sauce hollandaise, à la bretonne, aux anchois, aux crabes... Ils peuvent être utilisés aussi en beignets ou farcis.

Les côtes des feuilles blanchies artificiellement se consomment comme celles du cardon. Ne pas conserver d'artichauts (capitules) cuits au réfrigérateur.

PROPRIÉTÉS

Antianémiques, apéritives, cholagogues, cholérétiques (excitant la production de la bile), dépuratives, diurétiques, énergétiques, stimulantes, stomachiques, toniques...

L'artichaut contient des vitamines : A, B1, B2, C, PP..., ainsi que du calcium, du fer, du magnésium, du phosphore, du sodium et du soufre. Il est l'ami du foie.

Les nourrices doivent l'éviter pendant l'allaitement car il perturbe la sécrétion lactée.

Les feuilles de l'artichaut ont une action médicinale : elles s'utilisent en décoction, en teinture ou en macération dans du vin de Bordeaux.

CULTURE

▶ **Sols préférés :** frais, sains, profonds, humifères, bien ameublis, argilo-calcaires, ou argilo-sableux, de préférence neutres ; il redoute les terres très humides en hiver et trop arides en été.

▶ **Climat :** ensoleillé.

▶ **Multiplication :** par plantation d'œilletons ou par semis.

Par plantation d'œilletons : lors de l'opération de l'œilletonnage qui s'effectue en mars-avril, on choisit parmi les plus beaux « rejetons » munis de quelques racines pour refaire une nouvelle planche : distance de plantation 80 cm x 1 m en quinconce. Pour faciliter la reprise, il est conseillé de praliner les racines dans une bouillie à base de lithothamne (voir à soins pour l'œilletonnage).

Par semis : semer sur couche tiède en février-mars, 2 à 3 graines par godet, ne garder que le plus beau sujet, mettre en place environ 2 mois après le semis. Ces plants ont beaucoup de chance de donner une première récolte en fin de saison ; par contre, si le semis est plus tardif (avril-mai), la première production ne se fera que l'année suivante.

Les semis en place se font : dans la région parisienne en avril-mai, dans le Midi en mars. Semer 4 à 5 graines en poquets distants de

80 cm à 1 m en écartant suffisamment les semences, recouvrir légèrement les graines ; par la suite, ne conserver que le plant le plus vigoureux et le moins épineux. Effectuer des bassinages pour accélérer la levée.

La multiplication par semis a des avantages et des inconvénients ; les plants sont plus robustes ; ils s'adaptent mieux à la nature du sol. Mais à l'inverse, ils ne gardent pas toujours le caractère des parents, ont tendance à se rapprocher du type sauvage et produisent moins et plus tardivement.

▶ **Voisinage :** entre les rangs de jeunes plants d'artichaut, on peut cultiver la fève, la laitue, le haricot nain, le pois, le radis de tous les mois, le chou et l'oignon.

▶ **Facteurs lunaires :** semis ou plantation d'œilletons de préférence en lune croissante.

▶ **Rotation :** les artichauts peuvent rester en place pendant 3 à 4 années, pratiquer une alternance de 4 à 5 ans ; rentrent dans la rotation des plantes potagères exigeantes du fait qu'ils restent plusieurs années en place : ils sont donc assez épuisants pour le sol.

▶ **Fumures, fertilisation :** normales tous les ans ; un léger apport annuel de sel marin est bénéfique.

▶ **Fertilisations foliaires :** tous les 15 jours à 3 semaines jusqu'à la récolte : poudrages à base de lithothamne. On peut alterner 1 fois sur 2 avec des essences naturelles de plantes.

▶ **Soins :** binages, sarclages et arrosages si nécessaire. Le buttage des plants est parfois bénéfique ainsi qu'un bon paillage ou un semis de trèfle blanc nain entre les rangs (en avril).

Couper toutes les tiges qui ont donné des boutons floraux et les grandes feuilles, de préférence avant les gelées, généralement en octobre-novembre, à quelques centimètres au-dessus du sol.

Avant ou lors des grands froids, il est conseillé de protéger les pieds soit en les buttant, soit en les couvrant de paille ou de feuilles sèches ; découvrir s'il pleut, car l'artichaut craint l'humidité.

L'œilletonnage

L'œilletonnage s'effectue en septembre-octobre dans le Midi ou l'Ouest, en mars-avril en région parisienne et dans le Nord; il consiste à dégager la terre autour de chaque souche puis, à l'aide d'une bêche, à éclater les œilletons. Cette opération doit être faite avec beaucoup de précautions pour ne pas endommager la plante.

Les œilletons destinés à la reproduction seront munis d'un talon avec quelques racines et de 4 à 5 feuilles. Avant la plantation, il faut habiller les plants : cette opération consiste à raccourcir les feuilles et les racines.

Les planter 2 par 2 à l'aide d'une houe ou avec un plantoir, séparés de 8-10 cm; prendre soin de ne pas recouvrir de terre le cœur du plant, il vaut mieux ne pas trop enterrer les plants. Quand la reprise est assurée ne garder que le sujet le plus vigoureux. Effectuer des arrosages copieux pour faciliter la reprise.

VARIÉTÉS

'Gros vert de Laon' (la meilleure variété pour le nord de la Loire à cause de sa rusticité aux froids) ; 'Vert de Provence', 'Violet hâtif de Provence', 'Gros camus de Bretagne', 'Violet d'Alger', 'Violet de Camargue', 'Blanc d'Hyères', 'Cuivré de Bretagne', 'Violet de Toscane', 'Violet de Venise', etc.

GRAINES

▶ **Porte-graines :** choisir quelques pieds parmi les plus vigoureux, ayant des feuilles non épineuses ; ne conserver que la fleur principale qui s'ouvrira en juillet-août. On récoltera les akènes en août ou septembre, en les coupant quand les graines sont mûres ; les faire sécher à l'ombre, dans un endroit bien aéré, les égrener, puis les ensacher.

Quand les akènes commencent à mûrir, il est préférable de les recouvrir avec un sac en papier spécial qui est vendu pour protéger les fruits ; cette protection préservera les graines des pluies.

▶ **Durée germinative :** 6 à 7 ans.

▶ **Nombre de graines au gramme :** 25.

▶ **Levée :** une dizaine de jours sur couche, 3 semaines environ en pleine terre.

▶ **Intervalle entre le semis et le début de la récolte :** pour un semis hâtif, 6 à 7 mois (par éclats, de 3 à 4 mois).

RÉCOLTE ET CONSERVATION

La récolte des boutons floraux s'effectue au fur et à mesure des besoins et de leur développement. Il faut les récolter avant que les écailles centrales ne s'écartent ; les consommer le plus rapidement possible ; dans le cas contraire, il est conseillé de mettre le pédoncule des capitules à tremper dans de l'eau, dans un endroit frais ; de cette façon, ils pourront être conservés 2 à 3 jours. On peut stériliser les fonds d'artichauts pour les conserver.

MALADIES ET PARASITES

▶ **La pourriture de la souche** (en hiver la souche pourrit) : cette maladie est due à un hiver pluvieux ; si les pieds d'artichaut ont été buttés, il faut dégager légèrement la terre autour de la souche. Ne pas oublier d'abriter cette dernière en cas de froid.

L'excès d'humidité est très néfaste pour les souches d'artichaut. Ne pas apporter de matière organique non décomposée, mais utiliser un compost correct.

A l'entrée de l'hiver (si le temps est très pluvieux), placer un tunnel plastique sur la planche.

▶ **La graisse de l'artichaut ou pourriture des inflorescences** (des taches translucides, puis brunâtres apparaissent sur les écailles du capitule qui peut finir par pourrir) : couper les capitules dès le début de l'attaque. Appliquer une bonne rotation. En cas de grave attaque, éliminer les pieds atteints et les brûler.

▶ **Le blanc ou meunier des laitues** (les feuilles portent de grosses taches brunâtres et le dessous de celles-ci se couvre d'une poussière blanchâtre) : dans ce cas, effectuer des pulvérisations foliaires à base de lithothamne. Dès le début de l'attaque : poudrage foliaire sur et sous les feuilles d'un mélange de 150 g/are de fleur de soufre et 150 g de lithothamne.

▶ **La maladie des feuilles ou ramulariose** (les plantes attaquées se couvrent de taches grisâtres très nombreuses qui se confondent et vont jusqu'à envahir l'ensemble de la feuille, ce qui causera son dessèchement) : brûler les feuilles atteintes. En cas d'une grande attaque, éliminer les pieds atteints et les brûler. En prévention (si vous avez déjà eu des attaques dans votre potager), pulvérisations de bouillie bordelaise en évitant les capitules.

▶ **L'ascochytose** (à la pointe des bractées, puis sur les feuilles et les tiges, se forment des taches translucides, puis noires ; les capitules finissent par se dessécher) : maladie souvent due à une période très humide. En prévention : fertilisations foliaires à base de lithothamne. En période très humide, en prévention, pulvériser une solution de bouillie bordelaise.

▶ **Le puceron de l'artichaut** (le dessous des feuilles et les boutons floraux sont attaqués par cet insecte, principalement en période de chaleur) : voir chapitre consacré aux pucerons.

▶ **Le ver gris** (les chenilles forment des galeries dans la tige, parfois jusqu'au capitule) : pièges à insectes qui captureront le papillon. Voir chapitre consacré au ver gris.

▶ **La casside verte de l'artichaut** (au printemps, l'insecte et sa larve vert brun, d'un aspect dégoûtant, rongent l'épiderme des feuilles sans les perforer) : pulvérisations d'insecticide végétal. Poudrage de roténone.

▶ **L'altise de l'artichaut** (au printemps, ce coléoptère de 34 mm, de couleur jaunâtre à rougeâtre, s'attaque aux feuilles qu'il dévore en laissant apparaître de nombreux petits trous) : voir chapitre consacré aux altises.

▶ **Les mollusques** (les jeunes pousses printanières peuvent être dévorées par les mollusques) : voir chapitre consacré aux limaces.

▶ **La vanesse de l'artichaut** (ce papillon pond des larves et c'est sa chenille jaunâtre qui provoque de nombreuses morsures aux feuilles en ne laissant parfois que la nervure) : ramassage et destruction des chenilles ; pulvérisations d'insecticide végétal.

▶ **Le puceron blanc des racines** (suce la sève de la plante au niveau du collet et provoque souvent le dépérissement du pied) : déchausser les souches attaquées et pulvériser une solution à base d'insecticide végétal associé avec du purin d'orties : la lutte en sera renforcée.

▶ **L'APION DE L'ARTICHAUT** (ce coléoptère de 3 mm, de couleur bleu foncé, pond au printemps et c'est sa larve blanche qui creuse des galeries dans les nervures et le pédoncule des feuilles, parfois les capitules peuvent être attaqués à la base) : brûler les feuilles atteintes. Pulvérisations répétées d'insecticide végétal avant la ponte si vous avez déjà eu des attaques les années précédentes.

▶ **LA LARVE DE LA NOCTUELLE DE L'ARTICHAUT** (au printemps, cette chenille grisâtre creuse des galeries à l'intérieur de la tige des boutons floraux) : utiliser les pièges à insectes pour capturer les papillons. Couper et brûler les tiges atteintes. La lutte est très difficile, mais heureusement rarement nécessaire en culture biologique.

NOMS ÉTRANGERS

ANGLAIS : *globe artichoke, artichoke.* **ALLEMAND :** *Artischocke.* **ESPAGNOL :** *alcachofa, alcaucil.* **ITALIEN :** *carciofo, articiocca.* **NÉERLANDAIS :** *artisjok.*

Asperge (P, **)

Cycle végétatif : vivace par sa souche.
Famille : Liliacées.
Noms botaniques : (1) *Asparagus officinalis* Linné, (2) *A. officinalis* Willdenow.
Synonymes botaniques : *A. polyphyllus* Steven, *A. oxycarpus* C. Steven, *A. collinus* Schur.
Synonymes français : esparge, esperge...

Plante potagère herbacée, très rustique, atteignant parfois plus de 1,50 m de haut. On consomme les turions (bourgeons souterrains charnus) qui deviennent par la suite des tiges dressées, très ramifiées, de couleur verte et qui, à l'automne, jaunissent et se dessèchent. Les rameaux sont en forme d'aiguilles disposées en faisceaux, souples, fins et ressemblant à des écailles. Les racines sont nombreuses et forment une souche appelée griffe sur laquelle poussent les tiges comestibles. Origine : indigène dans le centre et le midi de l'Europe. Floraison : de mai à juillet-août. Fleurs : dioïques, de couleur vert jaunâtre, pendantes, petites, solitaires ou par paire.

UTILISATIONS

On consomme les turions que l'on cueille dès qu'ils sortent de terre. Ils se mangent généralement cuits : à la vinaigrette, en soufflé, à la milanaise, au gratin, à la flamande, à la crème, au jus de viande, à la sauce hollandaise, et en accompagnement de certains plats de viandes. Une omelette aux pointes d'asperge est délicieuse. Certaines personnes mangent les asperges crues, râpées, en entrée.

PROPRIÉTÉS

Apéritives, calmantes, diurétiques, laxatives, nutritives, rafraîchissantes et sédatives. L'asperge contient des vitamines : A, B 1, B 2, B 5, B 6, C, PP, ainsi que du calcium, du cobalt, du fer, de l'iode, du manganèse, du phosphore.

CULTURE

▶ **Sols préférés :** tous les sols, sauf ceux qui sont trop humides et compacts ; cependant, l'asperge réussit mieux dans les terres légères, sablonneuses, fraîches et surtout les sols riches en humus.

▶ **Climat :** plante très rustique, ne craint ni le froid ni la sécheresse ; vient sous tous les climats.

▶ **Multiplication :** par semis ou plantation des griffes.

Par semis : semer de mars à juin, en pépinière, en rayons distants de 30 cm, une graine tous les 5 cm ; recouvrir les graines de 1 cm de terreau et éclaircir à 10 cm après la levée. Semer dans une terre fertile, humifère et bien ameublie.

Ne pas effectuer de binages profonds, mais plutôt superficiels pour ne pas endommager les racines. Arroser en cas de besoin et garder le terrain propre.

On les met en place au printemps suivant, généralement courant mars.

Par plantation des griffes : à l'automne précédant la plantation, il faut préparer la terre en creusant des tranchées de 20 à 25 cm de profondeur, sur une largeur d'environ 40 cm. Elles doivent être espacées de 1,20 m à 1,50 m ; rejeter la terre de chaque côté de la tranchée ; à l'aide d'une fourche-bêche, ameublir (sans retournement si possible) le fond de la tranchée, y ajouter du compost et des fertilisants de fond, griffer.

Au moment de la plantation des griffes dans le fond de la tranchée, faire une légère butte de terre tous les 70-80 cm, y planter un tuteur pour repérer chaque plant ; y étaler chacune des griffes après avoir coupé les racines trop longues, recouvrir le fond de la tranchée d'une dizaine de centimètres de terre ; il faut que les monticules de terre sur lesquels les racines des griffes sont étalées soient peu recouverts (2 ou 3 cm).

La 2e année de culture, niveler le sol avec la terre rejetée de chaque côté de la tranchée.

A partir de la 3e année de culture, puis tous les ans, dans le courant mars, il faudra procéder à un buttage.

Il est préférable, les 2 premières années, de tuteurer les tiges qui sont encore trop fragiles.

Tous les ans, couper les tiges sèches (fin octobre-début novembre) quelques centimètres au-dessus du sol et, par la même occasion, réaliser un débuttage (nivelage du sol).

▶ **Voisinage :** l'asperge voisine favorablement avec le persil, la tomate, le haricot nain, l'échalote, l'ail et l'oignon. Les deux premières années, on peut faire une culture de laitue ou de haricot nain entre les rangs.

▶ **Facteurs lunaires :** peu d'importance.

▶ **Rotation :** bien que l'asperge ne soit pas une plante épuisante, elle rentre tout de même dans la rotation des plantes potagères exigeantes parce qu'elle occupe très longtemps le terrain. Attendre si possible au moins 5 à 6 années avant de la cultiver à nouveau à la même place.

▶ **Fumures, fertilisations :** tous les ans, il faut apporter une bonne fumure (compost) et un fertilisant de fond ; l'asperge demande surtout de la potasse et du phosphore.

▶ **Fertilisations foliaires :** 2 ou 3 passages annuels à base de lithothamne (poudrage ou pulvérisation).

▶ **Soins :** sarclages, binages ; éviter les arrosages surtout en période de production. Tous les ans, à partir de la 3e année de culture, il faut butter les rangs en mars et les débutter vers la fin octobre, après avoir coupé les tiges sèches. Après le buttage printanier, on peut semer entre les rangs un engrais vert à base de légumineuses (trèfle blanc nain, fèverole...), le gyrobroyer vers la fin septembre ; il sera superficiellement enfoui lors du débuttage.

VARIÉTÉS

'D'Argenteuil hâtive', 'D'Argenteuil tardive', 'Commune', 'Blanche d'Allemagne', 'Alexandre Marionnet', 'De Vineuil hâtive', 'Violette de Hollande'.

GRAINES

▶ **Porte-graines :** repérer pendant quelques années les pieds les plus fertiles et productifs, donnant le plus de satisfaction (il faut des pieds mâles et des pieds femelles) ; ne pas cueillir les turions des plantes repérées et destinées à la production de semences ; ne garder que 4 à 5 tiges (les plus belles) par touffe.

Pincer le bout des rameaux pour avoir de plus belles baies. Il est préférable de tuteurer les tiges. Récolter les plus grosses baies à complète maturité (quand elles sont bien rouges) généralement en novembre. Écraser les baies à la main pour en sortir les graines qu'il faut aussitôt laver ; les laisser sécher à l'ombre puis les ensacher.

▶ **Durée germinative :** 5 a 7 ans.

▶ **Nombre de graines au gramme :** une cinquantaine.

▶ **Levée :** 1 mois environ.

▶ **Intervalle entre le semis et le début de la récolte :** une période assez longue car on plante les griffes 1 an environ après le semis ; la première récolte d'une aspergeraie se fait seulement à partir de la 3e année qui suit la plantation des griffes et pour ne pas affaiblir les pieds, on ne récolte qu'un ou deux turions. A partir de la 4e année et les années suivantes, la récolte s'effectue normalement.

RÉCOLTE ET CONSERVATION

La récolte s'étale d'avril à la fin juin, dès que les « pointes » sortent de terre ; on les cueille à l'aide d'une gouge, en prenant certaines précautions.

Il faut consommer les asperges récoltées le plus rapidement possible ; dans le cas contraire, les conserver au frais, dans du sable sec (elles peuvent se garder 2 jours de cette façon). Le surplus de la récolte peut être stérilisé.

MALADIES ET PARASITES

▶ **La pourriture des griffes** (la plante jaunit prématurément, ses racines sont molles, elles se couvrent d'un feutrage violacé et deviennent creuses) : arracher les pieds atteints et les brûler. Autour de la plante attaquée que vous avez arrachée et détruite, creuser un trou en cercle de la largeur d'une bêche ou plus, sur une profondeur de 40 cm, rejeter la terre au centre du cercle ; remplir ce cercle de feuilles d'orties hâchées. En prévention, tous les ans, en janvier ou février, pulvériser 1 à 2 solutions (sur le sol) à base d'essences naturelles de plantes. Ne pas remplacer avant 2 ou 3 ans les pieds arrachés.

▶ **La rouille** (les tiges sont atteintes de taches de rouille poussiéreuse) : cette maladie apparaît souvent en terre humide. En prévention, pulvérisation de bouillie bordelaise. Ne pas apporter de matière organique mal décomposée, mais un compost correct, finement broyé.

▶ **Les criocères de l'asperge** (il y a 2 espèces de criocères, l'un est rougeâtre avec des taches noires, l'autre est de couleur rouge orangé marqué de 12 points ; ils mesurent environ 6 à 8 mm et pondent des œufs ; leurs larves grisâtres à brunâtres rongent l'extrémité des jeunes rameaux et parfois les tiges, arrêtant la végétation de la plante qui finit par se dessécher) : en juillet-août, secouer les plantes infectées de ces coléoptères et les détruire. Pulvériser un insecticide végétal ou une solution nicotinée.

▶ **La mouche de l'asperge** (cette mouche rougeâtre pond des œufs à la pointe du turion, d'avril à juin ; quelques semaines plus tard, des larves blanchâtres creusent des galeries dans la tige, en descendant ; le haut de la tige est recourbé et finit par se dessécher) : brûler les tiges atteintes que vous aurez coupées le plus près possible de la griffe. Au printemps (d'avril à juin), pulvériser des solutions à base de tomate, de rue officinale, de tanaisie ou autres plantes à odeur forte ; faire 1 ou 2 pulvérisations par semaine.

Faire voisiner autour de l'aspergeraie quelques pieds de tanaisie, de rue officinale ou planter entre les rangs des pieds de tomates.

▶ **Les mollusques** (peuvent s'attaquer aux jeunes plants) : voir chapitre consacré à ce sujet.

NOMS ÉTRANGERS

Anglais : *asparagus, garden asparagus.* **Allemand :** *Spargel.* **Espagnol :** *espárrago.* **Italien :** *sparagio, asparago.* **Néerlandais :** *aspersie.*

Aubergine (P, **)

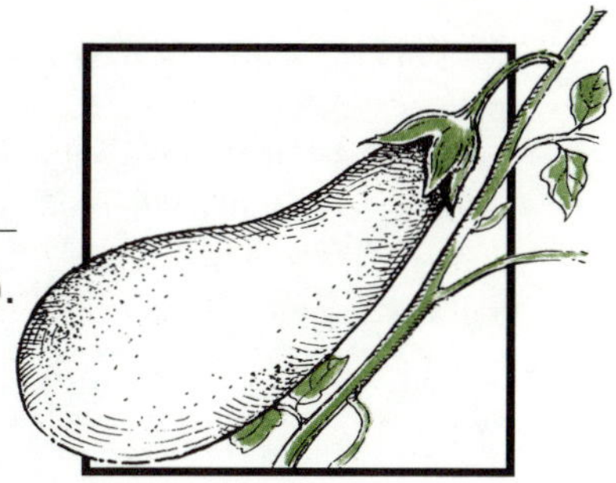

Cycle végétatif : annuelle (vivace dans les pays chauds).
Famille : Solanacées.
Noms botaniques : (1) et (2) *Solanum melongena* Linné.
Synonymes botaniques : *S. longum* Roxburgh, *S. edule* Schumann et Thonning.
Synonymes français : albergine, ambergine, beringène, bréhéme, bringèle, marignan, mayenne, melanzane, melongène, mérangèñe, méringeane, verinjeane, viadase...

Plante potagère, haute de 60 à 80 cm. Ses feuilles sont entières, larges, ovales, étalées, recouvertes d'un duvet épais, de couleur vert pâle. Ses tiges sont arrondies, luisantes, dressées et ramifiées. Les fruits que l'on consomme sont charnus, lisses, arrondis ou allongés, de couleur blanche, jaune ou violette, parfois presque noire, suivant les variétés. Certaines variétés ont des reflets violacés sur les feuilles et sur les tiges. Origine : sans doute de l'Inde. Floraison : de juin à septembre. Fleurs : hermaphrodites, à corolle blanche ou violette, ressemblant à celles de la pomme de terre, à calice parfois épineux.

UTILISATIONS

Les fruits se mangent cuits : farcis à la viande ou aux champignons de Paris, sautés, à l'italienne, à la crème, à la bordelaise, à l'estragon, à la provençale, à l'ail, au basilic, au paprika, au gratin, en beignets. Ils accompagnent divers plats de viandes et de légumes, principalement le riz.

L'aubergine est indispensable dans la confection de la ratatouille.

Les fruits de l'aubergine devront être cueillis presque à maturité et consommés le plus rapidement possible.

PROPRIÉTÉS

Calmantes, carminatives, diurétiques et laxatives ; l'aubergine contient des vitamines : A, B 1, B 2, B 5, C, PP, ainsi que du calcium, du fer, du manganèse, du magnésium et du phosphore.

CULTURE

▶ **Sols préférés :** très riches en humus, fertiles, frais et profonds.

▶ **Climat :** tempéré et chaud. L'aubergine est cultivée principalement au sud de la Loire et surtout dans le midi de la France. Dans la région parisienne et le Nord, l'aubergine a beaucoup de mal à donner des fruits, quand elle est en pleine terre. C'est une plante très frileuse qui craint le froid.

▶ **Exposition :** chaude et ensoleillée.

▶ **Multiplication :** par semis.

▶ **Culture :** semer sur couche chaude ou tiède, de la fin février jusqu'en avril (région parisienne), puis mettre en place vers la fin mai jusqu'à mi-juin. Dans le midi de la France, on sème l'aubergine en février pour la repiquer en pleine terre en avril-début mai.

Quand les plants ont 5 ou 6 feuilles, les repiquer dans des godets sur couche ; aérer progressivement pour les endurcir avant la mise en place. Il est bon de repiquer 2 fois les plants sous châssis, la dernière transplantation se faisant dans des godets.

Lors du semis, recouvrir les graines d'un petit centimètre de terre. La distance de plantation est de 50 à 60 cm en tous sens. Pour faciliter la levée, qui est parfois capricieuse, il est conseillé de faire séjourner pendant quelques jours les graines en bas du réfrigérateur (4 à 5 °C) pour les stimuler : cette méthode est valable pour beaucoup de semences ayant des difficultés à lever.

▶ **Voisinage :** l'aubergine pousse favorablement avec la pomme de terre et surtout le haricot nain.

▶ **Facteurs lunaires :** semer de préférence en lune croissante.

▶ **Rotation :** plante assez exigeante, rentrant dans la rotation des plantes potagères exigeantes, pratiquer une alternance de 3 à 4 années.

▶ **Fumures, fertilisations :** normales, un apport de terreau à chaque pied sera bénéfique.

▶ **Fertilisations foliaires :** quelques fertilisations foliaires à base de lithothamne sont indiquées.

▶ **Soins :** binages, sarclages et arrosages sont nécessaires ; si l'aubergine aime la chaleur, elle apprécie aussi l'eau. On peut butter les pieds d'aubergine. En été, un bon paillage est fortement conseillé.

▶ **Taille :** pincer l'extrémité des rameaux pour faciliter le grossissement des fruits. Éliminer les pousses latérales, ne conserver que la tige unique, puis pincer au-dessus de la 2e fleur, laisser pousser les 3 ou 4 rameaux latéraux qui seront pincés une feuille au-dessus de la 2e fleur. Ne conserver au total que 8 à 10 fleurs par sujet.

VARIÉTÉS

'Violette longue hâtive', 'Violette monstrueuse de New York', 'Violette longue', 'Violette ronde', 'D'Avignon hâtive', 'Ronde de Chine', 'De St-Rémy hâtive', 'Ronde de Valence', 'Zébrina', 'Black beauty'. Il existe une variété blanche à fruits ronds *(Solanum melongena, var ovigrum* N. von Essenberck), elle est connue sous le nom de « plante aux œufs », ou « pondeuse » : ses fruits blancs, très lisses, ont la grosseur d'un œuf de poule.

GRAINES

▶ **Porte-graines :** choisir sur les pieds les plus productifs quelques beaux fruits que l'on cueillera à parfaite maturité (quand ils perdent leur couleur). Les premiers fruits sont les meilleurs à cet effet. Les couper en deux, enlever et nettoyer les graines sur un tamis, les faire sécher à l'ombre et les ensacher.

▶ **Durée germinative :** 6 à 7 ans.

▶ **Nombre de graines au gramme :** environ 250.

▶ **Levée :** environ 1 semaine sur couche chaude.

▶ **Intervalle entre le semis et le début de la récolte :** 5 mois environ.

RÉCOLTE ET CONSERVATION

La récolte s'effectue de la fin juillet jusqu'aux gelées (suivant les régions). Récolter les fruits à maturité (quand ils se ramollissent et qu'ils prennent une couleur plus pâle) ou légèrement avant. Il faut consommer ces fruits le plus tôt possible après la cueillette.

MALADIES ET PARASITES

▶ **Le mildiou** (sur les feuilles apparaissent des taches de couleur gris-vert, tandis que le dessous se couvre d'un feutrage blanchâtre, les feuilles brunissent et se dessèchent) :

- fertilisations foliaires régulières à base de lithothamne ;
- binages réguliers ;
- plusieurs pulvérisations sur le sol à base de purin d'orties ;
- traitement préventif à base d'une décoction de prêle ;
- effectuer 2 à 3 traitements à base de bouillie bordelaise, avant la floraison.

▶ **L'oïdium** (les feuilles se couvrent d'un feutrage blanchâtre) : dès l'apparition de la maladie, effectuer un poudrage composé de 50 % de lithothamne et 50 % de fleur de soufre. Fertilisations foliaires régulières.

▶ **La moisissure grise** (les tiges, les feuilles et parfois les fruits se couvrent de taches grisâtres et poussiéreuses) : respecter les bases essentielles de la culture biologique. Éliminer les pieds atteints et les brûler. Ne pas planter les aubergines trop serrées : elles doivent être suffisamment espacées.

▶ **Le doryphore** (ce coléoptère s'attaque aux feuilles qu'il ronge) : ramasser les adultes dès leur apparition et les détruire ; vérifier s'ils ont pondu sous les feuilles, brûler celles qui portent des œufs (voir aussi les remèdes consacrés à cet effet au chapitre *Pomme de terre*).

Il semble que l'aubergine n'apprécie pas beaucoup les traitements à base de roténone ou de pyrhètre, ainsi que les essences naturelles de plantes.

▶ **Les mollusques** (font des trous irréguliers dans les feuilles, parfois sur les tiges, et même sur les fruits traînant sur le sol) : voir chapitre consacré à la lutte contre les mollusques.

▶ **Le puceron** (s'attaque aux bourgeons et aux feuilles qui finissent par jaunir, se déformer et se dessécher) : voir chapitre consacré aux pucerons.

▶ **L'araignée rouge** (ce parasite s'attaque aux feuilles qui se couvrent de taches grisâtres, prenant par la suite un aspect bronzé : elles se dessèchent et tombent rapidement ; l'araignée rouge tisse une toile sur les feuilles) :

- pulvérisations de savon noir, de purin d'orties, d'insecticide végétal ;
- couper les parties atteintes et les brûler ;
- les fertilisations foliaires régulières sont un bon soin préventif ;
- maintenir le sol suffisamment frais, car ces parasites se développent surtout par temps sec et chaud.

▶ **La mouche blanche** (cette mouche pompe la sève en s'attaquant au dessous des feuilles qui prennent une couleur grisâtre, deviennent gluantes, se couvrent d'une moisissure noirâtre et finissent par se dessécher) : ces attaques surviennent principalement en période chaude ou lors d'une sécheresse. Procéder à des pulvérisations d'insecticide végétal.

NOMS ÉTRANGERS

Anglais : *egg-plant, aubergine, bringall, jew's apple, mad apple.* **Allemand :** *Eierpflanze, Eierfrucht, Aubergine.* **Espagnol :** *berenjena.* **Italien :** *melenzana, melangola, petronciana, maringiani, marignano.* **Néerlandais :** *aubergine.*

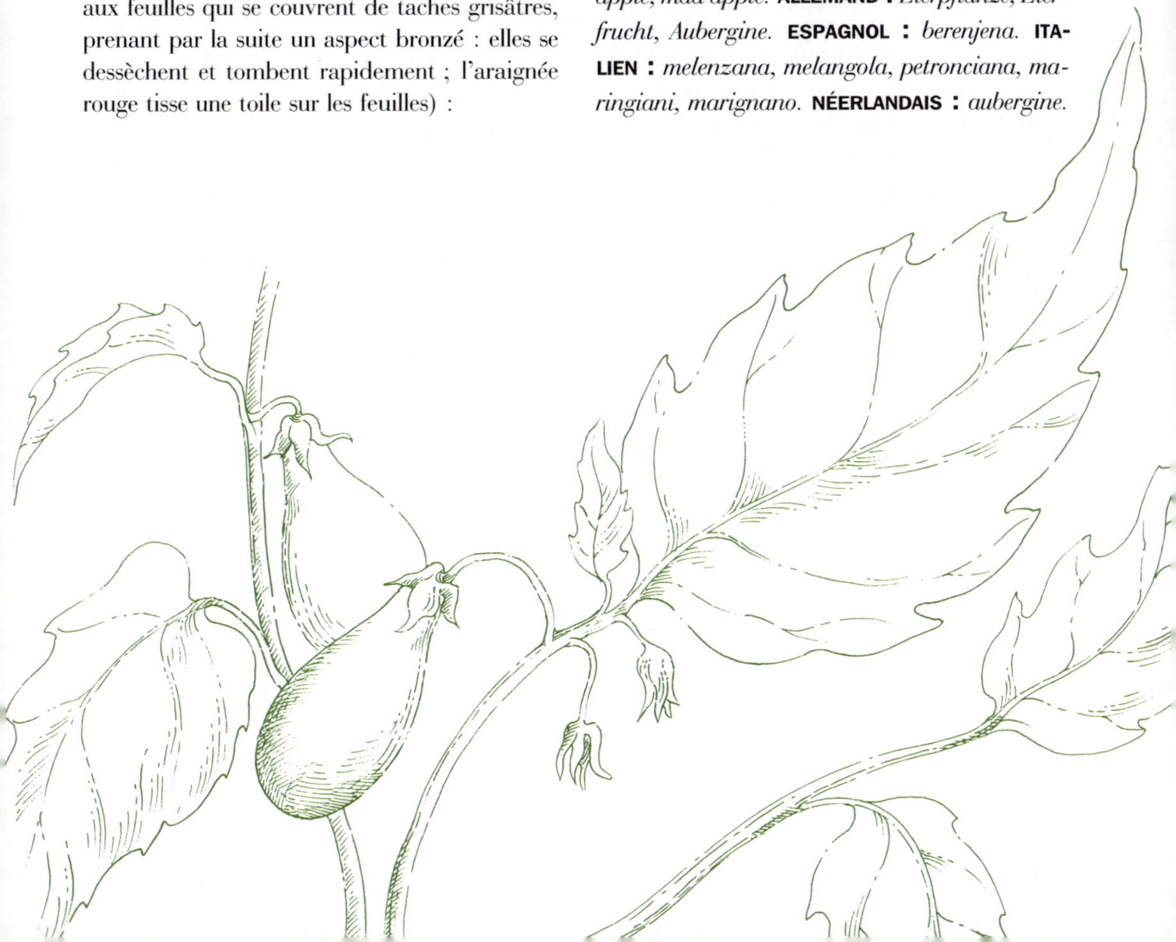

Balsamite (A, *)

Cycle végétatif : vivace.
Famille : Composées.
Noms botaniques : (1) non mentionné,
(2) *Chrysanthemum balsamita* Linné.
Synonymes botaniques : *Tanacetum balsamita* Baillon, *Pyrethrum balsamita* Willdenow, *P. balsamita var. tanacetum* Boissier, *P. tanacetum* De Candolle, *Balsamita suaveolens* Persoon, *B. vulgaris* Willdenow.
Synonymes français : balsamite odorante, beaume-coq, coq des jardins, grande beaume, grande tanaisie, herbe de Sainte Marie, herbe de Saint Pierre, menthe à bouquets, menthe Notre-Dame, tanaisie balsamite, menthe-coq.

Plante condimentaire et médicinale, herbacée, haute de 30 cm à 1,20 m, aux tiges dressées, fermes, ramifiées, légèrement velues, aux feuilles simples, finement dentelées, de couleur vert pâle, très odorantes rappelant à la fois l'odeur de la menthe et de la mélisse. Origine : Orient (Inde ou Iran), indigène. Floraison : de juillet à octobre. Fleurs : hermaphrodites de couleur jaune pâle, en capitules. Ne fleurit pas toujours au nord de la Loire.

UTILISATIONS

Les feuilles fraîches ou séchées aromatisent les salades, les crudités, les potages, les farces, certaines viandes, principalement le mouton.

Les feuilles fraîches pressées calment les piqûres d'insectes.

Les feuilles fraîches s'utilisent en tisane contre les digestions difficiles.

Quelques feuilles dans une armoire parfument le linge.

Le goût de la balsamite est très agréable, il est proche de ceux de la menthe et de la sauge.

PROPRIÉTÉS

Antispasmodiques, carminatives, cicatrisantes, digestives, diurétiques, emménagogues, stomachiques, toniques et vermifuges. Contient une huile essentielle.

CULTURE

▶ **Sols préférés :** toutes les terres fertiles, meubles, profondes, fraîches.

▶ **Climat :** tempéré, la balsamite résiste aux froids en hiver.

▶ **Exposition :** chaude et ensoleillée.

▶ **Multiplication :** par division de touffes, possible par graines.

Par division de touffes : diviser les anciennes touffes en prenant les éclats du pourtour, cette opération de division s'effectue de préférence au printemps (mars-avril) ou à l'automne ; l'écartement à respecter entre les plantes est de 80 cm en tous sens.

Souvent cultivée en bordures : une ou deux touffes suffisent pour une famille.

Par semis : semer au printemps, en pépinière. Repiquer courant juillet à 80 cm en tous sens. Ce mode de multiplication est peu utilisé, car il est pratiquement impossible de se procurer des graines. De plus, celles-ci n'arrivent pas à maturité ou très rarement.

▶ **Facteurs lunaires :** sans importance.

▶ **Rotation :** il est conseillé de renouveler les plantations tous les 3 à 4 ans, il est préférable d'appliquer une période de 3 à 4 années avant de les faire revenir au même endroit. La classer parmi les plantes exigeantes à cause de sa longue durée à la même place.

▶ **Fumures, fertilisations :** normales.
▶ **Fertilisations foliaires :** pas nécessaires.
▶ **Soins :** binages, sarclages et arrosages.

VARIÉTÉS

Le type botanique.

GRAINES

▶ **Porte-graines :** laisser monter la plante, la tuteurer. Récolter les capitules à maturité, quand ils brunissent, les faire sécher à l'ombre, égrener et ensacher.
▶ **Intervalle entre le semis et le début de la récolte :** 1 an environ, 3 à 4 mois pour une plante issue d'une division de touffe.

RÉCOLTE ET CONSERVATION

Cueillir lors des besoins les feuilles nécessaires. Pour la conservation : récolter les feuilles si possible avant la floraison, les étaler sur un grillage, à l'ombre (il faut qu'elles sèchent le plus rapidement possible). Quand elles sont sèches, les broyer et les conserver dans des boîtes hermétiques, à l'abri de l'humidité et de la lumière.

MALADIES ET PARASITES

Néant.

NOMS ÉTRANGERS

Anglais : *costmary chrysanthemum, alecost, garden-balsam.* **Allemand :** *Marienblatt, minzenartiger Rainfarn, garten Rainfarn, Frauenblatt.* **Espagnol :** *tanaceto.* **Italien :** *balsamita, erba-costa, erba di St Pietro, erba san Maria erba amara, tanaceto balsamino.* **Néerlandais :** *tuinbalsem, balsemwormkruid.*

Basilic (A, **)

Cycle végétatif : annuel.
Famille : Labiées, Labiacées ou Lamiacées.
Noms botaniques : (1) et (2) *Ocimum basilicum* Linné.
Synonymes français : basilic des cuisiniers, basilic officinal, basilic romain, basilic aux sauces, grand basilic, herbe royale, oranger des savetiers, pistou, balico.

Plante condimentaire (très anciennement utilisée dans le Bassin méditerranéen) à odeur pénétrante, mellifère, herbacée, haute de 30 à 40 cm. Ses feuilles sont dentelées, pétiolées, ovales, parfois lancéolées, de couleur vert foncé ou violet selon les variétés. Ses tiges sont dressées et rameuses. Origine : Inde, beaucoup cultivé en région méditerranéenne. Floraison : de juin à septembre. Fleurs : hermaphrodites, de couleur blanche ou rosée, réunies en épis.

UTILISATIONS

Les feuilles de basilic s'utilisent crues, finement coupées, pour parfumer les crudités, les salades, certains légumes, les mayonnaises, ou accompagnent les canards et les aubergines farcies, la ratatouille niçoise, la salade niçoise, certaines omelettes. Elles parfument aussi les poissons au court-bouillon, les pâtes et certaines sauces. Ajouter toujours le basilic au dernier moment, juste avant de servir.

Les feuilles de basilic sont à la base de la célèbre soupe de pistou. Leur odeur, rappelant à la fois l'anis, la muscade et le girofle, fait fuir certains insectes dont les moustiques ; il est parfois conseillé de cultiver le basillic dans des pots ou en jardinières sur les fenêtres ou balcons ; les variétés à feuillage violacé sont à la fois très parfumées et ornementales.

L'essence de basilic est également utilisée en parfumerie.

PROPRIÉTÉS

Adoucissantes, anti-inflammatoires, antispasmodiques, carminatives, diurétiques, émollientes, pectorales, stimulantes, stomachiques, sudorifiques et toniques. Le basilic contient une huile essentielle.

CULTURE

▶ **Sols préférés :** riches en humus, meubles, frais sans excès.

▶ **Climat :** chaud ou tempéré, c'est une plante frileuse, la moindre gelée lui est fatale.

▶ **Exposition :** chaude, abritée et ensoleillée.

▶ **Multiplication :** par semis.

▶ **Culture :** semer clair en mars-avril, sur couche (il faut une température dépassant les 15 °C), puis repiquer sur couche quand les plants ont 2 à 4 feuilles.

Les mettre en place en mai-juin, à 25-30 cm en tous sens (quand les gelées ne sont plus à craindre). Les graines doivent être peu enterrées.

Comme il est dit précédemment, on peut cultiver toutes les variétés de basilic en pots ou en jardinières, sur fenêtre ou balcon.

▶ **Voisinage :** planter des plants de basilic entre les pieds de tomate : ils protégeront celles-ci contre certains parasites. Éviter de cultiver du basilic au voisinage de la rue officinale qui contrarie sa croissance.

▶ **Facteurs lunaires :** semer de préférence en lune décroissante.

▶ **Rotation :** plante peu épuisante, qui rentre dans la rotation des plantes herbacées ; attendre de préférence 2 à 3 années avant de le cultiver au même endroit.

Pour la culture en pots ou en jardinières, il faut renouveler la terre tous les ans.

▶ **Fumures, fertilisations :** normales ; pas de matière organique non décomposée.

▶ **Fertilisations foliaires :** pas nécessaires.

▶ **Soins :** binages, sarclages, arrosages fréquents en cas de sécheresse. Un paillage sera bénéfique. Pincer les tiges fleuries pour permettre la pousse de nouveaux rameaux.

VARIÉTÉS

'Grand vert', 'Grand violet (opale)', 'De Genève', 'Napolitain à larges feuilles', 'Monstrueux mammouth', 'A feuilles de laitue' (variétés à grandes feuilles), 'Fin vert', 'Fin violet', 'Fin vert nain compact' (variétés à petites feuilles), 'Frisé', 'Anisé'.

GRAINES

▶ **Porte-graines :** choisir parmi vos plus beaux sujets quelques pieds d'une même variété (pincer les tiges florales des autres plantes). Les laisser monter à graines ; quand les épis prennent une couleur rousse, les couper, les étaler sur une toile au soleil, les égrener et conserver les semences en sachet.

▶ **Durée germinative :** 8 années.

▶ **Nombre de graines au gramme :** environ 800.

▶ **Levée :** autour d'une semaine.

▶ **Intervalle entre le semis et le début de la récolte :** environ 3 mois.

RÉCOLTE ET CONSERVATION

On récolte les feuilles au fur et à mesure des besoins (les cueillir à la dernière minute). Pour la conservation : hacher finement les feuilles (ne pas utiliser de mixer électrique), les mettre au fond d'un petit bocal ou d'un verre à moutarde, couvrir largement d'huile (d'olive, de tournesol... selon votre goût), boucher, conserver au frais au réfrigérateur. Cette conserve vous permettra d'avoir du basilic pendant l'hiver et le printemps.

Une autre façon de procéder : cueillir les feuilles de basilic, les faire sécher à l'ombre et les conserver dans des boîtes ou des bocaux hermétiques. Le basilic séché perd un peu de son parfum.

MALADIES ET PARASITES

▶ **La fonte des semis** (les jeunes plants disparaissent après la germination) : semer très clair, dans un sol bien préparé. Contrôler la chaleur du châssis, aérer si nécessaire. Arroser sans excès.

En dehors de cela, cette plante n'est pratiquement pas sujette aux maladies ; elle ne connaît pas, non plus, de parasites spécifiques. Elle craint surtout le froid.

NOMS ÉTRANGERS

Anglais : *basil, sweet basil.* **Allemand :** *Basilie, Basilikum, Basilienkraut, gemeines Basilienkraut.* **Espagnol :** *albaca, albahaca, albahaca de limon, ocimo.* **Italien :** *basilico.* **Néerlandais :** *bazielkruid, balsemkruid.*

Betterave potagère (P, *)

Cycle végétatif : bisannuelle.
Famille : Chénopodiacées.
Noms botaniques : (1) *Beta vulgaris* Linné, (2) *B. vulgaris* var. *rubra* Moquintandon.
Synonyme botanique : *B. maritima* Linné.

Plante potagère aux feuilles ovales avec un pétiole assez long. Racine charnue, de forme allongée ou ronde de couleur rouge, jaune ou blanche selon les variétés. Seule la racine est utilisée. Origine : Europe méridionale, spontanée sur nos côtes. Floraison : généralement de juin-juillet jusqu'à septembre, la 2e année de culture. Fleurs : hermaphrodites, de couleur verdâtre, réunies en glomérules à l'aisselle des feuilles formant un épi.

UTILISATIONS

Plante potagère dont on consomme les racines cuites à l'eau, à l'étouffée ou au four. On les prépare souvent en salade, coupées en tranches, seules ou en mélange. Il est avantageux de manger les racines crues, râpées en salade, en mélange avec des carottes, céleris-raves, navets ou radis noirs râpés.

PROPRIÉTÉS

Apéritives, énergétiques, nutritives, rafraîchissantes. La betterave potagère est recommandée aux anémiés. Elle est très digestible. Elle est très riche en sucre, déconseillée aux diabétiques. Elle renferme des vitamines A, B 1, B 2, C, E, PP, ainsi que du phosphore, du potassium, du rubidium, du magnésium et du soufre...

CULTURE

▶ **Sols préférés :** les terres fortes (argilo-siliceuses ou argilo-calcaires), riches en humus actif, meubles.

▶ **Climat :** tous les climats lui conviennent.

▶ **Exposition :** ensoleillée.

▶ **Multiplication :** par semis.

▶ **Culture :** semer sur couche, début mars, puis repiquer en pleine terre. Semer en pépinière, début avril, repiquer en place. Semer en mai en pépinière ou mieux en place. Les semis de mai sont destinés à la conservation hivernale. Recouvrir les graines d'un centimètre de terre au maximum.

Le semis en place consiste à semer en rayons espacés de 40 cm, 4 à 5 graines tous les 20 cm ; par la suite, ne laisser que le plant le plus vigoureux. Il est conseillé de semer en place la betterave potagère.

Le repiquage s'effectue quand les plants ont 4-5 feuilles. Avant le repiquage, couper l'extrémité des feuilles et le bout des racines trop longues. Il est bénéfique de praliner les racines dans une bouillie de lithothamne avant le repiquage.

▶ **Voisinage :** la laitue, l'oignon, le haricot nain, le chou-rave sont très bons voisins de la betterave.

▶ **Facteurs lunaires :** semer en lune décroissante.

▶ **Rotation :** c'est une plante gourmande, qui entre dans la rotation des légumes exigeants ; elle peut revenir au bout de 3 à 4 ans au même endroit.

▶ **Fertilisations, fumures :** normales.

▶ **Fertilisations foliaires :** toutes les 3 semaines environ pratiquer des poudrages de lithothamne.

▶ **Soins :** binages, sarclages, arrosages. Si nécessaire, paillage en cas de sécheresse.

VARIÉTÉS

▶ **Variétés à racines rouges :** 'Rouge crapauline', 'Rouge foncé de Massy', 'Rouge grosse longue', 'Rouge noir longue des vertus', 'Rouge noir longue d'Alsace', 'Rouge globe', 'Rouge noir ronde hâtive', 'Rouge vermillon très hâtive'.

▶ **Variétés à racines jaunes :** 'Jaune ronde sucrée', 'burpees golden globe'.

▶ **Variétés à racines blanche :** *Albina vereduna.*

GRAINES

▶ **Porte-graines :** à l'automne, choisir des racines moyennes, saines, représentant bien la forme de la variété, enlever les feuilles (sauf le cœur), les conserver en cave dans de la terre ou du sable. Replanter début avril de 60 à 70 cm en tous sens, tuteurer, pincer les extrémités des capitules, les graines de la base étant les meilleures. Récolter les graines généralement en août, faire sécher à l'ombre et ensacher.

▶ **Durée germinative :** 6 ans, parfois jusqu'à 10 ans.

▶ **Nombre de graines au gramme :** environ 50.

▶ **Levée :** environ une dizaine de jours.

▶ **Intervalle entre le semis et le début de la récolte :** 3 mois et demi environ.

RÉCOLTE ET CONSERVATION

Récolter les variétés hâtives selon les besoins. Les variétés tardives, cultivées pour la conservation, se récoltent vers la fin octobre-début novembre (avant les gelées). Couper les racines et les feuilles en ayant pris soin auparavant de les laisser sécher sur le sol une journée ; les rentrer en cave ou en silo (comme les carottes) après un léger poudrage de lithothamne pour faciliter la cicatrisation.

Elles se conservent jusqu'à la fin avril.

MALADIES ET PARASITES

▶ **Le mildiou** (les feuilles sont recouvertes d'une poussière grisâtre) : bouillie bordelaise dès l'apparition ou mieux en prévention ; poudrage de lithothamne toutes les 3 semaines environ.

Respecter les bases essentielles du jardinage (rotation, fertilisation et fumures correctes).

▶ **La rouille** (taches de rouille sur les feuilles qui finissent par dépérir) : brûler les feuilles atteintes. Ne pas utiliser de pied atteint comme porte-graines. Même traitement que pour le mildiou.

▶ **La cercosporiase** (petites taches rondes, jaunâtres entourées d'un cercle rougeâtre, les feuilles atteintes se dessèchent) : brûler les feuilles atteintes. Même traitement que pour le mildiou.

▶ **La jaunisse de la betterave** (due aux piqûres de pucerons, les feuilles du cœur se déforment et prennent une teinte jaune) : traiter les pucerons à base d'insecticide végétal (roténone, pyrèthre). Brûler les organes atteints. Fertilisations foliaires. Respect des rotations.

▶ **Le ver blanc** (s'attaque aux extrémités des racines, la plante se flétrit et finit par disparaître), voir page 45.

▶ **Le puceron noir** (s'attaque aux feuilles qui se déforment), voir chapitre consacré à cet effet page 43.

▶ **L'ATOMAIRE** (produit de petits trous sur les racines, les plants peuvent être coupés au niveau du collet) : bonne aération du sol et respect des bases du jardinage ; extrêmement rare si l'on pratique une bonne rotation.

▶ **L'ALTISE** (les feuilles sont perforées, arrêtant la végétation), voir page 43.

▶ **SILPHE OPAQUE** (les larves de couleur noire dévorent les feuilles) : traiter avec des insecticides végétaux.

NOMS ÉTRANGERS

ANGLAIS : *red beet, garden beet.* **ALLEMAND :** *Salat-rübe, Beete, röthe Rübe.* **ESPAGNOL :** *remolacha hortelana, remolacha colorada.* **ITALIEN :** *barbabietola.* **NÉERLANDAIS :** *kroot.*

Bourrache officinale (A, *)

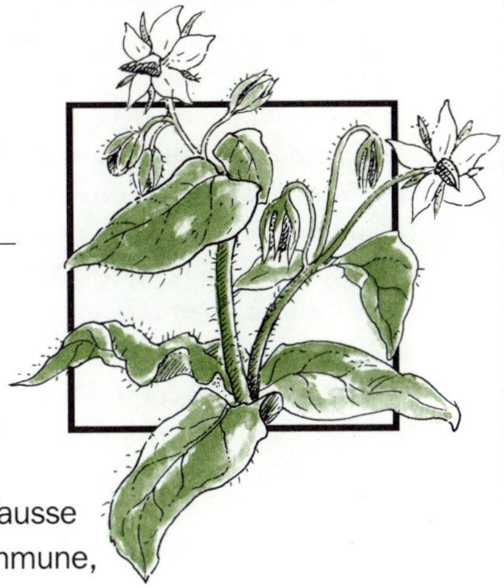

Cycle végétatif : annuelle.
Famille : Borraginacées ou Borraginées.
Noms botaniques : (1) et (2) *Borago officinalis* Linné.
Synonymes botaniques : *B. aspera* Gilibert, *B. advena* Gilibert.
Synonymes français : bourrache bâtarde, bourraiche, fausse bourrache, langue de bœuf, langue d'oie, bourrache commune, bourrage, buglosse à larges feuilles, bourse à berger.

Plante condimentaire, parfois potagère, haute de 30 à 60 cm, ayant une tige dressée. La plante est entièrement garnie de poils légèrement piquants. Ses feuilles sont épaisses. La bourrache officinale est très mellifère. Origine : indigène, très probable de Sibérie, du sud de l'Europe ou de Syrie. Floraison : d'avril à septembre (suivant l'époque du semis). Fleurs : hermaphrodites, de couleur bleue ou blanche (suivant les variétés), très jolies, en grappes.

UTILISATIONS

Les jeunes feuilles, tendres, fraîches, crues, finement hachées accompagnent comme condiments les salades diverses, les crudités, les mayonnaises. Elles peuvent entrer (au dernier moment) dans les préparations des poissons, des potages et des ragoûts. On peut cuisiner et consommer les feuilles comme les poirées (bettes) ou les épinards, principalement la variété à fleurs blanches qui possède des côtes plus fines et qui est très populaire en Espagne. La bourrache est meilleure quand les plantes sont jeunes.

Par ailleurs, les feuilles et les fleurs fraîches ou sèches sont utilisées en infusions. Le goût des feuilles de la bourrache rappelle celui du concombre.

PROPRIÉTÉS

Adoucissantes, apéritives, béchiques, calmantes, dépuratives, diurétiques, rafraîchissantes, sudorifiques... Cette plante contient une huile essentielle ; elle est riche en vitamine C, renferme du magnésium et du potassium.

CULTURE

▶ **SOLS PRÉFÉRÉS :** frais, légers, profonds, riches en humus.

▶ **CLIMAT :** aime la chaleur, le climat tempéré lui convient.

▶ **EXPOSITION :** ensoleillée.

▶ **MULTIPLICATION :** par semis.

▶ **CULTURE :** semer de mars à juin, en place, en rayons espacés de 40 cm ; éclaircir à 25 cm sur le rang. Ou bien semer en pépinière et repiquer quand les plants ont 3 à 4 feuilles (même distance). Recouvrir les graines d'un demi-centimètre de terre ou de compost fin.

La bourrache peut être cultivée en bordure. Elle a sa place comme plante ornementale (elle est d'un bel effet dans une rocaille). Cette plante se ressème seule au jardin.

▶ **FACTEURS LUNAIRES :** pas d'importance.

▶ **ROTATION :** peut rentrer dans la rotation des plantes potagères herbacées, et revenir au même endroit au bout de 3 à 4 ans.

▶ **FUMURES, FERTILISATIONS :** normales : lui apporter à petites doses les engrais azotés et potassiques qu'elle n'apprécie pas trop.

▶ **FERTILISATIONS FOLIAIRES :** quelques poudrages de lithothamne seront toujours bénéfiques.

▶ **SOINS :** binages, sarclages, arrosages si nécessaire.

VARIÉTÉS

Bourrache à fleurs bleues, bourrache à fleurs blanches.

GRAINES

▶ **PORTE-GRAINES :** choisir quelques beaux pieds. La floraison s'étale généralement de juin à août. Tuteurer chaque plante, récolter les fruits (akènes) de juillet à septembre, juste avant complète maturité, de préférence le matin car ils tombent facilement ; les faire sécher à l'ombre et ensacher.

▶ **DURÉE GERMINATIVE :** jusqu'à 8 ans.

▶ **NOMBRE DE GRAINES AU GRAMME :** environ 65.

▶ **LEVÉE :** environ une semaine.

▶ **INTERVALLE ENTRE LE SEMIS ET LE DÉBUT DE LA RÉCOLTE :** un mois et demi environ pour les feuilles, environ deux mois pour les fleurs.

RÉCOLTE ET CONSERVATION

Récolter les feuilles et les fleurs au fur et à mesure des besoins. Pour la conservation, la récolte s'effectue au début de la floraison : faire sécher dans un lieu sec et aéré (sur un grillage posé à quelques centimètres du sol pour faciliter le séchage rapide). Il est possible de faire sécher (les feuilles et les fleurs) au four, à feu doux. De toute manière, le séchage doit être le plus rapide possible.

MALADIES ET PARASITES

Néant.

NOMS ÉTRANGERS

ANGLAIS : *borage.* **ALLEMAND :** *Borretsch, Gurkenkraut, Gartenborretsch.* **ESPAGNOL :** *borraja, becoquino.* **ITALIEN :** *borrana, borragine officinale, buglossa vera.* **NÉERLANDAIS :** *Prikneus, Bernagie.*

Calebasse (P, **)

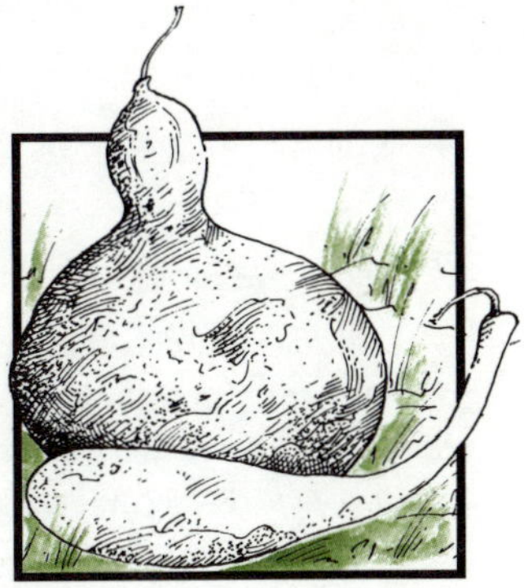

Cycle végétatif : annuelle.
Famille : Cucurbitacées.
Noms botaniques : (1) et (2) *Lagenaria siceraria* Standley.
Synonymes botaniques : *L. leucantha* Rusby, *L. vulgaris* Seringe, *Cucurbita lagenaria* Linné.

Plante ornementale plutôt que potagère, bien que certaines personnes la consomment quand ses fruits sont jeunes. Ses feuilles sont pétiolées, alternes, dentées, ondulées, en forme de cœur. Sa tige est rampante, grimpante, grâce à ses vrilles ; elle peut atteindre près de 10 m. Ses fruits sont curieux, charnus, vert clair à l'état jeune ; ils sont formés de 2 renflements de différentes grosseurs, le plus petit du côté du pédoncule, et séparés par un étranglement. Cette plante était déjà domestiquée à l'époque de la préhistoire. Origine : régions tropicales d'Afrique, d'Amérique ou d'Asie. Floraison : de juin à septembre. Fleurs : monoïques, de couleur blanche, en calice, assez grandes, solitaires, étoilées, à l'aisselle des feuilles, elles ont un pédoncule très long.

UTILISATIONS

Dans les pays chauds, les jeunes fruits tendres sont utilisés à la manière des courgettes (sautés, frits, à la sauce vinaigrette). Depuis les temps les plus lointains, la courge séchée a marqué la plupart des civilisations : utilisée comme objet d'art, servant de récipient et de moyen de transport de l'eau ou du vin, elle entrait aussi dans la fabrication d'instruments de musique. Certaines variétés ont des fruits très amers.

CULTURE

▶ **Sols préférés :** tous les sols humifères, frais, meubles.

▶ **Climat :** chaud et tempéré ; sa culture n'est pas toujours une réussite au nord de la Loire où ses fruits ont souvent du mal à mûrir.

▶ **Exposition :** chaude et ensoleillée.

▶ **Multiplication :** par semis.

▶ **Culture :** semer en mars-avril, en godets, sur couche ou en serre, 2 à 3 graines par pot ; par la suite, ne garder qu'un seul sujet ; mettre en place vers la fin mai (quand les gelées ne sont plus à craindre).

Semer en place en avril-mai (climat doux) dans des poquets préparés avec du compost et du terreau ; distances des plantations : 1 m sur le rang, les lignes espacées de 2 m. C'est une plante idéale pour garnir les treillages et les tonnelles. Recouvrir les graines d'un bon centimètre de terre émiettée ou de terreau.

▶ **Voisinage :** éviter la pomme de terre dans son entourage.

▶ **Facteurs lunaires :** semer de préférence en lune croissante.

▶ **Rotation :** plante à végétation rapide qui entre dans la rotation des plantes potagères à fruits, attendre 3-4 années avant de la cultiver à la même place.

▶ **Fumures, fertilisations :** comme toutes les courges, elle demande beaucoup de matière organique. Avant la plantation, il faut préparer les poquets avec beaucoup de compost bien mûr. Fertilisations normales.

▶ **Fertilisations foliaires :** procéder à 3 ou 4 applications à base de lithothamne pendant sa végétation.

▶ **Soins :** binages, sarclages, arrosages si nécessaire. Pailler en cas de sécheresse.

VARIÉTÉS

Gourde calebasse grosse (*Lagenaria vulgaris* Seringe) ; gourde du Pèlerin, courge pèlerine, courge bouteille, calebasse, plus petite (*Lagenaria gourda* Seringe) ; gourde pèlerine très grosse (*Lagenaria maxima* Seringe). Les fruits de ses variétés sont formés de 2 renflements dont l'un au ventre arrondi est opposé au pédoncule. Gourde poire à poudre (*Lagenaria pyrotheca* Seringe), son fruit ayant la forme d'une poire de grosseur moyenne ; gourde plate de Corse (*Lagenaria depressa* Seringe), au fruit aplati ; gourde massue très longue (*Lagenaria longissima* Hort.), au fruit pouvant mesurer près de 1,50 m ; gourde massue d'Hercule ou courge trompette (*Lagenaria clavata*), au fruit allongé en forme de massue ; gourde siphon (*Lagenaria coucourda* Seringe), au fruit ventru comme la courge pèlerine, mais muni d'un long col, mince, recourbé ou droit du côté du pédoncule ; courge amphore (*Lagenaria siceraria* Standley), aux fruits de formes différentes (pèlerine, siphon…) de couleur vert plus foncé, tachetés de blanc ; courge matraque ou casse-tête (*Lagenaria maranka merangea*), au fruit curieux ayant un col droit ou recourbé, long et mince, renflé et cabossé du côté opposé au pédoncule, de couleur vert foncé.

GRAINES

▶ **Porte-graines :** si d'autres variétés de calebasse sont cultivées dans votre secteur, il faudra procéder à la fécondation artificielle le soir quand les fleurs sont ouvertes. Quand les fruits sont bien mûrs, extraire les graines, les laver, les faire sécher et les ensacher.

▶ **Durée germinative :** 6 ans et plus.

▶ **Nombre de graines au gramme :** 8.

▶ **Levée :** environ une semaine.

▶ **Intervalle entre le semis et le début de la récolte :** suivant la température, environ 2 mois pour la consommation de fruits jeunes, 4 à 5 mois pour la conservation des fruits séchés.

RÉCOLTE ET CONSERVATION

Si vous voulez consommer les fruits, il faudra les cueillir très jeunes et tendres. Pour la conservation de fruits secs, il faut les récolter au maximum de leur maturité ; s'ils sont bien mûrs, ils se vident tout seuls (les fruits de ces curieuses courges ont beaucoup de mal à mûrir en région parisienne).

MALADIES ET PARASITES

Ces plantes nous paraissent sans problème particulier.

NOMS ÉTRANGERS

Anglais : *calabash, bottle gourd.* **Allemand :** *Flaschenkurbis, Calebasse.* **Espagnol :** *calabaza vinatera, calabaza de San Roque, calabaza de Perogrinos, cogorda, camasa.* **Italien :** *zucca bottiglia.* **Néerlandais :** *fles-kalebas.*

Capucine tubéreuse (P, **)

Cycle végétatif : vivace par ses tubercules, cultivée comme annuelle.
Famille : Tropéolacées.
Noms botaniques : (1) et (2) *Tropaeolum tuberosum* Ruiz et Pavon.
Synonymes botaniques : *T. mucronatum* Meyer, T. *tuberosum O.* Kuntze.

Plante potagère, herbacée, haute de 50 cm à plus de 1,50 m. Ses feuilles sont alternes, peltées (le limbe est attaché vers le milieu de la feuille), divisées en plusieurs lobes et sont munies d'un long pédoncule. Ses tiges sont nombreuses, rameuses, allongées et minces. Ses tubercules sont charnus, coniques, bosselés, de couleur jaunâtre avec des taches rougeâtres parfois presque violacées. La plante est cultivée pour ses tubercules. Origine : Amérique méridionale, sans doute Pérou et Bolivie. Floraison : en septembre. Fleurs : hermaphrodites, en calice rouge, pétales de couleur jaune-orangé, striés de noir, longuement pétiolés ; ses graines ne mûrissent que rarement sous notre climat.

UTILISATIONS

Les tubercules s'utilisent : crus, confits dans le vinaigre, aromatisés selon votre goût, seuls ou en mélange avec des cornichons, des oignons blancs ou de Catawissa ; cuits, puis congelés, les tubercules se mangent avant qu'ils ne soient complètement décongelés. Consommés, en Bolivie, après les avoir trempés dans de la mélasse, ils sont, paraît-il, un mets très rafraîchissant.

CULTURE

▶ **Sols préférés :** plutôt légers mais frais et humifères.
▶ **Climat :** tempéré, chaud.
▶ **Exposition :** ensoleillée.
▶ **Multiplication :** plantation de tubercules.
▶ **Culture :** planter les tubercules en avril-mai, à environ 12 cm de profondeur et à 80 cm en tous sens. Tenir le sol suffisamment frais. Quand les plantes atteignent 12 à 15 cm de hauteur, on peut les butter légèrement, puis pailler le sol (le meilleur moyen de garder une terre suffisamment humide).

Dans les régions aux gelées tardives, on peut démarrer les plants en pots, dans un mélange de tourbe, de terre et de terreau, et les mettre en place comme il est indiqué précédemment.

▶ **Facteurs lunaires :** planter les tubercules de préférence en lune décroissante.
▶ **Rotation :** attendre au moins 2 à 3 années avant de la cultiver au même endroit.
▶ **Fumures, fertilisations :** normales.
▶ **Fertilisations foliaires :** facultatives.
▶ **Soins :** binages, sarclages, arrosages si nécessaire : il faut maintenir le sol suffisamment humide. Butter légèrement les pieds quand ils atteignent une quinzaine de centimètres. Pailler le sol en cas de sécheresse.

Ramer les tiges comme pour les pois, dès le début de l'apparition des tiges.

En cas de gelées précoces, protéger la culture avec un tunnel en matière plastique. Contre les froids, couvrir le sol de paille et de feuilles sèches.

VARIÉTÉS

Le type botanique.

GRAINES

▶ **Porte-graines :** les graines de cette espèce

de capucine ne mûrissent pas sous notre climat. Pour la reproduction, choisir des tubercules sur les pieds les plus productifs et les plus vigoureux, les conserver au frais, à l'abri des gelées et de l'humidité.

▶ **INTERVALLE ENTRE LA PLANTATION ET LE DÉBUT DE LA RÉCOLTE :** environ 6 à 7 mois.

RÉCOLTE ET CONSERVATION

Récolter les tubercules au plus tôt vers la fin octobre ou en novembre, car la tubérisation de cette plante débute assez tardivement ; conserver les tubercules en cave, en tas ou dans du sable sec.

MALADIES ET PARASITES

Cette plante paraît sans problème, son grand ennemi étant la sécheresse.

NOMS ÉTRANGERS

ANGLAIS : *tuber nasturtium, peruvian nasturtium.* **ALLEMAND :** *peruanische Knollemkresse.* **ESPAGNOL :** *nasturzio tuberoso, nasturzio d'India, capuchina tubeculosa.* **ITALIEN :** *nasturzio-tuberoso.* **NÉERLANDAIS :** *knoll kapucien.*

Cardon (P, **)

Cycle végétatif : vivace, généralement cultivé comme annuel.
Famille : Composées.
Noms botaniques : (1) et (2) *Cynara cardunculus* Linné.
Synonymes botaniques : *C. sylvestris* Lamarck, *C. horrida* Aiton, *C. spinosissima* Presl, *C. corsica* Viviani, *C. humilis* Viviani.
Synonymes français : artichaut carde, artichaut sauvage, cardonette, chardonette, chardonnerette...

Plante potagère haute de 1,50 m à 2 m, ressemblant à l'artichaut. Un bon observateur la reconnaît à ses feuilles et à sa tige, qui sont plus grandes. Ses feuilles, de couleur cendrée, ont un pétiole et une nervure centrale très développés, larges et charnus. Elles sont découpées en lobes profonds, épineuses pour certaines variétés. Sa tige est haute et rameuse. Origine : Europe méridionale. Floraison : de juin à septembre (à partir de la 2e année). Fleurs : hermaphrodites, de couleur bleu-violacé, en capitules entourés de bractées.

UTILISATIONS

On utilise les côtes cuites : au jus, à la grecque, au gratin, au curry, à la sauce blanche, à la crème, au beurre. Certaines personnes consomment la base du rhizome. Si vous maintenez des cardons en place pendant plusieurs années, ils porteront des capitules (genre de petits artichauts) que l'on mange comme les fonds d'artichauts et qui sont très fins.

PROPRIÉTÉS

Apéritives, digestives, diurétiques, laxatives, nutritives, rafraîchissantes et toniques.

CULTURE

▶ **SOLS PRÉFÉRÉS :** fertiles, humifères, profonds, aérés et suffisamment frais (sans excès).
▶ **CLIMAT :** pousse partout en France, résiste aux petites gelées, mais craint les grands froids.
▶ **EXPOSITION :** ensoleillée.

▶ **Multiplication :** par semis.

▶ **Culture :** semer en avril en pépinière ou en godets : en pépinière bien exposée ou sous châssis, repiquer les plants quand ils ont 3-4 feuilles ; en godets, les mettre en place avec la motte en mai.

Semer début avril, sur couche, 3-4 graines par godet. Ne garder que le plus beau sujet et mettre en place début mai sous tunnel plastique ; quand il n'y a plus de risque de gelée, enlever le tunnel.

Semer en mai directement en place, en lignes espacées de 1,50 m, 4-5 graines tous les mètres, à une profondeur de 1 cm ; recouvrir les semences de terreau ou de terre émiettée. Ne garder qu'un seul plant, le plus vigoureux.

La distance de plantation est de 1 m sur le rang et de 1,50 m entre les lignes.

▶ **Voisinage :** la fève paraît être son meilleur voisin, mais entre ses rangs on peut également cultiver favorablement de la mâche, des radis et des laitues. Il est bénéfique de semer du trèfle blanc nain ou de la féverole entre ses rangs.

▶ **Facteurs lunaires :** semer de préférence en lune croissante.

▶ **Rotation :** plante assez exigeante. Après une culture annuelle, attendre 3 à 4 ans avant de la cultiver à nouveau à la même place et plus si elle occupe le sol pendant plusieurs années.

▶ **Fumures, fertilisations :** il faut apporter une bonne fumure (compost) ainsi qu'une dose d'engrais supérieure à celle nécessaire pour la plupart des plantes potagères.

▶ **Fertilisations foliaires :** poudrages à base de lithothamne toutes les 3 ou 4 semaines.

▶ **Soins :** binages, sarclages et arrosages si nécessaire ; un paillage est conseillé en cas de sécheresse. Si les plantes souffrent de la sécheresse, leurs côtes seront d'un goût très amer et presque immangeables à cause de leur dureté.

Pour les plantes maintenues plusieurs années en place, lors des grands froids, il vaut mieux protéger les souches avec de la paille sèche ; découvrir dès que le temps se radoucit.

Dès l'apparition des premières gelées, il faut arracher les pieds avec leur motte et les planter en jauge, à la cave, dans de la terre ou du sable.

Pour les plantes cultivées pour leurs capitules, à l'entrée de l'hiver, il faut couper les tiges et les feuilles à quelques cm au-dessus du sol.

VARIÉTÉS

'Blanc amélioré', 'Plein inerme', 'De Tours' (très épineux), 'Puvis'.

GRAINES

▶ **Porte-graines :** choisir 1 ou 2 pieds bien vigoureux, ayant donné de belles côtes, bien pleines et représentant bien la variété ; les protéger du froid en les buttant et en les couvrant de paille ou de feuilles sèches si nécessaire ; à la fin de l'hiver les débutter. Ils fleuriront au printemps. Ne garder que les 2 ou 3 plus beaux capitules par pied, et par précaution, dès qu'ils ont perdu leur belle couleur violette, les protéger de la pluie avec des sacs servant à la protection des fruits. Récolter les capitules quand ils sont à maturité complète, généralement en août-septembre ; les suspendre dans un endroit aéré, les égrener et conserver les graines dans un sachet ou une boîte hermétique.

▶ **Durée germinative :** 6 à 9 ans.

▶ **Nombre de graines au gramme :** 25.

▶ **Levée :** une huitaine de jours.

▶ **Intervalle entre le semis et le début de la récolte :** environ 5 mois.

Blanchir les côtes

Certaines personnes blanchissent les pétioles pour qu'ils soient plus tendres, ils perdent à cette occasion une partie de leur qualité en éléments vivants.

Pour le blanchiment : lier les feuilles de la plante, puis les entourer de paille ; maintenir celle-ci en liant de nouveau, laisser dépasser la pointe des feuilles : il faut 2 à 3 semaines pour les étioler. Prévoir des blanchiments successifs selon vos besoins.

Il est aussi possible de pratiquer l'étiolement en cave : arracher les plantes avec la motte, lier légèrement les feuilles, les mettre les unes contre les autres dans du sable ; 2 semaines suffisent pour blanchir les côtes.

RÉCOLTE ET CONSERVATION

La récolte s'effectue selon les besoins et le développement des côtes ; les consommer le plus rapidement possible. Si on veut les faire blanchir et les conserver, il faudra pratiquer comme il est expliqué précédemment. La cueillette des capitules se fait en coupant la tige dès que l'inflorescence a atteint son complet développement et avant que les écailles ne commencent à s'écarter (voir à *Artichaut* pour renseignements complémentaires).

MALADIES ET PARASITES

Les maladies et les parasites du cardon sont les mêmes que ceux de l'artichaut.

NOMS ÉTRANGERS

ANGLAIS : *cardoon, artichoke thistle, prickey artichoke.* **ALLEMAND :** *Cardy, Kardon, Cardon, spanische Artischocke.* **ESPAGNOL :** *cardo, cardo de comer, cardo comestible.* **ITALIEN :** *cardo, carde, cardo spinoso, cardocelle, carduccio, carciofo, caglio.* **NÉERLANDAIS :** *kardoen.*

Carotte (P, *)

Cycle végétatif : bisannuelle, cultivée comme annuelle.
Famille : Ombellifères.
Noms botaniques : (1) et (2) *Daucus carota* Linné.
Synonyme botanique : *D. gingidium* Linné.
Synonymes français : faux chervis, gironille, pastenade, pastonade.

Plante potagère, herbacée, haute de 30 à 70 cm. Ses feuilles sont molles, décomposées, à segments étroits ; elles ont une odeur aromatique. Sa racine est charnue et pivotante, généralement de couleur rougeâtre à jaunâtre (il existe des variétés à racine de couleur jaune, blanche ou violette). Origine : Europe ou Afghanistan, indigène en France. Floraison : de mai à octobre (2e année de culture). Fleurs : hermaphrodites, stériles au centre, de couleur blanche, en ombelles.

UTILISATIONS

On consomme les racines crues : râpées en salade, seules ou mélangées avec d'autres crudités ; ou cuites : elles s'utilisent sautées au beurre ou à l'huile, au jus de viande, en ragoût, à la crème, à la béchamel, en purée, à la Vichy, accompagnent de nombreux plats de viandes et de légumes, entrent dans la composition de potages et dans la macédoine de légumes. On peut faire des jus de carottes, très recommandés car reminéralisants ; dans le passé, le jus de carottes servait à colorer le beurre.

Les fanes sont très appréciées dans les potages où elles remplacent avantageusement les racines.

La carotte est un légume précieux, car elle permet de manger des crudités à l'époque où elles sont rares.

Le jus de cuisson de carottes était par le passé un très bon remède pour le nourrisson atteint de diarrhée ; de nos jours, ce remède n'est plus du tout conseillé à cause des excès de nitrates contenus dans ce légume (sauf si on en connaît la provenance et qu'elles sont issues de culture biologique).

PROPRIÉTÉS

Adoucissantes, antianémiques, apéritives, calmantes (sur les intestins), dépuratives, diurétiques, nutritives et rafraîchissantes... La carotte est l'amie du foie. Très riche en vitamine A, elle contient aussi des vitamines : B1, B2, B5, B6, C, E, K, PP ainsi que des sels minéraux : arsenic, brome, calcium, cuivre, fer, iode, manganèse, magnésium, nickel, phosphore, potassium, sodium et soufre...

La carotte est l'un de nos meilleurs légumes.

CULTURE

▶ **Sols préférés :** profondément ameublis, argilo-siliceux ou argilo-calcaires, frais, riches en humus.

▶ **Climat :** tous, plutôt tempéré.

▶ **Exposition :** ensoleillée.

▶ **Multiplication :** par semis.

▶ **Culture :**

Culture hâtive ou à forcer sous châssis : semer de la fin février au début avril.

Culture destinée à la conservation : semer de la mi-mai à la fin juin en rayons distants de 25-30 cm, recouvrir légèrement les graines de terre fine ou de compost fin, plomber légèrement avec le dos du râteau. Éclaircir en 2 fois, d'abord tous les 2-3 cm puis tous les 7-8 cm.

Il est bénéfique de recouvrir légèrement les rayons de marc de café dont l'odeur fait fuir certains parasites de la carotte.

▶ **Voisinage :** l'oignon, l'échalote et le poireau sont pour la carotte des voisins protecteurs contre certains parasites comme la mouche de la carotte ; il est tout à fait indiqué de semer les carottes destinées à la conservation entre les rangs de ces plantes potagères. Le radis, la laitue, le pois, la tomate, certaines plantes condimentaires et aromatiques (sauge, absinthe, romarin...) sont également favorables pour l'environnement de la carotte ; il est même conseillé de semer quelques graines de radis parmi les carottes. L'aneth et la pomme de terre sont à éloigner.

▶ **Facteurs lunaires :** semer de préférence en lune décroissante.

▶ **Rotation :** pratiquer une alternance de 3-4 années : il est préférable de cultiver la carotte après un bon précédent, un engrais vert de légumineuses gyrobroyé puis enfoui 3 à 6 semaines avant le semis.

La carotte entre dans la rotation des plantes potagères à racines.

▶ **Fumures, fertilisations :** normales ; éviter les fumures fraîches, ne pas apporter plus de 2,5 kg d'azote à l'are.

▶ **Fertilisations foliaires :** toutes les 2-3 semaines, à base de lithothamne.

▶ **Soins :** les binages et les sarclages sont importants, la carotte redoute les dites « mauvaises herbes ». Les arrosages sont nécessaires en cas de sécheresse ainsi que pour favoriser la levée.

VARIÉTÉS

▶ **Pour culture hâtive ou à forcer :** 'C. rouge à forcer Parisienne', 'C. rouge 1/2 courte de Guérande', 'C. rouge courte hâtive', 'C. courte de Croissy améliorée', 'C. courte de Hollande', 'C. grelot', 'C. rouge courte améliorée de St Fiacre', 'C. 1/2 longue Nantaise améliorée', 'C. 1/2 longue de Chantenay', 'C. rouge 1/2 longue de Carantan'...

▶ **Pour la culture destinée à la conservation :** 'C. 1/2 longue Nantaise', 'C. de Colmar à cœur rouge', 'C. de Palaiseau', 'C. 1/2 longue de Chantenay', 'C. longue de St Valéry', 'C. longue de Tilques ou lisse de Meaux'...

▶ **Fourragères :** 'C. jaune obtuse du Doubs', 'C. jaune longue', 'C. jaune-orange à collet vert', 'C. blanche à collet vert hors terre', 'C. blanche 1/2 longue des Vosges'...

GRAINES

▶ **Porte-graines :** lors de l'arrachage, choisir les plus belles carottes, quelques racines représentant bien la variété, les conserver en cave ou en silo, les replanter en mars jusqu'au niveau du collet.

Récolter les graines en août au fur et à mesure de leur avancement en coupant les ombelles, les suspendre quelques jours pour que les graines soient bien sèches, les « persiller » et les mettre en sachet.

Avant la floraison, ne garder que les plus belles ombelles, éliminer les autres. Les graines, à partir de la 2e année, paraissent meilleures.

Ne pas faire voisiner d'autres vériétés destinées à la production de semences ; attention à la proximité des carottes sauvages, car il y a risque d'hybridation.

▶ **Durée germinative :** 4 à 5 ans.

▶ **Nombre de graines au gramme :** 950.

▶ **Levée :** 10 à 20 jours.

▶ **Intervalle entre le semis et le début de la récolte :**

Culture précoce sous châssis : environ 80 jours.
Culture d'été de pleine terre : environ 3 mois.
Culture d'automne (de conservation) : se récolte 5 à 6 mois plus tard pour la conservation.

RÉCOLTES ET CONSERVATION

On récolte les carottes précoces de préférence au fur et à mesure des besoins. Pour la conservation hivernale, l'arrachage se fait en plusieurs fois en enlevant successivement les racines les plus avancées. Combler les vides après chaque arrachage. Généralement, la récolte (conservation) s'effectue en octobre-novembre et par temps sec de préférence. Après l'arrachage, laisser les légumes se ressuyer 1 ou 2 jours, puis nettoyer les racines (surtout ne pas les laver), couper les feuilles au-dessus du collet et poudrer celui-ci avec du lithotamne pour faciliter la cicatrisation. Les racines se conservent en silo, en cave... (voir chapitre sur la conservation des légumes).

MALADIES ET PARASITES

▶ **Aternariose** (les feuilles les plus âgées de la plante sont atteintes de taches d'un brun foncé, puis noires bordées de jaune ; elles finissent par se dessécher ou pourrir ; les jeunes plantes disparaissent, les racines des plantes développées peuvent parfois être attaquées par des taches noires superficielles et pourrir) :

- cette maladie est souvent due à un temps trop humide ;
- dès le début de la maladie, pulvérisation à base de bouillie bordelaise ;
- éviter les fumures fraîches ;
- éclaircir suffisamment les jeunes plants (très important) et ne pas semer trop dru ;
- pratiquer une bonne rotation.

▶ **La pourriture des racines** (cette maladie est due à des champignons qui s'attaquent aux racines stockées en cave ; elles deviennent molles et se couvrent d'un feutrage de filaments blancs et finissent par pourrir) : trier sévèrement les racines avant de les stocker ; rentrer les racines suffisamment ressuyées ; en cours de stockage pendant l'hiver, vérifier l'état des racines et éliminer celles qui sont atteintes.

▶ **Fonte des semis** (par temps humide prolongé, les jeunes plants disparaissent par endroits) :

- respecter les rotations ;
- éviter les fumures fraîches ;
- semer dans un sol suffisamment aéré ;
- ne pas semer trop dru.

En prévention : pulvériser sur le sol une décoction de prêle avant la levée ; on peut pulvériser des extraits liquides de lithothamne pour la même raison.

▶ **Le mildiou** (lors des étés humides et frais, apparition de taches jaunâtres à brunâtres sur les feuilles, le dessous de celles-ci se couvre d'un duvet blanchâtre, les feuilles atteintes se dessèchent) :

- fertilisations foliaires régulières à base de lithothamne ;
- pulvérisations d'essences naturelles de plantes sur le sol et la culture en alternance avec les poudrages foliaires à base de lithothamne ;
- respect des rotations ;
- éclaircir suffisamment les plants ;
- détruire les plantes atteintes.

En prévention (si vous avez déjà eu des ennuis) : pulvériser de la bouillie bordelaise, une décoction de prêle, du purin d'orties.

▶ **L'oïdium** (cette maladie apparaît surtout en période sèche et chaude, les feuilles se couvrent d'un duvet blanchâtre puis se dessèchent) :

- à la rosée du matin, dès l'apparition de la maladie, poudrage de lithothamne (150 g/are) et de fleur de soufre (150 g/are) mélangés ;
- éviter les fumures fraîches et l'excès d'engrais azotés ;
- effectuer des binages profonds et fréquents.

▶ **L'araignée rouge** (dévore les jeunes plants pendant la levée) :

- arrosages légers et fréquents ;
- façon culturale parfaite ;

• au début de l'invasion, pulvérisations d'insecticide végétal ;
• fertilisations foliaires régulières.

▶ **La mouche de la carotte** (petite mouche noire ayant une tête orange, brune à l'arrière, qui pond au voisinage des ombellifères ; il y en a 3 générations qui se succèdent d'avril à la fin octobre, mais c'est en juillet-août qu'elle fait le plus de dégâts ; sa larve jaunâtre creuse des galeries irrégulières dans les racines en descendant vers la pointe. Les feuilles des carottes atteintes jaunissent et se flétrissent) :
• pratiquer une bonne rotation ;
• semer les carottes entre les rangs d'oignons, d'échalotes, de poireaux, d'ails ou de salsifis qui généralement éloignent la mouche ;
• cultiver dans une terre équilibrée ;
• éviter les apports de matière organique fraîche ;
• éliminer les carottes atteintes ;
• en juillet-août, époque des grandes attaques, bassiner les planches avec des infusions ou décoctions de tanaisie, d'oignon, d'ail, de lavande (la plupart des plantes à forte odeur) : opérer 2 à 3 fois par semaine ;
• couvrez les entre-rangs de feuilles de fougère, de sauge, de lavande, de romarin, de tanaisie, d'absinthe, d'hysope : l'odeur de ce mélange de plantes fera fuir l'insecte.

▶ **La courtilière** (coupe les racines sur son passage, en établissant des galeries) : voir chapitre consacré à la courtilière.

▶ **Le ver blanc ou ver gris** (ces larves s'attaquent aux racines, en creusant des galeries peu profondes mais larges) : voir chapitre consacré à ces indésirables au jardin.

▶ **Le puceron de la carotte** (s'attaque aux feuilles qui prennent une couleur vert pâle et s'enroulent). Voir page 43.

▶ **Le puceron blanc des racines** (s'attaque au collet ou aux gerçures des racines éclatées) : dégager le collet et pulvériser une solution d'insecticide végétal ; arracher les carottes dont les racines sont éclatées ; pulvériser du purin d'orties.

Carottes fourchues ou éclatées

Vos carottes sont fourchues ? Cela provient d'une terre mal ameublie ou d'un apport de matière organique fraîche.
Vos carottes sont éclatées ? Cela survient généralement après une longue période de pluie suivie d'une sécheresse ; vous limiterez cet inconvénient par un bon paillage ; cela peut provenir aussi d'un semis trop précoce suivi d'un arrachage tardif.

▶ **Psylle de la carotte** (petit insecte d'environ 3 mm, de couleur vert clair, qui pond sur les feuilles. Les petites larves verdâtres sucent les feuilles qui se recroquevillent, s'enroulent, se dessèchent et meurent) : respecter les rotations ; pulvériser du jus de tabac.

▶ **La limace agreste** (ronge les feuilles et le collet de la carotte) : voir chapitre consacré aux mollusques.

▶ **La tipule potagère** (la larve brunâtre s'attaque aux racines, près du collet, de mai à août) : ramasser les larves tôt le matin et les détruire ; éviter la culture de la carotte dans les terres trop humides et mal aérées.

▶ **Le charançon de la carotte** (petit coléoptère long de 1,5 mm, noir brillant avec des petites taches jaunâtres. Les larves creusent des galeries dans les racines, de bas en haut) : pulvériser des essences naturelles de plantes sur le sol en hiver ; ramasser et détruire les insectes adultes au printemps.

▶ **L'iule terrestre, ou mille-pattes** (s'attaque aux racines, au niveau du collet) : poser des pièges (pommes de terre évidées) semi-enterrés, visiter ces pièges chaque matin, ramasser et détruire ces insectes.

NOMS ÉTRANGERS

Anglais : *carrot.* **Allemand :** *Mohrrübe, Möhre, Gelbrübe, Karotte.* **Espagnol :** *zanahoria.* **Italien :** *carota, carota selvatica.* **Néerlandais :** *peen, wortel.*

Carvi (A, **)

Cycle végétatif : bisannuel, parfois vivace.
Famille : Ombellifères.
Noms botaniques : (1) et (2) *Carum carvi* Linné.
Synonymes botaniques : *Apium carvi* Crantz, *Seseli carum* Scopoli, *S. carvi* Lamarck, *Sium carvum* Webb, *Sium carvi* Bernhardi, *Ligusticum carvi* Roth.
Synonymes français : anis des prés, anis des Vosges, cumin des prés, carvi noir, faux anis.

Plante condimentaire, haute de 30 à 70 cm. Ses feuilles sont divisées et nombreuses. Ses graines sont aromatiques. Origine : Asie, cette plante est spontanée en France (dans les prés), en Europe centrale et Europe du Nord. Floraison : de mai à juillet (généralement la 2e année). Fleurs : hermaphrodites, de couleur blanche, en ombelles.

UTILISATIONS

Les jeunes feuilles fraîches s'utilisent comme condiments dans diverses salades et aromatisent certaines viandes. Les graines sont employées pour parfumer diverses viandes, poissons, gibiers, ainsi que certains légumes (choucroute, diverses potées, potages...). Elles entrent aussi dans la charcuterie, la pâtisserie et certaines liqueurs.

La racine peut être mangée à la façon du panais ; son parfum est proche de celui de la carotte.

PROPRIÉTÉS

Apéritives, antispasmodiques, diurétiques, carminatives, stomachiques, stimulantes, vermifuges... Le carvi contient une huile essentielle.

CULTURE

▶ **Sols préférés :** légers de préférence, riches en humus, frais, terrains plutôt légèrement calcaires.

▶ **Climat :** tempéré.

▶ **Exposition :** chaude et ensoleillée.

▶ **Multiplication :** par semis.

▶ **Culture :** semer en place de la mi-mai au début septembre, en lignes espacées de 40-cm ou en bordures. Semer clair, recouvrir très peu les graines, plomber avec le dos du râteau. Quand les plants ont atteint 7 à 8 cm de hauteur, éclaircir à 20 cm sur le rang.

▶ **Facteurs lunaires :** ils n'ont pas ou peu d'importance.

▶ **Rotation :** cette plante occupe le sol assez longtemps. Elle ne doit revenir au même endroit qu'au bout de 4-5 ans si possible. Elle peut être classée dans la rotation des plantes à racines ou feuilles.

▶ **Fumures, fertilisations :** normales ; éviter les fumures fraîches et les engrais azotés.

▶ **Fertilisations foliaires :** quelques poudrages à base de lithothamne seront toujours bénéfiques.

▶ **Soins :** binages, sarclages et arrosages si nécessaire.

VARIÉTÉS

Le type botanique.

GRAINES

▶ **Porte-graines :** repérer les sujets portant les plus belles ombelles, cueillir les ombelles à maturité, en principe en juillet-août. Les faire sécher à l'ombre, ensacher et les mettre dans des boîtes hermétiques, à conserver à l'abri de l'air et de la lumière.

▶ **DURÉE GERMINATIVE :** 3 ans.

▶ **NOMBRE DE GRAINES AU GRAMME :** 350 environ.

▶ **LEVÉE :** environ 10 jours.

▶ **INTERVALLE ENTRE LE SEMIS ET LE DÉBUT DE LA RÉCOLTE :** quelques semaines pour les feuilles et un an à 14 mois pour les graines.

RÉCOLTE ET CONSERVATION

Les feuilles se récoltent au fur et à mesure des besoins, tandis que pour les graines il faut attendre généralement la 2e année. En juillet-août, les faire sécher à l'ombre et les conserver dans des boîtes bien hermétiques.

MALADIES ET PARASITES

Néant.

NOMS ÉTRANGERS

ANGLAIS : *common caraway.* **ALLEMAND :** *Wiesenkümmel, Kümmel, Feldkümmel.* **ESPAGNOL :** *carvi, alcaravea, cormino de prado, hinojo de prado.* **ITALIEN :** *carvi, cumino del prati.* **NÉERLANDAIS :** *karvij, gewone kummel.*

Céleri à côtes (P, **)

Cycle végétatif : bisannuel.
Famille : Ombellifères.
Noms botaniques : (1) *Apium graveolens* Linné, (2) *A. graveolens* var. *dulce* Linné.
Synonymes botaniques : *A. celleri* Gaertner, *A. maritimun* Salisbury.
Synonymes français : ache des marais, ache odorante.

Plante potagère, herbacée, haute de 40 à 60 cm, cultivée pour ses pétioles et ses feuilles, très odorante. Ses feuilles nombreuses sont longues, découpées, dentées, de couleur verte à vert clair ou blond doré selon les variétés ; elles sont munies de côtes (pétioles) larges, charnues, en forme de gouttière. Sa tige est ramifiée et dressée. Origine : Europe méridionale, Asie occidentale ou Afrique du Nord. Floraison : de juin à septembre (2e année). Fleurs : hermaphrodites, de couleur blanchâtre à verdâtre, en ombelles.

UTILISATIONS

Les feuilles sont utilisées comme condiment dans les potages, les pot-au-feu, pour parfumer certaines sauces et farces. Les côtes crues, tendres, finement coupées, peuvent entrer dans des salades composées ; cuites, elles s'accommodent : à la béchamel, au jus de viande, à la crème, à la sauce tomate, à la sauce blanche, braisées... accompagnant diverses viandes dont les rôtis. Les graines peuvent être employées pour aromatiser certaines sauces ou divers potages.

PROPRIÉTÉS

Les mêmes que celles du céleri-rave.

CULTURE

▶ **SOLS PRÉFÉRÉS :** voir *Céleri-rave.*

▶ **CLIMAT :** voir *Céleri-rave.*

▶ **EXPOSITION :** ensoleillée, tolère parfois la mi-ombre.

▶ **MULTIPLICATION :** par semis.

▶ **CULTURE :** se reporter au céleri-rave ; par

contre, repiquer les plants en pépinière, quand ils ont 3 feuilles, et une seule fois avant leur mise en place définitive qui se fait à 40 x 30 cm.

▶ **Voisinage :** voir à *Céleri-rave* ; on peut planter un rang de céleri à côtes entre deux rangs de tomates ou entre les pieds de tomates sur le rang.

▶ **Facteurs lunaires :** semer de préférence en lune décroissante.

▶ **Rotation :** voir *Céleri-rave*.

▶ **Fumures, fertilisations :** un peu moins gourmand que le céleri-rave ; s'y reporter.

▶ **Soins :** binages, sarclages et arrosages fréquents si nécessaire ; un paillage est bénéfique.

▶ **Blanchiment :** lier les feuilles et les butter 15 jours environ avant l'utilisation. Certaines variétés ne nécessitent pas l'étiolement, qui n'est d'ailleurs pas toujours recommandé en raison des pertes de propriétés qu'il occasionne.

VARIÉTÉS

'Plein blanc', 'Plein blanc doré', 'Vert de Villeneuve', 'Plein blanc Pascal', 'Doré phénomène', 'Plein violet de Tours', 'D'Elne', 'Géant doré amélioré', 'Doré barbier précoce', 'Plein blanc doré chemin', 'Plein blanc Lepage'.

GRAINES

▶ **Porte-graines :** se reporter au céleri-rave.

▶ **Durée germinative des graines :** 6 à 8 ans.

▶ **Nombre de graines au gramme :** environ 2 500.

▶ **Levée :** environ 10 jours pour un semis sur couche et le double en pépinière.

▶ **Intervalle entre le semis et le début de la récolte :** 6 à 7 mois.

RÉCOLTE ET CONSERVATION

Récolter selon vos besoins ; pour la conservation, à partir de la fin octobre (avant les gelées), arracher les pieds avec leur motte, les mettre en jauge dans des tranchées ou les conserver en cave dans du sable ou de la terre.

MALADIES ET PARASITES

Voir *Céleri-rave*.

NOMS ÉTRANGERS

Anglais : *blanching celery, celery, solid celery.* **Allemand :** *Bleichsellerie, Sellerie.* **Espagnol :** *apio blanco, apio nabo, apio de pencas.* **Italien :** *apio, sellero, sellino, sedano.* **Néerlandais :** *selderie, selderij, snijselderij.*

Céleri-rave (P, ***)

Cycle végétatif : bisannuel.
Famille : Ombellifères.
Noms botaniques : (1) *Apium* graveolens, var. *rapaceum* (Miller) Gaudin, (2) *A. graveolens* Linné, var. *rapaceum* Decandolle.
Synonyme botanique : *A. rapaceum* Miller, Gardner.
Synonyme français : céleri-navet.

Plante potagère, herbacée haute de 50 à 80 cm, à feuilles odorantes, cultivée pour sa racine charnue, grosse, plus ou moins lisse et arrondie, garnie de radicelles et surmontée d'une rosette de feuilles. Ses feuilles sont un peu moins hautes que celles du céleri à côtes et elles sont d'un goût plus amer. Leur couleur est d'un vert

foncé brillant ; elles sont très découpées et leurs pétioles sont moins développés et creux que ceux du céleri à côtes. Origine : Europe méridionale, Asie occidentale et Afrique du Nord. Floraison : de juin à septembre (2e année). Fleurs : hermaphrodites, de couleur blanchâtre à verdâtre, en ombelles.

UTILISATIONS

On mange les racines crues, pelées, en salade, râpées ou coupées en tranches minces, en rémoulade (avec une mayonnaise à la moutarde) ; cuites, à la saute tomate, au gras, sautées, au gratin, en purée, en beignets, au roux. Elles peuvent aussi accompagner certaines viandes et ragoûts. Les feuilles parfument les potages.

PROPRIÉTÉS

Antirhumatismales, apéritives, aphrodisiaques, carminatives, digestives, diurétiques, excitantes, rafraîchissantes, reminéralisantes, toniques... Le céleri-rave contient des vitamines : A, B, C et PP ainsi que du brome, du calcium, du cuivre, du fer, de l'iode, du magnésium, du manganèse, du phosphore, du potassium et du sodium... et des huiles essentielles.

CULTURE

▶ **Sols préférés :** humifères, frais, plutôt neutres, meubles, sablo-limoneux ou argileux.

▶ **Climat :** tempéré et humide.

▶ **Exposition :** ensoleillée.

▶ **Multiplication :** par semis.

▶ **Culture :** semer de février à avril sur couche chaude ou en caissettes dans une serre ou un local clair et chauffé. Semer de la mi-avril à la fin mai en pépinière bien exposée. La température du sol doit être supérieure à 15 °C. Recouvrir peu les graines, plomber avec le dos du râteau, tenir le sol frais.

Avant de mettre les plants en place, généralement en mai-juin, à 35 cm en tous sens, il faut les repiquer 2 fois en pépinière à 5-10 cm en tous sens et en ayant pris soin de supprimer l'extrémité des radicelles et de la racine principale (on les repique quand ils ont 2 puis 4 feuilles). Pour la mise en place définitive, il est conseillé de praliner les racines dans une bouillie à base de lithothamne.

▶ **Voisinage :** les céleris font bon ménage avec le chou, le concombre, le haricot nain, le poireau, le pois, la tomate, la laitue et le radis.

▶ **Facteurs lunaires :** semer de préférence en lune décroissante.

▶ **Rotation :** le céleri-rave est une plante exigeante : attendre 3 à 4 années avant de la cultiver à la même place.

▶ **Fumures, fertilisations :** apporter beaucoup de compost bien décomposé, de la cendre de bois, ainsi que les doses maximales de fertilisants en plusieurs épandages.

▶ **Fertilisations foliaires :** un passage toutes les 3 semaines à base de lithothamne.

▶ **Soins :** binages, sarclages, arrosages copieux et réguliers ; pailler le sol.

Début octobre, à l'aide d'un couteau en inox, supprimer les drageons autour de la racine (pour favoriser son développement), ainsi que les feuilles extérieures ; après cette opération, butter les pieds.

VARIÉTÉS

'Géant de Prague', 'Géant de Rueil', 'Géant des maraîchers', 'Géant Danois', 'Boule de neige', 'Gros lisse de Paris', 'Boule de marbre', 'Amélioré du Chesnay', 'D'Erfurt', 'De Gennevilliers'...

GRAINES

▶ **Porte-graines :** choisir 2 ou 3 pieds ayant de belles racines, bien faites, représentant bien la variété, n'ayant qu'un seul cœur ; les hiverner dans du sable sec ; les planter début avril à 70 cm en tous sens ; récolter les ombelles avant complète maturité ; les faire sécher, les battre et ensacher les semences.

▶ **Durée germinative :** 6 à 8 ans.

▶ **Nombre de graines au gramme :** 2 500 environ.

▶ **Levée :** une dizaine de jours sur couche, 3 semaines en pépinière.

▶ **Intervalle entre le semis et le début de la récolte :** 7 mois environ.

RÉCOLTE ET CONSERVATION

Avant les froids, arracher les racines, les laisser se ressuyer sur le sol une journée, couper les feuilles et les radicelles, les poudrer avec du lithothamne (pour faciliter la cicatrisation), les conserver en cave ou en silo.

MALADIES ET PARASITES

▶ **La rouille du céleri** (les feuilles et les tiges se couvrent de taches brunâtres, stoppant la croissance de la plante) : cette maladie apparaît généralement les années humides ou lors d'une chute brutale de température ; les remèdes les plus efficaces :

- fertilisations foliaires régulières ;
- bouillie bordelaise dès l'apparition de la maladie ;
- alterner les fertilisations foliaires à base de lithothamne et des pulvérisations de décoction de prêle.

▶ **Le mildiou du céleri** (sur les jeunes plants, jaunissement des feuilles qui se couvrent d'une efflorescence blanchâtre, puis brunissent et se dessèchent) :

- dès l'apparition de la maladie : bouillie bordelaise ;
- si les plantes sont sous châssis, aérez-les ;
- ne pas trop arroser les plants, prendre les mêmes précautions que pour la rouille.

▶ **Pourriture de la racine** (la pomme se couvre d'un feutrage blanchâtre et épais lors de sa conservation) :

- rentrer des racines convenablement ressuyées ;
- poudrer la racine avec du lithothamne après l'habillage ;
- ne pas apporter trop d'engrais azotés (3 a 4 kg/are maximum).

▶ **Mouche du céleri** (la mouche pond des œufs sur les feuilles ; ses larves d'environ 6 mm, de couleur blanche, creusent des galeries dans les feuilles, se déterminant par des portions étendues jaunies ; les feuilles se boursouflent, puis se recroquevillent et meurent) :

- les poudrages foliaires à base de lithothamne, les pulvérisations d'essences naturelles de plantes sont de bonnes préventions ;
- en cas d'attaques : pulvérisations à base d'insecticide végétal, de solution nicotinée ;
- couper les feuilles atteintes et les brûler, ainsi que la plante entière s'il y a lieu.

▶ **Les mollusques** (par temps humide ou la nuit, ces indésirables dévorent les tiges et s'attaquent au cœur de la plante, les mollusques laissent derrière eux des traces visqueuses et brillantes appelées « baves ») : voir page 44.

NOMS ÉTRANGERS

Anglais : *celeriac, rooted celery, turnip rooted celery.* **Allemand :** *Knollensellerie, Wurzelsellerie.* **Espagnol :** *apio rabano, apio nabo.* **Italien :** *sedano-rapa.* **Néerlandais :** *knoll-selderij.*

Cerfeuil (A, *)

Cycle végétatif : annuel.
Famille : Ombellifères.
Noms botaniques : (1) *Anthriscus cerefolium* (Linné) Hoffmann, (2) *A. cerefolium* Hoffmann.
Synonymes botaniques : *Scandix cerefolium* Linné, *S. tenuifolia* Salisbury, *Anthriscus chaerophyllus* St Lag.
Synonymes français : cerfeuil commun, cerfeuil des jardins, cerfeuil officinal, herbe aiguillée...

Plante condimentaire haute de 30 à 70 cm, tige dressée et striée, feuilles finement découpées, tendres, longs pétioles à la base. Origine : Caucase et Asie centrale ; spontanée en Europe centrale. Floraison : de mai à août. Fleurs : hermaphrodites, blanches, en ombelles.

UTILISATIONS

Les feuilles fraîches, finement hachées aromatisent les crudités, les salades, les potages, de nombreux légumes, les sauces, les ragoûts, les viandes rôties, les grillades, certains poissons, les omelettes... Ajouter le cerfeuil après la cuisson. Les feuilles séchées peuvent être utilisées de la même manière.

Ne pas confondre le cerfeuil avec la ciguë ! Le cerfeuil a un arôme que la ciguë ne possède pas.

PROPRIÉTÉS

Apéritives, dépuratives, diurétiques, stimulantes... Le cerfeuil contient une huile essentielle, de la vitamine C, ainsi que des sels minéraux : calcium, cobalt, fer, magnésium...

CULTURE

▶ **SOLS PRÉFÉRÉS :** sains, humifères, suffisamment frais, bien aérés, plutôt légers (pas trop compacts).

▶ **CLIMAT :** tous les climats européens, rustique.

▶ **EXPOSITION :** ombragée, ou mi-ombragée en été, plutôt ensoleillée en fin d'été et au printemps.

▶ **MULTIPLICATION :** par semis.

▶ **CULTURE :** semer de février au début septembre en lignes espacées de 20 cm, ne pas semer trop dru, ne pas recouvrir les graines de plus d'un demi-centimètre de terre fine, plomber avec le dos du râteau. Éclaircir à 10 cm sur le rang. Le cerfeuil peut être semé à la volée, mais il est difficile de désherber et presque impossible de biner. Il est possible de semer sur couche, sous châssis jusqu'au début octobre pour une consommation hivernale.

▶ **VOISINAGE :** le cerfeuil est un mauvais voisin pour le radis, il lui donne un goût plus piquant.

▶ **FACTEURS LUNAIRES :** semer de préférence en lune décroissante.

▶ **ROTATIONS :** le cerfeuil entre dans la rotation des plantes herbacées (il n'est pas exigeant), il est préférable de pratiquer une rotation de 2 à 3 ans.

▶ **FUMURES, FERTILISATIONS :** normales.

▶ **FERTILISATIONS FOLIAIRES :** pas nécessaires.

▶ **SOINS :** binages, sarclages et arrosages si nécessaire.

VARIÉTÉS

Cerfeuil commun (le meilleur), cerfeuil frisé.

GRAINES

▶ **PORTE-GRAINES :** garder quelques beaux pieds issus des semis de fin de saison (août, début septembre) qui monteront à graines au printemps suivant. Ceux-ci donnent généralement une bonne récolte de graines. Couper les tiges avant complète maturité, les faire sécher à l'ombre, battre et mettre en sachet. Conserver à l'abri de l'humidité.

▶ **Durée germinative :** 2 à 3 ans.

▶ **Nombre de graines au gramme :** 450.

▶ **Levée :** une huitaine de jours.

▶ **Intervalle entre le semis et le début de la récolte :** de 4 à 6 semaines.

RÉCOLTE ET CONSERVATION

Couper les feuilles au ras du sol, selon les besoins journaliers d'avril à septembre. Pour l'hiver, il est possible de conserver du cerfeuil en suspendant les tiges dans un endroit sec. Cependant, conservé de cette manière, il perd de son goût et de sa valeur.

MALADIES ET PARASITES

▶ **Le mildiou** (les feuilles se couvrent de moisissures et finissent par jaunir) : il est parfois dû à une terre insuffisamment aérée : détruire les pieds atteints et pratiquer de bonnes rotations.

▶ **La rouille** (les feuilles ont des taches jaunâtres, puis brunes), cette maladie est rare dans les conditions normales : arracher les pieds atteints et les brûler ; pratiquer les rotations.

NOMS ÉTRANGERS

Anglais : *plain-leaved chervil.* **Allemand :** *gewöhnlicher Kerbel.* **Espagnol :** *perifollo, cerafolio.* **Italien :** *cerfoglio comune.* **Néerlandais :** *kervel.*

Cerfeuil musqué (P, *)

Cycle végétatif : vivace par ses racines.
Famille : Ombellifères.
Noms botaniques : (1) et (2) *Myrrhis odorata* Scopoli.
Synonymes botaniques : *Scandix odorota* Linné, *Chaerophyllum odoratum* Crantz, *Lindera odorata* Ascherson, *Selinum myrrhis* E.H.L. Krause.
Synonymes français : cerfeuil anisé, cerfeuil d'Espagne, cicutaire odorante, fougère musquée, myrrhide odorante...

Plante condimentaire et médicinale ayant une certaine ressemblance avec la fougère, haute de 50 cm à 1 m ; ses feuilles sont très grandes, triangulaires, molles, découpées, velues, de couleur vert grisâtre ; ses tiges sont dressées, creuses, rameuses, légèrement velues, formant une touffe. Origine : indigène en Europe centrale et méridionale (montagnes et prairies). Floraison : de juin à août. Fleurs : hermaphrodites, de couleur blanche, en ombelles.

UTILISATIONS

Ses feuilles, à odeur et saveur anisées et sucrées, s'utilisent crues dans les salades, les crudités, les potages, les omelettes ; elles aromatisent divers légumes et sauces et entrent dans la fabrication de liqueurs, dont la Chartreuse.

PROPRIÉTÉS

Antispasmodiques, apéritives, carminatives, dépuratives, diurétiques, emménagogues, expectorantes et toniques. Le cerfeuil musqué contient une huile essentielle.

CULTURE

▶ **SOLS PRÉFÉRÉS :** toutes les terres fertiles, plutôt légères et fraîches.

▶ **CLIMAT :** très rustique, supporte les grands froids.

▶ **EXPOSITION :** plutôt mi-ombragée dans les régions chaudes.

▶ **MULTIPLICATION :** par semis ou division de touffes.

Par semis : semer à l'automne, après la récolte des graines, en pépinière ; quand les pieds ont 4 à 5 feuilles, les mettre en place à 50 cm en tous sens ou en bordures. Si on sème au printemps, les graines ne lèveront que l'année suivante.

Par division de touffes : diviser les anciennes touffes et les planter à 50-60 cm en tous sens ; cette opération peut s'effectuer au printemps de préférence ou à l'automne.

▶ **FACTEURS LUNAIRES :** peu d'importance.

▶ **ROTATION :** cette plante peut rester plusieurs années en place, 5 à 6 années et plus ; par contre, il faudra attendre 4 à 5 années avant de la faire revenir au même endroit ; rentre dans la rotation des plantes exigeantes à cause de sa longue durée en place.

▶ **FUMURES, FERTILISATIONS :** normales, lui éviter les fumures non décomposées.

▶ **FERTILISATIONS FOLIAIRES :** pas nécessaires.

▶ **SOINS :** binages, sarclages, arrosages si nécessaire par temps sec ; couper les feuilles au ras du sol en automne ; couper les tiges florales dès leur apparition.

VARIÉTÉS

Le type botanique.

GRAINES

▶ **PORTE-GRAINES :** laisser monter les plantes à graines, récolter celles-ci quand les grosses graines prennent une couleur noirâtre et luisante, généralement en août-septembre. Il est conseillé de semer les graines peu de temps après la récolte.

▶ **DURÉE GERMINATIVE :** se conservent quelques mois seulement.

▶ **NOMBRE DE GRAINES AU GRAMME :** 40.

▶ **LEVÉE :** 6 à 7 mois ; une année pour les semis de printemps.

▶ **INTERVALLE ENTRE LE SEMIS ET LE DÉBUT DE LA RÉCOLTE :** il faut compter près d'un an et plus pour un semis printanier, 6 à 7 mois pour un semis fait après la récolte des semences et quelques semaines à quelques mois pour une multiplication de touffes, suivant l'époque de plantation des éclats.

RÉCOLTE ET CONSERVATION

Récolter les feuilles selon les besoins, pendant toute la période de végétation.

MALADIES ET PARASITES

Néant.

NOMS ÉTRANGERS

ANGLAIS : *sweet cicely, sweet-scented chervil, garden myrrh.* **ALLEMAND :** *Myrrhenkerbel, grosse Kerbel, anis Kerbel, spanische Süssdolde.* **ESPAGNOL :** *perifollo oloroso, perifollo mirra.* **ITALIEN :** *finocchiella.* **NÉERLANDAIS :** *roomse kervel, mirre spaansche kervel.*

Cerfeuil tubéreux (P, *)

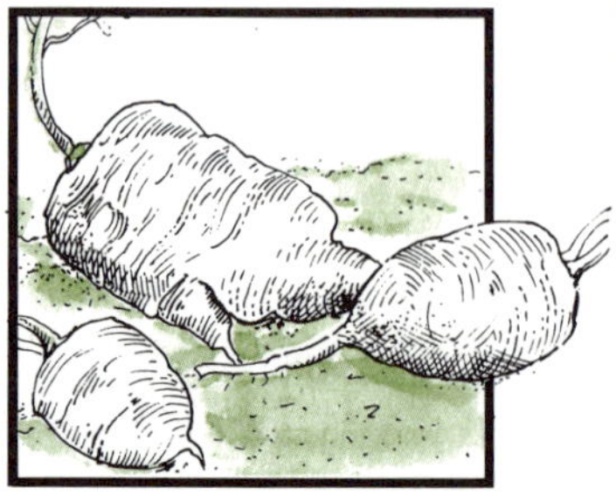

Cycle végétatif : bisannuel.
Famille : Ombellifères.
Nom botanique : (1) et (2) *Chaerophyllum bulbosum* Linné.
Synonymes botaniques : *Scandix bulbosa* Roth, *Myrrhis bulbosa* Sprengel.
Synonyme français : cerfeuil bulbeux.

Plante potagère à feuilles étalées sur la terre, très divisées, velues et vénéneuses. Tige pouvant atteindre 1,50 m de haut. Le cerfeuil tubéreux est cultivé pour sa racine très renflée, conique, ressemblant à une carotte courte (légèrement plus petite) de couleur grisâtre. Sa chair est blanche, un peu farineuse et sucrée, d'un goût aromatisé rappelant à la fois la saveur de la châtaigne et celle de la pomme de terre. Il est préférable de consommer les racines quelques mois après la récolte, elles sont plus parfumées (à partir de novembre). Origine : Europe centrale, orientale et méridionale. Spontané dans l'Est de la France. Floraison : juin-début juillet (2e année). Fleurs : hermaphrodites, de couleur blanche, en ombelles.

UTILISATIONS

Il se prépare de la même manière que les pommes de terre : au jus, sauté au lard, en ragoût... en garniture de viande, principalement la dinde. Attention : les feuilles sont toxiques.

PROPRIÉTÉS

Diurétiques et nutritives.

CULTURE

▶ **Sols préférés :** de préférence les terres légères mais fraîches, riches en humus et bien aérées.

▶ **Climat :** tempéré, n'accepte pas les régions chaudes et arides.

▶ **Exposition :** ensoleillée.

▶ **Multiplication :** par semis.

▶ **Culture :** semer de préférence le cerfeuil tubéreux en novembre, en rayons distants de 20 cm. Recouvrir peu les graines de terre fine ou de terreau, plomber avec le dos du râteau, quand les plants ont quelques feuilles éclaircir à 8-10 cm sur la ligne.

Il est possible de semer, en février-mars, des graines stratifiées dans du sable sec ou conservées dans une boîte hermétique, en bas du réfrigérateur.

Il est conseillé de semer clair.

▶ **Facteurs lunaires :** semer de préférence en lune décroissante.

▶ **Rotation :** une période d'absence de 3-4 ans est conseillée avant de le semer à nouveau au même endroit. Entre dans la rotation des plantes à racines.

▶ **Fumures, fertilisations :** normales, le cerfeuil tubéreux n'aime pas la fumure fraîche.

▶ **Fertilisations foliaires :** effectuer toutes les 3 semaines environ un poudrage de lithothamne.

▶ **Soins :** binages, sarclages et arrosages nécessaires ; tenir le sol suffisamment humide en cas de sécheresse.

VARIÉTÉS

Le type botanique.

GRAINES

▶ **Porte-graines :** choisir quelques belles racines à l'arrachage, les laisser se ressuyer sur le sol, les conserver en cave, dans du sable sec, les replanter aux environs de Noël (le meilleur moment) à 70 cm en tous sens ; tuteurer chaque tige. Récolter les graines (en coupant les ombelles) à maturité, en juillet-début août (les graines sont mûres quand elles prennent une couleur brune) : procéder à cette opération à la rosée pour que les graines ne tombent pas, les faire sécher à l'ombre puis les mettre en sachets.

▶ **Durée germinative :** 1 an environ.

▶ **Nombre de graines au gramme :** 450.

▶ **Levée :** quelques semaines pour les semis de février-mars et quelques mois pour les semis d'automne.

▶ **Intervalle entre le semis et le début de la récolte :** le cerfeuil tubéreux occupe le sol pendant 4 à 5 mois (semis de fin d'hiver) et 8 à 9 mois (semis d'automne).

RÉCOLTE ET CONSERVATION

La récolte des racines s'effectue généralement vers la fin juin-début juillet (quand les feuilles sont entièrement jaunes) :

- arracher les racines et les laisser se ressuyer sur le sol (couper les feuilles), les rentrer à la cave ou les mettre en silo. En tas, elles se conservent jusqu'en mars-avril (remuer le tas de temps en temps) ; elles se conservent très bien dans du sable sec ;
- un léger poudrage de lithothamne au collet (lorsque vous coupez les feuilles) favorisera la cicatrisation.

MALADIES ET PARASITES

▶ **La pourriture** (les racines pourrissent en tas) : les racines ont été rentrées trop humides ou arrachées avant leur maturité.

▶ **La fonte des semis** (les jeunes plants disparaissent après la levée) : ne pas semer trop dru ; éviter les sols trop humides ; pratiquer une bonne rotation.

▶ **Le puceron des racines** (s'attaque au collet des racines) : pulvérisations d'insecticide végétal à base de roténone ; pulvérisations de purin d'orties ; arrosages fréquents en cas de sécheresse.

▶ **L'araignée rouge** (s'attaque aux jeunes semis) : arrosages légers et fréquents ; fertilisations foliaires ; respect des rotations ; employer uniquement un compost correct parfaitement réalisé ; tout au début de l'invasion : pulvérisations d'insecticide végétal ; et enfin, décoction de nicotine.

NOMS ÉTRANGERS

Anglais : *tuberous-rooted chervil, turnip rooted chervil.* **Allemand :** *Körbelrübe, Kerbelrübe, Rübenkerbel.* **Espagnol :** *perifollo bulboso, perifollo tuberoso.* **Italien :** *cerfoglio tuberoso.* **Néerlandais :** *knolribzaat, knoll-kervel.*

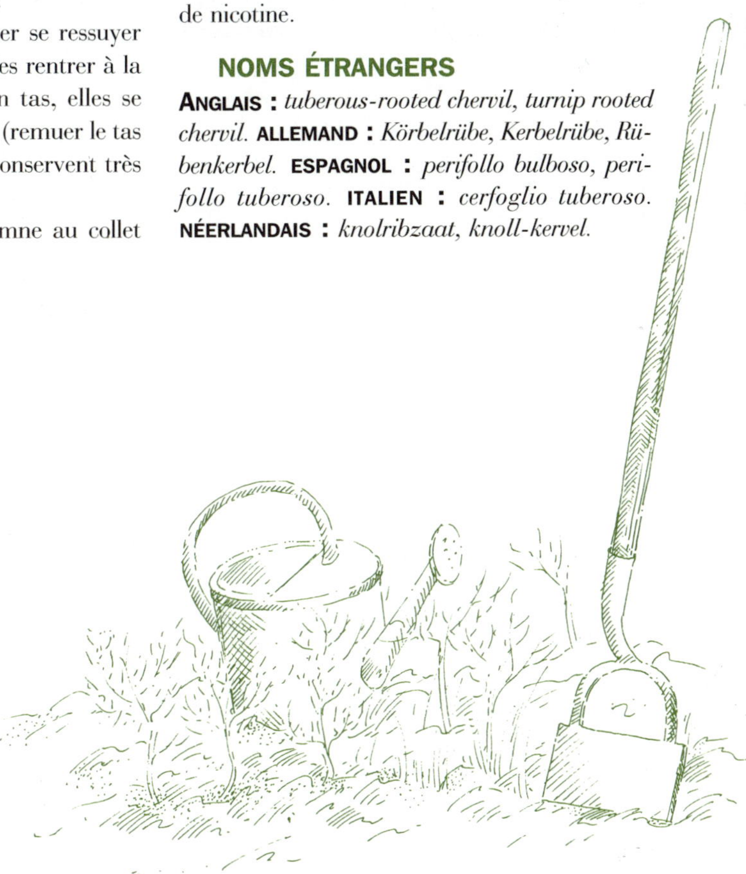

Chervis (P, **)

Cycle végétatif : vivace.
Famille : Ombellifères.
Noms botaniques : (1) et (2) *Sium sisarum* Linné.
Synonymes botaniques : *Seseli sisarum* Crantz, *Carum sisarum* Baillon.
Synonymes français : berle des potagers, chirouis, girole...

Plante potagère, herbacée, pouvant atteindre plus de 1,70 m ; ses feuilles sont découpées jusqu'à la nervure centrale, ses folioles sont dentées, d'un vert foncé brillant. Sa tige est dressée, cylindrique et ramifiée. Ses racines sont nombreuses, renflées, longues, charnues, fermes, réunies au collet, de couleur blanche à grisâtre, leur chair est blanche (elles étaient servies sur les meilleures tables aux XVIe et XVIIe siècles). Les racines de certains pieds sont parfois ligneuses au centre. Origine : possible de Sibérie ou de Chine. Floraison : juillet-août à partir de la 2e année de culture. Fleurs : hermaphrodites, blanches, réunies en ombelles.

UTILISATIONS

On consomme les racines cuites à la façon des salsifis : en salade, au beurre, au jus, au gratin, frites avec du sucre et du jus d'orange, accompagnées d'une sauce béarnaise, etc. Elles peuvent accompagner certains plats.

Elles sont légèrement farineuses, d'une saveur fine, sucrée et agréable, rappelant un peu celle du panais.

CULTURE

▶ **SOLS PRÉFÉRÉS :** profonds, humifères, meubles, plutôt légers mais frais.

▶ **CLIMAT :** tempéré, très rustique aux froids.

▶ **EXPOSITION :** ensoleillée.

▶ **MULTIPLICATION :** par semis ou par éclats de vieux pieds.

Par semis : semer clair, de préférence à l'automne (de septembre à novembre), en lignes espacées de 30 à 40 cm. Enterrer peu les graines, tasser avec le dos du râteau et éclaircir à 20-25 cm sur le rang. On peut semer en pépinière et repiquer les plants quand ils ont 5 à 6 feuilles. Il est aussi possible de semer le chervis au printemps, du début mars à la mi-avril, mais la levée est plus incertaine.

Par division d'éclats : elle s'effectue courant mars-début avril, une racine tous les 20-25 cm ; la plantation se fait à la houe ou à la bêche. Cette méthode permet de sélectionner des racines sans mèche centrale ligneuse. Chaque pied destiné à la reproduction doit porter une étiquette numérotée ; prélever à chaque pied une racine soigneusement étiquetée, l'étiquette étant attachée à un fil de fer fin et assez long. Faire cuire les racines en laissant les étiquettes à l'extérieur du récipient ; quand les racines sont cuites, les goûter : celles qui ont une mèche centrale trop importante seront rangées de côté avec leur étiquette. Il n'y aura plus qu'à sélectionner les pieds reproducteurs.

▶ **FACTEURS LUNAIRES :** semer ou planter les racines de préférence en lune décroissante.

▶ **ROTATION :** compter 3 à 4 années avant de cultiver le chervis au même endroit, il entre dans la catégorie des plantes potagères à racines. Pour des pieds de chervis laissés 2 ans en place, couper les tiges florales dès leur apparition.

▶ **FUMURES, FERTILISATIONS :** normales ; éviter les composts mal décomposés.

▶ **Fertilisations foliaires :** effectuer 2 ou 3 pulvérisations en cours de végétation, à base de lithothamne.

▶ **Soins :** binages, sarclages, arrosages fréquents en cas de sécheresse ; paillage conseillé en période sèche.

VARIÉTÉS

Le type botanique amélioré.

GRAINES

▶ **Porte-graines :** choisir quelques beaux pieds, ayant des racines tendres, charnues et peu fibreuses au centre. Il est possible de pratiquer comme il est dit précédemment pour la division d'éclats. Repérer ces pieds ; les arracher en mars et les planter à 50 cm en tous sens (bien tasser la terre autour des racines), sinon, les laisser en place ; tuteurer les tiges.

La floraison a lieu en juillet-août et la récolte des graines s'effectue en août-septembre en coupant les plus belles ombelles à maturité (graines noirâtres) selon leur avancement. Les faire sécher à l'ombre, battre et ensacher les graines. Conserver à l'abri de l'humidité.

▶ **Durée germinative :** 3 ans.

▶ **Nombre de graines au gramme :** environ 400.

▶ **Levée :** de 6 à 7 mois pour un semis d'automne, quelques semaines pour un semis printanier.

▶ **Intervalle entre le semis et le début de la récolte :** de 13 à 14 mois pour un semis d'automne et de 6 à 7 mois pour un semis printanier. Il en est de même pour les plantes issues d'éclats.

RÉCOLTE ET CONSERVATION

On récolte les racines au fur et à mesure des besoins depuis la mi-octobre jusqu'à la fin mars. Pour faciliter l'arrachage pendant les froids, couvrir le sol de feuilles sèches ou de paille ; découvrir quand la température se radoucit.

Il vaut mieux utiliser les racines arrachées le plus rapidement possible, bien qu'elles se conservent pendant quelques jours au frais.

MALADIES ET PARASITES

▶ **Les mollusques :** dévorent les feuilles tendres des jeunes plants, voir page 44.

NOMS ÉTRANGERS

Anglais : *skirret, chervin.* **Allemand :** *Zuckerwurzel, Süßwurzel.* **Espagnol :** *chirivia tudesca, escaravia.* **Italien :** *sisaro.* **Néerlandais :** *suikerwortel.*

Chenillette (*)

Cycle végétatif : annuelle.
Famille : Légumineuses.
Noms botaniques : (1) non mentionné, (2) *Scorpiurus muricata* Linné.
Synonyme botanique : *S. muricatus* Linné.
Synonyme français : chenille petite.

Plante herbacée ; ses feuilles sont oblongues et pétiolées ; ses tiges, nombreuses et étalées, sont assez longues ; ses gousses vertes, ressemblant à des chenilles, sont contournées et couvertes de pointes dressées sur le côté extérieur. Origine : Europe méridionale, Asie occidentale ou Afrique du Nord... Floraison : de mai à juillet.

Fleurs : jaunes, groupées par 2 à 3, papilionacées, hermaphrodites.

UTILISATIONS

Cette plante n'est pas cultivée pour l'alimentation, mais pour agrémenter un repas de famille ou d'amis... Les gousses vertes se mélangent dans les salades... pour faire croire à des chenilles !

PROPRIÉTÉS

Aucune, sauf d'amuser les gens.

CULTURE

▶ **Sols préférés :** les terres légères, chaudes et fertiles.

▶ **Exposition :** ensoleillée.

▶ **Multiplication :** par semis.

▶ **Culture :** semer au printemps, en pépinière ou en place, sous châssis si on veut avoir des plantes plus tôt. Généralement, on sème les chenillettes en avril, en lignes espacées de 20 cm, une graine tous les 4-5 cm ; par la suite, ne laisser qu'un plant tous les 10 cm. Recouvrir peu les graines ou les gousses et tenir le sol suffisamment humide pour faciliter la levée.

Il est possible de semer les gousses entières, sans les écosser. La chenillette se reproduit parfois d'elle-même.

▶ **Facteurs lunaires :** semer de préférence en lune croissante.

▶ **Rotation :** plante améliorante (légumineuse), rotation de 2 ou 3 ans.

▶ **Fumures, fertilisations :** normales ; apporter peu d'azote.

▶ **Fertilisations foliaires :** pas nécessaires.

▶ **Soins :** binages, sarclages, arrosages en cas de sécheresse.

VARIÉTÉS

Le type botanique ; il y a plusieurs autres espèces qui peuvent être cultivées pour le même usage : la chenille velue *(Scorpuirus subvillosa)*, qui se distingue de la chenillette par ses gousses plus longues ; la chenille grosse *(S. vermiculata L.)*, qui possède des gousses plus grosses, courtes et tournées sur elles-mêmes ; la chenille rayée *(S. sulcata L.)*, qui porte des gousses enroulées pratiquement sur 2 tours et possède des côtes de couleur brun violacé.

GRAINES

▶ **Porte-graines :** sur les plus beaux pieds, laisser mûrir les gousses que vous cueillerez à maturité (elles prennent alors une couleur grisâtre). Conserver les graines dans leur gousse à l'abri de l'humidité et de la chaleur. Avant le semis, écosser les graines ou semer directement les gousses.

▶ **Durée germinative :** 5 à 6 ans.

▶ **Nombre de gousses au gramme :** 6 à 8.

▶ **Levée :** elle peut être de quelques jours dans de bonnes conditions, parfois de quelques semaines, surtout si le sol n'est pas suffisamment humide.

▶ **Intervalle entre le semis et le début de la récolte :** environ 2 mois.

MALADIES ET PARASITES

N'a pratiquement ni maladie ni ennemi.

NOMS ÉTRANGERS

Anglais : *prickly caterpillar.* **Allemand :** *kleiner Raupenklee, Scorpionskraut.* **Espagnol :** *escorpiodes, orugas.* **Italien :** *lingua di pecora.* **Néerlandais :** *schorpiœn-kruid.*

Chicorées (P, **)

Cycle végétatif : annuelles pour la chicorée frisée et scarole ; vivace mais cultivée comme annuelle pour la chicorée sauvage.
Famille : Composées.
Noms botaniques : chicorée frisée : (1) *Cichorium endivia* Linné var. *crispum* Lamarck, (2) *C. endivia* Linné ; chicorée scarole : (1) *C. endivia* Linné var. *latifolium* Lamarck, (2) *C. endivia* Linné ; chicorée sauvage : (1) et (2) *C. intybus* Linné.
Synonymes français : chicorée frisée : endive frisée, chicorée des jardins ; chicorée scarole : endive à larges feuilles, scariole ; chicorée sauvage : cheveux de paysan, chicorée amère, chicorée barbe de capucin, chicotin, écoubette, laiteron.

Plante potagère très cultivée dans nos jardins. La chicorée frisée a des feuilles crépues, plus ou moins découpées, de couleur verte ou blonde selon les cultivars, qui forment une rosette généralement serrée. La chicorée scarole a des feuilles grandes, entières, dentées et ondulées ; l'ensemble de ses feuilles forme une large rosette peu serrée. Les tiges sont dressées, rameuses et creuses ; elles atteignent jusqu'à 1 m de hauteur. La chicorée sauvage a des feuilles larges, ondulées, entières ou dentées (les dents en arrière) ; elles forment généralement une pomme ou une rosette. Sa tige est rameuse, dépassant parfois largement 1,50 m de hauteur. Origine : Europe ou Asie. Floraison : de juillet à septembre (2e année de culture) ; certaines variétés de chicorées (frisée et scarole) montent prématurément à graines la première année si elles ont été semées trop tôt ou si elles ont subi un arrêt végétatif. Fleurs : hermaphrodites, bleu pâle, en capitules à l'aisselle des feuilles.

UTILISATIONS

On consomme les feuilles de chicorée crues (en salade ou en garniture de plats) ou cuites (au jus, au gratin, à l'étouffée, à la crème, braisées, à la béchamel, etc.).

PROPRIÉTÉS

Apéritives, dépuratives, diurétiques, laxatives, rafraîchissantes, toniques. Contient des vitamines : A, B1, B2, C, K, PP ainsi que des sels minéraux : cobalt, fer, magnésium, manganèse, zinc...

CULTURE

▶ **Sols préférés :** profonds, humifères, suffisamment frais, meubles et fertiles ; un pH neutre est l'idéal.
▶ **Climat :** tempéré, pousse dans toute la France, la chicorée sauvage est très rustique.
▶ **Exposition :** ensoleillée.
▶ **Multiplication :** par semis.
▶ **Culture :**
Chicorée frisée et scarole : semer de juin à la mi-juillet, en pépinière ou directement en place, repiquer ou éclaircir à 30 cm. Si vous la semez plus tôt, elle monte rapidement à graines. Il est néanmoins possible de la cultiver en début de saison : dans ce cas, il faudra une levée extrêmement rapide (48 h) et pas d'arrêt végétatif.
Chicorée sauvage : la chicorée 'Pain de sucre' se sème d'avril à août, directement en place (éclaircir à 15 cm) ; la chicorée de Bruxelles ou 'Witloof', appelée à tort « endive », se sème de courant mai jusqu'au 15 juin, en place (éclaircir à 12-15 cm) ; les chicorées sauvages italiennes ('de Vérone', 'de Trévise', 'de Castel-

franco'...) se sèment en place de juin à août, vers le 15 juillet en région parisienne ; éclaircir à 10 cm pour la 'Vérone' et la 'Trévise' et à 20 cm pour la 'Castelfranco' ; la chicorée sauvage améliorée 'Barbe de capucin' se sème en mai-juin, éclaircir à 12-15 cm.

Recouvrir peu les graines, plomber avec le dos du râteau. Espacer les rangs de 25-30 cm. Avant le repiquage (pour certaines variétés), praliner les racines dans une bouillie à base de lithothamne, la reprise en sera plus rapide (les plants sont bons à repiquer quand ils ont 7 à 8 feuilles).

▶ **Voisinage :** la chicorée s'entend très bien avec la carotte, le concombre, la courge, le navet, le pois, le radis, le chou, le poireau et le haricot.

▶ **Facteurs lunaires :** semer en lune décroissante, de préférence 2 ou 3 jours avant la nouvelle lune.

▶ **Rotation :** la chicorée endive (frisée et scarole) est peu épuisante ; elle est à classer dans la catégorie des plantes potagères herbacées, tandis que la chicorée sauvage entre dans celle des plantes potagères à racines ; elle est beaucoup plus épuisante. Appliquer une rotation de 2 ou 3 ans pour les premières et de 3 ou 4 ans pour les secondes.

▶ **Fumures, fertilisations :** comme toutes les plantes foliacées, elle aime l'azote (ne pas dépasser les doses) ; apporter donc une fertilisation et une fumure normales, éviter les composts mal décomposés.

▶ **Fertilisations foliaires :** quand les plants sont suffisamment développés, 2 ou 3 poudrages ou pulvérisations à base de lithothamne, espacés de 15 jours environ.

▶ **Soins :** binages, sarclages, arrosages si nécessaire ; paillage conseillé en cas de sécheresse.

VARIÉTÉS

▶ **Chicorées frisées :** 'Grosse pommant seule', 'Fine de Rouen', 'Fine de Louviers', 'De Meaux', 'Toujours blanche' (endivette), 'Fine d'été', 'Grosse Pancalière', 'D'Olivet', 'Très fine maraîchère', 'Reine d'hiver', 'De Wallonne', 'De Ruffec' (ces 3 dernières sont plus rustiques).

▶ **Chicorées scaroles :** 'Verte à cœur plein', 'Blonde à cœur plein', 'Grosse de Limay', 'En cornet d'Anjou', 'En cornet de Bordeaux', 'Géante maraîchère', 'Grosse bouclée', 'D'hiver du Var'.

▶ **Chicorées sauvages :** 'Sauvage amère' 'Barbe de capucin', 'Améliorée', 'Pain de sucre', 'Witloof' ou 'Chicorée de Bruxelles', 'Rouge de Vérone', 'Rouge de Trévise', 'De Castelfranco' (feuilles vertes, bariolées de rouge) : ces 3 dernières sont des chicorées italiennes.

GRAINES

▶ **Porte-graines :**
Pour la chicorée endive (frisée et scarole), choisir en automne de beaux pieds bien pommés et vigoureux ; les arracher avec leur motte, les enjauger en cave ou les hiverner sous châssis froid. Pendant les grands froids les protéger avec des feuilles sèches qu'il faut enlever dès que la température se radoucit. En avril-mai (suivant le temps et la région), plantez-les à 60 cm en tous sens. Tuteurer les tiges et pincer les extrémités florales ; récolter avant complète maturité, en coupant les tiges (septembre-octobre) et faire sécher à l'ombre ; battre les grains et les ensacher.
Pour la chicorée sauvage, on peut conserver quelques belles racines en cave et les planter en avril à 50 cm en tous sens. Mieux, laisser les pieds en place tout l'hiver, les repiquer en mars-avril puis procéder comme pour les chicorées frisées et scaroles.

Protéger les producteurs de semences des oiseaux en plaçant des filets. Par précaution, ne retenir qu'une seule variété comme porte-graines, cela afin d'éviter l'hybridation.

▶ **Durée germinative :** de 8 à 10 ans pour la chicorée frisée et la scarole ; de 6 à 8 pour la chicorée sauvage.

▶ **Nombre de graines au gramme :** environ 600 pour la chicorée frisée et la scarole ; près de 700 pour la chicorée sauvage.

▶ **Levée :** un peu moins de 1 semaine.

▶ **Intervalle entre le semis et le début de la récolte :** 3 ou 4 mois pour la chicorée frisée et scarole ; 8 à 10 pour la chicorée sauvage.

RÉCOLTE ET CONSERVATION

On récolte la chicorée frisée et la scarole quand elles sont suffisamment développées et au fur et à mesure des besoins. Les utiliser le plus rapidement possible après la récolte (elles peuvent être conservées 2 à 3 jours au frais et à l'abri de la lumière).

On peut conserver ces chicorées (frisée et scarole) pendant une partie de l'hiver, en place sous tunnel plastique ou sous châssis froid ; en cas de froid, les recouvrir d'une bonne couche de feuilles sèches ou de paille qu'il faudra enlever dès que la température remontera. On peut aussi arracher les pieds avec leur motte et les planter sous châssis, en fosse (voir le chapitre consacré à la conservation des légumes).

La chicorée sauvage rouge se récolte selon les besoins, à partir de janvier-février (selon les régions).

Pour la chicorée sauvage amère ('Barbe de capucin'), cueillir les feuilles quand elles sont suffisamment développées (en forçage).

MALADIES ET PARASITES

Chicorée frisée et scarole

▶ **LA ROUILLE :** les feuilles atteintes se couvrent d'une poussière jaune puis brunâtre. Maladie

Forçage de la chicorée de Bruxelles, ou endive

Dans un endroit bien exposé du jardin, creuser une tranchée de 1,20 m de large sur 25 cm de profondeur, la longueur suivant le besoin. Ameublir et niveler le fond de la tranchée, puis arracher les racines de chicorée 'Witloof' à l'aide d'une fourche-bêche en octobre-novembre ; les laisser se ressuyer sur le sol pendant quelques jours (sauf en cas de gelées). Ne retenir que les racines bien développées, à collet large et à bourgeon unique. Rejeter les plantes qui ont des feuilles étroites, dentelées et à plusieurs têtes.

Couper les feuilles à 1 cm au-dessus du collet, après avoir enlevé à la main les feuilles extérieures, sans toucher au cœur. Raccourcir les racines à 15-20 cm, supprimer les racines secondaires gênantes.

Les racines de 3-4 cm de diamètre sont à conserver. Poudrer légèrement le collet avec du lithothamne pour accélérer la cicatrisation.

Disposer les racines debout côte à côte, remplir les intervalles de terre, de terreau ou de tourbe, arroser légèrement pour tasser la terre entre les racines jusqu'au collet, recouvrir de 10 cm de terreau ou de terre fine, puis de 10 cm de compost. Finir de recouvrir avec le reste de la terre, puis avec du fumier de cheval frais ou avec un paillasson. Protéger la tranchée ainsi préparée avec un plastique.

On peut aussi remplir les intervalles de terre jusqu'au collet et finir de couvrir avec une bonne couche de paille (25-30 cm). Protéger la tranchée de la pluie (voir schéma ci-dessous).

Le forçage peut aussi se pratiquer en cave, dans des caisses ou des bacs, sur couche tiède sous châssis. Il est conseillé de faire plusieurs forçages à 15 jours d'écart pour étaler la production.

La récolte commence quand les pommes sont bien développées, suivant la température après 4 à 6 semaines de forçage.

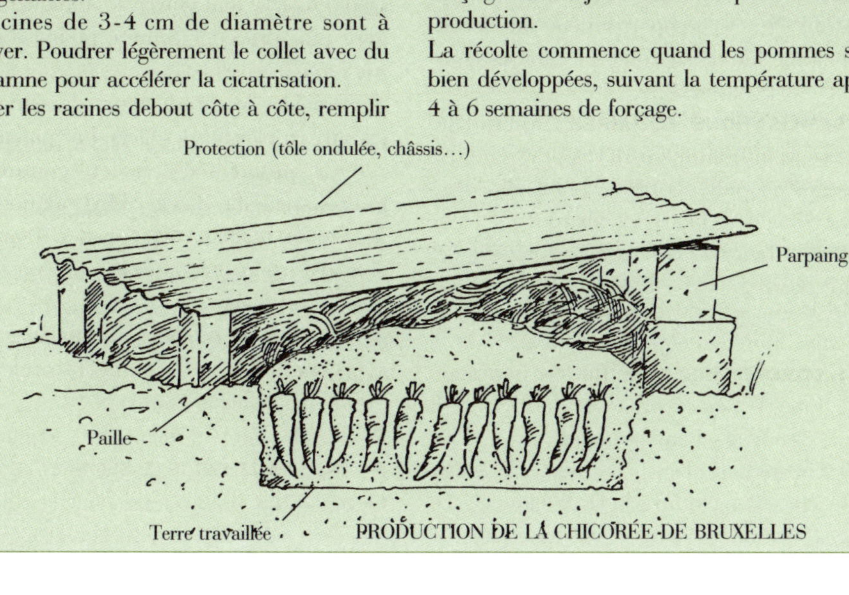

PRODUCTION DE LA CHICORÉE DE BRUXELLES

Production de la 'Barbe de capucin'

A partir de la mi-novembre, à l'aide d'une bêche ou d'une fourche-bêche, arracher la chicorée sauvage amère ; ne garder que les sujets qui ont des racines d'une grosseur égale ou supérieure à 1 cm de diamètre, couper les feuilles à 1 cm du collet, poudrer celui-ci avec du lithothamne. Mettre en jauge dans un endroit abrité, en attendant les forçages que l'on étalera dans le temps. Pour le forçage, on pratique de la façon suivante :

- enlever les feuilles pourries, couper les racines secondaires, mettre les racines côte à côte dans de la terre, du sable ou de la tourbe, en laissant le collet apparent ; placer le tout en cave ou dans un local ayant une température douce et constante (à l'obscurité) ;
- maintenir une légère fraîcheur (sans excès) ;
- récolter les feuilles quand elles atteignent 15-20 cm, soit environ 3 semaines plus tard ;
- couper les feuilles 1 cm au-dessus du collet ; généralement on récolte 2 coupes, parfois 3 ;
- on peut cultiver la 'Barbe de capucin' dans divers récipients : caisses, bacs, gros pots en terre cuite...

assez rare ; arracher et détruire les pieds atteints ; pratiquer une bonne rotation.

Chicorée sauvage 'Witloof'

▶ **L'OÏDIUM :** il apparaît un léger feutrage blanchâtre sur les feuilles, en fin de végétation. Éliminer les pieds atteints, maladie assez rare.

▶ **LA POURRITURE DU COLLET :** les feuilles à la base du collet brunissent puis pourrissent et deviennent gluantes en dégageant une mauvaise odeur. Éliminer les pieds atteints ; éviter l'excès d'humidité lors du forçage ; laisser les racines se ressuyer quelques jours sur le sol avant d'entreprendre le forçage ; poudrer le collet avec du lithothamne après la coupe des feuilles.

▶ **LA SCLÉROTINIOSE :** lors du forçage, il apparaît sur des racines, des taches brunâtres qui ne tardent pas à pourrir en se couvrant d'un feutrage blanchâtre avec des sclérotes noirâtres. Éliminer toutes les plantes atteintes ; éviter de forcer des racines molles ; à la coupe des feuilles, poudrer le collet avec du lithothamne ; cette maladie est rare.

▶ **LES PUCERONS :** les feuilles sont attaquées par ces petits insectes qui sucent la sève. Voir le paragraphe consacré à la lutte contre les pucerons, page 43.

▶ **LES PUCERONS DES RACINES :** sucent le collet des plantes. Voir page 43.

▶ **LA COURTILIÈRE :** coupe les racines sur son passage. Voir le paragraphe consacré aux courtilières, page 44.

▶ **LA NOCTUELLE DES MOISSONS :** la chenille s'attaque au collet et aux racines. Voir le paragraphe consacré à cette noctuelle, page 47.

▶ **LES MOLLUSQUES :** dévorent les feuilles tendres. Voir le paragraphe qui leur est consacré, page 44.

▶ **LES MULOTS :** ces indésirables s'attaquent parfois aux racines. Voir le paragraphe qui leur est consacré, page 49.

NOMS ÉTRANGERS

▶ **CHICORÉE FRISÉE. ANGLAIS :** *endive, curled endive.* **ALLEMAND :** *Winterendivie, Plumage.* **ESPAGNOL :** *endivia.* **ITALIEN :** *cicoria indivia.* **NÉERLANDAIS :** *andijvie.*

▶ **CHICORÉE SCAROLE. ANGLAIS :** *escarola.* **ALLEMAND :** *breitblättrige Endivie, eskariol Endivie.* **ESPAGNOL :** *escarola, endibia o'endivia.* **ITALIEN :** *cicoria scarola.* **NÉERLANDAIS :** *escarol, kropandijvie.*

▶ **CHICORÉE SAUVAGE. ANGLAIS :** *wild chicory, wild succory.* **ALLEMAND :** *Wegwarte, Zichorie.* **ESPAGNOL :** *achicoria amarga o agreste, achicoria silvestre.* **ITALIEN :** *cicoria selvatica.* **NÉERLANDAIS :** *cichorei, suikerij, witloof.*

Chou brocoli branchu (P, *)

Cycle végétatif : annuel ou bisannuel (selon les variétés).
Famille : Crucifères.
Noms botaniques : (1) et (2) *Brassica oleracea* Linné, var. *italica* Plenck.
Synonymes botaniques : *B. asparagoides* Calwer, *B. oléracea* var. *asparagoides* Gmelin.
Synonymes français : brocoli-asperge, brocoli à jets, brocoli-tige, brocoli d'Italie, chou-asperge, chou-fleur d'Italie.

Plante potagère, haute de 40 à 80 cm et plus (suivant les variétés). Ses feuilles sont pétiolées, allongées, dentées, d'un vert grisâtre ou violacé ; sa tige produit à son sommet et à l'aisselle de ses feuilles une succession de petites pommes (jets) charnues, de couleur vert-blanc ou violacée, qui constituent un ensemble de boutons floraux.
Le chou brocoli branchu est certainement le chou le plus fin et le plus délicieux ; la culture de cette plante est bien moins délicate que celle du chou-fleur ou que celle du chou brocoli blanc à grosse pomme.
Ce chou est très cultivé au Royaume-Uni, en Italie et aux États-Unis. Origine : Europe méridionale (certainement italienne).
Floraison : suivant les variétés et l'époque des semis, en été, en automne ou au début du printemps. Fleurs : hermaphrodites, jaunes, en épis.

UTILISATIONS

Les pousses tendres (tiges, feuilles et boutons floraux), au goût très fin, se consomment cuites, accommodées : gratinées, en soufflé, au beurre noir, à l'étouffée, à la sauce blanche, à la vinaigrette comme les asperges, etc.

PROPRIÉTÉS

Sans doute comme le chou pommé.

CULTURE

▶ **Sols préférés :** fertiles, profonds, frais, humifères.
▶ **Climat :** tempéré, pas trop chaud, à hiver doux car il est sensible au froid.
▶ **Multiplication :** par semis.
▶ **Culture :** semer le chou brocoli 'Calabrais' en avril, en pépinière ou sous châssis. Le mettre en place quand les plants ont 4-5 feuilles ; tenir le sol suffisamment frais, car il n'apprécie pas la transplantation ; le pralinage des racines dans une bouillie de lithothamne favorisera la reprise. Les autres types de choux brocolis à jets se sèment en pépinière en mai-juin ; les repiquer en pépinière et les mettre en place quand ils ont 4-5 feuilles. Recouvrir peu les graines. Lors du repiquage, il faut bien tasser la terre autour de chaque plant.

Tous les choux brocolis, et surtout le 'Calabrais', peuvent être semés très clair en place, les rangs espacés de 80 cm ; l'éclaircissage se fait ensuite à 40-50 cm sur la ligne.
▶ **Voisinage :** voir le chou pommé.
▶ **Facteurs lunaires :** semer de préférence en lune décroissante.
▶ **Rotation :** il faudra attendre 3 à 4 années avant de cultiver d'autres choux au même endroit.

▶ **Fumures, fertilisations :** normales ; éviter un compost mal décomposé.

▶ **Fertilisations foliaires :** toutes les 2 ou 3 semaines avant l'apparition des boutons floraux.

▶ **Soins :** binages, sarclages, arrosages et paillage conseillés, surtout en période de sécheresse. Il est bénéfique de butter légèrement les variétés bisannuelles qui passent l'hiver en place, à cause du vent qui les couche.

VARIÉTÉS

'Calabrais' (jets verts), 'Violet hâtif' (jets violacés), 'Blanc' (jets blanchâtres). Quelques variétés d'hybrides F1 sont commercialisées dans certains catalogues.

GRAINES

▶ **Porte-graines :** comme pour tous les choux, il est très difficile de produire des semences satisfaisantes. Un grand nombre de porte-graines est en effet nécessaire pour conserver les critères de la variété. Pour y parvenir malgré tout, il faut les laisser monter à graines, les tuteurer, pincer les extrémités des bourgeons floraux et récolter les graines peu avant complète maturité (généralement en août-septembre). Pour cela, couper les tiges et les faire sécher à l'ombre, puis les battre avant d'ensacher les graines. Attention, presque tous les choux se croisent entre eux.

▶ **Durée germinative :** 5 ou 6 ans.

▶ **Nombre de graines au gramme :** environ 530.

▶ **Levée :** de 1 à 2 semaines.

▶ **Intervalle entre le semis et le début de la récolte :** environ 3 ou 4 mois pour le chou brocoli vert 'Calabrais' et 6 à 8 mois (voire plus) pour les variétés bisannuelles.

RÉCOLTE ET CONSERVATION

On récolte les tiges portant les boutons floraux quand elles sont longues de 15 cm environ et surtout avant que les fleurs ne commencent à s'ouvrir ; il ne faut pas trop attendre car, par temps chaud, les fleurs se développent rapidement. Après la première récolte, de nouveaux bourgeons vont pousser et ainsi de suite.

Le chou brocoli vert 'Calabrais' se récolte en été et en automne ; les autres variétés, pendant l'hiver et au début du printemps (selon les cultivars). Le premier bourgeon floral que l'on récolte est le terminal.

MALADIES ET PARASITES

Se reporter aux choux pommés.

NOMS ÉTRANGERS

Anglais : *sprunting broccoli, asparagus broccoli.* **Allemand :** *Brokkoli, Bröckelkohl, Spargelkohl (Brocoli).* **Espagnol :** *brécol, brecolera, bróculi (brocoli).* **Italien :** *cavolo broccolo ramoso.* **Néerlandais :** *italiaanse bloemkool.*

Chou de Bruxelles (P, **)

Cycle végétatif : bisannuel.
Famille : Crucifères.
Noms botaniques : (1) *Brassica oleracea* *var. gemmifera* De Candolle, *(2) B. oleracea* Linné var. *gemmifera* Zenker.
Synonymes français : chou à jets, chou à rejets, chou rosette, chou spruyt de Bruxelles.

Plante potagère aux feuilles à longs pétioles, entières, légèrement dentées, creusées en forme de cuillère, de couleur vert foncé ou violacé (suivant les variétés). La tige, qui atteint 1 m pour certains cultivars, donne naissance, à l'aisselle des feuilles, à de petites pommes serrées les unes contre les autres, qui se développent de bas en haut. La plante se termine par une rosette principale qui ne pomme pas. Origine : Europe occidentale et méridionale. Floraison : d'avril à juillet (2e année de culture). Fleurs : hermaphrodites, jaunes, solitaires, en épis simples et allongés.

UTILISATIONS

On mange les petites pommes cuites : au jus, sautées, au gras, à la crème, braisées, en salade, à l'anglaise, gratinées, etc.

PROPRIÉTÉS

Certainement les mêmes que celles du chou pommé.

CULTURE

▶ **Sols préférés :** toutes les terres fertiles, profondes, assez riches et suffisamment fraîches ; éviter les sols trop acides et trop humides.

▶ **Climat :** tempéré et frais ; très rustique, la plante supporte généralement des hivers rigoureux (jusqu'à – 15 °C environ).

▶ **Exposition :** ensoleillée.

▶ **Multiplication :** par semis.

▶ **Culture :** semer clair de mars à juin en pépinière, recouvrir peu les graines, plomber ; repiquer à 60 cm en tous sens quand les plants ont 3 à 4 feuilles ; il est avantageux de praliner les racines avec une bouillie de lithothamne.

▶ **Voisinage :** entre ses rangs, on peut cultiver de la laitue, du haricot nain, du pois, de l'oignon, du navet, du cerfeuil, de la mâche... Comme les autres choux, il n'apprécie pas le voisinage de fraisiers.

▶ **Facteurs lunaires :** les semis et les repiquages s'effectuent de préférence en lune décroissante.

▶ **Rotation :** entre dans la catégorie des plantes potagères exigeantes ; pratiquer une alternance de 3 ans ou plus.

▶ **Fumures, fertilisations :** normales, n'apporter que très peu d'engrais azotés et éviter les fumures fraîches ; l'excès d'engrais produit des pommes lâches.

▶ **Fertilisations foliaires :** toutes les 3 semaines environ, effectuer un poudrage foliaire à base de lithothamne.

Quand les choux de Bruxelles arrivent à maturité, les feuilles du bas jaunissent : les supprimer en tirant vers le bas. Pour avancer la récolte, pincer légèrement, sur certains pieds, le cœur de la pomme lâche terminale (à la fin de l'été pour les variétés hâtives et au début de l'hiver pour les variétés tardives ou demi-tardives) ; un inconvénient, cette façon de procéder abaisse le rendement !

▶ **Soins :** binages, sarclages, arrosages si nécessaire, surtout en début de croissance. Pailler en cas de sécheresse et tenir le sol suffisamment frais.

VARIÉTÉS

▶ **Variétés précoces :** 'Demi-nain de la halle' (rustique), 'Nain early moon', 'Peergynt', 'Précoce de Fontenay', 'Lancelot', 'Rubine' (à feuilles violacées), 'Dur de Genlis'. Les variétés hâtives résistent mal au froid.

▶ **Variétés demi-tardives ou tardives :** 'Bangalor', 'Demi-nain de Rosny', 'India', 'Nain de Lyon', 'Askold', 'Roi Arthur'.

GRAINES

▶ **Porte-graines :** choisir des pieds à pommes nombreuses, fermes, représentant bien la variété. Ne pas cueillir les rejets (petites pommes) ; les laisser en place l'hiver, les replanter vers le début avril à 70 cm en tous sens.

Supprimer la « tête » terminale ainsi que les bourgeons mal développés, ne garder que les pommes moyennes. Tuteurer les porte-graines.

Récolter les graines en juillet, avant complète maturité, sécher les siliques à l'ombre, les battre et les ensacher.

▶ **Durée germinative :** 4 ou 5 ans, les semences de 2 ans et plus lèvent mieux.

▶ **Nombre de graines au gramme :** 350 à 500, suivant les variétés.

▶ **Levée :** de 7 à 11 jours.

▶ **Intervalle entre le semis et le début de la récolte :** environ 5 mois et demi pour les variétés précoces, 6 à 8 mois pour les semis tardifs ou demi-tardifs.

RÉCOLTE ET CONSERVATION

On récolte, au fur et à mesure des besoins, les petites pommes bien formées, de 2 à 3 cm de diamètre. La récolte s'étale de septembre à avril : les variétés précoces à l'automne, les variétés demi-tardives ou tardives depuis l'automne jusqu'à la fin de l'hiver.

Les « rosettes » du chou de Bruxelles se conservent assez longtemps sur le pied, surtout sur les variétés d'hiver, mais il faut les cueillir dès que les feuilles jaunissent : cela signifie qu'elles ne vont pas tarder à s'ouvrir.

Il est préférable de consommer les pommes du chou de Bruxelles le plus rapidement possible après la cueillette ; sinon, les maintenir quelques jours à l'ombre et au frais. L'excédent de récolte sera congelé ou stérilisé.

MALADIES ET PARASITES

Le chou de Bruxelles a généralement beaucoup moins de maladies et souffre moins des insectes ravageurs que les choux pommés (se reporter aux maladies des choux et au chou pommé).

NOMS ÉTRANGERS

Anglais : *Brussels sprunts.* **Allemand :** *Rosenkohl, Sprossenkolh.* **Espagnol :** *bretones de Bruselas, col de Bruselas.* **Italien :** *cavolo a germoglio, cavolo di Bruxelles.* **Néerlandais :** *spruitkool.*

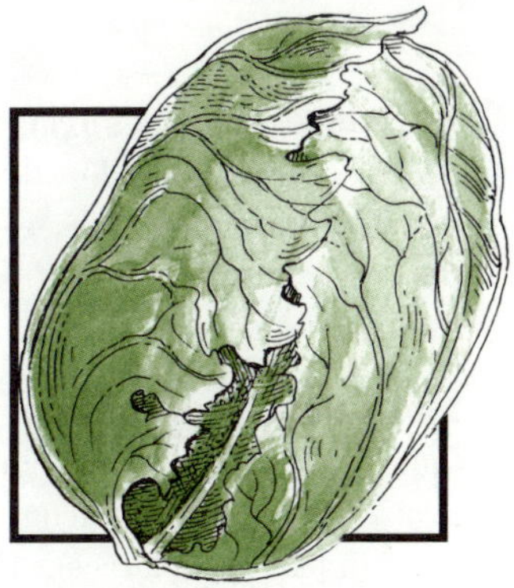

Chou de Chine (P, **)

Cycle végétatif : annuel.
Famille : Crucifères.
Noms botaniques :
chou de Chine 'Pe tsaï' : (1) et (2) *Brassica pekinensis* Ruplecht ;
chou de Chine 'Pak choi' : (1) *B. chinensis* Juslen, (2) *B. chinensis* Linné.
Synonymes botaniques :
chou de Chine 'Pe tsaï' : *Sinapis pekinensis* Loureiro, *B. petsai* Bailey ;
chou de Chine 'Pak choi' : *B. napus* var. *chinensis* O.E. Schulz, *B. oleracea* var. *chinensis* Prain.
Synonymes français :
chou de Chine 'Pe tsaï' : chou chinois, chou de Shangton, chou de Pékin (très utilisé), salade pékinoise ;
chou de Chine 'Pak choi' : chou chinois, chou-blette, etc.

Plante potagère, de végétation rapide, très anciennement cultivée en Chine ; de nombreuses variétés sont représentées aux États-Unis et au Royaume-Uni. 'Pe tsaï' a des feuilles longues, dressées, ondulées sur les bords. Elles sont munies d'un large pétiole charnu, leur couleur varie du vert pâle au blond ; elles forment une rosette ayant un peu l'apparence d'une laitue romaine ou d'une poirée.
Le type 'Pak choi' possède des feuilles vert sombre brillant, ovales, radicales, renversées à partir de la moitié supérieure ; elles forment une rosette plus ou moins libre. Elles sont munies d'un long pétiole charnu blanchâtre. Le tout ressemble beaucoup à une poirée. En France, où les choux de Chine ne sont pas très connus, 'Pe tsaï' est le plus courant. Origine : Extrême-Orient. Floraison : au printemps de la 2e année de culture ; parfois la 1re année, avant complet développement. Fleurs : hermaphrodites, jaunes, solitaires, en épis pyramidaux.

UTILISATIONS

Le 'Pe tsaï' se consomme cru ou cuit, haché. On mange ses parties les plus tendres crues en salade. Quand il est cuit (à la sauce blanche, au jus de viande, à la crème, farci, sauté au beurre), sa saveur fine évoque à la fois la chicorée, le navet et le chou pommé. Les feuilles s'accommodent comme les épinards ou les côtes (blettes, poirées). En Chine, on apprécie ce chou, accompagné de divers autres légumes, en lactofermentation.

'Pak choi' a un goût plus prononcé que 'Pe tsaï' ; en cuisine, on l'exploite de façon tout à fait similaire.

PROPRIÉTÉS

Béchiques, digestives, laxatives et stomachiques ; vitamines A, C, B1, B2, PP, ainsi que calcium, fer et phosphore.

CULTURE

▶ **Sols préférés :** frais, sablonneux ou argileux, humifères, bien aérés, à pH neutre ; n'accepte pas les terres sèches.

▶ **Climat :** tempéré, frais ; il est sensible aux

grands froids, mais supporte bien les premières gelées pas trop brutales (– 8 °C).

▶ **Exposition :** ensoleillée et bien abritée.

▶ **Multiplication :** par semis.

▶ **Culture :** semer clair, en place, de la mi-juillet à la mi-août, en lignes espacées de 40 cm. Éclaircir à 30 cm sur le rang. Pour économiser les semences et faciliter l'éclaircissage, semer en poquets 3 à 4 graines tous les 30 cm ; ne garder que le plus beau sujet.

Dans le Midi, on opère en août-septembre pour récolter de novembre à mars.

On peut semer le chou de Chine en pépinière et le repiquer environ 2 semaines plus tard, avec sa motte ; arroser copieusement pour faciliter la reprise. Maintenir le sol frais jusqu'à la récolte. Semées trop tôt, la plupart des variétés de chou de Chine montent rapidement à graines.

▶ **Voisinage :** éviter les autres crucifères (choux).

▶ **Facteurs lunaires :** semer de préférence en lune décroissante.

▶ **Rotation :** plante exigeante, mais n'occupant pas longtemps le terrain ; entre dans la rotation des plantes potagères herbacées : pratiquer une alternance d'au moins 2 à 3 ans.

▶ **Fumures, fertilisations :** normales.

▶ **Fertilisations foliaires :** au début de la végétation, quelques fertilisations foliaires à base de lithothamne.

▶ **Soins :** binages, sarclages, arrosages fréquents et profonds en cas de sécheresse (l'arrêt végétatif est proscrit) ; paillage conseillé.

VARIÉTÉS

Il existe de nombreuses variétés de chou de Chine. Parmi les plus connues : 'Pe tsaï amélioré', 'Pak choi', 'Santo', 'Osaka large latest', 'Kwanhoo choi', 'Chihfu', 'South China earliest', 'Matsushima', 'Mei quing choi', 'Chinese cabbage', 'Che foo', 'Chinese cabbage shantung'.

GRAINES

▶ **Porte-graines :** choisir quelques beaux pieds, les abriter pendant l'hiver en jauge ou dans un endroit frais pour arrêter leur cycle végétatif ; les replanter en mars à 50 cm en tous sens. Récolter les graines à maturité en juillet-août en coupant les tiges, les faire sécher à l'ombre, les battre et les conserver dans des boîtes ou sachets hermétiques.

▶ **Durée germinative :** 5 ans.

▶ **Nombre de graines au gramme :** 350 environ.

▶ **Levée :** environ 1 semaine.

▶ **Intervalle entre le semis et le début de la récolte :** 2 à 3 mois.

RÉCOLTE ET CONSERVATION

On récolte le chou de Chine de septembre à novembre, quand il est formé et selon les besoins ; dans le Midi, l'opération se prolonge jusqu'en février-mars. Il faut le protéger des grands froids en l'arrachant avec sa motte et en le conservant en jauge (voir chapitre sur la conservation des légumes).

'Pe tsaï' supporte les premières gelées, pas trop brutales : celles-ci attendrissent les feuilles.

Certains blanchissent le 'Pe tsaï' avant de le récolter : il est plus tendre mais perd une partie de sa saveur et de ses propriétés. On le blanchit en le liant comme la chicorée.

On récolte la plante entière en la coupant au ras du sol.

Consommer le chou de Chine le plus tôt possible après la récolte.

MALADIES ET PARASITES

▶ **La limace** (dévore les jeunes plants).

▶ **L'altise** (petit coléoptère qui mange les feuilles).

▶ **La piéride du navet** (chenille verte, longue de 3 cm, qui perfore les feuilles).

Se reporter aux paragraphes concernés.

NOMS ÉTRANGERS

▶ **"Pe tsaï". Anglais :** *chinese cabbage, celery cabbage, shantung cabbage, petsai.* **Allemand :** *Chinakohl, Schantungkohl, Pekingkohl.* **Espagnol :** *col de China, col de pe tsai.* **Italien :** *cavolo chinese.* **Néerlandais :** *chinese kool.*

▶ **"Pak choi". Anglais :** *chinese cabbage, pak choi.* **Allemand :** *Chinakohl, Pekingkohl, chinesischer Kohl.* **Espagnol :** *col de China, col de pak-choi.* **Italien :** *cavolo chinese.* **Néerlandais :** *chinese kool.*

Chou-fleur (P, **)

Cycle végétatif : annuel (chou-fleur, parfois cultivé comme bisannuel), bisannuel (chou brocoli à grosse pomme).

Famille : Crucifères.

Noms botaniques : (1) et (2) *Brassica deracea var. botrytis* Linné.

Synonymes botaniques : *B. cauliflora* Garsault, *B. oleracea* var. *cauliflora* De Candolle, *B. oleracea ssp botrytis* Spielart, *B. cretica* var. *cauliflora* Schwarz.

Synonyme français : chou de Chypre.

Plante potagère cultivée pour son inflorescence que l'on consomme. De couleur vert grisâtre, ses feuilles pétiolées, radicales, oblongues et légèrement dentées sont dressées verticalement. Sa tige est courte, ronde, rameuse lors de la floraison. Avant leur épanouissement, les fleurs réunies forment une grosse pomme épaisse, compacte, granuleuse, généralement de couleur blanche. Il existe une variété à pomme violacée (chou-fleur violet de Sicile).

Le chou-fleur d'hiver ou chou brocoli blanc à grosse pomme possède davantage de feuilles ; celles du centre se referment sur la pomme. Plus petite que celle de la variété annuelle, cette dernière ne se développe que l'année suivante. Il existe une variété à pomme jaune ('Romanesco').

Origine : Bassin méditerranéen ou Moyen-Orient (sud de l'Italie, Chypre). Floraison : suivant les variétés et la culture, de la fin mai aux gelées. Fleurs : hermaphrodites, jaunes, solitaires, en épis simples et allongés (beaucoup de fleurs avortent).

UTILISATIONS

Les petits bouquets qui composent la pomme se consomment cuits (accommodés en vinaigrette, au gratin, à la sauce blanche, à la maître d'hôtel, au jus, à l'anglaise, au beurre, etc.) ou crus (confits au vinaigre, accompagnés d'une sauce mayonnaise relevée).

PROPRIÉTÉS

Contient des vitamines A, B1, B2, C, E, ainsi que du calcium, du fer, du magnésium, du phosphore et du potassium. Sa valeur alimentaire est moindre que celle du chou pommé.

CULTURE

▶ **Sols préférés :** fertiles, profonds, frais, humifères, plutôt argileux et légèrement calcaires. Accepte les terres un peu acides.

▶ **Climat :** frais, humide, doux en hiver. S'il craint le froid, le chou-fleur redoute aussi les grandes chaleurs et la sécheresse. Le chou-fleur brocoli résiste mieux aux gelées, jusqu'à – 5 °C.

▶ **Exposition :** ensoleillée.

▶ **Multiplication :** par semis.

▶ **Culture :**

Chou-fleur de printemps : dans les régions à climat doux : semer de la mi-août à la mi-septembre en pépinière ; repiquer en pépinière bien abritée pour mettre en place à l'automne. Dans les régions plus froides : faire hiverner sous châssis froid ; en cas de fortes gelées, entourer le châssis de fumier de cheval ou de feuilles sèches et le recouvrir de paillassons, aérer en cas de besoin ; mettre les plantes en place en mars-avril à 70 cm en tous sens.

Chou-fleur d'été : semer en février-mars sur couche sous châssis ou de mars à juin en pépinière à bonne exposition. Mettre en place quand les plants ont 4 ou 5 feuilles, à 70-80 cm en tous sens.

Chou-fleur d'automne : semer en pépinière en mai-juin, mettre en place quand les plants sont suffisamment forts, environ 1 mois et demi après le semis ; augmenter la distance de plantation (80 cm sur le rang et 1 m entre les lignes). *Chou-fleur d'hiver ou brocoli :* semer de mai à la fin juin, mettre en place quand les plants sont pourvus de 4 ou 5 feuilles, à 60-70 cm sur la ligne et 80 cm à 1 m entre les rangs.

Recouvrir peu les graines, tenir le sol suffisamment humide pour faciliter la levée. Lors de la plantation, il est judicieux d'enrober les racines avec une bouillie de lithothamne.

▶ **Voisinage :** la pomme de terre et l'oignon sont les voisins préférés du chou-fleur ; quelques plantes condimentaires (sauge, romarin, menthe, etc.), qui éloignent certains parasites, sont bénéfiques pour son environnement. On peut semer de la mâche ou des épinards entre les rangs de choux-fleurs.

▶ **Facteurs lunaires :** semer de préférence en lune décroissante.

▶ **Rotation :** le chou-fleur est classé dans les plantes potagères exigeantes, pratiquer une rotation de 3 à 4 ans.

▶ **Fumures, fertilisations :** normales, éviter les fumures fraîches, ne pas apporter trop d'engrais azotés. À la plantation, un bon apport de compost à chaque pied est important.

▶ **Soins :** binages, sarclages, arrosages si nécessaire, le chou-fleur aime bien une terre suffisamment humide, sans excès. Pailler en cas de sécheresse. Il faut rabattre les feuilles sur les pommes quand ces dernières se forment, afin qu'elles gardent leur belle couleur.

Variétés

▶ **Variétés hâtives :** 'Everest', 'Boitle de neige', 'Erfurt nain très hâtif', 'Flora blanca', 'Viking', 'Merveille des 4 saisons', 'le Normand à pied court', 'Malines', 'Danova', 'Nain hâtif de Chalon', 'de Metz', 'Tendre de Paris', 'Perfection de Massy', 'Suprimax', 'Lenormand'...

▶ **Variétés hâtives ou tardives :** 'Géant d'automne', 'Barrier reef', 'Dur de Paris', 'Dur d'Angleterre', 'd'Orgeval amélioré', 'Lecerf', 'Géant de Naples', 'Flora blanca', 'Demi-dur de St-Brieuc', 'Noir de Sicile' (pomme violacée)...

▶ **Variétés de chou-fleur d'hiver, printemps ou brocoli à pomme blanche :** 'Extra hâtif d'Angers', 'Hâtif d'Angers', 'Blanc extra hâtif d'Angers', 'Demi-hâtif d'Angers', 'Blanc hâtif d'Angers', 'Armado', 'Hâtif de Walcheren', 'Blanc mammouth', 'Blanc de Roscoff', 'Romanesco' (à pomme jaune).

Graines

▶ **Porte-graines :** la réussite des graines de chou-fleur est assez difficile. En mai-juin, choisir quelques beaux pieds aux pommes bien formées et avec des grains serrés et fins. Ils doivent de préférence être issus d'un semis de septembre, qu'on aura préservé sous châssis. Les mettre en place courant avril en rabattant les feuilles. Quand les tiges florales se développent, supprimer les feuilles protégeant les pommes, pincer l'extrémité des inflorescences, tuteurer les tiges florales. Récolter les siliques en août-septembre.

Protéger les porte-graines des oiseaux à l'aide de filets. Les semences sont meilleures à partir de la 2e année.

▶ **Durée germinative :** 5 à 6 ans.

▶ **Nombre de graines au gramme :** 550.

▶ **Levée :** quelques jours.

▶ **Intervalle entre le semis et le début de la récolte :** elle varie suivant l'époque des semis : chou-fleur hâtif, environ 8 mois ; chou-fleur demi-tardif ou tardif, environ 4 mois ; chou brocoli de printemps, 9 ou 10 mois.

Récolte et conservation

Le chou-fleur doit être consommé le plus rapidement possible après la récolte. Il se conserve quelques jours au frais et à l'abri de la lumière, mais il perd alors sa valeur nutritive.

Les pieds dont les pommes ne sont pas entièrement formées seront arrachés et enjaugés sous châssis froids, après avoir supprimé les feuilles de la base. Arroser et aérer si nécessaire. Lors des froids, en les protégeant ainsi, ils tiendront jusqu'en janvier. Les choux-fleurs dont les pommes sont entièrement formées se conservent de la même façon (les racines sont alors entièrement enterrées), environ 3 semaines.

MALADIES ET PARASITES

Voir à *Chou pommé*, pages 150 à 152.

NOMS ÉTRANGERS

ANGLAIS : *cauliflower.* **ALLEMAND :** *Blumenkohl, Karfiol, Käsekohl.* **ESPAGNOL :** *coliflor.* **ITALIEN :** *cavolfiore.* **NÉERLANDAIS :** *bloemkool*

Chou frisé (non pommé) (P, *)

Cycle végétatif : bisannuel.
Famille : Crucifères.
Noms botaniques : (1) *Brassica oleracea,* var. *sabellica* Linné, (2) *B. oleracea* Linné, var. *acephala* De Candolle.
Synonyme botanique : *B. fimbriata* De Candolle.
Synonymes français : chou d'aigrette, chou frangé, chou plume...

Plante potagère, très décorative par son feuillage, mesurant 40 cm à 1,50 m de hauteur suivant les cultivars. Ses feuilles sont grandes, allongées, profondément découpées et très frisées sur les bords ; elles sont recourbées pour les variétés hautes et plutôt étalées pour les variétés basses. Sa tige est droite, arrondie, épaisse, feuillée, se terminant par une rosette de feuilles plus petites. C'est une plante très intéressante dans les régions aux climats froids. Elle ne forme pas de pomme. Origine : Europe. Floraison : d'avril à juillet (2e année de culture). Fleurs : hermaphrodites, jaunes, solitaires, en épis simples et allongés.

UTILISATIONS

Les feuilles se consomment cuites, de la même manière que celles du chou pommé : au jus, aux lardons, à l'étouffée, etc. Elles accompagneront agréablement, entre autres, les potages, le pot-au-feu ou diverses potées.

PROPRIÉTÉS

Certainement à peu près les mêmes propriétés que celles du chou pommé.

CULTURE

▶ **SOLS PRÉFÉRÉS :** meubles, frais, profonds, plutôt neutres ou légèrement calcaires.

▶ **CLIMAT :** tempéré, très résistant au froid.

▶ **EXPOSITION :** ensoleillée, parfois il tolère la mi-ombre.

▶ **MULTIPLICATION :** par semis.

▶ **CULTURE :** semer d'avril à juin, en pépinière ; repiquer en pépinière environ 1 mois plus tard, mettre en place au bout de quelques semaines (du 15 juin au 15 juillet) à 50-60 cm en tous sens.

Praliner les racines dans une bouillie de lithothamne pour faciliter la reprise. Le repiquage en pépinière donne du chevelu aux racines.

▶ **VOISINAGE :** voir chou pommé. Ne pas faire voisiner d'autres choux producteurs de semences.

▶ **FACTEURS LUNAIRES :** semer de préférence en lune décroissante.

▶ **ROTATION :** entre dans la catégorie des plantes exigeantes, pratiquer une rotation de 3 à 4 ans.

▶ **FUMURES, FERTILISATIONS :** comme toutes les plantes foliacées, demande de l'azote au démarrage (sans excès cependant) ; appliquer des doses normales.

▶ **Fertilisations foliaires :** 2 ou 3 poudrages ou pulvérisations à base de lithothamne en cours de saison.

▶ **Soins :** binages, sarclages, arrosages si nécessaire, pailler en cas de sécheresse.

VARIÉTÉS

'Frisé grand du Nord', 'Frisé vert à pied court', 'Extra-frisé demi-nain vert', 'Frisé triomphe des Excelsior', 'Frisé de Toscane'...

GRAINES

▶ **Porte-graines :** choisir quelques beaux sujets d'un semis tardif (fin mai-début juin), butter les pieds ; ils fleuriront au printemps. Tuteurer chaque pied, pincer les extrémités des bourgeons floraux. Récolter les graines peu avant complète maturité. On coupe les tiges que l'on fait sécher à l'ombre. Battre et ensacher les graines.

▶ **Durée germinative :** 5 à 7 ans.

▶ **Nombre de graines au gramme :** environ 300.

RÉCOLTE ET CONSERVATION

On récolte les feuilles à partir de la base de la plante, selon les besoins, depuis l'automne jusqu'au printemps. Les feuilles seraient meilleures après les premières gelées. Il est préférable d'utiliser les feuilles le plus rapidement possible après la cueillette.

MALADIES ET PARASITES

Voir *Chou pommé*. Les choux frisés posent généralement peu de problèmes, ils sont rarement attaqués par les chenilles.

NOMS ÉTRANGERS

Anglais : (variétés grandes) *tall green curled kale, tall scotch kale ;* **(variétés naines)** *dwarf curled kale.* **Allemand : (variétés grandes)** *hoher grüner Winterkohl ;* **(variétés naines)** *niedriger grüner feingekrauster Winterkohl.* **Espagnol :** *col itade, col cabalar, berza col.* **Italien :** *cavolo riccio.* **Néerlandais : (variétés grandes)** *groene groote gekrulde boerenkool ;* **(variétés naines)** *groene kleine gekrulde boerenkool.*

Chou-navet (P, *)

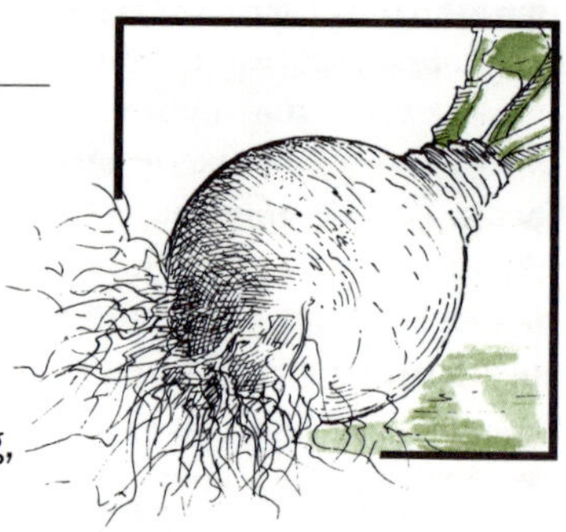

Cycle végétatif : bisannuel.
Famille : Crucifères.
Noms botaniques : (1) *Brassica napus* var. *napobrassica* (Linné) Reichenbach, (2) *B. napobrassica* Miller.
Synonymes botaniques : *B. napus* var. *rapifera* Metzg, *B. oleracea var. napobrassica* Linné.
Synonymes français : chou de Suède, navet jaune, chou rutabaga.

Plante potagère et fourragère ayant une mauvaise réputation depuis la dernière guerre mondiale : c'est en effet à peu près la seule plante, avec le topinambour, que les Allemands laissaient aux Français... jusqu'à en dégoûter une grande partie des familles qui inscrivaient ces légumes tous les jours au menu. On ignorait souvent alors que ces deux plantes potagères avaient une valeur nutritive importante.

Le chou-navet et le chou rutabaga sont des cultivars différents mais assez proches. Anciennement cultivés en Europe pour leur racine, ils sont encore présents dans beaucoup de potagers du Nord, de l'Alsace et de la Bretagne. Les animaux domestiques apprécient beaucoup ces racines, en particulier les lapins.
La plante est dotée de feuilles lisses, divisées, souvent recouvertes d'une fine pellicule poudreuse, elles sont de couleur vert-bleu ; sa racine est grosse, renflée, demi-enterrée, sphérique pour le chou rutabaga, allongée et conique pour le chou-navet ; la couleur de la chair est jaune pour le premier et blanche pour le second. Origine : Europe. Floraison : d'avril à juillet (2e année). Fleurs : hermaphrodites, jaunes, comme les autres choux.

UTILISATIONS

Les racines épluchées et cuites s'emploient dans les soupes, en ragoûts, sautées, dans les potées, dans le pot-au-feu, etc. Leur saveur est parfumée, oscillant entre chou et navet.

PROPRIÉTÉS

Diurétiques, laxatives, nourrissantes, etc. Contient des vitamines A, B, C, ainsi que des sels minéraux : calcium, cuivre, magnésium, phosphore et potassium, etc.

CULTURE

▶ **Sols préférés :** s'adapte à tous les sols fertiles, mais préfère les terres humifères, fraîches et argileuses.

▶ **Climat :** tempéré, humide ; il craint les grandes chaleurs mais supporte le froid.

▶ **Exposition :** ensoleillée, accepte la mi-ombre.

▶ **Multiplication :** par semis.

▶ **Culture :** semer clair, en avril-mai en pépinière, éclaircir à quelques centimètres si les plants sont trop serrés ; mettre en place à 35-40 cm en tous sens, quand les plants ont 4 ou 5 feuilles et que leur racine atteint la grosseur d'un petit crayon. Semer en place, en mai, 4 ou 5 graines tous les 35-40 cm ; par la suite, ne garder qu'un seul sujet à ces distances.

Comme pour tous les choux, recouvrir peu les graines, tasser avec le dos du râteau, tenir le sol frais.

▶ **Facteurs lunaires :** semer de préférence en lune décroissante.

▶ **Rotation :** entre dans la catégorie des plantes exigeantes, attendre 3 ou 4 années avant de cultiver des choux au même endroit.

▶ **Fumures, fertilisations :** normales.

▶ **Fertilisations foliaires :** 2 ou 3 en cours de saison, à base de lithothamne.

▶ **Soins :** binages, sarclages, arrosages, surtout en période de sécheresse (dans ce cas, le paillage est recommandé).

VARIÉTÉS

'Blanc ordinaire', 'Blanc d'Aubigny à collet vert', 'Blanc d'Aubigny à collet rouge', 'Blanc hâtif à feuilles entières', 'Rutabaga à collet vert', 'Rutabaga champion à collet violet', 'Rutabaga jaune de Saint-Marc', 'Rutabaga de Pontivy', 'Rutabaga jaune plat hâtif', 'Rutabaga le parfait', etc.

GRAINES

▶ **Porte-graines :** repérer quelques belles racines, les arracher avant les froids et les conserver dans du sable sec, à la cave, en ayant pris soin de supprimer les feuilles ; on peut les laisser en place, les butter (après avoir coupé les feuilles au-dessus du collet), les protéger des grands froids avec de la paille ou des feuilles sèches. En mars, planter à 70 cm en tous sens, tuteurer, pincer les extrémités des tiges florales comme pour tous les choux. On coupe les tiges quand les graines sont presque à maturité, généralement en juillet. Faire sécher à l'ombre sur une toile, battre et ensacher les graines.

▶ **Durée germinative :** 5 à 6 ans.

▶ **Nombre de graines au gramme :** 370 à 380.

▶ **Levée :** une dizaine de jours.

▶ **Intervalle entre le semis et le début de la récolte :** de 3 mois et demi à 4 mois.

RÉCOLTE ET CONSERVATION

On récolte les racines suivant les besoins depuis la fin août jusqu'en mars. Elles sont plus tendres aux deux-tiers de leur développement.

Pour la conservation du chou-navet, on retient deux solutions :

- *en place* : les conserver en place pendant l'hiver ; dès que les froids arrivent, couper les feuilles, les butter, les protéger avec des feuilles sèches ou de la paille que l'on enlève dès que le temps se radoucit ;
- *en cave ou en silo* : avant les grands froids, généralement en novembre, arracher le chou-navet, le laisser se ressuyer sur le sol, couper les feuilles et les racines, poudrer le collet au lithothamne ; les racines se conservent en tas ou stratifiées dans du sable sec, en silo ou en cave.

Il arrive parfois que certaines racines soient filandreuses, surtout si les plantes ont souffert de la sécheresse.

MALADIES ET PARASITES

Voir *Chou pommé*. Plante ayant rarement de problèmes.

NOMS ÉTRANGERS

ANGLAIS : *swedish turniq, swede, turniq-rooted cabbage.* **ALLEMAND :** *Kohlrübe, Steckrübe, Wruckenrübe.* **ESPAGNOL :** *colinabo, col nabo, rutabaga, nabicol.* **ITALIEN :** *covolo navone.* **NÉERLANDAIS :** *koolraapen onder den grond.*

Chou pommé (P, **)

Cycle végétatif : bisannuel.
Famille : Crucifères.
Noms botaniques : chou cabus : (1) *Brassica oleracea* var. *capitata* Linné, (2) *B. oleracea* var. *capitata* De Candolle, chou de Milan : (1) *B. oleracea var. sabauda* Linné, (2) *B. oleraceo* var. *bullata* De Candolle.
Synonymes botaniques : chou cabus : *B. capitata* Persoon ; chou de Milan : *B. bullata* Pasquale.
Synonymes français : chou cabus : chou blanc, chou à feuille lisse, chou en tête ; chou de Milan : chou cabus frisé, chou cloqué, chou de Hollande, chou pommé à feuilles cloquées, chou de Savoie, chou Pancalier.

Le chou pommé est une plante potagère très connue. Il a des feuilles larges, charnues, étalées autour de la tige, puis formant une pomme compacte ; sa tige est courte, ronde, rameuse lors de la floraison. Le chou cabus a les feuilles lisses, de couleur vert-bleu, blonde ou violacée suivant les variétés. Il forme une grosse pomme, ronde, parfois légèrement aplatie ou allongée, ou plus ou moins pointue. Le chou de Milan a les feuilles cloquées, d'un vert plutôt foncé, et produit une pomme ronde ou légèrement conique. Origine : Europe. Floraison : d'avril à juillet (2e année). Fleurs : hermaphrodites, jaunes, solitaires, en épis simples et allongés.

UTILISATIONS

Le chou pommé se consomme cuit (au jus, au fromage, à l'étouffée, aux lardons, à l'huile, à la sauce blanche, sauté au beurre, farci, en pot-au-feu, en potage, en diverses potées) ou cru (râpé en salade).

Le chou rouge se mange cru, râpé en salade, cuit, braisé. Certaines variétés servent à la préparation de la choucroute.

PROPRIÉTÉS

Antianémiques, apéritives, béchiques, diurétiques, énergétiques, pectorales, reconstituantes, reminéralisantes, vermifuges... Contient des vitamines A, B1, B2, B5, C, E, K, PP, etc., ainsi que de nombreux sels minéraux : arsenic, cuivre, calcium, brome, chlore, iode, magnésium, manganèse, nickel, phosphore, potasse, silicium, zinc... Il a également diverses vertus médicinales.

CULTURE

▶ **Sols préférés :** tous les sols suffisamment frais, bien drainés, neutres ou peu acides.

▶ **Climat :** ce chou pousse dans toute la France, mais il préfère un climat frais, doux, humide. Il craint la sécheresse. Certaines variétés supportent bien le froid jusqu'à – 10 °C. C'est le cas de la plupart des choux de Milan d'hiver, les choux cabus de Vaugirard d'hiver et de Noël.

▶ **Exposition :** ensoleillée.

▶ **Multiplication :** par semis.

▶ **Culture :**

Choux de printemps : semer de la mi-août à la fin septembre en pépinière, repiquer de nouveau en pépinière, mettre en place en automne ou au printemps. Récolter de la fin avril à juin. Semer en février-mars, sur couche, sous châssis, repiquer en mars-avril. Récolter en juin-juillet. La distance du repiquage des choux de printemps est de 50 cm en tous sens.

Choux d'été et d'automne : semer en février-mars sous couche, sous châssis. Semer de mars à juin, en pépinière, repiquage de mai à août, à 60 cm en tous sens. Récolter de la fin juillet à décembre.

Choux d'hiver : semer de mars à juin en pépinière, planter en juin-juillet, récolter d'octobre à mars. La distance du repiquage est de 60 cm en tous sens.

Recouvrir très peu les graines de choux, plomber avec le dos du râteau, semer clair. Praliner les racines des plants avec une bouillie de lithothamne, la reprise en sera facilitée. Il est conseillé de repiquer les plants de choux une première fois en pépinière avant de les mettre en place (quand ils ont 2 ou 3 feuilles). Les installer quand ils sont assez forts, éliminer ceux qui n'ont pas d'œil central.

Il existe une autre façon de procéder pour que les racines de choux prennent du « chevelu » en évitant un repiquage en pépinière. Il suffit de soulever les plants avec un plantoir sans déraciner ceux-ci.

Certains jardiniers laissent ressuyer les plants sur le sol pendant 1 ou 2 jours avant le repiquage. Ce fanage des plants aurait pour but d'éviter la montée à graines prématurée. Ne pas oublier de praliner les plants.

▶ **Voisinage :** ce chou fait bon ménage avec la betterave, le haricot, le pois, la pomme de terre, le céleri, l'oignon, la laitue, la mâche, le concombre, la tomate, etc. De nombreuses plantes aromatiques repoussent la plupart des parasites des choux (absinthe, aneth, hysope, mélisse, menthe, romarin, sauge, thym, etc.). Les fraisiers et les choux ne s'entendent pas. Il est bénéfique de semer du trèfle blanc nain entre les rangs au printemps.

▶ **Facteurs lunaires :** les semis et les repiquages s'effectuent de préférence en lune décroissante.

▶ **Rotation :** entre dans la catégorie des plantes potagères exigeantes. Pratiquer une alternance de 3 ou 4 ans.

▶ **Fumures, fertilisations :** normales.

▶ **Fertilisations foliaires :** poudrage de lithothamne toutes les 2 ou 3 semaines.

▶ **Soins :** binages, sarclages, arrosages en cas de sécheresse. Garder le sol suffisamment frais mais sans excès. Le paillage est conseillé en période sèche.

VARIÉTÉS

▶ **Choux cabus de printemps :** 'Bacalan hâtif' (de 'Saint-Brieuc hâtif'), 'Cœur de bœuf de Jersey', 'Cœur de bœuf gros', 'Cœur de bœuf moyen de la Halle', 'Nantais hâtif' ('Joanet hâtif'), 'Très hâtif d'Étampes', 'Clause premier', 'Très hâtif de Louviers', 'Extra-hâtif de Rennes', 'D'York gros', 'Express', 'Pommé plat de Paris', 'Marché de Copenhague'...

▶ **Choux cabus d'été et d'automne :** 'Quintal d'Alsace' ('Quintal de Strasbourg'), 'Cœur de bœuf gros', 'De Brunswick', 'Gros nantais', 'De Saint-Denis' ('Bonneuil'), 'Golden âcre', 'Quintal d'Auvergne', 'De Hollande à pied court', 'De Schweinfurt'... 'Chou rouge gros', 'Chou rouge tête de nègre', 'Rouge foncé d'Erfurt', 'Rouge petit d'Utrecht', 'Chou rouge de Langedijk', 'Chou rouge de Saint-Leu' ('De Deuil')...

▶ **Choux cabus d'hiver :** 'De Vaugirard d'hiver', 'De Noël', 'D'hiver Bewana'.

▶ **Choux de Milan d'été et d'automne :** 'Gros de Vertus', 'Roi des milans' ('Savoy king'), 'De Milan cœur de bœuf frisé', 'Hâtif d'Aubervilliers', 'Milan pancalier de Touraine', 'Milan petit hâtif de Dieppe' ('Chou d'Ulm'), 'Ostara', 'Très hâtif de la Saint-Jean', 'Court hâtif Estibal'...

▶ **Choux de Milan d'hiver :** 'De Pontoise', 'De Norvège', 'Milan de Saint-Brice', 'Pointu perce-neige' ('Pointu d'hiver'), 'Milan petit très frisé de Limay' ('De Linas')...

GRAINES

▶ **Porte-graines :** choisir les pieds à pommes bien fermes, ayant une tige courte. Récolter la pomme en laissant les feuilles extérieures et la tige. Des bourgeons se développeront au printemps. En cas d'hiver froid, il est prudent de les conserver en jauge et de les replanter au printemps à 70 cm en tous sens. Tuteurer les tiges florales, pincer les extrémités des épis, récolter les silliques avant complète maturité. Faire sécher à l'ombre, battre et ensacher.

Il est conseillé de destiner le plus de plantes possible au rôle de porte-graines, afin de bien garder la variété, en prenant soin qu'il n'y ait pas d'autres variétés conservées à cet effet dans les environs.

Surveiller les porte-graines contre les attaques de pucerons.

▶ **Durée germinative :** 4 ou 5 ans.

▶ **Nombre de graines au gramme :** 300.

▶ **Levée :** quelques jours.

▶ **Intervalle entre le semis et le début de la récolte :**

Choux de printemps : pour les semis en février-mars, environ 4 à 5 mois ; pour les semis d'août-septembre, environ 8 à 9 mois.

Choux d'été et d'automne : 4 mois environ.

Choux d'hiver : 6 ou 7 mois.

RÉCOLTE ET CONSERVATION

On récolte le chou pommé suivant les besoins, d'avril à la mi-juin pour les sujets de printemps, de juin à décembre pour ceux d'été et d'automne, de janvier à avril pour une culture d'hiver.

On peut conserver un chou récolté pendant 3 ou 4 jours, dans un local frais, mais il est préférable de le consommer tout de suite. Pour la conservation, en région froide, mettre les choux en jauge, la tête tournée vers le nord ; pendant les grands froids, les recouvrir avec de la paille ou des feuilles sèches ; les découvrir s'il pleut ou si le temps se radoucit.

MALADIES ET PARASITES

▶ **La hernie du chou :** une maladie cryptogamique. Ce champignon provoque des nodosités au collet et sur la racine, les feuilles se flétrissent, souvent la plante périt. En prévention, effectuer des rotations suffisamment espacées. Lors du repiquage, poser une petite poignée de lithothamne ou de cendre de bois autour de chaque pied (pour les terres un peu acides). Éviter les fumures fraîches. Avant le repiquage, praliner les plants avec une bouillie de lithothamne. Cette maladie peut apparaître en terre lourde et à pH acide, dans ce cas apporter au labour 2 kg/are de lithothamne. Éviter de cultiver des choux en terre trop acide (pH 6,5 au minimum). Brûler les pieds atteints.

▶ **La pourriture du collet :** les jeunes plants pourrissent à la hauteur du collet. C'est une maladie assez rare. Éviter de semer trop dru, sinon éclaircir rapidement. Attendre plusieurs années avant de semer des crucifères à cette place. Pulvériser des essences naturelles de plantes (Stimuphytol).

▶ **La pourriture du pied :** de grosses tâches brunes apparaissent sur la tige qui finit par pourrir. Brûler les pieds atteints. Traitement à la bouillie bordelaise dès l'apparition de la maladie. Cette maladie est souvent due à un excès d'humidité.

▶ **La rouille blanche :** genre de poussière blanche se développant sur les feuilles et les tiges des porte-graines. Maladie assez rare et peu grave. Arracher et brûler les pieds atteints. Pulvérisation de bouillie bordelaise sur les pieds non contaminés.

▶ **Le mildiou duveteux :** taches blanchâtres et duveteuses sous les feuilles. Détruire les sujets atteints. Pulvériser de la bouillie bordelaise dès le début de l'attaque. En prévention, pulvériser sur le sol du purin d'orties, à la fin de l'hiver ou au début du printemps. Planter les choux dans une terre bien aérée. Réaliser des fertilisations foliaires régulières à base de lithothamne. Pulvériser de la décoction de prêles. Pratiquer une bonne alternance des cultures. Éviter les sols trop humides.

▶ **La fonte des semis :** due à plusieurs champignons. Les plants venant de germer disparaissent. Ne pas semer trop dru. Semer à bonne exposition et en terre bien aérée.

▶ **La mouche du chou :** cette mouche grise pond au collet ou sur les tiges des choux, généralement en mai. Ses larves creusent des galeries, pénétrant jusqu'aux racines qu'elles rongent. La plante finit par périr. Brûler les pieds atteints. Respecter les rotations. Pratiquer un buttage indirect des plants par repiquage en rigole, niveler le terrain fin avril. Réaliser une pulvérisation de macération de feuilles de tomate.

▶ **La piéride du chou :** papillon qui pond ses œufs, jaune vif, sous les feuilles des crucifères. Les chenilles de couleur verte rongent les feuilles, ne laissant que les nervures. Détruire les œufs en les écrasant. Ramasser les chenilles à la main et les écraser. Pratiquer un bassinage des feuilles avec une solution de sel marin (200 g pour 10 l d'eau). Pulvériser un insecticide végétal à base de roténone, de feuilles de tomate ou de genêt (macérations). Planter dans la planche de choux quelques branches de genêt. Étaler une feuille de fougère sur chaque chou, cela fera fuir les papillons. Planter dans divers endroits de votre potager des plantes aromatiques (bourrache, menthe, romarin, sauge, etc.) que les papillons n'apprécient guère. Poudrer les choux à la rosée avec des feuilles d'absinthe sèches et réduites en poudre.

▶ **L'altise :** petit insecte sauteur, pouvant atteindre 3 mm de longueur, qui perfore les feuilles en de nombreux endroits, finissant par les transformer en dentelle. L'altise apparaît principalement en période sèche. Voir le paragraphe qui lui est consacré page 43.

▶ **Le charançon du chou :** petit insecte de quelques millimètres, noir, pondant ses œufs autour du collet, de mars à mai ou en automne. Ses larves rougeâtres rongent les tissus, formant des petits renflements ou des chapelets de galle sur le pied, ce qui nuit à la végétation. Brûler les pieds atteints. Pratiquer une bonne fertilisation et une rotation correcte. Planter les choux en rigole, puis les butter. Pulvériser un insecticide végétal. Enlever les renflements et détruire les larves. Tous les 15 jours environ, saupoudrer du lithothamne sur le collet.

▶ **Le puceron cendré du chou :** ce petit parasite suce la sève des feuilles, faisant apparaître d'abord des taches jaunâtres puis des déformations dues à ses piqûres. La plante s'appauvrit. Voir le paragraphe consacré aux pucerons page 43.

▶ **La cecidomye du chou-fleur :** les petites larves blanches de cet insecte se concentrent principalement dans le cœur des jeunes plants. Elles détruisent le bourgeon en le suçant et créent un plant « borgne ». La plante finit par disparaître ou produit plusieurs petites têtes. Pratiquer l'alternance des cultures. Brûler les pieds atteints. Réaliser une pulvérisation d'insecticide végétal, principalement vers le cœur des jeunes plants.

▶ **La noctuelle du chou :** cette chenille dévore les jeunes plants, principalement au début du printemps, parfois à l'automne. Mêmes remèdes que pour la piéride du chou.

▶ **Les limaces :** rongent les jeunes plants, leur présence est trahie par les traces de mucus qu'elles laissent. Voir le paragraphe qui leur est consacré page 44.

▶ **Le ver blanc :** larve du hanneton qui ronge les racines des jeunes plants. Les feuilles commencent par se faner, puis jaunissent et finissent par périr. Voir le paragraphe qui lui est consacré page 43.

NOMS ÉTRANGERS

▶ **Chou cabus. Anglais :** *headed cabbage, drumhead cabbage.* **Allemand :** *Kopfkohl.* **Espagnol :** *repollo, col repollo.* **Italien :** *cavalo cappucio.* **Néerlandais :** *sluitkool.*

▶ **Chou de Milan. Anglais :** *Savoy cabbage, Savoy.* **Allemand :** *Wirsing, Savoyerkohl, Börskohl.* **Espagnol :** *col de Milan, col Lombarda, repollo de hoja rizada.* **Italien :** *cavolo di Milano.* **Néerlandais :** *savooiekool.*

Chou-rave (P, *)

Cycle végétatif : bisannuel.
Famille : Crucifères.
Noms botaniques : (1) *Brassica oleracea* var. *gongylodes* Linné, (2) non mentionné.
Synonyme botanique : *B. oleracea gongylodes* Lamarck.
Synonymes français : boule de Siam, chou de Siam...

Plante potagère de 20 à 40 cm de hauteur, très appréciée dans divers pays d'Europe, principalement en Allemagne, au Royaume-Uni, en Autriche et en Italie ; chez nous, elle est surtout cultivée dans l'est de la France.
Ses feuilles sont lisses, pétiolées et dentées ; sa tige est renflée en une boule sphérique de couleur vert pâle ou violacée suivant les variétés ; elle est généralement de la grosseur d'une orange et se développe à quelques centimètres au-dessus de la terre. Au-dessus de celle-ci sont implantées les feuilles. Cette boule charnue, moelleuse et tendre (à demi-grosseur) est consommée quand elle atteint la taille d'un œuf de poule. Origine : probablement d'Europe. Floraison : d'avril à juillet (2e année). Fleurs : hermaphrodites, jaunes, solitaires, en épis simples et allongés.

UTILISATIONS

Généralement, on coupe les boules moelleuses du chou-rave en tranches après avoir enlevé les feuilles et la racine. Cuites, elles accompagnent les soupes, les potées. Elles peuvent être mangées frites, à l'étouffée, au gras, au blanc, en ragoût... On consommera les sujets jeunes crus, râpés et assaisonnés à la vinaigrette. Son goût fin est très agréable, il rappelle à la fois celui du chou ou celui du navet, avec en plus un léger parfum de noisette.

Le chou-rave est aussi utilisé pour l'alimentation du bétail.

PROPRIÉTÉS

Communes à tous les choux en général (voir *Chou pommé*, page 149).

CULTURE

▶ **Sols préférés :** toutes les terres meubles

et profondes ; il préfère les sols riches, frais et pas trop acides, il redoute la sécheresse.

▶ **Climat :** tempéré et frais ; très rustique au froid.

▶ **Exposition :** ensoleillée.

▶ **Multiplication :** par semis.

▶ **Culture :** semer au début de la saison sous châssis, en serre ou sous tunnel plastique, puis en pépinière, de mois en mois, de la mi-mars à la fin juin pour les variétés ordinaires et jusqu'à la mi-juillet pour les variétés hâtives. Recouvrir les graines de 1 cm de terre fine environ, arroser si nécessaire.

Repiquer 30 à 45 jours environ après le semis, lorsque les plants ont 2 à 4 feuilles. La distance de plantation est de 30 cm sur le rang et de 40 cm entre les lignes. Semer clair directement en place, puis éclaircir aux mêmes distances. Ne pas repiquer le chou-rave trop profondément car la tige renflée se développe hors du sol.

▶ **Voisinage :** le chou-rave s'associe favorablement avec la betterave potagère, la laitue, le concombre et l'oignon. Éviter la proximité de haricots à rames, de tomates et de fraisiers.

▶ **Facteurs lunaires :** les semis et les repiquages s'effectuent en lune décroissante.

▶ **Rotation :** entre dans la catégorie des plantes potagères exigeantes comme tous les choux. Attendre 2 ou 3 années au minimum pour le cultiver de nouveau à la même place.

▶ **Fertilisations, fumures :** normales, ne pas apporter de fumures fraîches.

▶ **Fertilisations foliaires :** normales.

▶ **Soins :** binages, sarclages, arrosages fréquents en période de sécheresse pour éviter que la boule ne devienne filandreuse. Le paillage est conseillé en été, butter au moment de la formation des boules.

VARIÉTÉS

'Chou-rave blanc', 'Chou-rave violet', 'Chou-rave blanc hâtif de Vienne', 'Chou-rave violet hâtif de Vienne', 'Chou-rave blanc Goliath'...

GRAINES

▶ **Porte-graines :** sélectionner les plus beaux sujets parmi les plus hâtifs, ayant une boule bien formée. Les recouvrir de feuilles ou de paille sèche lors des grands froids, retirer ces protections quand le temps se radoucit. Il est possible de les arracher en novembre en supprimant les feuilles à la main, tout en gardant les racines. Ils peuvent être conservés en cave ou en silo, avant d'être replantés en mars, à 70 cm en tous sens, les tuteurer, les butter ; pincer la tige avant la floraison pour favoriser le drageonnage. Généralement, la graine mûrit en juillet, récolter les épis avant complète maturité, les faire sécher en les étendant à l'ombre sur une bâche, les battre et les ensacher.

Les oiseaux sont friands des semences, protéger les « reproducteurs » avec un filet.

▶ **Durée germinative :** 5 à 8 ans.

▶ **Nombre de graines au gramme :** 300.

▶ **Levée :** 4 à 6 jours.

▶ **Intervalle entre le semis et le début de la récolte :** 2 mois et demi à 3 mois pour les variétés précoces, 4 ou 5 mois pour les variétés ordinaires.

RÉCOLTE ET CONSERVATION

La récolte s'effectue de juin à la fin septembre. On arrache le chou-rave lorsqu'il atteint 5 cm de diamètre environ, c'est-à-dire à moitié ou aux deux tiers de sa maturité ; plus gros, il devient filandreux. Couper les feuilles et les racines, les stratifier dans du sable sec ou de la tourbe, ils se conservent tout l'hiver et plus. Congeler éventuellement.

MALADIES ET PARASITES

Ils sont communs à tous les choux en général. Voir *Chou pommé*.

NOMS ÉTRANGERS

Anglais : *kohlrabi, hungarian turnip, turnip rooted cabbage.* **Allemand :** *Kohlrabi, Oberkohlrabi.* **Espagnol :** *cavolo rapa, col-rábano.* **Italien :** *col rabano, colirrabano.* **Néerlandais :** *koolrabi, koolraapen boven den grond.*

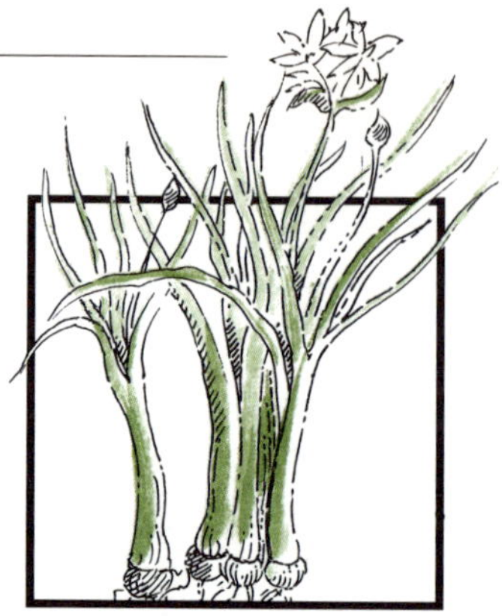

Ciboule de Chine (A, *)

Cycle végétatif : vivace par son bulbe.
Famille : Liliacées.
Noms botaniques : (1) et (2) *Allium tuberosum* Rottler.
Synonymes botaniques : *A. roxburghii* Kunth,
A. chinense Maximimo Wicz, *A. angulosum* Loureiro, *A. uliginosum* G. Don,
A. senescens Miquel, *A. odorum* Linné.
Synonyme français : ail à fleurs comestibles.

Plante condimentaire, herbacée, approchant les 70 cm de hauteur, très populaire en Chine. On la trouve sur les marchés en bouquets de fleurs coupées. Ses feuilles dressées, pleines, d'un vert clair sont en partie aplaties en forme de gouttière à leur base ; sa tige est dressée, droite, ovale, presque carrée ; la plante forme une touffe de petits bulbes. Origine : Asie, on la trouve à l'état sauvage en Chine. Floraison : de juillet jusqu'en octobre (à partir de la 2e année de culture). Fleurs : hermaphrodites, blanches, groupées en ombelles.

UTILISATIONS

Tout le printemps et jusqu'à sa floraison, on utilise ses feuilles crues, émincées, pour aromatiser les plats de crudités, les salades, les plats frits, certaines viandes... Ses fleurs agrémentent et parfument crudités et salades. Son goût délicieux est très proche de celui de l'ail, moins fort.

PROPRIÉTÉS

Antiscorbutiques, riche en vitamine C.

CULTURE

▶ **Sols préférés :** pratiquement tous les sols fertiles, mais aime mieux les terres fraîches et légères.

▶ **Climat :** tempéré, ses bulbes ne craignent pas le froid.

▶ **Exposition :** ensoleillée.

▶ **Multiplication :** par semis ou division de touffes.

Par semis : semer très clair et peu profond à l'automne (levée le printemps suivant) ou au printemps sur couche ; mettre les plants en place quand ils ont 3 ou 4 feuilles ; les rangs espacés de 40 cm et à 3-4 cm sur la ligne.

Par division de touffes : à l'automne ou à la fin de l'hiver.

▶ **Voisinage :** s'entend bien avec les choux de Chine, mais les légumineuses (pois, haricots...) ne sont pas trop recommandées.

▶ **Facteurs lunaires :** semer en lune décroissante de préférence.

▶ **Rotation :** cette plante peut rester de nombreuses années en place sans aucun problème. Au bout de 5 ou 6 ans, il est judicieux de la déménager, il faudra alors attendre au moins 4 ans avant qu'elle ne revienne au même endroit.

▶ **Fumures, fertilisations :** normales, très peu d'engrais azoté.

▶ **Fertilisations foliaires :** pas nécessaires.

▶ **Soins :** binages, sarclages, arrosages en cas de sécheresse seulement. Lors des binages, faire attention de ne pas trop endommager les racines de la plante.

VARIÉTÉS

Le type botanique.

GRAINES

▶ **Porte-graines :** garder quelques belles ombelles parmi les premières en fleur, les récolter lorsqu'elles sont quasi mûres, généralement vers la fin septembre ou courant octobre ; les faire sécher à l'ombre et les pendre dans un endroit sec et frais, les égrener seulement avant de les semer.

▶ **Durée germinative :** sans doute de 2 ou 3 ans.

▶ **Levée :** très capricieuse, parfois de quelques semaines à plusieurs mois.

▶ **Intervalle entre le semis et le début de la récolte :** suivant l'époque du semis et la durée de la levée des semences, il est très difficile de donner une période. Il faut compter 3 ou 4 mois après la levée et quelques semaines après une multiplication végétative faite à la fin de l'hiver.

RÉCOLTE ET CONSERVATION

On récolte les feuilles ou les fleurs au fur et à mesure des besoins. Elles peuvent se conserver 2 ou 3 jours au frais, il est évident qu'il est préférable de les consommer le plus rapidement possible après la cueillette. La récolte des feuilles s'effectue en grande partie du printemps jusqu'à l'apparition des fleurs, période où elles deviennent plus dures.

La cueillette des fleurs se prolonge presque tout l'été. Il faut opérer au début de leur floraison, c'est-à-dire quand les fleurs sont ouvertes et avant qu'elles ne fanent.

MALADIES ET PARASITES

Néant.

NOMS ÉTRANGERS

Anglais : *gartic chives, chinese chives.* **Allemand :** *lauch China.* **Espagnol :** *acive chino.* **Italien :** *cipolla cinese.* **Néerlandais :** *chinees bieslook.*

Ciboule commune (A, *)

Cycle végétatif : vivace, souvent cultivée comme plante annuelle ou bisannuelle.
Famille : Liliacées.
Noms botaniques : (1) et (2) *Allium fistulosum* Linné.
Synonymes botaniques : *A. ascolonicum* Loureiro, *Porrum fistulosum* Schur.
Synonymes français : ail fistuleux, chiboule, cive, oignon d'Espagne, oignon d'hiver, oignon à tondre.

Plante condimentaire, herbacée, de 30 à 60 cm de hauteur ; ses feuilles sont nombreuses, cylindriques, renflées, creuses, vertes ; ses tiges florales sont allongées et fibreuses. La plante forme une touffe. La ciboule commune ne produit pas de bulbe, elle perd ses feuilles l'hiver. Origine : possible de Chine, spontanée en Sibérie. Floraison : de juin à septembre (à partir de la 2e année). Fleurs : hermaphrodites, blanchâtres, en ombelles sphériques.

UTILISATIONS

Les feuilles crues parfument les crudités, les salades ; cuites, elles relèvent le goût des potages, des omelettes, de certains légumes, de diverses viandes et entrent dans la composition de certaines sauces.

PROPRIÉTÉS

Antiseptiques, apéritives, digestives, diurétiques et stimulantes. La ciboule commune contient des vitamines A, B et C (riche), ainsi que des sels minéraux : calcium, fer, phosphore, potassium et sodium.

CULTURE

▶ **Sols préférés :** fertiles, frais, pas trop humides.

▶ **Climat :** accepte tous les climats.

▶ **Exposition :** ensoleillée.

▶ **Multiplication :** par division de touffes ou par semis.

▶ **Culture :**

Par division de touffes : planter les éclats en mars ou en octobre, en lignes espacées de 20-25 cm et à 10 cm sur le rang.

Par semis : semer clair, en place, en rayons distants de 20-25 cm ou en bordure d'une allée, depuis le début mars jusqu'à la fin avril. Recouvrir légèrement les semences avec un peu de terre émiettée, plomber avec le dos du râteau. Garder le sol suffisamment humide jusqu'à la levée. Éclaircir les plants à 5-10 cm.

Il est possible de semer la ciboule commune en pépinière et de repiquer les plants 6 ou 7 semaines après la levée. En cas d'oubli au printemps, semer courant juillet.

La ciboule commune est souvent cultivée en bordures, quelques touffes suffisent généralement à la consommation d'une famille.

▶ **Voisinage :** éviter de semer des légumineuses (haricots, pois, fèves, lentilles, etc.) près d'une culture de ciboule car elle perturbera leur croissance. En revanche, elle s'entend très bien avec la carotte.

▶ **Facteurs lunaires :** semer de préférence en lune décroissante.

▶ **Rotation :** plante peu exigeante, pouvant rester 2 ou 3 années en place. Dans ce cas appliquer une rotation de 3 ou 4 ans ; cultivée annuellement, 2 ou 3 années suffisent.

▶ **Fumures, fertilisations :** normales, ne pas apporter de fumier frais, mais du compost bien décomposé.

▶ **Fertilisations foliaires :** facultatives.

▶ **Soins :** binages, sarclages, arrosages très rares. Couper régulièrement – environ tous les mois – les tiges à 1 cm au-dessus du sol, même si vous ne les utilisez pas ; même procédé avant les froids.

VARIÉTÉS

'Commune rouge', 'Blanche hâtive'.

GRAINES

▶ **Porte-graines :** sur une ou deux touffes, laisser quelques fleurs, ne pas cueillir les feuilles ; quand les graines sont mûres (en août), couper les ombelles en gardant leur pédoncule, les laisser sécher au soleil pendant quelques heures, les pendre en bottes dans un local aéré et sec, les égrener seulement avant de les semer.

▶ **Durée germinative :** 2 ou 3 ans.

▶ **Nombre de graines au gramme :** 300 environ pour la variété commune et 500 pour la variété 'Blanche hâtive'.

▶ **Levée :** 2 semaines environ.

▶ **Intervalle entre le semis et le début de la récolte :** environ 3 mois.

RÉCOLTE ET CONSERVATION

Les feuilles sont récoltées selon les besoins du printemps jusqu'aux froids, car la ciboule craint les gelées. Utiliser les feuilles rapidement après la cueillette.

MALADIES ET PARASITES

Néant.

NOMS ÉTRANGERS

Anglais : *welsh onion, stone leek, spring onion, bunching onion.* **Allemand :** *Schnittzwiebel, Cipolle, Zipolle, Winterzwiebel, Welschezwiebel, Hohllauch.* **Espagnol :** *cebolleta, cebolleta francesa, cebollino ingles, cebollino de Inglaterra, cebolta.* **Italien :** *cipolleta.* **Néerlandais :** *bieslook, stengel-ui, grof bieslook.*

Ciboule de Saint-Jacques (A, *)

Cycle végétatif : vivace.
Famille : Liliacées.
Noms botaniques : (1) non mentionné, (2) *Allium lusitanicum* Lamarck.
Synonymes français : ail du Portugal, ciboule de Saint-Jean, ciboule vivace, civette du Portugal, civette de Saint-Jacques, échalote perpétuelle...

Plante condimentaire, herbacée, un peu plus haute que la ciboule commune ; ses feuilles sont nombreuses, cylindriques, grosses, vert bleuté et forment d'énormes touffes. Cette ciboule produit de nombreux bulbes ou tiges fortement renflés, de couleur rougeâtre assez foncée.
Ses feuilles sèchent à partir de la mi-juin (d'où son nom) et repoussent en quelques jours vers le début d'août. Les chrétiens du Moyen Âge qui allaient en pèlerinage à Saint-Jacques-de-Compostelle l'emportaient dans leur musette pour éviter le scorbut. Origine : Europe centrale et méridionale et Asie. Floraison : ne fleurit pas ou très rarement de juin à septembre. Fleurs : hermaphrodites, rose violacé, en ombelles, elles sont stériles.

UTILISATIONS

On se sert de ses feuilles de la même manière que celles de la ciboule commune. Pendant quelques mois et à partir de la mi-juin, on employera ses bulbes, qui sont très forts, pour remplacer les échalotes.

PROPRIÉTÉS

Antiscorbutiques, diurétiques et carminatives. Possède certainement à peu près les mêmes propriétés que la ciboule commune.

CULTURE

▶ **Sols préférés :** supporte tous les sols fertiles, humifères, voire légèrement humides.
▶ **Climat :** tempéré, très résistante au froid.
▶ **Exposition :** ensoleillée.
▶ **Multiplication :** par division des bulbes.
▶ **Culture :** planter les bulbes (comme les échalotes) vers la mi-juillet, en rangs espacés de 35-40 cm et à 25 cm sur la ligne. On peut la cultiver comme annuelle ou la laisser en place 2 ou 3 ans.
▶ **Voisinage :** éviter les légumineuses (haricots, pois, fèves, etc.).
▶ **Facteurs lunaires :** planter les bulbes en lune décroissante de préférence.
▶ **Rotation :** cultivée comme annuelle, pratiquer une rotation de 2 ou 3 ans ; si elle occupe le terrain plusieurs années, il faudra attendre 4 ou 5 ans avant de la cultiver au même endroit. Entre dans la catégorie des plantes potagères à bulbe.
▶ **Fumures, fertilisations :** normales, ne pas apporter de fumier frais.
▶ **Fertilisations foliaires :** 3 ou 4 applications à base de lithothamne dans le courant de l'année sont bénéfiques.
▶ **Soins :** binages, sarclages, arrosages très rares.

VARIÉTÉS

Le type botanique.

GRAINES

▶ **Porte-graines :** ne produit pas de semence ; sur les plus belles touffes, vers la 2e partie de juin, arracher les bulbes du pourtour ; les mettre à sécher pendant quelques jours. Il est possible de les repiquer au bout de 15 jours.

▶ **INTERVALLE ENTRE LA PLANTATION ET LE DÉBUT DE LA RÉCOLTE :** 2 mois environ pour les feuilles, près d'un an pour les bulbes (il est possible d'en récolter avant leur complète maturité).

RÉCOLTE ET CONSERVATION

On récolte les feuilles selon les besoins, de mars-avril à juin et d'août jusqu'aux gelées. Les bulbes se récoltent, quant à eux, à partir de la 2e quinzaine de juin et ne se conservent que quelques mois seulement.

MALADIES ET PARASITES

Néant.

NOMS ÉTRANGERS

ANGLAIS : *perennial welsh onion, perennial ciboul, portugal onion.* **ALLEMAND :** *Fleischlauch, Jakobslauch, portugisische Zwiebel, Johannislauch.* **ITALIEN :** *cipolla spagnola.*

Ciboulette (A, *)

Cycle végétatif : vivace, ses feuilles disparaissent en hiver.

Famille : Liliacées.

Noms botaniques : (1) et (2) *Allium schœnoprasum* Linné.

Synonymes botaniques : *A. tenuifolium* Salisbury, *Cepa schœnoprasum* Moench, Meth, *Porrum schœnoprasum* Schur, *Schœnoprasum vulgare* Fourreau.

Synonymes français : appétit, brelette, civette, civette des jardins, échalote fausse, fausse échalote...

Plante condimentaire, herbacée, de 30 cm de hauteur environ. Ses feuilles sont nombreuses, cylindriques, creuses et fines ; elles forment une touffe. Ses tiges sont minces, nombreuses et peu élevées. La ciboulette perd ses feuilles l'hiver. Origine : Sibérie ou Europe centrale. Floraison : de mai à août. Fleurs : hermaphrodites, roses ou violacées (pourpres), en ombelles sphériques.

UTILISATIONS

Mêmes utilisations que la ciboule : ses feuilles sont plus fines et sa saveur est plus douce. Elle est employée dans la confection des « fromages blancs aux fines herbes », dans la mayonnaise, etc.

PROPRIÉTÉS

Antiseptiques, apéritives, aphrodisiaques, carminatives, digestives, diurétiques, stimulantes... La ciboulette contient des vitamines A, B, C et PP ainsi que des sels minéraux : calcium, fer, phosphore, potassium, sodium...

CULTURE

▶ **SOLS PRÉFÉRÉS :** toutes les terres fraîches sans excès, fertiles, sablonneuses ou argileuses.

▶ **CLIMAT :** le climat tempéré lui convient ; rustique, sa souche résiste aux fortes gelées.

▶ **EXPOSITION :** ensoleillée.

▶ **MULTIPLICATION :** par division de touffes, parfois par semis.

▶ **CULTURE :** généralement par division de touffes (voir *Ciboule*) ; semer au printemps comme la ciboule mais repiquer à l'automne seulement. La ciboulette peut être cultivée dans une jardinière ou en pots.

▶ **VOISINAGE, FACTEURS LUNAIRES, ROTATION, FUMURES, FERTILISATIONS, FERTILISATIONS FOLIAIRES ET SOINS :** voir *Ciboule*.

VARIÉTÉS

Le type botanique.

RÉCOLTE ET CONSERVATION

Voir *Ciboule*. Pour conserver plus longtemps des feuilles de ciboulette dans la saison hivernale : arracher à l'automne quelques touffes avec leur motte et les planter sous châssis, la récolte des feuilles se prolongera jusqu'aux grands froids ; ou retransplanter les touffes dans une jardinière ou en pots et les garder à l'abri du froid.

MALADIES ET PARASITES

Néant.

NOMS ÉTRANGERS

ANGLAIS : *chives, cives.* **ALLEMAND :** *Schnittlauch, Graslauch*. **ESPAGNOL :** *cebollino, cebollino común.* **ITALIEN :** *cipollina.* **NÉERLANDAIS :** *bieslook, slangenlook, snijlook.*

Claytone de Cuba (P, **)

Cycle végétatif : annuelle.
Famille : Portulacacées.
Noms botaniques : (1) et (2) *Montia perfoliata* (Donn) Howell.
Synonymes botaniques : *Montia perfoliata* Donn, *Claytonia cubensis* Bonpland, *Limnia perfoliata* Haworth, *Claytonia perfoliata* Willdenow, *C. perfoliata* Donn.
Synonymes français : pourpier d'hiver, claytone perfoliée.

Jolie plante potagère, de 20 cm de hauteur environ, aux feuilles épaisses. Celles du sommet sont en forme de cornet, au fond duquel se développent des petites fleurs réunies en grappes. Origine : Amérique centrale (Cuba ou Mexique). Floraison : d'avril à juin (généralement), les semis de juillet ne fleurissent que l'année suivante. Fleurs : hermaphrodites, blanches, en grappes.

UTILISATIONS

Feuilles et tiges se consomment crues en salade ou cuites à la façon des épinards.

PROPRIÉTÉS

Diurétiques, rafraîchissantes...

CULTURE

▶ **SOLS PRÉFÉRÉS :** légers, riches en humus, légèrement acides ou neutres, les sols calcaires ne lui conviennent pas. Pousse mieux avec un peu de fraîcheur.

▶ **EXPOSITION :** chaleur et ensoleillement.

▶ **MULTIPLICATION :** par semis.

▶ **CULTURE :** semer clair d'avril à fin juillet, en rayons distants de 25 cm. Recouvrir à peine les graines, plomber avec le dos du râteau. Tenir le sol frais pour favoriser la levée. Éclaircir à 10-15 cm sur le rang.

Cette plante peut être semée à la volée, mais non sans inconvénients (difficulté de garder le sol propre, binages quasi impossibles, plantes mal aérées). La claytone se ressème souvent d'elle-même. Il est possible de replanter les jeunes sujets avec leur motte.

▶ **Facteurs lunaires :** semer de préférence en lune décroissante.

▶ **Rotation :** plante peu épuisante, entre dans la catégorie des plantes herbacées, peut revenir à la même place au bout de 3 ans.

▶ **Fumures, fertilisations :** normales.

▶ **Fertilisations foliaires :** saupoudrer du lithothamne pendant la végétation.

▶ **Soins :** effectuer des binages, sarclages et arrosages si nécessaire, surtout après chaque coupe.

VARIÉTÉS

Le type botanique seulement.

GRAINES

▶ **Porte-graines :** garder quelques beaux pieds semés courant juillet. Ils monteront à graines au printemps suivant. La récolte de celles-ci a lieu à maturité en mai-juin. Les faire sécher à l'ombre et ensacher.

Surveiller les porte-graines car les graines tombent facilement (elles sont très fines). Il suffit parfois d'une journée pour que les semences se retrouvent à terre. Quelques jours avant la récolte des graines, il est préférable d'étaler sur le sol des bandes de plastique (s'il ne pleut pas). On récupérera facilement les graines qui sont tombées.

▶ **Durée germinative :** 4 ou 5 ans.

▶ **Nombre de graines au gramme :** environ 2 200.

▶ **Levée :** quelques jours.

▶ **Intervalle entre le semis et le début de la récolte :** 2 ou 3 mois environ.

RÉCOLTE ET CONSERVATION

La récolte s'effectue durant tout l'été et à l'automne et peut se poursuivre jusqu'au printemps en cueillant les jeunes feuilles au fur et à mesure des besoins (quand les boutons floraux apparaissent). Il est possible d'obtenir 2 ou 3 coupes successives.

MALADIES ET PARASITES

Néant.

NOMS ÉTRANGERS

Anglais : *winter purslane, miner's lettuce* **(États-Unis)**. **Allemand :** *Kubaspinat, Winterportulak.* **Espagnol :** *verdologa de Cuba, verdologa de invierno.* **Italien :** *porcellana d'inverno.* **Néerlandais :** *winter-postelijn.*

Concombre et cornichon (P, **)

Cycle végétatif : annuel.
Famille : Cucurbitacées.
Noms botaniques : (1) et (2) *Cucumis sativus* Linné.
Synonymes botaniques : *C. esculentus* Salisbury, *C. muricatus* Willdenow, *C. hardwickii* Royle.
Synonymes français : cocombre, gros concombre.

Plante potagère très anciennement cultivée en Inde et au Pakistan ; on la trouve à l'état spontané en Asie et en Afrique. Elle est herbacée, grimpante ou rampante. Ses feuilles arborent 3 à 5 lobes dentés, elles sont pétiolées, alternes, opposées aux vrilles, rudes, de couleur verte au-dessus et grise au-dessous. Ses tiges sont rami-

fiées, anguleuses, traînantes, munies de vrilles et de poils rudes, mesurant jusqu'à plusieurs mètres. Ses fruits charnus sont allongés, ovales ou ronds, lisses ou épineux, de couleur verte, jaunâtre ou blanchâtre selon les variétés ; leur chair est épaisse et ferme.

Les variétés à cornichons se différencient par la taille de leur port plus trapu, leurs tiges moins longues et leurs fruits plus petits. Origine : Inde. Floraison : de juin à septembre. Fleurs : monoïques, jaunes, en calices, certaines variétés (à cornichons) plus récentes donnent beaucoup de fleurs femelles.

UTILISATIONS

Le fruit frais se consomme cru en salade (seul ou associé à d'autres crudités) ou cuit (farci, à la sauce blanche, à la sauce poulette, à la maître d'hôtel, au jus, au gratin, en potage, etc.). Le cornichon confit accompagne les viandes froides, certains plats de charcuterie, diverses sauces piquantes, le pot-au-feu... Il peut être utilisé comme un concombre si on laisse grossir les fruits.

PROPRIÉTÉS

Dépuratives, diurétiques, nutritives et rafraîchissantes. Contient des vitamines A, B1, B2, C et PP, ainsi que des sels minéraux : calcium, cobalt, fer, magnésium, manganèse, phosphore, soufre et zinc... Le concombre est indigeste pour certaines personnes.

CULTURE

▶ **Sols préférés :** toutes les terres humifères, meubles, profondes, moyennement humides à sèches lui conviennent.

▶ **Climat :** tempéré et chaud (une température inférieure à 10 °C arrête sa végétation). Il redoute le froid et l'excès d'humidité, aime la chaleur ; il est très sensible aux gelées.

▶ **Exposition :** chaude et ensoleillée.

▶ **Multiplication :** par semis.

▶ **Culture :**

Hâtive : semer en mars-avril 3 ou 4 graines par godet, sur couche chaude, sous châssis ou en serre chauffée ; par la suite, ne conserver que le plus beau sujet. Mettre en place avec la motte en avril-mai (suivant le climat et les régions) à une distance de 60 x 100 cm ou plus.

Normale : semer en mai en place dans des poquets préalablement préparés et fumés avec un bon compost et du terreau ; semer 3 ou 4 graines par poquet, les recouvrir de 1 à 2 cm de terre fine ; par la suite, ne garder que 2 ou 3 pieds par poquet, ceux-ci étant distants de 60 cm sur le rang (en quinconce) et de plus de 1 m entre les lignes. Pour les variétés à cornichons, les distances sont de 40 x 80 cm.

▶ **Voisinage :** le concombre pousse favorablement à côté de choux, haricots, pois, céleris, laitues, oignons et radis, mais s'entend mal avec la tomate et la pomme de terre.

▶ **Facteurs lunaires :** semer de préférence en lune croissante.

▶ **Rotation :** c'est une plante peu épuisante, entrant dans la catégorie des plantes potagères à fruits ou à feuilles. Attendre 3 ou 4 ans avant de la cultiver à la même place.

▶ **Fumures, fertilisations :** le concombre demande une bonne quantité de compost et, comme toutes les plantes potagères à fruits ou à graines (sauf les légumineuses), il lui faut au début de sa végétation de la potasse et de l'azote. Les doses sont normales pour les engrais ou fertilisants.

▶ **Fertilisations foliaires :** toutes les 3 semaines, poudrages ou pulvérisations à base de lithothamne.

▶ **Soins :** binages, sarclages, arrosages si nécessaire. Le paillage est conseillé pour deux raisons : il maintient la fraîcheur du sol et permet de récolter des fruits propres.

▶ **Taille :** pour le concombre, pincer au-dessus de la 2e feuille ; bientôt deux branches se forment, pincer celles-ci après la 3e ou 4e feuille, puis toutes les autres branches seront taillées une feuille au-dessus de chaque fruit. On ne pince pas les variétés à cornichons.

VARIÉTÉS

'Concombre vert long Rollissons télégraph', 'C. vert long anglais épineux', 'C. vert long maraîcher', 'C. vert long de Chine', 'C. blanc long parisien', 'C. blanc hâtif', 'C. blanc de Bonneuil', 'C. de Russie' (petits fruits ovales), 'C. pomme' (à fruits ronds blanchâtres)...

▶ **Variétés à cornichons** : 'Cornichon amélioré de Bourbonne', 'C. fin de Meaux', 'C. vert de Paris', 'C. vert de Massy', 'C. vert long'... Il existe de nombreuses variétés d'hybrides F1.

GRAINES

▶ **Porte-graines :** choisir des sujets vigoureux, représentant bien la variété (un ou deux fruits suffisent). Il est préférable d'opérer par fécondation artificielle (voir le paragraphe consacré à la pollinisation artificielle, page 59), sinon ne cultiver qu'une seule variété et s'assurer qu'il n'y en a pas d'autres dans les environs.

Cueillir les fruits à maturité, généralement en septembre, en extraire les graines, les laver, les faire sécher à l'ombre et les conserver en sachets ou dans une boîte hermétique.

▶ **Durée germinative :** 8 à 10 ans.

▶ **Nombre de graines au gramme :** entre 30 et 40.

▶ **Levée :** une huitaine de jours environ.

▶ **Intervalle entre le semis et le début de la récolte :** 3 ou 4 mois.

RÉCOLTE ET CONSERVATION

On récolte les fruits quand ils sont suffisamment développés, avant qu'ils ne jaunissent et selon les besoins. Ils peuvent attendre plusieurs jours au frais, il vaut cependant mieux, comme pour presque tous les légumes, les consommer le plus rapidement possible après la cueillette. Il est possible de traiter les concombres par lactofermentation, une façon très ancienne de conserver certains légumes, ou de les faire mariner (voir le chapitre des recettes culinaires).

Les variétés à confire (cornichons) se cueillent jeunes : il faut les brosser, les faire dégorger dans du gros sel pendant une vingtaine d'heures, les essuyer, les mettre dans des bocaux, enfin les recouvrir de vinaigre. Dans chaque bocal, introduire selon le goût : des petits oignons blancs, 2 ou 3 gousses d'ail, 1 branche d'estragon, quelques grains de poivre, quelques clous de girofle, un peu de thym, 1 feuille de laurier. Ajouter 1 ou 2 piments forts pour une recette plus épicée. Certaines personnes versent le vinaigre bouillant sur les cornichons et recommencent deux fois cette opération à quelques jours d'intervalle.

MALADIES ET PARASITES

▶ **L'oïdium :** les feuilles se couvrent de taches poudreuses blanches, sur les deux faces ; parfois les pétioles et les tiges sont atteints. Cette maladie apparaît souvent en fin de saison ou après une baisse brutale de la température. Poudrage sur végétation humide (à la rosée) de 50 % de fleur de soufre et 50 % de lithothamne, dès l'apparition de la maladie. Éviter l'excès d'azote. Les fertilisations foliaires régulières sont un bon moyen préventif.

▶ **La nuile ou anthracnose :** les feuilles et parfois les tiges se couvrent de boursouflures qui se décolorent et forment des taches brunes ; les fruits atteints se couvrent de taches rondes, de couleur brune à noire, puis apparaissent des points roses rongeant les parties superficiellement atteintes. Maladie que l'on rencontre surtout dans les cultures en serre. Pulvérisations d'essences naturelles de plantes (en prévention). Fertilisations foliaires régulières. Brûler les feuilles, les tiges ou les fruits atteints. Pratiquer une bonne rotation. Pulvériser des solutions d'oxychlorure de cuivre à 0,75 % avec autant de sulfate de cuivre (en prévention).

▶ **Les mollusques :** dévorent les jeunes plants ; les protéger avec un rempart de sciure (ou de cendre de bois).

▶ **Le puceron des racines :** suce la sève au niveau du collet ; la plante jaunit et finit par disparaître. Bien dégager la terre autour des pieds atteints et pulvériser une solution d'insecticide végétal. Tenir le sol humide.

▶ **Le puceron noir :** s'attaque aux feuilles et aux tiges. Voir le paragraphe consacré aux pucerons, page 43.

▶ **La grise des cucurbitacées :** petit acarien de 0,5 mm environ qui suce le dessous des feuilles ; celles-ci se couvrent de toiles laineuses et finissent par se dessécher. Pulvérisations à base de nicotine. Effectuer des bassinages répétés, l'humidité étant un ennemi pour cet indésirable. Pulvérisations d'insecticide végétal sous les feuilles principalement.

NOMS ÉTRANGERS

ANGLAIS : *cucumber, gherkin.* **ALLEMAND :** *Gurke, Kukummer.* **ESPAGNOL :** *cohombro, pepino, cohombro a pepino, pepinillo.* **ITALIEN :** *cetriuolo, cedrinolo, cocomero.* **NÉERLANDAIS :** *komkommer, augurk.*

Concombre des Antilles (P, *)

Cycle végétatif : annuel.
Famille : Cucurbitacées.
Noms botaniques : (1) et (2) *Cucumis anguria* Linné.
Synonymes botaniques : *C. echinatus* Moench et Meth, *C. parviflorus* Salisbury, *C. anguroides* Roemer.
Synonymes français : concombre angourie, concombre marron, concombre cornichon, concombre à épines, concombre sauvage, concombre épineux d'Amérique, petit concombre, angourie des Antilles, ti concombre ou massicis.

Plante potagère dont les feuilles palmées et rudes ont 3 lobes arrondis, très ramifiée, à tiges rampantes, mesurant parfois près de 2 m. Petits fruits nombreux, hérissés mais non piquants, ressemblant à une bogue de marron d'Inde, vert blanchâtre, de la grosseur d'un petit œuf de poule. Le pédoncule est très long.
Origine : Amérique du Sud où il est très cultivé dans la partie orientale. Il pousse naturellement aux Antilles. Floraison : de juin à septembre (suivant la culture). Fleurs : monoïques, jaunes.

UTILISATIONS

Il se consomme cru à demi-maturité, à la manière des concombres courants (à la vinaigrette, coupé en fines lamelles), ou cuit, coupé en quatre. Le cuire à l'eau, puis l'accommoder à la vinaigrette avec du piment, du persil, de l'estragon, etc. Il se prépare aussi au jus de viande ou avec du poisson, principalement avec de la morue. Il fait un plat excellent à la tomate : faire cuire les quartiers dans une poêle en y ajoutant beurre ou huile, tomates, oignons, ails, bouquets garnis. En beignets comme les frites, on le marie avec de la crème, des dés de jambon ou avec du crabe. Les fruits, avant leur entier développement, peuvent être confits dans du vinaigre.

Le goût du concombre des Antilles est proche de celui du concombre courant, mais plus doux et sans amertume.

CULTURE

▶ **SOLS PRÉFÉRÉS :** riches en humus, bien aérés et gardant la fraîcheur.
▶ **CLIMAT :** chaud de préférence, mais le climat tempéré lui convient, redoute le froid et les pluies trop prolongées.
▶ **EXPOSITION :** chaude et ensoleillée.
▶ **MULTIPLICATION :** par semis.
▶ **CULTURE :** semer en pots, vers la mi-avril, sous châssis ou en serre, 2 ou 3 graines par go-

det, à 1 cm au maximum de profondeur. Quand les plants ont 3 à 4 feuilles, ne garder que les plus beaux sujets.

Mettre en place vers la mi-mai (quand les gelées ne sont plus à craindre et que la température est douce), dans des poquets préalablement préparés avec du compost et éloignés de 1,50 à 2 m en tous sens.

▶ **Voisinage :** éviter la pomme de terre et la tomate.

▶ **Facteurs lunaires :** semer de préférence en lune croissante.

▶ **Rotation :** entre dans la catégorie des légumes-fruits, il est peu épuisant, bien qu'il aime les terres riches en humus actif. Appliquer une rotation de 3 ou 4 ans de préférence.

▶ **Fumures, fertilisations :** normales, apporter à chaque poquet une certaine quantité de compost.

▶ **Fertilisations foliaires :** quelques saupoudrages de lithothamne seront toujours bénéfiques à la plante.

▶ **Soins :** binages, sarclages et arrosages en cas de sécheresse, éviter de mouiller les feuilles et les fruits, faire une cuvette autour du pied et arroser au goulot. Il est avantageux de pailler le sol avec du compost ou de la paille.

VARIÉTÉS

Le type botanique.

GRAINES

▶ **Porte-graines :** choisir des pieds vigoureux, laisser mûrir quelques beaux fruits (les premiers de préférence), cueillir à maturité, les ouvrir, retirer les graines, les laver, les faire sécher à l'ombre et ensacher. Le concombre des Antilles *(Cucumis anguria)* ne se croise pas avec le concombre courant (C. sativus).

▶ **Durée germinative :** 6 ans.

▶ **Nombre de graines au gramme :** 130.

▶ **Levée :** quelques jours, souvent une semaine.

▶ **Intervalle entre le semis et le début de la récolte :** environ 4 ou 5 mois.

RÉCOLTE ET CONSERVATION

On récolte les fruits suivant les besoins, il est préférable de les consommer rapidement.

MALADIES ET PARASITES

▶ **Les mollusques** (limaces, escargots, loches, etc.) s'attaquent aux jeunes plants. Voir le paragraphe consacré à ce sujet page 44.

NOMS ÉTRANGERS

Anglais : *west india gherkin, prickly fruited gherkin.* **Allemand :** *West-Indische Gurke, Traubengurke, amerikanische Gurke.* **Espagnol :** *cohombro espinoso, pepino de sabana.* **Italien :** *anguria delle Antille.* **Néerlandais :** *slangkomkommer.*

Coriandre (A, *)

Cycle végétatif : annuelle ou bisannuelle (semis de septembre).
Famille : Ombellifères.
Noms botaniques : (1) et (2) *Coriandrum sativum* Linné.
Synonymes botaniques : *C. diversifolium* Gilibert, *C. majus* Gouan, *C. globosum* Salisbury, *Selinum c.* E.H.L. Krause.
Synonymes français : persil arabe, persil chinois, punaise mâle, etc.

Plante condimentaire et médicinale, herbacée, aux tiges hautes de 30 à 80 cm, cylindriques, droites, ramifiées vers le haut. Les feuilles sont composées, celles du sommet sont finement divisées, tandis que les feuilles inférieures le sont beaucoup moins. Ses fruits (akènes) sont groupés par deux ; quand ils sont mûrs, ils sont très aromatiques et prennent une couleur d'un brun clair.
La plante exhale une odeur désagréable de punaise. Elle est cultivée principalement pour ses graines mais aussi pour ses feuilles. Origine : Europe méridionale ou Asie occidentale. Floraison : de juin à août. Fleurs : hermaphrodites, blanches, roses ou rougeâtres, en ombelles.

UTILISATIONS

Les graines séchées aromatisent les gibiers, les ragoûts, les courts-bouillons, les farces, les marinades, la choucroute, les poissons frits, certaines viandes dont le poulet, divers légumes (riz, pommes de terre, etc.), certains potages épicés. Elles sont très utilisées en pâtisserie et en charcuterie. Elles figurent parmi les composants de l'eau de toilette des carmes et de l'eau de mélisse. Elles sont employées pour diverses liqueurs et aussi en infusion.

Malgré leur odeur déplaisante, les feuilles fraîches parfument certains plats, les crudités, les salades, les omelettes... Les graines s'ajoutent en début de cuisson et les feuilles après. La coriandre est très précieuse pour l'industrie pharmaceutique.

PROPRIÉTÉS

Antiseptiques, aphrodisiaques, carminatives, digestives, stimulantes, stomachiques... La coriandre contient une huile essentielle, ses feuilles sont riches en vitamine A.

CULTURE

▶ **Sols préférés :** sols légers, chauds, bien aérés, riches en humus, légèrement calcaires. Elle redoute les terres trop compactes.
▶ **Climat :** tempéré ou chaud.
▶ **Exposition :** chaude.
▶ **Multiplication :** par semis.
▶ **Culture :** semer en avril-mai ou en septembre en lignes espacées de 30-40 cm, recouvrir les graines de 1 cm de terre fine, éclaircir à 20 cm quand les plants ont 4 ou 5 feuilles. Tenir le sol humide jusqu'à la levée.

Les plantes issues d'un semis de septembre sont plus hautes (70-80 cm) et fleurissent un peu plus tôt.
▶ **Facteurs lunaires :** sans importance.
▶ **Rotation :** 3 ou 4 ans ; entre dans la catégorie des plantes herbacées.
▶ **Fumures, fertilisations :** normales.
▶ **Fertilisations foliaires :** quelques poudrages de lithothamne avant la floraison seront bénéfiques.

▶ **Soins :** binages, sarclages, arrosages si nécessaire par temps sec.

VARIÉTÉS

Le type botanique.

GRAINES

▶ **Porte-graines :** récolter les graines en juillet-août-septembre en cueillant les ombelles à maturité, les faire sécher au soleil ou dans un endroit sec et aéré. Il est conseillé de couper les ombelles à la rosée du matin pour éviter une perte de graines.

▶ **Durée germinative :** 5 ou 6 ans.

▶ **Nombre de graines au gramme :** 90.

▶ **Levée :** 2 ou 3 semaines.

RÉCOLTE ET CONSERVATION

Conserver les graines à l'abri de l'air et de la lumière, dans des boîtes hermétiques, sinon elles perdent leur arôme. Ne pas les stocker trop longtemps, il est préférable de faire une récolte tous les ans. En revanche, on récolte les feuilles fraîches au fur et à mesure des besoins.

MALADIES ET PARASITES

Néant.

NOMS ÉTRANGERS

Anglais : *coriander.* **Allemand :** *Koriander, Klanner, Schwindelkömer.* **Espagnol :** *culantro, cilantro, coriandro.* **Italien :** *coriandorlo.* **Néerlandais :** *koriander.*

Courge, potiron, giraumon (P, *)

Cycle végétatif : annuel.
Famille : Cucurbitacées.
Noms botaniques : (1) et (2) *Cucurbita maxima* Duchesne.
Synonyme français : grosse courge.

Plantes potagères, herbacées, à tiges rampantes, garnies de poils assez rudes et munies de vrilles. Leurs feuilles sont grandes, alternes, découpées en cinq lobes. Leurs fruits sont de formes très différentes, de couleur blanche, crème, jaune, vert-bleu, verte, orange ou rougeâtre, selon les variétés. Les fruits de *Cucurbita maxima* prennent généralement leur couleur définitive dès le début de leur formation. Origine : Amérique centrale ou Mexique.

UTILISATIONS

Les fruits se consomment cuits (en beignets, en soufflé, en purée, en potage, au gratin, farcis, sautés, frits, à l'étouffée, en confiture, etc.). Les fruits de potimarrons peuvent aussi être avantageusement préparés en gâteau, en tourte, en glace, ou râpés crus comme les carottes.

PROPRIÉTÉS

Voir à courges *(Cucurbita pepo).* Le potiron doux d'Hokkaïdo ou potimarron semble supérieur aux autres courges ; il contient très peu d'eau, il est très riche en provitamine A, renferme aussi les vitamines des groupes B, C, D et E, ainsi que du calcium, du fer, du magnésium, du phosphore, du potassium, du silicium et du sodium.

Comment reconnaître les différentes espèces de courges ?

Cinq espèces de courges admettent notre climat, quatre dans le genre *Cucurbita* et une dans le genre *Lagenaria.* On les reconnaît principalement aux pédoncules, aux feuilles, aux fleurs, aux tiges et aux graines.

Cucurbita pepo Linné

comprend les courges à courgettes, les pâtissons, les citrouilles...

▶ **PÉDONCULE :** très dur à maturité, il comporte cinq grosses côtes ne s'élargissant pas au point d'attache sur la tige et semblant s'étendre sur le fruit.

▶ **FEUILLES :** divisées en lobes très accentués ; généralement, les parties sont arrondies, parfois le lobe central est pointu, les bords sont découpés.

▶ **TIGES :** rudes et anguleuses.

▶ **FLEURS :** jaunes, les pièces du calice sont soudées.

▶ **GRAINES :** elles sont bordées d'un liseré légèrement plus clair.

Cucurbita maxima Duchesne

comprend les potirons, les courges brodées, la courge olive, les courges de Hubbard et les giraumons.

▶ **PÉDONCULE :** cylindrique, sans côtes, beaucoup plus gros que la tige.

▶ **FEUILLES :** grandes en forme de cœur, découpées en cinq lobes arrondis.

▶ **TIGES :** rudes, couvertes de poils.

▶ **FLEURS :** les fleurs mâles sont munies d'un long pédoncule, le calice de la fleur femelle est soudé et rétréci vers le haut. Elles sont jaunes.

▶ **GRAINES :** lisses.

Cucurbita moschata Duchesne

comprend les courges musquées.

▶ **PÉDONCULE :** à cinq côtes élargies au point d'insertion sur le fruit, ressemble à un pied de marmite.

▶ **FEUILLES :** vert foncé marbré de blanc, veloutées, ayant des angles plus ou moins nets.

▶ **TIGES :** portant des poils non piquants, plutôt veloutés.

▶ **FLEURS :** jaunes, les pièces du calice sont presque divisées jusqu'aux sépales.

▶ **GRAINES :** pelliculeuses, de couleur blanc sale.

Cucurbita ficifolia Bouché

comprend la courge de Siam et sa variété 'Albus'. Elles ne peuvent pas être hybridées avec les autres espèces mais seulement entre elles.

▶ **PÉDONCULE :** assez mince, possédant six ou sept côtes légèrement élargies à la base du fruit.

▶ **FEUILLES :** divisées en cinq lobes arrondis et séparés par des courbures profondes et arrondies de couleur vert sombre marbré de taches blanchâtres.

▶ **TIGES :** très coureuses, s'enracinant souvent à ses nœuds, elles paraissent peu vigoureuses.

▶ **FLEURS :** jaunes, les pièces du calice sont en forme de cloche avec des dents courtes et pointues.

▶ **GRAINES :** noires.

Lagenaria siceraria Standley

comprend les courges 'calebasse', 'pèlerine', 'siphon', 'massue', etc., des variétés potagères à l'état jeune et ornementales à maturité.

▶ **PÉDONCULE :** long, mince à cinq côtes très légèrement élargées à la base du fruit.

▶ **FEUILLES :** en forme de cœur, larges, dentées, de couleur vert pâle, couvertes de poils fins.

▶ **TIGES :** couvertes d'un feutre de poils fins, munies de grandes vrilles opposées aux feuilles, très coureuses et très ramifiées.

▶ **FLEURS :** blanches, possédant un long pédoncule, les pièces du calice ne sont pas soudées, de courte durée.

▶ **GRAINES :** curieuses, grisâtres, aplaties, légèrement sculptées sur le bord.

VARIÉTÉS

▶ **Courges-potirons :** 'Potiron d'Alençon', 'P. bronzé de Montlhéry', 'P. vert d'Espagne', 'P. gris de Boulogne', 'P. rouge vif d'Étampes', 'P. blanc gros', 'P. petit blanc cul de singe', 'P. mammouth', 'P. jaune gros', 'P. platt white boer' ('Plat blanc bœr'), 'P. tetsu kabuto', 'P. doux d'Hokkaïdo' ou 'potimarron' (il existe plusieurs cultivars de potimarrons).

▶ **Courges :** 'Courge pink jumbo banana' ('C. banane rose géante'), 'C. des missions', 'C. brodée galeuse d'Eysines', 'C. de Hubbard verte', 'C. de Hubbard bleue', 'C. de Hubbard dorée', 'C. de Valence', 'C. de Valparaiso', 'C. buttercup', 'C. red Kuri' ('Kuri rouge'), 'C. gold Nugget', 'C. baleine', 'C. brodée de Thoumain', 'C. d'Ohio', 'C. marina de Chioggia' (genre de giraumon brodé, vert foncé), 'C. olive' (excellente vieille variété).

▶ **Courges giraumons :** 'Turban' ou 'Bonnet turc', 'Turban petit de Chine'.

GRAINES

▶ **Durée germinative :** 6 à 8 ans.

▶ **Nombre de graines au gramme :** 3.

▶ **Intervalle entre le semis et le début de la récolte :** 3 ou 4 mois.

NOMS ÉTRANGERS

Anglais : *winter squash* **(courge d'hiver),** *squash* **(pour les États-Unis),** *géant pumpkin.* **Allemand :** *Melonen-Kürbiss, Centner-Kürbiss, Riesenkürbiss, Zentnerkürbiss.* **Espagnol :** *calabaza tonanera, calabaza amarilla, calabaza redonda, calabaza de cidra.* **Italien :** *zucca.* **Néerlandais :** *pompœn, reuzenkalebas.*

N.B. : pour tout autre renseignement, se reporter à la fiche sur les courge, courgette, citrouille et pâtisson.

Courge musquée (P, *)

Cycle végétatif : annuelle.
Famille : Cucurbitacées.
Noms botaniques : (1) et (2) *Cucurbita moschata* Duchesne.
Synonyme botanique : *C. macrocarpa* Gasparini.

Plante potagère, herbacée, à tiges rampantes, longues, ramifiées, munies de vrilles et recouvertes de poils rudes ; elles s'enracinent parfois assez facilement aux nœuds. Ses feuilles sont grandes, en forme de cœur, vert sombre, parsemées de quelques taches blanches. Ses fruits sont le plus souvent allongés en massue, leur couleur varie du crème au vert noirâtre selon les variétés. Origine : Asie méridionale, Amérique centrale (Mexique).

UTILISATIONS

Les fruits de la courge musquée s'utilisent comme les courges *(Cucurbita pepo),* leur saveur est plus musquée.

PROPRIÉTÉS

Se reporter aux courges à courgettes *(Cucurbita pepo).*

VARIÉTÉS

'Courge sucrine', 'C. sucrette', 'C. ponca', 'C. à trompe d'Albanga' (se consomme en courgette et en courge, peut atteindre 1,50 m de longueur), 'Butternut' (noix de beurre), 'C. portemanteau', 'C. musquée de Provence' (fruit rond, aplati et côtelé), 'C. musquée pleine de Naples'. Cette dernière variété est appelée « courge violon » dans le Midi (région de Grasse) ; à Noël, on y prépare la tarte au violon ! Cette variété est très tardive, ses fruits ont parfois beaucoup de mal à mûrir en région parisienne.

GRAINES

- **Durée germinative :** 6 à 8 ans.
- **Nombre de graines au gramme :** 7.
- **Intervalle entre le semis et le début de la récolte :** 3 à 5 mois.

NOMS ÉTRANGERS

Anglais : *musky gourd, musky pumpkin, cushaw* **(États-Unis)**. **Allemand :** *Bisamkürbis, Moschuskürbis.* **Espagnol :** *calabaza moscada, calabaza de Chipre.* **Italien :** *zucca.* **Néerlandais :** *pompoen.*

N.B. : pour tout autre renseignement, se reporter à la fiche sur les courge, courgette, citrouille et pâtisson.

Courge, courgette, citrouille, pâtisson (P, *)

Cycle végétatif : annuel.
Famille : Cucurbitacées.
Noms botaniques : (1) et (2) *Cucurbita pepo* Linné.
Synonymes botaniques : *C. melopepo* Linné, *C. fastuosa* Salisbury, *C. subverrucosa* Willdenow, *C. venosa* Descourt.

Plantes potagères, herbacées (il existe des variétés uniquement ornementales, les coloquintes), à tiges longues, pourvues de vrilles, rampantes ou grimpantes pour certaines variétés, tandis que d'autres forment des touffes. Leurs feuilles sont grandes, divisées en lobes. Leurs fruits sont de forme et de grosseur très variables (ronde, cylindrique, etc.), de couleur blanche, jaune, verte, orange ou panachée... Cette espèce est connue depuis les temps anciens. Pour tout renseignement complémentaire, se reporter au chapitre « Comment reconnaître les espèces de courges ». Origine : Amérique centrale. Floraison : de mai à septembre-octobre (suivant la culture). Fleurs : monoïques, jaunes, grandes, solitaires, en calices.

UTILISATIONS

La courge à courgette se consomme généralement assez jeune ou à demi-maturité. On la cuit à la provençale, sautée, farcie, à la niçoise, frites, à la béchamel, à l'oignon, au gratin... Elle accompagne les potages et divers plats, dont la ratatouille.

La courge s'utilise à maturité, elle se mange en soufflé, en beignets, en soupe, farcie, au gratin, sautée, en purée, frite, à l'étouffée, en marmelade, en confiture...

Le pâtisson, jeune, se prépare à la vinaigrette ou farci.

La courge 'spaghetti végétal' sera cuite en

entier pendant 20 à 30 mn dans l'eau bouillante. La laisser refroidir, l'ouvrir en deux, retirer les graines, puis les filaments, qui se consomment en gratin, à la sauce tomate, en velouté, en salade glacée...

Quant aux citrouilles, elles sont plutôt cultivées pour les animaux.

Certaines variétés de courge à courgette se consomment crues à la vinaigrette (juste lavées et coupées en fines rondelles avant d'être assaisonnées). La variété 'Zucchini golden burpee' (dans les catalogues anglais) est particulièrement bonne préparée de cette manière ; il faut la cueillir jeune (l'ongle doit pénétrer facilement dans sa peau).

Les fleurs des courges mâles sont délicieuses en beignets, en omelette ou farcies. Consulter le chapitre *Les meilleures recettes de cuisine.*

PROPRIÉTÉS

Dépuratives, diurétiques, émollientes, laxatives, nutritives, rafraîchissantes, sédatives et vermifuges (graines). Contiennent des vitamines A, B, C et PP ainsi que du cuivre, du fer, du magnésium et du zinc.

CULTURE

▶ **SOLS PRÉFÉRÉS :** légers, frais, meubles et humifères.

▶ **CLIMAT :** tempéré et chaud ; sensibles aux baisses de température et aux gelées.

▶ **EXPOSITION :** ensoleillée.

▶ **MULTIPLICATION :** par semis.

▶ **CULTURE :** en avril, semer 2 graines par godet, en serre, sous châssis ou dans un endroit suffisamment éclairé et ayant une température d'au moins 12 °C. Par la suite, ne garder que le plus beau sujet. Mettre en place avec la motte quand les gelées ne sont plus à craindre (généralement après le 15 mai).

En avril dans le Midi, en mai ou à partir de la mi-mai dans les autres régions, on sèmera directement en place, dans des poquets préparés avec du compost ; semer 2 ou 3 graines par poquet, à 1 ou 2 cm de profondeur, les recouvrir si possible avec du terreau. Tenir le sol suffisamment frais jusqu'à la levée, ne garder qu'un seul plant par poquet.

Les distances de plantation sont les suivantes : 1 m en tous sens pour les variétés non coureuses ; de 1,20 m à 1,50 m sur les rangs, ceux-ci espacés de 2 m environ, pour les variétés coureuses.

Comment semer tôt en place, tout en favorisant la levée et en protégeant les plants des limaces ? Il suffit de fabriquer des mini-châssis avec 4 planches clouées, de 20 cm de hauteur, formant un carré d'environ 30 cm, recouvertes d'un plastique à bulles ; lors du semis, poser ce mini-châssis sur le poquet et l'enlever avant que les plants ne touchent le plastique.

▶ **VOISINAGE :** le haricot à rames, le maïs sucré et le chou d'été sont de très bons voisins pour les courges ; en revanche, il faut absolument proscrire la pomme de terre dans les abords immédiats.

▶ **FACTEURS LUNAIRES :** semer de préférence en lune croissante.

▶ **ROTATION :** pratiquer une rotation de 2 ou 3 ans ; les courges, peu épuisantes, entrent dans la catégorie des plantes potagères herbacées.

▶ **FUMURES, FERTILISATIONS :** il ne faut pratiquer qu'un léger apport d'engrais azoté lors de la plantation, les courges demandent beaucoup de compost ; préparer (environ 8 à 15 jours avant le semis ou la plantation) les trous qui recevront les graines ou les plants. Ils devront être suffisamment grands pour contenir 2 bonnes fourchées de compost chacun. Tasser et recouvrir avec la terre retirée. Les doses d'engrais de fond sont normales comme pour toutes les plantes potagères.

▶ **FERTILISATIONS FOLIAIRES :** 1 application toutes les 3 semaines, à base de lithothamne.

▶ **SOINS :** binages, sarclages, arrosages si nécessaire, paillage conseillé avec du compost à partir de juin, c'est-à-dire dès que le sol est assez réchauffé et avant que les plantes ne soient trop développées. Concernant les variétés coureuses, il est bénéfique de butter la tige rampante le plus près possible des fruits sur une dizaine de centimètres. Cette tige va s'enraciner et favorisera le développement du fruit.

▶ **Taille :** cette taille ne concerne que les courges coureuses ; quand les plants ont 4 ou 5 feuilles (ne pas compter les cotylédons), pincer au-dessus de la 2e feuille, les tailles suivantes se limiteront à pincer la tige à 2 feuilles au-dessus de chaque fruit et à supprimer les jeunes pousses. Les fruits seront plus gros s'il n'en reste que 2 ou 3 par pied ; ils seront moyens, voire petits, sur une plante comptant 5 ou 6 fruits.

VARIÉTÉS

▶ **Courges à courgette :** 'Verte maraîchère', 'Black beauty', 'D'été verte petite d'Alger', 'Précoce maraîchère', 'À la moelle', 'Cou tors hâtive d'été', 'Blanche non coureuse', 'Blanche de Virginie', 'D'Italie', 'Ronde de Nice', 'Dorée Burpee' ('Zucchini golden Burpee').

▶ **Courges d'hiver :** 'Spaghetti végétal' (produisant des filaments lors de la cuisson), 'Courge à graine nue' ou 'Laby godiva', 'Reine de la table' ('Table queen'), 'Sucrière du Brésil', 'Polochon', 'Connecticut field', 'Ebony acorn', 'Jersey golden acorn', 'Sweet dumpling' (appelée ici 'Gourde comestible' ou 'Boule douce'), 'délicata' ainsi que les patissons ('Blanc', 'Orange', 'Vert', 'Panaché', 'White bush scallop', 'Vert pâle de Bennings', 'Citrouille de Touraine', etc).

Il existe des variétés de courge *(Cucurbita pepo)* qui sont surtout des plantes ornementales, appelées à tort coloquintes.

GRAINES

▶ **Porte-graines :** choisir des pieds très vigoureux. Les variétés s'hybrident entre elles avec une grande facilité ; l'hybridation artificielle est à conseiller (voir le paragraphe s'y rapportant page 59). Récolter les graines sur les fruits bien mûrs, laver les graines, les faire sécher à l'ombre et les mettre en sachet.

▶ **Durée germinative :** généralement 6 à 8 ans.

▶ **Nombre de graines au gramme :** courges *(Cucurbita pepo)*, 6 à 8 ; patissons, généralement 10 ; citrouilles, 3.

▶ **Levée :** 8 jours environ (plus ou moins selon la température).

▶ **Intervalle entre le semis et le début de la récolte :** 2 mois environ pour les courges à courgette ; 3 ou 4 mois pour les courges.

RÉCOLTE ET CONSERVATION

Les courgettes se récoltent au fur et à mesure de leur développement et des besoins. Elles peuvent se conserver au frais pendant quelques jours.

Les courges d'hiver se récoltent mûres vers la fin octobre (avant les gelées), elles se conservent en clayettes en évitant que les fruits se touchent, en cave non humide, sur de la paille... Elles décoreront agréablement les meubles d'une salle à manger (les surveiller de temps en temps, enlever celles qui se détériorent). La température idéale est de 8 à 10 °C, généralement elles se conservent de 4 à 7 mois, parfois plus ! Sur les courges d'hiver, à demi-maturité, vous pouvez vous amuser à écrire ou à dessiner à l'aide d'une pointe de couteau, la plaie se cicatrisera rapidement et l'empreinte deviendra très apparente.

Cueillir les fruits avec leur pédoncule. Si, par accident, le pédoncule se casse au ras du fruit, poudrer immédiatement l'emplacement avec du lithothamne ; ce fruit se conservera plusieurs semaines, voire plusieurs mois.

MALADIES ET PARASITES

▶ **L'anthracnose :** les feuilles des jeunes plants portent des taches grises, puis brunes, entourées de jaune, les feuilles atteintes périssent. Arracher et détruire les plants atteints ; saupoudrages foliaires à base de lithothamne. Maladie souvent due à un manque d'aération sous châssis.

▶ **L'oïdium :** des taches poudreuses blanches envahissent les faces des feuilles qui finissent par prendre une couleur brune et tombent. Dès l'apparition de la maladie, saupoudrer sur végétation humide (à la rosée) 50 % de lithothamne et 50 % de fleur de soufre. Supprimer les feuilles atteintes et les brûler. Les poudrages foliaires réguliers à base de lithothamne évitent souvent la maladie.

▶ **La grise des cucurbitacées :** suce le dessous des feuilles. Pulvérisations d'insecticide végétal sous les feuilles, de purin d'orties ou de solution nicotinée ; survient assez rarement en culture en plein air.

▶ **Les mollusques :** dévorent les feuilles tendres des jeunes plants. Voir le paragraphe qui leur est consacré, page 44.

▶ **Le puceron des racines :** cet hémiptère suce la sève au niveau du collet. Bien dégager la terre autour du collet et pulvériser de l'insecticide végétal additionné de purin d'orties.

▶ **Les pucerons noirs :** s'attaquent aux feuilles dont ils sucent la sève. Voir le paragraphe traitant des pucerons, page 43.

NOMS ÉTRANGERS

Anglais : *pumpkin*. **Allemand :** *Gartenkürbis*. **Espagnol :** *calabaza común, calabaza de San Juan, calabacin* (**courgette**). **Italien :** *zucca, zucchetta* (**courgette**). **Néerlandais :** *pompoen, kalebas, sierpompoen*.

Courge de Siam (P, *)

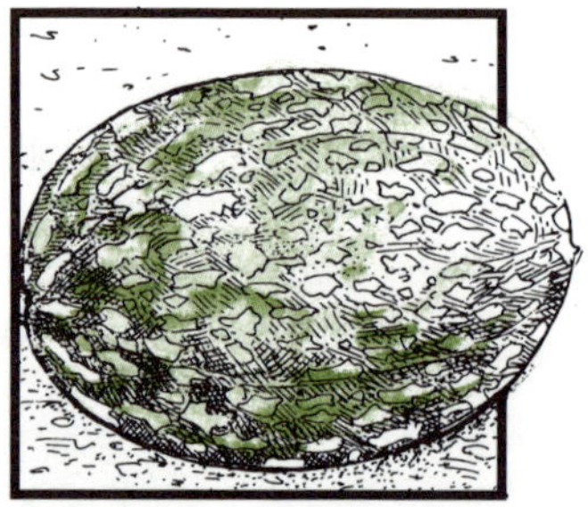

Cycle végétatif : annuelle, vivace dans les pays chauds.
Famille : Cucurbitacées.
Noms botaniques : (1) et (2) *Cucurbita ficifolia* Bouché.
Synonyme botanique : *C. melanosperma* A. Braun.
Synonymes français : chilacayote, courge à choucroute, courge à confiture de cheveux d'ange, courge à feuilles de figuier, courge à graines noires, melon de Malabar, boule de Siam...

Plante potagère et fourragère, herbacée. Ses tiges sont minces, très coureuses (atteignant facilement 15 m), elles sont rampantes ou grimpantes, elles s'enracinent assez facilement. Ses feuilles ont cinq lobes arrondis, d'un vert légèrement sombre, marbrées de taches vert-jaune, elles sont un peu plus petites que celles des autres espèces. Ses fruits sont légèrement oblongs, à peau lisse et très dure, ils sont vert foncé, tachetés de lignes blanches et floconneuses et ressemblent à des pastèques ; ils pèsent généralement entre 2 et 4 kg, leur chair est blanche et filamenteuse, elle évoque le vermicelle, c'est pourquoi la courge de Siam est parfois confondue avec le 'spaghetti végétal', qui est blanc et dont les filaments légèrement plus gros se forment lors de la cuisson. Les fruits mûrs se conservent très longtemps, parfois jusqu'à 3 ans, ils perdent alors en partie leur belle couleur ; ils sont très appréciés des animaux domestiques (tels que les chèvres, les vaches ou les lapins). Cette espèce de courge est très cultivée en Espagne, en Amérique du Sud, ainsi qu'en Chine. Origine : probablement du Mexique.

UTILISATIONS

Les fruits très jeunes se consomment à la manière des concombres ou des courgettes. Les filaments des fruits mûrs se préparent en gratin, en guise de choucroute, en beignets, en potage, à la sauce tomate et, bien entendu, en confiture (la confiture de cheveux d'ange est très réputée en Espagne).

Couper les fruits en quartiers de la grosseur du poing environ. Les mettre dans une bassine d'eau bouillante après avoir enlevé les pépins. Laisser cuire 40 mn environ ; quand les filaments se détachent facilement de la peau, retirer les morceaux de courge et les verser dans l'eau froide. Détacher la pulpe à l'aide d'une grande cuillère. Laver les filaments dans plusieurs eaux puis les presser dans un linge pour éliminer l'eau. La chair de cette courge originale est prête à être utilisée, à volonté !

Pour la confiture de cheveux d'ange, préparer les filaments comme il est dit précédemment. Confectionner un sirop de sucre (de canne, de préférence) au petit filet, 800 g de sucre par kilogramme de pulpe. Ajouter le sirop à la pulpe et un bâton de cannelle par kilogramme de pulpe. Laisser bouillir à feu doux pendant 30 à 40 mn, en remuant le fond avec une spatule en bois. Ôter la confiture du feu quand elle a pris une bonne consistance et la parfumer avec des essences de citron, d'orange ou de vanille. Verser la confiture dans les pots et fermer tout de suite.

VARIÉTÉS

Souvent cultivée seule, il existe d'autres variétés très rares dont la courge de Siam 'Albus'. Cette courge a un très grand développement, il faudrait la planter à 2 m en tous sens, c'est l'une des courges les plus robustes.

GRAINES

▶ **PORTE-GRAINES :** choisir sur des pieds vigoureux, les plus beaux fruits, cueillis bien mûrs ; enlever les graines qui doivent être noires, les laver, les faire sécher à l'ombre et les ensacher.

La courge de Siam peut être hybridée uniquement avec la variété 'Albus'.

▶ **DURÉE GERMINATIVE :** 4 à 6 ans.

▶ **NOMBRE DE GRAINES AU GRAMME :** 5 à 6.

▶ **LEVÉE :** 8 jours environ.

▶ **INTERVALLE ENTRE LE SEMIS ET LE DÉBUT DE LA RÉCOLTE :** 3 à 5 mois, selon qu'on les cueille jeunes ou mûres.

RÉCOLTE ET CONSERVATION

Récolter les fruits selon les besoins ; pour la conservation, on cueille les fruits avant les gelées (vers la fin octobre), on les stocke à l'abri des gelées et de l'humidité en évitant que les fruits ne se touchent (comme toutes les courges), on les gardera 2 années, voire plus.

NOMS ÉTRANGERS

ANGLAIS : *malabar gourd, gourd, fig-leaved.* **ALLEMAND :** *Angurie der Gärtner, Feigenblattkürbis.* **ESPAGNOL :** *calabaza cabellos de Angel, cidra.* **ITALIEN :** *zucca del Siam.* **NÉERLANDAIS :** *pompoen.*

N.B. : pour tout renseignement complémentaire (sols préférés, climat, rotation, etc.), se reporter à *Courge, courgette, citrouille et pâtisson (Cucurbita pepo).*

Crambe (P, ***)

Cycle végétatif : vivace.
Famille : Crucifères.
Noms botaniques : (1) et (2) Crambe *maritima* Linné.
Synonymes botaniques : *Crucifera maritima* E.H.L. Krausse, *Cochlearia maritima* Crantz.
Synonyme français : chou marin.

Plante potagère, herbacée, atteignant parfois près de 70 cm de hauteur, principalement cultivée en Angleterre. Ses feuilles sont assez grandes, ovales, épaisses, ondulées et dentées, naissant à partir de la souche qui est vivace ; elles sont vert-bleu et longuement pétiolées. Sa tige est ramifiée et dressée. Origine : côtes de l'Europe occidentale ; on le rencontre à l'état sauvage dans les galets et les sables le long de certaines côtes anglaises et françaises. Floraison : en mai-juin. Fleurs : hermaphrodites, blanches ou roses, en grappes terminales.

UTILISATIONS

On consomme les jeunes pétioles (queues des feuilles) étiolés, cuits à la manière des asperges : à la vinaigrette, au jus de viande, au blanc... Certaines personnes les mangent crus. Le goût rappelle à la fois ceux de l'asperge, du chou-fleur, du cardon avec une légère saveur de noisette.

PROPRIÉTÉS

Antiscorbutiques, toniques et vermifuges.

CULTURE

▶ **Sols préférés :** frais, humifères, profonds, bien drainés ; éviter les terres trop acides.

▶ **Climat :** tempéré et humide, sa souche ne craint pas les froids.

▶ **Exposition :** ensoleillée.

▶ **Multiplication :** par semis, par bouturage de racines et par division de touffes.

▶ **Culture :**
Par semis : semer clair de mars à la fin mai ; en pépinière, repiquer les plants quand ils ont 4 ou 5 feuilles ; en place, semer 3 ou 4 graines par poquet préparé avec du terreau, à 40 cm en tous sens, en quinconce ; par la suite, ne garder qu'un sujet par poquet ; recouvrir les semences de 1 cm à peine de terre bien émiettée ou de terreau et tasser ; tenir le sol suffisamment frais jusqu'à la levée.
Par bouturage de racines : au printemps de préférence, prélever sur les plus belles racines de vieux pieds des tronçons de 10-12 cm de longueur. Les planter à 20 cm de profondeur (prendre garde au sens). Les recouvrir de quelques centimètres de terre émiettée et de terreau. La distance des plantations est de 30-40 cm en tous sens, en quinconce de préférence.
Par division de touffes : à l'aide d'une bêche, diviser les anciennes souches en plusieurs éclats (3 ou 4) et les mettre en place (voir le bouturage de racines).

▶ **Facteurs lunaires :** semer de préférence en lune décroissante.

▶ **Rotation :** cette plante peut rester en place 8 à 10 ans ; comme elle occupe longtemps le terrain, il faudra faire une rotation assez longue, de 4 ou 5 ans.

▶ **Fumures, fertilisations :** apports normaux de compost bien décomposé et de fertilisants. Faire un léger apport annuel de sel marin (non raffiné), 1 kg/are environ ; l'épandre à l'entrée de l'hiver, il favorisera la végétation du crambe.

▶ **Fertilisations foliaires :** 3 à 4 dans la saison à base de lithothamne.

▶ **Soins :** binages, sarclages, arrosages profonds et fréquents en cas de sécheresse, un paillage est alors conseillé. Couper les tiges florales dès leur apparition pour ne pas épuiser les pieds. Enlever les feuilles mortes au début de l'hiver. Tous les ans, en octobre-novembre (à partir de la 2e année de culture), il est bénéfique de butter légèrement les souches avec du terreau.

VARIÉTÉS

Le type botanique, il existe plusieurs variétés de crambe en Grande-Bretagne.

GRAINES

▶ **Porte-graines :** choisir des porte-graines vigoureux, ne pas couper les tiges florales, récolter les akènes presque à maturité, les faire sécher à l'ombre et les conserver dans du sable sec ou ensachés en bas du réfrigérateur.

Ne pas décortiquer la graine qui se trouve dans l'akène, on la sème avec cette enveloppe.

▶ **Durée germinative :** 1 an environ.

▶ **Nombre de graines au gramme :** 15 à 18.

▶ **Levée :** 8 à 20 jours, capricieuse.

▶ **Intervalle entre le semis et le début de la récolte :** 2 ans (3e année de culture).

RÉCOLTE ET CONSERVATION

La récolte commence quand les pétioles (pousses) mesurent 20-25 cm de longueur. Il faut pratiquer l'étiolement à cause de l'âcreté de cette plante non blanchie. La récolte se fait à la main ou à l'aide d'un couteau (en inox, si possible). Couper la pousse au ras de la souche, prendre soin de ne pas endommager les petites pousses du cœur de la plante. Généralement, la récolte s'étale sur mars et avril (suivant le temps).

Blanchiment : à partir de la mi-janvier (selon le temps), recouvrir chaque plante avec de grands pots de fleur retournés, des cageots renversés ou tout autre moyen ; répandre de la paille sur ceux-ci, des feuilles sèches ou, mieux, du fumier de cheval (dans ce cas, laisser une petite aération). Ces protections pourront être abritées sous un tunnel plastique.

Autre méthode : butter les pieds, les recouvrir de paille ou de feuilles sèches et d'un peu de fumier frais de cheval. Protéger chaque plante ou rang sous un tunnel en plastique noir. En Grande-Bretagne, il existe des pots spéciaux en terre cuite servant à cet usage.

Généralement, au bout de 3 à 5 semaines d'étiolage (selon la température), il est possible de commencer la récolte.

La première année de production, il est préférable de ne faire qu'une seule récolte pour ne pas user prématurément les pieds ; ultérieurement, on fera deux récoltes successives. Après la dernière récolte, il est conseillé de découvrir progressivement les plantes dont les pousses sont fragiles.

En novembre, pratiquer le forçage en cave ou dans un local obscur à une température de 12 à 16 °C ; arracher les touffes, les planter dans des bacs en bois, en terre cuite ou en polystyrène. Espacer les racines de quelques centimètres, combler les intervalles de terre mélangée avec de la tourbe, du compost et du sable ; ne pas recouvrir le cœur des plantes, garder le mélange terreux suffisamment frais (sans excès). Il est évident que les pieds forcés à l'intérieur ne seront plus utilisés, mais les racines secondaires pourront servir de boutures ; il faudra les stratifier dans du sable sec en attendant le printemps. Il serait avantageux d'exposer les racines à même le sol pendant quelques jours, avant de les planter (éviter de les exposer trop au soleil les premiers jours).

MALADIES ET PARASITES

▶ **La pourriture des racines :** une grosseur violacée apparaît sur la racine qui fait jaunir les feuilles, puis mourir la plante. Arracher les pieds atteints et les brûler. Ne pas cultiver de crambe à cet emplacement pendant plusieurs années. À la fin de l'hiver, pulvériser une ou deux solutions d'essences naturelles de plantes sur le sol (en traitement préventif).

▶ **Hernie du chou :** nodosités surgissant sur les racines, les déformant et finissant par les faire périr. Cette maladie assez rare est due, la plupart du temps, à une terre trop acide et mal aérée. À chaque souche, une poignée de cendre de bois ou de lithothamne est une bonne prévention.

Cultivé dans de bonnes conditions et en respectant les bases essentielles du jardinage, le crambe ne souffre pratiquement d'aucune maladie et encore moins de parasites.

NOMS ÉTRANGERS

ANGLAIS : *sea kale.* **ALLEMAND :** *Seekohl, Meerkohl.* **ESPAGNOL :** *col marino, col maritima, col marina, crambe, soldanela maritima.* **ITALIEN :** *cavolo marino.* **NÉERLANDAIS :** *zeekool, meerkool.*

Cresson alénois (P, *)

Cycle végétatif : annuel.
Famille : Crucifères.
Noms botaniques : (1) et (2) *Lepidium sativum* Linné.
Synonymes botaniques : *Nasturtium sativum* Medikus, *Thlaspi sativum* Crantz, *Lepia sativa* Desvaux, *Thaspidium sativum* Spach, *Cardamon sativum* Fourreau.
Synonymes français : cressonnette, nasitor, passerage cultivée...

Plante potagère à végétation rapide, de 30 à 50 cm de hauteur. Ses nombreuses feuilles sont plus ou moins découpées selon les variétés ; elles sont pétiolées, alternes, radicales, disposées en rosette, vertes. La tige rameuse et dressée apparaît rapidement. Origine : Moyen-Orient, possible d'Iran. Sa culture remonte à des temps très anciens. Floraison : de juin à septembre (suivant les semis). Fleurs : hermaphrodites, blanches, en grappes terminales, petites.

UTILISATIONS

Ses feuilles se consomment crues en salade ou comme condiment pour garnir et aromatiser certains plats (viandes, crudités, salades et légumes). Elles parfument diverses sauces. Pour agrémenter un potage, les ajouter à la dernière minute au moment de servir. Son goût est fort et piquant.

PROPRIÉTÉS

Antiscorbutiques, apéritives, cholagogues, dépuratives, diurétiques, expectorantes, stomachiques, toniques... Contient une huile essentielle, des vitamines A, C, B et K, ainsi que du calcium, du fer, du manganèse, du phosphore et du zinc.

CULTURE

▶ **SOLS PRÉFÉRÉS :** frais, humifères.
▶ **CLIMAT :** tempéré.
▶ **EXPOSITION :** à la mi-ombre au printemps, à l'ombre en été, au soleil en fin de saison.
▶ **MULTIPLICATION :** par semis.
▶ **CULTURE :** semer clair de mars à mai à la mi-ombre, de mai à juillet à l'ombre et en septembre à exposition ensoleillée. Les rayons doivent être éloignés de 15 cm, éclaircir à 2-3 cm. Recouvrir à peine les graines avec du terreau ou de la terre bien émiettée, tasser avec le dos du râteau. Tenir le sol suffisamment frais. Le cresson alénois peut être semé à la volée.

Renouveler souvent les semis, car cette plante monte rapidement à graines. Faire un semis toutes les 3 semaines environ. Le cresson alénois peut être semé en caissettes, en jardinières ou en pots.

▶ **Voisinage :** fait bon voisinage avec la carotte, le persil et le radis.

▶ **Facteurs lunaires :** semer de préférence en lune décroissante.

▶ **Rotation :** pratiquer une rotation de 1 ou 2 années, car c'est une plante peu épuisante à cause de sa végétation rapide. Entre dans la catégorie des plantes potagères à feuilles.

▶ **Fumures, fertilisations :** normales.

▶ **Fertilisations foliaires :** pas nécessaires.

▶ **Soins :** binages et sarclages sont nécessaires ; tenir le sol suffisamment humide pour retarder la montée à graines. Le paillage a l'avantage de maintenir l'humidité du sol, mais il n'est pas toujours facile de l'appliquer à cette plante qui pousse rapidement.

VARIÉTÉS

'Cresson alénois commun', 'C. alénois à larges feuilles', 'C. alénois frisé', 'C. alénois très frisé', 'C. alénois doré'.

GRAINES

▶ **Porte-graines :** garder quelques beaux pieds d'une culture printanière ; ils monteront à graines environ 2 mois après le semis. Récolter les tiges quand elles sont presque sèches. Les faire sécher à l'ombre sur une toile. Battre les silicules renfermant les semences et conserver celles-ci dans des sachets ou dans des boîtes hermétiques.

▶ **Durée germinative :** 5 ans.

▶ **Nombre de graines au gramme :** 450.

▶ **Levée :** 1 à 3 jours.

▶ **Intervalle entre le semis et le début de la récolte :** environ 1 mois.

RÉCOLTE ET CONSERVATION

Couper les feuilles au ras du sol quand elles atteignent 6-8 cm de hauteur ; les consommer le plus rapidement possible. Ne cueillir que les feuilles permet souvent de récolter une deuxième fois. On peut aussi opérer au niveau de la rosette à collet.

MALADIES ET PARASITES

▶ **L'altise :** perfore les feuilles. Voir le paragraphe concerné, page 43.

NOMS ÉTRANGERS

Anglais : *garden-cress, pepper grass.* **Allemand :** *Gartenkresse.* **Espagnol :** *mastuerzo, malpica, berro de huerta, berro de tierra, berro alénois, lepidio.* **Italien :** *agretto, crescione inglese, cerconcello, crescione comune, nasturzio ortense, nasturzio d'orto.* **Néerlandais :** *tuinkers, hofkers.*

Cresson des jardins (P, *)

Cycle végétatif : bisannuel.
Famille : Crucifères.
Noms botaniques : (1) *Barbarea verna* (Miller) Ascherson, (2) *B. praecox* R. Brown
Synonymes botaniques : *B. praecox* Linné, *Erysimum vernum* Miller, Gardner, *E. praecox* Linné, *E. praecox* Smith, E. *tenuifolium* Stokes, *Sisymbrium barbarea* Allioni, *Campe praecox* Dulac.
Synonymes français : cresson de terre, cresson des vignes, cresson vivace, cressonnette de jardin, herbe de Sainte-Barbe, roquette, roquette des jardins...

Plante potagère herbacée, de 20-60 cm de hauteur. Ses feuilles découpées sont radicales et disposées en rosette ; elles ont une couleur vert foncé. Sa tige est anguleuse et dressée. Origine : possible d'Europe, spontané en France. Floraison : avril-mai (2e année). Fleurs : hermaphrodites, jaunes, en grappes terminales.

UTILISATIONS

On mange les feuilles crues, en salade (seules ou mélangées avec d'autres), elles garnissent les plats de viandes grillées ou rôties. Cuites, les feuilles se préparent à la manière des épinards (au beurre, au jus, etc.) ou en potage. La saveur du cresson des jardins rappelle celle du cresson d'eau, mais elle est plus piquante.

PROPRIÉTÉS

Antianémiques, antiscorbutiques, apéritives, dépuratives, diurétiques, expectorantes, rafraîchissantes, reminéralisantes, stomachiques et toniques... Contient des vitamines A, B, C, E et PP, ainsi que de nombreux sels minéraux : arsenic, calcium, fer, iode, magnésium, manganèse, phosphore, zinc et soufre.

Le cresson de terre est très précieux, car il donne de très bonnes salades hivernales.

CULTURE

▶ **Sols préférés :** toutes les terres fertiles, humifères et suffisamment fraîches.

▶ **Climat :** tempéré, rustique ; il supporte assez bien le froid.

▶ **Exposition :** toutes les expositions lui conviennent mais, en été, il apprécie une situation ombragée, ses feuilles en seront plus tendres.

▶ **Multiplication :** par semis.

▶ **Culture :** semer très clair, directement en place au printemps à partir de la mi-mars jusqu'à la fin août, en rayons éloignés de 30 cm. Recouvrir les semences de 4-5 mm au plus, tasser avec le dos du râteau et tenir le sol assez frais. Éclaircir à 15-20 cm.

Quand les plants ont quelques feuilles, ils peuvent être repiqués.

▶ **Voisinage :** pousse favorablement avec la carotte, le persil, la pomme de terre et le radis.

▶ **Facteurs lunaires :** semer de préférence en lune décroissante.

▶ **Rotation :** plante peu épuisante. Ne la cultiver au même endroit qu'au bout de 2 ou 3 années. Entre dans la catégorie des plantes potagères à feuilles.

▶ **Fumures, fertilisations :** normales.

▶ **Fertilisations foliaires :** pas nécessaires.

▶ **Soins :** binages, sarclages et arrosages si nécessaire ; la terre devra être toujours suffisamment fraîche pour que les feuilles ne durcissent pas. En cas de grands froids, protéger la planche avec des feuilles sèches qu'il faudra retirer dès le radoucissement. Éliminer la tige florale dès son apparition, cela favorisera une nouvelle pousse de feuilles.

VARIÉTÉS

Le type botanique.

GRAINES

▶ **Porte-graines :** repérer quelques beaux pieds qui monteront à graines la 2e année ; couper les tiges juste avant complète maturité, les pendre à l'ombre au-dessus d'une toile, battre et ensacher.

▶ **Durée germinative :** 3 ans.

▶ **Nombre de graines au gramme :** 950 environ.

▶ **Levée :** 2 ou 3 semaines.

▶ **Intervalle entre le semis et le début de la récolte :** 2 ou 3 mois.

RÉCOLTE ET CONSERVATION

Quand les feuilles atteignent une quinzaine de centimètres, on cueille les plus grandes au fur et à mesure des besoins. La récolte se prolonge jusqu'à la montée à graines. Il faut utiliser le cresson des jardins le plus rapidement possible après sa cueillette.

Il est possible de récolter la rosette entière ; dans ce cas, il faudra prévoir d'autres semis successifs.

MALADIES ET PARASITES

Néant.

NOMS ÉTRANGERS

Anglais : *winter cress, scurvy grass, american cress.* **Allemand :** *amerikanische Winterkresse.* **Espagnol :** *berro mastuerzo, barbara, hierba de Santa.* **Italien :** *crescione dei giardini.* **Néerlandais :** *wilde kers, vroeg barbarakruid.*

Crosne du Japon (P, **)

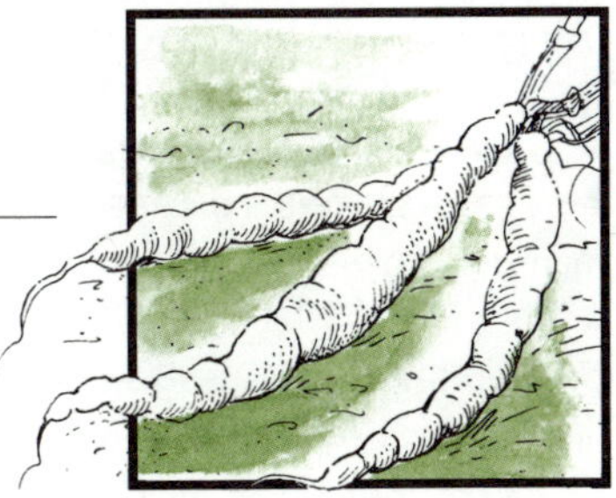

Cycle végétatif : vivace par ses rhizomes.
Famille : Labiées, Labiacées ou Lamiacées.
Noms botaniques : (1) *Stachys sieboldii* Miquel, (2) *S. affinis* Bunge.
Synonymes français : stachus tubéreux, épiaire à chapelets...

Plante potagère formant une petite touffe dont les tiges sont carrées et hautes de 30-40 cm, ressemblant à la menthe, produisant de nombreux rhizomes de petite taille, blancs, en chapelets, ayant légèrement la forme d'un tire-bouchon. Origine : Japon ou Chine ; il porte le nom de la ville de Crosne dans l'Essonne où il fut cultivé pour la première fois en France en 1882. Floraison : ne fleurit pas sous notre climat.

UTILISATIONS

Cultivé pour ses petits tubercules au goût très fin, évoquant le fond d'artichaut et le topinambour. Dans certaines contrées de France, on l'achète sur les marchés. Les tubercules s'utilisent cuits, à l'étouffée, frits, en ragoût (accompagnant un rôti de veau), à la sauce blanche, au jus, au gratin et, enfin, en salade... Ils peuvent être confits dans le vinaigre (de préférence au début de la récolte).

Les rhizomes ont un épiderme très mince. Pour les préparer, il suffit de les frotter dans un linge, certains y ajoutent une poignée de gros sel pour faciliter l'opération, ils demandent à être lavés avant et après cette opération.

Les crosnes sont cuits au bout d'un quart d'heure à peine, trop cuits ils deviennent pâteux.

PROPRIÉTÉS

Digestives, nutritives. Le crosne est riche en sucre et en amidon. Il contient des vitamines A et C ainsi que du fer.

CULTURE

▶ **Sols préférés :** tous les sols pas trop humides et bien aérés ; le crosne du Japon affectionne les terres légères.

▶ **Climat :** tempéré ; il craint les grandes sécheresses.

▶ **Exposition :** ensoleillée.

▶ **Multiplication :** par rhizomes.

▶ **Culture :** en mars-avril, planter 3 ou 4 rhizomes par poquet à une dizaine de centimètres de profondeur et en préservant 40 cm en tous sens.

▶ **Voisinage :** pas d'importance.

▶ **Facteurs lunaires :** planter les rhizomes de préférence en lune décroissante.

▶ **Rotation :** entre dans la rotation des plantes à racines, peut revenir au même endroit au bout de 3 ou 4 ans.

▶ **Fumures, fertilisations :** normales.

▶ **Fertilisations foliaires :** des poudrages mensuels à base de lithothamne (de mai à août) seront toujours bénéfiques.

▶ **Soins :** binages, sarclages et arrosages si nécessaire. N'effectuer que des binages superficiels à partir du début juillet pour garder le terrain propre, car les binages profonds endommageraient les racines. Il est préférable de butter légèrement les crosnes vers le début juin, cette opération augmentera légèrement le rendement.

Le crosne du Japon est une plante envahissante, il faudra effectuer l'arrachage avec précaution et ne pas laisser de rhizomes en terre : ils repousseraient au printemps suivant.

VARIÉTÉS

Le type botanique.

GRAINES

▶ **Porte-graines :** cette plante ne produit pas de graines, on la reproduit par ses rhizomes. Pendant l'arrachage tout le long de l'hiver, choisir les plus beaux tubercules pour la reproduction, les stratifier dans du sable sec ; de cette manière on améliorera certainement la grosseur des rhizomes. Maintenir quelques pieds en place, les arracher et les trier au moment de la plantation.

Les rhizomes ne se conservant pas à l'air, il faudra donc les planter le plus rapidement possible après l'arrachage ; si un empêchement imprévu venait retarder cette opération de quelques jours, les conserver dans de la tourbe.

▶ **Intervalle entre la plantation et le début de la récolte :** environ 8 mois.

RÉCOLTE ET CONSERVATION

La récolte débute quand les feuilles se dessèchent (généralement début novembre), elle se prolonge au fur et à mesure des besoins pendant tout l'hiver, parfois jusqu'en avril. Il faut consommer les tubercules fraîchement arrachés, à défaut les stratifier dans du sable sec. Pour les conserver pendant quelques jours, les mettre dans de la tourbe. Pour faciliter l'arrachage lors des froids, couvrir le sol de paille ou de feuilles sèches qu'on enlèvera quand les pluies apparaîtront.

MALADIES ET PARASITES

▶ **Le pourridié :** pratiquement la seule maladie dont souffre cette plante très rustique. Il est dû à un excès d'humidité du sol.

▶ **Le ver blanc :** peut s'attaquer aux rhizomes. Voir le paragraphe consacré au ver blanc, page 45.

NOMS ÉTRANGERS

Anglais : *chinese artichoke, japonese artichoke.* **Allemand :** *Knollenziest, japanische Kartoffel.* **Espagnol :** *alcachofa tuberosa, crosne del Japón.* **Italien :** *tuberina.* **Néerlandais :** *japanse andoren.*

Échalote (A, *)

Cycle végétatif : vivace par son bulbe, cultivée comme annuelle.
Famille : Liliacées.
Noms botaniques : (1) *Allium ascalonicum* Strand, (2) *A. ascalonicum* Linné.
Synonymes botaniques : *A. cepa var. ascalonicum* Backer, *Porrum ascalonicum* Reichembach.
Synonymes français : ail d'Ascalon, ail stérile, chalote, eschalote...

Plante condimentaire, herbacée, de 20-30 cm de hauteur, ses feuilles sont nombreuses, assez fines, tubulaires, de couleur verte, formant une touffe, elles ressemblent aux feuilles de l'oignon. L'échalote est surtout cultivée pour son bulbe, divisé en plusieurs caïeux ou gousses (parfois 7 ou 8) ; ils sont de couleur jaune, grisâtre ou cuivrée et de forme allongée ou arrondie selon les variétés. Origine : certainement des pays méditerranéens, possible de la Palestine, jamais vue à l'état sauvage. Floraison : de mai à juillet, fleurit rarement. Fleurs : hermaphrodites, en ombelles, blanches à bleuâtres, elles sont généralement stériles, ne produisant des graines qu'exceptionnellement (sauf l'échalote de Jersey qui en produit régulièrement).

UTILISATIONS

Les caïeux s'utilisent crus pour assaisonner les salades, les crudités, certaines viandes, les huîtres ; ils accompagnent divers plats. Cuits, ils entrent dans la composition de nombreuses sauces, ils relèvent le court-bouillon, les farces... Ils peuvent être confits dans du vinaigre.

Les feuilles vertes peuvent remplacer la ciboule ou la ciboulette.

L'échalote grise est plus parfumée et plus forte que les autres variétés, mais de conservation assez courte (jusqu'en novembre ou décembre).

PROPRIÉTÉS

Apéritives, anti-infectieuses, aphrodisiaques, digestives, diurétiques, nutritives et stimulantes. Contient des vitamines A, B et C, ainsi que calcium, fer, fluor, iode, magnésium, phosphore, potassium, silicium, soufre, etc., et des huiles essentielles.

CULTURE

▶ **Sols préférés :** plutôt légers ou bien drainés, fertiles, sains, meubles et riches. Éviter les terres trop humides.
▶ **Climat :** tempéré ou chaud.
▶ **Exposition :** ensoleillée.
▶ **Multiplication :** par caïeux.
▶ **Culture :** on plante les caïeux en les enfonçant avec les doigts à 2 cm environ de profondeur, à une distance de 12-15 cm sur la ligne, les rangs espacés de 25-30 cm, en terre bien ameublie.

La plantation s'effectue depuis octobre jusqu'à janvier pour l'échalote ordinaire (grise) et en février-mars pour les autres variétés ; sauf l'échalote de Tunisie que l'on plante en avril, quand la température est plus clémente.

▶ **Voisinage :** elle entretient de bonnes relations avec la betterave potagère, la carotte, le fraisier, la laitue et la tomate ; elle a horreur des légumineuses (fève, haricot, pois, etc.).

▶ **Facteurs lunaires :** planter les caïeux de préférence en lune décroissante, 2 ou 3 jours avant la nouvelle lune.

▶ **Rotation :** il est préférable d'attendre au moins 3 ans avant de cultiver une liliacée au même endroit. C'est une plante peu épuisante qui entre dans la catégorie des plantes à bulbes et à fruits.

▶ **Fumures, fertilisations :** normales, très peu d'azote, environ 1 kg/are au démarrage en mars ; l'échalote craint la fumure non décomposée, il faut donc lui apporter un compost correct.

▶ **Soins :** binages, sarclages et arrosages si nécessaire avant la formation des gousses.

VARIÉTÉS

'Longue grosse' ou 'Grosse brune' appelée 'cuisse de poulet', 'De Jersey', 'D'Alençon', 'Hâtive de Niort', 'Blonde de Hollande', 'Poire' (variété bretonne), 'De Huy', grise ou ordinaire, 'De Tunisie' (à très gros caïeux, de très longue conservation, son goût se rapproche de celui de l'oignon). Il existe une variété d'échalote perpétuelle que l'on plante en juillet-août.

GRAINES

▶ **Porte-graines :** procéder comme pour l'oignon. Pour l''Échalote de Jersey' (dont on sème les graines en mars comme celles de l'oignon), chaque graine donnera un bulbe que l'on plantera l'année suivante. Ce procédé est très rarement utilisé. On choisit les caïeux sur les pieds les plus vigoureux et ayant le meilleur rendement, les conserver au frais dans un filet, en clayette ou pendus en botte.

▶ **Durée germinative :** environ 2 ans.

▶ **Nombre de graines au gramme :** 270.

▶ **Levée :** au bout de 1 ou 2 semaines.

▶ **Intervalle entre la plantation et la récolte :** 5 mois environ pour une plantation de fin d'hiver et autour de 9 mois pour une culture d'automne.

RÉCOLTE ET CONSERVATION

En général, la récolte se fait quand les feuilles deviennent jaunes, puis sèches, généralement en juillet-début août. On arrache les touffes, on laisse les caïeux se ressuyer 1 ou 2 jours sur le sol (les rentrer en cas de pluie, puis les étaler de nouveau sur le sol pour qu'ils soient bien secs), les placer dans un local sain, frais, sec, en clayette, en botte ou étalés sur le parquet, dans un grenier. Ils se conservent jusqu'au mois de juin, l''Échalote de Tunisie' tiendra 2 ans dans un local frais, l'échalote grise ne se conserve pas au-delà de la fin de l'année.

MALADIES ET PARASITES

Ils sont les mêmes que pour l'oignon, s'y reporter page 248.

NOMS ÉTRANGERS

Anglais : *shallot*. **Allemand :** *Schalotte, Eschlauch*. **Espagnol :** *escalluna, chalote, ascalonia*. **Italien :** *scalogno*. **Néerlandais :** *sjalot, zilveruitje*.

Énothère bisannuelle (P, **)

Cycle végétatif : bisannuelle.
Famille : Œnothéracées.
Noms botaniques : (1) et (2) *Œnothera biennis* Linné.
Synonymes botaniques : *Œ. graveolens* Gilibert, *Œ. communis* Leveille, *Onagra biennis* Scopoli.
Synonymes français : œnothère commune, herbe aux ânes, jambon, jambon des jardiniers, jambon de Saint-Antoine, lysimachie jaune cornue, mâche rouge, onagre, onagre bisannuelle.

Plante surtout cultivée comme ornementale, mais aussi comme potagère. Sa tige florale est dressée, velue, ramifiée et atteint 1-1,50 m de hauteur. Ses feuilles sont légèrement duvetées, entières, oblongues, radicales, formant une belle rosette. Sa racine est pivotante, plus ou moins longue, renflée, charnue, de couleur jaunâtre, légèrement violacée. Cette plante est appelée parfois « jambon du jardinier », sans doute à cause de la couleur de sa chair qui, finement coupée en tranches, ressemble à celle du jambon. Origine : Virginie ou Pérou. Floraison : de juin à la mi-octobre (2e année de culture). Fleurs : hermaphrodites, jaunes, en épis.

UTILISATIONS

On mange les racines cuites, préparées à la manière des salsifis : au jus, au beurre, gratinées, à la sauce blanche, en soupe, en salade (coupées en tranches fines), etc. Les feuilles étiolées se consomment crues en salade. La saveur très forte est spéciale.

CULTURE

▶ **SOLS PRÉFÉRÉS :** plutôt frais, sablonneux, humifères, profonds et bien ameublis.

▶ **CLIMAT :** tempéré ; rustique sous notre climat.

▶ **EXPOSITION :** ensoleillée ou mi-ombragée.

▶ **MULTIPLICATION :** par semis.

▶ **CULTURE :** semer clair, de préférence en septembre-octobre ou en avril, en place, en lignes espacées de 35-40 cm ; par la suite, éclaircir à 15-20 cm sur le rang quand les plants ont 4 ou 5 feuilles. Pour un semis automnal, la levée s'effectue au printemps. Semer sur couche tiède en mars-avril, on met les plants en place quand ils ont 4 ou 5 feuilles, courant mai. Il faut recouvrir les graines de 1 cm de terre fine environ, puis tasser avec le dos du râteau. Attention : s'il reste quelques porte-graines, le potager sera envahi de plants l'année suivante !

▶ **FACTEURS LUNAIRES :** semer de préférence en lune décroissante.

▶ **ROTATION :** plante peu épuisante, mais occupant le sol environ 1 an et plus ; il faudra donc pratiquer une rotation de 2 ou 3 ans, l'énothère entre dans la catégorie des plantes potagères à racines.

▶ **FUMURES, FERTILISATIONS :** normales.

▶ **FERTILISATIONS FOLIAIRES :** pas nécessaires.

▶ **SOINS :** binages, sarclages et arrosages si nécessaire.

VARIÉTÉS

Le type botanique.

GRAINES

▶ **Porte-graines :** choisir 2 ou 3 beaux pieds à laisser en place ; il est possible de les transplanter en février-mars à 60 cm. Ses jolies fleurs, de couleur jaune soufre, agrémenteront votre potager. Récolter les graines au fur et à mesure qu'elles mûrissent (de bas en haut de la tige), il ne faut pas tarder car elles tombent facilement ; les faire sécher à l'ombre et les ensacher.

▶ **Durée germinative :** 3 ans.

▶ **Nombre de graines au gramme :** 600 environ.

▶ **Levée :** environ 6 mois pour un semis d'automne ; quant à un semis printanier, la levée est plus capricieuse, elle peut être de quelques jours à quelques semaines, selon la température.

▶ **Intervalle entre le semis et le début de la récolte :** 7 ou 8 mois pour un semis printanier, environ 12 mois pour un semis effectué en période automnale.

RÉCOLTE ET CONSERVATION

On récolte les racines, selon les besoins, de la fin octobre à la fin mars (après elles deviennent filandreuses, donc immangeables). Elles se conservent très bien en terre. Couvrir le sol pendant les froids avec de la paille ou des feuilles sèches pour faciliter l'arrachage.

MALADIES ET PARASITES

Néant.

NOMS ÉTRANGERS

Anglais : *evening primrose, tree primrose.* **Allemand :** *Schinkenkraut, Rapontikawurzel, gemeine Nachtkerze.* **Espagnol :** *enotera hierba del asno, onagra.* **Italien :** *rapontica, rapunzia.* **Néerlandais :** *teunisbloem.*

Épinard (P, *)

Cycle végétatif : annuel ou bisannuel.
Famille : Chénopodiacées.
Noms botaniques : (1) et (2) *Spinacia oleracea* Linné.
Synonyme botanique : *S. domestica* Borkhausen.
Synonymes français : balai de l'estomac, épinard à graine ronde, espinoche, gros épinard, herbe de Perse...

Plante potagère à grandes feuilles vert foncé, épaisses, tendres, un peu gaufrées, formant une rosette. Tige cannelée, rameuse, atteignant près de 1 m de hauteur. Origine : Moyen-Orient (Iran) ou Asie. Floraison : de juin à septembre. Fleurs : dioïques, verdâtres.

UTILISATIONS

Les feuilles se consomment cuites, préparées de différentes manières : au beurre, au jus, à la crème fraîche, en croquettes, en soufflé, en quiche, en tourte... On les appréciera également crues, en salade, associées avec de la laitue.

PROPRIÉTÉS

Antianémiques, laxatives, rafraîchissantes et reminéralisantes... L'épinard contient des vitamines A, C, B1, B2, PP et K, ainsi que des sels minéraux, calcium, cuivre, fer, iode, manganèse, magnésium, phosphore, soufre et zinc. Avec son taux élevé de vitamine C, c'est un aliment précieux l'hiver quand les légumes verts sont peu nombreux.

CULTURE

▶ **SOLS PRÉFÉRÉS :** sols argileux, gardant bien la fraîcheur et riches en humus.

▶ **CLIMAT :** tempéré ; la chaleur ne lui convient pas.

▶ **EXPOSITION :** ombragée l'été, ensoleillée l'automne et l'hiver.

▶ **MULTIPLICATION :** par semis.

▶ **CULTURE :** semer en lignes espacées de 25-30 cm, à une profondeur de 1-2 cm, recouvrir les graines, plomber légèrement, par la suite éclaircir à 10 cm. L'épinard se sème de mars à octobre.

Les semis d'été montent très rapidement à graines, les meilleures périodes de semis sont au début du printemps (mars-avril) ou à la fin de l'été (septembre-octobre).

▶ **VOISINAGE :** on peut associer l'épinard avec la fève, le haricot, le pois (légumineuses apportant un peu d'azote) ainsi qu'avec le fraisier, le céleri, la laitue, le chou, la chicorée...

▶ **FACTEURS LUNAIRES :** semer en lune décroissante.

▶ **ROTATION :** entre dans la catégorie des plantes herbacées. Attendre 3 ou 4 ans avant de le cultiver sur la même planche. C'est une plante assez épuisante mais de végétation rapide.

▶ **FUMURES, FERTILISATIONS :** normales, l'épinard n'aime pas les fumures fraîches.

▶ **FERTILISATIONS FOLIAIRES :** toutes les 3 semaines environ, faire un poudrage à base de lithothamne.

▶ **SOINS :** binages, sarclages et arrosages, la terre doit toujours être assez fraîche.

VARIÉTÉS

'Monstrueux de Viroflay', 'D'été de Rueil', 'Merveille de Versailles' (lent à monter), 'Géant d'hiver de Marcoussis', 'Géant d'été', 'De Flandre', 'Vert de Massy', à feuilles de laitue, 'De Hollande', 'Paresseux de Catillon', 'Viking'. Toutes ces variétés sont à graines rondes et la liste n'est pas exhaustive.

'Épinard d'Angleterre', 'Épinard commun', ces deux variétés sont à graines piquantes.

GRAINES

▶ **PORTE-GRAINES :** choisir quelques beaux sujets d'un semis d'automne (fin août-début septembre). Après l'hiver, ne garder que les pieds vigoureux. La floraison a lieu en mai ; après celle-ci, arracher les pieds mâles inutiles, qui ne portent pas de graine. Récolter les graines à maturité, généralement vers la fin juillet-début août, en coupant les tiges. Les faire sécher à l'ombre, les garder suspendues dans un endroit sec et frais. Ne les battre qu'au moment voulu : les graines se conservent mieux dans leur enveloppe.

▶ **DURÉE GERMINATIVE :** 4 ans.

▶ **NOMBRE DE GRAINES AU GRAMME :** rondes, 110 ; piquantes, 90.

▶ **LEVÉE :** environ 1 semaine.

▶ **INTERVALLE ENTRE LE SEMIS ET LE DÉBUT DE LA RÉCOLTE :** 1 mois et demi à 2 mois.

RÉCOLTE ET CONSERVATION

Cueillir à la main, feuille par feuille, prendre soin de ne pas endommager les plantes. La récolte se fait selon les besoins. Il ne faut pas tarder à cueillir les feuilles quand elles paraissent développées. Les semis d'été montent rapidement à graines. Les semis de fin d'été donnent souvent deux récoltes, ceux de printemps n'en donnent qu'une seule. L'excédent d'épinards peut être congelé.

MALADIES ET PARASITES

▶ **LE MILDIOU :** taches jaunes sur les feuilles. Préventivement, effectuer une bonne rotation. Poudrages foliaires réguliers à base de lithothamne. Cultiver l'épinard dans une terre gardant suffisamment la fraîcheur et riche en humus. Ne pas utiliser de bouillie bordelaise, les feuilles ne supportent pas le cuivre.

▶ **LA FONTE OU POURRITURE DES FEUILLES :** les feuilles pourrissent en période d'excès d'humidité. Bonne aération du sol en profondeur. Apport de compost correct. Bonne application de l'agriculture biologique. Éviter les terres trop compactes et humides. Éliminer et brûler les plantes atteintes.

▶ **LES COURTILIÈRES :** coupent les racines. Voir le paragraphe concerné page 44.

▶ **La limace :** les jeunes plantes sont rongées. Voir le paragraphe concerné page 44.

▶ **Le ver gris et le ver blanc :** rongent les racines des jeunes plantes. Voir le paragraphe concerné page 45.

NOMS ÉTRANGERS

Anglais : *spinach, spinage.* **Allemand :** *Spinat, Garten-spinat.* **Espagnol :** *espinaca.* **Italien :** *spinaccio.* **Néerlandais :** *spinazie.*

Estragon (A, *)

Cycle végétatif : vivace.
Famille : Composées.
Noms botaniques : (1) et (2) *Artemisia dracunculus* Linné.
Synonymes botaniques : *A. redowskyi* Ledebour, *Oligosporus condimentatius* Cassini.
Synonymes français : absinthe estragon, dragonne, fargon, herbe dragon, targon, serpentine...

Plante condimentaire, herbacée, buissonnante, atteignant parfois plus de 80 cm de hauteur, portant de nombreuses tiges ramifiées annuelles (se desséchant en hiver pour revenir au printemps). Ses feuilles sont vertes, étroites, entières, à saveur fine et au goût aromatique très agréable. Origine : Asie centrale ou Europe orientale, peut-être de Sibérie où elle est indigène. Floraison : de juillet à octobre. Fleurs : stériles (ne donnant pas de graines), blanches à verdâtres.

UTILISATIONS

Les feuilles fraîches ou séchées assaisonnent les crudités, les salades, les potages, divers légumes (carottes, asperges, pommes de terre, etc.), les marinades, les farces, les sauces, les poissons, certaines viandes (mouton, bœuf, veau, volailles, etc.) et font partie des bouquets garnis. Elles aromatisent le vinaigre, les cornichons confits, les moutardes, etc. Elles entrent dans la composition de certaines liqueurs. Elles facilitent les régimes sans sel en mettant en valeur certains mets non salés. Employer modérément l'estragon en mélange avec d'autres plantes condimentaires à cause de son arôme dominant. Séchées, les feuilles perdent légèrement de leur saveur.

PROPRIÉTÉS

Antiseptiques, antispasmodiques, apéritives, carminatives, digestives, diurétiques, emménagogues, stimulantes et vermifuges. L'estragon contient une huile essentielle.

CULTURE

▶ **Sols préférés :** légers ou perméables, frais et humifères ; l'excès d'humidité lui est nuisible.

▶ **Climat :** légèrement sensible aux grands froids s'il est cultivé en terre humide.

▶ **Exposition :** chaude et ensoleillée.

▶ **Multiplication :** par division de touffes, bouturage ou marcottage.

▶ **Culture :**

Par division de touffes : en avril-mai, diviser les anciennes touffes, chaque éclat étant muni de quelques racines, les replanter à 50 cm en tous sens ou en bordures. C'est le mode de reproduction le plus utilisé et le plus facile.

Par bouturage : cueillir quelques branches, longues de 10-15 cm, herbacées ou ligneuses, les planter en août, en plein air à bonne exposition, les protéger du froid et les mettre en place au printemps.

Par marcottage : sélectionner des jeunes tiges au printemps, faire des trous de quelques centimètres de profondeur, coucher les tiges, les maintenir avec des crochets, recouvrir de terre sauf les bouts de rameaux, séparer les rameaux à l'automne et les mettre en place.

▶ **FACTEURS LUNAIRES :** sans importance.

▶ **ROTATION :** il est conseillé de renouveler les plantes tous les 3 ans ; elles peuvent revenir au même emplacement au bout de 4 ou 5 années. L'estragon peut être classé parmi les plantes exigeantes à cause de sa durée en place.

▶ **FUMURES, FERTILISATIONS :** normales, lui apporter un compost parfaitement décomposé, un apport annuel de terreau lui sera toujours bénéfique.

▶ **FERTILISATIONS FOLIAIRES :** pas nécessaires.

▶ **SOINS :** les binages et les sarclages sont de rigueur, arroser lors des repiquages ou en cas de sécheresse. Couper les tiges à l'entrée de l'hiver à quelques centimètres au-dessus du sol, butter légèrement les touffes avec de la terre environnante ou du terreau, débutter s'il pleut beaucoup. En cas de grands froids, couvrir les souches de paille ou de feuilles sèches, découvrir quand le temps se radoucit ou, surtout, lorsque les pluies apparaissent.

VARIÉTÉS

Le type botanique.

GRAINES

▶ **PORTE-GRAINES :** ne donne pas de graines sous notre climat, se multiplie par division de touffes, marcottage ou bouturage (voir plus haut).

▶ **INTERVALLE ENTRE LA PLANTATION ET LE DÉBUT DE LA RÉCOLTE :** 6 ou 7 semaines pour une division de touffes, 10 à 12 mois pour les plantes issues d'un marcottage ou d'un bouturage.

RÉCOLTE ET CONSERVATION

Cueillir les rameaux au fur et à mesure des besoins de mai à octobre. Pour la conservation, récolter les tiges peu avant la floraison, les faire sécher à l'ombre, réduire les feuilles en poudre, conserver dans des boîtes hermétiques, à l'abri de l'humidité et de la lumière.

MALADIES ET PARASITES

N'a pratiquement pas de maladies.

NOMS ÉTRANGERS

ANGLAIS : *tarragon, estragon.* **ALLEMAND :** *Estragon, Dragon, Bertram.* **ESPAGNOL :** *estragón, dragoncillo.* **ITALIEN :** *dragoncello, targone, serpentaria scalopio.* **NÉERLANDAIS :** *Dragon, Slangenkruid.*

Fenouil bulbeux (P, *)

Cycle végétatif : bisannuel, cultivé comme annuel.
Famille : Ombellifères.
Noms botaniques : (1) *Fœniculum vulgare* Miller, Gardner, *F.* var. *dulce* Thell, (2) *F. vulgare* Gaertner, *F.* var. *dulce* Alefeld.
Synonymes botaniques : *F. dulce* Miller, Gardner, *F. vulgare* var. *sativum* Presl, *F. sativum* Bertol, *Anethum fœniculum dulce* Schkuhr.
Synonymes français : fenouil de Bologne, fenouil doux, fenouil de Florence, fenouil d'Italie, fenouil de Malte, fenouil sucré...

Plante potagère, herbacée, sa tige florale atteint 80 cm, parfois plus de 1 m ; ses feuilles sont radicales, grandes, alternes, finement découpées, ses pétioles sont larges à la base, épais, formant une sorte de pomme aplatie, ferme, charnue, d'un vert blond, s'engainant les uns dans les autres au ras du sol. Cette plante est très répandue en Italie. Origine : Moyen-Orient ou sud de l'Europe. Floraison : de juillet à septembre. Fleurs : hermaphrodites, jaunes, réunies en ombelles composées.

UTILISATIONS

Les pétioles coupés en tranches minces se mangent crus en salade. Cuits, ils se consomment gratinés, au jus de viande, en soufflé. Ils garnissent certains plats de viandes blanches et de poissons, principalement le bar et le rouget.

Les feuilles parfument certaines sauces, farces, potages, crudités et salades...

Les graines entrent dans la composition de diverses pâtisseries, liqueurs et sauces.

PROPRIÉTÉS

Apéritives, carminatives, diurétiques, rafraîchissantes et toniques. Contient des vitamines A, B et C ainsi que du calcium, du phosphore et une huile essentielle.

CULTURE

▶ **Sols préférés :** meubles, frais, profonds, humifères, plutôt légers.

▶ **Climat :** tempéré et doux ; les très grandes chaleurs le font monter prématurément à graines, il craint le froid.

▶ **Exposition :** ensoleillée.

▶ **Multiplication :** par semis.

▶ **Culture :** semer sur couche tiède, en mars. Repiquer sur couche quand les plants ont 2 feuilles, mettre en place environ 2 mois après le semis, quand les gelées ne sont plus à craindre. Semer clair en pépinière en avril, installer quand les plants sont suffisamment forts pour supporter le repiquage. Semer en place en avril-mai, en rayons éloignés de 35-40 cm, éclaircir à 15-20 cm sur le rang.

Recouvrir les graines de 1 cm de terre finement émiettée ou, mieux, de terreau. Tenir le sol suffisamment frais pour faciliter la levée. Les semis en place et les repiquages se feront en tranchées peu profondes en vue d'un futur buttage. Avant le repiquage, il est conseillé de praliner les racines dans une bouillie de lithothamne.

Dans les régions à climat chaud, comme le Midi, on sème le fenouil bulbeux en juin-juillet pour le récolter en automne et parfois au-delà. Dans les régions plus froides, les semis s'échelonnent d'avril à début juin pour une récolte estivale et du début de l'automne.

▶ **Voisinage :** cette plante est à déconseiller près des choux (surtout le chou-rave), du carvi, du coriandre, du haricot à grain blanc et de la tomate.

▶ **Facteurs lunaires :** semer de préférence en lune décroissante.

▶ **Rotation :** plante peu épuisante, car elle ne dure pas longtemps en place ; à classer dans les plantes potagères herbacées. Faire une rotation de 3 années.

▶ **Fumures, fertilisations :** normales, apporter du compost bien décomposé ou du terreau.

▶ **Fertilisations foliaires :** 3 ou 4 applications, pendant la végétation, de lithothamne.

▶ **Soins :** binages, sarclages, arrosages réguliers et copieux si nécessaire. En cas de sécheresse, le paillage aidera à garder la fraîcheur qui évitera la montée à graines prématurée. On peut butter les pommes une dizaine de jours avant la récolte, faire des buttages successifs ; le buttage rend les pommes plus tendres, mais génère une perte en éléments vivants.

VARIÉTÉS

'Doux de Florence', 'De Mantoue race Solar', 'Latina', 'Gros de Sicile', 'Géant mammouth Perfection', 'Hâtif de Genève', 'D'été doux' (ces deux dernières variétés conviennent mieux aux régions méridionales, qui cultivent à l'extérieur).

GRAINES

▶ **Porte-graines :** garder quelques beaux pieds ayant une belle « pomme », d'un semis de mars-avril ; les laisser monter à graines, tuteurer si nécessaire, cueillir les ombelles au fur et à mesure de leur mûrissement, les faire sécher à l'ombre, les égrener et les ensacher.

▶ **Durée germinative :** 4 ans.

▶ **Nombre de graines au gramme :** environ 200.

▶ **Levée :** une dizaine de jours.

RÉCOLTE ET CONSERVATION

La récolte s'effectue en fonction des besoins et lorsque les pommes sont suffisamment développées ; il est conseillé de les consommer le plus rapidement possible après l'arrachage, bien qu'elles puissent se conserver quelques jours au frais.

Si les froids arrivent et qu'il reste un certain nombre de fenouils bulbeux, les arracher avec leur motte, les mettre en jauge dans du sable ou de la terre, à la cave, sous châssis ou en serre. Ils peuvent être congelés, mais ils perdent de leur parfum.

MALADIES ET PARASITES

Plante généralement sans problèmes, pourrait éventuellement subir une attaque de pucerons (voir le paragraphe concerné page 43).

NOMS ÉTRANGERS

Anglais : *Florence fennel, Roman fennel, sweet fennel.* **Allemand :** *Gewürzfenchel, Zwiebelfenchel, Gemüsefenchel, grosser florentiner Anis.* **Espagnol :** *hinojo dulce.* **Italien :** *finocchio dolce, finocchione.* **Néerlandais :** *roomse venkel, zoete venkel, groote zoete Bolognesser venkel.*

Fenouil doux (A, *)

Cycle végétatif : bisannuel, parfois vivace, souvent cultivé comme annuel.
Famille : Ombellifères.
Noms botaniques : (1) *Fœniculum vulgare* Miller, Gardner, (2) *F. vulgare* Gaertner, var. *azoricum* (Miller) Thell.
Synonymes botaniques : *F. officinale* Allioni, *F. capillaceum* Gilibert, *Anethum fœniculum* Linné.
Synonymes français : anis doux, anis de France, anis de Paris, fenouil des jardins, fenouil de Malte, fenouil des vignes, fenouil de Provence.

Plante condimentaire, très aromatique, ses tiges florales atteignent parfois 2 m de hauteur, elles sont ramifiées, striées et très solides ; ses feuilles sont radicales, engainantes, finement découpées et longuement pétiolées. Origine : possible d'Europe méridionale, on le trouve à l'état spontané en Europe centrale et méridionale, en Asie occidentale et en Afrique du Nord. Floraison : de juillet à octobre (2e année). Fleurs : hermaphrodites, jaunes, réunies en ombelles.

UTILISATIONS

Les feuilles finement hachées aromatisent les poissons au court-bouillon ou grillés, les crustacés, les salades, les crudités, les soupes (principalement la soupe de poissons), certains légumes (haricot sec, fève, chou, navet, pomme de terre en robe des champs, etc.). Elles s'emploient également en infusion.

Les graines sont utilisées pour parfumer les choucroutes, les ragoûts, certaines viandes, les sauces, les pâtisseries ou encore diverses liqueurs.

Le fenouil (feuilles, racines ou semences) est beaucoup utilisé en parfumerie, en herboristerie, en liquoristerie ainsi que dans l'industrie pharmaceutique. Les feuilles et les semences ont une saveur sucrée et anisée.

PROPRIÉTÉS

Apéritives, digestives, diurétiques, emménagogues, expectorantes, rafraîchissantes, toniques et vermifuges ; contient des vitamines A et C ainsi qu'une huile essentielle.

CULTURE

▶ **Sols préférés :** frais, meubles et humifères, éviter les terres trop calcaires et trop sèches.

▶ **Climat :** chaud, tempéré et doux.

▶ **Exposition :** ensoleillée.

▶ **Multiplication :** par semis.

▶ **Culture :** semer en place en août ou en mars-avril, en lignes espacées de 50 cm. Par la suite, ne garder qu'un sujet tous les 20 cm. Le fenouil doux supporte mal le repiquage. Le fenouil amer se sème en mars-avril en pépinière ; mettre en place quand les plants sont assez forts à 80 cm entre les rangs et 25 cm sur la ligne ; recouvrir les semences d'à peine 1 cm de terre émiettée ou de terreau, tasser avec le dos du râteau.

▶ **Voisinage :** voir *Fenouil bulbeux*.

▶ **Facteurs lunaires :** semer de préférence en lune décroissante.

▶ **Rotation :** attendre 2 ou 3 ans avant de le faire revenir à la même place ; pour le fenouil amer qui peut demeurer plusieurs années au même endroit, il faudra attendre 1 ou 2 années de plus.

▶ **Fumures, fertilisations :** normales.

▶ **Fertilisations foliaires :** pas nécessaires.

▶ **Soins :** binages, sarclages, arrosages si nécessaire par temps sec.

VARIÉTÉS

▶ **Le fenouil doux** (cultivé comme annuel ou bisannuel).

▶ **Le fenouil amer ou fenouil commun** (cultivé comme vivace, principalement pour ses semences) se reconnaît à ses tiges plus minces et à ses graines plus petites.

GRAINES

▶ **Porte-graines :** consiste à laisser quelques plantes monter à graines, parmi les plus beaux sujets, et à récolter les plus belles ombelles à maturité. Les faire sécher à l'ombre, les égrener et les ensacher.

▶ **Durée germinative :** 4 ans.

▶ **Nombre de graines au gramme :** environ 125 pour le fenouil doux et jusqu'à 310 pour le fenouil amer.

▶ **Levée :** 10 à 20 jours.

▶ **Intervalle entre le semis et le début de la récolte :** environ 7 ou 8 mois pour un semis d'automne, autour de 3 mois pour un semis printanier.

RÉCOLTE ET CONSERVATION

Les feuilles se récoltent selon les besoins. Les utiliser le plus rapidement possible après la cueillette car elles fânent très vite.

Les graines se récoltent à maturité en coupant les ombelles. Les faire sécher à l'ombre, les égrener et les conserver dans des récipients hermétiques.

MALADIES ET PARASITES

Néant.

NOMS ÉTRANGERS

Anglais : *commom or sweet fennel, fennel.* **Allemand :** *Gartenfenchel, Fenchel.* **Espagnol :** *hinojo común, hinojo.* **Italien :** *carosella, finocchio.* **Néerlandais :** *venkel.*

Fève (P, **)

Cycle végétatif : annuelle, parfois bisannuelle selon la date du semis.
Famille : Légumineuses.
Noms botaniques : (1) et (2) *Vicia faba* Linné.
Synonymes botaniques : *Faba vulgaris* Moench, *F. sativa* Bernh, *Vicia esculenta* Salisbury.
Synonymes français : fayot, fève des marais, fève des champs, gorgane, gourgane...

C'est l'une des plantes potagères les plus anciennement cultivées, haute de 30 cm à 1 m suivant les variétés. Ses tiges sont simples, creuses, carrées et dressées, tandis que ses feuilles sont composées, ovales, charnues, vert pâle à grises. Elle est cultivée pour ses graines renfermées dans des gousses charnues, vertes puis noires à maturité ; les graines sont grosses, aplaties, jaunâtres. Origine : Orient ou Asie. Floraison : de mai à juillet. Fleurs : hermaphrodites, blanches, tache-

tées de noir ou de violet, en petites grappes à l'aisselle des feuilles.

UTILISATIONS

Épluchées, ses graines s'utilisent crues en entrée (à demi-maturité), à la croque au sel ou au beurre ; cuites (à maturité) dans les potages et les purées.

PROPRIÉTÉS

Diurétiques, énergétiques, expectorantes, nutritives, reconstituantes et toniques. Contient des vitamines C et PP (en vert), A, B1, B2, E et PP (sèche), divers sels minéraux, dont du calcium, du cuivre, du fer, du magnésium, du phosphore, du potassium, du sodium et du soufre.

CULTURE

▶ **SOLS PRÉFÉRÉS :** s'accommode de tous les sols (sauf ceux trop secs), de préférence pas trop acides, plutôt argilo-calcaires, profonds et frais.

▶ **CLIMAT :** ne supporte pas très bien la chaleur ; résiste aux petites gelées jusqu'à – 3 °C.

▶ **EXPOSITION :** ensoleillée.

▶ **MULTIPLICATION :** par semis.

▶ **CULTURE :** semer en place, en février-mars ou d'octobre à février (dans le Midi), en rayons distants de 40 cm, soit 1 graine tous les 15 cm ou 2 graines tous les 25 cm ; recouvrir les graines de 3 cm de terre. Il est préférable de s'abstenir de faire une planche de fèves contenant plus de 3 rangs.

▶ **VOISINAGE :** éviter de planter des fèves à côté de l'oignon, de l'ail et de l'échalote ; en revanche, cette plante pousse favorablement près de l'artichaut, du céleri, de la laitue, du maïs sucré, de la pomme de terre.

▶ **FACTEURS LUNAIRES :** semer de préférence en lune croissante.

▶ **ROTATION :** plante améliorante (légumineuse), peut revenir au même endroit au bout de 2 ou 3 ans.

▶ **FUMURES, FERTILISATIONS :** poudrage de lithothamne tous les 2 ou 3 semaines jusqu'à la floraison.

▶ **SOINS :** binages, sarclages, arrosages si nécessaire, buttage conseillé quand les plantes atteignent 15 cm de hauteur.

▶ **TAILLE :** pincer les tiges entre la 5e ou la 7e fleur pour éviter les attaques des pucerons et pour avancer la maturité des gousses ; celles-ci en seront plus belles.

VARIÉTÉS

'Fève des marais', 'Fève de Séville', 'Fève d'Aguadulce à très longue cosse', 'Fève naine à châssis hâtive', 'Fève de Windsor', 'Fève violette de Sicile', 'Fève précoce d'Aquitaine', 'Fève Julienne', 'Fève naine verte de Beck'...

GRAINES

▶ **PORTE-GRAINES :** choisir quelques beaux sujets vigoureux, conserver les plus belles gousses, les récolter à maturité (quand les gousses sont noires et que les feuilles se dessèchent), faire sécher les graines et les placer dans des boîtes hermétiques.

▶ **DURÉE GERMINATIVE :** 5 ou 6 ans.

▶ **NOMBRE DE GRAINES AU GRAMME :** 1 graine pèse de 0,9 g à plus de 2,5 g suivant les variétés.

▶ **LEVÉE :** 8 à 10 jours.

▶ **INTERVALLE ENTRE LE SEMIS ET LE DÉBUT DE LA RÉCOLTE :** 3 ou 4 mois.

RÉCOLTE ET CONSERVATION

Pour manger les fèves crues, cueillir les gousses à demi-maturité, selon les besoins ; pour les autres usages, on récolte généralement les gousses aux trois quarts de leur maturité. Pour la conservation des graines en sec, cueillir les gousses quand celles-ci sont noires. Les graines de fève (non épluchées) peuvent être congelées. Les récoltes s'effectuent de juin à août pour les semis de printemps ; en mai-juin dans les régions méridionales.

MALADIES ET PARASITES

▶ **LE MILDIOU :** moisissure veloutée grise violacée sur les feuilles qui périssent. Pulvériser de la bouillie bordelaise tout au début de l'apparition de la maladie. Avant la plantation des graines, pulvériser du purin d'orties sur le sol. Effectuer des binages profonds et réguliers. Appliquer une rotation convenable de 3 années.

▶ **La rouille :** petits gonflements arrondis sur les feuilles, de couleur rouille. Mêmes remèdes que pour le mildiou.

▶ **Les pucerons :** le pincement des tiges au-dessus de la 5e à la 7e fleur est une bonne prévention. Voir le paragraphe qui leur est consacré, page 43.

▶ **La bruche de la fève :** la larve creuse des galeries dans les graines, l'insecte parfait sort à la fin de l'hiver. Maintenir les graines bien sèches pendant quelques jours à basse température. Avant le semis, mettre les graines dans de l'eau, éliminer celles qui flottent.

▶ **Le thrips des fèves :** provoque le jaunissement des pousses et la déformation des gousses. Pulvériser un insecticide végétal, effectuer des fertilisations foliaires, respecter les rotations.

NOMS ÉTRANGERS

Anglais : *broad bean, windsor bean, horse bean.* **Allemand :** *Puffbohne, Saubhone, Dickebhone, Gartenbhone, Feldbohne.* **Espagnol :** *haba, haba mayor, haba de huerta, habichuela.* **Italien :** *fava.* **Néerlandais :** *tuinboon, duivenboon, paardenboon.*

Ficoïde glaciale (P, **)

Cycle végétatif : vivace dans les pays chauds, cultivée comme annuelle.
Famille : Aïzoacées ou Ficoïdacées.
Noms botaniques : (1) et (2) *Cryophytum cristallinum* N.E. Brown.
Synonymes botaniques : *Mesembryanthemum cristallinum* Linné, *M. glaciale* Haworth.
Synonymes français : cristalline, ficoïde cristalline, ficoïde à glaciale, glaciale, herbe à la glace, pourpier glacial...

Plante potagère et ornementale, très curieuse, à port étalé, de 30 à 50 cm de hauteur. Ses tiges sont couchées et charnues. Ses feuilles sont épaisses, ovales, amples, alternes, non pétiolées. Les tiges et les feuilles sont recouvertes de petites éminences charnues ressemblant à des gouttelettes d'eau givrée, d'où le qualificatif « glaciale ». Origine : cap de Bonne-Espérance, îles Canaries ou Grèce. Floraison : de juillet à octobre. Fleurs : hermaphrodites, blanches, légèrement rosées au pourtour, petites, en calice, à l'aisselle des feuilles.

UTILISATIONS

Les feuilles et les tiges tendres, hachées et cuites, s'accommodent au beurre, au jus, à la crème, accompagnent les pommes de terre... Les feuilles crues et tendres peuvent être consommées en salade. La ficoïde glaciale a un goût légèrement acide.

PROPRIÉTÉS

Adoucissantes, astringentes, diurétiques, fébrifuges, pectorales et résolutives, contient du potassium et du sodium.

CULTURE

▶ **Sols préférés :** riches en humus, pas trop humides, mais un peu frais.

▶ **CLIMAT :** tempéré ; ne supporte pas le froid ni l'excès d'humidité, résiste bien à la chaleur et à la sécheresse.

▶ **EXPOSITION :** chaude et ensoleillée.

▶ **MULTIPLICATION :** par semis.

▶ **CULTURE :**

Hâtive : semer en février-mars 4 ou 5 graines par godet, placer sur couche chaude ou en serre chauffée. Par la suite, ne garder que le plus beau sujet, planter en place sous châssis à 30 cm en tous sens ; aérer par beau temps. Quand les gelées ne sont plus à craindre, les laisser à l'air libre.

Normale : semer depuis le début mai (attention aux gelées) jusqu'en juillet, directement en place en rayons espacés de 30-40 cm ; quand les plants ont quelques feuilles, éclaircir à 30 cm sur la ligne.

Pour économiser des semences et faciliter le démarriage, semer quelques graines tous les 30 cm. Recouvrir à peine les graines avec du terreau, plomber, tenir le sol suffisamment frais jusqu'à la levée. La ficoïde glaciale peut être cultivée en potée ou dans une rocaille comme plante ornementale.

▶ **FACTEURS LUNAIRES :** semer en lune décroissante.

▶ **ROTATION :** plante peu épuisante, entrant dans la catégorie des plantes potagères herbacées, pratiquer une alternance de 2 à 4 ans.

▶ **FUMURES, FERTILISATIONS :** normales, éviter de lui apporter des fumures fraîches.

▶ **FERTILISATIONS FOLIAIRES :** quelques poudrages de lithothamne pendant la culture suffiront.

▶ **SOINS :** les binages et les sarclages sont de rigueur, ainsi que les arrosages pour éviter les arrêts végétatifs en période de sécheresse et pour obtenir des plantes plus tendres.

VARIÉTÉS

Le type botanique.

GRAINES

▶ **PORTE-GRAINES :** choisir quelques beaux pieds issus d'un semis hâtif, ne pas couper les tiges ; récolter les graines à maturité, mais sans tarder, de préférence tôt le matin ; les faire sécher à l'ombre, les conserver dans des sachets ou dans des boîtes hermétiques. Il est pratique d'étaler un plastique sous les tiges, quelques jours avant la maturité des semences, pour faciliter la récupération des graines fines ; les premières semences mûres sont souvent les meilleures.

▶ **DURÉE GERMINATIVE :** 5 ans.

▶ **NOMBRE DE GRAINES AU GRAMME :** environ 5 700.

▶ **LEVÉE :** quelques jours.

▶ **INTERVALLE ENTRE LE SEMIS ET LE DÉBUT DE LA RÉCOLTE :** environ 2 mois.

RÉCOLTE ET CONSERVATION

À consommer le plus tôt possible. La récolte peut se faire tout l'été, jusqu'aux gelées, au fur et à mesure des besoins.

MALADIES ET PARASITES

Rares, ses ennemis sont le froid et l'excès d'humidité.

▶ **LES LIMACES :** attaquent parfois les jeunes plants. Voir lutte contre les mollusques, page 44.

NOMS ÉTRANGERS

ANGLAIS : *ice plant, crystalline, midday flower.* **ALLEMAND :** *Eiskraut, Mittagsblume.* **ESPAGNOL :** *hierba de hielo, ficoide, escarcha, escarchosa, hierba de la plata.* **ITALIEN :** *erba diacciola, erba cristallina, aizoo.* **NÉERLANDAIS :** *ijsplant.*

Fraisier (P, **)

Cycle végétatif : vivace.
Famille : Rosacées.
Noms botaniques : (1) et (2) *Fragaria ssp.*

Plante herbacée, de 20-30 cm de hauteur, rustique. Ses tiges florales sont dressées. Les feuilles ont 3 folioles, elles sont pétiolées, plissées, dentées, parfois velues. Cette plante émet généralement des stolons (filets ou coulants). Elle est cultivée pour ses fruits charnus, sucrés et parfumés, qui sont de forme différente, le plus souvent arrondie ou conique, de couleur allant du rouge foncé au rouge clair. Certaines variétés donnent des fruits roses, d'autres des fruits jaunâtres. Les saveurs varient également énormément.

Le genre *Fragaria* comprend plusieurs espèces qui ont donné naissance à nos variétés actuelles, dont : le fraisier des bois ou des Alpes *(F. vesca* Linné, *F. vesca semperflorens* Duchesne, *F. alpina* Steudel) ; le fraisier du Chili *(F. chiloensis* Duchesne) ; le fraisier de Virginie *(F. virginiana* Duchesne) ; le fraisier capron *(F. moschata* Duchesne) ; le fraisier étoilé *(F. viridis* Duchesne ou *F. collina* Ehrhart). Origine : le fraisier des bois est indigène en Europe ; le fraisier du Chili est issu d'Amérique du Sud (Chili, Pérou) ; le fraisier de Virginie d'Amérique du Nord, il est indigène au Canada et aux États-Unis ; le fraisier capron est spontané en Europe centrale et orientale ; le fraisier étoilé est spontané sur les coteaux calcaires d'Europe et de Sibérie. Floraison : d'avril à juin pour les variétés non remontantes, d'avril jusqu'aux gelées pour les variétés des quatre-saisons. Fleurs : hermaphrodites, dioïques ou polygames selon les variétés ou espèces, blanches.

UTILISATIONS

On consomme les fruits crus, nature, au vin rouge, au kirsch, au champagne, au sucre, à la crème fraîche, parfois mélangés avec d'autres fruits (framboises, groseilles). On en fait également des glaces, des sorbets, des sirops, des liqueurs, etc.

Cuits, ils se préparent en confiture, en marmelade, en tarte, en compote, en soufflé, etc.

PROPRIÉTÉS

Apéritives, dépuratives, diurétiques, laxatives, rafraîchissantes, reminéralisantes et toniques. Les fruits contiennent des vitamines A, B, C, E, K, ainsi que des sels minéraux : brome, calcium, fer, iode, magnésium, potassium, silicium, sodium et soufre. Les fraises sont riches en sucre mais les diabétiques les ingèrent sans dommage.

CULTURE

▶ **Sols préférés :** humifères, frais, fertiles, meubles, peu calcaires, ni trop humides, ni trop secs.

▶ **Climat :** tempéré.

▶ **Exposition :** ensoleillée.

▶ **Multiplication :** par semis, par division de touffes ou par filets.

▶ **Culture :** la multiplication par semis est utilisée pour les variétés des « quatre-saisons ». Pour les variétés à gros fruits, on s'en sert uniquement pour produire de nouvelles variétés, les plants issus de semis n'étant pas fidèles au pied-mère.

Par semis : de préférence en juillet ou en décembre. Semer en caissettes, en jardinières ou en terrines, préparées une dizaine de jours à l'avance avec un mélange de deux tiers de terreau tamisé et d'un tiers de terre fertile, plutôt légère. Arroser avant les semis. Employer si possible des graines fraîchement récoltées les semaines précédentes, les faire tremper pendant 48 h dans un peu d'eau, les égoutter et les enrober de lithothamne ; les semer, les recouvrir à peine avec du terreau, mettre les récipients dans un châssis puis recouvrir avec un paillasson jusqu'à la levée. Aussitôt après la levée, enlever le paillasson et protéger le châssis avec un plastique spécial semis (ajouré), qui empêchera certains ennemis des jeunes plants de pénétrer dans le châssis, tout en laissant entrer la lumière.

Bassiner suffisamment pour garder la terre fraîche ; éclaircir s'il y a lieu. Hiverner les plants sous le châssis sans les repiquer, les protéger du froid en fermant le châssis. La mise en place se fera vers la mi-mars à 30-40 cm en tous sens. Lors du repiquage, praliner les racines avec une bouillie de lithothamne pour faciliter la reprise ; si les plants ne sont pas trop forts, le repiquage pourra se faire au plantoir, en prenant soin de ne pas recourber les racines et de laisser le « cœur » apparent au-dessus du sol ; tasser chaque pied et l'arroser au goulot.

Il est possible de semer sous châssis, toujours en caissettes ou en terrines, en décembre, en prenant les mêmes précautions que précédemment. La levée s'effectuera généralement en février-début mars, la mise en place aura lieu vers la mi-mai.

Par division de touffes : en septembre, repérer les plus belles touffes, bien vigoureuses, enlever régulièrement les feuilles et les hampes florales sèches, rechausser légèrement chaque touffe pour favoriser la production de radicelles, arroser en cas de sécheresse. De la fin septembre jusqu'à la fin octobre, arracher ces touffes, pratiquer la division, ne garder que les sujets ayant des racines nouvelles (radicelles) et munis d'un bourgeon, éliminer les feuilles les plus âgées pour n'en garder que 3 ou 4 plus jeunes ; couper les racines anciennes, praliner les radicelles et mettre en place à l'aide d'une houe, en prenant les précautions citées précédemment ; bien tasser chaque pied et les arroser au goulot.

Cette méthode de multiplication végétative est surtout utilisée pour les variétés qui ne donnent pas de stolons.

Par multiplication par filets (stolons) : choisir des pieds-mères sains, vigoureux et productifs ; supprimer les fleurs des plantes repérées, conserver 1 à 3 plants par coulant ; dès qu'ils ont des racines blanches (radicelles), plantez-les, ne pas attendre qu'ils s'enracinent trop. La plantation se fait d'août à octobre à 30-40 cm en tous sens, en prenant les précautions déjà citées.

▶ **Voisinage :** le fraisier fait bon ménage avec la bourrache officinale, l'épinard, le haricot nain, la laitue et le thym ; le chou est à éloigner.

▶ **Facteurs lunaires :** semer ou planter de préférence en lune croissante.

▶ **Rotation :** le fraisier occupe généralement le sol pendant plusieurs années ; il est donc très épuisant et il faudra pratiquer une rotation d'au moins 4 années ; il entre dans la catégorie des plantes potagères exigeantes. Après une culture de fraisiers, il sera bénéfique de faire un engrais vert.

▶ **Fumures, fertilisations :** tous les ans, apporter du compost, que l'on enterre superficiellement, à l'automne ou à la fin de l'hiver, et un léger apport d'engrais azoté (1 à 3 kg/are) lors des binages printaniers. Pour l'engrais de fond, employer les doses normales.

▶ **Fertilisations foliaires :** très importantes en périodes de végétation sur le feuillage, 3 ou 4 applications à 3 semaines d'écart, à base de lithothamne

▶ **Soins :** binages, sarclages, arrosages si nécessaire. Un paillage est conseillé avant la floraison, il permettra de mieux garder la fraîcheur et les fruits seront plus propres ; il est préférable qu'il soit à base de compost, sinon il faudra enlever la paille qui n'est pas décomposée à la fin d'octobre ou au début de novembre.

Un conseil pour prolonger une fraiseraie : en fin de saison (en novembre), couper à 1-2 cm au-dessus du sol toutes les feuilles des fraisiers, les brûler, couvrir la planche avec une couche de 3-4 cm d'aiguilles de pin. Cette façon de faire vous permettra de mener une culture de fraisiers deux fois plus longtemps qu'une culture normale.

VARIÉTÉS

▶ **Fraisiers à petits fruits** (fraisiers des quatre-saisons) : 'Gaillon rouge', 'Gaillon rouge améliorée', 'Reine des Vallées', 'Alpine blanche' (variétés sans filet) ; 'La brillante', 'Monstrueuse Caennaise', 'Belle de Meaux', 'Blanche d'Orléans', 'Baron Solemacher'. Ces variétés des quatre-saisons donnent sans arrêt des fruits jusqu'aux gelées.

▶ **Fraisiers remontants à gros fruits :** 'Sans rival', 'Saint-Fiacre', 'Libération d'Orléans', 'La perle Saint-Antoine', 'Saint-Claude', 'Abondance', 'Sanvir', 'Record', 'Profusion', 'Gento', 'Bordurella', 'Brighton'...

▶ **Fraisiers non remontants à gros fruits :** 'Grande', 'Régal', 'Madame Moutot', 'Tardive de Léopold', 'Marie-France', 'Hâtive de Caen', 'Surprise des Halles', 'Royal Sovereing', 'Régina', 'Général de Gaulle', 'ananas', 'Docteur Morère', 'Gariguette', 'Red gantlet', 'Cambridge favorite', 'Vicomtesse Héricart de Thury', 'Talisman'.

Généralement on renouvelle les fraisiers tous les 3 ans. Une espèce au parfum délicieux et musqué : le "capronframboise" (dans aucun catalogue).

GRAINES

▶ **Porte-graines :** voici une recette confidentielle pour produire des semences en évitant les croisements courants entre variétés. Choisir deux beaux pieds, rustiques, vigoureux, de bonne fructification et de la même variété ; prendre soin d'avoir une plante mère et un pied père. Les isoler chacun de l'extérieur à l'aide d'une cloche ou d'un mini-tunnel en plastique, avant que les fleurs ne s'ouvrent. Il faudra procéder à la castration des fleurs juste avant qu'elles ne s'épanouissent : à l'aide de brucelles, écarter les pétales et cueillir les étamines, garder seulement les anthères du pied père dans une petite boîte, après vous pouvez découvrir le pied père. À mesure que les fleurs de la plante mère s'épanouissent, procéder à la fécondation artificielle en prélevant à l'aide d'un pinceau le pollen dans la boîte pour le déposer sur les pistils des fleurs de la plante mère ; recommencer plusieurs jours de suite sur les mêmes fleurs.

Pendant l'opération, faire attention aux insectes. Pour limiter le travail, ne conserver que 4 ou 5 fleurs sur la plante mère mais prélever le maximum de pollen sur le pied père. Repérer les fruits fécondés en attachant un fil autour de chaque hampe florale. Dès que les pétales des fleurs fanent, enlever la protection (cloche ou tunnel). Le pollen cueilli peut se conserver 3 ou 4 semaines à température normale.

Il est préférable de commencer la fécondation artificielle assez tôt dans la matinée, les fleurs et le pollen doivent être bien secs. En effectuant une fécondation croisée sur deux plantes, les plants sont plus vigoureux.

Cueillir les fruits bien mûrs, les couper en deux sur un voile de mousseline, les faire sécher à l'ombre en les remuant de temps en temps. Tamiser après séchage. Il est recommandé de semer des graines de l'année, soit de quelques semaines à quelques mois.

▶ **Durée germinative :** 3 ans, utiliser de préférence des graines jeunes, voire de quelques semaines.

▶ **Nombre de graines au gramme :** 800 à 2 500 selon les variétés.

▶ **Levée :** 1 semaine (graines préalablement trempées) à 2 semaines pour des semences récentes, voire plusieurs semaines pour des graines de plus d'un an.

▶ **Intervalle entre le semis et le début de la récolte :** 10 à 12 mois pour un semis de juillet ; 7 à 9 mois pour un semis de décembre. Les plants issus d'éclats ou de filets mis en place en automne donneront des fruits normalement l'année suivante.

RÉCOLTE ET CONSERVATION

On récolte les fraises quand elles sont bien mûres et on les mange le plus rapidement possible. Elles peuvent à la rigueur être conservées quelques jours au réfrigérateur. La récolte s'étend sur environ 3 semaines pour les variétés non remontantes à gros fruits, autour de 2 mois pour les variétés remontantes à gros fruits, tandis que les variétés à petits fruits des quatre-saisons donnent des fruits sans interruption pendant 4 ou 5 mois (suivant le temps).

La cueillette doit être délicate, en coupant avec l'ongle le pédicelle, sans endommager le fruit. Éviter de cueillir les fraises pendant les heures chaudes, le meilleur moment est le matin, elles sont plus parfumées.

MALADIES ET PARASITES

▶ **L'OÏDIUM DES FRAISIERS :** les feuilles se couvrent d'une poussière blanche, elles se déforment et sèchent, les fleurs et les fruits ne viennent pas à maturité. Une fertilisation foliaire, à base de lithothamne, appliquée toutes les 3 semaines environ est une excellente prévention. Dès l'apparition de la maladie, éliminer et brûler les feuilles atteintes, puis saupoudrer sur végétation humide (à la rosée) une solution composée pour moitié de lithothamne et pour moitié de fleur de soufre. Cette maladie apparaît pendant les étés chauds et humides.

▶ **LA MALADIE DES TACHES :** nombreuses taches circulaires, rougeâtres à brunâtres, sur les feuilles qui finissent par se dessécher. Couper et brûler les feuilles attaquées. Pulvériser une première solution de bouillie bordelaise au printemps (avant la formation des fruits) et une autre après la récolte.

▶ **LA POURRITURE GRISE :** les fruits pourrissent et sont recouverts de moisissures grises. Cueillir et brûler les premiers fruits atteints. Préventivement, effectuer des fertilisations foliaires régulières. Au début et à la fin de la saison, pulvériser une décoction de prêle.

▶ **LA CHLOROSE :** les feuilles jaunissent, se recroquevillent, brunissent et se dessèchent, la plante meurt. Aérer souvent le sol. En fin de saison, couper les feuilles des fraisiers au ras du sol et couvrir la planche de 3-4 cm d'aiguilles de pin. Cette maladie est due à un excès d'humidité et de calcaire, ainsi qu'à une terre trop compacte.

▶ **LE BLANC DES RACINES :** des filaments blanchâtres à grisâtres apparaissent sur les racines. Arracher et brûler les pieds attaqués. Attendre 3 années avant de cultiver des fraisiers à cet endroit. En hiver, faire 1 ou 2 pulvérisations à base d'essences naturelles de plantes sur le sol et en cours de saison à base de purin d'orties. Ces traitements seront bénéfiques pour les plantes futures.

▶ **LE TAUPIN :** la larve mince, jaune, appelée « ver fil de fer », s'attaque aux racines du fraisier qui en meurt. Bien aérer le sol par un bon binage. Mettre quelques boules de naphtaline dans des bouteilles en plastique, coupées à chaque extrémité (pour les protéger du sol et de la pluie), les maintenir avec des pierres ; l'odeur des boules de naphtaline fera fuir ces indésirables. Voir aussi le paragraphe qui lui est consacré page 45.

▶ **LE PUCERON VERT ET LE PUCERON JAUNE :** s'attaquent aux feuilles et aux pétioles, parfois au cœur de la plante, qui deviennent gluants et couverts de ces insectes. Voir le paragraphe consacré aux pucerons page 43.

▶ **LA COURTILIÈRE :** coupe les racines sur son passage. Voir le paragraphe qui lui est consacré page 44.

▶ **LA LARVE DU HANNETON OU VER BLANC :** mange les racines, la plante fane et meurt. Dès qu'un pied fane, rechercher la larve en terre et la détruire. Voir le paragraphe consacré au ver blanc page 45.

▶ **LES LIMACES :** dévorent les fruits. Voir le paragraphe sur les mollusques page 44.

▶ **L'IULE DES FRAISES OU BLANIULE MOUCHETÉ :** ce myriapode mince, brun clair, long de 2 cm, ressemble à un petit mille-pattes. Il envahit et dévore les fruits mûrs ; on en trouve en grand nombre sur le même fruit. Pailler la fraiseraie, les fruits qui ne sont pas en contact direct avec le sol ne seront pas attaqués. Il est possible de protéger les fruits avec divers matériaux (ardoises, tuiles, planchettes, etc.). Les iules apparaissent surtout par temps pluvieux.

▶ **LA GRISE :** petit acarien jaune, ayant deux taches rouges sur les cotés, qui suce le dessous des feuilles. Ses sécrétions rendent grise la face supérieure. Pulvérisations sous les feuilles d'insecticide végétal, saupoudrages à base de roténone...

NOMS ÉTRANGERS

ANGLAIS : *strawberry*. **ALLEMAND :** *Erdbeere*. **ESPAGNOL :** *fresa*. **ITALIEN :** *fragola*. **NÉERLANDAIS :** *aardbezie*.

Gesse commune (P, *)

Cycle végétatif : annuelle.
Famille : Légumineuses.
Noms botaniques : (1) et (2) *Lathyrus sativus* Linné.
Synonymes botaniques : *Cicercula sativa* Alefeld, *C. alata* Moench, *Pisum lathyrus* E.H.L. Krause.
Synonymes français : dent de brebis, févette, gesse blanche, gesse cultivée, gesse domestique, jarosse, lentille d'Espagne, pois breton, pois carré...

Plante potagère, herbacée, à tiges minces, hautes de 40-50 cm. Ses feuilles à 2 folioles sont pétiolées, ailées, étroites, pointues, en forme de lance, se terminant par une vrille ; les stipules (sortes de petites feuilles à la base des pétioles) sont lancéolées. On la cultive pour ses graines plus ou moins carrées, assez plates, au nombre de 2 à 4, enfermées dans une gousse assez large mais courte. Dans certaines régions, on destine cette plante à l'alimentation des animaux. Origine : possible du Sud-Est asiatique, subspontanée en Europe méridionale comme en France. Floraison : de mai à juillet (suivant les semis). Fleurs : hermaphrodites, blanches à étendard bleu, papilionacées, solitaires, plus petites que celles des pois.

UTILISATIONS

On mange les graines vertes, cuites à la manière des petits pois ou des fèves, au beurre, au lard, à l'anglaise, à la maître d'hôtel, etc. Les graines sèches s'utilisent en purée, mais elles sont assez difficiles à cuire. Par prudence, jeter la première eau de cuisson de la gesse commune qui contient de la lathirine qui disparaît à 100 °C (quand l'eau bout).

CULTURE

▶ **Sols préférés :** tous les sols fertiles et suffisamment frais, plutôt légers et pas trop humides.

▶ **Climat :** tempéré.

▶ **Exposition :** ensoleillée.

▶ **Multiplication :** par semis.

▶ **Culture :** semer au printemps, en mars-avril, en lignes espacées de 35-40 cm, une graine tous les 4-5 cm à une profondeur de 3-4 cm. Quand les plantes sont suffisamment hautes, les butter et les ramer comme les pois.

▶ **Facteurs lunaires :** semer de préférence en lune croissante.

▶ **Rotation :** plante de la famille des légumineuses comme le haricot et le pois, donc plutôt enrichissante qu'épuisante ; les légumineuses peuvent à nouveau être cultivées au même endroit au bout de 2 ou 3 ans sans problème.

▶ **Fumures, fertilisations :** normales, peu d'azote et pas de fumure fraîche.

▶ **Fertilisations foliaires :** 2 ou 3 poudrages à base de lithothamne jusqu'à la floraison de la plante.

▶ **Soins :** binages, sarclages, arrosages si nécessaire. Butter et ramer avec des branchages.

VARIÉTÉS

Il existe plusieurs variétés.

GRAINES

▶ **Porte-graines :** sur les plus belles plantes, laisser les graines venir à maturité ; quand les cosses sont sèches, les cueillir, les faire sécher a l'ombre, les écosser, les conserver ensachées dans un endroit sec et frais.

▶ **Durée germinative :** 5 ans.

▶ **NOMBRE DE GRAINES AU GRAMME :** 4.
▶ **LEVÉE :** 6 à 8 jours environ.
▶ **INTERVALLE ENTRE LE SEMIS ET LE DÉBUT DE LA RÉCOLTE :** environ 3 mois.

RÉCOLTE ET CONSERVATION

Cueillir les cosses quand elles sont pleines, mais bien vertes, et au fur et à mesure des besoins.

MALADIES ET PARASITES

▶ **LA BRUCHE :** ce petit charançon pond des œufs sur les fleurs, avant la formation des gousses. Sa larve se développe lentement dans la graine, y rongeant l'albumine et s'attaquant parfois au germe ; elle se transforme en nymphe et sort de la graine vers la fin de l'hiver ou au début du printemps en perçant un trou. Exposer ou conserver les graines bien sèches au froid pendant quelques jours entre – 2 et – 4 °C.

NOMS ÉTRANGERS

ANGLAIS : *grass pea vine, chickling vetch, matter pea, grass vine.* **ALLEMAND :** *Saatplatterbse, deutsche Kicher, Eckerbse, Ackerplatterbse, spanische Erbse, spanische Linse.* **ESPAGNOL :** *almorta, guija, tito muela, chicharo, arveja.* **ITALIEN :** *cicerchia, cece néro.* **NÉERLANDAIS :** *zaai-lathyrus, wikken, peul erwt.*

Haricot commun (P, *)

Cycle végétatif : annuel.
Famille : Légumineuses.
Noms botaniques : (1) et (2) *Phaseolus vulgaris* Linné.
Synonymes botaniques : *P. esculentus* Salisbury, *P. nanus* Juslen, *P. tumidus* Savi.
Synonymes français : faséole, fayot, fèverole, phaséole...

Plante potagère, herbacée, à végétation rapide, de hauteur très différente selon les variétés. Les variétés naines, à tiges droites et à port buissonnant, dépassent rarement plus de 40 cm ; les variétés grimpantes (à rames), dont les tiges minces et dépourvues de vrille s'enroulent autour des rames, peuvent atteindre 1,50-3 m. Les feuilles sont composées de 3 folioles ovales, grandes, se terminant en pointe, allant du vert-jaune au vert foncé teinté de violet. Certaines espèces sont cultivées pour leurs gousses, allongées, arrondies ou plates, de couleur variable suivant les variétés (jaune, verte, violacée et striée, etc.) ; d'autres le sont uniquement pour leurs graines, plus ou moins grosses, de forme oblongue (évoquant souvent un rein), ovoïde ou sphérique, de couleur très variée (blanche, jaune, rouge, brun, violacée, noire, etc., bicolore, tricolore, panachée, maculée, mouchetée, etc.). Origine : Amérique du Sud, possible du Pérou et de la Colombie. Floraison : de mai-juin à la fin septembre (suivant les cultures). Fleurs : hermaphrodites, de couleur différente selon les variétés (blanche, verdâtre, rose, lilas, violacée, etc.), en grappes, autogames.

UTILISATIONS

Les gousses en filet ou en mangetout se préparent au beurre, à la bonne femme, à la crème, gratinées, au jus de viande, à la lyonnaise, à la tomate, à la normande, à l'anglaise, à la poulette, à la vénitienne, sautées, en soupe, dans les jardinières de légumes, accompagnent de nombreux plats de viandes et de légumes.

Les grains frais ou secs s'utilisent à la maître d'hôtel, à l'occitane, à la bretonne, à la charcutière, à la parisienne, à la bourguignonne, à la portugaise (avec des filets de morue), à la berrichonne, à la crème, à l'ardéchoise, à la provençale, en ragoût, en potage, en salade, persillés, dans le cassoulet, etc.

PROPRIÉTÉS

Les haricots verts sont antidiabétiques, dépuratifs, diurétiques et rafraîchissants. Ils contiennent des vitamines A, B5, B6, C, E, ainsi que du calcium, du cobalt, du cuivre, du fer, de l'iode, du magnésium, du nickel, du silicium, du soufre, du zinc...

Les haricots en grains secs sont énergétiques et nutritifs. Ils renferment des vitamines B ainsi que du calcium, du fer, du phosphore et du potassium.

CULTURE

▶ **Sols préférés :** sains, ameublis, frais, chauds, plutôt légers, humifères ; redoute les terres trop calcaires, froides et humides.

▶ **Climat :** tempéré et chaud ; craint le froid, il lui faut une température supérieure à 10 °C.

▶ **Exposition :** ensoleillée.

▶ **Multiplication :** par semis.

▶ **Culture :** semer directement en place, à partir de mars-avril dans le Midi, après le 15 mai en région parisienne, au-delà du milieu de la 2e quinzaine de mai pour les régions plus froides.

Pour les haricots à manger verts, les semis s'échelonnent jusqu'à la fin juillet, parfois plus tard, suivant le temps et les régions ; pour les haricots à consommer en grains frais jusqu'au 15 juillet ; tandis que pour une culture destinée aux grains secs, il ne faut pas aller au-delà du 15 juin (suivant les régions).

Les semis se font en lignes espacées de 40 cm pour les variétés naines, soit 1 grain tous les 8-10 cm, ou en poquets, en quinconce, 5 ou 6 grains tous les 40 cm ; pour les variétés grimpantes, les rangs seront espacés de 70 cm (2 ou 3 rangs au maximum par planche), 6 ou 7 graines par poquet, en quinconce, à éloigner de 50 cm. La profondeur des semis est de 2-3 cm, les recouvrir de terre bien émiettée.

Pour activer la levée, il est conseillé de faire tremper les graines pendant 24 h, dans de l'eau mélangée à quelques gouttes de Stimuphytol (essence naturelle de plantes, environ 40 gouttes par litre d'eau de pluie si possible). Éliminer les semences qui flottent. Égoutter les graines et les enrober de poudre de lithothamne. Si la terre n'est pas assez humide, arroser le fond du rayon ou des poquets avant de semer les graines.

Pour réussir les semis, il faut que la levée soit rapide. Semer les graines dans un sol suffisamment réchauffé. Pour s'en rendre compte, plonger l'index dans la terre : s'il se produit une sensation de chaleur, il faut semer, sinon il vaut mieux attendre. On peut hâter une culture en semant sous tunnel plastique.

Biner aussitôt après la levée, puis recommencer environ 15 jours plus tard pour faciliter le buttage. Pour les variétés grimpantes, lors du buttage, il faut planter les rames (côté extérieur de la touffe) en les inclinant légèrement vers l'intérieur pour qu'elles se rejoignent.

▶ **Voisinage :** carotte, choux, concombre, fraisier, persil, pomme de terre et tomate s'entendent bien avec le haricot. À l'inverse, l'ail, l'échalote, le fenouil, l'oignon et le poireau créent des problèmes.

▶ **Facteurs lunaires :** semer de préférence quelques jours avant la pleine lune, en lune croissante ou montante.

▶ **Rotation :** le haricot peut revenir sur la même planche au bout de 2 ou 3 ans. Il entre dans la catégorie des plantes améliorantes (légumineuses).

▶ **Fumures, fertilisations :** normales, pas ou peu d'azote, les fumures fraîches sont à proscrire.

▶ **Fertilisations foliaires :** toutes les 3 semaines environ, à base de lithothamne, jusqu'à la floraison.

▶ **Soins :** binages, sarclages, buttage, arrosages si nécessaire.

VARIÉTÉS

▶ **Haricots nains sans parchemin (mangetout) :** 'Gloire d'Aubagne', 'Plein le panier', 'Nain à cosse violette', 'Roi de l'été', 'Enfant de Mont calme', 'Processor', 'Noir merveille des marchés', 'Merveille de Paris sans fil', 'De Genève à grain brun', 'Perfection', 'Phénix', 'Beurre nain du Mont-d'Or', 'Tendergreen', 'Contender', 'Saxa', 'Fin de Montreux', 'Mangetout du Rhin', 'Beurre blanc nain Vatel', 'Coco bicolore nain', 'Coco de Prague marbré', 'Coco nain rose d'Eyragues' (ces trois dernières variétés peuvent être consommées en grains frais ou secs).

▶ **Haricots nains avec parchemin pour consommation en filets :** 'Triomphe de Farcy', 'Jaune cent pour un à longue cosse', 'Fin de Villeneuve', 'Nain lyonnais à longue cosse', 'Roi des Belges', 'Noir hâtif de Belgique', 'Fin de Monclar', 'Métis', 'Gloire du chatelet', 'Gloire de Deuil', 'Prodige de Courtry', 'Fin de Linas', 'Supermétis', 'Métis à grain noir', 'Saint-Esprit noir', 'Saint-Esprit rouge' (à consommer aussi en grains), 'Fin de Bagnols', 'Merveille de Paris', 'Roi des beurres', 'Beurre blanc nain', 'Beurre aiguillette', 'Beurre nain sans rival', 'Maireau' (abondant), 'Beurre de Roquencourt', 'Un seul', 'Superdeuil', 'Princesse sans fil', 'Superphénix blanc' (ces deux dernières variétés peuvent être consommées en grains).

▶ **Haricots nains avec parchemin, à écosser :** 'Du Brésil', 'Flageolet blanc du Nord', 'Flageolet blanc à longue cosse', 'Flageolet très hâtif d'Étampes', 'Flageolet rouge' (rognon de coq), 'Flageolet Chevrier', 'À grain toujours vert', 'Coco toulonnais', 'Coco nain blanc précoce', 'Michelet à longue cosse', 'Très hâtif de Massy', 'Soissons nain', 'Soissons nain vert', 'Lingot', 'Vilmorin vert', 'Jaune de la Chine', 'Inépuisable', 'Suisse jaune', 'Mistral', 'Bortollo Salinga', 'Comtesse de Chambord' ou 'Petit riz nain' (près de 80 cm de hauteur), 'Prodige de Courtry blanc', 'Blanc nain parisien', 'Beurre blanc d'Alger' (ces trois dernières variétés s'utilisent en filets, fraîches ou sèches).

▶ **Haricots à rames sans parchemin (mangetout) :** 'À rames à cosse violette', 'Prédome rose à rames', 'Saint-Fiacre à rames', 'Saint-Fiacre beurré à rames', 'Beurre torrent d'or à rames', 'Prédome à rames' ('Petit carré de Caen'), 'Phénomène à rames', 'Œil de perdrix à rames', 'Crochu blanc à rames', 'Sabre noir à rames', 'Merveille de Venise' ('Beurre l'or du Rhin'), 'Beurre de Montfavet à rames', 'Beurre blanc roi des mangetout à rames' (ces deux dernières variétés se dégustent en grains frais ou secs).

▶ **Haricots à rames avec parchemin, à écosser :** 'De Soissons blanc à rames', 'De Soissons vert à rames', 'Riz à rames', 'Flageolet vert à rames', 'De Liancourt à rames', 'Michelet à longue cosse à rames', 'Sabre très hâtif à rames', 'Sabre à très longue cosse à rames', 'Beurre du Mont-d'Or à rames', 'Coco blanc à rames' (ces deux dernières variétés peuvent se préparer en filets).

Il existe de nombreuses autres variétés anciennes ou récentes.

GRAINES

▶ **Porte-graines :** éviter de faire voisiner des variétés trop proches l'une de l'autre. Sélectionner quelques beaux pieds parmi les plus vigoureux, repérer les premières gousses qui mûrissent (car elles donnent généralement les meilleures graines), en vue de les récolter dès leur maturité. Les faire sécher, les écosser et ensacher les semences. L'idéal est de conserver les graines en bas du réfrigérateur.

Il est aussi possible d'arracher les pieds des porte-graines (variétés naines), les faire sécher au soleil, les rentrer dans un local aéré (non chauffé), les mettre en bottes, les suspendre la tête en bas ; le froid de l'hiver sera bénéfique pour les semences. Pour les variétés à rames, entreposer les gousses dans des clayettes ou des cageots et les conserver dans les mêmes conditions.

Comme le haricot s'autoféconde, il paraît possible d'isoler les différentes variétés (avant que les fleurs ne s'ouvrent) sous tunnel plastique.

▶ **Durée germinative :** jusqu'à 3 ans.

▶ **Nombre de graines pour 10 g :** de 12 à 70. Les plus petites graines sont celles du haricot 'Riz à rames' (70), la variété naine

'Comtesse de Chambord' (petit riz) compte, elle, 65 graines pour 10 g.

▶ **Levée :** 5 à 10 jours, suivant les conditions atmosphériques.

▶ **Intervalle entre le semis et le début de la récolte :** 2 mois à 2 mois et demi pour les haricots verts, 3 mois à 3 mois et demi pour les haricots en grains frais et 4 mois à 4 mois et demi pour une récolte en grains secs.

RÉCOLTE ET CONSERVATION

On récolte les haricots verts en filets (avec parchemin) au plus tard à la moitié de leur grosseur ; il faut visiter les cultures au moins tous les 2 ou 3 jours car, cueillis trop vieux, les filets sont filandreux. La cueillette des haricots verts se fait à deux mains, en tirant sur la gousse d'une main et en maintenant la plante de l'autre, pour éviter le déracinement. Les haricots verts se conservent 2 ou 3 jours au frais, mais il est bien sûr préférable de les manger le plus rapidement possible après la cueillette. On conservera le surplus par séchage (dessiccation), au sel, par stérilisation ou par congélation.

Les haricots verts mangetout (sans parchemin) se récoltent jusqu'à la formation des grains.

Les haricots en grains frais se cueillent quand les gousses sont bien pleines. On les conservent quelques jours au frais (dans leur gousse), on peut les stériliser ou les congeler.

Les haricots secs se récoltent à maturité. Ils se conservent dans leur gousse ou écossés (lire plus haut).

MALADIES ET PARASITES

▶ **L'anthracnose du haricot :** taches brunes, voire noires, plus ou moins allongées sur les feuilles ; taches rondes roses, voire grises, sur les gousses qui parfois se courbent ou se déforment, les graines présentent des taches brunes ; les cotylédons de jeunes plants sont parfois attaqués. Ne pas semer de graines de plantes contaminées. Pratiquer des fertilisations foliaires régulières. Brûler les premières plantes atteintes, pulvériser de la bouillie bordelaise dès l'apparition de la maladie ; si les gousses sont formées, les haricots devront être utilisés uniquement en grains. Observer une rotation de 3 années. Ne pas toucher aux plantes humides ou mouillées. Pulvériser des décoctions de prêle (à titre préventif).

▶ **La graisse :** des taches jaunes, d'aspect huileux, apparaissent sur les feuilles qui brunissent et meurent ; sur les gousses, les taches sont vertes et chancreuses ; les grains sont parfois attaqués. Cette maladie est due aux facteurs climatiques (temps humide suivi d'un temps chaud, puis sec pendant la floraison. Si le temps est favorable au développement de la maladie, faire 1 ou 2 traitements à base de bouillie bordelaise toutes les semaines ou toutes les 2 semaines jusqu'au début de la floraison. Arracher et détruire les pieds atteints. En cas d'apparition de cette maladie, il faudra respecter une longue rotation de 3 ou 4 années et faire quelques pulvérisations d'essences naturelles de plantes (Stimuphytol) sur le sol.

▶ **La rouille :** taches jaunes, puis brunes à noires, groupées en amas sur les feuilles, les gousses peuvent se déformer si elles sont attaquées. Cette maladie apparaît en période fraîche, humide et pluvieuse, principalement sur les variétés grimpantes. Pratiquer des fertilisations foliaires régulières. Pulvériser des décoctions de prêle à titre préventif ou de bouillie bordelaise tout au début de la maladie.

Arracher et détruire les premières plantes contaminées.

▶ **Le blanc :** des filaments blancs, d'apparence farineuse, tapissent les feuilles. Dès le début de l'attaque, saupoudrer un mélange de 50 % de lithothamne et de fleur de soufre, en insistant surtout sur les parties malades. Pour éviter toute contamination en vue des prochaines récoltes, il est plus prudent de traiter les rames à la bouillie bordelaise avant de les ranger à l'abri pendant la mauvaise saison.

▶ **Le puceron noir de la fève :** les rameaux sont recouverts par une colonie de pucerons noirs qui sucent la sève. Les plantes attaquées finissent par périr. Voir le paragraphe consacré aux pucerons, page 43.

▶ **Le puceron des racines :** suce les tiges à

la hauteur du collet. Se reporter aux traitements contre les pucerons, page 44.

▶ **LA MOUCHE DU SEMIS :** il y a des manques à la levée, les cotylédons ou le bourgeon principal sont rongés, ce sont les larves de cette mouche qui mangent parfois les cotylédons et les graines avant qu'elles ne lèvent. Arracher et brûler les plants attaqués. Faire des semis quand la terre est suffisamment réchauffée, car si la levée est trop longue ou si les plants végètent à la levée, il y a risque d'attaque. Tremper les semences pendant 24 heures et les enrober de lithothamne.

▶ **LA BRUCHE DU HARICOT :** la graine est minée par une larve qui se développe lentement à l'intérieur de celle-ci. Vers la fin de l'hiver, l'animal se transforme en nymphe, sort de la graine en laissant un trou. Deux semaines avant la récolte environ, pulvériser sur les gousses une solution nicotinée. Après la récolte, bien faire sécher les gousses ou les graines, les exposer au froid : à la rigueur de l'hiver, dans un local sec et aéré, pour les graines conservées en cosses ; en sachets, en haut du réfrigérateur pendant 4 ou 5 jours (à – 22 °C ou moins), pour les graines écossées.

▶ **LA GRISE OU TÉTRANIQUE :** petit acarien qui suce le dessous des feuilles. Ces dernières se trouvent envahies d'un revêtement soyeux, prennent une teinte grisâtre et finissent par se dessécher. Pulvériser un insecticide végétal ou une solution nicotinée sous les feuilles. En cas de sécheresse, pratiquer de fréquents bassinages sous les feuilles. Les plantes attaquées ont souvent souffert de la sécheresse, tenir le sol suffisamment frais.

▶ **LES LIMACES ET LES ESCARGOTS :** dévorent les jeunes plants. Voir le paragraphe consacré aux mollusques page 44.

NOMS ÉTRANGERS

ANGLAIS : *dwarf bean, kidney bean, garden bean, french bean.* **ALLEMAND :** *Bohne, Gartenbohne, Buschbohne.* **ESPAGNOL :** *judia, frijol, habichuela.* **ITALIEN :** *fagiuolo, faginolo.* **NÉERLANDAIS :** *stamboon, pronkboon, stokboon, boon.*

Haricot d'Espagne (P, *)

Cycle végétatif : vivace dans les pays chauds, cultivé comme annuel sous notre climat.

Famille : Légumineuses.

Noms botaniques : (1) et (2) *Phaseolus coccineus* Linné.

Synonymes botaniques : *P. multiflorus* Lamarck, *P. vulgaris* var. *coccineus* Linné, *P. multiflorus* Willdenow, *Lipusa multiflora* Alefeld, Landw, *L. coccinea* Alefeld, *P. vulgaris var. multiflorus* Nicholson.

Synonymes français : haricot moucheté, haricot à bouquets, haricot gros Soissons...

Plante potagère et ornementale, herbacée, sa hauteur atteint parfois 4 m. Sa tige est grimpante, s'enroulant autour des rames ; ses feuilles à 3 folioles ressemblent à celles du haricot commun, elles sont un peu velues. Ses fleurs sont plus grandes, abondantes et très décoratives. Ses gousses sont allongées, larges, plates, courbées et ru-

gueuses. Ses grains sont très gros, de couleur blanche, noire ou marbrée. Le haricot d'Espagne possède souvent une grosse racine tubéreuse. Origine : Amérique du Sud. Floraison : de mai à octobre (selon la culture). Fleurs : hermaphrodites, blanches, rouges ou bicolores, suivant les variétés, elles sont réunies en grappes allongées, elles sont plus grandes que celles du haricot commun. Cette espèce a besoin des insectes pour sa fécondation.

UTILISATIONS

On consomme les jeunes gousses coupées en lanières, préparées comme les haricots verts. Seuls les grains blancs se mangent (les autres sont dangereux), ils s'utilisent comme ceux du haricot commun, ils sont un peu farineux ; après la cuisson, il est conseillé d'enlever leur peau, ils font d'excellents potages.

PROPRIÉTÉS

Certainement à peu près les mêmes que celles du haricot commun.

CULTURE

▶ **Sols préférés :** comme le haricot commun, s'y reporter.

▶ **Climat :** tempéré, pas trop chaud ; peut être cultivé favorablement en montagne.

▶ **Exposition :** ensoleillée.

▶ **Multiplication :** par semis.

▶ **Culture :** le haricot d'Espagne se sème en lignes espacées de 80 cm à 1 m ; on y dépose 5 à 7 graines par poquet, à éloigner de 50 cm, à une profondeur de 4-5 cm, que l'on recouvre de terre émiettée. L'époque des semis va du 15 mai au début juin, car les haricots d'Espagne sont plus longs à mûrir. Pour avancer la culture, on peut les semer début mai sous tunnel plastique ou en pot sous châssis. On les replante avec leur motte en les tassant et en les arrosant bien ; la plantation s'effectue quand les gelées ne sont plus à craindre. Il est évident que, dans le Midi, on pourra les semer en avril.

▶ **Fumures, fertilisations :** comme pour le haricot commun, mais il faudra apporter à la préparation du sol (automne ou fin d'hiver) une bonne dose de compost bien décomposé.

▶ **Soins :** ils sont les mêmes que pour le haricot commun ; prévoir des rames très solides pour supporter leur poids.

VARIÉTÉS

'Haricot d'Espagne blanc', certainement la meilleure variété en sec (fleur et grain blancs) ; 'D'Espagne rouge' (fleur rouge, grain noir marbré de rose violacé) ; 'D'Espagne bicolore' (fleur rouge et blanc, grain noir) ; 'D'Espagne hybride' (fleur rouge et blanc, grain brun ou noir, marbré de blanc jaunâtre).

GRAINES

▶ **Porte-graines :** il faut faire un semis le plus précoce possible, car le haricot d'Espagne a beaucoup de mal à amener ses graines à maturité dans certaines régions. Comme ces variétés se croisent facilement entre elles, il est indiqué de n'avoir dans le même potager qu'une seule variété reproductrice. La marche à suivre est la même que pour le haricot commun, s'y reporter, page 202.

▶ **Durée germinative :** 3 ans.

▶ **Nombre de graines pour 10 g :** 7 à 8.

▶ **Levée :** 5 à 10 jours.

▶ **Intervalle entre le semis et le début de la récolte :** un peu plus long que pour le haricot commun, voir page 203.

RÉCOLTE ET CONSERVATION

On cueille les gousses jeunes, au tiers ou à la moitié de leur développement. La récolte s'achève quand la température devient trop basse. Pour tout renseignement complémentaire, se reporter au haricot commun, page 203.

MALADIES ET PARASITES

Les mêmes que pour le haricot commun. Les parasites s'attaquent peu à cette espèce, par ailleurs rarement malade.

NOMS ÉTRANGERS

Anglais : *scarlet runner, spanish runner bean.* **Allemand :** *Prunkbohne, Blumenbohne, Arabischebohne, Feuerfisole.* **Espagnol :** *judia escar-*

lata, judia de España, judia encarnada. **ITALIEN :** *fagiuolo di spagna.* **NÉERLANDAIS :** *pronkboon.*

N.B. : pour tout renseignement complémentaire, se reporter à la fiche sur le haricot commun, page 200.

Hélianti (P, *)

Cycle végétatif : vivace par ses tubercules, cultivé comme annuel.
Famille : Composées.
Noms botaniques : (1) *Helianthus strumosus* Linné, (2) non mentionné.
Synonyme botanique : *H. mollis* Willdenow.

Plante potagère dont les feuilles, les tiges et les fleurs sont à peu près semblables à celles du topinambour. Les feuilles sont ovales, lancéolées, dentées, assez rudes au toucher ; ses tiges sont dressées, ramifiées, pouvant atteindre 3-4 m de hauteur. Cultivée pour ses rhizomes très allongés, lisses, minces, renflés vers l'extrémité, ayant une certaine ressemblance avec le topinanbour fuseau. Origine : Amérique du Nord, possible de Virginie. Floraison : généralement en septembre-octobre. Fleurs : hermaphrodites, ne produisant pas de graines sous notre climat, jaunes, en capitules, solitaires.

UTILISATIONS

Les rhizomes cuits se préparent comme les salsifis : en salade, gratinés, au jus de viande, frits, au beurre, à la crème... Il ne faut pas les faire trop cuire.

Le goût de l'hélianti est très agréable, il est proche de ceux du topinambour (sa chair est toutefois plus fine) et du salsifis.

CULTURE

▶ **SOLS PRÉFÉRÉS :** profonds, légers, humifères et frais ; éviter les terres humides.

▶ **CLIMAT :** tempéré ; plante très rustique.

▶ **EXPOSITION :** ensoleillée.

▶ **MULTIPLICATION :** par rhizomes.

▶ **CULTURE :** de février au début avril, planter à la houe 1 rhizome tous les 50 cm à une profondeur de 15 cm environ, les rangs espacés de 70-80 cm. Quand les plants le permettent, il faut les butter.

▶ **FACTEURS LUNAIRES :** planter les rhizomes de préférence en lune décroissante.

▶ **ROTATION :** plante assez épuisante, à classer parmi les plantes potagères exigeantes ; il est préférable d'attendre 3 ou 4 ans avant de remettre l'hélianti à la même place.

▶ **FUMURES, FERTILISATIONS :** normales, lors du travail du sol, un bon apport de compost bien décomposé sera bénéfique pour un meilleur rendement.

▶ **FERTILISATIONS FOLIAIRES :** facultatives.

▶ **SOINS :** binages, sarclages, arrosages en cas de sécheresse. Butter les plantes quand celles-ci atteignent 15-20 cm de hauteur, le buttage renforcera la résistance des tiges contre les vents forts. Couper les tiges quand elles sont sèches.

VARIÉTÉS

Le type botanique.

GRAINES

▶ **PORTE-GRAINES :** l'hélianti ne donne pas de graines ; sur les pieds les plus vigoureux et productifs, choisir des racines de taille moyenne que l'on va stratifier dans du sable sec pendant l'hiver ou, mieux, maintenir en terre 1 ou 2 beaux pieds jusqu'à la plantation.

▶ **INTERVALLE ENTRE LA PLANTATION ET LE DÉBUT DE LA RÉCOLTE :** 6 ou 7 mois.

RÉCOLTE ET CONSERVATION

Récolter les rhizomes au fur et à mesure des besoins, ils se flétrissent assez rapidement à l'air (on les garde quelques jours) ; si l'on veut en conserver pendant un certain temps, il faudra les stratifier dans du sable.

L'arrachage commence vers la mi-novembre quand les tiges sont sèches, il se prolongera jusqu'à la fin mars ; pendant les froids, couvrir les planches avec des feuilles ou de la paille sèches pour faciliter l'opération. Comme le topinambour, cette plante peut devenir envahissante si on laisse dans le sol des petits éclats de rhizomes.

MALADIES ET PARASITES

▶ **LES LAPINS :** mangent les tiges des jeunes plants. Voir le paragraphe qui leur est consacré page 50.

▶ **LES MULOTS :** s'attaquent aux rhizomes qu'ils dévorent. Voir le paragraphe consacré aux mulots page 49.

NOMS ÉTRANGERS

ANGLAIS : *dahlia sunflower, perennial sunflower, wood sunflower, paleleaved.* **ALLEMAND :** *damer Sonnenblume, pariser Sonnenblume, Wielblumichte.* **ITALIEN :** *helianto.* **NÉERLANDAIS :** *engelsche zonneblam.*

Hysope (A, **)

Cycle végétatif : vivace.
Famille : Labiées, Labiacées ou Lamiacées.
Noms botaniques : (1) et (2) *Hyssopus officinalis* Linné.
Synonymes botaniques : *H. cinerascens* Jourdan de Puyfol et Fourr, *Thymus h.* E.H.L. Krause.
Synonymes français : herbe sacrée, hissope, hiope mariarmo.

Petit arbrisseau à feuilles persistantes formant un buisson de 30-50 cm de hauteur, avec des tiges dressées, ligneuses à la base. Les feuilles sont ovales et petites. Origine : Asie ou Orient. L'hysope croît dans les régions montagneuses, les terres sèches et arides du Bassin méditerranéen. Floraison : de juin à septembre. Fleurs : hermaphrodites, bleues ou violacées, groupées en épis.

UTILISATIONS

Les jeunes feuilles fraîches ou sèches s'emploient en petite quantité et avec modération dans les sauces, les salades, les potages, les ragoûts, les farces, avec les gibiers, les grillades, les volailles et divers légumes dont les féculents. Les feuilles et les sommités fleuries sont employées en infusion.

L'hysope entre dans la composition de diverses liqueurs. Sa saveur amère et brûlante rappelle un peu celles du romarin et de la sarriette. Cette plante est très appréciée dans les pays méridionaux. Elle est aromatique, condimentaire, médicinale, très mellifère et décorative.

PROPRIÉTÉS

Antiseptiques, béchiques, digestives, diurétiques, expectorantes, stomachiques, toniques et vermifuges.

L'hysope contient une huile essentielle.

CULTURE

▶ **Sols préférés :** légèrement calcaires, sablonneux, assez riches en humus, bien aérés et frais.

▶ **Climat :** tous nos climats.

▶ **Exposition :** chaude et ensoleillée.

▶ **Multiplication :** par semis, division de touffes et bouturage.

▶ **Culture :**

Par semis : semer sur couche chaude en février-mars ou en pépinière en avril-mai, repiquer en pépinière de juin à août (quand les plants sont assez forts pour supporter cette opération), mettre en place en automne ou au printemps suivant.

Par division de touffes : au début du printemps (vers la fin mars) ou à l'automne (fin septembre), diviser les vieilles touffes, praliner les racines avec une bouillie de lithothamne, mettre en place.

Par bouturage : couper quelques extrémités de branches, d'une longueur d'environ 10 cm, supprimer les feuilles sur la partie à enterrer, planter en pépinière de préférence, cette opération peut se faire au début du printemps ou à l'automne. Les mettre en place quand les boutures sont suffisamment enracinées à l'automne ou au printemps suivant.

L'hysope est souvent cultivée en bordures, elle a aussi avantageusement sa place dans la rocaille.

▶ **Voisinage :** l'hysope voisine très bien avec la vigne, mais elle fait mauvais ménage avec le radis.

▶ **Facteurs lunaires :** semer de préférence en lune décroissante.

▶ **Rotation :** cette plante peut rester en place plusieurs années (en général 3 ou 4 ans). Appliquer une rotation de 4 ou 5 années.

▶ **Fumures, fertilisations :** normales, éviter les fumures fraîches et les engrais azotés dits « coup de fouet ».

▶ **Fertilisations foliaires :** facultatives.

▶ **Soins :** les binages et les sarclages sont de rigueur, arroser seulement en cas de grande sécheresse. Quand le froid est très rigoureux, il est plus prudent de protéger les plantes avec des feuilles sèches ou de la paille, découvrir si le temps se radoucit. Avant les froids, couper les tiges à 10 cm au-dessus du sol.

VARIÉTÉS

Le type botanique.

GRAINES

▶ **Porte-graines :** repérer les sujets les plus vigoureux, ne pas couper les tiges, récolter les épis à maturité, depuis la fin août jusqu'à la fin septembre. Les faire sécher à l'ombre et les battre, puis mettre les graines en sachet.

▶ **Durée germinative :** 3 ou 4 ans.

▶ **Nombre de graines au gramme :** 850.

▶ **Levée :** 2 ou 3 semaines.

▶ **Intervalle entre le semis et le début de la récolte :** pour les plantes issues d'un semis, il faut compter entre 8 et 12 mois, alors que pour celles provenant de division de touffes ou de bouturage, il faut attendre de quelques semaines à 6 ou 7 mois suivant les époques de la multiplication.

RÉCOLTE ET CONSERVATION

La récolte des tiges et des feuilles pour la conservation s'effectue de préférence avant la floraison ; celle des sommités fleuries pendant la floraison. Faire sécher à l'ombre à l'extérieur et le plus rapidement possible. À conserver dans des boîtes ou des bocaux hermétiques, à l'abri de l'humidité.

Pour l'usage ordinaire, récolter au fur et à mesure des besoins.

MALADIES ET PARASITES

▶ **Le blanc des racines :** une poussière blanche apparaît au collet des sujets atteints, qui jaunissent et finissent par périr. À la rosée, saupoudrer les pieds attaqués (dégager la terre au collet) avec 150 g/are de lithothamne mélangé à 150 g/are de soufre fleur.

Changer les pieds de place tous les 3 ou 4 ans et appliquer une bonne rotation.

NOMS ÉTRANGERS

ANGLAIS : *hyssop.* **ALLEMAND :** *Ysop.* **ESPAGNOL :** *hisopo, rabillo de gato.* **ITALIEN :** *issopo.* **NÉERLANDAIS :** *hijssop.*

Igname de Chine (P, *)

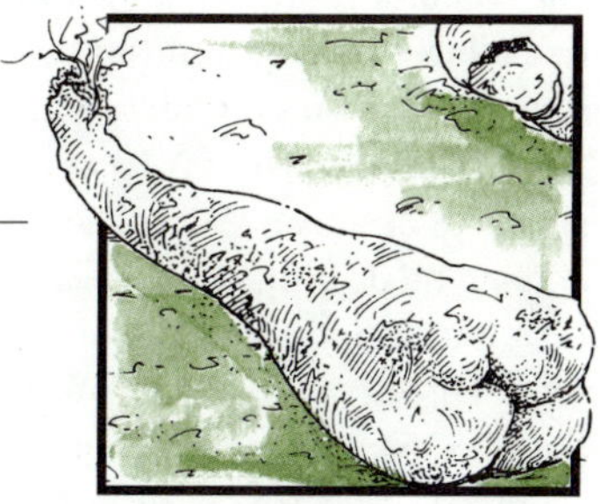

Cycle végétatif : vivace par ses tubercules, généralement cultivée comme annuelle.
Famille : Dioscoréacées.
Noms botaniques : (1) *Dioscorea batatas* Decaisne, (2) *D. opposita* Thumberg.
Synonyme botanique : *D. decaineana* Carrière.
Synonyme français : igname patate.

Plante potagère, herbacée, à tige annuelle, grimpante, s'enroulant autour des rames et pouvant atteindre 2-3 m de hauteur. Ses feuilles sont entières, opposées, d'un vert brillant, en forme de cœur finissant légèrement en pointe. Elle est cultivée pour ses tubercules ou plutôt ses rhizomes, évoquant des massues, couverts de radicelles courtes ressemblant à des poils ; ils s'enfoncent parfois à plus de 40-50 cm dans le sol, ils sont charnus, atteignant parfois la grosseur du poing, leur chair est blanche et un peu farineuse. L'igname a été introduite en France vers le milieu du siècle dernier. Origine : sans doute de Chine. Floraison : de juillet à la fin septembre. Fleurs : dioïques, blanches, petites, en grappes, à l'aisselle des feuilles, généralement stériles. Parfois les ignames produisent à l'aisselle de leurs feuilles des petites bulbilles rondes, mesurant un peu plus de 0,5 cm, de couleur grisâtre et brillante, se présentant généralement par deux.

UTILISATIONS

Les rhizomes se préparent cuits à la manière des pommes de terre : à l'étouffée, sautés, en frites, en beignets, rôtis, etc. On peut les aromatiser de coriandre et de gingembre. Ils ont une saveur délicate et agréable.

PROPRIÉTÉS

Digestives, contient des vitamines C, B1, B2 et PP, ainsi que du calcium, du fer, du magnésium, du phosphore, du potassium et du sodium.

CULTURE

▶ **SOLS PRÉFÉRÉS :** fertiles, humifères, profonds, frais, meubles, plutôt légers.

▶ **CLIMAT :** tempéré, chaud et humide ; sa racine supporte bien les froids.

▶ **EXPOSITION :** chaude et ensoleillée.

▶ **MULTIPLICATION :** par bouturage de tronçons de tiges, par bulbilles, par tronçons de racines ou par rhizomes.

▶ **CULTURE :**

Par bouturage de tronçons de tiges : en juillet, couper des tronçons de tiges, de 1-2 cm de longueur, munis chacun de 2 feuilles (opposées) ;

les planter en pépinière bien exposée, les recouvrir pratiquement jusqu'au niveau des feuilles. La distance de plantation est de 6-8 cm en tous sens, tenir le sol bien frais ; début novembre, récolter chaque petit tubercule qu'il faudra stratifier dans du sable sec jusqu'à la plantation du printemps suivant.

Par bulbilles : au printemps (en avril), planter les bulbilles (récoltées sur les tiges en novembre et conservées dans du sable sec durant l'hiver) à 2 cm de profondeur et à 10 cm en tous sens, en pépinière bien exposée. À l'automne, les plantes donneront de petits rhizomes à arracher et à conserver comme plants pour le printemps suivant. Tuteurer en cours de saison si nécessaire.

Par tronçons de racines : en avril ou début mai, couper des tronçons avec la tête des rhizomes pour en faire des rondelles de 4-5 cm que l'on plante en place dans des trous profonds de 7-8 cm, espacés de 40 cm, les lignes étant éloignées de 60 cm. Il est bénéfique de poudrer les faces coupées avec du lithothamne.

Par rhizomes : en avril, planter les petits tubercules verticalement. Les rhizomes ne devront être recouverts que de 3-4 cm de terre, la distance de plantation est de 40 x 60 cm.

Concernant les multiplications par tronçons de racine ou par rhizomes : il est conseillé de planter d'abord les rames (comme pour les haricots) avant la mise en terre des tronçons ou rhizomes ; quand les plantes ont 25-30 cm de hauteur, il faut les butter ; pour avancer les cultures, surtout en régions froides, il est possible de planter les tronçons ou tubercules dans des pots, sur couche ou en serre en mars ; les mettre en place avec la motte quand les gelées ne sont plus à craindre ; on peut faire une plantation sous tunnel plastique ; en mars, quand le temps le permet, découvrir la planche, enfoncer les rames avec précaution pour ne pas endommager les plantes.

▶ **Facteurs lunaires :** la plantation se fait de préférence en lune décroissante.

▶ **Rotation :** comme l'igname de Chine occupe assez longtemps le sol, elle est à classer parmi les plantes potagères exigeantes. Pratiquer une rotation de 3 ou 4 années.

▶ **Fumures, fertilisations :** normales.

▶ **Fertilisations foliaires :** 3 ou 4 dans la saison, à base de lithothamne.

▶ **Soins :** binages, sarclages, arrosages si nécessaire, butter les tiges quand elles sont suffisamment hautes pour subir cette opération. À partir de juin (quand la terre s'est bien réchauffée), pailler les planches avec une bonne couche de paille (5-6 cm), celle-ci sera bénéfique sur le rendement et gardera le sol frais.

VARIÉTÉS

'Igname de Chine Chappellier améliorée', cette variété (la seule qui soit intéressante sous notre climat) est dotée d'une racine de 15-20 cm, parfois de la grosseur du poing, et s'enfonçant moins profondément en terre que certaines autres espèces principalement cultivées dans les pays chauds et tropicaux.

Parmi ces dernières, on citera 'Igname Saint-Vincent', 'Sainte-Catherine' *(Dioscorea alata* Linné), 'À tout temps' ou 'Portugaise' *(Dioscorea cayennensis* Lamarck), des variétés bien connues des Antillais. Il existe plusieurs autres espèces.

GRAINES

▶ **Porte-graines :** l'igname ne donne pas de graines sous notre climat ; en revanche, elle produit parfois des bulbilles que l'on récolte vers la fin octobre et que l'on stratifie dans du sable sec jusqu'à la plantation.

▶ **Intervalle entre la plantation et le début de la récolte :** varie énormément selon les facteurs climatiques, le mode de reproduction et la grosseur des rhizomes. Pour une multiplication par tronçons de racines ou par rhizomes, il faut compter 7 ou 8 mois ; pour une multiplication par bulbilles : un minimum de 21 mois ; tandis que pour une culture issue de tronçons de tiges, il faut compter au moins 15 mois.

RÉCOLTE ET CONSERVATION

La récolte peut commencer quand les tiges sont sèches ; elle s'échelonne depuis novembre jusqu'en avril, suivant les besoins ; lors des froids, il est préférable de couvrir les rangs avec une bonne couche de paille ou de feuilles sèches pour préparer l'arrachage. L'arrachage est fort malaisé d'une part parce que les rhizomes plongent assez profondément en terre (parfois jusqu'à plus de 50 cm), d'autre part parce qu'ils cassent facilement.

On peut arracher tous les ignames en novembre, elles se conservent très bien en cave ou en silo ; avant de les stocker, il faut les laisser se ressuyer quelques heures sur le sol.

MALADIES ET PARASITES

Les lapins : dévorent parfois les jeunes tiges. Voir le paragraphe qui leur est consacré page 50.

NOMS ÉTRANGERS

Anglais : *yam, chinese yam, chinese potato.* **Allemand :** *Yam Kartoffel, chinesische Kartoffel, Yamwurzel, chinesische Yam.* **Espagnol :** *name, igname, niame chino.* **Italien :** *igname.* **Néerlandais :** *yam.*

Laitue (P, *)

Cycle végétatif : annuelle.
Famille : Composées.
Noms botaniques : (1) et (2) *Lactuca sativa* Linné.
Synonymes botaniques : laitue pommée : *L. capitata* Garsault ; romaine : *L. romana* Garsault ; à couper : *L. intybacea* Jacquin, *L. laciniata* Roth, *L. crispa* De Candolle ; asperge : *L. angustana* Vilmorin.
Synonymes français : laitue pommée : herbe des eunuques, herbe des sages ; romaine : chicon, laitue lombarde, laitue longue ; à couper : laitue frisée, laitue mignonnette, laitue à pincer, petite laitue ; asperge : romaine-asperge, laitue-céleri.

La laitue est une plante potagère herbacée dont la tige florale peut atteindre près de 1 m de hauteur. Quatre groupes ont été répertoriés :

- ***la laitue pommée* (*L. sativa var. capitata* Linné) dont l'ensemble des grandes feuilles entières, lisses, ondulées ou cloquées, de couleur blonde, verte ou rougeâtre selon les variétés, forme une pomme arrondie et compacte ;**
- ***la laitue romaine* (*L. sativa var. longifolia* Lamarck) produit, avec ses feuilles raides et allongées, une grosse pomme serrée, longue, arrondie au sommet ; les feuilles sont luisantes et de couleur variée comme celles de la laitue pommée ;**
- ***la laitue à couper* (*L. sativa var. crispa Linné*) est constituée d'une rosette de feuilles libres, ne pommant pas ou peu ; ses feuilles sont parfois frisées, arrondies, découpées, gaufrées on ondulées suivant les variétés ;**
- ***la laitue-asperge* (*L. sativa var. angustana* Iris ou L. sativa var. asparagina L.H. Bailey) ne pomme pas, donne des feuilles longues, étroites et lancéolées, et une tige grosse et renflée que l'on consomme quand elle atteint 20-30 cm de hauteur. Il existe une autre variété**

que l'on trouve dans les catalogues anglais sous le nom de 'Celtuce' et dont les feuilles sont à peu près identiques à celles de la laitue romaine, ne pommant pas mais engendrant un trognon renflé et allongé que l'on mange. Origine : possible d'Asie (du Nord de l'Inde ou du Népal) ou d'Europe méridionale. Floraison : de juin à septembre, suivant les cultures. Fleurs : hermaphrodites, jaune pâle, en capitules, petites.

UTILISATIONS

Les laitues pommées, romaines ou à couper se consomment crues en salade ou en garniture. Cuites, elles se savourent à la crème, braisées, au jus, en soufflé, au gratin, farcies, en soupe...

Les feuilles de la laitue-asperge se mangent comme celles des autres laitues. Mais on dégustera surtout ses tiges renflées et tendres, au goût délicat rappelant celui de l'asperge avec un léger parfum de noisette. Cuites à l'eau, puis débarrassées de leur enveloppe ligneuse, on les prépare à la manière des asperges : à la vinaigrette, au beurre, à la sauce blanche, au jus de viande, gratinées, à la crème fraîche, etc.

PROPRIÉTÉS

Antispasmodiques, anaphrodisiaques, apéritives, calmantes, dépuratives, rafraîchissantes et reminéralisantes, contient des vitamines A, B1, B2, B6, C, D, E ainsi que de l'arsenic, du calcium, du cobalt, du cuivre, du chlore, du fer, de l'iode, du nickel, du phosphore, du potassium, du magnésium, du manganèse, du sodium et du zinc. La laitue-asperge 'Celtuce' serait plus riche en vitamines.

CULTURE

▶ **SOLS PRÉFÉRÉS :** toutes les terres fertiles, humifères et fraîches.

▶ **CLIMAT :** tempéré ; craint la sécheresse.

▶ **EXPOSITION :** ensoleillée.

▶ **MULTIPLICATION :** par semis.

▶ **CULTURE :**

Pommée de printemps : en février-mars, semer clair, sous châssis, en pépinière bien exposée ou directement en place sous tunnel plastique ; éclaircir ou repiquer à 20 cm en tous sens. Pendant l'hiver, il est possible de faire une culture forcée ; il suffit de semer en septembre-octobre, sous châssis froid ou en pépinière bien abritée, puis de repiquer sous châssis froid (en attente). Pendant l'hiver, repiquer successivement les plants sur couche à 20 cm en tous sens, il faut prévoir 5 ou 6 semaines (suivant la température) du repiquage à la récolte.

Pommée d'été et d'automne : semer de mars à juin, en pépinière, puis repiquer ou semer directement en place (clair) et éclaircir à 25 cm en tous sens.

Pommée d'hiver : semer en août-septembre en pépinière, repiquer en place à bonne exposition, à 15 cm de distance car, à la fin de l'hiver, (selon la température), il peut y avoir des manques ; dans le cas contraire quand les plantes démarrent, supprimer un plant sur deux. Il est préférable de cultiver les laitues d'hiver dans une terre légère.

Romaine : se sème de mars à juin, en pépinière ou en place comme la laitue pommée d'été ou d'automne ; les variétés d'hiver se sèment en août-septembre (voir laitue pommée d'hiver).

À couper : semer de mars à août, en place, en rayons distants de 20 cm ; l'éclaircissage se fait en récoltant les jeunes plants suffisamment développés pour être consommés.

Asperge : semer de mars à juin, en pépinière ou directement en place, en lignes espacées de 25-30 cm, repiquer ou éclaircir à 20-25 cm.

Les graines de laitue doivent être à peine recouvertes de terreau ou de terre bien émiettée ; plomber avec le dos du râteau, tenir le sol bien humide. Lors du repiquage, il est avantageux d'enrober les racines avec une bouillie de lithothamne (100 g/l d'eau), la reprise sera beaucoup plus rapide.

▶ **VOISINAGE :** la carotte, le concombre, le chou, la betterave, le navet, l'oignon, le pois, le fraisier et le radis font bon ménage avec les laitues ; seul le tournesol est à éloigner.

▶ **FACTEURS LUNAIRES :** semer de préférence en lune décroissante.

▶ **ROTATION :** les laitues sont des plantes peu épuisantes car leur végétation est rapide. À classer parmi les plantes herbacées. S'il est possible parfois de faire 2 cultures successives, il est préférable de respecter une rotation de 2 ou 3 ans.

▶ **Fumures, fertilisations :** normales.

▶ **Fertilisations foliaires :** 2 ou 3 applications sur la même culture à base de lithothamne.

▶ **Soins :** binages, sarclages, arrosages copieux si nécessaire, pailler en cas de sécheresse avant que les plants ne soient trop développés.

Variétés

▶ **Laitues pommées de printemps :** 'Gotte à graine blanche', 'Gotte à graine noire', 'Gotte lente à monter', 'Gotte à châssis', 'Gotte jaune d'or' (dorée), 'Blonde du Chatelet', 'Appia', 'Reine de mai', 'Prémice', 'Tom pouce', 'Batavia dorée de printemps', 'À bord rouge'...

▶ **Laitues pommées d'été ou d'automne :** 'Craquerelle du Midi', 'Grosse blonde paresseuse', 'Blonde d'été', 'Du Trocadéro à graine noire', 'Du Trocadéro à graine blanche', 'Le bon jardinier', 'Blonde de Prieuré', 'Patience', 'Kinemontepas', 'Merveille des 4 saisons', 'Blonde de Versailles', 'Grosse brune paresseuse', 'Gloire de Nantes', 'De Bellegarde', 'Lilloise', 'Sans rivale', 'Têtue de Nîmes', 'Grosse brune têtue', 'Sucrine', 'Batavia reine de glaces', 'Batavia chou de Naples', 'Batavia de Pierre-Bénite', 'Batavia rouge grenobloise', 'Batavia blonde de Paris', 'Batavia blonde à bord rouge', 'Batavia brune', 'Batavia beaujolaise'...

▶ **Laitues pommées d'hiver :** 'Passion blonde d'hiver', 'Passion verte d'hiver', 'Grosse blonde d'hiver', 'Brune d'hiver', 'Rouge d'hiver', 'Val d'orge', 'Merveille d'hiver'...

▶ **Laitues romaines de printemps, d'été et d'automne :** 'Blonde maraîchère', 'de Bougival' (Ballon), 'Grise maraîchère', 'Blonde hâtive de Trianon', 'Blonde du Chesnay', 'Chicon des Charentes', 'Blonde lente à monter', 'Brune anglaise'...

▶ **Laitues romaines d'hiver :** 'Rouge d'hiver', 'Blonde d'hiver', 'Verte d'hiver'.

▶ **Laitues à couper :** 'À couper feuille de chêne blonde', 'À couper feuille de chêne brune', 'À couper feuille de chêne verte', 'Blonde à couper améliorée', 'Frisée à couper de Beauregard', 'Frisée à couper d'Amérique à bord rouge', 'À couper améliorée parisienne', 'Salad Bowl'.

▶ **Laitues-asperges :** romaine-asperge 'Celtuce', laitue-asperge 'Du Pamir'.

Graines

▶ **Porte-graines :** il faut choisir des pieds représentant bien le type de variété recherchée.

Pour les variétés de printemps : courant mars, sélectionner quelques pieds, les replanter avec leur motte à 50 cm en tous sens (sous tunnel plastique si nécessaire) ; ils monteront vers fin avril-début mai ; tuteurer les tiges. On récolte en juillet-début août en coupant les tiges au fur et à mesure de leur avancement avant complète maturité ; les faire sécher à l'ombre sur une toile, secouer les tiges de temps en temps, battre si nécessaire, puis ensacher les semences.

Pour les variétés d'été, pratiquer comme ci-dessus en tenant compte du décalage d'environ 1 ou 2 mois (selon la date du semis).

Pour les variétés tardives d'automne, d'hiver ainsi que pour les romaines : protéger du froid les pieds choisis avec des cageots renversés et recouverts de paille ou de feuilles sèches, découvrir lorsque le temps se radoucit ; au printemps, replanter les pieds avec leur motte à 50-60 cm en tous sens, puis procéder comme il est dit précédemment.

Pour les variétés de laitue à couper et la laitue-asperge, pratiquer comme pour les variétés d'été.

Il faut généralement couvrir les porte-graines de filets, car les oiseaux sont très friands de ce mets. Éviter d'avoir plusieurs porte-graines de variétés différentes qui fleurissent en même temps.

▶ **Durée germinative :** 5 ans.

▶ **Nombre de graines au gramme :** 800 environ.

▶ **Levée :** 4 à 6 jours environ (elle doit être rapide).

▶ **Intervalle entre le semis et le début de la récolte :** pour les variétés d'hiver, 7 ou 8 mois ; pour les variétés de printemps, d'été et d'automne, environ 2 mois ; pour les laitues romaines, 6 à 8 semaines environ pour les semis d'été et d'automne et autour de 7 mois pour une culture d'hiver ; pour les laitues à couper, 4 ou 5 semaines ; pour les laitues-asperges, entre 2 mois et 2 mois et demi.

RÉCOLTE ET CONSERVATION

La récolte s'effectue au fur et à mesure des besoins et du développement des plantes. Il est préférable de cueillir les laitues peu de temps à l'avance, car elles perdent vite une partie de leurs propriétés, surtout leur vitamine C. Lorsqu'il est impossible de faire autrement, les conserver dans le bas du réfrigérateur (bac à légumes) dans un sac en papier.

Les laitues pommées et les romaines se récoltent entières en coupant la racine au ras du sol ou en les arrachant ; les laitues à couper, en coupant les feuilles au-dessus du collet. Les laitues-asperges se récoltent quand les tiges atteignent environ 30 cm de hauteur pour la variété 'Du Pamir' et 15-20 cm pour la 'Celtuce'.

MALADIES ET PARASITES

▶ **La fonte des semis :** à la levée, il y a des manques ou des plants disparaissent. Cette maladie est souvent due à un excès d'humidité ; il faut donc tenir le sol assez frais, mais sans excès. Éviter de semer trop dru. Aérer les châssis dès que possible pour endurcir les plants avant le repiquage. Pratiquer une bonne rotation.

▶ **Le blanc, mildiou ou meunier des laitues :** jaunissement des feuilles dont le dessous se couvre d'une efflorescence blanchâtre, elles finissent par se dessécher. Cette maladie apparaît souvent sous châssis, il faut aérer dès que possible. Dès l'apparition de la maladie, supprimer les pieds atteints et arrêter provisoirement les arrosages. Ne semer ni trop tôt, ni trop tard. Le sol doit être bien aéré. À titre préventif : décoction de prêle en pulvérisation.

▶ **La mosaïque :** les feuilles atteintes se gaufrent en se recroquevillant, se décolorent ; leur croissance s'arrête, la plante se rabougrit. Arracher et brûler les plantes malades. Cette maladie est transmise par les pucerons, il faut donc lutter contre ceux-ci dès leur apparition.

▶ **Le puceron des racines :** les racines sont envahies de pucerons gris qui sucent la sève. Déchausser légèrement les racines et traiter avec une solution à base d'insecticide végétal. Voir le paragraphe consacré aux pucerons page 43.

▶ **Le puceron des feuilles :** cet animal brun s'attaque aux feuilles, en colonie, entravant le développement de la plante. Voir le paragraphe concerné page 43.

▶ **La larve des hannetons :** vers blancs et gris qui s'attaquent aux racines des plantes, celles-ci fanent et meurent. Voir le paragraphe qui leur est consacré page 45.

▶ **La courtilière :** coupe les racines sur son passage en creusant des galeries. Voir le paragraphe consacré à cet indésirable page 44.

▶ **Les limaces :** dévorent les jeunes plants tendres, elles laissent des traînées de sécrétions visqueuses. Voir le paragraphe consacré aux mollusques page 44.

▶ **Les taupins :** les larves jaune brillant, appelées « fil de fer », creusent des galeries au collet des plantes qui finissent par mourir. Se reporter au paragraphe consacré au taupin page 45.

▶ **La noctuelle de la laitue :** chenille verte, rayée de bandes brunes, qui ronge les feuilles et les graines des reproducteurs. Se reporter au paragraphe consacré aux chenilles et noctuelles page 48.

NOMS ÉTRANGERS

▶ **Laitue pommée. Anglais :** *head lettuce, cabbage lettuce.* **Allemand :** *Kopfsalat, Häuptsalat, Gartensalat.* **Espagnol :** *acogollada, lechuga flamenca, lechuga arrepollada, lechuga repollada.* **Italien :** *lattuga a cappucio, lattuga a palla, lattuga a testa.* **Néerlandais :** *sla, tuinsla, kropsla.*

▶ **Laitue romaine. Anglais :** *cos lettuce, romaine lettuce.* **Allemand :** *römischer oder bindsalat.* **Espagnol :** *lechuga romana, lechugon, oreja de mula.* **Italien :** *lattuga romana.* **Néerlandais :** *roomsche, latouw, bind salade.*

▶ **Laitue à couper. Anglais :** *curled lettuce, cut lettuce, cutting lettuce, loose leaf lettuce, loose leaved lettuce.* **Allemand :** *Pflücksalat, Schittsalat, Stechsalat, Blattsalat.* **Espagnol :** *lechuguino, lechuga para cortar.* **Italien :** *lattuga da*

taglio, lattuga crespo da taglio, lattughetta, lattughina. **NÉERLANDAIS :** *snijsla.*
▶ **LAITUE-ASPERGE. ANGLAIS :** *asparagus lettuce, celtuce.* **ALLEMAND :** *Spargelsalat.* **ESPAGNOL :** *lechugino.* **ITALIEN :** *lattuga-asparago.* **NÉERLANDAIS :** *asperge sla.*

Lavande officinale (A, *)

Cycle végétatif : vivace.
Famille : Labiées.
Noms botaniques : (1) *Lavandula angustifolia* Miller, Gardner, (2) *L. officinalis* Chaix.
Synonymes botaniques : *L. vera* De Candolle, *L. vulgaris* Lamarck.
Synonymes français : faux nard, garde-robe, lavande commune, lavande-femelle, lavande-vraie (très utilisée), nard d'Italie...

Plante aromatique, médicinale, condimentaire, très mellifère et ornementale, de 60-70 cm de hauteur ; ses tiges sont lignifiées, dressées, donnant de nombreux rameaux herbacés ; ses feuilles vert-gris sont étroites, allongées, opposées, non pétiolées et pointues. La lavande est une jolie plante de rocailles. Origine : Europe méridionale, spontanée dans les régions montagneuses du midi de la France. Floraison : juin à septembre. Fleurs : hermaphrodites, petites, bleu violacé, groupées en épis compacts et terminaux.

UTILISATIONS

Plante aux multiples qualités dont on tire une essence précieuse en médecine, en herboristerie et en phytothérapie, elle est également employée en parfumerie et en cosmétologie (les savonnettes à la lavande nous apportent le soleil de la Provence). On la consomme en infusion, seule ou en mélange avec d'autres plantes médicinales. Les feuilles sont condimentaires, elles aromatisent les salades, certains potages dont les célèbres soupes de poissons, divers gibiers, poissons et viandes ; elles entrent dans la composition des « herbes de Provence ». Il faut les utiliser en petites quantités à cause de leur amertume. Après macération, les feuilles de lavande sont efficaces contre les pucerons et les fourmis.

Les fleurs imprègnent de leur senteur le linge dans les armoires et en chassent les mites, elles parfument les bains.

Appliquées sur la plaie, l'essence de lavande ou les feuilles froissées seraient efficaces contre les piqûres d'insectes ou les morsures de vipères, dont les chiens de chasse sont parfois victimes en région méditerranéenne[1].

La lavande doit cependant être employée avec modération.

PROPRIÉTÉS

Antiseptiques, antispasmodiques, antivénéneuses, calmantes, diurétiques, emménagogues, stomachiques, toniques et vermifuges. Contient une huile essentielle. Son odeur, un peu camphrée, est forte et agréable.

1. D'après Jean Valnet, dans son excellent ouvrage *l'Aromathérapie, traitement des maladies par les essences des plantes*, Éd. Maloine.

CULTURE

▶ **SOLS PRÉFÉRÉS :** plutôt secs, arides, légers, légèrement calcaires ; éviter les terres humides.

▶ **CLIMAT :** chaud de préférence ou tempéré.

▶ **EXPOSITION :** ensoleillée.

▶ **MULTIPLICATION :** par semis, division de touffes ou bouturage.

▶ **CULTURE :**

Par semis : semer clair, au printemps (d'avril à juin), en godets, sous châssis ou en pépinière bien exposée. Enterrer peu les graines, plomber, tenir le sol suffisamment frais jusqu'à la levée. Mettre en place à l'automne, quand les plants atteignent 4-6 cm de hauteur, à 60 cm sur le rang et à environ 1 m entre les lignes. La lavande est souvent cultivée en bordures.

Par division de touffes : en mars, à l'aide d'une bêche, diviser les anciennes touffes, planter les éclats munis de racines à 60 cm sur 1 m.

Par bouturage : sur des pieds vigoureux, choisir de jeunes pousses de 15 cm environ, éliminer les feuilles de la base (la partie enterrée), les planter à 15-20 cm en tous sens, sous châssis, sous cloche, sous tunnel plastique ou à bonne exposition. Cette opération s'effectue de préférence de juillet à septembre, la mise en place peut se faire à l'automne ou au début du printemps.

▶ **ROTATION :** les plantes peuvent rester 7 ou 8 années au même endroit, mais il est bon de les renouveler tous les 4-5 ans ; il faudra alors attendre au moins 5 années avant qu'elles n'occupent à nouveau cette place.

▶ **FUMURES, FERTILISATIONS :** un peu de compost bien décomposé tous les ans, apporter peu d'engrais.

▶ **FERTILISATIONS FOLIAIRES :** facultatives.

▶ **SOINS :** binages, sarclages, butter les pieds à l'entrée de l'hiver et niveler au printemps.

▶ **TAILLE :** on peut tailler légèrement les tiges avant l'hiver.

VARIÉTÉS

Le type botanique. Il existe d'autres espèces de lavandes dont la lavande aspic, appelée « grande lavande » ou « lavande des distillateurs » *(L. latifolia* Medikus ou *L. spica* De Candolle), la lavande stœchade ou lavande des îles d'Hyères *(L. stœchas* Linné), le lavandin ou lavande bâtarde, qui est un hybride de la lavande officinale et de la lavande aspic.

GRAINES

▶ **PORTE-GRAINES :** récolter les graines à maturité, en coupant les épis et en les déposant dans un seau pour éviter toute perte ; les étaler à l'ombre sur une toile, battre et ensacher les semences.

▶ **DURÉE GERMINATIVE :** 5 ans.

▶ **NOMBRE DE GRAINES AU GRAMME :** 950.

▶ **LEVÉE :** environ 1 mois.

▶ **INTERVALLE ENTRE LE SEMIS ET LE DÉBUT DE LA RÉCOLTE :** par semis, environ 1 an ; par division de touffes, quelques mois ; par bouturage, 8 à 10 mois.

RÉCOLTE ET CONSERVATION

Les fleurs se cueillent au fur et à mesure de leur épanouissement. Le matin, après la rosée, couper les bouquets, les étaler sur des clayettes, à l'ombre, les conserver dans des sachets en papier ou dans des boîtes en fer.

Les feuilles destinées à la cuisine se récoltent en mai. Les faire sécher à l'ombre et les conserver à l'abri de la lumière et de l'humidité.

MALADIES ET PARASITES

Plante rarement malade ou parasitée.

NOMS ÉTRANGERS

ANGLAIS : *lavander, common lavender.* **ALLEMAND :** *echter Lavendel.* **ESPAGNOL :** *espliego montaraz, lavándula hembra.* **ITALIEN :** *lavenda, nardo, lavenda vera.* **NÉERLANDAIS :** lavendel.

Lentille (P, **)

Cycle végétatif : annuelle.
Famille : Légumineuses.
Noms botaniques : (1) et (2) *Lens culinaris* Medikus.
Synonymes botaniques : *L. esculenta* Moench, Meth, *L. vulgaris* Delarbre, *L. sativa* Heller, *L. camelorum* Webb et Berthelot, *L. disperma* (Roxb) Webb et Berthelot, *L. nummularia* Alefeld, *L. abyssinica* Alefeld, *Ervum lens* Linné, *E. dispermum* Roxburgh, *Lathyrus lens* Bernhardi, *Cicer lens* Willdenow, *Vicia lens* Cosson et Germ.
Synonymes français : airoufle, aroufle, arousse...

Plante potagère très anciennement cultivée, certainement depuis les temps préhistoriques, de 30-40 cm de hauteur, très ramifiée, formant des touffes. Ses tiges sont anguleuses, fines, rameuses et dressées. Ses feuilles composées, petites, ovales, vert clair, possèdent un long pédoncule et un pétiole se terminant par une vrille accrochante. Ce sont ses graines, contenues dans de petites gousses plates, qui la rendent intéressante. Floraison : mai-août. Fleurs : hermaphrodites, blanches, réunies en grappes de quelques fleurs à l'intérieur de l'aisselle des feuilles.

UTILISATIONS

Les graines peuvent être utilisées cuites dans les potages, en purée, à la maître d'hôtel, à la tomate, gratinées, au lard, à la vinaigrette. Elles accompagnent diverses viandes (saucisses, petit salé, etc.). Il est conseillé de les faire tremper dans de l'eau froide pendant quelques heures avant la cuisson. Elles sont meilleures relevées avec diverses plantes condimentaires, principalement l'ail, la sarriette, le laurier, la sauge, le romarin ou le persil.

PROPRIÉTÉS

Digestives, diurétiques, nutritives, reconstituantes. Elles sont riches en protéines et très riches en azote. Les lentilles contiennent des vitamines A, B5, C, PP, etc., des sels minéraux, dont du calcium, ainsi que du fer, de l'iode, du manganèse, du phosphore, de la potasse, de la soude et du zinc.

CULTURE

▶ **Sols préférés :** légers, sablonneux, plutôt légèrement calcaires. En revanche, les terres argileuses, humides et compactes ne lui conviennent pas. En terre trop calcaire, la culture des graines devient difficile.

▶ **Climat :** tempéré, plutôt frais ; éviter les endroits froids.

▶ **Exposition :** ensoleillée et chaude.

▶ **Multiplication :** par semis.

▶ **Culture :** semer en place en mars-avril. Généralement, la lentille se sème en poquets, en quinconce, ceux-ci doivent être espacés de 35-40 cm en tous sens, mettre 5 ou 6 graines par poquet. Recouvrir les graines de 1 cm de terre fine. Dans le Midi, on peut la semer à l'automne.

▶ **Voisinage :** elle est mauvaise voisine pour l'ail, l'oignon et l'échalote.

▶ **Facteurs lunaires :** semer de préférence en lune croissante.

▶ **Rotation :** la lentille fait partie du groupe des plantes améliorantes (légumineuses). Il faut au moins 4 à 6 années pour qu'elle puisse être à nouveau cultivée à la même place.

▶ **Fumures, fertilisations :** normales, cependant la lentille ne supporte pas les fumures non décomposées. En début de végétation, un léger apport d'azote suffit (trop serait néfaste).

▶ **FERTILISATIONS FOLIAIRES :** un poudrage de lithothamne toutes les 3 ou 4 semaines jusqu'à la floraison.

▶ **SOINS :** binages, sarclages, arrosages en cas de grande sécheresse. On peut butter les touffes quand les plantes sont assez hautes.

VARIÉTÉS

'Large blonde', 'Petite rouge', 'Verte du Puy', 'Lentillon de mars' ('À la reine').

GRAINES

▶ **PORTE-GRAINES :** choisir quelques plantes parmi les plus productives que l'on mettra de côté lors de la récolte des graines, les faire sécher puis les suspendre en bottes dans un local suffisamment aéré.

▶ **DURÉE GERMINATIVE :** 4 ans.

▶ **NOMBRE DE GRAINES AU GRAMME :** 10 à 40 (selon les variétés).

▶ **LEVÉE :** 8 à 10 jours environ.

▶ **INTERVALLE ENTRE LE SEMIS ET LE DÉBUT DE LA RÉCOLTE :** 4 ou 5 mois.

RÉCOLTE ET CONSERVATION

La récolte s'effectue depuis la fin juillet jusqu'au début septembre (suivant les régions et l'époque du semis). Récolter les pieds légèrement avant la maturité des graines en arrachant les plantes. Les laisser sécher sur le sol pendant une journée ; puis faire de petites bottes que l'on suspendra dans un local assez aéré. Battre au fur et à mesure des besoins. Les graines se conservent mieux dans leurs cosses.

MALADIES ET PARASITES

▶ **LA BRUCHE :** larve qui ronge l'intérieur des graines. Conserver les graines dans une boîte hermétique, en bas du réfrigérateur.

NOMS ÉTRANGERS

ANGLAIS : *lentil.* **ALLEMAND :** *Linse.* **ESPAGNOL :** *lenteja.* **ITALIEN :** *lente, lenticchia.* **NÉERLANDAIS :** *linze.*

Limaçon (*)

Cycle végétatif : annuel.
Famille : Légumineuses.
Noms botaniques : (1) non mentionné, (2) *Medicago scutellata* Allioni.
Synonymes français : escargot, luzerne à écusson, colimaçon.

Plante herbacée, de 40-50 cm de hauteur, rampante ; ses tiges sont minces, ramifiées, velues ; ses feuilles à 3 folioles sont ovales, ailées, dentées vers le sommet, elles sont vertes à bleues, le dessous est couvert de poils ; les stipules sont dentées vers la base. Le limaçon est cultivé pour ses gousses curieuses, poilues (quand elles sont encore vertes), plates, plus épaisses à l'extrémité, roulées en 5 ou 6 spires, ressemblant à des coquilles d'escargot. Origine : Europe méridionale, Asie et Afrique, on le rencontre dans les lieux pierreux et secs de la Provence et de la Corse. Floraison : d'avril à juillet-août (suivant la culture). Fleurs : hermaphrodites, papilionacées, jaunes, assez petites, à l'aisselle des feuilles.

UTILISATIONS

Cette plante n'est pas comestible, sa cosse sert de farce et attrape dans les salades.

CULTURE

▶ **Sols préférés :** toutes les terres assez fraîches, fertiles et suffisamment chaudes.

▶ **Climat :** chaud et tempéré ; craint le froid.

▶ **Exposition :** ensoleillée.

▶ **Multiplication :** par semis.

▶ **Culture :** semer en place au printemps, généralement en avril-mai, 1 gousse (à peine recouverte) tous les 4-5 cm ; si les semences ont été égrenées, il faut les semer clair, 1 graine tous les 2-3 cm, les recouvrir à peine, tasser légèrement, par la suite éclaircir à 4-5 cm. Tenir le sol suffisamment humide jusqu'à la levée. La distance à respecter entre les rangs est de 20 cm.

▶ **Facteurs lunaires :** semer de préférence en lune croissante.

▶ **Rotation :** comme pour toutes les légumineuses, il est préférable de faire une rotation de 2 ou 3 années.

▶ **Fumures, fertilisations :** normales.

▶ **Fertilisations foliaires :** 2 ou 3 en cours de saison, à base de lithothamne.

▶ **Soins :** binages, sarclages et arrosages si nécessaire.

VARIÉTÉS

Le type botanique.

GRAINES

▶ **Porte-graines :** sur les plus beaux pieds, ramasser les gousses à maturité, quand elles sont grises ou noires. Généralement, elles tombent sur le sol dès qu'elles sont mûres, les ramasser assez rapidement si le sol est humide car elles germent facilement.

▶ **Durée germinative :** 5 ans.

▶ **Nombre de gousses au gramme :** généralement 4 gousses ou 50 graines.

▶ **Levée :** capricieuse, environ 1 semaine.

▶ **Intervalle entre le semis et le début de la récolte :** environ 3 mois.

RÉCOLTE ET CONSERVATION

Récolter les gousses au fur et à mesure de leur mûrissement, quand elles prennent une teinte légèrement noire. Les ranger dans des sachets ou des boîtes à l'abri de l'humidité. Elles se conservent de nombreuses années.

MALADIES ET PARASITES

Plante sans maladie ni ennemis.

NOMS ÉTRANGERS

Anglais : *snail.* **Allemand :** *Schnirkelschnecke.* **Espagnol :** *caracol.* **Italien :** *erba medica, ciurufugghio femminino (dialett), coclea.* **Néerlandais :** *eerste italiaansche klaveren, geschotteld slakkenkruid.*

Livèche (A, *)

Cycle végétatif : vivace.
Famille : Ombellifères.
Noms botaniques : (1) et (2) *Levisticum officinale* Koch.
Synonymes botaniques : *L. vulgare* Hill, *L. vulgare* Reichenbach, *L. levisticum* Linné, *L. paludafolium* Aschers, *Angelica paludafolia* Lamarck.
Synonymes français : ache des montagnes, céleri de montagne, céleri batard, céleri perpétuel, herbe à maggi (Suisse).

Plante condimentaire à grandes feuilles découpées, luisantes, vert foncé, rappelant celles du céleri. Sa tige est épaisse, robuste et grosse, elle peut atteindre 2 m de hauteur. Les fleurs sont en ombelles. Origine : possible d'Europe centrale, méridionale ou d'Iran. Floraison : à partir de la 2e année de culture, en juillet-août. Fleurs : hermaphrodites, jaunes.

UTILISATIONS

Ses feuilles aromatisent les potages, les farces, certaines viandes dont le pot-au-feu où elles sont très appréciées, diverses sauces ainsi que certains légumes. Ajouter les feuilles seulement quelques minutes avant la fin de la cuisson. Les feuilles fraîches ou séchées sont à la base de diverses tisanes. Les vertus médicinales de la livêche sont nombreuses. La livèche entre dans la composition des tablettes Maggi (bouillon concentré).

Les graines peuvent être utilisées dans diverses macérations et marinades. Le goût de cette plante rappelle celui du céleri, mais il est plus fort.

PROPRIÉTÉS

Apéritives, diurétiques, fébrifuges, stimulantes, stomachiques... La livèche contient des huiles essentielles.

CULTURE

▶ **Sols préférés :** frais sans excès, riches en humus, profonds et bien aérés.

▶ **Climat :** tous ; très rustique.

▶ **Exposition :** ensoleillée de préférence.

▶ **Multiplication :** par semis ou par division de touffes.

▶ **Culture :**

Par semis : semer en août en pépinière et mettre en place au printemps quand les plants atteignent 15-20 cm. Semer directement en place de mars à juin en rayons espacés de 60 cm, recouvrir peu les graines, par la suite éclaircir à 40 cm sur le rang. La multiplication par semis est peu employée, beaucoup de graines étant stériles.

Par division de touffes : au début du printemps (mars-avril), diviser les anciennes souches et replanter les éclats extérieurs possédant quelques racines et au moins un bourgeon.

La livèche est souvent cultivée en bordures. Une touffe ou deux sont suffisantes pour une famille.

▶ **Facteurs lunaires :** sans importance.

▶ **Rotation :** cette plante pouvant rester en place 4 ans et plus, il est conseillé d'attendre 4 ou 5 ans avant de la cultiver de nouveau au même endroit.

▶ **Fumures, fertilisations :** normales.

▶ **Fertilisations foliaires :** pas nécessaires.

▶ **Soins :** binages, sarclages, arrosages si nécessaire. Pour que les plantes ne montent pas à graines, sectionner les tiges dès leur apparition. Avant les gelées, couper les feuilles à quelques centimètres du sol.

VARIÉTÉS

Le type botanique.

GRAINES

▶ **Porte-graines :** choisir quelques beaux pieds (à partir de la 2e année de culture) bien exposés, tuteurer les tiges, couper les ombelles au début de leur maturité, quand les graines brunissent, généralement en septembre-octobre. Effectuer cette opération de préférence à la rosée, les graines tombant facilement. Les faire sécher puis ensacher.

▶ **Durée germinative :** 3 ans.

▶ **Nombre de graines au gramme :** 300.

▶ **Levée :** environ 3 semaines.

▶ **Intervalle entre le semis et le début de la récolte :** 1 an environ.

RÉCOLTE ET CONSERVATION

Cueillir les feuilles au fur et à mesure des besoins.

Pour la conservation, procéder à cette opération avant la montaison, faire sécher les feuilles à l'ombre, les réduire en poudre et les conserver dans des boîtes hermétiques.

MALADIES ET PARASITES

▶ **Les pucerons :** s'attaquent aux fleurs lors de la floraison. Voir le paragraphe qui leur est consacré page 43.

NOMS ÉTRANGERS

Anglais : *lovage, bishop's weed.* **Allemand :** *Badkrant, Liebstöckel.* **Espagnol :** *ligustia, apio de monte.* **Italien :** *livistico.* **Néerlandais :** *lavas, maggikruid.*

Macéron (A, **)

Cycle végétatif : bisannuel.
Famille : Ombellifères.
Noms botaniques : (1) et (2) *Smyrnium olusatrum* Linné.
Synonymes botaniques : *S. maritimum* Salisbury, *S. vulgare* S.G. Gray.
Synonymes français : ache, grande ache, gros persil de macéron potager, acédonie, persil de cheval...

Plante herbacée, potagère, cultivée pendant de nombreux siècles dans nos jardins, aujourd'hui détrônée par le céleri et la livêche ; sa tige est creuse, rameuse, elle atteint parfois près de 1,50 m de hauteur ; ses feuilles ont de longs pétioles charnus, elles sont assez grandes, dotées de 3 folioles qui sont généralement divisées en 3 segments, parfois en 2 fragments ovales et dentés ; sa racine est charnue et dense, en forme de fuseau. Origine : Bassin méditerranéen, indigène sur le littoral du Midi et de l'ouest de la France. Floraison : d'avril à juillet (2e année de culture). Fleurs : polygames, c'est-à-dire portant à la fois des fleurs mâles, femelles et hermaphrodites, jaunes à vertes, en ombelles.

UTILISATIONS

On mange les jeunes pousses étiolées et blanchies en les préparant comme le céleri à côtes. Les feuilles aromatisent certains plats. Les jeunes sommités florales et la racine se consomment crues ou cuites, accommodées avec une vinaigrette. Sa saveur forte ne plaît pas toujours, elle rappelle le goût du céleri.

PROPRIÉTÉS

Antiscorbutiques, apéritives, dépuratives et diurétiques.

CULTURE

▶ **Sols préférés :** fertiles, frais, meubles et humifères.

▶ **Climat :** tempéré.

▶ **Exposition :** ensoleillée.

▶ **Multiplication :** par semis.

▶ **Culture :** semer clair, en place à l'automne ou au début du printemps (mars-avril), en lignes espacées de 30 cm. Recouvrir les graines de 1 cm de terre émiettée ou de terreau ; tasser, garder le sol suffisamment frais jusqu'à la levée. Quand les plants ont quelques feuilles, éclaircir à 15-20 cm sur le rang.

▶ **Facteurs lunaires :** semer de préférence en lune décroissante.

▶ **Rotation :** le macéron ne devra revenir au même endroit qu'au bout de 3 ou 4 années.

▶ **Fumures, fertilisations :** normales.

▶ **Fertilisations foliaires :** 3 ou 4 au cours de la saison, à base de lithothamne.

▶ **Soins :** binages, sarclages, arrosages et paillage en cas de sécheresse.

VARIÉTÉS

Le type botanique. Il y aurait une autre espèce, le *S. perfoliatum* Linné.

GRAINES

▶ **Porte-graines :** repérer quelques beaux pieds à laisser monter à graines, ne pas cueillir les feuilles, tuteurer les tiges, récolter les ombelles pratiquement à maturité, les faire sécher à l'ombre, égrener et ensacher les semences.

▶ **Durée germinative :** 4 ou 5 ans (voire plus).

▶ **Nombre de graines au gramme :** 23 à 25.

▶ **Levée :** 10 à 20 jours pour un semis printanier, 5 ou 6 mois pour un semis d'automne.

▶ **Intervalle entre le semis et le début de la récolte :** 3 ou 4 mois pour les feuilles, 6 ou 7 mois pour les racines et 12 à 14 mois pour les boutons floraux (plantes issues d'un semis printanier).

RÉCOLTE ET CONSERVATION

On récolte le macéron selon les besoins ; il est préférable de le consommer rapidement après la cueillette. Les racines se conservent en terre en hiver ; lors des grands froids, couvrir la planche de paille ou de feuilles sèches.

MALADIES ET PARASITES

Cette plante ne paraît pas avoir de maladie ni d'ennemis.

NOMS ÉTRANGERS

Anglais : *alexanders, alisander, black lovage.* **Allemand :** *Pferde-eppich, schwarzes Gemüse, Gelbolde, Myrrhenkraut, Smyrnerkraut.* **Espagnol :** *apio caballuno, apio caballar, canarejo.* **Italien :** *macerone, smirnio.* **Néerlandais :** *zwartmœs-kervel.*

Mâche (P, **)

Cycle végétatif : bisannuelle.
Famille : Valérianacées ou Valérianées.
Noms botaniques : (1) *Valerianella locusta* (Linné) Betcke, (2) *V. olitoria* Moench.
Synonymes botaniques : *Locusta communis* Delarbre, *Fedia olitoria* Vahl. Enum, *F. paniculata* Colla, *F. locusta* Reichenbach.
Synonymes français : blanquette, bouche grasse, boursette, clairette, coquille, coquille pommette, doucette, grisette, laitue de brebis, oreille de lièvre, poule grasse, salade de blé, salade de brebis, salade de chanoine, salade royale, orillette, valérianelle potagère...

Plante potagère herbacée, à végétation automnale, cultivée depuis le XVIe siècle, formant une rosette assez fournie de feuilles superposées et possédant une courte tige ; ses feuilles sont radicales, spatulées, opposées, tendres, entières, plaquées contre le sol, légèrement arrondies ou allongées et de couleur différente selon les variétés : vert foncé, vert-gris ou vert blond ; ses tiges à angles très saillants sont hautes et peuvent atteindre 40 cm au moment de la floraison. Origine : probablement d'Europe, spontanée dans une grande partie de l'Europe, en Afrique du Nord et en Asie occidentale. En France, on la rencontre à l'état sauvage dans les champs et les jardins. Floraison : en avril-mai (2e année de culture). Fleurs : hermaphrodites ou unisexuées (fleur à un seul sexe), bleues, petites, réunies en bouquets.

UTILISATIONS

La plante entière coupée au ras du sol se mange crue en salade, seule ou associée avec des tranches de betterave potagère cuite avec des branches de céleri. Le goût de la mâche est très agréable, car légèrement sucré et un peu aromatique. Cette plante est l'une de nos meilleures salades. Elle est aussi très précieuse car elle pousse au moment où les crudités sont généralement assez rares.

La mâche peut être consommée cuite à la manière des épinards ou bien en potage.

PROPRIÉTÉS

Adoucissantes, dépuratives, diurétiques, émollientes, laxatives, pectorales, rafraîchissantes et revitalisantes. La mâche contient des vitamines A, B1, B2, C, PP ainsi que du calcium, du fer, du magnésium, du phosphore, du silicium, du zinc et du vanadium.

CULTURE

▶ **Sols préférés :** humifères, frais, sains, plutôt légèrement argileux, superficiellement ameublis ; la mâche pousse aussi dans les terres légères mais suffisamment fraîches.

▶ **Climat :** tous ; mais elle redoute les excès de chaleur et d'humidité, supporte les grands froids, surtout si elle n'est pas très avancée, sinon ses feuilles principales deviennent inutilisables.

▶ **Exposition :** ombragée ou ensoleillée.

▶ **Multiplication :** par semis.

▶ **Culture :** semer en juillet-août pour récolter à l'automne ; en août-septembre pour récolter en hiver ; en septembre pour récolter en fin d'hiver, début du printemps. Les semis s'effectuent de préférence en rayons espacés de 20-25 cm, semer clair, recouvrir légèrement les graines avec un peu de terreau ou de terre fine, plomber fortement le sol. Éclaircir si le semis est trop dru. La mâche peut être semée à la volée, mais cette méthode rend les soins difficiles.

Pour aider la levée des graines, il faut maintenir le sol frais et ombrer les planches avec de la paille ou des feuilles de fougère. Enlever les ombrages dès l'apparition des jeunes plantes. La mâche aime les terres fermes ; après une autre culture, il suffit de niveler le sol à la fourche crochue. Éviter de semer des graines de l'année précédente, car elles lèvent mieux à partir de la 2e année. On peut faire germer les graines de mâche avant le semis (voir le paragraphe consacré à ce sujet).

▶ **Voisinage :** la mâche peut être semée parmi d'autres légumes (chou, carotte, poireau, navet, etc.). Elle voisine également favorablement avec l'oignon.

▶ **Facteurs lunaires :** semer de préférence en lune décroissante.

▶ **Rotation :** plante peu exigeante, elle entre dans la catégorie des plantes potagères herbacées. Attendre 2 ou 3 ans avant de la cultiver à la même place.

▶ **Fumures, fertilisations :** normales, les fumures fraîches ne lui conviennent pas.

▶ **Fertilisations foliaires :** quelques poudrages de lithothamne au début de la végétation sont favorables.

▶ **Soins :** binages, sarclages et arrosages si nécessaire. Protéger les plantes avancées dès l'apparition des fortes gelées avec de la paille ou des feuilles sèches, les découvrir dès que le temps se radoucit.

VARIÉTÉS

'Verte à cœur plein', 'Verte coquille de Louviers' (parmi les meilleures variétés), 'À coquille blonde', 'Verte d'Étampes', 'Verte de Cambrai', 'Ronde maraîchère', 'Verte de Rouen' (les variétés ci-dessus supportent bien le froid), 'De Hollande à grosse graine', 'D'Italie à feuille de laitue' (la mâche 'D'Italie à feuille de laitue' est une espèce différente, *V. eriocarpa* Desvaux).

Il existe des variétés à feuilles panachées, marbrées soit de blanc soit de jaune.

GRAINES

▶ **Porte-graines :** conserver en place quelques beaux pieds provenant si possible d'un semis de septembre. Au printemps, on replante ces plantes avec la motte à 30 cm en tous sens ; floraison en avril-mai. On récolte les graines généralement en juin, avant complète maturité (quand les plantes jaunissent). Arracher les pieds, les suspendre ou les étaler dans un local aéré sur une bâche, une toile ou un plastique ; de cette manière, les graines finiront de mûrir et tomberont sur les protections. Battre et conserver les graines dans des sachets ou des boîtes hermétiques.

▶ **Durée germinative :** 5 ans.

▶ **Nombre de graines au gramme :** 600 à 1 000 suivant les variétés.

▶ **Levée :** 8 à 10 jours environ.

▶ **Intervalle entre le semis et le début de la récolte :** 3 mois pour les semis de juillet-août ; 3 à 5 mois pour les semis tardifs.

RÉCOLTE ET CONSERVATION

Au fur et à mesure des besoins jusqu'à la montée à graines, on coupe les plantes au ras du sol quand les rosettes sont suffisamment développées. La récolte s'étend de novembre à avril. Consommer la mâche le plus tôt possible après la cueillette.

MALADIES ET PARASITES

▶ **La rouille :** les feuilles se couvrent de taches brunes et saillantes. Elle est souvent due à un excès d'humidité et à un semis trop dru. Effectuer des binages profonds entre les rangs. Éclaircir si le semis est trop fourni. Supprimer les pieds atteints.

▶ **L'oïdium :** la surface des feuilles se recouvre d'un duvet blanc. Cette maladie est assez rare, elle apparaît principalement chez les plantes avancées, lors d'une sécheresse prolongée. Il faut garder la terre fraîche. L'excès d'humidité peut aussi provoquer l'oïdium. Dès les premiers signes, effectuer une pulvérisation de soufre mouillable, de préférence le soir. Attendre au moins 2 semaines avant de consommer les plantes traitées. Supprimer les pieds atteints.

▶ **Fonte des semis :** les jeunes plantes disparaissent. Éviter les semis trop drus et pratiquer une bonne rotation.

NOMS ÉTRANGERS

ANGLAIS : *corn salad, lamb's lettuce, fetticus, field salad, loblollie.* **ALLEMAND :** *Feldsalat, Ackersalat, rapunzel Mausohr, Rabinschen, Schazmäulchen.* **ESPAGNOL :** *valeriana, canónigos, hierba de los canónigos, lechuga del campo.* **ITALIEN :** *valeriana, dolcetta, gallinella, erba riccia.* **NÉERLANDAIS :** *veldsalad.*

Maïs sucré et maïs éclaté (P, **)

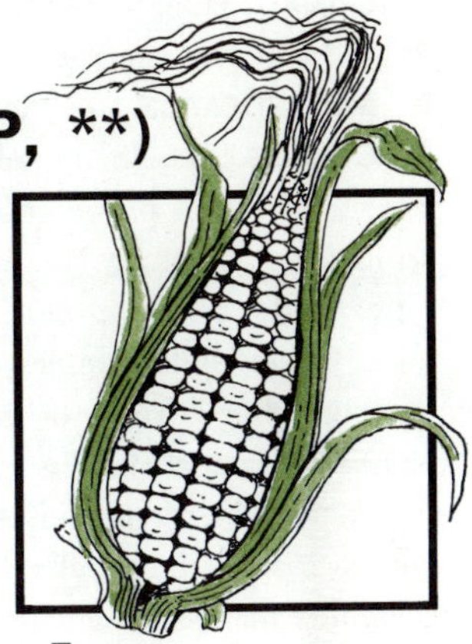

Cycle végétatif : annuel.
Famille : Graminées.
Noms botaniques : maïs sucré : (1) *Zea mays* Linné var. *saccharata* Korn, (2) *Z. mays* Linné ; maïs éclaté : (1) *Z. mays* Linné var. *miscrosperma* Koernich, (2) *Z. mays* Linné var. *erata* Baillon.
Synonymes botaniques : maïs sucré : *Z. saccharata* Sturtev, *Z. mays* var. *saccharata* Bailey ; maïs éclaté : *Z. everta* Sturtev.
Synonymes français : maïs sucré : maïs doux (le plus souvent utilisé), blé de Barbarie, blé d'Espagne, blé de Guinée, blé de Turquie, froment des Indes ; maïs éclaté : maïs fulminant, maïs perlé, pop-corn (le plus utilisé).

Cette plante potagère feuillue est l'une des seules graminées cultivées dans nos potagers ; sa tige droite et pleine atteint jusqu'à 2,50 m de hauteur (suivant les variétés), elle se termine par une inflorescence mâle ; ses feuilles sont de grandes dimensions, alternes, longuement engainantes. Chaque sujet donne généralement 2 à 4 épis, suivant le climat ; ainsi, dans la région parisienne, la moyenne est de 2 gros épis. La couleur des épis varie suivant les variétés. Origine : Amérique centrale ou du Sud, il est très cultivé aux États-Unis. En France, on le rencontre surtout dans le Sud-Ouest. Fleurs : monoïques, les fleurs mâles se trouvent en haut de la tige ; composées d'épillets biflores (en forme de plumeau), les fleurs femelles se situent généralement dans les deux premiers tiers de la plante. En épis axillaires, elles sont munies d'un long stigmate appelé « soie », qui ressemble à une queue de cheval blanc-vert.

UTILISATIONS

On consomme les grains quand ils sont encore tendres. Les épis cuits à l'eau sont servis entiers ou égrenés, accompagnés de crème, grillés, à la vinaigrette, etc. Les grains à peine formés peuvent être confits dans du vinaigre. Les grains de maïs éclatés, ou « pop-corn », sont appréciés en amuse-gueules. On fait éclater les grains dans une poêle ou sur des plaques métalliques très chaudes légèrement huilées. Ils doivent être couverts et remués souvent. On agrémente souvent le « pop-corn » de caramel.

PROPRIÉTÉS

Diurétiques, énergétiques, nutritives, sédatives, etc. Le maïs contient des vitamines A, B1,

B2, B5, B6, C, E, PP, ainsi que du cuivre, du fer, du manganèse, du magnésium, du phosphore, du vanadium et du zinc.

CULTURE

▶ **SOLS PRÉFÉRÉS :** fertiles, humifères, légers mais frais, légèrement acides et bien aérés.

▶ **CLIMAT :** chaud et tempéré.

▶ **EXPOSITION :** ensoleillée et abritée.

▶ **MULTIPLICATION :** par semis.

▶ **CULTURE :** semer en avril-mai-juin (dès que les gelées ne sont plus à craindre), en poquets, les lignes espacées de 70 cm et à 50 cm sur le rang. Mettre 3 ou 4 graines dans chaque poquet. Recouvrir les graines d'environ 2 cm de terre fine. Par la suite, ne garder qu'une seule plante par poquet (la plus vigoureuse).

Pour faciliter la pollinisation du maïs qui se fait par le vent, il est préférable de le cultiver en carré aux mêmes distances. Si le vent est trop faible, secouer chaque pied, quand les fleurs femelles prennent une couleur beige, pour faire tomber le pollen des fleurs mâles qui se trouvent au-dessus des fleurs femelles.

Pour récolter des épis plus tôt, surtout au nord de la Loire, il est préférable de semer en pots (2 ou 3 graines par godet). Ne garder que le plus beau sujet, mettre en place quand il n'y a plus de risque de gelée. Auparavant, il est préférable de durcir les plants en les aérant dans la journée.

La terre devra être réchauffée pour semer le maïs sucré (comme pour les haricots). Le maïs pousse plus vite quand les jours sont courts, l'avantage est alors de pouvoir le semer en godets. Faire des semis successifs peut s'avérer avantageux pour avoir des grains frais à consommer plus longtemps.

▶ **VOISINAGE :** les cucurbitacées (courge, concombre), la fève, le pois, le haricot, la pomme de terre et la laitue s'entendent bien avec le maïs.

▶ **FACTEURS LUNAIRES :** semer de préférence en lune croissante.

▶ **ROTATION :** le maïs doux est une plante assez épuisante, à classer parmi les plantes potagères exigeantes. Attendre 3 ou 4 ans avant de le cultiver à la même place.

▶ **FUMURES, FERTILISATIONS :** normales, éviter les fumures fraîches.

▶ **FERTILISATIONS FOLIAIRES :** quelques poudrages de lithothamne 1 ou 2 fois par mois jusqu'à la floraison.

▶ **SOINS :** binages (légers pour ne pas abîmer les racines qui sont peu profondes), sarclages, arrosages si nécessaire, pailler en cas de sécheresse. Il est préférable de butter le maïs quand il mesure 30-50 cm de hauteur : les pieds auront un meilleur enracinement, les plantes résisteront donc mieux au vent et serviront à l'occasion de brise-vent.

VARIÉTÉS

▶ **MAÏS SUCRÉ :** 'Golden bantam', 'Sucré tardif toujours vert', 'Sucré hâtif mammouth', 'Sucré nain très hâtif', 'Hâtif du Minnesota', 'Roux basque', 'Blanc de la plaine de Tarbes', 'Blanc du plateau de Lannemezan', 'Hâtif de Crosby', 'Sucré du Mexique', etc.

▶ **MAÏS ÉCLATÉ :** 'Pop-corn jaune doré', 'Pop-corn fraise' ou 'Pop-corn strawberry', 'Pop-corn blanc'. La couleur des grains varie suivant les variétés : rouge, jaune, blanche, bleue, etc.

GRAINES

▶ **PORTE-GRAINES :** ils seront choisis sur des plantes issues des premiers semis et sur des sujets représentant bien la variété. Laisser mûrir les épis, les conserver à l'abri des souris. Les variétés se croisent très facilement, éviter de cultiver plusieurs variétés à moins de 300 m de distance et tenir compte des vents dominants.

▶ **DURÉE GERMINATIVE :** 2 ans environ.

▶ **NOMBRE DE GRAINES AU GRAMME :** 4 à 5.

▶ **LEVÉE :** généralement, une douzaine de jours environ.

▶ **INTERVALLE ENTRE LE SEMIS ET LE DÉBUT DE LA RÉCOLTE :** 3 mois environ.

RÉCOLTE ET CONSERVATION

La récolte s'effectue selon les besoins, lorsque les grains sont laiteux et assez tendres sous la pression de l'ongle. Les enveloppes des épis doivent être alors vert foncé. La récolte débute vers la fin juillet et se poursuit jusqu'en octobre (suivant l'époque, l'étalement des semis et la région). Attention aux épis de maïs sucré, qui ne restent au stade laiteux que quelques jours.

Les épis de maïs sucré seront meilleurs immédiatement après la récolte, à cause de la transformation rapide du sucre en amidon. Les grains excédentaires seront stérilisés ou congelés.

Les variétés « pop-corn » se récoltent à maturité. Les stocker à l'abri de l'humidité et des rongeurs.

MALADIES ET PARASITES

▶ **LE CHARBON DU MAÏS :** détruit les grains, forme des excroissances monstrueuses sur les épis et finit par libérer une poussière noire. Préventivement, avant les semis, faire tremper quelques instants les semences dans une solution de bouillie bordelaise à 1 %. Cueillir et brûler les épis dès les premiers signes de maladie. Pratiquer une rotation convenable.

▶ **LA ROUILLE :** petits gonflements sur les feuilles qui gênent la végétation, assez rare. Pulvérisation de bouillie bordelaise à 1 % dès l'apparition de cette maladie.

▶ **LA MOUCHE DU MAÏS :** les feuilles se fânent et leurs pointes brunissent. Attaque rare si l'on pratique bien les bases de l'agriculture biologique. Fertilisations foliaires et pulvérisations d'essences naturelles de plantes (le matin ou le soir) préventivement, principalement courant juillet.

▶ **LES VERS BLANCS ET GRIS :** s'attaquent aux racines, les plantes atteintes jaunissent et flétrissent. Arracher les plantes touchées, chercher les larves à la base des pieds atteints et les écraser.

▶ **LES PUCERONS :** il arrive que le maïs doux subisse leurs attaques (voir le paragraphe consacré à la lutte contre les pucerons page 43).

▶ **LES SOURIS :** elles sont très friandes des grains.

▶ **LES OISEAUX :** protéger chaque épi avec un « protège-fruit », c'est-à-dire en l'ensachant dans un sac spécial pour la protection des fruits.

NOMS ÉTRANGERS

▶ **MAÏS SUCRÉ. ANGLAIS :** *sugar corn, sugar maiza, sweet corn* **(ÉTATS-UNIS)**. **ALLEMAND :** *Zuckermais, Süßmais, Welsch Korn.* **ESPAGNOL :** *maiz dulce.* **ITALIEN :** *grano turco, maïs dolce.* **NÉERLANDAIS :** *maïs, turksche tarwe.*

▶ **MAÏS ÉCLATÉ. ANGLAIS :** *pop corn.* **ALLEMAND :** *Puffmais, Perlmais.* **ESPAGNOL :** *maiz reventón, maiz palomero.* **ITALIEN :** *mais ibrido.* **NÉERLANDAIS :** *Pofmais.*

Margose à piquants (P, **)

Cycle végétatif : annuelle.
Famille : Cucurbitacées.
Noms botaniques : (1) et (2) *Momordica charantia* Linné.
Synonymes botaniques : *M. elegans* Salisbury, *M. jagorana* C. Koch, *M. operculata* Vellozo, *Cucumis africanus* Lyndley, *Sicyos fauriei* Leveille.
Synonymes français : concombre amer, courgette africaine, melon de San Gaetano, momordique à feuilles de vigne, poire de merveille...

Plante herbacée, potagère et ornementale, d'un bel effet pour recouvrir les murs, les treillages et les tonnelles, mesurant parfois près de 2 m ; ses feuilles sont alternes, palmées de 5 à 7 lobes profonds, oblongs et dentés, elles sont légèrement poilues sous les nervures, vert foncé, le dessous de la feuille est plus pâle ; ses fruits oblongs, de 8 à 20 cm de longueur (selon les variétés), sont anguleux, couverts de verrues disposées en ligne, charnus, vert pâle, jaune à jaune-orangé à maturité. Le fruit bien mûr s'ouvre en 3 valves pour laisser s'échapper les graines, nous montrant sa jolie pulpe rouge écarlate. Origine : Asie ou Afrique (possible de l'Inde), spontanée dans les régions tropicales. Floraison : de juin à début septembre. Fleurs : monoïques, jaunâtres, en calices, petites, elles ont de longs pédoncules.

UTILISATIONS

Les fruits cueillis verts se consomment crus à la vinaigrette : peler les fruits, les couper en quatre dans le sens de la longueur, enlever les graines, tailler de fines lamelles, les écraser avec du sel, les laisser dégorger pendant 20 mn, les égoutter et les assaisonner. Ramassés jeunes et petits, les fruits peuvent être confits dans le vinaigre.

Les fruits épluchés et cuits accompagnent les filets de poissons, la morue, les viandes de porc, diverses recettes chinoises, indiennes ou réunionnaises, ils s'utilisent en achards, en rougaille. La margose doit être cuite séparément, finement émincée et sautée avec de l'ail et des oignons. À la fin de la cuisson, ajouter une sauce au vin blanc ou une vinaigrette.

PROPRIÉTÉS

Laxatives, stimulantes, stomachiques et toniques.

CULTURE

▶ **Sols préférés :** sains, fertiles, légers, meubles, humifères et frais.

▶ **Climat :** chaud, tempéré mais à très bonne exposition ; craint le froid.

▶ **Exposition :** ensoleillée et chaude.

▶ **Multiplication :** par semis.

▶ **Culture :** semer de la mi-février au début mars, en pots de 12-15 cm de diamètre, sur couche chaude, sous châssis à 30 °C, en serre chauffée ou au-dessus d'un radiateur près d'une fenêtre. Semer 1 ou 2 graines par pot ; ultérieurement, ne garder que le plus beau sujet. Recouvrir les graines de 1 cm de terre finement émiettée ou de terreau. Tenir la terre des pots fraîche jusqu'à la levée, arroser normalement par la suite. Tuteurer les plantes dans les pots, les mettre en place avec leur motte (60 cm d'écartement) à partir de la fin mai en région parisienne, en avril dans le Midi.

▶ **Voisinage :** éviter la pomme de terre près de la margose.

▶ **Facteurs lunaires :** semer en lune croissante de préférence.

▶ **Rotation :** attendre 2 ou 3 années avant de cultiver la margose au même endroit. À classer parmi les plantes potagères à fruits.

▶ **Fumures, fertilisations :** normales, apporter du compost bien décomposé.

▶ **Fertilisations foliaires :** 1 ou 2, avant la floraison, à base de lithothamne.

▶ **Soins :** binages, sarclages, arrosages fréquents en cas de sécheresse, paillage conseillé.

VARIÉTÉS

Il existe plusieurs variétés de margose à piquants *(M. charantia* Linné) aux fruits plus ou moins longs, de 8 à 20 cm ; ainsi qu'une autre espèce aux fruits plus petits (3 à 5 cm), appelée margose à pomme de merveille ou concombre balsamite *(M. balsamita* Linné).

GRAINES

▶ **Porte-graines :** sur les plus beaux pieds, laisser mûrir quelques beaux fruits, les cueillir avant qu'ils ne s'ouvrent ou bien les envelopper d'une protection aérée pour récupérer les graines. Les fruits sont mûrs généralement de la fin août jusqu'en octobre. Il faut laver les graines, les faire sécher à l'ombre et enfin les ensacher.

▶ **Durée germinative :** 4 ou 5 ans (parfois plus).

▶ **Nombre de graines au gramme :** 6.

▶ **Levée :** environ 1 semaine.

▶ **Intervalle entre le semis et le début de la récolte :** environ 5 mois.

RÉCOLTE ET CONSERVATION

Les fruits cueillis jeunes peuvent être confits dans le vinaigre. Pour la consommation courante, il faut cueillir les fruits verts, quand ils commencent à changer de couleur, ils sont trop amers. Les fruits récoltés se conservent quelques jours au frais.

MALADIES ET PARASITES

Ses plus grands ennemis sont le manque de chaleur et le froid.

NOMS ÉTRANGERS

Anglais : *balsam pear, bitter gourd, African cucumber*. **Allemand :** *bittere Spring, Gurke, Springgurke.* **Espagnol :** *calabaza africana.* **Italien :** *momordica.* **Néerlandais :** *spring komkommer, balsamieke spring wrugt, groot blerblad.*

Marjolaine à coquille (A, **)

Cycle végétatif : vivace, cultivée comme annuelle sous notre climat.
Famille : Labiées, Labiacées ou Lamiacées.
Noms botaniques : (1) et (2) *Majorana hortensis* Moench.
Synonymes botaniques : *Origanum majorana* Linné, *O. majoranoides* Willdenow, *O. onites* Lamarck, *O. convertum* Savi, *O. wallichianum* Bentham, *Majorana vulgaris* S.F. Gray.
Synonymes français : grand origan, marjolaine des jardins, marjolaine officinale, marjolaine vraie, marjolaine d'Angleterre...

Plante condimentaire très parfumée, médicinale, aromatique et mellifère, de 25-60 cm de hauteur ; ses tiges sont dressées, ramifiées et carrées ; ses feuilles sont très petites, opposées, arrondies, entières, vert-gris. Origine : Orient, indigène en Europe méridionale, rarement en France. Floraison : juin-juillet, parfois jusqu'à septembre. Fleurs : hermaphrodites, blanches ou roses, petites, réunies en bouquets.

UTILISATIONS

Les feuilles fraîches (de préférence) ou sèches sont délicieuses dans la charcuterie, les ragoûts, les farces, les sauces, les marinades, les salades, avec les hachis, les gibiers, les volailles grasses, les grillades, divers poissons, certains légumes (fève, pois, chou, navet, pomme de terre), diverses viandes (mouton, porc) et parfument les pizzas. Leur saveur est un peu amère et légèrement piquante.

Les sommités fleuries s'utilisent en infusion. L'essence de marjolaine entre dans la fabrication des parfums, des savons ainsi que dans certaines lotions. La marjolaine est conseillée aux personnes insomniaques, l'utiliser sans excès.

PROPRIÉTÉS

Anaphrodisiaques, antispasmodiques, carminatives, digestives, emménagogues, expectorantes, stimulantes, sudorifiques, stomachiques, toniques. Contient une huile essentielle.

CULTURE

▶ **Sols préférés :** s'adapte à tous les sols, mais se plaira en terre fraîche, fertile, légère, meuble et plutôt légèrement calcaire.
▶ **Climat :** sensible au froid (résiste généralement jusqu'à – 4 °C) et à l'excès d'humidité ; supporte bien la sécheresse.
▶ **Exposition :** chaude et ensoleillée.
▶ **Multiplication :** par semis.
▶ **Culture :** semer en mars sur couche sous châssis ou en mars-avril en pépinière, repiquer quand les plants sont suffisamment forts pour supporter cette opération. Il est possible de les repiquer en pépinière à 5-6 cm en tous sens, avant de les mettre en place vers la mi-juin. Dans le Midi, on peut semer la marjolaine vers la fin septembre ou le début octobre (à l'abri) ; repiquer les plants en place courant avril.

En place, semer en avril-mai, à bonne exposition, éclaircir en gardant 1 plant tous les 10 cm ou 2 plants tous les 20 cm, les rangs étant espacés de 30-40 cm.

Recouvrir à peine les graines, plomber, garder le sol frais jusqu'à la levée.
▶ **Voisinage :** son voisinage est avantageux pour la plupart des plantes.
▶ **Facteurs lunaires :** sans importance.

▶ **Rotation :** 3 ou 4 ans.
▶ **Fumures, fertilisations :** normales.
▶ **Fertilisations foliaires :** pas nécessaires.
▶ **Soins :** binages, sarclages, arrosages en cas de grande sécheresse.

VARIÉTÉS

Le type botanique.

GRAINES

▶ **Porte-graines :** laisser fleurir quelques beaux pieds, ne pas couper les tiges, récolter les graines en août-septembre.
▶ **Durée germinative :** 3 ans.
▶ **Nombre de graines au gramme :** 4 000.
▶ **Levée :** 1 ou 2 semaines environ.
▶ **Intervalle entre le semis et le début de la récolte :** environ 3 ou 4 mois.

RÉCOLTE ET CONSERVATION

Couper les tiges à quelques centimètres du sol, selon les besoins, de mai jusqu'à novembre. Pour la conservation : couper les deux tiers du haut des tiges quand les fleurs apparaissent, les réunir en petites bottes, les faire sécher à l'ombre, séparer les fleurs des feuilles, conserver dans des boîtes hermétiques.

MALADIES ET PARASITES

Néant.

NOMS ÉTRANGERS

Anglais : *annual majoran, sweet majoram, knotted majoran.* **Allemand :** *Majoran, Gartenmajoran, Mayran.* **Espagnol :** *mejorana, marjorana, almoraduj.* **Italien :** *maggiorana annuale.* **Néerlandais :** *Marjolijn, Majoraan.*

Martynia de Louisiane (P, ***)

Cycle végétatif : annuel.
Famille : Martyniacées.
Noms botaniques : (1) *Proboscidea louisianica* (Miller) Thell, (2) *P. jussieui* Steudel.
Synonymes botaniques : *P. louisiana* (Miller) Wooton et Standley, *P. cordifolia* Moench, *P. jussieui* Medikus, *Martynia louisiana* Miller, Gardner, *Martynia pallida* Salisbury, *Martynia proboscidea* Gloxin.
Synonymes français : bicorne, cornaret, corne du diable, martynia à trompe, martynie, ongle du diable, trompe d'éléphant...

Plante herbacée, condimentaire et décorative, qui atteint parfois jusqu'à 50-60 cm de hauteur ; ses tiges sont dressées, charnues et rameuses ; ses feuilles sont grandes, brillantes, décoratives, pétiolées, dentées, entières, parfois légèrement lobées, opposées ou à hauteur différente, couvertes de poils, en forme de cœur, vert grisâtre ; ses fleurs sont très jolies, proches de celles de certaines orchidées ; ses fruits, que l'on peut consommer jeunes, confits dans le vinaigre, sont très curieux : ils ressemblent à des têtes d'éléphant. Jeunes, ils sont verts, mûrs, ils perdent leur enveloppe charnue (comme les noix), deviennent très durs et prennent une couleur noirâtre ; puis leurs pointes s'ouvrent en deux pour libérer les graines, leur donnant

l'apparence d'un insecte curieux, d'une tête de diable ou encore d'ongles diaboliques. Origine : États-Unis (certainement de Louisiane). Floraison : de juillet à septembre. Fleurs : hermaphrodites, blanches à jaunes, tachetées à l'intérieur de jaune, de rouge et de violet, en forme de clochettes.

UTILISATIONS

Les fruits cueillis jeunes peuvent être confits dans le vinaigre comme les cornichons. Les fruits secs sont une curiosité (lire plus haut), ils décorent les meubles, les vitrines, etc.

CULTURE

▶ **SOLS PRÉFÉRÉS :** légers, fertiles, très humifères et assez frais.

▶ **CLIMAT :** chaud ; si la température n'est pas assez élevée, sa végétation s'arrête.

▶ **EXPOSITION :** ensoleillée, bien abritée et chaude.

▶ **MULTIPLICATION :** par semis.

▶ **CULTURE :** semer sur couche chaude dans le courant du mois d'avril, en godets, recouvrir les graines de 1 cm de terreau, tenir la terre suffisamment fraîche jusqu'à la levée. Quand le temps le permet, les mettre en place à 60 cm en tous sens. Il est préférable, dans certaines régions, de les faire démarrer sous tunnel plastique.

Le martynia peut être cultivé dans de grands pots, remplis d'un mélange de terre et de terreau (sous serre froide). Il se cultive aussi sous châssis (2 pieds par châssis).

▶ **FACTEURS LUNAIRES :** semer de préférence en lune croissante.

▶ **ROTATION :** le martynia ne devra revenir à la même place qu'au bout de 2 ou 3 ans. À classer dans la catégorie des plantes potagères à fruits.

▶ **FUMURES, FERTILISATIONS :** normales, préparer les emplacements prévus pour la plantation des plants une huitaine de jours auparavant en mélangeant à la terre quelques poignées de bon terreau.

▶ **FERTILISATIONS FOLIAIRES :** facultatives.

▶ **SOINS :** binages, sarclages, arrosages si nécessaire, paillage conseillé après la mise en place.

VARIÉTÉS

Il existe 2 autres espèces de martynia : le martynia odorant *(M. fragans* Lindley) et le martynia du Brésil *(Ibicella lutea* Van Ejeltine, *M. lutea* Lindley ou *P. lutea* Lindley). Le martynia odorant est pourvu de fleurs rouge violacé teinté de jaune, tandis que celles du martynia du Brésil sont jaune doré et un peu plus petites.

GRAINES

▶ **PORTE-GRAINES :** laisser les plus beaux fruits mûrir sur des pieds vigoureux. Quand les fruits prennent une couleur noirâtre et que leurs pointes s'ouvrent, les cueillir, les conserver au frais et à l'abri de l'humidité. Retirer les graines des fruits (de la même manière que l'on vide une tirelire) juste avant les semis. Les graines se conservent mieux au réfrigérateur.

▶ **DURÉE GERMINATIVE :** 1 an, voire 2.

▶ **NOMBRE DE GRAINES AU GRAMME :** 20.

▶ **LEVÉE :** 8 jours à 30-35 °C ; au-dessous de 20 °C, la levée est capricieuse, elle peut demander de 2 à 4 semaines suivant la température.

▶ **INTERVALLE ENTRE LE SEMIS ET LE DÉBUT DE LA RÉCOLTE :** environ 2 ou 3 mois (suivant la température) pour les fruits à confire ; compter 4 ou 5 mois pour les fruits décoratifs.

RÉCOLTE ET CONSERVATION

Les fruits jeunes et tendres se cueillent au fur et à mesure de leur développement, à peine à leur demi-grosseur ; on les confit dans le vinaigre comme des cornichons.

Les fruits secs se récoltent à maturité, généralement courant octobre ; à ce stade, ils ne craignent plus les gelées.

MALADIES ET PARASITES

▶ **LES LIMACES :** dévorent les jeunes plants (voir le paragraphe qui leur est consacré page 44).

NOMS ÉTRANGERS

ANGLAIS : *unicorn plant.* **ALLEMAND :** *Gemsenhörner.* **ESPAGNOL :** *martinia.* **ITALIEN :** *martinia della Louisiana.* **NÉERLANDAIS :** *Gemzehoorn.*

Mélisse officinale (A, *)

Cycle végétatif : vivace.
Famille : Labiées, Labiacées ou Lamiacées.
Noms botaniques : (1) et (2) *Melissa officinalis* Linné.
Synonymes botaniques : *M. taurica* Bentham, *Mutelia officinalis* (Linné), Grenier.
Synonymes français : citronnade, citronnelle, citronne, herbe au citron, mélisse citronnelle, mélisse des boutiques, piment des abeilles, piment des ruches, poncirade, ponchirade, thé de France...

Plante condimentaire, aromatique et médicinale connue depuis l'antiquité, très mellifère, portant de nombreuses tiges à 4 angles, dressées (celles du pourtour sont étalées), rameuses, très feuillées, pouvant atteindre plus de 80 cm de hauteur, formant un buisson ; ses feuilles sont ovales, luisantes, très odorantes, vert foncé au-dessus et plus clair au-dessous. La mélisse a un système radiculaire très développé. Floraison : de juin à septembre. Fleurs : hermaphrodites, blanches ou roses, réunies en petits bouquets à l'intérieur de l'aisselle des feuilles.

UTILISATIONS

Les feuilles fraîches ou séchées, finement hachées, parfument les crudités, les salades, les potages, les ragoûts, les sauces aux fines herbes, les poissons, les mayonnaises, les marinades, les viandes blanches, etc. Son goût épicé rappelle celui du citron. Les feuilles et les fleurs s'emploient en infusion. Les feuilles en décoction donnent des bains relaxants. Cette plante est à la base de la fabrication de l'eau de mélisse des carmes ainsi que de certaines liqueurs (Chartreuse, Bénédictine).

Quelques branches de mélisse dans les armoires repoussent les mites et confèrent une odeur agréable au linge. Ses feuilles froissées sont efficaces contre la piqûre de certains insectes (dont les guêpes). La mélisse a une action bénéfique au potager : repousse différents insectes indésirables.

Elle est très utilisée comme plante médicinale pour ses propriétés thérapeutiques.

PROPRIÉTÉS

Antispasmodiques, apéritives, calmantes, cholagogues, digestives, excitantes, sédatives, stimulantes, stomachiques, toniques, etc. Elle contient des huiles essentielles.

CULTURE

▶ **Sols préférés :** frais, fertiles, profonds, chauds, sains, légers ou argileux ; redoute les terres trop humides.

▶ **Climat :** sensible aux grands froids, surtout en terre humide, les sécheresses sévères lui sont néfastes.

▶ **Exposition :** chaude, abritée, ensoleillée ; mi-ombragée au sud de la Loire.

▶ **Multiplication :** par semis ou par division de touffes.

▶ **Culture :**

Par semis : semer au printemps (fin avril à juin) en pépinière, repiquer en place en septembre à 50 cm en tous sens, tenir le sol suffisamment humide pour faciliter la levée ou la reprise.

Par division de touffes : à l'automne ou au début du printemps, diviser les anciennes touffes en choisissant les éclats du pourtour.

La mélisse officinale se cultive souvent en bordures. Un ou deux pieds suffisent pour une famille.

▶ **Facteurs lunaires :** peu d'importance.
▶ **Rotation :** renouveler les plantations tous les 4 ou 5 ans en effectuant une rotation de 5 années au minimum. Longtemps en place, la mélisse officinale figure parmi les plantes exigeantes.
▶ **Fumures, fertilisations :** normales.
▶ **Fertilisations foliaires :** pas nécessaires.
▶ **Soins :** les binages et sarclages sont nécessaires, les arrosages ne sont recommandés qu'en cas de sécheresse. Protéger les touffes en cas d'hiver rigoureux avec de la paille ou des feuilles sèches. Couper les tiges à l'entrée de l'hiver.

VARIÉTÉS

Le type botanique amélioré.

GRAINES

▶ **Porte-graines :** la mélisse monte à graines à partir de la 2e année de culture, ne pas couper les tiges ; la floraison a lieu de juin à septembre ; récolter les graines à maturité, à la rosée, de la fin août jusqu'en octobre, faire sécher à l'ombre et ensacher.
▶ **Durée germinative :** 4 ou 5 ans.
▶ **Nombre de graines au gramme :** 200.
▶ **Levée :** longue, parfois difficile, souvent plus de 60 jours.
▶ **Intervalle entre le semis et le début de la récolte :** 13 ou 14 mois.

RÉCOLTE ET CONSERVATION

Récolter selon les besoins de mai jusqu'aux gelées.

Pour la conservation : cueillir les tiges quand la plante est en boutons (avant la floraison), les suspendre dans un endroit ombragé, très aéré, pour les faire sécher. Déposer les feuilles dans des récipients hermétiques. Les feuilles séchées doivent demeurer vertes (attention au brunissement), elles ne se gardent pas plus d'une année.

MALADIES ET PARASITES

▶ **Les mollusques :** s'attaquent aux jeunes plants. Voir le paragraphe qui leur est consacré page 44.

NOMS ÉTRANGERS

Anglais : *balm mint, lemon balm, common balm, sweet balm.* **Allemand :** *Melisse, Zitronemelisse.* **Espagnol :** *toronjil, citronella, melissa, balsamita mayor, erba cedrata.* **Italien :** *melissa, citronela, melissa officinale.* **Néerlandais :** *melisse, citroen-melisse, citroenkruid.*

Melon (P, ***)

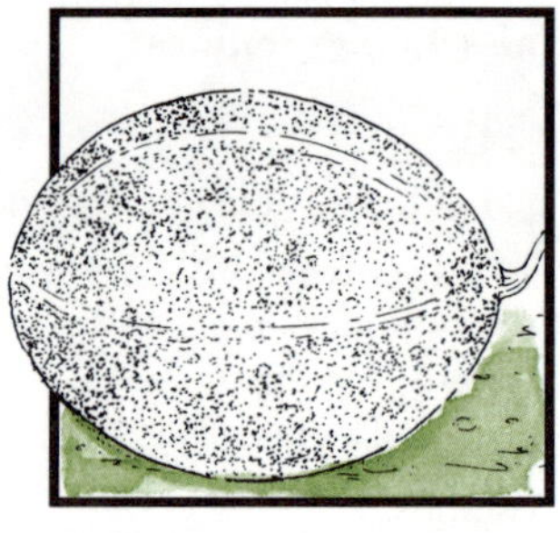

Cycle végétatif : annuel.
Famille : Cucurbitacées.
Noms botaniques : (1) et (2) *Cucumis melo* Linné.
Synonymes botaniques : *C. dudaim* Linné, *C. officinarum-melo* Crantz, *C. pictus* Jacquin, *C. odoratissimus* Moench, *C. deliciosus* Salisbury, *C. cantalupo* Reichenbach, *C. aromaticus* Royle.
Synonyme français : melon sucré.

Plante herbacée, rampante, potagère, cultivée pour ses fruits arrondis ou ovales, parfois oblongs ; certains sont côtelés, d'autres verruqueux, jaunes à jaune-orangé, verts, vert-noirâtre (selon les variétés), leur chair est parfumée, sucrée et juteuse ; les tiges sont rondes, rampantes, ramifiées, couvertes de poils rudes et munies de vrilles, elles sont minces, flexibles, atteignant parfois plus de 1,50 m de lon-

gueur ; les feuilles sont pétiolées, grandes, anguleuses, entières ou légèrement lobées, en forme de cœur à la base. Origine : Inde. Floraison : de mai à septembre (suivant les cultures). Fleurs : monoïques, jaunes, en calices, à l'aisselle des feuilles.

UTILISATIONS

Les fruits mûrs se mangent généralement crus, en entrée ou en dessert, coupés en tranches, nature, salés et poivrés ou sucrés ; coupés en deux et imprégnés de porto, de muscat, de pineau des Charentes ou de Ricard (suivant les goûts) et servis frais ; les petits fruits peuvent être confits dans le vinaigre. Certains melons se préparent en confiture. Nul besoin de décrire la saveur exquise, juteuse, sucrée et parfumée de ces fruits !

PROPRIÉTÉS

Diurétiques, laxatives, nutritives, stomachiques. Riche en sucre, le melon contient des vitamines A, B, C et PP ainsi que du brome, du calcium, du cuivre, du magnésium, du phosphore et du zinc.

CULTURE

▶ **Sols préférés :** fertiles, profonds, meubles, humifères, frais, argilo-siliceux, ayant un pH légèrement supérieur à 7.

▶ **Climat :** tempéré, mais chaud, à l'instar du Midi ou de la Bretagne ; il redoute le froid et le nord de la Loire ne lui convient pas toujours.

▶ **Exposition :** ensoleillée et chaude.

▶ **Multiplication :** par semis.

▶ **Culture :** semer sur couche chaude (entre 20 et 30 °C) en avril ; déposer 2 ou 3 graines par godet rempli d'un mélange de terre, de compost et de terreau ; recouvrir les semences de 1 ou 2 cm de terreau, entretenir la composition des godets assez fraîche pour favoriser la levée. Plus tard, ne garder que le plant le plus vigoureux du godet.

Environ 6 semaines après le semis, mettre en place les plants avec leur motte, sur couche tiède, sous châssis ou sous tunnel plastique qu'il faudra maintenir le soir jusqu'en juin, si le temps le permet. Aérer progressivement aux belles heures de la journée. La plantation définitive se fait dans des trous préparés une quinzaine de jours avant la mise en place. Les dimensions de ces trous sont de 40 cm environ au carré sur une profondeur de 30 cm ; ils seront remplis de compost bien décomposé. Tasser, finir par une couche de terre bien émiettée, recouvrir d'une couche de terreau. Les poquets seront distants de 1 m en tous sens et placés de préférence en quinconce ; cependant, on installe 2 plants par châssis.

Il est possible de semer directement sous châssis ou en terrines, en caissettes... En serre chauffée, il faudra repiquer les plants en godets dès qu'ils auront 1 ou 2 feuilles (ne pas tenir compte des cotylédons) ; arroser et ombrer pour favoriser la reprise.

En région parisienne, il est possible de faire une culture très hâtive (forcée) à condition de disposer de fumier de cheval frais. Il faut préparer une couche chaude (voir le paragraphe consacré à la confection des couches page 22). Semer sous châssis en février, repiquer en godets dès que la première feuille paraît, enterrer les godets, toujours sur couche chaude ; quand les plants ont 3 ou 4 feuilles, pincer au-dessus de la 2e feuille. Mettre en place quelques jours après la date de cette première taille toujours sur couche chaude, sous châssis ; compter 2 pieds par châssis.

S'il fait froid, couvrir les châssis chaque soir avec des paillassons et entourer les châssis de fumier de cheval frais. Dans les régions aux climats doux (Midi, Bretagne, Touraine et Val-de-Loire), il est envisageable de semer en place, en avril-début mai, 4 ou 5 graines par poquet préparé comme il est dit précédemment ; recouvrir les semences de 1 ou 2 cm de terreau ; par la suite, ne garder qu'un seul sujet par poquet.

▶ **Voisinage :** le melon fait bon ménage avec le chou, le haricot et le maïs sucré ; éviter la proximité de concombres ou de courges.

▶ **Facteurs lunaires :** semer de préférence en lune croissante.

▶ **Rotation :** cette plante étant assez épuisante, il ne faudra la recultiver au même endroit qu'au bout de 3 ou 4 ans ; elle entre dans la catégorie des plantes potagères exigeantes.

▶ **Fumures, fertilisations :** normales, comme la plupart des plantes à fruits et à graines. Il demande un peu d'azote au début de sa végétation et, lors du travail du sol, de la potasse. Le melon est gourmand en matière organique, il faut préparer (comme il est dit précédemment) les trous avec du compost bien mûr.

▶ **Fertilisations foliaires :** toutes les 2 ou 3 semaines, à base de lithothamne.

▶ **Soins :** binages, sarclages, arrosages si nécessaire ; le paillage est conseillé après le 1er binage pour deux raisons : les fruits seront propres et ils garderont leur fraîcheur.

▶ **Taille :** quand les plants ont 3 ou 4 feuilles, pincer au-dessus de la 2e feuille (ne pas tenir compte des cotylédons) ; 2 branches vont se développer, pincer ces tiges au-dessus de la 3e feuille ; il poussera 3 nouvelles branches, les pincer encore à 3 feuilles, ces dernières pousses porteront les fruits. Supprimer les pousses 2 feuilles au-dessus des fruits, pincer les tiges qui se développent pour favoriser la formation des fruits. Généralement, on conserve 3 à 6 fruits par pied.

Variétés

▶ **Melons cantaloups :** 'Charentais', 'D'Alger', 'De Bellegarde', 'Parisien', 'Noir des Carmes', 'De Dijon', 'Obus' ('De Kroumir'), 'Petit gris de Rennes', 'Délice de la table', 'Du Vaucluse', 'À chair verte', 'Prescott fond blanc de Paris', 'Cristel', 'Doublon', 'Joker', 'Védrantais'...

▶ **Melons brodés :** 'De Cavaillon à chair verte', 'De Cavaillon à chair rouge', 'Maraîcher', 'Sucrin de Tours', 'De Honfleur', 'Cavaillon espagnol'.

▶ **Melons d'hiver :** 'D'hiver de Provence', 'Olive d'hiver', 'D'hiver de Valence', 'Blanc d'Antibes d'hiver', 'D'or d'Espagne', 'De Noël' ('La rosée de miel').

▶ **Melons sucrins :** 'Ananas d'Amérique à chair rouge', 'Ananas d'Amérique à chair verte', 'Vert grimpant'. Ces variétés ne se taillent pas.

Graines

▶ **Porte-graines :** choisir de beaux fruits, sur des pieds bien vigoureux ; les cueillir à maturité, en extraire les graines, les laver, les faire sécher à l'ombre et les ensacher. Les variétés de melons se croisent très facilement, il ne faudra en cultiver qu'une seule et être sûr qu'il n'y en a pas d'autres dans le voisinage ; dans le cas contraire, il faudra recourir à la fécondation artificielle (voir le chapitre qui lui est consacré page 59) ; procéder comme pour les courges, elle est plus difficile à réaliser car les fleurs sont plus petites.

▶ **Durée germinative :** 5 ou 6 ans.

1er pincement

2e pincement

3e pincement

LA TAILLE DU MELON

▶ **Nombre de graines au gramme :** 35.
▶ **Levée :** 5 ou 6 jours à 20 °C.
▶ **Intervalle entre le semis et le début de la récolte :** 4 ou 5 mois.

RÉCOLTE ET CONSERVATION

La cueillette des fruits se fait quand ceux-ci sont mûrs, on les reconnaît car ils dégagent un parfum et leurs pédoncules sont entourés d'un éclatement circulaire.

Les fruits se conservent quelques jours dans un endroit frais.

MALADIES ET PARASITES

▶ **L'anthrachnose :** les fruits se couvrent de petites taches brun-noir, rondes ; profondément déprimées, les feuilles et les tiges sont aussi attaquées, les fruits pourrissent.

Cette maladie est souvent due à un excès de chaleur et d'humidité dans les châssis, aérer par beau temps, ne pas trop arroser. Détruire les pieds atteints. Préventivement, appliquer de la bouillie bordelaise avant la formation des fruits. En cas de maladie, il faudra pratiquer une longue rotation.

▶ **La fusariose du melon :** les nervures des feuilles jaunissent et se flétrissent, le haut des tiges brunit. Maladie assez rare, sans remède. Arracher et brûler les pieds trop atteints. Les fertilisations foliaires à base de lithothamne sont de bons moyens de prévention.

▶ **La verticilliose :** les feuilles se flétrissent, il apparaît de larges taches brunes entourées de jaune. Pas de remède, éliminer les pieds atteints et les brûler. Les fertilisations foliaires préventives sont efficaces. Pratiquer une rotation correcte.

▶ **Le blanc ou l'oïdium :** les faces des feuilles se couvrent de taches poudreuses blanches, puis grisâtres, les pétioles et les tiges peuvent être atteints. Préventivement, pratiquer des fertilisations foliaires. Dès l'apparition de la maladie, poudrer à la rosée avec une solution de deux tiers de lithothamne pour un tiers de soufre fleur, car les melons n'apprécient pas beaucoup le soufre.

▶ **Le grillage des feuilles :** les feuilles se couvrent de grandes taches brunes, plus foncées sur le bord, elles finissent par se dessécher et la plante meurt. Préventivement, appliquer bouillie bordelaise et fertilisations foliaires. Pratiquer une rotation correcte.

▶ **Les limaces :** les mollusques dévorent les jeunes plants, ils laissent des traces de mucus sur leur passage. Voir le paragraphe consacré aux mollusques page 44.

▶ **Les thrips :** ces petits insectes brun-noir et leurs larves sucent le dessous des feuilles qu'ils réduisent en dentelle. Pulvérisations d'insecticide végétal ou d'eau nicotinée. Saupoudrer le sol de marc de café, il repousse les thrips.

▶ **La grise ou tétranyque :** petit acarien qui suce le dessous des feuilles, leur donnant un aspect grisâtre ; elles finissent par s'enrouler et se dessécher. Bassinages répétés, principalement en dessous des feuilles. Pulvérisations d'insecticide végétal, d'eau nicotinée, de savon noir, de macérations d'ortie ou d'absinthe.

▶ **Le puceron du melon :** animal vert qui suce la sève sur les bourgeons et sur le dessous des feuilles qui s'enroulent ; la végétation de la plante s'arrête. Voir page 43.

NOMS ÉTRANGERS

Anglais : *melon, muskmelon, sweet melon.* **Allemand :** *Melone, Zuckermelone.* **Espagnol :** *melón.* **Italien :** *melone, popone.* **Néerlandais :** *meløen, kanteloep.*

Menthe (A, **)

Cycle végétatif : vivace.
Famille : Labiées.
Noms botaniques : (1) et (2) *Mentha* Linné spp. (diverses espèces).
Synonymes français : menthe poivrée : menthe blanche, m. chevaline, m. frisée, m. sauvage, m. Sylvestre (menthe crépue) ; m. anglaise ; menthe pouliot : chasse-puces, herbe aux puces, herbe de Saint-Laurent, le frétillet, m. des marais ; menthe verte : beaume verte, m. des jardins, m. Notre-Dame.

Plante herbacée, très aromatique, condimentaire et médicinale ; les tiges florales sont hautes de 30-90 cm, elles sont ramifiées et généralement dressées ; les feuilles sont opposées, pétiolées, arrondies, oblongues ou ovales suivant les espèces ; elles sont dentées, ou crénelées, parfois lancéolées, de couleur verte à vert foncé. Origine : les diverses menthes sont indigènes en Europe. Floraison : depuis la fin juin jusqu'en octobre. Fleurs : hermaphrodites, généralement stériles, groupées en épis arrondis ou allongés, roses, bleues ou violacées.

UTILISATIONS

Les feuilles de menthe parfument les salades, les crudités, les légumes, les omelettes, etc. Elles relèvent certaines sauces et diverses viandes, principalement le mouton et le poulet. Elles entrent dans la composition de liqueurs, de boissons rafraîchissantes et sont utilisées en infusion (le thé à la menthe), en confiserie, en parfumerie et dans l'industrie pharmaceutique. La menthe est à consommer avec modération, elle est complètement proscrite en cas de traitement homéopathique. Au potager, la menthe repousse certains parasites des plantes potagères ; quelques branches dans la maison font fuir les moustiques, dans les armoires les mites s'éloignent, dans la cave ou le grenier elles dérangent souvent les rongeurs.

PROPRIÉTÉS

La menthe crépue est antispasmodique, carminative, digestive, stimulante et stomachique. La menthe poivrée est antiseptique, antispasmodique, aphrodisiaque, carminative, digestive, emménagogue, stimulante et stomachique. La menthe pouliot nous réserve, elle, des propriétés antispasmodiques, carminatives, désinfectantes, digestives, emménagogues, expectorantes et sédatives, tandis que la menthe verte est antispasmodique, carminative, digestive, excitante, expectorante, stimulante, tonique et vermifuge. Toutes les menthes contiennent une huile essentielle.

CULTURE

▶ **Sols préférés :** fertiles, frais, meubles et humifères.
▶ **Climat :** tempéré ; résiste au froid.
▶ **Exposition :** ensoleillée à demi-ombragée.
▶ **Multiplication :** par division de touffes, fragments de rhizomes, bouturage, parfois semis.
▶ **Culture :**
Par division de touffes : au printemps, principalement en avril, arracher les vieilles touffes, prélever les éclats du pourtour, les planter en bordures ou en lignes écartées de 30-40 cm en tous sens.
Par fragments de rhizomes : prélever sur de vieilles touffes des fragments de stolons souterrains d'une longueur de 4-5 cm, les enterrer à 8 cm de profondeur environ, mettre 3 ou 4 frag-

ments par poquet à 30-40 cm de distance ; en octobre-novembre ou en mars.

Par bouturage : il s'effectue généralement en août-septembre en pépinière ombragée ; planter les tiges sur la moitié de leur hauteur, à 8-10 cm de distance, tenir le sol suffisamment frais, mettre les plants en place, avec leur motte, au printemps suivant.

Par semis : ce mode de reproduction n'est que rarement adopté ; il sert parfois pour la menthe pouliot et la menthe verte. Semer clair, en place, au printemps. Par la suite, ne garder qu'un sujet tous les 30-40 cm ; n'enterrer que peu les semences et garder le terrain frais pour favoriser la levée. Il est possible de semer en pépinière en mars-avril pour repiquer environ 2 mois et demi plus tard.

Il est préférable de renouveler les touffes tous les 2 ou 3 ans.

▶ **Voisinage :** la présence de la menthe est favorable près du chou, éviter la camomille.

▶ **Facteurs lunaires :** semer ou planter en lune décroissante dans la mesure du possible.

▶ **Rotation :** la menthe doit attendre au moins 3 ou 4 années avant de revenir au même endroit. Cette période devra être plus longue encore si la plante demeure plus de 3 ans en place.

▶ **Fumures, fertilisations :** normales.

▶ **Fertilisations foliaires :** facultatives.

▶ **Soins :** binages, sarclages, arrosages si nécessaire. Courant novembre, couper les tiges à quelques centimètres au-dessus du sol.

VARIÉTÉS

Il y a de nombreuses espèces de menthe. Citons la menthe crépue *(M. longifolia* (Linné) Nathh ou *M. sylvestris* Linné), la menthe poivrée *(M. piperita* Linné), la menthe pouliot *(M. pulegium* Linné), la menthe verte *(M. spicata* Linné). Bien d'autres sont cultivables au potager.

GRAINES

▶ **Porte-graines :** sur une espèce, laisser monter à graines quelques tiges, les tuteurer, récolter les semences à maturité, de préférence à la rosée. Elles mûrissent généralement en août-septembre, parfois jusqu'en octobre. Couper les tiges, les étaler à l'ombre pour qu'elles sèchent, battre et ensacher les graines.

Les menthes s'hybrident très facilement, il faut couper les tiges des autres espèces se trouvant à proximité.

▶ **Durée germinative :** 4 ou 5 ans.

▶ **Nombre de graines au gramme :** 1 200.

▶ **Levée :** quelques semaines.

▶ **Intervalle entre le semis et le début de la récolte :** 4 ou 5 mois après un semis, quelques semaines seront nécessaires avant la multiplication végétative.

RÉCOLTE ET CONSERVATION

On récolte les feuilles selon les besoins, du printemps à l'automne. Pour la conservation, couper les tiges avant la floraison, les laisser sécher à l'ombre et les ranger dans des boîtes ou en sachets, à l'abri de l'humidité.

MALADIES ET PARASITES

▶ **L'altise :** perfore les feuilles en période de sécheresse. Voir le paragraphe consacré à la lutte contre ce coléoptère page 43.

▶ **Les pucerons :** sucent la sève sous les feuilles qui s'enroulent. Consulter le paragraphe consacré aux pucerons page 43.

NOMS ÉTRANGERS

▶ **Menthe crépue. Anglais :** *crisped mint, curled mint.* **Allemand :** *Krauseminze, Minze.* **Espagnol :** *hierbabuena, rizada, menta crespa, mentastro longa.* **Italien :** *menta selvatica, mentastio.* **Néerlandais :** *kruizemunt, hertsmunt.*

▶ **Menthe poivrée. Anglais :** *peppermint.* **Allemand :** *Pfefferminze.* **Espagnol :** *piperita, menta (inglesa).* **Italien :** *menta piperita, menta prima, menta inglese.* **Néerlandais :** *pepermunt.*

▶ **Menthe pouliot. Anglais :** *pennyroyal mint, pudding grass.* **Allemand :** *Poleiminze, Flohkraut.* **Espagnol :** *poleo.* **Italien :** *puleggio, pulzo, pulezzo.* **Néerlandais :** *polei.*

▶ **Menthe verte. Anglais :** *heartmint, garden mint, lamb mint, green mint, spearmint.* **Allemand :** *grüne Minze, grüne Rossminze, römische Minze, Krauseminze.* **Espagnol :** *menta romana, hierba santa, menta verde.* **Italien :** *menta verde, erba Santa Maria.* **Néerlandais :** *grœne munt.*

Moutarde de Chine à feuilles de chou (P, **)

Cycle végétatif : annuelle.
Famille : Crucifères.
Noms botaniques : (1) *Brassica juncea* (Linné) Czern et Cosson, (2) *B. juncea* (Linné) Cosson.
Synonymes botaniques : *Sinapis juncea* Linné, *S. ramosa* Roxburgh, *S. cernua* Thunberg, *Raphanus juncea* Crantz.
Synonyme français : moutarde de Sarepta.

Plante potagère à végétation rapide, ressemblant au chou de Chine ; ses feuilles mesurent parfois jusqu'à 40 cm, elles sont très larges, radicales, dentées, ondulées, oblongues, cloquées et plissées, de couleur vert blond ou vert-rouge violacé suivant les variétés ; sa tige mince peut s'élever à près de 1,50 m de hauteur quand elle est en fleur. Origine : Chine. Floraison : en avril-mai (2e année de culture, d'un semis d'août). Fleurs : hermaphrodites, jaunes, réunies en grappes simples et terminales.

UTILISATIONS

Les feuilles démunies de leurs côtes se préparent à la manière des épinards, cuites au jus de viande, au beurre, à la crème, gratinées. Crues et émincées, elles servent de condiment dans diverses salades et crudités. La saveur forte et piquante des feuilles, très agréable, rappelle un peu celle de la roquette, elle disparaît à la cuisson. Au moment de l'éclaircissage, les jeunes plants sont tendres et seront appréciés en salade, seuls ou accompagnés de laitue ou de cresson. La moutarde de Chine à feuilles de chou est très prisée dans de nombreux pays (Chine, États-Unis, sud de la Russie...).

CULTURE

▶ **Sols préférés :** terrains frais, meubles et humifères.

▶ **Climat :** tempéré ; supporte les premières gelées (jusqu'à – 5 °C).

▶ **Exposition :** ensoleillée.

▶ **Multiplication :** par semis.

▶ **Culture :** semer en août-début septembre, en rayons espacés de 40-50 cm ; semer clair, éclaircir successivement quand les plants ont 4 ou 5 feuilles ; la distance sur le rang est de 25-30 cm. Recouvrir les graines de 0,5 cm de terreau ou de compost fin mélangé avec de la terre fine, plomber légèrement et arroser. Tenir le sol suffisamment humide.

▶ **Facteurs lunaires :** semer en lune décroissante.

▶ **Rotation :** entre dans la catégorie des plantes potagères herbacées, compte tenu de sa croissance rapide. Pratiquer une alternance de 2 à 4 ans.

▶ **Fumures, fertilisations :** normales.

▶ **Fertilisations foliaires :** quelques poudrages de lithothamne sont bénéfiques.

▶ **Soins :** binages, sarclages et arrosages si nécessaire ; cette plante ne doit pas subir d'arrêt végétatif dû à un manque d'eau, ce qui la ferait monter prématurément à graines et la rendrait trop âcre.

VARIÉTÉS

'Moutarde à feuilles de chou vertes', 'Moutarde à feuilles de chou rouges'. Dans le catalogue américain *Redwood city*, on trouve diverses variétés : 'O Florida broadleaf', 'Nanafoon non heading', 'Osaka purple leaved', 'South China heading'.

GRAINES

▶ **Porte-graines :** choisir quelques beaux sujets, les abriter des grands froids avec de la paille ou des feuilles sèches. À la fin de l'hiver, il est possible de les replanter avec la motte à 40 cm en tous sens. Ils fleuriront en avril (variétés à feuilles vertes) ou en mai (variétés à feuilles rouges) ; pincer le bout des tiges florales, récolter les graines avant complète maturité (les premières graines sont les meilleures), généralement en juin-juillet ; arracher les pieds et les étaler sur une toile à l'ombre, dans un local aéré, battre et ensacher.

Il faut parfois protéger les reproducteurs avec un filet, car les oiseaux sont friands des graines. Par précaution, ne pas faire voisiner de porte-graines de crucifères. Il est conseillé de garder un minimum de 10 à 15 pieds reproducteurs pour avoir des semences fidèles.

▶ **Durée germinative :** 4 ans.

▶ **Nombre de graines au gramme :** 650.

▶ **Levée :** 5 à 8 jours.

▶ **Intervalle entre le semis et le début de la récolte :** 6 semaines environ.

RÉCOLTE ET CONSERVATION

Récolter feuille par feuille selon les besoins.

MALADIES ET PARASITES

Rares, si elle est cultivée dans de bonnes conditions.

NOMS ÉTRANGERS

Anglais : *indian mustard, chinese mustard, black mustard.* **Allemand :** *Sareptasenf, indischer Senf.* **Espagnol :** *mostaza hindú.* **Italien :** *senape di China.* **Néerlandais :** *sarepta mosterd.*

Navet (P, *)

Cycle végétatif : bisannuel.
Famille : Crucifères.
Noms botaniques : (1) et (2) *Brassica rapa* Linné.
Synonymes botaniques : *B. campestris* Linné, *B. asperifolia* Lamarck, *B. napus* Linné, *B. polymorpha* Symes, Sinapis rapa Brotero.
Synonymes français : gros navet, grosse rave, naveau, navet-rave, rave, rave-plate...

Plante herbacée, potagère, dont la tige florale ramifiée peut atteindre près de 80 cm de hauteur ; ses feuilles sont pétiolées, oblongues, généralement lyrées et forment une rosette. Elle est cultivée pour sa racine charnue, sphérique, allongée ou aplatie, de couleur blanche, jaune, noire ou bicolore selon les variétés ; sa chair est sucrée, ferme, parfois d'un goût fort et piquant. L'homme se nourrirait de navet depuis les temps préhistoriques. Origine : Europe centrale, Bassin méditerranéen ou Asie occidentale. Floraison : avril-juin (2e année de culture). Fleurs : hermaphrodites, jaunes, en épis terminaux.

UTILISATIONS

Les racines jeunes et tendres peuvent être consommées crues, râpées, seules ou en mélange avec d'autres crudités. Cuites, elles se mangent gratinées, au jus de viande, sautées, à l'anglaise, en soufflé, en purée, farcies avec du parmesan ; elles accompagnent les potées, les potages, le pot-au-feu, divers ragoûts (hochepot, navarin) ; le canard aux navets est très apprécié des fins gourmets. On prépare parfois les jeunes feuilles cuites à la manière des épinards.

PROPRIÉTÉS

Antiscorbutiques, diurétiques, laxatives, pectorales et rafraîchissantes. Contient des vitamines A, B5, B6, C et PP ainsi que de l'arsenic, du calcium, du cuivre, du fer, de l'iode, du magnésium, du phosphore, du potassium, du soufre et du zinc. Consommé journellement, le navet cru et râpé serait excellent contre l'acné et l'eczéma.

CULTURE

▶ **SOLS PRÉFÉRÉS :** légers, frais, humifères, meubles, plutôt légèrement acides ou neutres.

▶ **CLIMAT :** tempéré, doux et humide.

▶ **EXPOSITION :** ensoleillée, mi-ombragée en été.

▶ **MULTIPLICATION :** par semis.

▶ **CULTURE :** semer clair, en place, de mars à juin pour les variétés de printemps et d'été, en juillet-août pour les variétés d'automne et d'hiver destinées à la conservation. Il est possible de faire des semis sur couche en janvier-février.

Le navet se sème en lignes distantes de 25-30 cm. Recouvrir peu les graines, tasser avec le dos du râteau, tenir le sol frais ; quand les plants ont 2 ou 3 feuilles, les éclaircir à 10 cm.

▶ **VOISINAGE :** le navet cohabite favorablement avec l'aneth, la carotte, le céleri, le haricot, la laitue, le pois et la tomate.

▶ **FACTEURS LUNAIRES :** semer en lune décroissante.

▶ **ROTATION :** le navet est assez épuisant, il entre dans la catégorie des plantes potagères exigeantes. Ne le cultiver à nouveau au même endroit qu'au bout de 3 ou 4 années.

▶ **FUMURES, FERTILISATIONS :** normales, gourmand en humus, il faut lui apporter du compost bien mûr.

▶ **FERTILISATIONS FOLIAIRES :** toutes les 3 semaines environ à base d'algues marines.

▶ **SOINS :** binages, sarclages, arrosages fréquents, le navet craint la sécheresse, paillage possible.

VARIÉTÉS

▶ **VARIÉTÉS DE PRINTEMPS ET D'ÉTÉ :** 'Demi-long de Croissy', 'Blanc rond de Jersey', 'De Milan rouge plat', 'De Milan blanc', 'À forcer Nantais race Candia', 'Rouge plat hâtif à feuille entière', 'Blanc plat hâtif à feuille entière'.

▶ **VARIÉTÉS D'AUTOMNE ET D'HIVER :** 'De Nancy', 'Des vertus race Marteau', 'D'Auvergne hâtif', 'D'Auvergne tardif', 'Long de Meaux', 'Rave du Limousin', 'Rose de Verdun', 'Bency', 'De Saint-Benoît', 'De Viarmes', 'Blanc des Halles', 'Blanc dur d'hiver', 'De Péronne' ('De Montesson'), 'Jaune boule d'or', 'Long noir de Caluire', 'Noir long sucré', 'Jaune de Finlande', 'Jaune de Hollande'.

Il existe des variétés de navets fourragers.

GRAINES

▶ **PORTE-GRAINES :** lors de la récolte des navets destinés à la conservation, choisir quelques belles racines que l'on placera en cave, en silo ou dans du sable sec. Il est également possible de les garder en jauge durant l'hiver en les protégeant du froid avec de la paille ou des feuilles sèches et en les découvrant par temps de pluie. Les planter en mars à 50 cm en tous sens, tuteurer, pincer les extrémités des tiges florales au début de la floraison, couper les tiges avant complète maturité ; les faire sécher à l'ombre sur une toile, les battre et ensacher les graines. Les variétés de navet se croisent facilement, aussi est-il nécessaire de ne produire qu'une variété par jardin.

▶ **DURÉE GERMINATIVE :** 5 ans.

▶ **NOMBRE DE GRAINES AU GRAMME :** environ 450 à 700 selon les variétés.

▶ **LEVÉE :** quelques jours.

▶ **INTERVALLE ENTRE LE SEMIS ET LE DÉBUT DE LA RÉCOLTE :** environ 2 mois sauf pour les variétés d'hiver (3 mois).

RÉCOLTE ET CONSERVATION

Les variétés de printemps et d'été se récoltent au fur et à mesure des besoins et de leur développement ; elles supportent de rester quelques jours au frais. Les variétés destinées à la conservation s'arrachent vers la fin octobre-début novembre (avant les gelées), les laisser se ressuyer sur le sol toute une journée, couper les feuilles au-dessus du collet, supprimer les radicelles, poudrer avec du lithothamne, les conserver en silo, en cave, dans du sable sec. Les variétés à racines longues peuvent hiverner en place, couvrir la planche pendant les froids avec de la paille ou des feuilles sèches. Attention à l'humidité et aux mulots.

MALADIES ET PARASITES

▶ **La hernie du navet :** les racines sont déformées par des excroissances, les plantes jeunes périssent. Éliminer les pieds atteints et les brûler. En cas de maladie, pratiquer une longue rotation. Éviter les fumures fraîches. Cette maladie provient souvent d'un sol à pH trop acide.

▶ **Le mildiou :** les feuilles jaunissent, puis se couvrent de taches blanches et poudreuses. Dès l'apparition de la maladie, supprimer et brûler les feuilles atteintes et traiter à la bouillie bordelaise. Préventivement, pulvériser sur le sol purin d'orties et décoction de prêle, pratiquer des fertilisations foliaires régulières à base d'algues marines ; en période humide et chaude, saupoudrer (à la rosée) avec 50 % de lithothamne et 50 % de fleur de soufre.

▶ **La rouille blanche :** les feuilles se couvrent de petits gonflements plats, blancs avec des reflets nacrés. Cette maladie est assez rare. Dès le début de la maladie, arracher et brûler les pieds atteints. À titre préventif : bouillie bordelaise et fertilisations foliaires régulières.

▶ **La pourriture noire du navet :** les racines prennent une coloration bleu-noir, des crevasses se forment et les racines finissent par pourrir. Éviter les fumures fraîches ou mal décomposées. Cette maladie est favorisée par les terres au pH trop basique.

Arracher et brûler les plantes malades. Par la suite, pratiquer une rotation longue.

▶ **L'altise :** ce petit insecte perfore les feuilles de nombreux trous. Voir le paragraphe consacré à la lutte contre les altises page 43.

▶ **La mouche du navet :** ses larves blanchâtres, de 7 ou 8 mm de longueur, creusent des galeries dans les racines. Arracher et détruire les pieds envahis. Éviter les fumures fraîches ; maintenir le sol humide. En cas d'attaque, il sera nécessaire de respecter une longue rotation. Déposer sur le sol, entre les rangs de navets, des tailles de tomates et des branches de plantes aromatiques, leur odeur fera fuir cette mouche. Effectuer régulièrement des fertilisations foliaires à base d'algues marines.

▶ **Les vers gris et blancs :** ces larves se nourrissent des racines, les plantes se fanent et meurent. Voir le paragraphe consacré à la lutte contre les hannetons page 45.

▶ **Le silphe opale :** larve noire mesurant un peu plus de 1 cm de longueur, ressemblant à des cloportes, qui dévore les jeunes plants ; l'insecte type mesure environ 1 cm de longueur, est de couleur noir mat, de forme aplatie et s'attaque aux feuilles dans le courant du mois d'avril. Pulvérisations d'insecticide végétal, de solution nicotinée ou de savon noir ; lutter principalement contre ces coléoptères pour éviter la ponte des œufs.

▶ **Les mollusques :** nombreux par temps humide, ils dévorent les jeunes plants ; leur présence est trahie par les traces de mucus. Voir le paragraphe traitant du sujet page 44.

▶ **La piéride du navet :** les chenilles vertes, d'environ 3 cm, rongent les feuilles. Voir le paragraphe consacré aux piérides page 46.

▶ **La tenthrède :** les feuilles sont rongées jusqu'à la nervure par des larves mesurant environ 1,5 cm, de couleur verdâtre à noirâtre, ressemblant à des chenilles ; les plantes finissent par périr. Pulvérisations d'insecticide végétal ou de solution nicotinée.

NOMS ÉTRANGERS

Anglais : *turnip, rape, garden turnip.* **Allemand :** *Rübe, Wasserrübe, Weiße, Speiserübe, Mairübe.* **Espagnol :** *nabo.* **Italien :** *navone, rapa.* **Néerlandais :** *knol, raap, raapsteel.*

Oca du Pérou (P, **)

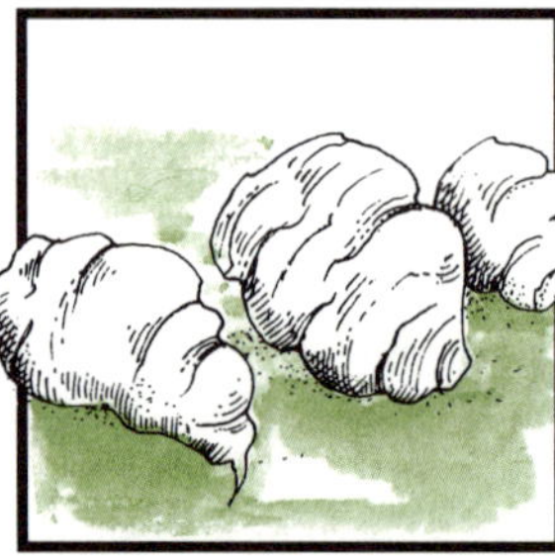

Cycle végétatif : vivace par ses tubercules, cultivé comme annuel.
Famille : Oxalidées.
Noms botaniques : (1) et (2) *Oxalis tuberosa* Molina.
Synonymes botaniques : *O. crenata* Jacquin, *O. arracacha* G. Don, *Acetosella tuberosa* O. Kuntze, *A. crenata* O. Kuntze, *A. crassicaulis* O. Kuntze.
Synonymes français : oca d'Amérique, oxalide, oxalis tubéreux, oxis, surelle tubéreuse.

Plante potagère aux feuilles charnues, groupées par 3 comme celles du trèfle ; ses tiges sont rameuses, elles se couchent souvent sur le sol, leur couleur va du vert-jaune au rouge pourpre suivant les variétés ; elles se marcottent facilement par des buttages successifs. L'oca produit des tubercules qui ont la grosseur d'un œuf de pigeon ou d'une noix ; ils sont de couleur différente suivant les variétés ; les fleurs ne fleurissent pas longtemps et ne donnent pas de graines. Origine : Pérou. Floraison : juillet-août. Fleurs : hermaphrodites, stériles, jaunes.

UTILISATIONS

On consomme les tubercules (un peu farineux, mais très agréables au goût) cuits, à la façon des pommes de terre : à l'eau, au jus, frits, en salade... On peut en faire de nombreux plats, le goût de l'oca évoque à la fois celui de la pomme de terre et un peu celui de la patate douce, avec une saveur légèrement acidulée. La cuisson de l'oca est plus rapide que celle de la pomme de terre, l'épluchage est facile après la cuisson. Pour diminuer l'acidité des tubercules, il suffit de les exposer au soleil pendant 2 ou 3 jours, puis les faire cuire en changeant l'eau 2 fois. Les Péruviens mangent crus les tubercules de certaines variétés d'oca.

Les jeunes feuilles rappellent le goût de l'oseille, on les mange de la même manière.

CULTURE

▶ **Sols préférés :** terres légères, bien aérées, riches en humus, gardant bien la fraîcheur ; les sols trop compacts lui conviennent mal.

▶ **Climat :** chaud ou tempéré ; craint le froid.

▶ **Exposition :** ensoleillée.

▶ **Multiplication :** par plantation de tubercules ou par bouturage.

▶ **Culture :**

Par plantation de tubercules : en mars-avril, planter un tubercule par godet rempli d'un mélange de terre, de tourbe et de terreau ; disposer sur couche tiède sous châssis ou en serre. Courant avril-début mai, planter les tubercules en place, sous tunnel plastique dans les régions où les gelées sont encore à craindre ; enlever le tunnel dès que la température le permet. Les tubercules se plantent à 4-5 cm de profondeur, en rangs espacés de 60-80 cm (pour faciliter le buttage) et à 35 cm sur la ligne.

Par bouturage : en mars-début avril, planter chaque germe (muni d'un léger talon de tubercule) dans un godet de terre et de terreau ; mettre les pots sous châssis ou en serre, repiquer comme il est dit précédemment.

▶ **Voisinage :** s'accommode bien généralement avec les autres espèces, sauf avec celles qui lui font de l'ombre.

▶ **Facteurs lunaires :** la plantation s'effectue de préférence en lune décroissante.

▶ **Rotation :** cette plante entre dans la catégorie des plantes exigeantes ou à racines ; il est préférable d'attendre 3 ou 4 ans avant de la cultiver à la même place.

▶ **FUMURES, FERTILISATIONS :** normales.

▶ **FERTILISATIONS FOLIAIRES :** pas nécessaires.

▶ **SOINS :** sarclages, binages, arrosages si nécessaire. Pincer les jeunes plants pour qu'ils partent sur 2 tiges, comme les tomates. Pour activer la tubérisation, il suffit à partir de la fin juillet de les couvrir d'un plastique noir quelques heures avant la nuit. Quand les plantes atteignent environ 15 cm de hauteur, effectuer un premier buttage en prenant soin de laisser apparaître le sommet des tiges ; puis, au fur et à mesure que les plantes grandissent, augmenter le buttage, ces opérations peuvent avoir lieu jusqu'à la fin août. Les buttages successifs ont l'avantage de marcotter les tiges, donc d'augmenter légèrement le rendement et, surtout, de maintenir les tiges qui sont assez fragiles. En cas de sécheresse, le paillage est bénéfique.

En octobre (suivant les régions), avant les premières gelées, il faut protéger les plantes avec un tunnel plastique, si possible au moins jusqu'à la mi-novembre. L'oca craint la moindre gelée, ses tiges ne résisteraient pas, il en résulterait une baisse de rendement, la formation des tubercules étant assez tardive (vers la fin septembre). Avant de mettre le tunnel plastique, il est judicieux de pailler le sol (avec de la paille ou des feuilles sèches) pour protéger les tubercules très fragiles du froid parfois précoce.

VARIÉTÉS

'Oca rouge', tubercules assez petits ; 'Oca rouge carminisé' ('Ekmakou'), les tubercules ont des parties blanchâtres ; 'Oca jaune' ('Ayka kuru'), tubercules de couleur jaune vanille avec des reflets rougeâtres, striés roses à jaunâtres ; 'Oca blanc' ('Lliakou'n'), tubercules blancs avec des reflets roses à jaunes, stries roses (ils ont l'apparence de petites cervelles) ; 'Oca rose' ('K'hriy asunte'), tubercules roses avec un bout blanc (ils ressemblent à des radis) ; 'Oca violet' ('Oka negra'), tubercules de couleur passant du rouge vineux au rouge violacé vers la partie la plus mince.

L'oca violet et l'oca rouge sont légèrement plus doux.

GRAINES

▶ **PORTE-GRAINES :** l'oca ne donne pas de graines ; pour la reproduction, il faut choisir des tubercules moyens sur des pieds donnant les plus beaux et les plus nombreux tubercules ; les conserver en cave ou dans du sable. Avant la plantation (quand ils commencent à germer), les exposer à la lumière comme pour les pommes de terre, cette opération durcira les germes.

▶ **LEVÉE :** les tiges apparaissent parfois une dizaine de jours après la plantation, selon la température et la germination des tubercules.

▶ **INTERVALLE ENTRE LA PLANTATION ET LE DÉBUT DE LA RÉCOLTE :** environ 8 mois.

RÉCOLTE ET CONSERVATION

La récolte s'effectue quand les tiges sont gelées ou avant les grands froids, généralement après la mi-novembre. Les tubercules se conservent comme les pommes de terre (en silo, en tas à la cave ou dans du sable sec) ; les protéger du froid et de l'humidité. Le rendement est de 300 à 500 g par pied, suivant les années.

MALADIES ET PARASITES

Néant.

NOMS ÉTRANGERS

ANGLAIS : *oca, oxalis, tuberous rooted, wood sorrel.* **ALLEMAND :** *Oka, Oca, gekerbter Sauerklee.* **ESPAGNOL :** *oka, oca, oxalida.* **ITALIEN :** *ossalide crenata.* **NÉERLANDAIS :** *peruaanse klaverzuring.*

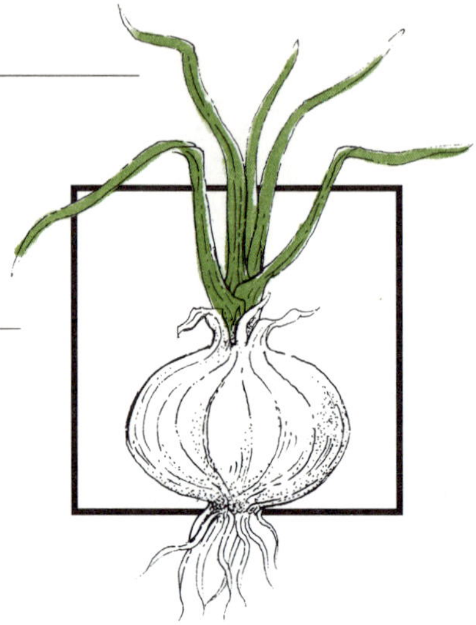

Oignon (A, *)

Cycle végétatif : bisannuel.
Famille : Liliacées.
Noms botaniques : (1) et (2) *Allium cepa* Linné.
Synonymes botaniques : *A. esculentum* Salisbury, *Porrum cepa* Reichenbach, *Kepa esculenta* Rafinesque, *Cepa vulgaris* Renault, *Cepa esculenta* S.F. Gray.
Synonymes français : ognon, ognon des cuisines, oignon commun, oignon des jardins...

L'oignon est l'une des plantes condimentaires phares de notre pays. Ses feuilles sont cylindriques, tubulaires et renflées vers le milieu ; sa hampe florale se développe généralement dès la 2e année de culture, elle atteint parfois plus de 1 m de hauteur, elle est creuse, grosse et se termine par une grosse ombelle. Son bulbe diffère suivant les variétés : allongé, arrondi ou aplati ; sa couleur est variée : blanche, jaune, rose, rouge à rouge violacé. L'oignon est cultivé depuis les temps anciens. Origine : Asie occidentale, spontané en Iran. Floraison : de mai à septembre, généralement en juillet-août, en principe la 2e année de culture. Fleurs : hermaphrodites, blanches à vertes, parfois rouges, en grosses ombelles.

UTILISATIONS

Non content d'être l'un de nos meilleurs légumes, l'oignon est aussi la plante condimentaire la plus anciennement cultivée. Son bulbe cuit agrémente la charcuterie, les sauces, les courts-bouillons, les omelettes. On le consomme aussi farci, à la crème, frit, en beignets, en potage (la fameuse « soupe à l'oignon », très populaire et très connue des noctambules). Un oignon non épluché, cuit dans la cendre et accompagné d'un morceau de beurre, est un délice. Les diverses tartes à l'oignon sont très appréciées.

Il s'utilise cru comme condiment dans les crudités, les salades, les marinades, dans diverses entrées froides... Les petits oignons peuvent être confits au vinaigre.

Les jeunes pousses des oignons (tiges vertes) parfument les plats à défaut de ciboule ou de ciboulette. Les diabétiques ne craignent pas l'oignon, son suc étant directement assimilable.

PROPRIÉTÉS

Anti-infectieuses, antiscorbutiques, antiseptiques, bactéricides, digestives, diurétiques, excitantes, nutritives, pectorales, stimulantes, toniques, vermifuges. Contient des vitamines A, B1, B2, B5, C, E, PP ainsi que brome, baryum, calcium, fer, fluor, iode, magnésium, phosphore, potassium, sélénium, silice, sodium, soufre, zinc. L'oignon est le grand ami du pancréas et du foie.

CULTURE

▶ **Sols préférés :** tous les terrains fertiles, légers, meubles, riches en humus ; plutôt neutres ou légèrement calcaires, éviter les terres trop compactes et humides.
▶ **Climat :** tempéré, plutôt doux.
▶ **Exposition :** ensoleillée.
▶ **Multiplication :** par semis ou plantation de petits bulbes.
▶ **Culture :**
Par semis : semer les oignons destinés à la conservation de février à avril (dès que les

grands froids ne menacent plus), en lignes espacées de 25-30 cm, recouvrir peu les graines (pas plus de 1 cm), éclaircir environ 2 mois et demi après le semis, d'abord à 5 cm, puis à 10 cm quelques semaines plus tard.

Les oignons verts arrachés serviront éventuellement dans les salades.

Semis d'automne : semer en août-septembre, en pépinière, repiquer en place en octobre-novembre dans les régions à climat doux ou en février-mars dans les régions plus froides.

Pour une production de petits bulbes à replanter (oignon de Mulhouse), semer en place vers la fin mai, dans une terre peu travaillée en profondeur et peu riche ; ne pas arroser après la levée ; le travail sera limité au sarclage. On récolte ces petits bulbes courant août, les plus petits seront replantés à la fin de l'hiver ; les plus gros seront confits au vinaigre. Arroser si nécessaire jusqu'à la levée ou jusqu'à la formation des bulbes.

Par petits bulbes : planter les petits bulbes en février-mars, tous les 10 cm sur la ligne, les rangs espacés de 30 cm.

▶ **Voisinage :** l'oignon peut être cultivé avec la carotte, le panais, la tomate, le concombre, la laitue, la betterave potagère et le fraisier ; le voisinage des légumineuses (fève, gesse, haricot, lentille, pois) ainsi que de la pomme de terre est défavorable.

▶ **Facteurs lunaires :** semer les graines ou planter les bulbes de préférence en lune décroissante.

▶ **Rotation :** pratiquer une alternance de 3 ou 4 années. Il entre dans la catégorie des plantes à bulbes et à fruits.

▶ **Fumures, fertilisations :** n'apporter que de la fumure décomposée et très peu d'azote (0,500 kg/are au démarrage du printemps), apports normaux pour le reste.

▶ **Fertilisations foliaires :** environ 2 fois par mois, saupoudrages légers à base de lithothamne, surtout par temps chaud et humide ou après un orage.

▶ **Soins :** binages, sarclages, arrosages si nécessaire jusqu'à la formation des bulbes.

VARIÉTÉS

▶ **Oignons d'été** (de courte conservation) : 'Blanc très hâtif de la reine', 'Blanc extra-hâtif de Barletta', 'Blanc merveille de Pompei', 'Blanc très hâtif de Vaugirard', 'Blanc de Paris', 'Blanc précoce de Naples', 'Blanc géant d'Italie', 'Blanc premier', 'Blanc gros' ('De Libourne'), 'Extra-hâtif de Malakoff'...

▶ **Oignons d'hiver** (de longue conservation) : 'Blanc d'Espagne', 'Blanc hâtif de Paris', 'Jaune doré', 'Jaune de Toulouse', 'Jaune de Montauban', 'Jaune paille des vertus', 'Cuivré gros de Rocca', 'Jaune de Danvers', 'Jaune de Mulhouse', 'Géant de Stuttgart', 'Jaune de Moissac', 'Jaune rond hâtif de Valence', 'Jaune de Lescure', 'Rouge pâle de Niort', 'Rouge de Brunswick', 'Rouge gros plat d'Italie', 'Rouge de Huy', 'Rosé de bonne garde'...

GRAINES

▶ **Porte-graines :** choisir quelques oignons parmi les bulbes les plus sains, gros et réguliers, représentant bien la variété à reproduire ; les planter en février-mars à 40 cm en tous sens, tuteurer les tiges, récolter les têtes (ombelles) généralement vers la fin juillet-début août, presque à maturité.

▶ **Durée germinative :** 2 ans.

▶ **Nombre de graines au gramme :** 250 environ.

▶ **Levée :** environ 10 à 12 jours.

▶ **Intervalle entre le semis et le début de la récolte :** 5 mois et demi à 6 mois pour les semis de printemps ; 7 mois et demi à 9 mois pour les semis d'automne ; 3 mois à 3 mois et demi pour les oignons à confire.

RÉCOLTE ET CONSERVATION

Les oignons d'hiver se conservent à l'abri de l'humidité, pendus en nattes tressées, en bottes, étalés sur le plancher d'un grenier ou dans des cageots. Pour les oignons d'été, la conservation est limitée.

Quant à la récolte, elle s'effectue en avril-mai-juin pour les variétés d'été, avant complet développement ou à maturité ; pour les variétés d'hiver, la récolte s'étale de juillet à septembre lorsque les feuilles sont sèches (à maturité) ; les laisser se ressuyer 1 ou 2 jours au soleil avant de les rentrer.

MALADIES ET PARASITES

▶ **Mildiou de l'oignon :** apparition sur les jeunes feuilles de taches jaunes, allongées, se couvrant d'un duvet violacé et poussiéreux. Détruire les pieds atteints. Fertilisations foliaires régulières avec du lithothamne, principalement par temps chaud et humide, surtout aussitôt après un orage ; bouillie bordelaise en prévention. Pratiquer une bonne rotation.

▶ **La fonte des semis :** manques à la levée, les plants ont disparu par endroits. Éviter de semer trop dru. Respecter les rotations. Cette maladie est souvent due à des terres trop humides ou trop acides.

▶ **Le charbon de l'oignon :** des taches poussiéreuses, d'abord gris argenté, puis devenant noires, apparaissent sur les feuilles, les tiges et l'enveloppe du bulbe. Cette maladie, très rare en culture biologique, s'attaque uniquement aux jeunes plants. Arracher les pieds atteints et les détruire. Pratiquer une bonne rotation.

▶ **La rouille de l'oignon :** taches jaunes à brunes sur les feuilles qui prennent une couleur rouille et finissent par se dessécher. Fertilisations foliaires régulières ; bouillie bordelaise à titre préventif.

▶ **La pourriture des bulbes :** jaunissement et ramollissement des bulbes ; par endroits, ils se couvrent d'un feutrage grisâtre puis pourrissent. Éliminer les pieds atteints. Ne pas apporter de fumures fraîches. Dégager la terre autour des bulbes. Respecter les rotations. Rentrer les bulbes bien ressuyés, les stocker dans un local sain, sec et bien aéré. Cette maladie est très souvent due à un excès d'humidité.

▶ **Le gras de l'oignon :** l'enveloppe des bulbes se ternit, l'oignon ne tarde pas à pourrir. Arracher et détruire les pieds atteints. Pratiquer une bonne rotation. Éviter la culture de l'oignon dans les terres trop humides. Ne pas apporter de fumures fraîches, mais correctement compostées.

▶ **La mouche de l'oignon :** les feuilles se flétrissent, la larve blanche pénètre dans le bulbe en creusant des galeries qui font pourrir le bulbe. Éliminer les pieds atteints. Pratiquer une bonne rotation. Éviter les fumures fraîches. L'association carotte-oignon est bénéfique. Pulvérisation de macération de feuilles et de gourmands de tomate (à titre préventif).

▶ **Le thrips de l'oignon :** cet insecte brun, quasi noir, et sa larve attaquent la plante ; les feuilles jaunissent, se couvrent de petites taches blanches puis se dessèchent et disparaissent. Les attaques surviennent généralement en période de sécheresse et de chaleur. Dès l'apparition des insectes, pulvériser de l'insecticide végétal. Respecter les bases de l'agriculture biologique.

NOMS ÉTRANGERS

Anglais : *onion.* **Allemand :** *Zwiebel, Küchenzwiebel, gemeine-Zwiebel, echte-Zwiebel.* **Espagnol :** *cebolla.* **Italien :** *cipolla.* **Néerlandais :** *ui siepel.*

Oignon de Catawissa (A, *)

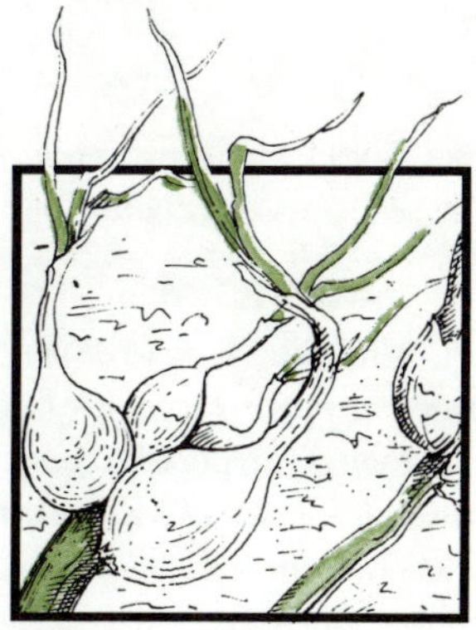

Cycle végétatif : vivace par ses bulbes.
Famille : Liliacées.
Noms botaniques : (1) *Allium cepa* Linné var. *proleferum* (Moench) Aschers et Graebner, (2) non mentionné.
Synonymes botaniques : *A. cepa var. proliferum* Regel, Allioni, *A. proliferum* Schrader (ex) Willdenow, *Cepa prolifera* Moench Meth.
Synonymes français : oignon des familles, ciboule de Catawissa.

Plante herbacée, condimentaire, très curieuse par ses bulbilles aériennes. L'oignon de Catawissa est vivace par sa souche, il donne très tôt dans la saison (février) des feuilles semblables à celles des oignons ordinaires ; elles sont vertes, dressées, tubulaires, renflées vers le centre. Ses tiges sont nombreuses, creuses et ventrues, elles mesurent environ 80 cm de hauteur ; elles se terminent par 1, 2 ou 3 étages de bulbilles, généralement groupées par 5 ou 6, qui atteignent parfois 3 cm de diamètre et sont de couleur violacée. Les bulbilles des 2e et 3e étages sont plus petites et moins nombreuses. Origine : Amérique du Nord ou Chine. Floraison : ne fleurit pas, donne des bulbilles à partir de juin.

UTILISATIONS

On utilise ses feuilles printanières comme celles de la ciboule. Ses bulbes sont employés comme l'oignon ordinaire ou l'échalote, crus en condiment dans les crudités, les salades, les marinades ; cuits dans les courts-bouillons, dans la charcuterie, les potages, les sauces, etc. Les bulbilles sont excellentes confites dans le vinaigre comme les cornichons, on exploitera les plus grosses comme des bulbes d'échalote.

PROPRIÉTÉS

Certainement les mêmes que celles de l'oignon traditionnel : anti-infectieuses, antiscorbutiques, excitantes, diurétiques et vermifuges... L'oignon de Catawissa renferme de nombreuses vitamines et des sels minéraux.

CULTURE

▶ **Sols préférés :** légers, humifères, ameublis.
▶ **Climat :** tempéré ; ne craint pas les grands froids.
▶ **Exposition :** ensoleillée.
▶ **Multiplication :** par bulbilles.
▶ **Culture :** on plante les bulbilles à l'automne (octobre-novembre) ou à la fin de l'hiver (de la mi-février à la fin mars), en lignes distantes de 40 cm, une bulbille tous les 25 cm, les enfoncer légèrement avec le pouce et l'index. La première année de culture, chaque bulbille donnera 2 ou 3 tiges coiffées de bulbilles à leur sommet. Généralement, on laisse la plantation en place pendant 3 ou 4 années, bien qu'elle puisse être menée annuellement.
▶ **Voisinage :** comme tous les oignons, il voisine mal avec les légumineuses (fève, haricot, gesse, lentille, etc.). Il s'entend bien avec la carotte, le fraisier, la betterave, la laitue et la tomate.
▶ **Facteurs lunaires :** planter si possible les bulbilles en lune décroissante.
▶ **Rotation :** la rotation dépend du nombre d'années de sédentarité de la plante ; généralement, il faut compter au moins 3 années.
▶ **Fumures, fertilisations :** normales, ne pas apporter de fumures fraîches ou mal décomposées.
▶ **Fertilisations foliaires :** toutes les 3 semaines, à base de lithothamne ou d'algues brunes, principalement après un orage.

▶ **Soins :** binages, sarclages, arrosages en cas de sécheresse en évitant de mouiller les feuilles.

VARIÉTÉS

Une autre variété d'oignon bulbifère, certainement plus connue, est l'oignon rocambole ou l'oignon d'Égypte (*A. cepa* Linné var. *viviparum* Alefeld, Landw et Metzer ou *A. cepa bulbiferum* Regel). Cette variété est moins rustique, les bulbilles sont rouge cuivré. On découvre parfois entre les bulbilles des graines sans doute stériles. Les tiges ont très rarement plus de 2 étages de bulbilles et elles sont souvent moins grosses que celles de l'oignon de Catawissa.

GRAINES

▶ **Porte-graines :** ne fleurit pas, donc ne porte pas de graines, mais des bulbilles que l'on choisit sur les pieds les plus vigoureux ; on les conserve au frais et au sec.

▶ **Intervalle entre la plantation et le début de la récolte :** environ 5 ou 6 mois entre la plantation des bulbilles et leur récolte pour une plantation de fin d'hiver ; 10 ou 11 mois pour une plantation d'automne.

RÉCOLTE ET CONSERVATION

On ramasse des bulbilles destinées à la conservation en juillet-août ; elles se conservent au frais et au sec, jusqu'à la fin de l'hiver, à la manière de l'oignon ordinaire ou de l'échalote. Les bulbes se récoltent au fur et à mesure des besoins ils ne se conservent que peu de temps.

MALADIES ET PARASITES

▶ **Le mildiou de l'oignon :** peu de temps après un orage, apparaissent sur les tiges des taches jaunes, allongées. En prévention, dès la fin de l'orage, saupoudrer du lithothamne ou pulvériser un extrait d'algues brunes additionné de sulfate de cuivre ; voir page 51 des recettes naturelles contre les parasites et maladies des plantes cultivées. En moyen préventif ou tout au début de l'apparition de la maladie, pulvérisation à base de bouillie bordelaise.

NOMS ÉTRANGERS

▶ **Oignon de Catawissa. Anglais :** *Canada onion.* **Allemand :** *Catawissa-Zwiebel, Sprossenderlauch.* **Espagnol :** *cebolla de Catawissa.* **Néerlandais :** *stengelui.*

▶ **Oignon rocambole. Anglais :** *tree onion, top onion, egyptian onion, bubbearing onion.* **Allemand :** *Roggenbolle, Schlamgenlauch, egyptische Luftwiebel.* **Espagnol :** *cebolla rocambola.* **Italien :** *cipolla vivipera.* **Néerlandais :** *boomui.*

Oignon patate (A, *)

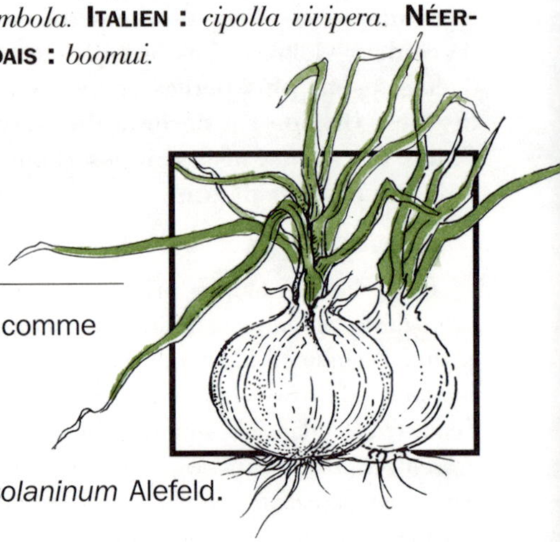

Cycle végétatif : vivace par ses bulbes, cultivé comme annuel.
Famille : Liliacées.
Noms botaniques : (1) *Allium cepa* Linné var. aggregat*um* G. Don, (2) *A. cepa* Linné var. *solaninum* Alefeld.
Synonyme français : ognon sous terre.

Plante herbacée, potagère, pratiquement semblable à l'échalote ; ses feuilles sont tubulaires, nombreuses, de 15-20 cm de hauteur ; sa souche souterraine est composée de 7 ou 8 bulbes, de forme plus ou moins arrondie, de couleur jaune cuivré. L'oignon patate ne produit pas de tige florale. Origine : inconnue, possible d'Asie.

UTILISATIONS

Ses bulbes se consomment crus ou cuits, généralement comme condiment dans les salades, les crudités, les sauces, en accompagnement de plat. Son goût est sucré.

CULTURE

▶ **Sols préférés :** humifères, meubles, plutôt légers.

▶ **Climat :** tempéré, plutôt doux.

▶ **Exposition :** ensoleillée.

▶ **Multiplication :** par caïeux.

▶ **Culture :** même culture que l'échalote, planter les plus beaux caïeux en février-mars, en lignes espacées de 20-25 cm, un bulbe tous les 15 cm, enfoncé à 2 cm de profondeur ; on peut le butter légèrement.

▶ **Intervalle entre la plantation et le début de la récolte :** 4 ou 5 mois.

VARIÉTÉS

L'oignon patate est une variété de l'oignon ordinaire *(A. cepa* Linné).

RÉCOLTE ET CONSERVATION

On peut commencer la récolte avant complète maturité (en juin) en commençant par les bulbes du centre de la touffe. Pour la conservation, il lui faut un endroit sec et froid.

MALADIES ET PARASITES

Maladies rares et peu d'ennemis, ce sont les mêmes que ceux de l'oignon, s'y reporter page 248.

NOMS ÉTRANGERS

Anglais : *potato onion.* **Allemand :** *Kartoffelzwiebel.* **Espagnol :** *cebolla batata.* **Italien :** *cipolla patata.* **Néerlandais :** *kartoffelzwiebe.*

N.B. : pour tout renseignement complémentaire, se reporter à l'échalote.

Origan (A, *)

Cycle végétatif : vivace.
Famille : Labiées, Labiacées ou Lamiacées.
Noms botaniques : (1) et (2) *Origanum* vulgare Linné.
Synonymes botaniques : *O. orientale* Miller, *O. creticum* Linné, *O. anglicum* Hill, *O. officinale* Gueldenst, *O. floridum* Salasbury.
Synonymes français : grande marjolaine, marjolaine d'Angleterre, marjolaine bâtarde, marjolaine sauvage, marjolaine vivace, pied de lit, thé rouge, thym des bergers...

Plante condimentaire, aromatique, médicinale et mellifère, formant une touffe ramifiée, de 30-70 cm de hauteur ; ses tiges sont herbacées, dressées, rameuses, plus ou moins velues, très souvent rougeâtres ; les feuilles sont pétiolées, ovales, arrondies à la base, généralement entières ou légèrement dentées, de couleur vert foncé. Origine : indigène en Europe, commune en France. Floraison : de juin-juillet à octobre. Fleurs : hermaphrodites, blanches, roses ou pourpres, en petits épis courts groupés au sommet des rameaux.

UTILISATIONS

Les feuilles fraîches ou sèches servent dans les potages, les sauces, les ragoûts, les farces, avec divers légumes et viandes, les gibiers. Elles aromatisent la charcuterie, les salades, le riz, les vinaigres, etc. Ajouter les feuilles hachées de l'origan à la fin de la cuisson. La saveur de l'origan est légèrement amère et plus prononcée que celle de la marjolaine à coquille dont elle est très proche. L'origan entre dans la composition de certaines liqueurs, dans divers bains fortifiants et dans de nombreux parfums. Utiliser l'origan modérément, l'éviter en cas d'hypertension.

PROPRIÉTÉS

Antiseptiques, antispasmodiques, apéritives, carminatives, digestives, diurétiques, emménagogues, expectorantes, stimulantes, stomachiques, toniques. Contient une huile essentielle.

CULTURE

▶ **Sols préférés :** légers, riches en humus, fertiles, meubles, frais, plutôt légèrement calcaires.

▶ **Climat :** supporte bien la sécheresse et le froid.

▶ **Exposition :** chaude et ensoleillée.

▶ **Multiplication :** par semis et division de touffes.

▶ **Culture :**

Par semis : semer au printemps ou à l'automne en pépinière, mettre en place quand les plants ont quelques feuilles, à 30 cm en tous sens ou en bordures. Les graines étant très fines, ne les recouvrir que très légèrement et garder le sol suffisamment frais jusqu'à la levée.

Par division de touffes : à pratiquer au printemps ou à l'automne.

▶ **Facteurs lunaires :** sans importance.

▶ **Rotation :** peut rester en place jusqu'à une dizaine d'années. Il faudra ensuite appliquer une rotation d'au moins 4 ou 5 années ; l'origan est pour cette raison à classer parmi les plantes exigeantes.

▶ **Fumures, fertilisations :** normales.

▶ **Fertilisations foliaires :** pas nécessaires.

▶ **Soins :** sarclages, binages, arrosages si nécessaire. En cas de grands froids, il est plus prudent de protéger les plantes avec de la paille ou des feuilles sèches.

VARIÉTÉS

Le type botanique.

GRAINES

▶ **Porte-graines :** ne pas couper les tiges des plantes choisies, récolter les graines en août-septembre ; les faire sécher à l'ombre, les placer en sachets ou dans des boîtes hermétiques à l'abri de l'humidité.

▶ **Durée germinative :** 5 ans.

▶ **Nombre de graines au gramme :** 12 000.

▶ **Levée :** 2 ou 3 semaines.

▶ **Intervalle entre le semis et le début de la récolte :** 2 mois et demi à 3 mois.

RÉCOLTE ET CONSERVATION

Cueillir les tiges au fur et à mesure des besoins, de mai à novembre. Pour la conservation, couper les tiges à quelques centimètres du sol, de préférence au début de la floraison, les faire sécher à l'ombre et les déposer dans des boîtes hermétiques.

MALADIES ET PARASITES

Néant.

NOMS ÉTRANGERS

Anglais : *wild majoram, common majoram, origan, pot majoram.* **Allemand :** *Wintermajoran, wilder Majoran, Staudenmajoran, Wohlgemuth, Dostkraut, grosser Dost.* **Espagnol :** *oregano.* **Italien :** *origano, maggiorana vivace, regamo.* **Néerlandais :** *wilde marjolijn, orega.*

Oseille commune (P, **)

Cycle végétatif : vivace.
Famille : Polygonacées.
Noms botaniques : (1) *Rumex acetosa* var. *hortensis* Linné, (2) *R. acetosa* Dierb, Heidelb.
Synonymes botaniques : *Acetosa pratensis* Miller, Gardner, *A. magna* Gilibert, *Lapathum acetosa* Scopoli, *L. pratense* Lamarck, *Rumex acidus* Salisbury, *Rumex papillaris* Boissier et Reuter, *R. sagittifolius* Campd.
Synonymes français : aigrette, belleville, grande oseille, oseille acide, oseille longue, patience acide, surelle, surette, vinette...

Plante potagère et condimentaire, herbacée, ayant des tiges florales dressées, creuses, ramifiées au sommet, de couleur rougeâtre, hautes de 30 cm à 1 m ; ses feuilles sont entières, pétiolées, ovales ou oblongues, larges, nombreuses, radicales, vert clair et formant une touffe. Origine : spontanée en Europe, en Asie, en Amérique, dans toutes les régions tempérées du globe. Floraison : de mai à septembre. Fleurs : dioïques, vertes, en panicules longues.

UTILISATIONS

Les feuilles tendres se mangent crues, mélangées avec de la salade. Cuites, on les déguste en potage, sautées, à la crème, au jus de viande, en mélange avec d'autres légumes comme l'arroche, l'épinard, la tétragone ou encore les pommes de terre... Elles accompagnent les omelettes et entrent dans la composition de certaines sauces.

PROPRIÉTÉS

Antiscorbutiques, apéritives, dépuratives, diurétiques, laxatives, rafraîchissantes et revitalisantes. Contient des vitamines A, B et C ainsi que du cuivre, du fer et du magnésium.

CULTURE

▶ **SOLS PRÉFÉRÉS :** fertiles, frais, riches en terreau, plutôt légers ; éviter les terres calcaires. Sa saveur est plus acidulée si elle est cultivée en terrain sec.

▶ **CLIMAT :** pousse dans toutes les zones à climat tempéré.

▶ **EXPOSITION :** toutes, plutôt demi-ombragée en été.

▶ **MULTIPLICATION :** par semis ou division de touffes.

▶ **CULTURE :**
Par semis : semer de mars à juin, en pépinière et repiquer quand les plants ont 4 ou 5 feuilles, en bordures (moyen le plus utilisé) ou en place en lignes espacées de 25-30 cm ; par la suite, éclaircir à 15-20 cm sur le rang. Recouvrir les graines de 1 cm de terreau, plomber et tenir le sol frais.
Par division de touffes : courant mars ou avril, planter les éclats en procédant comme pour le repiquage des semis.

▶ **FACTEURS LUNAIRES :** semer ou planter en lune décroissante.

▶ **ROTATION :** cette plante peu épuisante entre tout de même dans la catégorie des plantes exigeantes, car elle peut rester en place 4 ou 5 années ; il faudra ensuite pratiquer une alternance d'au moins 3 ou 4 ans.

▶ **FUMURES, FERTILISATIONS :** normales, il est avantageux de faire un apport annuel à base de terreau, autour des pieds.

▶ **Fertilisations foliaires :** 4 ou 5 en cours de saison, à base d'algues marines.

▶ **Soins :** binages, sarclages, arrosages souvent nécessaires, paillage parfois recommandé. Couper les tiges florales dès leur apparition.

VARIÉTÉS

'Oseille large de Belleville', 'Oseille blonde de Lyon', 'Oseille de Chambourcy' ; une autre espèce est cultivée, c'est l''Oseille vierge à larges feuilles' (*R. montanus* Desfontaines ou *R. arifolius* Allioni).

GRAINES

▶ **Porte-graines :** choisir des pieds vigoureux, représentant bien le type de la variété, les laisser monter à graines, ne pas cueillir les feuilles, tuteurer les tiges et les récolter quand elles prennent une couleur brunâtre, généralement en juillet ; les faire sécher à l'ombre, les battre et ensacher les graines.

▶ **Durée germinative :** environ 2 ans.

▶ **Nombre de graines au gramme :** 1 000.

▶ **Levée :** 6 à 10 jours.

▶ **Intervalle entre le semis et le début de la récolte :** 3 mois environ.

RÉCOLTE ET CONSERVATION

On cueille les feuilles les plus avancées, une à une, à la main et au fur et à mesure des besoins. Il est préférable de les consommer le plus rapidement possible. La récolte se prolonge jusqu'aux gelées. Pour profiter de l'oseille pendant la saison hivernale, il suffit de se fabriquer des châssis vitrés et adaptés pour les bordures, en aérant le plus possible si le temps le permet.

MALADIES ET PARASITES

▶ **Le puceron de l'oseille :** suce la sève au niveau du collet. Voir le paragraphe consacré aux pucerons page 43.

▶ **Les mollusques :** dévorent les feuilles ; sont trahis par les traces de mucus qu'ils laissent sur le sol. Voir le paragraphe qui leur est consacré page 44.

▶ **La mouche de l'oseille :** les larves creusent des galeries dans les feuilles. Couper et brûler les feuilles dès l'apparition des galeries.

▶ **La chrysomèle de l'oseille :** les larves noirâtres apparaissent courant mai, elles rongent les feuilles, puis disparaissent dans le sol en juin. Couper et brûler les feuilles dont la face inférieure porte des œufs jaunâtres vers la fin avril-début mai ou dès que la plante est attaquée par les larves.

NOMS ÉTRANGERS

Anglais : *common sorrel, garden sorrel.* **Allemand :** *Garten-Sauerampfer, grosser Sauerampfer, französischer Spinat, Wiesensauerampfer.* **Espagnol :** *acedera común, agrilla, vinagrera.* **Italien :** *acedera, acetina, saleggiola.* **Néerlandais :** *Veldzuring.*

Panais (P, *)

Cycle végétatif : bisannuel.
Famille : Ombellifères.
Noms botaniques : (1) et (2) *Pastinaca sativa* Linné.
Synonymes botaniques : *P. sylvestris* Miller et Gardner, *P. lutea* Gilibert, *P. esculenta* Salisbury, *P. opaca* Bernhardi, *P. pratensis* H. Martius, *P. angulosa* Dulac, *Selimum p.* Crantz, *Selimum p.* E.H.L. Krause, *Anethum p.* Wibel.
Synonymes français : grand chervis cultivé, pastenade blanche, patenais, racine blanche...

Plante potagère, dont les feuilles dentelées sont découpées jusqu'à la nervure principale, à tige creuse, striée, ramifiée en son extrémité, pouvant atteindre 2 m de hauteur, cultivée pour sa racine, pivotante, charnue, renflée, de couleur blanche. Origine : Europe et Asie, spontanée en France et en Europe. Floraison : depuis mai à septembre. Fleurs : hermaphrodites, jaune pâle, en ombelles.

UTILISATIONS

La racine du panais se fait cuire pour accompagner pot-au-feu et potée ; elle parfume les potages ; on l'apprécie également frite, sautée et en purée, à la crème, à la béchamel, en soufflé, en ragoût, gratinée avec des pommes de terre. Crue et râpée, on la consomme seule ou avec d'autres crudités (carotte, céleri-rave, radis noir, betterave potagère, etc.).

Attention, son parfum est très prononcé ; la doser précautionneusement dans les potages ou les plats. Le panais était très utilisé en France avant la venue de la pomme de terre.

PROPRIÉTÉS

Antirhumatismales, diurétiques, emménagogues, nutritives, reconstituantes. Le panais contient des vitamines C, B1, PP, des sels minéraux (calcium, magnésium, potassium, sodium) ainsi que du phosphore, chlore, soufre.

CULTURE

▶ **SOLS PRÉFÉRÉS :** les terres profondes, humifères, franches, légèrement calcaires et fraîches.

▶ **CLIMAT :** doux et humide ; résiste au froid.

▶ **EXPOSITION :** ensoleillée.

▶ **MULTIPLICATION :** par semis.

▶ **CULTURE :** semer en place de mars à juin en lignes espacées de 30-40 cm, recouvrir les graines de 1 cm de terre fine, plomber fortement, tenir le sol suffisamment humide jusqu'à la levée. Éclaircir à 15 cm sur le rang quand les plants ont 3 ou 4 feuilles.

Il est possible de semer en pépinière et de repiquer aux mêmes distances quand les plants ont 4 ou 5 feuilles, praliner les racines avec une bouillie de lithothamne au moment du repiquage.

Dans les régions à climat doux comme le Midi ou la Bretagne, semer le panais vers la fin septembre, les racines seront récoltées en mai de l'année suivante.

▶ **VOISINAGE :** le radis fait bon ménage avec le panais.

▶ **FACTEURS LUNAIRES :** semer de préférence en lune décroissante.

▶ **ROTATION :** une rotation de 3 ou 4 années est normale, il entre dans la catégorie des légumes à racines.

▶ **FUMURES, FERTILISATIONS :** normales, le panais n'aime pas les fumures organiques non décomposées.

▶ **Fertilisations foliaires :** 1 ou 2 poudrages à base de lithothamne tous les mois.

▶ **Soins :** binages, sarclages, arrosages si nécessaire.

VARIÉTÉS

'Demi-long de Guernesey', 'Rond hâtif', 'Amélioré à courtes feuilles', 'Amélioré de Brest'...

GRAINES

▶ **Porte-graines :** au moment de l'arrachage, choisir de belles racines que l'on gardera dans du sable sec ; les replanter vers la fin février à 60 cm en tous sens ; floraison en mai-juin. Supprimer courant juillet toutes les petites inflorescences. Récolter les ombelles peu avant la maturité des graines, quand celles-ci deviennent brunâtres, les faire sécher à l'ombre dans un local aéré, battre et mettre en sachets.

Il est préférable de tuteurer chaque porte-graines. Éviter la proximité de porte-graines de carottes dans le voisinage des panais destinés à la production de semences. Il n'est pas obligatoire de rentrer les racines des panais (porte-graines), ils peuvent rester en place.

▶ **Durée germinative :** 1 ou 2 ans.

▶ **Nombre de graines au gramme :** 220.

▶ **Levée :** 15 jours environ, capricieuse.

▶ **Intervalle entre le semis et le début de la récolte :** environ 4 mois ; 7 mois pour un semis de septembre-octobre.

RÉCOLTE ET CONSERVATION

Récolter les racines en novembre, les laisser se ressuyer et les rentrer en cave ou en silo après avoir coupé les feuilles.

On peut laisser le panais en place et récolter les racines suivant les besoins. Avant les froids, il est préférable de recouvrir le sol de paille ou de feuilles sèches pour faciliter l'arrachage. Découvrir s'il pleut.

MALADIES ET PARASITES

▶ **Le mildiou :** le dessus des feuilles se couvre de taches brunes, le dessous de moisissures blanchâtres. Pulvérisation de bouillie bordelaise dès le début des symptômes et si la récolte est suffisamment éloignée. Détruire les pieds atteints.

▶ **La rouille :** taches rougeâtres sur les feuilles. Arracher et brûler les plantes atteintes.

NOMS ÉTRANGERS

Anglais : *parsnip.* **Allemand :** *Pastinake, Pastinak, Zuckerwurzel.* **Espagnol :** *chirivia, pastinaca.* **Italien :** *pastinaca.* **Néerlandais :** *pastenaak, pinksternakel.*

Pastèque (P, ***)

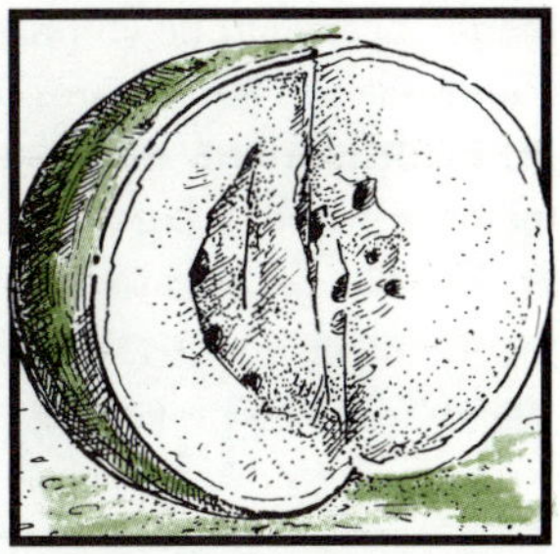

Cycle végétatif : annuelle.
Famille : Cucurbitacées.
Noms botaniques : (1) *Citrullus lanatus* (Thumberg) Mansfeld, (2) *C. vulgaris* Schrad.
Synonymes botaniques : *C. gigantea* Salisbury, *C. pastea* Sageret, *C. caffer* Schrad, *C. caffrorum* Schrad, *C. amarus* Schrad, *C. edulis* Spach, *Cucurbita c.* Linné, *Cucurbita anguria* Duchesne et Lamarck, *Cucurbita pinnotifida* Schrank, *Cucurbita caffra* Eckl et Zey, *Anguria c.* Miller, Gardner, *Momordica lanata* Thumberg, *Cucumis colocynthis* Thumberg, *Cucumis dissectus* Decne.
Synonymes français : batec, citrouille pastèque, melon d'Amérique, melon de Moscovie, melon d'eau...

Plante potagère herbacée, à tiges rampantes, minces, recouvertes de poils denses ; elles portent des vrilles et sont longues, atteignant parfois près de 3 m ; ses feuilles sont larges, triangulaires, découpées en 3 à 5 lobes profonds, euxmêmes incisés. Elle est cultivée pour ses fruits gros, charnus, lisses, de forme cylindrique, ovale ou oblongue, de couleur vert pâle, vert foncé presque noire ou vert marbré ; sa chair est aqueuse, fondante, plus ou moins sucrée, parfois fade, de couleur blanche à verte, rose ou rouge selon les variétés. Cette plante est très prisée dans le Bassin méditerranéen, principalement en Italie, en Espagne, en Afrique du Nord, mais aussi aux États-Unis. La pastèque ne réussit en région parisienne que les années chaudes. Origine : Afrique tropicale. Floraison : de mai à septembre (selon la culture et la région). Fleurs : monoïques, jaunes à légèrement vertes, en calices.

UTILISATIONS

Les fruits mûrs se consomment crus, salés ou sucrés, de la même façon que les melons ; dans les régions chaudes, ils sont très appréciés pour leur qualité rafraîchissante. On en fait une bonne confiture ; dans certains pays, on les coupe en dés que l'on mélange avec de la glace pilée ou en salade de fruits avec divers fruits exotiques. Cuits, puis égouttés, on les gratine au four. Ils accompagnent certains couscous.

PROPRIÉTÉS

Antiscorbutiques, dépuratives et rafraîchissantes, contient des vitamines A, B, C et K, ainsi que des sels minéraux.

CULTURE

▶ **SOLS PRÉFÉRÉS :** toutes les terres profondes, humifères, fraîches, meubles et plutôt sablonneuses.
▶ **CLIMAT :** chaud ; plante destinée au midi de la France, car elle craint le gel.
▶ **EXPOSITION :** ensoleillée et chaude.
▶ **MULTIPLICATION :** par semis.
▶ **CULTURE :** identique à celle du melon, mais plante plus exigeante en ce qui concerne la chaleur.
▶ **FACTEURS LUNAIRES :** semer de préférence en lune croissante.
▶ **ROTATION :** plante assez exigeante, à ne cultiver que 3 ou 4 années à la même place. Elle entre dans la catégorie des plantes potagères à fruits.
▶ **FUMURES, FERTILISATIONS :** normales ; de-

mande beaucoup de compost bien décomposé, n'apprécie pas les fumures fraîches.

▶ **Fertilisations foliaires :** toutes les 3 semaines environ, à base d'algues marines.

▶ **Soins :** binages, sarclages, arrosages fréquents mais avec de l'eau préalablement réchauffée, paillage recommandé.

VARIÉTÉS

'Pastèque à graine noire', 'Pastèque à graine rouge' (surtout pour la confiture), 'Hâtive de Russie', 'Seikon', 'Lombarde', 'Sugar baby', 'Striped klondike', 'Charleston gray', 'Géante de Floride', 'Kaho', 'Icecream', 'Kleckley sweet'...

GRAINES

▶ **Porte-graines :** choisir 1 ou 2 beaux fruits sur des pieds vigoureux, les cueillir à maturité ; prélever les graines, les laver, les faire sécher à l'ombre et les ensacher. Ne cultiver qu'une seule variété par potager pour éviter l'hybridation ; dans le cas contraire, pratiquer la fécondation artificielle comme pour les courges.

▶ **Durée germinative :** 5 ans.

▶ **Nombre de graines au gramme :** 5 à 6.

▶ **Levée :** 8 à 12 jours sur couche chaude, suivant la température.

▶ **Intervalle entre le semis et le début de la récolte :** 4 ou 5 mois.

RÉCOLTE ET CONSERVATION

La récolte commence généralement en juillet-août (dans le Midi), fin août-début septembre dans les régions moins chaudes. On cueille les fruits selon les besoins, quand ils sont à point ; quand on les frappe, les fruits mûrs résonnent et perdent en même temps un peu de leur couleur brillante. Les fruits de la pastèque se gardent assez longtemps dans un endroit sec à 10 °C environ.

MALADIES ET PARASITES

La pastèque a rarement de problèmes.

NOMS ÉTRANGERS

Anglais : *water-melon, great water-melon.* **Allemand :** *Wassermelone, grosse Wassermelone.* **Espagnol :** *sandía, melon de agua.* **Italien :** *cocomero, anguria.* **Néerlandais :** *grote water-meloen.*

Patate douce (P, **)

Cycle végétatif : vivace par ses tubercules dans les pays chauds, cultivée comme annuelle sous notre climat.
Famille : Convolvulacées.
Noms botaniques : (1) et (2) *Ipomoea batatas* Poiret.
Synonymes botaniques : *Convolvulus batatas* Linné, *C. edulis* Thunberg, *C. esculentus* Salisbury.
Synonymes français : artichaut des Indes, batate, patate de Malaga, truffe douce.

Plante potagère, herbacée, ayant des tiges rampantes, de 2-3 m de longueur ; ses feuilles sont alternes, entières, en forme de cœur, vertes. Elle est cultivée pour ses racines charnues, plus ou moins renflées, généralement allongées, de couleur blanche, jaune, rose ou rouge selon les variétés ; leur chair est fine, sucrée, un peu farineuse, au goût proche de ceux de la châtaigne et du panais, avec un léger parfum de violette. C'est une plante des pays chauds de l'Europe (Espagne, Italie, Por-

tugal) ou des pays tropicaux de l'Afrique et de l'Amérique du Sud. Origine : pays tropicaux de l'Inde ou Amérique du Sud.

UTILISATIONS

Les tubercules se mangent cuits à la manière des pommes de terre coupés en tranches, sautés au beurre, en beignets, à la sauce blanche, à la crème, en croquettes, etc. On en fait également des confitures. La cuisson en est plus rapide que pour la pomme de terre.

PROPRIÉTÉS

Nutritives et toniques.

CULTURE

▶ **SOLS PRÉFÉRÉS :** fertiles, humifères, meubles, frais, plutôt légers.

▶ **CLIMAT :** plante des pays chauds, dont la culture ne réussit au nord de la Loire qu'avec des moyens de chaleur artificielle (sur couche chaude).

▶ **EXPOSITION :** ensoleillée et chaude.

▶ **MULTIPLICATION :** par bouturage de tiges.

▶ **CULTURE :** en mars-début avril, planter des tubercules à 6-8 cm de profondeur, dans une terre riche en terreau et en compost, sur couche chaude sous châssis ou en serre chauffée ; chaque plant va donner des tiges. Quand celles-ci atteindront 10-12 cm de hauteur, arracher délicatement le tubercule. Prélever ces boutures avec un léger talon de tubercule ; les planter dans des pots de 80-100 mm de diamètre, en répartissant une bouture par pot et en prenant soin d'enlever les feuilles sur la partie qui sera enterrée dans un mélange de terre sablonneuse riche en terreau. Placer ces pots sous châssis. La mise en place se fera de début mai à début juin, d'abord sous tunnel plastique dans les régions où la chaleur tarde à venir ; aérer ensuite progressivement. La plantation se fait en lignes éloignées de 70 cm, les espacer de 50 cm sur le rang.

Dans les régions du nord de la Loire, cultiver la patate douce en ados, à bonne exposition ; butter les plants dès que possible, couvrir avec un bon paillage, puis avec un film plastique noir muni de trous laissant passer les tiges.

Dans le Midi, faire germer les tubercules sous châssis froid vers la fin mars-début avril, puis les mettre en place lors du prélèvement des boutures ; comme il est dit précédemment, cette opération s'effectue courant mai.

▶ **FACTEURS LUNAIRES :** planter si possible en lune décroissante.

▶ **ROTATION :** la patate douce est une plante épuisante, il faudra attendre 3 ou 4 années avant de la cultiver à la même place ; à classer parmi les plantes potagères exigeantes.

▶ **FUMURES, FERTILISATIONS :** normales.

▶ **FERTILISATIONS FOLIAIRES :** une fertilisation à base d'algues marines toutes les 3 semaines environ.

▶ **SOINS :** binages, sarclages, arrosages souvent nécessaires entre les buttes ; buttages comme pour les pommes de terre, un paillage sera bénéfique.

VARIÉTÉS

'Patate rose de Malaga', 'Patate jaune de Malaga', 'Patate igname blanche', 'Patate rouge longue d'Amérique', 'Patate blanche', 'Patate violette de Nouvelle-Orléans'.

GRAINES

▶ **PORTE-GRAINES :** prélever sur des plantes saines et vigoureuses des tubercules que l'on stratifie dans du sable sec, à une température de quelques degrés au-dessus de 0 °C. Avant de les stratifier, les laisser se ressuyer sur le sol pendant une demi-journée.

▶ **INTERVALLE ENTRE LA PLANTATION ET LE DÉBUT DE LA RÉCOLTE :** 5 ou 6 mois.

RÉCOLTE ET CONSERVATION

Couper les tiges dès le jaunissement ; 1 ou 2 semaines plus tard, arracher les tubercules en prenant certaines précautions, car les tubercules se blessent facilement (leur conservation s'en trouverait compromise). La récolte a lieu généralement en octobre-novembre ; laisser les tubercules se ressuyer sur le sol pendant quelques heures et les rentrer dans un local tempéré entre 5 et 8 °C ; les stratifier dans du sable sec ou de la sciure de bois, les tubercules ne devant pas se toucher lors de la conservation.

MALADIES ET PARASITES

▶ **LE MILDIOU :** les feuilles se couvrent de moisissures blanches. Pulvérisations de bouillie bordelaise à titre préventif ou dès le début de la maladie.

NOMS ÉTRANGERS

ANGLAIS : *sweet potato, batate, spanish potato.* **ALLEMAND :** *Süßkartoffel, Batate*. **ESPAGNOL :** *batata, boniato, buniato, batata de Málaga, cumara.* **ITALIEN :** *patata.* **NÉERLANDAIS :** *bataat.*

Patience (P, **)

Cycle végétatif : vivace ; ses feuilles disparaissent l'hiver.
Famille : Polygonacées.
Noms botaniques : (1) et (2) *Rumex patienta* Linné.
Synonymes botaniques : *Lapathum hortence* Lamarck, *R. olympicus* Boissier.
Synonymes français : doche, épinard immortel, épinard perpétuel, grande parelle, oseille épinard, fausse oseille, parelle, parelle des moines, patience des jardins, oseille patience, dogue, oseille à crapaud...

Plante potagère cultivée pour ses feuilles en forme de lances, très développées ; ses tiges dressées atteignent parfois 2 m de hauteur, la racine pivotante s'enfonçant alors de plus de 50 cm dans le sol. C'est la première plante que l'on récolte au jardin, à partir de fin février-début mars (suivant la rigueur de l'hiver). Origine : Turquie ou Iran, très anciennement cultivée. Floraison : de juin à août. Fleurs : hermaphrodites, vertes, en panicules, ne fleurit qu'à partir de la 2e année.

UTILISATIONS

Ses grandes feuilles s'accommodent de la même manière que l'oseille ou l'épinard : au jus, au beurre, à la crème, gratinées, etc. Elles sont beaucoup plus douces que celles de l'oseille. Il sera bénéfique de mélanger patience et arroche.

PROPRIÉTÉS

Antidiabétiques, antiseptiques, astringentes, carminatives, dépuratives, diurétiques, laxatives, nutritives et toniques. La patience contient de la vitamine C et du fer.

CULTURE

▶ **SOLS PRÉFÉRÉS :** les sols riches en humus, légèrement acides, profonds, conservant bien la fraîcheur (sans excès) ; un sol trop basique ne lui convient pas plus qu'une terre sèche.

▶ **CLIMAT :** très rustique, vient partout.

▶ **EXPOSITION :** ensoleillée.

▶ **MULTIPLICATION :** par semis ou division de touffes.

▶ **CULTURE :**

Par semis : semer au printemps, soit en pépinière (repiquer lorsque les plants seront assez forts pour supporter le repiquage), soit directement en place (ce qui est préférable) en rayons espacés de 30-40 cm, 2 ou 3 graines tous les 30 cm. Recouvrir les semences de 0,5 cm environ de terre fine ou de terreau ; plomber. Par la suite, ne laisser qu'un plant vigoureux tous les 30 cm.

Par division de touffes : au printemps, séparer du pourtour de vos vieux plants des racines avec leur collet, praliner les racines dans une bouillie de lithothamne, planter à 30 cm en tous sens.

▶ **VOISINAGE :** gêne la plupart des plantes de son environnement proche.

▶ **FACTEURS LUNAIRES :** semer en lune décroissante de préférence.

▶ **ROTATION :** pratiquer une rotation de 4 ans ou plus, cette plante potagère pouvant rester 4 ou 5 années à la même place. Elle peut être cultivée comme bisannuelle.

▶ **FUMURES, FERTILISATIONS :** normales.

▶ **FERTILISATIONS FOLIAIRES :** quelques applications (en cours de végétation) d'algues marines.

▶ **SOINS :** binages, sarclages, arrosages si nécessaire ; en cas de sécheresse, le paillage est conseillé.

▶ **TAILLE :** à partir de la 2e année de culture, supprimer les tiges florales au fur et à mesure de leur apparition.

VARIÉTÉS

Culture connue de deux variétés ; l'une étant pourvue de feuilles beaucoup plus importantes que l'autre.

GRAINES

▶ **PORTE-GRAINES :** laisser monter à graines 2 ou 3 belles plantes (suivant les besoins), les tuteurer de préférence, récolter les graines avec leur tige, à maturité, généralement en juillet-début août ; les faire sécher à l'ombre sur une toile, ôter les akènes des tiges et les déposer dans des sachets ou des boîtes hermétiques à conserver à l'abri de l'humidité.

▶ **DURÉE GERMINATIVE :** 4 ans environ.

▶ **NOMBRE DE GRAINES AU GRAMME :** environ 450.

▶ **LEVÉE :** 1 à 2 semaines, capricieuse.

▶ **INTERVALLE ENTRE LE SEMIS ET LE DÉBUT DE LA RÉCOLTE :** 3 mois et demi à 4 mois environ.

RÉCOLTE ET CONSERVATION

Au fur et à mesure des besoins, à consommer le plus tôt possible après la cueillette.

MALADIES ET PARASITES

▶ **LES LIMACES :** dévorent les jeunes plants. Voir le paragraphe qui leur est consacré page 44.

NOMS ÉTRANGERS

ANGLAIS : *monk's rhubarb, herb patience, patience dock, spinach dock, garden patience.* **ALLEMAND :** *Gartenampfer, englischer Spinat, Winter Spinat.* **ESPAGNOL :** *hierba de la paciencia, acedera espinaca, romaza hortence.* **ITALIEN :** *lapazio, rombice.* **NÉERLANDAIS :** *patiencekruid, spinazie-zuring.*

Persil (A, **)

Cycle végétatif : bisannuel.
Famille : Ombellifères.
Noms botaniques : (1) *Petroselinum crispum* (Miller) Nyman, (2) *P. crispum* Nyman.
Synonymes botaniques : *P. sativum* Hoffmann, *P. hortense* Hoffmann, *P. romanum* Sweet, *Apium p.* Linné, *Apium laetum* Salisbury, *Carum p.* Bentham et Hooker.
Synonymes français : ache persil, guimbert, jambert, persil commun, persil cultivé, persil des jardins, persil odorant, persin...

Plante condimentaire, herbacée, l'une des plus répandues, mellifère ; ses feuilles sont odorantes, pétiolées, très divisées, triangulaires, luisantes, d'un vert foncé, formant une touffe ; ses tiges dressées, striées, rameuses apparaissent au cours de la 2e année de culture, hautes jusqu'à 1 m. Origine : Sardaigne, spontané en Europe méridionale, en Asie occidentale et en Afrique du Nord. Floraison : de juin à septembre (2e année de culture). Fleurs : hermaphrodites, blanc-vert, en ombelles.

UTILISATIONS

Les feuilles fraîches, crues ou cuites, finement hachées ou entières, accompagnent les salades, les crudités, divers plats garnis (viandes, pot-au-feu, etc.) ; aromatisent les sauces, les potages, les marinades, les omelettes, les farces, les escargots, les moules farcies, les œufs, les poissons. Généralement, on ajoute le persil en dernière minute (garniture), mais son arôme supporte la cuisson.

Les feuilles et les graines sont utilisées par l'industrie pharmaceutique. Le suc frais des feuilles calme les piqûres d'insectes. En grande quantité, le persil est déconseillé aux femmes enceintes et aux personnes souffrant des reins.

PROPRIÉTÉS

Anti-anémiques, antirachitiques, antiscorbutiques, apéritives, digestives, sédatives, stimulantes, toniques... Le persil contient beaucoup de vitamines A et C ainsi que des vitamines B1, B2, E, PP, des sels minéraux, du sodium, du magnésium, du cuivre, du fer, du manganèse, de l'iode, du phosphore, de la potasse, du soufre. Il contient une huile essentielle.

CULTURE

▶ **Sols préférés :** fertiles, légers, frais, humifères, les sols trop argileux ou trop acides lui sont néfastes.

▶ **Climat :** accepte tous les climats français ; assez rustique, il résiste au froid.

▶ **Exposition :** ombragée en été, ensoleillée durant les autres saisons.

▶ **Multiplication :** par semis.

▶ **Culture :** semer de mars à août, en place, en rayons distants de 25-30 cm, recouvrir peu les graines avec du terreau ou de la terre fine, plomber avec le dos du râteau. Éclaircir à 7-8 cm sur la ligne quand les plants ont 4 ou 5 feuilles. Tenir le sol frais. Le persil est souvent cultivé en bordures. Pour une production d'hiver, semer fin juillet-août à très bonne exposition ou sous châssis.

Il est possible de déplanter quelques pieds et de les replanter dans des caissettes que l'on placera sous châssis ou en serre.

▶ **Voisinage :** son voisinage est bénéfique pour la tomate, l'asperge, l'oignon ; il est néfaste pour la laitue.

▶ **Facteurs lunaires :** semer de préférence en lune décroissante.

▶ **Rotation :** appliquer une rotation de 3 ou 4 ans, le persil entre dans la catégorie des plantes herbacées.

▶ **Fumures, fertilisations :** fertilisations normales ; il n'aime pas la fumure organique non décomposée.

▶ **Fertilisations foliaires :** 1 ou 2 fois par mois, saupoudrer du lithothamne.

▶ **Soins :** binages, sarclages, arrosages si nécessaire, pailler en cas de sécheresse. En hiver, protéger les plantes du froid pour pouvoir en cueillir lors des gelées.

VARIÉTÉS

'Commun variété plus savoureuse', 'Géant d'Italie', 'Frisé vert foncé', 'Nain très frisé', 'Perlé de montesson', 'À feuilles de fougère'...

GRAINES

▶ **Porte-graines :** choisir à l'automne quelques beaux sujets qui monteront à graines l'année suivante ; les abriter des grands froids avec de la paille ou des feuilles sèches ; il est possible de les repiquer en mars ; cueillir les ombelles à la rosée, lorsque les graines prennent une couleur légèrement grise à brune, généralement en août ; les faire sécher à l'ombre. Conserver les graines dans des boîtes hermétiques à l'abri de l'humidité.

Les variétés frisées ont tendance à dégénérer, il faudra donc bien choisir les porte-graines.

▶ **Durée germinative :** 2 ou 3 ans.

▶ **Nombre de graines au gramme :** 350.

▶ **Levée :** 2 à 4 semaines ; plus rapide en faisant préalablement tremper les graines dans l'eau tiède pendant 48 heures, puis en les enrobant de lithothamne après un léger égouttage. Placer les graines dans des germoirs permet également d'accélérer la levée (à ce sujet, voir le chapitre *La multiplication*) ; les semer dès qu'apparaissent les germes en les recouvrant d'un peu de terre fine, ne pas tasser, effectuer plutôt un léger arrosage.

▶ **Intervalle entre le semis et le début de la récolte :** environ 2 mois et demi à 3 mois.

RÉCOLTE ET CONSERVATION

Récolter les plus grandes feuilles, une à une, selon les besoins.

Pour la conservation, faire sécher les feuilles à l'ombre, les réduire en fragments grossiers et les déposer dans des boîtes hermétiques ou en bocaux (on peut les conserver en petites bottes dans des sachets). Avant d'utiliser le persil broyé, il est préférable de le faire tremper quelques minutes dans de l'eau tiède ; conservé de cette façon, il perd légèrement son parfum.

MALADIES ET PARASITES

▶ **Le mildiou :** le dessous des feuilles se couvre de taches de moisissures blanches et jaunit. Souvent dû à un manque d'eau, tenir le sol suffisamment frais, sans excès. Détruire les pieds atteints en les brûlant.

▶ **La rouille :** les feuilles se couvrent de taches jaunes, puis brunes. Détruire et brûler les pieds atteints. Respecter les bases essentielles de l'agriculture biologique.

▶ **Les limaces et divers mollusques :** dévorent les jeunes plants. Voir le paragraphe qui leur est consacré page 44.

NOMS ÉTRANGERS

Anglais : *parsley, parsly*. **Allemand :** *Petersilie*. **Espagnol :** *perejil*. **Italien :** *prezzemolo*. **Néerlandais :** *pieterselie*.

Persil à grosse racine (P, *)

Cycle végétatif : bisannuel.
Famille : Ombellifères.
Noms botaniques : (1) *Petroselinum crispum* Nyman convar. *radicosum* (Alef) Danert, (2) *P. crispum* Nyman var. *radicosum* Bailey.
Synonymes botaniques : *P. sativum* var. *tuberosum* (Bernhardi), Schubl et Martens, *P. hortence* var. *radicosum* (Alef) Bailey, *P. hortence* var. *tuberosum* (Bernh) Thellung, *Apium tuberosum* Bernhardi.
Synonymes français : persil tubéreux, persil d'Angleterre.

Plante herbacée, potagère et condimentaire, dont la tige florale est ramifiée et peut atteindre plus de 1 m de hauteur ; ses feuilles sont palmées, parfumées, longuement pétiolées, divisées jusqu'à la nervure ; elles sont pratiquement identiques à celles du persil commun et elles s'utilisent de la même manière. Cette plante est surtout cultivée pour sa racine blanchâtre, charnue, renflée, en forme de fuseau, longue de 15 cm environ ; sa chair est ferme, blanche, son goût est agréable, il rappelle à la fois celui du céleri-rave et celui du panais. Le persil tubéreux est très cultivé en Grande-Bretagne. Origine : Europe méridionale, Asie occidentale ou Afrique du Nord. Floraison : de mai à juillet (2e année de culture). Fleurs : hermaphrodites, blanc verdâtre à jaunâtre, en ombelles composées.

UTILISATIONS

On consomme sa racine cuite à la manière du céleri-rave et du salsifis ; elle accompagne avantageusement le pot-au-feu, ainsi que certains ragoûts.

Ses feuilles servent de condiment ; à l'instar du persil commun, elles parfument les crudités, les salades, les sauces, les potages, divers plats garnis.

PROPRIÉTÉS

À peu près identiques à celles du persil courant. Sa racine est en outre apéritive, digestive et diurétique.

CULTURE

▶ **Sols préférés :** fertiles, profonds, légers, frais et humifères.
▶ **Climat :** tempéré.
▶ **Exposition :** ensoleillée.
▶ **Multiplication :** par semis.
▶ **Culture :** semer directement en place, en mars-avril, en lignes distantes de 35 cm. Recouvrir les graines de 0,5 cm de terreau ou de terre finement émiettée, tasser avec le dos du râteau ; maintenir le sol suffisamment humide jusqu'à la levée. Éclaircir quand les plants ont 3 ou 4 feuilles, en gardant un sujet tous les 15 cm.

La levée étant assez longue, il est conseillé de faire tremper les semences avant de les semer (se reporter à la levée du persil courant).
▶ **Voisinage :** bénéfique pour la tomate et l'oignon ; éviter l'asperge, à cause de sa longue racine, et la laitue.
▶ **Facteurs lunaires :** semer si possible en lune décroissante.
▶ **Rotation :** le persil à grosse racine entre dans la catégorie des plantes potagères à racines ; il est préférable d'attendre 3 ou 4 années avant de le cultiver au même endroit.

▶ **Fumures, fertilisations :** normales, éviter les fumures mal décomposées.

▶ **Fertilisations foliaires :** 2 ou 3 en cours de saison, à base d'algues marines.

▶ **Soins :** binages, sarclages, arrosages si nécessaire, pailler en cas de sécheresse.

VARIÉTÉS

'À grosse racine tardif', 'À grosse racine hâtif', 'À grosse racine de Hambourg'.

GRAINES

▶ **Porte-graines :** lors de l'arrachage, en octobre-novembre, on choisit quelques belles racines que l'on stratifie dans du sable sec ; on les replante au printemps, généralement en avril ; tuteurer les tiges, supprimer les petites inflorescences ; couper les ombelles quand les graines prennent une couleur grisâtre à brunâtre ; les faire sécher à l'ombre, récolter les graines et les conserver à l'abri de l'humidité et au frais.

▶ **Durée germinative :** environ 3 ans.

▶ **Nombre de graines au gramme :** 350.

▶ **Levée :** 2 ou 3 semaines, plus rapidement si l'on fait tremper les graines.

▶ **Intervalle entre le semis et le début de la récolte :** 6 mois environ (racines).

RÉCOLTE ET CONSERVATION

À partir de la mi-septembre, récolter les racines au fur et à mesure des besoins. Pour la conservation, arracher les racines avant les froids (fin octobre-novembre), les laisser se ressuyer quelques heures sur le sol, couper les feuilles au-dessus du collet, poudrer celui-ci avec du lithothamne, les conserver en silo, en tas à la cave ou, mieux, stratifiées dans du sable sec. Il est également possible de les garder en place, en les protégeant du froid avec des feuilles sèches ou de la paille, mais elles deviennent parfois filandreuses.

MALADIES ET PARASITES

Maladies et parasites rares ; si besoin, se reporter au paragraphe sur le persil courant.

NOMS ÉTRANGERS

Anglais : *Hamburg parsley, turnip rooted parsley.* **Allemand :** *Petersilienwurzel, Wurzelpetersilie.* **Espagnol :** *perejil grande.* **Italien :** *prezzemolo da radice.* **Néerlandais :** *wortelpieterselie.*

Piment fort et piment doux (A, **)

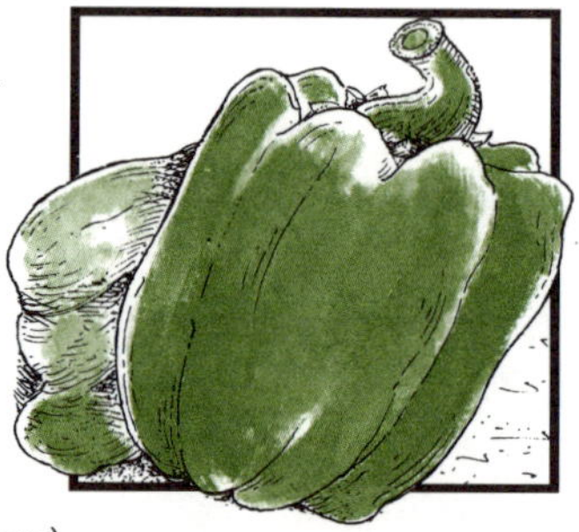

Cycle végétatif : annuel.
Famille : Solanacées.
Noms botaniques : piment fort : (1) *Capsicum frutescens* Linné, (2) *C. annuum* Linné ; piment doux : (1) *C. annuum* Linné, (2) *C. annuum* var. *grossum* Sandtner .
Synonyme botanique : *C. grossum* Willdenow (piment doux).
Synonymes français : piment fort : poivre du Brésil, poivre de Guinée, poivre d'Inde, poivre de Cayenne, piment de Cayenne, piment enviagé, piment vrai ; piment doux : paprika, poivron (très utilisé), piment Capsiane, poivre d'Espagne, poivre du Portugal.

Plante potagère et condimentaire, dont la tige mesure 30-70 cm de hauteur, elle est ramifiée, dressée et en partie ligneuse ; ses feuilles sont simples, alternes, oblongues, pétiolées, se terminant par une pointe ; ses fruits sont retombants ou dressés, de forme sphérique, conique plus ou moins allongée, pyramidale ou carrée ; leur taille est fonction de la variété, les fruits du piment doux (poivrons) sont beaucoup plus gros que ceux des autres variétés. À maturité, ils ont tous une couleur jaune, orange ou rouge. Tous les fruits sont creux et plus ou moins charnus, ils se distinguent aussi par leur saveur qui est douce pour les « poivrons » ou piments doux et très brûlante et piquante pour les piments forts. Origine : Amérique du Sud. Floraison : de mai à août. Fleurs : hermaphrodites, blanches, jaunes ou vertes, solitaires, réunies par 2 ou 3, généralement à l'aisselle des feuilles, en calices, elles sont autogames.

UTILISATIONS

Les fruits du piment fort relèvent diverses sauces et salades, certaines soupes de poissons, les farces, etc.

Après séchage, on obtient du « poivre rouge ». On confit les fruits crus dans le vinaigre.

Crus, les fruits du piment doux agrémentent les salades, les crudités, le riz, les pâtes, etc. On les confit également dans le vinaigre. Cuits, ils se préparent farcis, frits, grillés, sautés et accompagnent de nombreux plats et légumes dont la ratatouille niçoise, le couscous, le goulasch, les courgettes, les tomates. On en tire le paprika, épice qui parfume de nombreux plats, le ketchup, les marinades, etc.

PROPRIÉTÉS

▶ **Le piment fort :** antiscorbutiques, diurétiques, excitantes et sudorifiques ; contient une huile essentielle, des vitamines A, C, B, E, PP, plus du fer et du manganèse.

▶ **Le piment doux :** apéritives, excitantes et sudorifiques ; il est riche en vitamines A et C, contient aussi des vitamines B, K, et PP ainsi que du cuivre, du fer, du magnésium, du manganèse, du phosphore, du potassium et du zinc.

CULTURE

▶ **Sols préférés :** fertiles, humifères, profonds, frais, plutôt légers.

▶ **Climat :** tempéré, chaud ; n'apprécie pas une température inférieure à 10 °C, très sensible au froid.

▶ **Exposition :** chaude et ensoleillée.

▶ **Multiplication :** par semis.

▶ **Culture :** semer en février-mars, sur couche chaude ; en pépinière, en terrine ou en godets ; repiquer sur couche tiède courant avril, en espaçant les plants de 12-15 cm en tous sens ; mettre en place dans un endroit bien exposé vers la fin mai-début juin à 50 cm en tous sens. On peut les planter plus tôt sous tunnel plastique. Dans certaines régions, ou selon les années, le tunnel plastique est conseillé la nuit, aérer toute la journée au-dessus de 15 °C.

Dans le sud de la France, semer le piment en pleine terre, à bonne exposition en avril-mai. Recouvrir peu les graines et tenir le sol frais pour favoriser la levée.

Les piments demandent une température élevée au début de leur développement.

▶ **Voisinage :** voilà une plante potagère qui s'entend bien avec sa famille (la tomate et l'aubergine).

▶ **Facteurs lunaires :** semer de préférence en lune croissante.

▶ **Rotation :** le piment entre dans la catégorie des plantes potagères herbacées ou à fruits ; pratiquer une alternance de 3 ou 4 années.

▶ **Fumures, fertilisations :** normales, le piment se plaît dans un terreau ou un compost bien préparé, éviter les fumures fraîches ; il aime la potasse.

▶ **Fertilisations foliaires :** toutes les 2 ou 3 semaines jusqu'à la floraison, à base d'algues marines.

▶ **Soins :** binages, sarclages, arrosages réguliers ; tuteurer les pieds s'il y a lieu, pailler en cas de sécheresse. Réduire le nombre de fruits pour qu'ils deviennent plus gros.

VARIÉTÉS

▶ **Piments forts :** 'Rouge long ordinaire', 'De Cayenne', 'Du Chili', 'Piquant d'Algérie', etc. Il existe une vieille variété française, locale, trouvée en Bresse près de Romenay en 1981[1].

▶ **Piments doux :** 'D'Espagne', 'Corne de taureau', 'Carré doux d'Amérique', 'Merveille de Californie', 'Doux Aurore', 'Long des Landes', 'Mammouth jaune d'or', 'Doux d'Alger', 'Doux de Valence', 'Piperade', 'Rubyking', 'Jaune long', etc.

GRAINES

▶ **Porte-graines :** sur des pieds vigoureux, laisser venir à complète maturité les fruits choisis ; les cueillir, en extraire les graines, les laver, les faire sécher à l'ombre et les ensacher. Séparer de quelques dizaines de mètres les porte-graines de variétés différentes par des plantes hautes (haricot à rames, topinambour, pois à rames).

▶ **Durée germinative :** 4 ans.

▶ **Nombre de graines au gramme :** environ 150.

▶ **Levée :** 8 à 10 jours sur couche chaude, parfois 15 à 20 jours selon la température.

▶ **Intervalle entre le semis et le début de la récolte :** environ 5 ou 6 mois.

RÉCOLTE ET CONSERVATION

On récolte les piments doux selon les besoins et avant complète maturité : leur couleur doit être verte. Si les fruits se conservent quelques jours après leur cueillette, il est préférable de les consommer rapidement. La récolte s'étale depuis la fin juillet jusqu'aux gelées.

Pour la conservation, on cueille les fruits à maturité, on les réunit en bottes, attachés par leur pédoncule, on les pend exposés au soleil pour qu'ils sèchent ; on les broie pour en faire une épice appelée « poivre rouge » (fort) ou « paprika » (doux). On peut les faire sécher rapidement au four à feu doux 40 à 50 °C.

MALADIES ET PARASITES

Il est assez rare que les piments soient malades ou attaqués par les parasites surtout si l'on pratique une bonne rotation. Leur plus grand ennemi semble être le temps ; certaines années, ils sont attaqués par les pucerons ou les araignées rouges : les premiers sucent la sève des

1. Mentionné dans l'ouvrage de Ph. Marchenay avec la collaboration de Marie-France Lagarde, *À la recherche des variétés locales de plantes cultivées*, Page-Paca, conservation botanique de Porquerolles, 83400 Hyères.

feuilles et des tiges, tandis que les secondes s'attaquent au dessous des feuilles qui prennent une teinte grisâtre, sèchent et tombent.

NOMS ÉTRANGERS

Anglais : *red pepper, chili pepper, chillies* **(forts)**, *sweet pepper, spanish pepper, pod pepper* **(doux)**. **Allemand :** *spanischer Pfeffer, türkischer Pfeffer, taschen Pfeffer, Beissbeere, Paprika.* **Espagnol :** *pimiento.* **Italien :** *peperone.* **Néerlandais :** *spaansche peper* **(doux)**, *lombokpeper* **(fort)**.

Pimprenelle grande (A, *)

Cycle végétatif : vivace.
Famille : Rosacées.
Noms botaniques : (1) et (2) *Sanguisorba officinalis* Linné.
Synonymes botaniques : *S. hispanica* Miller et Gardner, *S. sabauda* Miller, *S. auricutata* Scopoli, *S. major* Gilibert, *S. altissima* Moench, *S. rubra* Schrank, *Poterium boreale* Salisbury.
Synonymes français : petit boucage, pimprenelle des prés, sanguisorbe.

Plante herbacée, mellifère, condimentaire, aromatique et médicinale, de 40-80 cm de hauteur ; ses tiges sont dressées, étalées à la base, ramifiées ; ses feuilles sont dentées, divisées, arrondies ou ovales. Origine : Europe occidentale, spontanée en France, dans les prairies humides, les bois ou en montagne. Floraison : de juin à septembre. Fleurs : hermaphrodites, pourpre foncé, en épis.

UTILISATIONS

Les feuilles fraîches crues aromatisent les salades, les crudités, les omelettes, les mayonnaises, les vinaigres, etc. Elles parfument aussi les sauces, les pâtés, les potages, les marinades, etc. Elles entrent dans la composition des fines herbes. Le goût rappelle celui du concombre. La plante entière est utilisée en infusion. La pimprenelle est cultivée avantageusement pour les animaux (vaches, moutons, lapins).

PROPRIÉTÉS

Antidiarrhéiques, apéritives, astringentes, carminatives, diurétiques, stomachiques, toniques ; contient une huile essentielle et est très riche en vitamine C.

CULTURE

▶ **Sols préférés :** plutôt humides, riches et profonds ; s'accommode de toutes les terres.
▶ **Climat :** plante rustique, supporte les grands froids comme la chaleur.
▶ **Exposition :** ensoleillée.
▶ **Multiplication :** par semis.
▶ **Culture :** semer en avril-mai ou à la fin de l'été (septembre) en lignes espacées de 35 cm, recouvrir légèrement les graines, plomber, éclaircir à 10-12 cm sur le rang. Parfois cultivée en bordures.
▶ **Voisinage :** la pimprenelle est le voisin idéal pour la plupart des plantes.
▶ **Facteurs lunaires :** semer de préférence en lune décroissante.
▶ **Rotation :** cette plante peut rester 2 ou

3 ans en place sans problème ; appliquer une rotation de 5 à 6 années. À cause de sa longue durée en place, elle est à classer dans les plantes exigeantes.

▶ **Fumures, fertilisations :** normales.

▶ **Fertilisations foliaires :** elles ne sont pas indispensables.

▶ **Soins :** les binages et les sarclages sont nécessaires, les arrosages en cas de besoin. En cas de sécheresse, il est conseillé de pailler. Supprimer les tiges florales dès leur apparition pour éviter d'affaiblir prématurément les plantes. Il est conseillé de couper les feuilles régulièrement, en général une fois par mois, les nouvelles feuilles seront ainsi plus tendres.

VARIÉTÉS

Le type botanique.

GRAINES

▶ **Porte-graines :** choisir quelques pieds reproducteurs, ne pas couper les tiges, récolter les graines à maturité, généralement en juillet-août-septembre en coupant les épis ; les faire sécher à l'ombre, les égrener en frottant l'épi entre le pouce et l'index, conserver les graines dans des boîtes hermétiques.

▶ **Durée germinative :** 2 ou 3 ans.

▶ **Nombre de graines au gramme :** 150.

▶ **Levée :** environ 1 semaine et demie.

▶ **Intervalle entre le semis et le début de la récolte :** 3 mois environ.

RÉCOLTE ET CONSERVATION

Couper les feuilles selon les besoins, du printemps jusqu'en octobre-novembre.

Pour la conservation, faire sécher les feuilles à l'ombre, sur un grillage ou suspendues en petites bottes, dans un local aéré, puis les placer dans des boîtes hermétiques. Il est préférable de renouveler les feuilles séchées tous les ans.

MALADIES ET PARASITES

Néant.

NOMS ÉTRANGERS

Anglais : *great burnet, salat burnet.* **Allemand :** *große Bibernelle, großer Wiesenknopf, schwarze Bibernelle*. **Espagnol :** *pimpinela mayor*. **Italien :** *sorbastrella, salvastrella maggiore, nieloncella.* **Néerlandais :** *groot sorbenkruit.*

Pimprenelle petite (A, *)

Cycle végétatif : vivace.
Famille : Rosacées.
Noms botaniques : (1) et (2) *Sanguisorba minor* Scopoli.
Synonymes botaniques : *Poterium s.* Linné, *P. collinum* Salisbury, *P. minus* S.F. Gray, *P. dictyocarpum* Spach, *S. poterium* Webb, *S. dictyocarpa* Franchet, *S. sanguisorba* Ascherson-Graebner.
Synonymes français : bipinelle, pimprenelle des jardins, petite sanguisorbe.

Plante herbacée, condimentaire, aromatique, médicinale, mellifère, de 30-50 cm de hauteur ; ses tiges sont angulaires, rougeâtres, ramifiées, dressées, parfois étalées, divisées en folioles, légèrement velues, vert clair, ovales ou arrondies. Origine : Europe occidentale, spontanée en France, plutôt dans les endroits secs et calcaires.

Floraison : au printemps, généralement d'avril à juin. Fleurs : hermaphrodites et mâles à la base, femelles au sommet, vertes, teintées de pourpre sur le côté ensoleillé, en épis.

UTILISATIONS ET PROPRIÉTÉS

Voir *Pimprenelle grande*.

CULTURE

▶ **SOLS PRÉFÉRÉS :** sableux, calcaires, profonds et secs ; la pimprenelle petite pousse pratiquement dans toutes les terres.

▶ **CLIMAT, EXPOSITION, CULTURE, VOISINAGE, FACTEURS LUNAIRES, ROTATION, FUMURES, FERTILISATIONS, FERTILISATIONS FOLIAIRES, SOINS :** voir pimprenelle grande.

VARIÉTÉS

Le type botanique.

GRAINES

▶ **PORTE-GRAINES :** voir pimprenelle grande.

▶ **DURÉE GERMINATIVE :** 2 ou 3 ans.

▶ **NOMBRE DE GRAINES AU GRAMME :** 150.

▶ **LEVÉE :** environ une douzaine de jours.

▶ **INTERVALLE ENTRE LE SEMIS ET LE DÉBUT DE LA RÉCOLTE :** environ 3 mois.

RÉCOLTE ET CONSERVATION

Voir *Pimprenelle grande*.

MALADIES ET PARASITES

Néant.

NOMS ÉTRANGERS

ANGLAIS : *lesser burnet, salad burnet, common salad burnet, burnet pimpernel.* **ALLEMAND :** *Wiesenknonf, Kölbel, Blutsauge.* **ESPAGNOL :** *pimpinela menor.* **ITALIEN :** *pimpinella, bibernella, salvastrella.* **NÉERLANDAIS :** *klein sorbenkruid, blœd kruid.*

Pissenlit (P, *)

Cycle végétatif : vivace, généralement cultivé comme plante annuelle ou bisannuelle.

Famille : Composées.

Noms botaniques : (1) et (2) *Taraxacum officinale* Weber.

Synonymes botaniques : *T. vulgare* Schrank, Baier, Reise, *Leontodon t.* Linné, *L. vulgare* Lamarck.

Synonymes français : barabant, bédane, chicorée laitron, chiroux, chopine, cochet, cœur de lion, couronne de moine, dent de chien, dent de lion, florion d'or, laiteron, laitue de chien, liondent, salade de taupe, salade de Chine, tête de moine...

Plante potagère, médicinale et mellifère, très connue, cultivée depuis environ un siècle et demi, mais consommée depuis fort longtemps ; on la cueillait à l'état sauvage. Ses feuilles sont radicales, lancéolées, elles mesurent jusqu'à 20 cm de longueur, dentées, vert foncé, disposées en rosette étalée. Origine : Europe ou Amérique du Nord, indigène dans toute l'Europe, l'Afrique du Nord et en Amérique ; en France, le pissenlit se rencontre partout dans nos prairies, les champs, les chemins

et même... dans nos pelouses ! Floraison : d'avril à septembre. Fleurs : hermaphrodites, jaunes, en capitules au sommet de longs pédoncules.

UTILISATIONS

Crues, les feuilles se préparent en salade, seules ou accompagnées de lardons ou d'œufs durs. On les cuit comme des épinards pour confectionner certaines soupes.

Les fleurs groupées en capitules décorent diverses salades. Les boutons floraux sont employés dans les omelettes en remplacement des pointes d'asperges ; ils peuvent être confits dans le vinaigre.

Les lapins raffolent des feuilles du pissenlit. Les feuilles et les racines s'utilisent en infusion.

PROPRIÉTÉS

Apéritives, cholagogues, dépuratives, diurétiques, laxatives, revitalisantes, toniques. Contient une huile essentielle, des vitamines A, B1, B2, C, PP, ainsi que du calcium, du fer, du magnésium, du manganèse, du phosphore, du potassium, du sodium et du soufre. Le pissenlit est l'ami du foie.

CULTURE

▶ **Sols préférés :** plutôt frais, humifères, fertiles et peu calcaires ; mais toutes les terres lui conviennent.

▶ **Climat :** tous ceux de nos régions ; très rustique.

▶ **Exposition :** ensoleillée.

▶ **Multiplication :** par semis ou bouturage de racines.

▶ **Culture :**

Par semis : semer en place en lignes distantes de 20-30 cm, éclaircir à 10-12 cm sur le rang. Semer en pépinière, repiquer quand les plants sont assez forts, environ 45 jours après le semis. Avant le repiquage, il faut habiller les plants ; il est avantageux de praliner leurs racines dans une bouillie de lithothamne pour faciliter la reprise.

Les semis s'effectuent de mars à la fin juin, tenir le sol suffisamment humide pour faciliter la levée. Recouvrir les graines avec un peu de terreau et plomber légèrement.

Par bouturage de racines : arracher de vieux pieds et choisir les plus belles racines. Diviser les ramifications à l'aide d'un couteau, praliner le bout de ces ramifications coupées avec une bouillie de lithothamne qui favorisera la cicatrisation. Les planter à l'aide d'une houe, la coupe vers le haut, le sommet de la racine légèrement recouvert, les boutures étant espacées de 12 cm, les lignes éloignées de 30 cm. Arroser chaque plantation.

On procède au bouturage généralement courant juillet.

▶ **Voisinage :** le pissenlit est, en principe, un mauvais voisin pour les plantes qui l'environnent directement.

▶ **Facteurs lunaires :** semer en lune décroissante.

▶ **Rotation :** plante assez épuisante, le pissenlit entre dans la catégorie des plantes potagères à racines. Pratiquer une alternance de 3 ou 4 années. Le pissenlit peut rester 2 années en place.

▶ **Fumures, fertilisations :** normales, éviter les fumures fraîches.

▶ **Soins :** binages, sarclages et arrosages en cas de nécessité, le paillage est bénéfique. Supprimer les boutons floraux (ou les utiliser), le pissenlit est une plante qui devient rapidement envahissante. À l'arrachage des anciennes plantes, veiller à ce qu'aucun tronçon de racine ne reste en terre.

Le blanchiment n'est pas très recommandé, car le pissenlit perd une partie de ses propriétés. Il se pratique en buttant les pieds en place, en automne (vers la fin novembre) en terre légère, en janvier-février dans un terrain lourd, argileux ou humide. Auparavant, couper les feuilles à 1 ou 2 cm au-dessus du collet, en gardant le cœur, puis recouvrir les lignes d'environ 20 cm de terre.

Il est possible de recouvrir quelques pieds avec des pots de fleurs renversés, les déplacer en fonction de la récolte.

Une troisième façon de blanchir les pissenlits est de les couvrir de caisses. En cas de froid, protéger celles-ci avec de la paille ou, mieux, du fumier de cheval. À la fin des froids, on pourra aussi les recouvrir successivement selon les besoins avec un mini-tunnel en plastique noir.

Enfin, le pissenlit peut être forcé en cave, de la même façon que la chicorée 'Witloof' ou la chicorée sauvage 'Barbe de capucin'. Il est possible d'effectuer cette opération sous châssis protégés sous des paillassons ou un plastique noir.

VARIÉTÉS

'Vert de Montmagny amélioré', 'Amélioré à cœur plein', 'Amélioré très hâtif', 'Commun', 'Géant à forcer'.

GRAINES

▶ **PORTE-GRAINES :** garder quelques beaux pieds, au cœur large et bien plein qui passeront l'hiver en place. Au printemps, ils fleuriront. La récolte des graines s'effectue à partir de la fin mai, dès qu'elles sont mûres, en coupant le pédoncule. Ne pas attendre car elles s'envolent facilement grâce à leurs aigrettes ; les faire sécher à l'ombre et les conserver en sachets ou dans des boîtes hermétiques.

▶ **DURÉE GERMINATIVE :** 2 ou 3 ans.

▶ **NOMBRE DE GRAINES AU GRAMME :** 1 200 à 1 500.

▶ **LEVÉE :** 1 ou 2 semaines.

▶ **INTERVALLE ENTRE LE SEMIS ET LE DÉBUT DE LA RÉCOLTE :** 10 à 12 mois.

RÉCOLTE ET CONSERVATION

La récolte s'effectue selon les besoins, généralement à la sortie de l'hiver jusqu'à l'apparition des tiges florales, en coupant les touffes au ras du sol.

MALADIES ET PARASITES

▶ **L'OÏDIUM :** les feuilles se couvrent d'un duvet blanchâtre. Apparaît souvent sur des plantes occupant le sol depuis plusieurs années, il suffit de couper les feuilles au ras du sol.

NOMS ÉTRANGERS

ANGLAIS : *dandelion, milk gowan, puffball.* **ALLEMAND :** *Löwenzahn, Kuhblume, Kettenblume.* **ESPAGNOL :** *diente de León, amargón.* **ITALIEN :** *diente di Leone, virasole dei prati, stella gialla, pisciacone.* **NÉERLANDAIS :** *paardebloem.*

Poire-melon (P, *)

Cycle végétatif : vivace dans les pays tropicaux, cultivée comme annuelle.

Famille : Solanacées.

Noms botaniques : (1) non mentionné, (2) *Solanum muricatum* Aiton W.

Synonymes botaniques : *S. wallissi carr, S. guatemalense* Eisen.

Synonymes français : morelle de Wallis, pépino, guayavo...

Plante potagère, atteignant 1 m de hauteur, ramifiée, très vigoureuse, buissonnante depuis sa base, deviendrait un sous-arbrisseau non productif sans taille. Ses feuilles sont entières, longues, lancéolées, parfois munies de folioles à leur base, elles sont vert foncé. Les fruits sont ovoïdes, ronds, plus ou moins aplatis ou allongés, voire pointus, de couleur vert-jaune doré pâle, avec des stries teintées de pourpre ou de violet, jusqu'à une teinte noirâtre à maturité et selon les variétés. Certains fruits peuvent atteindre près de 2 kg. Origine : Amérique tropicale.

Floraison : de juin aux gelées. Fleurs : hermaphrodites, à corolle étalée, en bouquets,

de couleur bleu violacé, ressemblant à celles de la pomme de terre.

UTILISATIONS

Le fruit se mange cru (comme un avocat) et cuit : coupé en tranches fines, sauté et doré à la poêle, en accompagnement des poissons et des viandes, il se prépare aussi en sorbet. Sa chair est épaisse, douce, rappelant à la fois le goût du melon et celui de la poire. Sa peau est très fine.

CULTURE

▶ **Sols préférés :** humifères, fertiles, frais, supporte bien la sécheresse.

▶ **Climat :** tempéré et chaud, craint les gelées.

▶ **Exposition :** chaude et ensoleillée.

▶ **Multiplication :** par bouturage ou par semis.

▶ **Culture :**

Par bouturage : en août-septembre, en pleine terre ; rentrer les boutures à l'abri avant les gelées, les garder dans de la tourbe ou du terreau ; à partir de ces pieds, faire de nouvelles boutures en janvier-février, au chaud et à la lumière, que l'on mettra en place comme les semis.

Par semis : semer sur couche chaude, en janvier-février, à plus de 20 °C dans des godets, repiquer en place à 60 cm en tous sens, en avril sous cloche ou tunnel plastique, en mai en plein air.

▶ **Facteurs lunaires :** semer de préférence en lune décroissante.

▶ **Rotations :** entre dans la rotation des légumes à fruits, à cultiver tous les 3 ou 4 ans à la même place.

▶ **Fumures, fertilisations :** normales, un apport de compost bien décomposé à chaque poquet est bénéfique.

▶ **Soins :** tuteurer, la poire-melon peut être conduite sur 2 tiges. Ne garder de préférence que 2 à 3 fruits par grappe. Binages, sarclages, arrosages si nécessaire.

▶ **Taille :** Supprimer régulièrement les gourmands poussant à l'aisselle des feuilles, ils poussent avec une grande vigueur.

VARIÉTÉS

Il y a 5 à 6 variétés, dont certaines donnent des graines.

GRAINES

▶ **Porte-graines :** récupérer les graines de fruits bien mûrs se trouvant vers le centre du fruit, les laver et les sécher.

▶ **Nombre de graines au gramme :** environ 1 000.

▶ **Levée :** souvent difficile, de quelques jours à quelques semaines, les graines demandent de la chaleur pour germer (20 à 30 °C).

▶ **Intervalle entre le semis et le début de la récolte :** 6 à 8 mois selon la température (environ 6 mois par bouturage).

RÉCOLTE ET CONSERVATION

Les fruits se récoltent à maturité (si possible), ils peuvent alors se conserver pendant plusieurs semaines.

MALADIES ET PARASITES

▶ **Le doryphore :** coléoptère de couleur jaune à jaune orangé, marqué de lignes noires qui s'attaque aux plantes les plus faibles et en dévore les feuilles. Pulvérisations d'insecticide végétal dès le début de l'invasion. Ramasser les adultes et les larves et les écraser, vérifier le dos des feuilles, cueillir celles sur lesquelles des œufs sont collés et les brûler.

▶ **L'araignée rouge :** ce petit acarien s'attaque aux plantes en suçant la sève, surtout les plantes cultivées en serre. Pulvérisations d'insecticide végétal sous les feuilles, de solutions à base de savon noir, de nicotine, d'absinthe, d'orties...

Cette plante paraît très résistante aux maladies.

NOMS ÉTRANGERS

Anglais : *melon pear.* **Allemand :** *Birne-melone.* **Espagnol :** *pera-melon.* **Italien :** *pera-melon.*

Poireau (P, *)

Cycle végétatif : vivace, cultivé comme plante bisannuelle.
Famille : Liliacées.
Noms botaniques : (1) et (2) *Allium porrum* Linné.
Synonymes botaniques : *Porrum sativum* Miller, Gardner, *P. sectile* Schultes, *A. laetum* Salisbury.
Synonymes français : poirée, poirette, porreau, asperge du pauvre.

Plante potagère herbacée, dont la tige florale dépasse parfois 1 m de hauteur ; ses feuilles sont larges, longues, planes, en forme de gouttière, retombantes, rétrécies au sommet s'engainant pour former une fausse tige qu'on appelle fût ; elles sont vert-gris, vert blond, vert foncé ou vert violacé selon les variétés. Origine : Europe méridionale ou Moyen-Orient. Floraison : de juin à août (2e année de culture). Fleurs : hermaphrodites, blanches, verdâtres ou rosés, en grosses ombelles sphériques.

UTILISATIONS

Le poireau se consomme cuit, puis accommodé à la vinaigrette, gratiné (excellent), à l'anglaise, sauté, à la béchamel, à la crème, en sauce, braisé, en tarte (délicieux)... C'est un ingrédient essentiel des potages, des potées, du pot-au-feu, etc. C'est un excellent légume.

PROPRIÉTÉS

Antiseptiques, digestives, diurétiques, émollientes, expectorantes, laxatives, résolutives et toniques. Il contient des huiles essentielles, des vitamines A, B, C et PP ainsi que du brome, du calcium, du chlore, du cuivre, du fer, du magnésium, du manganèse, du phosphore, du potassium, du silicium, du sodium, du soufre et du zinc.

CULTURE

▶ **Sols préférés :** humifères, meubles, profonds et suffisamment frais.

▶ **Climat :** tempéré, doux et humide.

▶ **Exposition :** ensoleillée.

▶ **Multiplication :** par semis, par bulbes (poireau perpétuel).

▶ **Culture :**

Par semis : pour une culture précoce, semer clair, sur couche chaude, début février. Après la levée, aérer le châssis aux belles heures de la journée, repiquer courant avril, récolter de mai à juillet ; pour une culture ordinaire hâtive, semer en pépinière bien abritée vers la fin février-début mars, repiquer courant mai, récolter à partir d'août jusqu'en décembre ; pour une culture ordinaire tardive, semer en pépinière (possible directement en place) en avril-mai, repiquer en juillet-août, récolter durant l'hiver et presque tout le printemps ; pour une culture de fin de printemps, semer clair en pépinière ou directement en place à bonne exposition, vers la mi-août, repiquer en novembre, récolter d'avril à juin de l'année suivante (poireaux « baguette », gros comme le petit doigt).

En effectuant ces semis, les poireaux seront disponibles toute l'année. Les graines de poireau seront recouvertes de 0,5 cm environ de terreau ou de terre bien émiettée ; plomber avec le dos du râteau ; tenir le sol suffisamment frais. Lorsque les plants atteignent à peine la grosseur d'un crayon, les repiquer en lignes espacées de 30-35 cm, chaque poireau à 12 cm d'intervalle, dans un rayon profond de 5-6 cm. Il est conseillé de repiquer les poireaux après les avoir arrachés et exposés au soleil pendant 2 ou

3 jours, puis les avoir habillés (couper l'extrémité des feuilles et des racines), fait tremper pendant quelques heures dans une solution à base d'essence de plantes Stimuphytol (1 cuillerée à café par litre d'eau) et, enfin, après avoir enrobé les racines d'une bouillie de lithothamne pour faciliter la reprise.

Par bulbes : cette méthode concerne le poireau perpétuel. Planter les gousses la pointe vers le haut, aux mêmes distances que le poireau ordinaire, de la 1re quinzaine d'août jusqu'en septembre. Ce poireau se reproduit également par semis.

▶ **Voisinage :** le poireau est à cultiver entre les rangs de carotte, son odeur repousse la mouche de la carotte et la carotte éloigne la teigne du poireau ; il cohabite favorablement avec le céleri, le fraisier, l'oignon et la tomate ; éloigner le haricot, le pois, le chou, la laitue, la bette et la betterave.

▶ **Facteurs lunaires :** semer et repiquer de préférence en lune décroissante.

▶ **Rotation :** le poireau est une plante exigeante, il ne devra revenir au même endroit qu'au bout de 3 ou 4 ans.

▶ **Fumures, fertilisations :** cette plante demande de l'azote comme la plupart des plantes foliacées ; en apporter 2 ou 3 kg/are en 2 épandages, une moitié au repiquage et l'autre moitié lors des premiers binages ; pour le reste, les doses d'emploi sont normales. Aucune fumure fraîche.

▶ **Fertilisations foliaires :** 3 ou 4 fertilisations à base d'algues marines.

▶ **Soins :** binages, sarclages, arrosages si nécessaire.

VARIÉTÉS

'Long de Mézières', 'De Genevilliers', 'Géant amélioré de Saulx', 'Malabare', 'Long d'hiver de Paris', 'Gros court de Rouen', 'Monstrueux de Carantan', 'Géant de Verrières', 'Géant de Provence'[1], 'Gros long d'été du Var'[1], 'Gros jaune du Poitou'[1], 'Bleu de Solaize'[2], 'D'hiver de Saint-Victor'[2], 'De Liège'[2], 'Monstrueux d'Elbeuf' ('Éléphant')[2], 'Géant d'hiver race Goliath'[2], 'Olaf'[2], 'Long d'hiver de Huy'[2], 'Poireau perpétuel'[2], etc.

GRAINES

▶ **Porte-graines :** choisir quelques beaux poireaux vigoureux, issus d'un semis de mai, représentant bien le type de la variété ; les arracher courant novembre (avant les gelées), les mettre en jauge, les protéger du froid avec de la paille ou des feuilles sèches ; début mars, les replanter à 50-60 cm en tous sens, tuteurer les tiges, récolter les ombelles à maturité, généralement en août-septembre. Les faire sécher à l'ombre dans un endroit aéré, ensacher les ombelles.

Les graines se conservent mieux dans leurs enveloppes, au frais et à l'abri de l'humidité, les battre juste avant le semis. Attention à l'hybridation, ne cultiver qu'une variété reproductrice par potager.

Pour le poireau perpétuel, il suffit de garder quelques dizaines de poireaux, de couper leur hampe florale dès son apparition ; arracher les poireaux et les bulbes quand les feuilles sont sèches, généralement vers la mi-juillet ; les conserver au sec pendant quelques semaines, avant la plantation. Il est possible de laisser monter à graines quelques poireaux perpétuels, comme il est dit précédemment, mais l'intérêt de ce poireau est sa capacité à être multiplié par gousse.

▶ **Durée germinative :** 2 ou 3 ans.

▶ **Nombre de graines au gramme :** 400 environ.

▶ **Levée :** environ 15 jours, 8 à 10 jours sur couche chaude.

▶ **Intervalle entre le semis et le début de la récolte :** environ 5 mois.

RÉCOLTE ET CONSERVATION

La récolte se fait selon les besoins, il est évident qu'il vaut mieux arracher les poireaux au

1. Variétés résistant au froid.
2. Cultivars sensibles aux gelées.

dernier moment. Les poireaux sont assez rustiques, ils résistent facilement aux gelées jusqu'à – 7 °C ; certaines variétés tiennent jusqu'à – 20 °C/– 25 °C. Dès le venue des fortes gelées, déposer sur le sol une bonne couche de feuilles sèches ou de paille (découvrir avant les pluies) ; cette couverture végétale facilitera l'arrachage en cas de gelées. Avant les gelées, creuser une tranchée de 30 cm de profondeur, large comme un fer de bêche environ ; y déposer les poireaux liés en bottes, les mettre les unes contre les autres au fond de la tranchée, combler les intervalles avec la terre retirée jusqu'à la moitié des « fûts » ; en cas de froid, couvrir de paille ou de feuilles sèches, protéger avec un plastique contre les pluies.

Sans précautions préalables, procéder de la façon suivante : prendre un arrosoir d'eau, arroser légèrement chaque poireau choisi ; 2 ou 3 minutes après, planter une aiguille à tricoter dans le poireau, écarter les 2 feuilles extérieures, tirer en tournant ; le poireau viendra facilement en laissant dans le sol son enveloppe extérieure et son chevelu ; renouveler l'opération pour les autres, les laisser dégeler progressivement. En fin de saison, congeler les poireaux qui menacent de monter. Quand les feuilles du poireau perpétuel gondolent perpendiculairement à son axe, généralement courant mai, c'est le dernier moment pour le consommer, il va monter à graines.

MALADIES ET PARASITES

Les maladies et parasites principaux sont les mêmes que ceux de l'oignon, s'y reporter page 248.

▶ **La teigne du poireau :** ce petit papillon gris avec des taches blanches pond sur les feuilles ; les larves entrent dans celles-ci, creusent des galeries en descendant jusqu'au cœur de la plante qui finit par pourrir. Il y a plusieurs générations de « vers de poireau », généralement en avril-mai et en juillet-août.

On reconnaît les plantes attaquées à leurs feuilles qui laissent apparaître des traces blanchâtres à la surface. Voir le paragraphe consacré à cette teigne dans le chapitre *La lutte contre les parasites*, page 48.

NOMS ÉTRANGERS

Anglais : *leek, porret.* **Allemand :** *Lauch, Porree.* **Espagnol :** *puerro, ajo porro, porro.* **Italien :** *porro.* **Néerlandais :** *prei.*

Poirée (P, *)

Cycle végétatif : bisannuelle.
Famille : Chenopodiacées.
Noms botaniques : (1) *Beta vulgaris* Linné var. *flavescens* De Candolle et Lamarck, (2) *B. vulgaris* var. *cicla* Linné.
Synonyme botanique : *B. crispa* Trattinick.
Synonymes français : bette, bette à cardes, blette, carde, joutte, poirée à cardes...

Plante potagère herbacée, dont la tige florale ramifiée peut atteindre 2 m de hauteur ; ses feuilles sont nombreuses, grandes, dressées, entières, ondulées, munies d'un pétiole (côte) et d'une nervure centrale très large, épaisse et charnue, de couleur différente selon les variétés (blanche, jaune, orange, rouge ou pour-

pre) ; le limbe est vert, blond, rouge vineux ou rouge violacé selon les cultivars. Il y a quelques variétés avec des feuilles moins importantes et des côtes peu développées. Cette plante proche de la betterave possède une racine pivotante mais non renflée. Origine : Europe méridionale. Floraison : juillet à septembre (2e année de culture). Fleurs : hermaphrodites, verdâtres, en bouquets.

UTILISATIONS

Les côtes de la poirée se préparent cuites au beurre, en salade, à la crème, au jus de viande, à la béchamel, gratinées, etc. Les feuilles sont essentiellement utilisées cuites dans les potages ou cuisinées à la manière des épinards (au beurre, au jus, etc.).

PROPRIÉTÉS

Diurétiques, laxatives et rafraîchissantes ; contient des vitamines A, B1, B2, C, K et PP ainsi que du fer. Elle est contre-indiquée aux diabétiques.

CULTURE

▶ **Sols préférés :** frais, profonds, humifères, plutôt argilo-siliceux.

▶ **Climat :** tempéré, redoute la sécheresse.

▶ **Exposition :** ensoleillée.

▶ **Multiplication :** par semis.

▶ **Culture :** la poirée se sème d'avril à la fin mai en pépinière. Semer clair en place, en lignes écartées de 40 cm ; par la suite, éclaircir à la même distance. Semer en lignes 3 ou 4 graines tous les 40 cm ; par la suite, ne garder que le plus beau sujet. Recouvrir les graines de 1 cm de terre émiettée.

Repiquer les plants quand ils ont 4 ou 5 feuilles. Pour faciliter la reprise, enrober les racines avec une bouillie de lithothamne (100 g par litre d'eau). Tenir le sol suffisamment frais.

▶ **Voisinage :** la poirée s'entend bien avec la carotte, le chou-rave, le haricot nain, le navet et le radis.

▶ **Facteurs lunaires :** semer en lune décroissante.

▶ **Rotation :** entre dans la catégorie des plantes potagères herbacées. Attendre 3 ou 4 années avant de la cultiver à nouveau à la même place.

▶ **Fumures, fertilisations :** normales, éviter les fumures fraîches.

▶ **Fertilisations foliaires :** 3 ou 4 au cours de la saison à base d'algues marines.

▶ **Soins :** binages, sarclages, arrosages fréquents en cas de sécheresse (un paillage est alors indiqué).

VARIÉTÉS

'Verte à carde blanche de Paris', 'Verte à carde blanche maraîchère Devaux', 'Blonde à carde blanche de Lyon', 'Verte frisée à carde blanche', 'Verte à carde blanche d'Ampuis', 'Verte à carde blanche bressane', 'Blonde frisée à carde blanche Luculus', 'À carde jaune du Chili', 'À carde rouge', etc.

Variétés sans carde (bette-épinard) : 'Verte à couper', 'Blonde à couper', etc.

La poirée à carde rouge est excellente et d'un effet décoratif extraordinaire au jardin.

GRAINES

▶ **Porte-graines :** choisir quelques beaux pieds représentant bien le type de la variété, les laisser en place ou les arracher pour les mettre dans un endroit abrité ; les protéger du froid avec de la paille ou des feuilles sèches ; il est possible de les placer sous châssis. Au printemps, les replanter à 60 cm en tous sens, tuteurer les tiges, pincer les extrémités des inflorescences. Quand les graines sont mûres, généralement en août-septembre, couper les tiges, les faire sécher à l'ombre, les battre et ensacher les graines.

▶ **Durée germinative :** 6 ans.

▶ **Nombre de graines au gramme :** 60.

▶ **Levée :** 10 à 12 jours.

▶ **Intervalle entre le semis et le début de la récolte :** environ 2 mois et demi pour les variétés à cardes ; à peine 2 mois pour la bette-épinard.

RÉCOLTE ET CONSERVATION

On récolte les feuilles une par une, selon les besoins et leur développement, généralement de juillet jusqu'aux gelées. Il est préférable de les utiliser le plus rapidement possible après la récolte. Avant les grands froids, il est conseillé de mettre les pieds en jauge ou dans une tranchée ; lors des fortes gelées, les protéger avec de la paille ou des feuilles sèches. Une autre possibilité consiste à les conserver dans un local frais et hors gel (cave, cellier...) en les replantant dans du sable ou de la terre.

MALADIES ET PARASITES

Ce sont les mêmes que ceux de la betterave, s'y reporter page 108.

NOMS ÉTRANGERS

ANGLAIS : *chard, beet, leaf-beet, silver beet, swiss chard* **(ÉTATS-UNIS) POUR LES POIRÉES À CARDES** ; *spinach beet, perpetual spinach* **POUR LES BETTES-ÉPINARDS. ALLEMAND :** *Beete, Stielmangold, schweizer Mangold* **POUR LES POIRÉES À CARDES** ; *Beisskohl, Mangold* **POUR LES VARIÉTÉS À COUPER. ESPAGNOL :** *bleda, acelga, beta.* **ITALIEN :** *bieta, bietola.* **NÉERLANDAIS :** *snijbeet.*

Pois (P, **)

Cycle végétatif : annuel.
Famille : Légumineuses.
Noms botaniques : (1) et (2) *Pisum sativum* Linné.
Synonymes français : petit pois (très employé), pois cultivé, pois de jardins, pois potager...

Plante potagère, à tiges herbacées creuses et ramifiées qui atteignent 30-50 cm pour les variétés naines et près de 2 m pour les variétés grimpantes ; ses feuilles sont composées de 2 ou 3 paires de folioles qui sont entières, ovales et opposées. Le support de la feuille (pétiole) se termine par une vrille accrochante qui permet à la plante de s'agripper. Le point de départ du pétiole est entouré d'une large stipule, ses cosses vertes, jaunes ou violettes (selon les variétés) sont droites ou légèrement arquées et contiennent des grains arrondis, ridés ou lisses. Origine : incertaine, probablement Europe méridionale ou Asie occidentale. Floraison : suivant les semis, de juin à septembre. Fleurs : hermaphrodites, généralement autogames, blanches ou violacées, papilionacées, seules ou par deux aux aisselles des feuilles supérieures.

UTILISATIONS

On consomme les pois en grains frais cuits au naturel, accompagnés de feuilles de laitue, de quelques carottes et d'oignons. On les prépare aussi aux lardons, à la crème, au roux, à la bonne femme, au jambon, au beurre, à l'anglaise, à la paysanne, etc.

Ils accompagnent avantageusement un pigeon ou un canard et entrent dans la composition de la jardinière de légumes. Les pois frais sont très digestes.

Les variétés mangetout dont on mange les gousses tout au début de la formation des grains se cuisinent à la manière des haricots verts.

Les pois en grains secs (pois cassés) s'utilisent en purée ou en soupe.

PROPRIÉTÉS

Antiscorbutiques, digestives, énergétiques et nutritives ; contient des vitamines A, B1, B2, C, E, PP, ainsi que du calcium, du fer, du magnésium, du phosphore, du potassium et du soufre. Il est également riche en matière azotée.

CULTURE

▶ **SOLS PRÉFÉRÉS :** plutôt légers, frais et bien aérés ; le pois pousse pratiquement dans toutes les terres, exceptées celles qui sont trop calcaires, trop acides ou très humides.

▶ **Climat :** tempéré et frais.

▶ **Exposition :** ensoleillée.

▶ **Multiplication :** par semis.

▶ **Culture :** pour une culture hâtive (dans les régions à climat doux), semer de novembre à février les variétés à grains ronds. Pour une culture normale, semer de février à juin d'abord les variétés à grains ronds, puis les variétés à grains ridés. Ces derniers sont d'une valeur nutritive plus élevée et sont plus sucrés.

Les pois se sèment en rayons distants de 30 cm (variétés naines) ou à 40 cm (variétés grimpantes) ; un grain tous les 2-3 cm à une profondeur de 1-1,5 cm. On peut les semer en poquets (sauf les variétés à rames), à raison de 6 à 8 grains par trou éloigné les uns des autres de 30-40 cm en tous sens.

On sème généralement les variétés de pois mangetout vers la fin du printemps (en mai-juin). On peut hâter la culture en semant sous tunnel plastique que l'on enlève lorsque les pois sont bons à butter.

▶ **Voisinage :** le pois pousse favorablement à côté de la carotte, du navet, de la pomme de terre, du radis ; mais c'est un mauvais voisin pour l'ail, l'oignon et l'échalote.

▶ **Facteurs lunaires :** semer de préférence en lune croissante.

▶ **Rotation :** c'est une plante améliorante (apportant un peu d'azote au sol) ; peu exigeante, elle rentre dans la rotation des légumineuses et engrais vert. Pratiquer une alternance de 3 ans de préférence.

▶ **Fumures, fertilisations :** normales, éviter les engrais azotés et toutes les fumures fraîches.

▶ **Fertilisations foliaires :** toutes les 3 semaines, saupoudrer du lithothamne.

▶ **Soins :** binages, sarclages, arrosages si nécessaire, abondants en cas de sécheresse car le pois n'apprécie pas une terre sèche ; 3 semaines après la levée, il est nécessaire de le butter et de le ramer avec des branches ramifiées. Il est avantageux de ramer les variétés naines. En cas de sécheresse, recouvrir le sol entre les rangs avec de la paille, des feuilles ou des tontes de pelouse...

▶ **Taille :** certains jardiniers pincent les pois ; les variétés hâtives au-dessus du groupe de la 5e fleur, les variétés tardives au-dessus du 7e ou 8e bouquet ; cette taille a pour seul but d'avancer la cueillette.

VARIÉTÉS

Il existe des variétés à grains blancs ou verts, ridés ou lisses (ronds) :

▶ **Pois à grains ronds nains ou demi-nains :** 'Plein le panier', 'Nain très hâtif d'Annonay', 'Serpette nain 100 pour un', 'Petit provençal', 'Nain couturier', 'Douce Provence', 'Téziéregal', 'Rois des fins verts', 'À cosse violette'...

▶ **Pois à grains ridés, nains ou demi nains :** 'Merveille de Kelvedon', 'Merveille d'Amérique', 'Merveille d'Angleterre', 'Sénateur', 'Lincoln', 'Téléphone nain', 'Serpette nain vert', 'Précursor', 'Wilson', 'Télévision'...

▶ **Pois à grains ridés à rames :** 'Téléphone à rame', 'Sénateur', 'Thomas Laxton', 'Le délicieux centurion', 'Ridé vert à rame'...

▶ **Pois mangetout nains ou demi-nains :** 'Mangetout nain hâtif breton', 'Mangetout demi-nain Debeve', 'Normand', 'Mangetout à large cosse'...

▶ **Pois mangetout à rames :** 'Mangetout corne de bélier', 'Mangetout géant à large cosse', 'Mangetout caroubyde Maussane', 'Super-mangetout Tézier', 'À cosse jaune', 'Géant sans parchemin', 'Mangetout beurre', 'Mangetout sans parchemin très hâtif à fleur rouge', 'Mangetout fondant de Saint-Désirat'...

GRAINES

▶ **Porte-graines :** garder en vue de la production de semences la plus belle rangée (ou une partie) ; pincer les extrémités des tiges (au-dessus de la 6e-7e fleur), récolter les gousses quand elles sont mûres, les faire sécher, les écosser, les conserver dans des sachets ou des boîtes en bas du réfrigérateur (il faut que les grains soient bien secs) ; c'est la meilleure façon de garder les graines de pois sans produits chimiques. Les premières gousses mûres donnent les meilleures semences.

▶ **Nombre de graines au gramme :** 2 à 6.

▶ **DURÉE GERMINATIVE :** 2 ou 3 ans (grains ridés), 3 ou 4 ans (grains ronds).

▶ **LEVÉE :** elle varie selon l'époque des semis, 1 mois environ pour les semis d'hiver, 10 à 20 jours pour les semis de printemps.

▶ **INTERVALLE ENTRE LE SEMIS ET LE DÉBUT DE LA RÉCOLTE :** 3 mois à 3 mois et demi pour les variétés hâtives, 4 mois environ pour les variétés tardives.

RÉCOLTE ET CONSERVATION

On récolte les gousses au fur et à mesure des besoins et selon leur avancement ; pour les pois à écosser frais, quand les grains sont bien formés, les cosses devant toujours être vertes. Pour les variétés mangetout, on cueille les gousses tout au début de la formation des grains. Il est préférable de manger les pois le plus rapidement possible après la récolte.On peut congeler ou stériliser les excès de récolte.

MALADIES ET PARASITES

▶ **LE MILDIOU :** il apparaît sur les feuilles un duvet poussiéreux violacé clair, les gousses se flétrissent et présentent des taches brun foncé. Éviter les arrosages trop fréquents, il vaut mieux arroser profondément mais moins souvent. À titre préventif, au buttage, effectuer une pulvérisation de bouillie bordelaise ; pratiquer une rotation convenable ; fertilisations foliaires régulières ; appliquer les bases essentielles de l'agriculture biologique.

▶ **L'OÏDIUM :** les feuilles puis les tiges se couvrent d'un duvet blanc, arrêtant la végétation. Dès l'apparition de la maladie, pulvériser de la bouillie bordelaise ou un poudrage de 150 g de fleur de soufre mélangés à 150 g de lithothamne (pour 1 are environ), de préférence tôt le matin ou tard le soir. Faire régulièrement des poudrages foliaires ; pulvérisations de purin d'orties ou de décoction de prêle (en traitement préventif). Cette maladie apparaît principalement sur les variétés tardives d'été.

▶ **L'ANTHRACNOSE DU POIS :** attaque les feuilles, les tiges et surtout les gousses qui se flétrissent et présentent des taches grisâtres plus foncées sur le pourtour. Maladie assez rare si l'on suit les bases de l'agriculture biologique ; fertilisations foliaires ; mêmes traitements que pour le mildiou.

▶ **LA ROUILLE DU POIS :** les feuilles se couvrent de taches rougeâtres. Mêmes remèdes que pour le mildiou. Supprimer les feuilles atteintes et les brûler.

▶ **LE PUCERON VERT :** les feuilles sont piquées, jaunissent et se recroquevillent. Voir le paragraphe consacré aux pucerons page 43.

▶ **LES LIMACES ET ESCARGOTS :** dévorent les jeunes plants. Voir le paragraphe consacré aux mollusques page 44.

▶ **LA BRUCHE DU POIS :** s'attaque aux gousses, puis aux grains, dans lesquels elle se métamorphose et desquels elle sort l'hiver en creusant un trou rond. Avant de les semer, faire tremper les semences et éliminer celles qui flottent. Détruire tous les pois ayant un petit trou. Maintenir les semences quelques jours à – 2 °C, puis les conserver dans le bac à légumes du réfrigérateur ; attention les pois doivent être bien secs. En traitement préventif, pulvériser des solutions à base d'infusion de Tanaisie. En cas d'attaque, effectuer des traitements à base de roténone.

▶ **LE THRIPS DU POIS :** l'insecte et sa larve s'attaquent aux feuilles et aux gousses qui se recroquevillent et ne se développent plus, des taches brunes apparaissent. Tenir le sol suffisamment humide en cas de sécheresse ; pulvérisations ou saupoudrages d'insecticide végétal à base de roténone ; pulvérisations de macération à base d'absinthe.

▶ **LA PYRALE DU POIS :** larve grisâtre qui dévore les grains à l'intérieur des gousses, les rendant véreux ; pulvérisations d'insecticide végétal à base de roténone et de pyrèthre. En prévention, faire régulièrement des fertilisations foliaires à base de lithothamne.

▶ **LE SITONE DU POIS :** petit charançon de teinte grise qui ronge le bord des jeunes feuilles au printemps, ralentissant la croissance de la plante. Répandre de la cendre de bois sur le plant (à la rosée) ; pulvérisations d'insecticide végétal.

▶ **LES OISEAUX :** mangent les grains de pois au début de la levée. Lors du semis, bien tasser le sol en marchant sur le rayon, les oiseaux auront beaucoup de mal à arracher les semences qui lèvent. Couvrir la planche de fils de nylon (à pêche), cela surprendra les oiseaux au dernier moment et les fera fuir quand ils les effleureront de l'aile. Mettre un filet sur chaque planche.

NOMS ÉTRANGERS

ANGLAIS : *pea, garden pea, green pea.* **ALLEMAND :** *Erbse, Saaterbse, Gartenerbse, Schalerbse.* **ESPAGNOL :** *guisante, chicharo.* **ITALIEN :** *pisello.* **NÉERLANDAIS :** *erwt, doperwt.*

Pois-asperge (P, **)

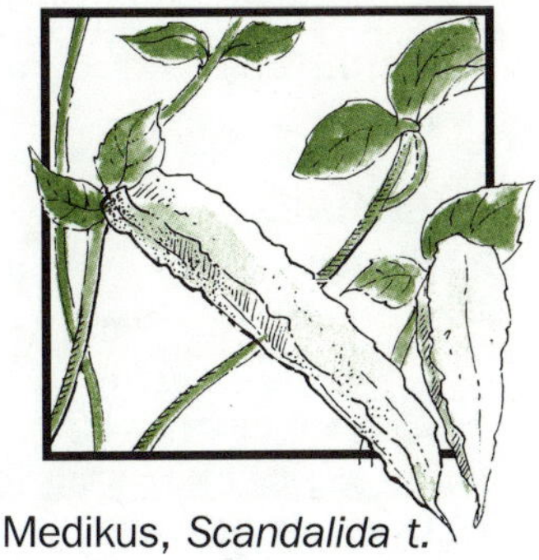

Cycle végétatif : annuel.
Famille : Légumineuses.
Noms botaniques : (1) *Tetragonolobus purpureus* Moench, Meth, (2) *Lotus t.* Linné.
Synonymes botaniques : *T. edulis* Link, *Scandalida rubra* Medikus, *Scandalida t.* Medikus, Phil.
Synonymes français : lotier cultivé, lotier pourpre, lotier rouge, pois asparagus, pois café, pois carré, pois à quatre ailes, pois sucré...

Plante potagère et décorative, de 15-40 cm de hauteur, formant une rosette ; les feuilles à 3 folioles sont ovales et dressées ; les tiges sont d'abord montantes puis étalées ; les fruits ou gousses sont bordés de 4 ailes membraneuses ; le pois-asperge ne produit pas de vrilles. Il est cultivé pour ses fruits en gousses carrées. Cette plante est très prisée en Inde. Origine : Sicile probablement, on rencontre le pois-asperge à l'état spontané dans le sud de l'Europe et en Afrique du Nord. Floraison : de juin à août (selon l'époque du semis), à l'état spontané il fleurit de mars à mai. Fleurs : hermaphrodites, pourpre foncé, solitaires, papilionacées.

UTILISATIONS

Ses gousses cueillies jeunes et tendres se préparent, cuites, de la même manière que les haricots verts ou les pois mangetout. Cuire rapidement. La saveur du pois-asperge rappelle celles de l'asperge et du pois mangetout.

CULTURE

▶ **SOLS PRÉFÉRÉS :** profonds, meubles, riches en humus et gardant bien la fraîcheur.

▶ **CLIMAT :** tempéré.

▶ **EXPOSITION :** ensoleillée.

▶ **MULTIPLICATION :** par semis.

▶ **CULTURE :** semer de la mi-avril à la fin mai, en rayons distants de 40 cm ; semer clair pour éclaircir par la suite à 25 cm ; recouvrir les semences de 2 cm environ de terre fine. On peut semer cette plante en poquets peu profonds, espacés de 40 x 25 cm ; quand les plants mesurent 2-3 cm de hauteur, ne garder que le plus beau sujet.

Il est possible de faire un semis en avril et un autre en mai, ce qui prolongera la récolte.

▶ **VOISINAGE :** éviter de cultiver le pois-asperge à côté de l'oignon, de l'ail et de l'échalote.

▶ **FACTEURS LUNAIRES :** semer en lune croissante de préférence.

▶ **ROTATION :** cette légumineuse fait partie des plantes améliorantes, effectuer une rotation de 2 ou 3 années.

▶ **FUMURES, FERTILISATIONS :** normales, éviter les fumures fraîches, apporter peu d'engrais azoté (environ 500 g/are).

▶ **FERTILISATIONS FOLIAIRES :** effectuer quelques fertilisations foliaires à base d'algues marines jusqu'à la floraison.

▶ **Soins :** binages, sarclages et arrosages, garder le sol suffisamment frais, sans excès ; cette plante ne doit pas subir d'arrêt végétatif sinon les cosses deviennent filandreuses et immangeables. On peut butter légèrement les pieds quand ceux-ci atteignent 5-6 cm de hauteur.

VARIÉTÉS

Le type botanique.

GRAINES

▶ **Porte-graines :** sur les plus belles plantes, ne pas cueillir les premières gousses, les laisser venir à maturité (quand elles sont noires et sèches), les conserver à l'abri de l'humidité. Les graines se conservent mieux dans leur cosse.

▶ **Durée germinative :** 5 ans.

▶ **Nombre de graines au gramme :** 15 à 18.

▶ **Levée :** une dizaine de jours environ.

▶ **Intervalle entre le semis et le début de la récolte :** 2 mois environ.

RÉCOLTE ET CONSERVATION

La récolte, qui peut se prolonger pendant plusieurs semaines, s'effectue au fur et à mesure des besoins, quand les gousses mesurent 2-3 cm de longueur, c'est-à-dire avant la formation des graines ; elles deviennent filandreuses en s'allongeant. Attention ! après la floraison, les gousses se développent rapidement !

Comme les haricots verts, les gousses du pois-asperge devront être consommées le plus vite possible après la cueillette, le surplus sera congelé ou stérilisé.

MALADIES ET PARASITES

▶ **Les limaces :** elles s'attaquent aux jeunes plants. Voir le paragraphe consacré aux mollusques.

Cette plante craint surtout la sécheresse et les gelées.

NOMS ÉTRANGERS

Anglais : *asparagus pea, winged pea, square podded pea.* **Allemand :** *Elügelerbse, Spargelerbse.* **Espagnol :** *bocha cultivada.* **Italien :** *veccia pisella.* **Néerlandais :** *vogelvitse.*

Pois chiche (P, **)

Cycle végétatif : annuel.
Famille : Légumineuses.
Noms botaniques : (1) et (2) *Cicer arieticum* Linné.
Synonymes botaniques : *C. grossum* Salisbury, *C. sativum* Schkuhr, *C. physodes* Reichenbach, *Nochotta oleracea* Gmelin.
Synonymes français : café français, ciseron, garvance, pisette, pois becu, pois blanc, pois citron, pois brebis, pois cornu, pois gris, pois de Malaga, pois pointu, tête de bélier...

Plante potagère, herbacée, très cultivée dans les pays d'Europe méridionale dont l'Espagne, l'Italie, mais aussi en Afrique du Nord et en Asie, principalement en Inde ; ses tiges sont rudes, recouvertes de poils, dressées, ramifiées, elles ne grimpent pas ; ses feuilles sont composées de nombreuses folioles alternes, ovales, dentées et velues. Elle est cultivée pour ses graines enfermées généralement par deux dans de petites gousses renflées. Origine : Europe méridionale ou Asie occidentale. Floraison : en juin-juillet. Fleurs : hermaphrodites, blanches, roses ou violacées,

papilionacées, solitaires à l'aisselle des feuilles.

UTILISATIONS

On commence par faire tremper les graines pendant une douzaine d'heures dans l'eau avant de les faire cuire, puis elles s'utilisent en soupe, à la vinaigrette, à la catalane, etc. Elles accompagnent certains plats de poisson, les couscous et les paellas. Réduites en farine, les graines se mangent en purée. Les semences récoltées quand les cosses sont encore vertes se préparent comme les pois.

PROPRIÉTÉS

Antiseptiques, diurétiques, énergétiques et stomachiques, contient des vitamines B et C ainsi que de l'arsenic, du calcium, du fer, du magnésium, du phosphore, du potassium, du silicium et du sodium.

CULTURE

▶ **SOLS PRÉFÉRÉS :** meubles, profonds, fertiles, siliceux ; s'adapte aux terres sèches, arides et calcaires.

▶ **CLIMAT :** chaud ; cette plante aime beaucoup la chaleur, elle est très résistante à la sécheresse.

▶ **EXPOSITION :** ensoleillée et chaude.

▶ **MULTIPLICATION :** par semis.

▶ **CULTURE :** semer directement en place, en février-mars ou en octobre-novembre dans le Midi, depuis la fin avril jusqu'à la mi-mai dans les autres régions, en terre réchauffée, en situation chaude ou sous tunnel plastique ; enlever ce dernier quand la température le permet. On sème le pois chiche en lignes distantes de 40 cm, 3 ou 4 graines tous les 25 cm ; les recouvrir de 2-3 cm de terre, plomber, tenir le sol frais pour faciliter la levée ; par la suite, ne garder que 2 plants tous les 25 cm.

▶ **VOISINAGE :** comme toutes les légumineuses, le pois chiche entrave la croissance de l'oignon, de l'ail, de l'échalote.

▶ **FACTEURS LUNAIRES :** semer de préférence en lune croissante.

▶ **ROTATION :** comme toutes les légumineuses, le pois chiche fait partie des plantes potagères améliorantes, pratiquer une alternance de 2 ou 3 ans.

▶ **FUMURES, FERTILISATIONS :** normales.

▶ **FERTILISATIONS FOLIAIRES :** 3 ou 4 en cours de saison, à base d'algues marines.

▶ **SOINS :** binages, sarclages, arrosages peu fréquents ; butter les rangs comme pour les pois ou les haricots nains.

VARIÉTÉS

Le 'Pois chiche à grains blancs' est à peu près le seul cultivé pour l'alimentation, les variétés à grains rouges ou noirs étant plutôt fourragères.

GRAINES

▶ **PORTE-GRAINES :** par beau temps, arracher les plus beaux pieds dont les gousses sont sèches ; les suspendre la tête en bas, dans un local sec et aéré, puis battre et ensacher les graines, les conserver en bas du réfrigérateur.

▶ **DURÉE GERMINATIVE :** 3 ans.

▶ **NOMBRE DE GRAINES AU GRAMME :** 3.

▶ **LEVÉE :** 8 à 10 jours.

▶ **INTERVALLE ENTRE LE SEMIS ET LE DÉBUT DE LA RÉCOLTE :** environ 5 ou 6 mois.

RÉCOLTE ET CONSERVATION

On récolte les gousses quand celles-ci sont sèches ou peu avant leur complète maturité. L'opération s'effectue d'août à octobre (suivant les régions), on arrache les pieds que l'on suspend à l'envers, attachés par botte, dans un local sec, frais et aéré. Puis conserver les graines dans un sac en toile, dans un endroit frais ; si les graines subissent les froids de l'hiver, cela leur sera bénéfique.

MALADIES ET PARASITES

▶ **LA BRUCHE :** cette larve se métamorphose dans la graine pour en ressortir l'hiver en creusant un trou. Voir la bruche du pois page 280.

Son ennemi principal est essentiellement le manque de chaleur.

NOMS ÉTRANGERS

ANGLAIS : *chick pea, egyptian pea, Bengal gram.* **ALLEMAND :** *Kirchererbse.* **ESPAGNOL :** *garbanzo.* **ITALIEN :** *cece, ceci.* **NÉERLANDAIS :** *keker.*

Pomme de terre (P, *)

Cycle végétatif : vivace par ses tubercules, cultivée comme annuelle.
Famille : Solanacées.
Noms botaniques : (1) et (2) *Solanum tuberosum* Linné.
Synonymes botaniques : *S. esculentum* Necker, *S. aracatscha* Besser, *Lycopersicon tuberosum* (Linné) Miller, Gardner.
Synonymes français : morelle truffe, morelle tubéreuse, parmentière, patate, patate des jardins, patate de la Manche, patate de Virginie, tartoufle, tartuffe, truffe, truffelle...

Plante potagère à tiges herbacées, carrées ou ayant des angles, atteignant 40 cm à près de 1 m de hauteur, poussant en touffes ; les feuilles sont légèrement pétiolées, découpées en lobes ovales ou oblongs. Elle est cultivée pour ses tubercules souterrains de forme diverse (ovales, longs, ronds, aplatis, courbés en rognon, etc.) et de couleur différente (jaunes, roses, rouges, bleus, violacés ou noirs) selon les variétés. La chair des tubercules peut être blanche, jaune, jaune veiné de rouge ou violette. Le goût et l'utilisation des pommes de terre varient selon les espèces, celles à chair farineuse sont délicieuses dans un potage ou en purée, tandis que celles qui ont une chair ferme sont appréciées dans les ragoûts, en salade, sautées, en robe des champs, en frites, etc. Origine : hautes montagnes d'Amérique du Sud (Chili, côte du Pérou, cordillère des Andes), importée en Espagne par des moines espagnols revenant du Pérou vers 1530 ; répandue par la suite dans divers pays d'Europe. La pomme de terre apparut en France d'abord comme plante ornementale, puis fourragère, avant de devenir potagère vers les années 1770 grâce aux efforts de Parmentier. Aujourd'hui, elle est certainement le légume le plus consommé dans notre pays. Floraison : de juin-juillet jusqu'en septembre. Fleurs : hermaphrodites, blanches, roses, lilas, bleutées ou violacées suivant les variétés, à corolle entière, en bouquets axillaires et terminaux.

UTILISATIONS

Les tubercules de pomme de terre se consomment cuits, sautés, en salade, à l'étouffée, à l'anglaise, à la maître d'hôtel, à la matelote, en frites, à la poulette, à la sauce blanche, au lard, en purée, farcis, en ragoût, en soufflé, à la Bretonne, au gratin, à la Bressane, en gratin dauphinois, en chips, en robe des champs, à la Basquaise, à la Berrichonne, à la Provençale, à la Lyonnaise, à la Normande, en beignets, à la Périgourdine, persillés, etc. Ils entrent dans la composition des potages et accompagnent diverses viandes, poissons ou légumes. Éviter de peler les pommes de terre trop à l'avance et de les conserver longtemps après la préparation.

PROPRIÉTÉS

Digestives, énergétiques, nourrissantes, etc. Contient des vitamines B1, B5, B6, C, K, PP ainsi que du cuivre, du fer, du manganèse, du phosphore, du potassium, du sodium et du soufre, etc.

Ne pas manger les tubercules verts ou trop germés : ils renferment une substance toxique.

CULTURE

▶ **Sols préférés :** profonds, fertiles, meubles, humifères, sablonneux, ayant un pH de 6,5 à neutre, argilo-siliceux, silico-argileux, sans excès d'humidité, toujours bien préparés.

▶ **Climat :** tempéré ; pousse dans toutes les régions, craint le gel.

▶ **Exposition :** ensoleillée de préférence ou mi-ombragée.

▶ **Multiplication :** par plantation de tubercules, par bouturage et par semis.

▶ **Culture :**

Par plantation de tubercules : on plante les tubercules de pomme de terre lorsque les gelées ne sont plus à craindre (certains se basent sur la floraison des lilas) ; généralement de la fin mars à la mi-avril pour les variétés tardives et de la fin mars au début mai pour les variétés précoces. Planter des tubercules germés dans des trous profonds de 8-12 cm en terre lourde ou de 12-15 cm en terre légère, en quinconce, espacés de 40-50 cm sur le rang, les lignes distantes de 60-70 cm. Il est possible de planter des tubercules en juillet avec des plants de l'année précédente que l'on aura conservés dans un endroit frais et lumineux (au nord). Prendre garde à ne pas casser les germes lors de la plantation qui s'effectue à l'aide d'une bêche ou d'une houe.

La mise en germination doit avoir lieu 1 ou 2 mois avant la plantation. Les gros tubercules peuvent être coupés en deux (sens de la longueur) à condition que chaque morceau possède au moins 2 ou 3 yeux ; cette opération sera réalisée quelques jours avant la plantation. Il est très bénéfique de poudrer les faces fraîchement coupées avec du lithothamne qui facilite la cicatrisation.

Les personnes propriétaires d'un petit jardin feront une bonne récolte de pommes de terre avec un minimum de place en cultivant la pomme de terre en tour ! Comment procéder pour la fabrication d'une tour contenant 1 seul plant ? Acheter du plastique armé et transparent d'une hauteur de 75 cm pour fabriquer les cylindres qui devront avoir 60-70 cm de diamètre ; entourer chaque cylindre avec un treillage de la même hauteur pour maintenir le plastique armé à l'intérieur ; à l'endroit choisi, préparer le sol, entourer de 4 poteaux qui serviront à maintenir le cylindre en place, planter 1 tubercule au centre, placer le cylindre entre les poteaux qui seront reliés entre eux pour bien maintenir la tour. Au fur et à mesure de la croissance de la plante, ajouter de la terre humifère de façon que les fanes de la plante dépassent la terre d'une dizaine de centimètres ; il faut compter environ 5 ou 6 apports successifs de terre pour remplir la tour.

Chaque tour peut rapporter 10 à 20 kg de tubercules. Attendre environ 5 mois entre le semis et la récolte. Il peut être avantageux de percer quelques petits trous dans la tour. La pomme de terre 'Roseval' convient bien à cette culture. Tenir la tour fraîche en cas de sécheresse ; en arrosant, éviter de mouiller les feuilles, l'eau de pluie est la meilleure pour cet usage. Ce mode de culture curieux permet de récolter 40 à 80 kg de pommes de terre sur environ 2 m^2.

Par bouturage : détacher, à l'aide d'une petite cuillère ou d'un couteau en inox, des germes munis d'un petit fragment de tubercule, praliner chaque talon avec du lithothamne pour faciliter la cicatrisation. Planter ces boutures en pépinière ou en place en avril-début mai à 25 x 50 cm. Le rendement sera assez facile, car on récoltera 1 à 4 tubercules, et c'est une bonne manière de multiplier rapidement une variété tout en la régénérant. Ces boutures doivent être plantées dans des trous profonds de 4-5 cm, le germe vers le haut.

Par semis : semer sur couche en février-mars ou avril, dans un endroit bien exposé, sous châssis ou sous un tunnel plastique ; recouvrir peu les graines, tenir le sol suffisamment frais pour faciliter la levée. On peut aussi semer les semences en caissettes sous abri, puis les repiquer sous châssis, dans des gros pots en terre cuite enterrés et placés les uns contre les autres. On repique les plants quand ils ont 3 feuilles, à 20 cm sur le rang, les lignes distantes de 30 cm. Laisser en place et les éclaircir aux mêmes distances, les plants arrachés sont transplantables. Chaque pied donnera de petits tubercules allant de la taille d'une noisette à celle d'un œuf de poule ; choisir 1 ou 2 tubercules (les plus beaux) par pied lors de la récolte, chaque pied portera un numéro et chaque récolte sera conservée à part.

Pendant la végétation ou à la récolte, éliminer les pieds qui ne répondent pas à ce que l'on recherche. Les tubercules issus de ce semis seront replantés l'année suivante en séparant bien les variétés différentes (chaque graine donne une variété différente !) ; à partir de la 3e année de culture, on obtiendra des tubercules de volume normal.

▶ **Voisinage :** la pomme de terre fait bon ménage avec les légumineuses (pois, fève, haricot, etc.), le chou-rave, l'épinard, le cresson des jardins, le raifort et, surtout, le chou ; la proximité du tournesol, de la betterave, de la tomate et de la courge ne lui convient pas.

▶ **Facteurs lunaires :** semer ou planter les tubercules en lune décroissante de préférence.

▶ **Rotation :** la pomme de terre étant une plante exigeante, un précédent à base de légumineuses (trèfle, luzerne, vesce, etc.) est indiqué. Pratiquer une alternance de 3 ou 4 années ; entre dans la catégorie des plantes potagères exigeantes.

▶ **Fumures, fertilisations :** cette solanacée aime bien la potasse ; elle n'apprécie guère les fumures fraîches et les excès d'engrais azotés lui sont néfastes car ils favorisent le mildiou et les attaques des insectes. Il faut lui apporter une fumure correcte (compost) et des fertilisants aux doses normales.

▶ **Fertilisations foliaires :** saupoudrer ou effectuer des pulvérisations à base de lithothamne tous les 15 jours environ, surtout après les orages.

▶ **Soins :** la culture de la pomme de terre demande quelques binages et sarclages avant le buttage que l'on effectue quand les plants atteignent 10-15 cm de hauteur ; cette opération doit être faite à ce stade au plus tard car si les plantes sont plus fortes, les stolons risquent d'être endommagés et le rendement s'en ressentira. Le buttage favorise le développement des tiges souterraines, maintient les touffes et protège les tubercules de la lumière du jour, qui les rend verts et inconsommables. Le premier binage doit être effectué quelques jours après la levée. Dans le passé, lors du dernier binage, les anciens soulevaient légèrement chaque touffe avec la houe, cette opération favorisant l'enracinement de la plante.

L'arrosage n'est recommandé qu'en cas de sécheresse ; celui-ci se fera en rigole pour ne pas mouiller les feuilles, un bon paillage aura un effet supérieur.

Il est conseillé de faucher les tiges 3 semaines avant la récolte ; cela améliorerait la conservation et renforcerait les qualités culinaires.

▶ **Taille :** le pincement des fleurs avantagerait le rendement !

VARIÉTÉS

▶ **Variétés précoces :** 'Apollo', 'Eersteling', 'Saskia', 'Ostara', 'Primura', 'Armen', 'Résy', 'Belle de Fontenay' ('Hénaut'), 'Rosabelle', 'Royal Kidney' ('Royale anglaise'), 'Early rose' ('Rose hâtive'). 'Marjolin' ('Marjolaine'), 'Flocon de neige', 'Victor extra-hâtive', 'Royale', 'Sirtéma', etc.

▶ **Variétés semi-précoces :** 'Bintje', 'Prima', 'Claustar', 'Ajax', 'Spunta', 'BF 15', 'Ratte' ('Corne de bélier' ou 'Quenelle de Lyon'), 'Sieglinde', 'Viola', 'Rosalie', 'Idéale', 'Charlotte', 'Abondance de Montvilliers', 'Belle de juillet', etc. La 'Ratte' est semi-précoce à semi-tardive.

▶ **Variétés semi-tardives :** 'Arka', 'Claudia', 'Régale', 'Urgenta', 'Rosa' ('Cornichon rose' ou 'Rognon rose'), 'Roseval', 'Rosine', 'Désirée', 'Institut de Beauvais' ('Reine blanche'), 'Fin de siècle', 'Ratte', 'Rognon rose' ('Cornichon de Moselle'), 'Stella', 'Oblongue de Malabry', 'Rosée de Conflans' ou 'Rosace de Villiers-le-Bel' ('Saucisse blonde'), 'Saucisse' ('Reine des Celtes'), la meilleure de conservation, 'Vitellotte' (à peau bleue), la 'Négresse' (très curieuse, avec sa peau noire et sa chair violette, cette variété ne connaît pas la dégénérescence).

▶ **Variétés tardives :** 'Kerpondy', 'Ackersegen', 'Régale' (semi-tardive à tardive), 'Industrie', 'Voran', 'Étoile du Nord', etc.

Certaines variétés ont disparu des catalogues, elles ne sont plus commercialisées ! C'est le cas des pommes de terre suivantes : 'Saucisse', 'Primura', 'Industrie', 'Idéale', 'Fin de siècle', 'Négresse', 'Rognon rose', 'Vitelotte', 'Oblongue de Malabry', 'Rosée de Conflans', 'Victor', 'Royale Kidney', 'Flocon de neige', 'Early rose', 'Belle de Locronan', 'Voran', 'Royale', 'Abondance de Montvilliers', 'Belle de Juillet', 'Étoile du Nord'.

Les variétés 'Sirtéma' et 'Saucisse' sont d'une conservation exceptionnelle.

GRAINES

▶ **Porte-graines :** comment procéder pour faire sa semence (par tubercules) et éviter la dégénérescence ?

1re technique : la 1re année, partir avec des plants ne présentant pas de dégénérescence ; tous les 8 jours, visiter la culture et éliminer (fanes et tubercules) les plantes chétives ou malades pour ne conserver que les pieds sains et exempts de maladie. Ne pas faire voisiner de variétés différentes.

Arracher les tubercules avant complète maturité, les laisser ressuyer quelques jours sur le sol. Les conserver sur des clayettes, à la lumière et au frais, la température idéale est de 2 à 4 °C. Éliminer les tubercules qui pourrissent. Si le local est peu éclairé, 1 ou 2 mois avant la plantation, exposer les plants à la lumière du jour pour faire durcir les germes qui seront courts et trapus.

La 2e année, replanter les tubercules choisis de chaque touffe, les séparer par d'autres plantes cultivées, pratiquer les mêmes soins que l'année précédente (élimination des plantes douteuses ou malades, etc.) ; recommencer la 3e année. À partir de la 4e année, normalement, on obtient des plantes indemnes de maladies en sélectionnant les plus belles touffes pour la reproduction avec les mêmes précautions et les mêmes soins que précédemment. Il faut cultiver les pommes de terre destinées à la reproduction dans une terre humifère, mais peu riche en engrais, surtout azoté, cela permet de repérer plus facilement les plantes malades. Quelques variétés ont des exigences différentes quant à la nature du sol et du climat ; dans certains potagers, il sera parfois difficile de faire une sélection. Une bonne et longue rotation de 4 ou 5 années diminuera les risques de maladie.

2e technique : les plants choisis comme reproducteurs lors de l'arrachage sont exposés à même le sol pendant 1 mois et demi ; ils subiront les facteurs climatiques (soleil, pluie, etc., mais attention aux gelées) ; cette manière de procéder trahira les plants fragiles ou malades qui vont pourrir (les éliminer), ce qui permettra d'éviter la dégénérescence ; les tubercules prendront une couleur vert noirâtre.

Ce temps écoulé, rentrer les tubercules et les conserver sur des clayettes, dans un local frais, aéré, lumineux, à température peu élevée et, si possible, constante. Si les plants sont stockés dans un endroit pas assez frais, des germes apparaissent (généralement quelques-uns par tubercule) ; il faut les ôter immédiatement, cela facilitera le développement de nombreux autres germes ; attention, cette opération ne devra être pratiquée qu'une seule fois. Certaines variétés supportent mal l'égermage, il est donc préférable de conserver les plants dans un endroit adéquat.

Les tubercules idéaux pour la reproduction sont de la taille d'un petit œuf de poule (40 à 50 g environ). Réaliser ses plants soi-même entraîne inéluctablement une baisse de rendement pour certaines variétés, cette façon de faire n'est donc valable que pour des sujets rares.

Production et récolte des graines : la production de semences a pour but de créer des variétés, chaque graine donnant une plante différente ! On multiplie une variété uniquement par plantation de tubercules ou bouturage de germe. Il peut être amusant de trouver de nouvelles variétés qui seront supérieures à celles que l'on possède déjà. Leurs principales qualités devront être leur valeur gustative et nutritive, leur tenue à la cuisson (selon ce que l'on recherche), leur comportement pendant leur conservation et leur résistance aux maladies et aux insectes.

La pollinisation des fleurs peut se faire par la fécondation artificielle, en prélevant le pollen sur des fleurs d'une même variété ; celui-ci pourra être conservé quelques jours. Choisir les fleurs destinées à la reproduction (les protéger préalablement pour que les insectes ne les pollinisent pas, lire le chapitre sur la pollinisation page 59) et, par précaution, couper les étamines dès l'ouverture des fleurs ; puis, à l'aide d'un pinceau, déposer le pollen sur le stigmate des fleurs. Repérer celles-ci pour les reconnaître. Généralement on laisse faire la nature, l'hybridation naturelle se fait par les insectes. Certaines variétés ne fleurissent pas sous notre climat, d'autres portent des fleurs mais pas de fruits.

Cueillir les baies verdâtres ou bleuâtres, généralement sphériques, ayant la pulpe molle et renfermant de nombreuses graines aplaties, retirer ces semences, les nettoyer, les faire sécher et les stocker jusqu'aux semis.

▶ **INTERVALLE ENTRE LA PLANTATION ET LE DÉBUT DE LA RÉCOLTE :** il faut compter environ 2 ou 3 mois entre la plantation et la récolte pour les variétés précoces, 4 ou 5 mois pour les variétés destinées à la conservation.

RÉCOLTE ET CONSERVATION

La récolte des tubercules se fait généralement à la houe, à la fourche crochue ou, mieux, à la fourche pierre (à 9 dents), si possible par temps sec et avec beaucoup de précautions pour ne pas abîmer les tubercules. Au cours du ramassage, il faut éliminer les tubercules douteux ou malades. Ceux qui sont endommagés seront mis à part pour être consommés rapidement. On peut commencer l'arrachage des tubercules dès que les feuilles commencent à jaunir, ils sont destinés à une consommation plus ou moins rapide, mais pas à la conservation hivernale.

L'arrachage des tubercules destinés à la plantation se fait environ 1 mois avant complète maturité.

Pour la conservation, la récolte s'effectue généralement lorsque le feuillage est à complet dessèchement. On laisse les tubercules quelques heures sur le sol pour ne pas les rentrer humides. Il faut les conserver dans un endroit frais, sec, à l'abri de la lumière, du gel et de l'humidité ; si le sol risque d'être humide, il faut placer sur celui-ci des branchages, des planches, des tuiles ou tout autre matériau qui permettra une circulation d'air entre le sol et le tas de pommes de terre. Le local doit avoir au moins une aération, sa température idéale est comprise entre 2 et 4 °C ; de temps en temps, il faut remuer le tas pour éviter la germination et éliminer les tubercules malsains.

L'égermage des tubercules se fera dès l'apparition des germes ; recommencer cette opération si nécessaire. Il est préférable d'effectuer l'égermage 4 ou 5 jours avant la nouvelle lune, les germes repoussent moins rapidement. Saupoudrer les tubercules avec du lithothamne favorisera la cicatrisation des plaies.

Chaque année, nettoyer et désinfecter le local, puis le blanchir ou le poudrer avec du lithothamne. Il est bon que le local possède 2 aérations, une côté sud que l'on ouvre par temps frais et une au nord que l'on ouvre par temps doux ou chaud. Lors des grands froids, ne pas oublier de couvrir votre tas avec une bonne couche de paille, le gel est fatal à la pomme de terre ; découvrir le tas dès que la température le permet pour éviter la pourriture.

La conservation peut se faire en silo, en caissettes, etc. Voir la rubrique destinée à la conservation des légumes page 64.

MALADIES ET PARASITES

▶ **LE MILDIOU :** des taches jaunes, puis brunes auréolées de vert pâle, apparaissent sur le feuillage, s'étendant rapidement ; le dessous des feuilles se couvre d'un duvet blanchâtre qui entoure les taches. Les feuilles se dessèchent rapidement, la plante entière finit par disparaître ; les tubercules sont souvent atteints d'abord par des taches superficielles, puis en profondeur et pourrissent également. Pratiquer une rotation de 4 ou 5 années. Tous les 15 jours environ, surtout en période chaude et humide ou aussitôt après un orage, appliquer sur végétation humide, sur et sous les feuilles, une pulvérisation ou un poudrage à base de lithothamne ; pulvérisation de bouillie bordelaise (biodégradable à 100 %) à titre préventif ou tout au début de l'attaque (ne préparer la solution qu'au dernier moment) ; procéder à 2 ou 3 pulvérisations d'essences naturelles de plantes sur le sol de décembre à février ; 1 ou 2 pulvérisations de purin d'orties sur le sol au cours de l'hiver est un bon moyen préventif contre les maladies à champignons. Ne pas laisser les fanes atteintes sur le sol, mais les brûler. Il est avantageux d'alterner à 10 jours d'intervalle une pulvérisation d'essences naturelles de plantes avec un poudrage ou une pulvérisation de lithothamne.

▶ **La galle commune :** la peau des tubercules attaqués se couvre de taches grisâtres à brunâtres ressemblant à des croûtes. La mauvaise conservation des tubercules et l'épluchage difficile augmentent les pertes. Cette maladie apparaît souvent quand la récolte provient d'une terre à pH calcaire ou chaulée. Respecter les rotations. Apporter du compost correct.

▶ **La rouille de la pomme de terre :** apparition de taches grisâtres sur les folioles, limitées au bord de celles-ci. Dès le début, pulvériser de la bouillie bordelaise. Les traitements préventifs de la rouille sont les mêmes que ceux du mildiou.

▶ **La fusariose ou pourriture sèche :** sur les tubercules stockés, des taches blanchâtres, ayant l'aspect de coussinets, encerclées de petites parties brunes et sèches surviennent ; les tubercules pourrissent en dégageant une odeur très désagréable. Désinfecter le local avant d'entreposer les légumes. Ne pas stocker de tubercules malades ou mutilés. De temps en temps, vérifier les tubercules et éliminer ceux qui s'abîment. Récolter les pommes de terre destinées à la conservation à complète maturité. L'humidité est une porte ouverte à cette maladie, le tas doit être remué de temps en temps et aéré. Saupoudrer légèrement les tubercules avec du lithothamne lors du stockage ou de l'égermage.

▶ **L'enroulement :** les folioles prennent une couleur vert pâle et s'enroulent, deviennent cassantes. Cette maladie est due aux piqûres de pucerons. Traiter contre les pucerons (voir le paragraphe qui leur est consacré page 43).

▶ **L'enroulement flasque ou rhizoctone noir :** les feuilles supérieures s'enroulent tout en restant molles, des taches noires ou violacées se forment, la tige est attaquée au niveau du collet par des taches brunâtres ; parfois un manchon blanchâtre apparaît ; la tige pourrit et les tubercules peuvent être recouverts de petites taches noirâtres ayant l'aspect de croûtes. Pratiquer une bonne rotation. Fertilisations foliaires régulières. Élimer les plants issus de pieds atteints. Après le mûrissement complet des plantes, ne pas trop tarder pour les arracher.

On limitera grandement les autres maladies de la pomme de terre en pratiquant les bases essentielles de l'agriculture biologique.

▶ **Le doryphore :** ce coléoptère mesurant 10-12 mm, jaune à jaune orangé, marqué de lignes noires, bombé, très vorace, s'attaque généralement d'abord aux plantes les plus faibles en dévorant les feuilles ; puis des œufs orange sont pondus sous les feuilles, d'où sortiront des larves rougeâtres tachetées de noir, elles prennent une couleur plus pâle par la suite ; elles aussi dévorent les feuilles en commençant par les plus tendres. Pulvérisations d'insecticide végétal dès le début de l'invasion (à base de roténone ou de pyrèthre). S'il n'y a que quelques adultes et larves, les ramasser et les écraser, vérifier le dessous des feuilles, cueillir les folioles hôtes d'œufs, les écraser aussi. Les fertilisations foliaires régulières sont un bon traitement préventif, elles renforcent la résistance des plantes. Les grands ennemis du doryphore sont le faucheur ou faucheux aux longues pattes fines, le carabe, le faisan, le crapaud et certains oiseaux.

▶ **La courtilière :** s'attaque aux tubercules en creusant des galeries. Voir le paragraphe qui lui est consacré page 44.

▶ **Le taupin :** creuse de longues galeries assez étroites dans les tubercules. Voir le paragraphe consacré à la lutte contre le taupin page 45.

▶ **La teigne de la pomme de terre :** chenille d'un petit papillon gris, de couleur blanchâtre ou rougeâtre mesurant 10 mm, qui creuse des galeries à l'intérieur des tiges et dans les tubercules, y laissant ses excréments. Détruire par le feu les tubercules atteints. Capturer le papillon avec des pièges à insectes. Très rare en culture biologique. Pratiquer une longue rotation.

▶ **La larve du hanneton, ver blanc ou gris :** chenilles de différentes noctuelles qui s'attaquent aux tubercules en leur infligeant des morsures plus ou moins importantes. Voir le paragraphe qui leur est consacré page 45.

▶ **L'altise de la pomme de terre :** petit coléoptère jaune mesurant environ 2,5 mm qui dévore les feuilles en morsures arrondies. Voir le paragraphe sur la lutte contre les altises page 43.

NOMS ÉTRANGERS

Anglais : *potato.* **Allemand :** *Kartoffel, Erdapfel.* **Espagnol :** *patata.* **Italien :** *patata, pomo di terra.* **Néerlandais :** *aardappel.*

Pourpier (P, *)

Cycle végétatif : annuel.
Famille : Portulacées.
Noms botaniques : (1) et (2) *Portulaca oleracea* Linné.
Synonymes botaniques : *P. officinarum* Crantz, *P. olitoria* Pallas, *P. sylvestris* Montandon, *P. suffruticosa* Thwaites.
Synonymes français : porchaille, porcelaine, porcelin, porcellane, pourpier commun, pourpier potager.

Plante potagère, herbacée, à croissance rapide, formant une touffe ; ses tiges sont charnues, épaisses, grasses, cassantes, étalées ou parfois dressées ; les feuilles de couleur verte ou dorée sont opposées, tendres, grasses, épaisses, entières et charnues, plus ou moins grandes suivant les variétés. Origine : Inde, Iran et, probablement, Russie méridionale ; indigène dans le Bassin méditerranéen. Floraison : de mai à octobre. Fleurs : hermaphrodites, jaunes, petites, à l'aisselle des feuilles.

UTILISATIONS

Les jeunes tiges feuillues et les feuilles se mangent crues en salade, comme condiment ou garniture avec du concombre, de la tomate, de la laitue, ainsi que d'autres crudités. Le pourpier peut être apprécié seul, en salade, il aromatise aussi certaines sauces (mayonnaise entre autres). Les feuilles peuvent être confites dans du vinaigre.

Cuites, les feuilles et les tiges entrent dans la composition des potages ou s'accommodent à la manière des épinards (au jus, à la crème, au beurre, etc.).

Son goût est douceâtre, bien que légèrement acidulé et épicé. Le pourpier est un légume très rafraîchissant.

PROPRIÉTÉS

Antiscorbutiques, apéritives, dépuratives, diurétiques, émollientes, nutritives, rafraîchissantes, sédatives, vermifuges ; contient des vitamines A, B et C, des sels minéraux, dont du calcium, ainsi que du fer et du phosphore.

Le pourpier est un coagulant du sang, le consommer sans excès.

CULTURE

▶ **Sols préférés :** légers et frais ; mais vient dans toutes les terres.

▶ **Climat :** tempéré et chaud ; craint les gelées mêmes faibles.

▶ **Exposition :** chaude et ensoleillée.

▶ **Multiplication :** par semis.

▶ **Culture :** semer en place de mai à la fin juillet, à la volée ou mieux en lignes distantes de 25 cm. Il est possible de semer les graines de janvier à mars sur couche, sous châssis pour obtenir du pourpier dès le printemps. Semer clair, ne pas recouvrir les graines ou avec un peu de terreau, plomber légèrement, garder le sol suffisamment humide jusqu'à la levée. En effectuant des semis échelonnés, on disposera de pourpier jusqu'aux gelées.

▶ **Facteurs lunaires :** semer de préférence en lune décroissante.

▶ **Rotation :** plante peu exigeante et à croissance rapide, pratiquer une alternance de 2 ou 3 années. Entre dans la catégorie des plantes potagères à feuilles.

▶ **Fumures, fertilisations :** normales.

▶ **Fertilisations foliaires :** quelques poudrages de lithothamne sur chaque culture sont suffisants.

▶ **Soins :** binages, sarclages, arrosages nécessaires pendant les chaleurs.

VARIÉTÉS

'Pourpier doré à larges feuilles', 'Pourpier doré', 'Pourpier vert' ('Sauvage'), etc.

GRAINES

▶ **Porte-graines :** choisir quelques beaux pieds d'un semis de mai, ne pas couper les tiges, récolter les graines à maturité (il faut les surveiller attentivement car elles tombent facilement), les faire sécher à l'ombre et les mettre en sachets ou dans des boîtes hermétiques à l'abri de l'humidité.

▶ **Durée germinative :** 5 à 7 ans.

▶ **Nombre de graines au gramme :** 2 500.

▶ **Levée :** quelques jours.

▶ **Intervalle entre le semis et le début de la récolte :** 2 mois à 2 mois et demi environ.

RÉCOLTE ET CONSERVATION

Au fur et à mesure des besoins, on coupe les tiges feuillues, on peut avoir 2 coupes, parfois 3, pour une même culture. Il faut consommer le pourpier dès qu'il est récolté.

MALADIES ET PARASITES

Néant.

NOMS ÉTRANGERS

Anglais : *purslane, purslain, pursley.* **Allemand :** *Portulak, Kreuzel, Burzelkraut.* **Espagnol :** *verdolaga.* **Italien :** *porcellana.* **Néerlandais :** *wilde postelein.*

Radis (P, *)

Cycle végétatif : annuel, les variétés d'hiver sont bisannuelles.
Famille : Crucifères.
Noms botaniques : (1) et (2) *Raphanus sativus* Linné.
Synonymes français : petite rave, radis des Parisiens, radis de Paris, tendrette, rave, raifort noir (radis noir).

Plante herbacée potagère, ayant une tige florale ramifiée mesurant jusqu'à 80 cm de hauteur ; ses feuilles oblongues, velues, dentées, vertes, forment une rosette ; cultivée principalement pour sa racine charnue, ronde ou longue, petite à grosse, de couleur blanche, jaune, rose, rouge, violacée, noire ou bicolore selon les variè-

tés. Le radis est une plante à végétation rapide. Origine : possible d'Europe ou d'Asie méridionale. Floraison : de mai à septembre-octobre, les radis d'hiver fleurissent la 2e année de culture. Fleurs : hermaphrodites, blanches, parfois roses à violacées, en grappes allongées.

UTILISATIONS

Les racines jeunes et tendres des radis de tous les mois et d'été se mangent crues : au beurre, à la croque au sel, coupées en rondelles en salade. Les feuilles se consomment crues, en salade, ou cuites comme des épinards ou en potage : la soupe aux « queues » de radis est excellente. Les racines des radis d'hiver s'apprécient crues : coupées en tranches minces, à la croque au sel ou au beurre, râpées à la vinaigrette, seules ou accompagnées d'autres crudités.

PROPRIÉTÉS

Apéritives, antiscorbutiques, dépuratives, diurétiques, expectorantes, rafraîchissantes et stimulantes ; contient des vitamines B, C et PP ainsi que du calcium, du cuivre, du fer, de l'iode, du magnésium, du manganèse, du phosphore, du sélénium, du soufre et du zinc.

CULTURE

▶ **SOLS PRÉFÉRÉS :** frais, meubles, humifères.

▶ **CLIMAT :** tempéré.

▶ **EXPOSITION :** ensoleillée, un peu ombragée à l'époque des fortes chaleurs.

▶ **MULTIPLICATION :** par semis.

▶ **CULTURE :** les radis de tous les mois se sèment directement en place, de préférence en lignes espacées de 20 cm ou à la volée ; éclaircir dès que les plantes ont quelques feuilles à 1 cm sur le rang. Il est donc conseillé de semer clair. Recouvrir les graines de 1 cm de terreau ou de terre bien émiettée, plomber fortement avec le dos du râteau pour un semis en lignes ou rouler pour un semis à la volée. On opérera en janvier-février sur couche, sous châssis ; en février-début mars sous tunnel plastique ; de mars à la fin septembre en pleine terre. Il faut renouveler souvent les semis pour avoir des radis à sa disposition.

Les radis d'été se sèment de mars à la fin juillet, éclaircir par la suite à 2 cm.

On sème les radis d'hiver depuis le début mai jusqu'à la fin juillet, en lignes espacées de 30-35 cm, éclaircir à 12-15 cm sur le rang.

▶ **VOISINAGE :** le radis de tous les mois cohabite favorablement avec la carotte, s'entend assez bien avec le chou, le concombre, l'épinard, le fraisier, le haricot, la laitue, le persil et le pois ; il n'apprécie guère l'hysope, tandis que le cerfeuil rend ses racines plus piquantes.

▶ **FACTEURS LUNAIRES :** semer de préférence en lune décroissante.

▶ **ROTATION :** pour les radis de tous les mois et d'été, une rotation de 2 années paraît raisonnable car ils ont une végétation rapide ; pour les radis d'hiver, il vaut mieux attendre 3 ans avant de les cultiver au même endroit. Les radis d'hiver entrent dans la catégorie des plantes potagères à racines.

▶ **FUMURES, FERTILISATIONS :** normales.

▶ **FERTILISATIONS FOLIAIRES :** effectuer régulièrement, tous les 15 jours, des pulvérisations à base d'algues marines.

▶ **SOINS :** binages, sarclages, arrosages fréquents si nécessaire. Les variétés d'hiver peuvent être paillées.

VARIÉTÉS

▶ **RADIS DE TOUS LES MOIS :** 'Demi-long à forcer de 18 jours', 'À forcer rond écarlate hâtif', 'Demi-long rouge à bout blanc Pernot', 'Demi-long flamboyant', 'Rond de Sézanne', 'Rond national', 'Rond rose à bout blanc Gaudry' (creuse rarement), 'Demi-long rose à bout blanc d'Orléans', 'Demi-long prélude', 'À forcer demi-long écarlate hâtif', 'Rond écarlate', 'Flamino', 'Demi-long de Dijon rose à bout blanc', 'Demi-long d'Avignon', etc.

▶ **RADIS D'ÉTÉ ET D'AUTOMNE :** 'Demi-long de Strasbourg', 'D'été jaune d'or ovale', 'Noir poids d'horloge', 'Blanc géant de Stuttgart', 'Rond écarlate géant de Wurtzbourg', 'Gris d'été de Colmar', 'Rave à forcer blanche transparente', 'Rave rose hâtive', 'Rave d'Amiens', 'Rave rose longue', 'D'Astergruss rose', 'Blanc de Munich' (possible d'hiver).

▶ **RADIS D'HIVER :** 'Violet de Gournay', 'Noir gros long d'hiver de Paris', 'Noir gros rond d'hiver', 'Long gris d'hiver de Laon', 'Rose d'hiver de Chine'.

Il existe des variétés de radis japonais appelées « Daïkon » qui sont excellentes, les variétés d'hiver semblent les plus intéressantes ; ils ont des feuilles retombantes vert clair ou vert-bleu, leur chair est tendre, ferme et douce, leur racine est très longue et grosse, poussant souvent (selon les variétés) moitié dans le sol moitié hors de terre ; leurs noms botaniques sont les suivants, selon les auteurs : *Raphanus acanthiformis* Morel, *R. sativus* var. *acanthiformis* Makino, *R. sativus* var. *longipinnalus* Bailey ; ils se cultivent comme les radis d'hiver, il existe des variétés d'été.

GRAINES

▶ **PORTE-GRAINES :** pour les variétés de tous les mois et d'été, prélever quelques belles racines d'un semis de septembre, les stratifier dans du sable sec pendant l'hiver. Courant mars, les replanter à 30 cm en tous sens, tuteurer les tiges, pincer l'extrémité des tiges florales au début de la floraison. Les graines mûrissent en juillet-août, couper les tiges avant complète maturité lorsque les siliques changent de couleur et deviennent blanchâtres, les faire sécher à l'ombre, les battre et ensacher les graines.

Il est possible de garder en place ou de repiquer quelques beaux sujets issus d'un semis de mars-avril avant de procéder comme il est dit précédemment.

Pour les variétés d'hiver, on choisit lors de la récolte quelques belles racines que l'on place à l'abri des gelées en hiver (en jauge, stratifiées, etc.). Les replanter début mars à 40-50 cm en tous sens et procéder comme pour les variétés précédentes.

Protéger les porte-graines à l'aide d'un filet car les oiseaux sont très friands des graines de radis.

▶ **DURÉE GERMINATIVE :** autour de 5 ans.

▶ **NOMBRE DE GRAINES AU GRAMME :** 120.

▶ **LEVÉE :** 3 à 5 jours.

▶ **INTERVALLE ENTRE LE SEMIS ET LE DÉBUT DE LA RÉCOLTE :** pour les radis de tous les mois, environ 3 ou 4 semaines ; pour les radis d'été, environ 2 mois ; pour les radis d'hiver, au moins 3 mois, un peu moins pour les Daïkons.

RÉCOLTE ET CONSERVATION

Les radis de tous les mois et d'été se récoltent au fur et à mesure des besoins ; quand ils sont suffisamment développés, il ne faut pas tarder à les récolter, car certaines variétés creusent rapidement. Il est préférable de les consommer le plus rapidement possible après l'arrachage.

Les radis d'hiver destinés à la conservation se récoltent avant les gelées, généralement en octobre ou novembre. Les arracher par temps sec si possible, les laisser se ressuyer à même le sol pendant une journée, couper les feuilles au-dessus du collet, saupoudrer celui-ci de lithothamne, rentrer les racines en silo, en cave ou les conserver dans du sable sec.

MALADIES ET PARASITES

Les radis ont très peu de maladies et de parasites. En cas de problème, se reporter au navet.

NOMS ÉTRANGERS

ANGLAIS : *radish, winter radish* **(D'HIVER)**, *japonese radish* **(DU JAPON)**. **ALLEMAND :** *Rettich, Radies, Winterrettig* **(D'HIVER)**, *schwarzer Rettich* **(D'HIVER)**, *Radieschen* **(DU JAPON)**. **ESPAGNOL :** *rabano, rabano de invierno* **(D'HIVER)**, *rabano largo* **(DU JAPON)**. **ITALIEN :** *ravanello, radice, ravanello giapponese* **(DU JAPON)**. **NÉERLANDAIS :** *radijs, ramenas* **(D'HIVER)**.

Raifort sauvage (A, *)

Cycle végétatif : vivace par ses racines ; ses feuilles disparaissent l'hiver.
Famille : Crucifères.
Noms botaniques : (1) et (2) *Armoracia rusticana* Gaertner, Mey, Scherb.
Synonymes botaniques : *C. rusticana* Lamarck, *C. lapathifolia* Gilibert, *C. variifolia* Salisbury, *A. lapathifolia* Gilibert, *A. sativa* Bernhardi, *Raphanis magna* Moench, *Nasturtium a.* Fries, *Roripa rusticana* Grenier et Godron.
Synonymes français : cran anglais, cran de Bretagne, cranson de Bretagne, faux raifort, grand raifort, moutarde des Allemands, moutarde des capucins, moutarde des moines, radis de cheval, racine forte, rave de campagne, raveluque...

Plante condimentaire aux très grandes feuilles, radicales, allongées, découpées, en forme de lance ; elles peuvent atteindre parfois plus de 60 cm de hauteur. Le raifort sauvage est cultivé pour sa racine épaisse, charnue et longue, de couleur jaunâtre et à saveur brûlante. Origine : Europe orientale, possible de Sibérie. Floraison : de mai à juillet. Fleurs : hermaphrodites, blanches, à calice, généralement stériles.

UTILISATIONS

La racine râpée remplace la moutarde dans les crudités et les salades ; réduite en pâte, elle accommode les viandes rôties et certains poissons fumés, entre dans la composition du pot-au-feu et de certaines sauces. Elle est très employée dans l'est de la France, principalement en Alsace, ainsi qu'en Allemagne. Une rondelle d'une racine de raifort sera appréciée dans les cornichons confits dans le vinaigre.

On extrait un sirop antiscorbutique de ses racines. Utiliser le raifort avec modération.

PROPRIÉTÉS

Antiscorbutiques, apéritives, digestives, diurétiques, cholagogues, expectorantes, stimulantes et stomachiques ; contient des vitamines C (très riche) et PP, des sels minéraux, du cobalt, du cuivre, du fer, de l'iode, du magnésium et du potassium, ainsi qu'une huile essentielle.

CULTURE

▶ **Sols préférés :** riches en humus, plutôt frais et légers, profondément aérés.

▶ **Climat :** très rustique ; ne craint ni le froid ni la chaleur.

▶ **Exposition :** ensoleillée.

▶ **Multiplication :** généralement par bouturage de tronçons de racine.

▶ **Culture :** la préparation des tronçons de racine consiste à couper les racines fraîchement arrachées en morceaux mesurant 5-8 cm de longueur ; il est préférable de prendre des racines moyennes.

Planter les tronçons de racine en place, en mars-début avril de préférence ou en automne, en lignes distantes de 60 cm, espacés sur le rang de 40-50 cm, à une profondeur d'environ 5-6 cm. Il est possible de planter les tronçons de racine en pépinière à 20 cm en tous sens, au printemps, puis de mettre en place à l'automne en ne laissant que la racine principale.

▶ **Facteurs lunaires :** planter les tronçons de racine en lune décroissante.

▶ **Rotation :** entre dans la catégorie des plantes exigeantes ; appliquer une longue alternance de 5 ou 6 années, car la plante peut rester 3 à 5 ans en place.

▶ **FUMURES, FERTILISATIONS :** normales.

▶ **FERTILISATIONS FOLIAIRES :** tout de suite après un orage, saupoudrage ou pulvérisation d'algues marines.

▶ **SOINS :** binages et sarclages nécessaires ; en été, un paillage sera bénéfique. Supprimer les tiges florales dès leur apparition pour ne pas affaiblir la plante prématurément.

VARIÉTÉS

Le type botanique.

GRAINES

▶ **PORTE-GRAINES :** donne difficilement des semences fertiles sous notre climat.

▶ **INTERVALLE ENTRE LA PLANTATION ET LE DÉBUT DE LA RÉCOLTE :** il est conseillé de ne récolter les racines qu'au bout de 18 mois ; il faudra effectuer une nouvelle plantation avant de supprimer l'ancienne.

RÉCOLTE ET CONSERVATION

En Alsace, on dit que le raifort sauvage se récolte au cours des mois en *R*, c'est-à-dire de septembre à avril, au fur et à mesure des besoins ; une racine se conserve quelques jours dans un endroit frais. On peut stratifier les racines dans du sable sec, en cave, après avoir coupé le collet, elles se conservent plusieurs mois de cette façon.

Râper du raifort dans des verres à moutarde, couvrir d'huile (de tournesol ou d'olive, suivant votre goût), boucher les verres, garder au frais en attendant de consommer ; la conservation est de plusieurs mois.

MALADIES ET PARASITES

▶ **LE MILDIOU :** les feuilles prennent des taches transparentes au-dessus et blanches au-dessous. Dès la fin d'un orage, saupoudrage ou pulvérisation d'algues marines ; en prévention, pulvérisation de bouillie bordelaise. Cette maladie n'a aucun inconvénient sur les racines.

NOMS ÉTRANGERS

ANGLAIS : *horse radish, wild horseradish.* **ALLEMAND :** *Meerrettig, Kreen.* **ESPAGNOL :** *rabano picante, rabane rusticano, taramago, rabano silvestre.* **ITALIEN :** *rafano rusticano, rafano tedesco, crenno.* **NÉERLANDAIS :** *neeredik, mierikswortel, peperwortel.*

Raiponce cultivée (P, ***)

Cycle végétatif : bisannuelle.

Famille : Campanulacées.

Noms botaniques : (1) et (2) *Campanula rapunculus* Linné.

Synonymes botaniques : *C. coarctata* Gilibert, *C. esculenta* Salisbury, *C. decurrens* Thore, *C. verruculosa* Hoffgg et Link, *C. virgata* De Candolle, *C. rapuncula* St Lag.

Synonymes français : pied de sauterelle, cheveux d'évêque, rave sauvage, bâton de Jacob, petite raiponse de carême…

Ses feuilles sont radicales, oblongues, ondulées, crénelées, formant une rosette ressemblant à une mâche. Sa racine est blanche, charnue, en fuseau. Origine : Europe, Asie occidentale et Afrique du Nord. Floraison : de mai à août. Fleurs : bleues, campanulées, en clochettes, en grappes, à lobes lancéolés, munies d'un rameau court et dressé.

UTILISATIONS

Ses feuilles et sa racine se consomment crues en salade, seules ou en mélange avec de la mâche ou de la laitue... Leur goût rappelle légèrement celui de la noisette.

CULTURE

▶ **Sols préférés :** légers, profonds, frais, humifères et bien ameublis.

▶ **Climat :** tempéré, elle est rustique.

▶ **Exposition :** ensoleillée ou mi-ombragée.

▶ **Multiplication :** par semis.

▶ **Culture :** semer les graines en novembre, en place, dans un rayon peu profond, par temps calme (les graines étant très fines), couvrir légèrement de terreau et tasser avec le dos du râteau, ne pas les recouvrir de terre. Séparer les rangs de 20-25 cm, éclaircir tous les 5 à 6 cm. La levée aura lieu au printemps, certaines plantes peuvent monter à graines, couper la tige florale. Il est possible de semer au printemps (en mai-juin), il faudra alors garder le sol humide jusqu'à la levée, à cette époque, la levée est plus capricieuse, choisir la mi-ombre ou protéger les jeunes plants si le soleil est chaud.

▶ **Facteurs lunaires :** semer de préférence en lune décroissante.

▶ **Rotation :** fait partie des légumes à feuilles, plante peu exigeante qui peut être cultivée au bout de 2 à 3 ans au même endroit.

▶ **Fumures, fertilisations :** normales, apport de compost bien décomposé.

▶ **Fertilisations foliaires :** pas nécessaires.

▶ **Soins :** binages, sarclages, arrosages.

VARIÉTÉS

Le type botanique.

GRAINES

▶ **Porte-graines :** récolter les graines enveloppées dans les clochettes à mesure qu'elles mûrissent.

▶ **Durée germinative :** environ 4 ans.

▶ **Nombre de graines au gramme :** environ 25 000, d'où la difficulté à cultiver cette plante.

▶ **Levée :** 4 à 5 mois pour les semis d'automne, une semaine pour les semis de printemps.

▶ **Intervalle entre le semis et le début de la récolte :** 5 à 6 mois si elle est semée au printemps, environ 11 mois si elle est semée à l'automne.

RÉCOLTE ET CONSERVATION

Se récolte au fur et à mesure des besoins, depuis octobre jusqu'au printemps.

MALADIES ET PARASITES

Néant.

NOMS ÉTRANGERS

Anglais : *rampion.* **Allemand :** *Rapunzel, Rapunzelrübe.* **Espagnol :** *rapónchigo, reponche.* **Italien :** *raperonzolo, raponzalo.* **Néerlandais :** *rapunsel.*

Rhubarbe (P, **)

Cycle végétatif : vivace par sa souche ; ses feuilles et ses pétioles se dessèchent en hiver.
Famille : Polygonacées.
Noms botaniques : (1) et (2) *Rheum rhaponticum* Linné.
Synonymes botaniques : *R. sibiricum* Pallas, *R. esculentum* Salisbury, *R. rotundatum* Stokes.
Synonymes français : rhapontic, rhubarbe des capucines, rhubarbe des moines, rhubarbe pontique.

Plante potagère herbacée, cultivée pour ses pétioles (partie linéaire qui attache la feuille au rhizome) ; la plante en fleurs peut atteindre plus de 1 m 50 de hauteur ; ses feuilles en forme de cœur, très grandes, jusqu'à 80 cm de longueur et 60 cm de largeur, sont radicales, plus ou moins ondulées, vert clair, elles sont toxiques ; les pétioles sont longs (jusqu'à 40 cm), gros de 5-8 cm, verts ou rouges ; ils sont tendres, charnus, épais, arrondis au-dessus et aplatis au-dessous ; les tiges sont cylindriques, grosses, creuses, elles portent des rameaux peu développés, garnis de fleurs. Origine : Sibérie. Floraison : en mai-juin. Fleurs : hermaphrodites et polygames (porte à la fois des fleurs hermaphrodites, des fleurs mâles et des fleurs femelles), blanches à vertes, petites, très nombreuses, en grosses grappes.

UTILISATIONS

Les pétioles cuits s'utilisent en confiture, en compote, en marmelade, en garniture pour les tartes. Le goût de la rhubarbe est acidulé, mais très agréable.

Attention, les feuilles sont dangereuses à cause de leur teneur élevée en acide oxalique ; elles rendent en revanche service contre les piqûres d'orties, il suffit de frotter l'endroit douloureux. Elles sont utilisées contre la gomme des arbres fruitiers : gratter la partie attaquée et frotter celle-ci avec des feuilles de rhubarbe.

PROPRIÉTÉS

Apéritives, astringentes, cholagogues, dépuratives, laxatives, purgatives, rafraîchissantes, reconstituantes, stomachiques, toniques et vermifuges ; contient des vitamines C, B et PP, ainsi que du fer et du magnésium.

CULTURE

▶ **Sols préférés :** frais, meubles, humifères, profonds, plutôt légèrement acides ; éviter les terres calcaires.

▶ **Climat :** tempéré et plutôt frais ; supporte les grands froids.

▶ **Exposition :** ensoleillée ; cultivée en situation mi-ombragée, son rendement est moins important.

▶ **Multiplication :** par division de touffes, parfois par semis.

▶ **Culture :**

Par division de touffes : elle s'effectue au début du printemps ou en automne. Planter les éclats munis de 2 ou 3 bourgeons, après un pralinage des racines avec une bouillie de lithothamne qui activera la reprise et favorisera la cicatrisation des racines sectionnées. Laisser apparaître les bourgeons au niveau du sol, tasser et arroser pour favoriser la reprise ! La distance entre les rangs est de 1 m 50, les plantes espacées de 1 m sur la ligne.

Par semis : semer en mars-avril, sous châssis froid, éclaircir à 10-15 cm ; planter en pépinière quand les plants possèdent 4 ou 5 feuilles. Semer en mars-avril, en godets, en serre froide ou sous châssis, repiquer en pépinière. Semer en avril-mai ou en août-septembre en pépinière bien exposée, en rayons espacés de 30 cm, éclaircir à la même distance. La mise en place s'effectue à l'automne ou au printemps de l'année suivante, la distance des plantations est de 1,50 x 1 m. Recouvrir les graines de 1 cm de terre fine ou de terreau. La multiplication par semis ne reproduit pas toujours fidèlement la variété.

La rhubarbe peut être cultivée en bordure ou dans un coin du potager, généralement quelques pieds suffisent pour une famille.

▶ **Voisinage :** il est conseillé de cultiver la rhubarbe isolée à cause du grand développement de ses feuilles.

▶ **Facteurs lunaires :** semer de préférence en lune décroissante.

▶ **Rotation :** pratiquer une rotation de 5 ou 6 années, cette plante pouvant rester en place 6 à 10 ans voire plus.

▶ **Fumures, fertilisations :** normales, éviter les fumures fraîches.

▶ **Fertilisations foliaires :** pas nécessaires.

▶ **Soins :** l'entretien de cette plante se limite à quelques binages, sarclages et arrosages si nécessaire. Il est important de couper les tiges florales dès leur apparition pour éviter l'épuisement prématuré des pieds.

VARIÉTÉS

'Rouge monarque', 'Rouge quenn', 'Victoria', 'Ondulée d'Amérique', 'Royale Albert', 'Rouge hâtive de Tololsk à côtes rouges', etc. Il existe d'autres espèces (*R. compactum* dont la tige florale peut atteindre près de 3 m de hauteur, l'espèce *R. palmatum* qui a des feuilles plus grandes).

GRAINES

▶ **Porte-graines :** la dernière année de culture, laisser monter les pieds choisis (ceux qui donnent les plus beaux pétioles), récolter les graines à maturité, généralement vers la fin juillet-début août, les faire sécher et les mettre en sachets.

▶ **Durée germinative :** 2 ans, il est préférable de semer les graines le plus tôt possible après la récolte.

▶ **Nombre de graines au gramme :** 50.

▶ **Levée :** environ 2 semaines.

▶ **Intervalle entre le semis et le début de la récolte :** 2 ans et demi environ pour les plantes issues de semis, 1 an et demi pour celles provenant de division de touffes.

RÉCOLTE ET CONSERVATION

La récolte des pétioles commence en mai-juin, une seconde récolte a lieu en septembre-octobre. Cueillir les pétioles au ras du sol. Il est conseillé de laisser quelques feuilles (les plus petites) à chaque plante.

MALADIES ET PARASITES

▶ **La rouille :** taches brunes sur les feuilles. Maladie assez rare ; apports corrects et réguliers de compost ; bon entretien des plantes ; renouveler les plantes au bout de 8 à 10 ans ; pulvérisation de bouillie bordelaise dès l'apparition des premières taches.

NOMS ÉTRANGERS

Anglais : *rhubarb, garden rhubarb, rhapontic.* **Allemand :** *Rhabarber, Rhapontik, monchs Rhabarder.* **Espagnol :** *ruibarbo, rapóntico, ruipontico.* **Italien :** *rabarbaro, robarbaro, rapontico.* **Néerlandais :** *rabarber, russieche rabarber, stompe rabarber, gegolfde rabarber.*

Romarin (A, *)

Cycle végétatif : vivace.
Famille : Labiées, Labiacées ou Lamiacées.
Noms botaniques : (1) et (2) *Rosmarinus officinalis* Linné.
Synonyme botanique : *Salvia r.* Schleiden.
Synonymes français : ensensier, ensensoir, herbe aux couronnes, herbe des troubadours, rosemarine.

Petit arbrisseau très populaire aux feuilles persistantes, étroites, allongées, épaisses, très aromatiques, de couleur verte au-dessus, grisâtre et duvetées en dessous ; tige ramifiée, buissonnante à rameaux dressés. Ce sous-arbrisseau condimentaire et médicinal, toujours vert, peut atteindre plus de 1 m 50 de hauteur. Il est également très mellifère et parfois cultivé pour ses qualités ornementales dans les rocailles. Origine : Bassin méditerranéen, indigène dans le sud de la France. Floraison : généralement de mai à juillet, parfois en automne ; toute l'année en région méditerranéenne. Fleurs : hermaphrodites, blanches à bleu pâle, parfois un peu violacées, en grappes.

UTILISATIONS

Les feuilles fraîches ou séchées aromatisent les ragoûts, les poissons, les grillades, les potages, les gibiers, les volailles, les sauces, la bouillabaisse, diverses viandes (mouton, porc, lapin, rôti, etc.), les viandes cuites au barbecue, les brochettes, divers légumes (riz, pâtes, tomate, pomme de terre, ratatouille, etc.). Sa saveur est un peu amère, aromatisée, très agréable ; utiliser le romarin sans excès.

Les distillats de cette plante aromatique sont précieux pour l'industrie pharmaceutique, en aromathérapie, en parfumerie, pour composer certains produits pour bains. Les feuilles et les sommités fleuries sont employées en infusion. Les fleurs parfument le linge dans les armoires et repoussent les mites. Au potager, il éloigne certains ennemis des cultures dont la mouche de la carotte.

PROPRIÉTÉS

Antigoutteuses, antirhumatismales, antiseptiques, antispasmodiques, apéritives, bactéricides, carminatives, cholagogues, désinfectantes, digestives, diurétiques, emménagogues, stimulantes et toniques. Le romarin contient une huile essentielle.

CULTURE

▶ **Sols préférés :** légers, légèrement calcaires, sains et perméables ; s'accommode de toutes les terres.

▶ **Climat :** supporte notre climat à bonne exposition, mais ne résiste pas aux grands froids.

▶ **Exposition :** chaude, ensoleillée.

▶ **Multiplication :** par semis, par bouturage, par marcottage.

▶ **Culture :**

Par semis : semer d'avril à juin en pépinière bien abritée, en terre pauvre de préférence, repiquer de nouveau en pépinière à 10 cm en tous sens, mettre en place au printemps suivant à bonne exposition, à 1 m en tous sens. Semer en février-mars en serre dans des godets, mettre en place au printemps suivant.

Par bouturage : planter d'août à octobre des pousses de 15 cm qui ont grandi dans l'année (aoûtées), les enterrer de la moitié environ, en plein air ou sous cloche, à l'ombre de préférence. Mettre en place au printemps suivant. Abriter les jeunes plants des froids. Peut se bouturer en mars-avril.

Par marcottage : c'est la méthode de reproduction la plus facile. Au printemps, creuser un trou de quelques centimètres (proche d'une touffe), coucher un rameau du pied-mère sans le détacher en le fixant en terre à l'aide d'un crochet, redresser le bout du rameau. À l'automne, séparer le rameau du pied-mère, mettre en place de la fin novembre au début avril.

▶ **Voisinage :** le romarin fait bon ménage avec la sauge.

▶ **Facteurs lunaires :** sans importance.

▶ **Rotation :** cet arbuste peut rester plusieurs années en place (8 à 10 ans, parfois plus). Effectuer une rotation de 5 ou 6 ans. On peut l'introduire dans la catégorie des plantes exigeantes à cause de sa longue durée en place.

▶ **Fumures, fertilisations :** normales.

▶ **Fertilisations foliaires :** pas nécessaires.

▶ **Soins :** protéger les touffes de novembre à mars en cas de froid vigoureux avec de la paille ou des feuilles sèches. Effectuer régulièrement des binages et des sarclages, des arrosages seulement en cas de grande sécheresse. Il faut arroser les jeunes plants en pépinière ou lors du repiquage.

▶ **Taille :** possible en avril.

VARIÉTÉS

Le type botanique amélioré. Il existerait une variété à feuilles striées de jaune qui serait beaucoup moins rustique.

GRAINES

▶ **Porte-graines :** récolter les graines à la rosée, à maturité (généralement de juillet à septembre), les faire sécher à l'ombre et les ensacher.

▶ **Durée germinative :** 2 à 4 ans.

▶ **Nombre de graines au gramme :** 900.

▶ **Levée :** 2 ou 3 semaines.

▶ **Intervalle entre le semis et le début de la récolte :** 1 an à partir de la 2e année de culture.

RÉCOLTE ET CONSERVATION

La récolte s'étale d'avril à octobre en coupant les rameaux. Pour la conservation, elle s'effectue avant la floraison, au printemps ; faire sécher à l'ombre et conserver les feuilles (ne pas les broyer). Les fleurs se cueillent du printemps au début de l'été.

MALADIES ET PARASITES

Néant.

NOMS ÉTRANGERS

Anglais : *rosemary, rosemarin.* **Allemand :** *Rosmarin, gemeiner Rosmarin.* **Espagnol :** *romero, rosmarino.* **Italien :** *rosmarino officinale, romerino.* **Néerlandais :** *rozemarijn.*

Roquette (A, *)

Cycle végétatif : annuelle.
Famille : Crucifères.
Noms botaniques : (1) et (2) *Eruca sativa* Miller, Gardner.
Synonymes botaniques : *E. fœtida* Moench, *E. grandiflora* Cavanilles, *E. ruchetta* Spach, *E. glabrescens* Jord, *Brassica e.* Linné, *B. turgida* Persoon, *B. erucoides* Roxburgh, *Sinapis eruca* Clairville Man, *Euzomun sativum* Link.
Synonymes français : éruce, ruce, salade de vingt-quatre heures, sisymbre sauvage.

Plante potagère herbacée, de 20-30 cm de hauteur ; aux feuilles allongées, épaisses, diversement découpées en forme de rosette, ressemblant à celles des radis ; à la tige dressée, rameuse mesurant jusqu'à 80 cm de hauteur. Origine : indigène, pousse en Europe et Asie méridionale, également en Afrique du Nord. Floraison : d'avril à septembre. Fleurs : hermaphrodites, blanches ou jaunes, veinées de violet, en grappes.

UTILISATIONS

On mange les jeunes feuilles crues, seules ou mélangées avec d'autres salades ou crudités. Elles peuvent accompagner certaines viandes à la manière du cresson (rosbif, poulet, etc.) dont elles rappellent le goût, leur saveur étant plus forte, âcre et brûlante, tout en demeurant très agréable. Cuites, elles entrent dans la composition de divers potages.

PROPRIÉTÉS

Antiscorbiques, aphrodisiaques, dépuratives, diurétiques et stimulantes ; contient de la vitamine C.

CULTURE

▶ **Sols préférés :** frais, fertiles et bien aérés.
▶ **Climat :** très rustique sous tous les climats.
▶ **Exposition :** ensoleillée, ombragée pendant l'été.
▶ **Multiplication :** par semis.
▶ **Culture :** semer en place en pleine terre de mars à septembre, à la volée ou, mieux, en lignes espacées de 25-30 cm, recouvrir légèrement les graines, plomber avec le dos du râteau. Éclaircir à 7-8 cm sur les rangs.
▶ **Voisinage :** peut être cultivée entre les rangs de chou pommé, de chou-fleur ou d'asperge qui lui donneront de l'ombre en été.
▶ **Facteurs lunaires :** semer de préférence en lune décroissante.
▶ **Rotation :** la roquette entre dans la catégorie des plantes herbacées, il est préférable d'attendre 2 ou 3 ans avant de la cultiver à la même place.
▶ **Fumures, fertilisations :** normales.
▶ **Fertilisations foliaires :** pas nécessaires.
▶ **Soins :** les binages et les sarclages sont nécessaires, tenir le sol suffisamment humide. Arroser fréquemment en cas de sécheresse pour retarder la montée à graines qui est rapide par manque d'eau ; les feuilles en seront plus tendres.

VARIÉTÉS

Le type botanique amélioré.

GRAINES

▶ **Porte-graines :** garder quelques belles plantes issues d'un semis tardif d'août-septembre qui passeront l'hiver en place, laisser monter à graines, couper les tiges en juin-juillet avant complète maturité, les suspendre ou les étaler sur une toile, battre et ensacher.

▶ **Durée germinative :** 4 ans.

▶ **Nombre de graines au gramme :** 550 environ.

▶ **Levée :** quelques jours.

▶ **Intervalle entre le semis et le début de la récolte :** environ 1 mois et demi.

RÉCOLTE ET CONSERVATION

Couper les feuilles au ras du sol au fur et à mesure des besoins ; il est préférable d'en prélever régulièrement, les jeunes feuilles étant plus agréables au palais.

MALADIES ET PARASITES

▶ **L'altise :** coléoptère perforant les feuilles. Voir le paragraphe qui lui est consacré page 43.

NOMS ÉTRANGERS

Anglais : *hedge mustard, rocket, rocket salat.* **Allemand :** *Obrauke, Rauke, Senfkohl.* **Espagnol :** *roqueta, jaramago, oruga.* **Italien :** *ricola, roca, ruccola, ruchetta, rucola.* **Néerlandais :** *rakette, rokette.*

Rue officinale (A, *)

Cycle végétatif : vivace.
Famille : Rutacées.
Noms botaniques : (1) *Ruta graveolens* Linné, (2) *R. altera* Linné.
Synonymes botaniques : *R. officinalis* Pallas, *R. altera* Miller, Gardner.
Synonymes français : rue des jardins, rue puante, herbe de grâce.

Plante condimentaire, répulsive et médicinale, herbacée, aux tiges ligneuses, dont le feuillage persistant peut atteindre 80 cm de hauteur. Ses feuilles bleu-vert exhalent une odeur forte et très aromatique. Origine : bassin méridional de l'Europe. Floraison : de juin à septembre. Fleurs : hermaphrodites, jaunes, en grappes.

UTILISATIONS

On s'en sert comme condiment à petites doses. Les feuilles, fraîches de préférence, finement hachées, s'emploient dans les salades. En mélange avec d'autres plantes condimentaires, elles parfument certaines viandes dont le gibier, le mouton, etc. et entrent dans la composition de certaines sauces et liqueurs.

Les feuilles de la rue doivent être utilisées avec précaution et modération et être toujours ajoutées en fin de cuisson. Certaines personnes n'aiment pas son odeur forte et son goût âcre et amer.

Cette plante est répulsive pour certains parasites, d'où l'intérêt d'en avoir quelques touffes dans son jardin : les pucerons fuient son odeur, elle repousse aussi les serpents. La macération de feuilles de rue est efficace dans la lutte contre les pucerons. Faire macérer 150 à 200 g de feuilles hachées par litre d'eau (de pluie si possible) pendant 10 à 15 jours. Utiliser un récipient en plastique, bois ou autre matériau sauf le métal. Filtrer cette macération, ajouter de l'eau dans la proportion de 2 l pour 10 l d'eau. S'emploie en pulvérisations fines, le matin ou le soir (à la rosée). Les feuilles séchées et réduites en poudre peuvent être répandues sur le sol lors de divers semis pour éloigner certains insectes.

PROPRIÉTÉS

Anti-anémiques, antiscorbutiques, apéritives, dépuratives, digestives, diurétiques, stimulantes, vermifuges ; contient une huile essentielle.

CULTURE

▶ **Sols préférés :** les terres sèches, arides, sablonneuses ou lourdes et riches en humus lui conviennent ; peu difficile.

▶ **Exposition :** chaude et ensoleillée.

▶ **Climat :** plante très rustique, vigoureuse, supportant bien la chaleur et le froid. Attention, les hivers très froids et humides peuvent abîmer les feuilles.

▶ **Multiplication :** par semis ou éclats.

▶ **Culture :**
Par semis : au printemps, semer en pépinière à bonne exposition, repiquer en automne ou au printemps suivant à 50-60 cm en tous sens. Ne recouvrir les graines que de quelques millimètres de terre fine, puis plomber avec le dos du râteau.
Par éclats : au printemps, diviser les anciennes touffes et repiquer aux mêmes distances. La reproduction par semis est préférable. La rue est souvent cultivée en bordures.

▶ **Voisinage :** éviter la culture du basilic dans son entourage.

▶ **Facteurs lunaires :** peu d'importance.

▶ **Rotation :** peut rester à la même place pendant 4 ou 5 ans, il faudra donc pratiquer une rotation assez longue, d'au moins 4 ans.

▶ **Fumures, fertilisations :** normales, engrais azotés pas nécessaires.

▶ **Fertilisations foliaires :** facultatives.

▶ **Soins :** sarclages et binages sont pratiquement les seuls entretiens.

VARIÉTÉS

Il existe une autre variété : 'Variegata'.

GRAINES

▶ **Porte-graines :** cueillir les graines avec leur capsule au fur et à mesure de leur maturité (les premières graines étant souvent meilleures), faire sécher et ensacher.

▶ **Durée germinative :** 4 ans.

▶ **Nombre de graines au gramme :** 500 environ.

▶ **Levée :** capricieuse, plus ou moins longue (parfois plusieurs semaines).

▶ **Intervalle entre le semis et le début de la récolte :** 1 an environ.

RÉCOLTE ET CONSERVATION

Cueillir les feuilles au fur et à mesure des besoins. Pour la conservation, récolter les feuilles avant la floraison (mai-juin) de préférence, faire sécher à l'ombre et conserver dans des boîtes hermétiques.

MALADIES ET PARASITES

Néant.

NOMS ÉTRANGERS

Anglais : *common rue, garden rue, herb of grace, herbygrass.* **Allemand :** *Raute, Weinraute, Gartenraute, Edelraute.* **Espagnol :** *ruda, armaga.* **Italien :** *ruda.* **Néerlandais :** *wijnruit.*

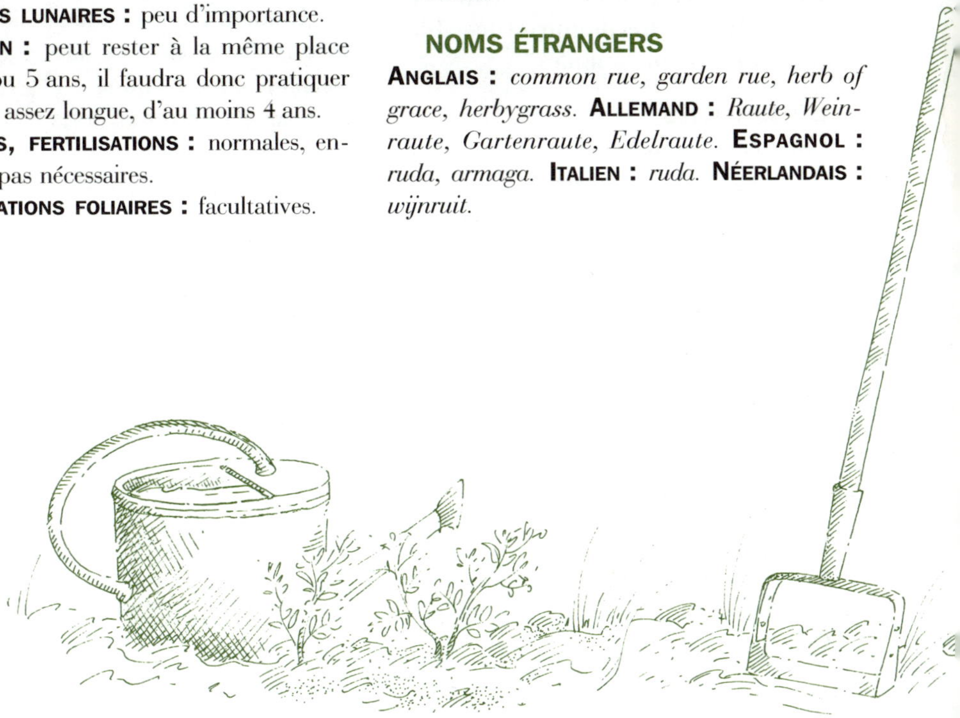

Salsifis (P, *)

Cycle végétatif : bisannuel.
Famille : Composées.
Noms botaniques : (1) et (2) *Tragopogon porrifolium* Linné.
Synonyme botanique : *T. pomifolium* J.-F. Gmelin.
Synonymes français : barberon, barbe de bouc, cerifix, salsifis blanc.

Plante potagère herbacée, à la tige droite et ramifiée à l'approche du sommet qui atteint environ 1 m de hauteur ; ses feuilles sont étroites, très allongées, celles du centre sont dressées, les autres sont en partie étalées ; elles se terminent en pointe, forment une rosette et leur couleur est d'un vert clair poussiéreux, grisâtre avec une ligne blanche au centre. Elle est cultivée principalement pour sa racine pivotante, longue, charnue, un peu lisse et légèrement conique, jaune. Origine : Bassin méditerranéen. Floraison : de mai à juillet, généralement la 2ᵉ année de culture. Fleurs : hermaphrodites, bleu violacé ou roses, en capitules.

UTILISATIONS

Les racines se mangent cuites au jus de viande, frites, en salade, au beurre, à la crème, aux fines herbes, gratinées, à la béchamel, sautées, etc.

Les jeunes feuilles tendres sont délicieuses crues en salade.

PROPRIÉTÉS

Digestives, diurétiques, nutritives ; contient des vitamines A et C ainsi que du calcium, du chlore, du fer, du magnésium, du phosphore, du potassium et du soufre.

CULTURE

▶ **Sols préférés :** frais, profonds, humifères, ameublis, plutôt légers ou sablonneux.

▶ **Climat :** tempéré.

▶ **Exposition :** chaude et ensoleillée.

▶ **Multiplication :** par semis.

▶ **Culture :** semer en place de mars à mai, en rayons distants de 25 cm, semer assez clair, recouvrir les graines de 1-2 cm environ de terre bien émiettée, plomber avec le dos du râteau ; par la suite, éclaircir à 8-10 cm sur la ligne. Tenir le sol suffisamment frais jusqu'à la levée. Cette dernière étant capricieuse, il faut semer lorsque la terre est suffisamment réchauffée et que le temps est doux.

▶ **Facteurs lunaires :** semer si possible en lune décroissante.

▶ **Rotation :** pratiquer une alternance de 3 ou 4 ans, le salsifis entre dans la catégorie des plantes potagères à racines.

▶ **Fumures, fertilisations :** normales, éviter les fumures fraîches.

▶ **Fertilisations foliaires :** toutes les 3 semaines environ en cours de saison, à base d'algues marines.

▶ **Soins :** binages, sarclages, arrosages si nécessaire, car il faut tenir le sol suffisamment frais ; le paillage est tout indiqué en cas de sécheresse. Si certaines plantes montent à graines au cours de la première année de culture, supprimer la tige florale dès son apparition. Avant les froids, couper les feuilles.

VARIÉTÉS

'Blanc ordinaire', 'Blanc amélioré' ou 'Blanc géant de Russie', 'Mammouth à très grosse racine', etc.

GRAINES

▶ **Porte-graines :** choisir quelques beaux pieds, les laisser en place durant la mauvaise saison, les replanter au printemps (en mars-avril) à 40 cm en tous sens ; tuteurer les tiges, récolter les graines en juillet, quand elles sont brunes, les faire sécher à l'ombre, les conserver au frais à l'abri de l'humidité.

Attention, les oiseaux sont friands de ces graines, les protéger impérativement avec un filet.

▶ **Durée germinative :** 2 ans.

▶ **Nombre de graines au gramme :** environ 100.

▶ **Levée :** environ 8 à 10 jours, parfois difficile car il faut que le temps soit doux et le sol suffisamment réchauffé.

▶ **Intervalle entre le semis et le début de la récolte :** 7 ou 8 mois.

RÉCOLTE ET CONSERVATION

On arrache les racines d'octobre à mars, selon les besoins ; elles peuvent être conservées quelques jours après avoir été récoltées. Pour faciliter l'arrachage lors des froids, couvrir le sol de feuilles sèches ou de paille.

Pour conserver les racines, les mettre en jauge ou les stratifier dans du sable après l'arrachage.

MALADIES ET PARASITES

▶ **La rouille blanche :** les feuilles se couvrent de pustules blanches, elles se déforment, puis se dessèchent. Dès l'apparition de la maladie, couper et brûler les feuilles atteintes et pulvériser une solution de bouillie bordelaise.

▶ **La rouille :** le dessous des feuilles est envahi de pustules de couleur rouille. Même traitement que pour la rouille blanche.

▶ **Les pucerons :** petits insectes blanchâtres suçant la sève des feuilles au niveau du collet. Ces indésirables apparaissent en cas de sécheresse, il faut donc maintenir le sol suffisamment frais, un bon paillage facilitera votre tâche. Voir le paragraphe consacré à la lutte contre les pucerons page 43.

NOMS ÉTRANGERS

Anglais : *salsify, vegetable oyster, oyster plant, meadow salsify, goat's beard.* **Allemand :** *Haferwurzel, Bocksbart.* **Espagnol :** *salsifi blanco, barba cabruna.* **Italien :** *barba di becco, salsefia, salsfrica.* **Néerlandais :** *gele boksbaard, gele morgenster.*

Sarriette commune (A, *)

Cycle végétatif : annuelle.
Famille : Labiées, Labiacées ou Lamiacées.
Noms botaniques : (1) et (2) *Satureja hortensis* Linné.
Synonymes botaniques : *S. brachiata* Stokes, *S. officinarium* Crantz, *S. viminea* Burmann, *S. pachyphylla* C. Koch, *S. laxiflora* C. Koch, *Thymus cunila* E.H.L. Krause, *Clinopodium hortense* O. Kuntze.
Synonymes français : herbe de Saint-Julien, sodrée, sarriette annuelle, savourée.

Plante condimentaire, aromatique, médicinale, mesurant 20-30 cm de hauteur ; ses tiges sont herbacées, dressées, rameuses et rougeâtres ; ses feuilles sont opposées, étroites, petites, molles, vert clair, très odorantes. La sarriette commune est très mellifère. Origine : Bassin méditerranéen occidental. Floraison : de juillet

à octobre. Fleurs : hermaphrodites, blanches ou roses, groupées, serrées à l'aisselle des feuilles.

UTILISATIONS

Les feuilles fraîches ou sèches, hachées, s'emploient dans diverses salades, des crudités, des sauces, des farces, des marinades, avec certains légumes (fève, haricot sec, pois, lentille, pomme de terre, choucroute, etc.), elles relèvent le goût du lapin, du porc, du gibier, des rôtis, du pot-au-feu, des poissons, du mouton, des ragoûts et des potages. Ajouter la sarriette en fin de cuisson.

Les feuilles entrent aussi dans la composition de certaines liqueurs, et aromatisent les vinaigres. Elles sont très utilisées en médecine. Les fleurs sont employées en infusion. La sarriette éloigne certains insectes et autres parasites du potager.

La saveur de la sarriette vivace est piquante, légèrement amère (goût poivré), très agréable, plus pénétrante que celle de la sarriette annuelle.

CULTURE

▶ **Sols préférés :** sains, humifères, légers, perméables, légèrement calcaires ; éviter les terres froides ou humides.

▶ **Climat :** tous nos climats, cultivée à bonne exposition.

▶ **Exposition :** à bonne exposition.

▶ **Multiplication :** par semis.

▶ **Culture :** semer clair, vers la fin avril-mai, en pépinière ou en place, en lignes distantes de 40 cm, recouvrir peu les graines ; plomber légèrement, garder le sol frais jusqu'à la levée, repiquer ou éclaircir à 20 cm sur le rang. Il est préférable d'éclaircir les plants quand ils sont jeunes. Peut être cultivée en bordure.

▶ **Facteurs lunaires :** sans importance.

▶ **Rotation :** pratiquer une rotation de 3 ou 4 ans. La sarriette entre dans la catégorie des plantes à feuilles.

▶ **Fumures, fertilisations :** normales.

▶ **Fertilisations foliaires :** pas nécessaires.

▶ **Soins :** les binages, les sarclages sont nécessaires, les arrosages sont occasionnels, seulement en cas de sécheresse. Couper les tiges à 10-12 cm du sol avant les grands froids, protéger les plantes avec de la paille ou des feuilles sèches en cas de gelées fortes.

VARIÉTÉS

Le type botanique.

GRAINES

▶ **Porte-graines :** laisser quelques pieds choisis pour la production des semences, récolter les graines à la rosée, à maturité, les faire sécher à l'ombre et les conserver dans des boîtes ou sachets.

▶ **Durée germinative :** 3 ans.

▶ **Nombre de graines au gramme :** 1 500.

▶ **Levée :** 1 à 3 semaines.

▶ **Intervalle entre le semis et le début de la récolte :** 3 mois environ.

RÉCOLTE ET CONSERVATION

La récolte s'effectue selon les besoins de mai à septembre ; pour la conservation, couper les tiges à la main au printemps, de préférence au début de la floraison, faire sécher les tiges à l'ombre, déposer les tiges et les feuilles sans les broyer dans des boîtes hermétiques.

MALADIES ET PARASITES

Néant.

NOMS ÉTRANGERS

Anglais : *summer savory, annuel savory.* **Allemand :** *Bohnenkraut, Köllkraut.* **Espagnol :** *ajedrea común, ajedrea de jardin, sojulida, saborija.* **Italien :** *santoreggia, savoria (annuale).* **Néerlandais :** *boonenkruid.*

Sarriette vivace (A, *)

Cycle végétatif : vivace.
Famille : Labiées, Labiacées ou Lamiacées.
Noms botaniques : (1) et (2) *Satureja montana* Linné.
Synonymes botaniques : *S. illyrica* Host, *Saturiastrum montanum* (L.) Four, *Micromeria montana* (L.) Reichenbach.
Synonymes français : poivre d'âne, sarriette des montagnes, sarriette sauvage.

Plante condimentaire, médicinale et aromatique, de 20-40 cm de hauteur, herbacée ; ses tiges sont ligneuses à la base, étalées, très ramifiées ; ses feuilles sont odorantes, petites, étroites, coriaces, vert luisant. Elle est mellifère. Origine : Bassin méditerranéen occidental. Floraison : de juin à septembre. Fleurs : hermaphrodites, roses ou blanches, parfois violacées, en petites grappes à l'intérieur de l'aisselle des feuilles.

UTILISATIONS

Comme la sarriette commune.

PROPRIÉTÉS

Antispasmodiques, antiseptiques, aphrodisiaques, carminatives, digestives, expectorantes, stimulantes, toniques et vermifuges ; contient une huile essentielle.

CULTURE

▶ **Sols préférés, climat, exposition :** voir la sarriette commune.

▶ **Multiplication :** par semis, par division de touffes, par bouturage.

▶ **Culture :**
Par semis : semer clair, en terre pauvre, en pépinière courant avril ; recouvrir peu les graines ; tenir le sol suffisamment humide jusqu'à la levée ; repiquer en place quand les plants sont assez forts, en lignes espacées de 40-50 cm, les plants distants de 25 cm sur le rang. Il est possible de semer en place en avril, à exposition chaude, éclaircir aux mêmes distances.
Par division de touffes : au printemps ou en automne, replanter les éclats des vieilles touffes.
Par bouturage : au printemps, planter des tiges aoûtées (pousses de l'année) en pépinière, à l'ombre de préférence, replanter en place avec la motte à l'automne.

La sarriette vivace est souvent cultivée en bordure et parfois comme plante ornementale dans les rocailles.

▶ **Voisinage :** son voisinage est favorable à l'oignon et au haricot.

▶ **Facteurs lunaires :** sans importance.

▶ **Rotation :** cette plante peut rester en place pendant 5 ans, on la classe donc parmi les plantes exigeantes ; appliquer une rotation de 4 ou 5 années.

▶ **Fumures, fertilisations :** normales.

▶ **Fertilisations foliaires :** pas nécessaires.

▶ **Soins :** voir la sarriette commune.

VARIÉTÉS

Le type botanique.

GRAINES

▶ **Porte-graines :** choisir des plantes parmi les plus vigoureuses, ne pas couper les tiges qui fleurissent en juillet-août, récolter les graines à maturité (à la rosée) en septembre-octobre, les faire sécher à l'ombre et les conserver dans des sachets ou boîtes hermétiques.

▶ **Durée germinative :** 3 ou 4 ans.

▶ **Nombre de graines au gramme :** 2 500.
▶ **Levée :** 1 ou 2 semaines, capricieuse.
▶ **Intervalle entre le semis et le début de la récolte :** par semis, 12 à 14 mois ; par division de touffes, 2 à 6 mois ; par bouturage, 12 à 14 mois.

RÉCOLTE ET CONSERVATION

Voir la sarriette commune.

MALADIES ET PARASITES

Néant.

NOMS ÉTRANGERS

Anglais : *winter savory, perennial savory.* **Allemand :** *Winterbohnenkraut.* **Espagnol :** *hisopillo, ajedra, tomillo real.* **Italien :** *santoreggia, segrigiala (vivace).* **Néerlandais :** *boonenkruid (vaste plant).*

Sauge officinale (A, *)

Cycle végétatif : vivace.
Famille : Labiées, Labiacées ou Lamiacées.
Noms botaniques : (1) et (2) *Salvia officinalis* Linné.
Synonymes botaniques : *S. lavandulaefolia* Vahl, *S. triloba* Linné.
Synonymes français : grande sauge, herbe sacrée, herbe sauge, sauge commune, sauge franche, salel, serve, thé d'Europe, thé de France, thé de Grèce, thé de Provence, thé sacré.

Genre de sous-arbrisseau formant un petit buisson pouvant atteindre plus de 60 cm de hauteur ; ses tiges sont ligneuses à la base ; ses feuilles sont vert-gris, persistantes, entières, finement dentelées et légèrement duvetées. Origine : Bassin méditerranéen d'Europe, possible d'Asie occidentale, indigène dans le Midi. Floraison : juin-juillet. Fleurs : hermaphrodites, bleu violacé parfois blanches ou roses, en épis.

UTILISATIONS

Les feuilles fraîches ou séchées assaisonnent les ragoûts, les poissons, les volailles (canards, oies, etc.), les viandes, principalement celles du mouton et du porc, le gibier, les sauces, les potages, les farces, divers légumes (riz, fève, haricot, pomme de terre rissolée, etc.), elles parfument la charcuterie. Ajouter la sauge en fin ou après la cuisson.

Quelques feuilles jetées dans l'eau de cuisson des topinambours, des haricots et des fèves diminuent les gaz intestinaux. La sauge officinale est conseillée aux diabétiques, mais les femmes allaitant, les enfants en bas âge et les tempéraments sanguins doivent l'écarter. De toutes façons, il ne faut l'utiliser que modérément. Les feuilles séchées peuvent être fumées par les asthmatiques. La sauge entre dans la composition des dentifrices à l'argile. Les feuilles froissées agissent contre les effets des piqûres d'insecte (moustiques, guêpes, etc.). Les feuilles et les fleurs sont utilisées en tisanes ou dans les bains. Cette plante est précieuse au potager, elle repousse certains parasites des cultures, principalement la piéride du chou.

PROPRIÉTÉS

Antiseptiques, antisudorales, astringentes, antispasmodiques, apéritives, digestives, diurétiques, emménagogues, fortifiantes, stimulantes et toniques ; contient une huile essentielle. C'est une plante médicinale très réputée.

CULTURE

▶ **Sols préférés :** peu exigeante sur la nature du sol, elle préfère les terres chaudes, légèrement calcaires, fertiles, légères ou perméables.

▶ **Climat :** tous ; robuste, elle craint tout de même les grands froids et l'excès d'humidité.

▶ **Exposition :** ensoleillée.

▶ **Multiplication :** par semis, par division de touffes, par bouturage, par marcottage.

▶ **Culture :**

Par semis : semer en avril de préférence ou en septembre en place en lignes distantes de 80 cm, éclaircir à 40-50 cm sur le rang. Semer en pépinière en mars-avril, installer 3 mois environ après le semis.

Par division de touffes : au printemps, diviser les vieilles souches en gardant les éclats du pourtour, replanter chaque éclat muni de bourgeons et de racines.

Par bouturage : au printemps, cueillir des tiges de 8-10 cm de l'année, les planter en pépinière en laissant sortir quelques feuilles de terre, mettre en place à l'automne avec la motte.

Par marcottage (le plus facile) : la sauge se marcotte d'elle-même, il suffit de sélectionner des tiges rampantes munies de racines et de les planter en place au printemps (mars-avril).

Parfois, la sauge sert de plante ornementale en rocaille. La sauge est souvent cultivée en bordure, 1 ou 2 touffes suffisent pour une famille.

▶ **Voisinage :** le romarin et la sauge font très bon ménage.

▶ **Facteurs lunaires :** sans importance.

▶ **Rotation :** renouveler la culture tous les 3 ou 4 ans ; entre donc dans la catégorie des plantes exigeantes. Appliquer une rotation de 4 ou 5 années.

▶ **Fumures, fertilisations :** normales.

▶ **Fertilisations foliaires :** pas nécessaires.

▶ **Soins :** binages, sarclages, arrosages rares. À la fin de l'hiver, il est préférable de couper les tiges à 15 cm au-dessus du sol, ce qui limitera le développement de la touffe, qui devient envahissante si elle se plaît. En cas de grands froids, il est plus prudent de protéger les touffes avec de la paille ou des feuilles sèches, découvrir lorsque le temps se radoucit.

VARIÉTÉS

Sauge tricolore, sauge pourpre, sauge panachée, sauge-lavande.

GRAINES

▶ **Porte-graines :** à partir de la 2e année de culture, la sauge officinale fleurit en juin-juillet. Récolter les graines à maturité, à la rosée, généralement en août-septembre, les faire sécher à l'ombre et ensacher.

▶ **Durée germinative :** 3 ou 4 ans.

▶ **Nombre de graines au gramme :** 250.

▶ **Levée :** 3 semaines environ.

▶ **Intervalle entre le semis et le début de la récolte :** semis, environ 1 an ; division de touffes et marcottage, quelques mois ; bouturage, près de 1 an.

RÉCOLTE ET CONSERVATION

Récolter au fur et à mesure des besoins en toute saison. Pour la conservation, récolter les tiges avant la floraison, les faire sécher à l'ombre, placer les feuilles à l'abri de l'air et de l'humidité (boîtes hermétiques, bocaux). Ne pas broyer les feuilles.

MALADIES ET PARASITES

Néant.

NOMS ÉTRANGERS

Anglais : *sage, save, garden save, garden sage, red sage.* **Allemand :** *Salbei, Garten Salbei, edel Salbei.* **Espagnol :** *salvia oficinal, salvia real, salvia del moncayo.* **Italien :** *salvia officinale.* **Néerlandais :** *salie.*

Sauge sclarée (A, **)

Cycle végétatif : vivace, les feuilles et la tige se dessèchent en hiver ; elle est parfois bisannuelle.
Famille : Labiées, Labiacées ou Lamiacées.
Noms botaniques : (1) et (2) *Salvia sclarea* Linné.
Synonymes botaniques : *S. bracteata* Simson, *S. haematodes* Scopoli, *S. simsiana* Roemer, *Sclarea vulgaris* Miller, *Aethiopis sclarea* Fourreau.
Synonymes français : sclarée, toute bonne, orvale.

Plante condimentaire, originale et surprenante par la taille de ses feuilles velues et rugueuses de couleur vert-gris, ovales, en forme de cœur. Elle fleurit tout l'été, elle est remarquable par ses épis de fleurs, elle a largement sa place comme plante ornementale. Elle dépasse parfois plus de 1 m de hauteur à cause de sa grande tige florale carrée. Origine : très certainement Bassin méditerranéen, spontanée dans le Midi, la Corse, l'Asie occidentale tempérée et l'Afrique du Nord. Floraison : tout l'été (de juin à septembre). Fleurs : hermaphrodites, blanc lavé de bleu, en verticilles formant un panicule.

UTILISATIONS

Ses feuilles fraîches ou séchées aromatisent principalement les viandes de veau, de porc et de mouton ainsi que les gibiers, les volailles et certains poissons, elles peuvent être utilisées pour parfumer certaines soupes, sauces et légumes, etc. Sa saveur est plus forte et amère que celle de la sauge officinale, son odeur est musquée.

La sauge sclarée entre dans la composition de divers parfums. Une infusion légère ajoutée à du vin blanc confère à ce dernier une saveur de muscat. Les feuilles de cette plante sont aussi employées en tisane.

PROPRIÉTÉS

Antisudorales, antiseptiques, antispasmodiques, diurétiques, emménagogues, stimulantes, stomachiques, toniques ; la sauge sclarée contient une huile essentielle.

CULTURE

▶ **Sols préférés :** tous les sols pas trop humides, de préférence légèrement calcaires et plutôt légers.
▶ **Climat :** tempéré, plutôt chaud.
▶ **Exposition :** chaude et ensoleillée, surtout dans le nord de la France.
▶ **Multiplication :** par semis ou division de touffes.
▶ **Culture :**
Par semis : semer en pépinière en mars-avril, recouvrir peu les graines ; mettre les plantes en place à partir de la mi-mai, généralement en bordure ou en rayons espacés de 40 cm et à 30 cm sur le rang.
Par division de touffes : diviser les anciennes touffes au printemps et replanter aux mêmes distances. Au repiquage, il est bon de praliner les racines avec une bouillie de lithothamne pour favoriser la reprise.
▶ **Voisinage :** peu importe.
▶ **Facteurs lunaires :** peu d'importance.
▶ **Rotation :** cette plante peut rester 2 ou 3 ans à la même place, il est conseillé d'appliquer une rotation de 3 ou 4 ans.
▶ **Fumures, fertilisations :** normales, cette plante n'a pas besoin de l'engrais azoté nommé « coup de fouet ».
▶ **Fertilisations foliaires :** facultatives.
▶ **Soins :** binages, sarclages, arrosages en cas

de sécheresse prolongée. Pendant les très grands froids, il sera plus prudent de recouvrir les pieds de paille ou de feuilles sèches, découvrir quand les pluies apparaissent.

▶ **TAILLE :** début novembre, couper la tige des plantes à quelques centimètres du sol.

VARIÉTÉS

Le type botanique.

GRAINES

▶ **PORTE-GRAINES :** sur les plus beaux pieds qui fleurissent en juin-juillet, récolter les capsules en forme de clochette à maturité (sans attendre) ; chacune d'entre elles renferme 2 ou 3 graines ; la récolte des graines s'étale de la fin juillet jusqu'en août-septembre ; décortiquer, faire sécher et ensacher les graines.

▶ **DURÉE GERMINATIVE :** 3 ou 4 ans.

▶ **NOMBRE DE GRAINES AU GRAMME :** environ 200.

▶ **LEVÉE :** 1 ou 2 semaines.

▶ **INTERVALLE ENTRE LE SEMIS ET LE DÉBUT DE LA RÉCOLTE :** environ 4 ou 5 mois.

RÉCOLTE ET CONSERVATION

La récolte commence quand les feuilles sont suffisamment développées, selon les besoins.

Pour la conservation, cueillir les feuilles avant ou au début de la floraison, les faire sécher à l'ombre et les garder dans des boîtes hermétiques.

MALADIES ET PARASITES

Néant.

NOMS ÉTRANGERS

ANGLAIS : *garden clary, clary sage, clary wort, muxatel sage.* **ALLEMAND :** *Muskatellersalbei, Scharlachkraut.* **ESPAGNOL :** *amaro, almaro, salvia romana.* **ITALIEN :** *sclarea, erba mascatella, scanderona.* **NÉERLANDAIS :** *muscaatsalie, scharlei.*

Scolyme d'Espagne (P, **)

Cycle végétatif : bisannuel.
Famille : Composées.
Noms botaniques : (1) et (2) *Scolymus hispanicus* Linné.
Synonymes botaniques : *S. congestus* Lamarck, *Myscolus microcephalus* Cassini, *M. hispanicus* Cassini.
Synonymes français : cardouille, cardoufle, cardousse, épine jaune, etc.

Plante potagère herbacée dont la tige très ramifiée, dressée, peut atteindre 80 cm de hauteur ; les feuilles sont alternes, oblongues, dentées, très épineuses, non pétiolées, vert foncé, colorées de vert pâle ; sa racine est pivotante, blanchâtre, charnue, assez grosse, longue, ramifiée à la pointe, parfois fibreuse au centre. Origine : Europe méridionale, indigène dans le Bassin méditerranéen. Floraison : de la fin juin à septembre (2e année de culture ; il arrive que la plante fleurisse dès la 1re année si elle est semée trop tôt). Fleurs : hermaphrodites, jaunes, en capitules.

UTILISATIONS

Les racines du scolyme d'Espagne se consomment cuites, préparées à la façon des salsifis, au jus de viande, au beurre, frites, gratinées, à la sauce Béchamel, etc.

CULTURE

▶ **SOLS PRÉFÉRÉS :** fertiles, ameublis, profonds, humifères et plutôt légers.

▶ **CLIMAT :** tempéré à chaud ; résiste au froid jusqu'à – 15 °C, au moins en terre légère.

▶ **EXPOSITION :** ensoleillée.

▶ **MULTIPLICATION :** par semis.

▶ **CULTURE :** semer en place, de la mi-mai au 15 juin, en rayons écartés de 30 cm ; semer de préférence des graines qu'on aura fait tremper dans l'eau tiède pendant 5 ou 6 heures, puis enrobées avec du lithothamne. Recouvrir très légèrement les graines avec du terreau ou de la terre bien émiettée. Tenir le sol suffisamment frais pour favoriser la levée. Semé plus tôt, le scolyme d'Espagne monte souvent à graines dès la 1re année et sa racine est moins tendre.

Quand les plants ont 4 ou 5 feuilles, éclaircir à 10 cm. Lors de la 1re année de culture, si la tige florale se développe, la supprimer dès son apparition.

▶ **FACTEURS LUNAIRES :** semer de préférence en lune décroissante.

▶ **ROTATION :** le scolyme d'Espagne entre dans la catégorie des plantes potagères à racines ; pratiquer une rotation de 3 ou 4 années.

▶ **FUMURES, FERTILISATIONS :** normales, éviter les fumures fraîches.

▶ **FERTILISATIONS FOLIAIRES :** quelques fertilisations foliaires pendant la saison, à base d'algues marines, seront bénéfiques.

▶ **SOINS :** sarclages, binages et arrosages en cas de sécheresse ; supprimer les tiges florales dès leur apparition lors de la 1re année de culture.

VARIÉTÉS

Le type botanique.

GRAINES

▶ **PORTE-GRAINES :** pendant l'arrachage, choisir quelques beaux pieds, mettre les racines en jauge ou les stratifier dans du sable ; les replanter vers la mi-mars à 40 cm en tous sens, cueillir les akènes au fur et à mesure qu'ils mûrissent en les coupant à l'aide de ciseaux (attention ! qui s'y frotte s'y pique !), les faire sécher à l'ombre, les battre, puis ensacher les graines et les conserver à l'abri de l'humidité.

▶ **DURÉE GERMINATIVE :** 3 ans.

▶ **NOMBRE DE GRAINES AU GRAMME :** environ 200.

▶ **LEVÉE :** 8 à 10 jours, capricieuse.

▶ **INTERVALLE ENTRE LE SEMIS ET LE DÉBUT DE LA RÉCOLTE :** 4 mois à 4 mois et demi.

RÉCOLTE ET CONSERVATION

La récolte s'étend de la fin octobre jusqu'en mars ; on arrache les racines au fur et à mesure des besoins, elles ne se conservent que quelques jours.

Dans les régions à grands froids, il est préférable d'arracher les racines en novembre et de les conserver stratifiées dans du sable ou en jauges abritées. Dans les autres régions, couvrir les planches au début des gelées avec de la paille ou des feuilles sèches pour faciliter l'arrachage.

MALADIES ET PARASITES

Néant.

NOMS ÉTRANGERS

ANGLAIS : *golden thistle, spanish oyster plant, scolymus.* **ALLEMAND :** *Goldwurzel, Golddistel.* **ESPAGNOL :** *escolimo, cardillo (de comer).* **ITALIEN :** *barba gentile, cardo scolimo.* **NÉERLANDAIS :** *varkens distel.*

Scorsonère (P, *)

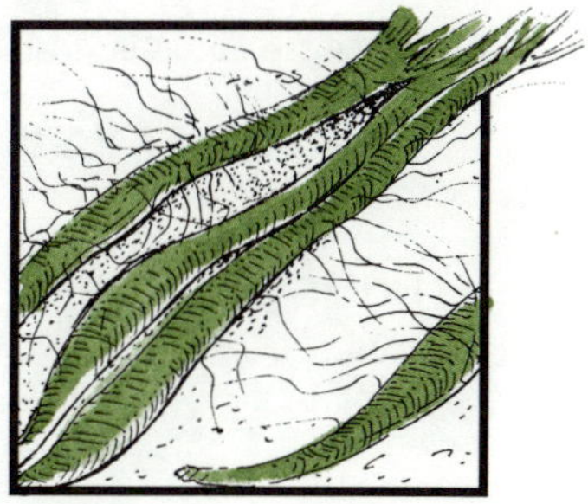

Cycle végétatif : vivace, cultivée comme annuelle ou bisannuelle.
Famille : Composées.
Noms botaniques : (1) et (2) *Scorzonera hispanica* Linné.
Synonymes botaniques : *S. denticulata* Lamarck, *S. sativa* Gater, *S. graminifolia* Hoffmann, *S. edulis* Moench, *S. glastifolia* Willdenow, *S. taurica* Bieberstein, *S. montana* Mutel, *S. dentata* Kitaibel.
Synonymes français : écorce noire, scorsonère d'Espagne, scorsonère géante de Russie, salsifis noir, etc.

Plante potagère, herbacée, ayant une tige florale ramifiée supérieurement, dépassant parfois 1 m de hauteur ; ses feuilles sont ovales-oblongues, lancéolées, raides et radicales, elles sont plus larges que celles du salsifis, de couleur verte et sans bande médiane blanche ; sa racine est très longue, elle peut mesurer plus de 30 cm dans des sols profonds, elle est pivotante, cylindrique, droite et charnue, elle est de couleur noirâtre. Origine : Europe méridionale, certainement Espagne. Floraison : de mai à septembre, généralement la 2e année de culture. Fleurs : hermaphrodites, jaune vif, en capitules.

UTILISATIONS

Voir *Salsifis*.

PROPRIÉTÉS

Dépuratives, diurétiques, fébrifuges, laxatives, rafraîchissantes, stomachiques et sudorifiques ; contient des vitamines A et C ainsi que de nombreux sels minéraux, pratiquement les mêmes que ceux du salsifis.

CULTURE

▶ **Sols préférés :** profonds, frais, humifères, ameublis, sablonneux et légers.
▶ **Climat :** tempéré ; sa racine est très résistante au froid.
▶ **Exposition :** ensoleillée.
▶ **Multiplication :** par semis.
▶ **Culture :** la scorsonère se sème principalement de mars à fin avril, en rayons écartés de 30 cm ; semer clair et recouvrir les semences de 2 cm de terre émiettée, plomber légèrement avec le dos du râteau. Il faut tenir le sol frais pour favoriser la levée. Il est parfois bénéfique de semer sous tunnel plastique. Lorsque les plants ont 3 à 5 feuilles, éclaircir à 8-10 cm.

La scorsonère peut aussi être semée courant août ; dans ce cas, elle ne sera récoltée qu'à l'automne de l'année suivante.
▶ **Rotation :** cette plante peut rester 2 ans en place si l'on prend soin de couper les tiges florales dès leur apparition ; avantage : les racines seront plus grosses ; inconvénient : elle occupera la planche pendant 2 années. Attendre 3 ou 4 ans avant de la cultiver au même endroit.

VARIÉTÉS

'Géante noire de Russie', 'Géante annuelle améliorée', 'Géante noire hâtive de Luneville', 'Géante Westlandia'.

GRAINES

▶ **Durée germinative :** 2 ans environ.
▶ **Nombre de graines au gramme :** 90.

▶ **Levée :** comme le salsifis, 8 à 10 jours.

MALADIES ET PARASITES

Voir *Salsifis*.

NOMS ÉTRANGERS

Anglais : *scorsonera, black salsify, spanishy salsify, viper's grass.* **Allemand :** *Schwarzwurzel, Scorsoner.* **Espagnol :** *salsifi negro, escorzonera.* **Italien :** *scorzonera, scorzobianca, viperaria, scorzonera di Spagna.* **Néerlandais :** *schorseneel.*

N.B. : pour tout renseignement complémentaire, se reporter à la fiche sur le salsifis.

Souchet comestible (P, *)

Cycle végétatif : vivace par ses tubercules (climat doux), cultivé comme annuel.
Famille : Cypéracées.
Noms botaniques : (1) et (2) *Cyperus esculentus* Linné.
Synonymes botaniques : *C. aureus* Tenore, *C. tenorri* Presl, *C. tenorianus* Schult, *C. pallidus* Savi, *C. retusus* Nees, Von Esenberck, *Chlarocyperus aureus* Pallas.
Synonymes français : amande de terre, gland de terre, noisette de terre, souchet sultan, souchet tubéreux.

Plante à boisson et à amuse-gueule formant des touffes de feuilles raides, assez longues ressemblant à celles de l'herbe, d'une hauteur de 20-40 cm, cultivée pour ses petits tubercules bruns, légèrement allongés et écailleux, nombreux, adhérant aux racines et ayant la grosseur d'un pois ou d'une noisette. Origine : Europe méridionale ou Afrique du Nord, le souchet comestible croit spontanément en Provence et en Corse. Il est cultivé dans la région de Valence en Espagne. Floraison : d'août à novembre ; généralement il ne fleurit pas sous le climat parisien. Fleurs : hermaphrodites, à épillets roux doré ; ne produit pas de graines au nord de la Loire.

UTILISATIONS

Les tubercules sont utilisés de différentes façons : crus ou grillés, ils peuvent servir d'amuse-gueule pour l'apéritif ; en pâtisserie, ils remplacent les amandes. Les Italiens en tirent une huile de table, les Espagnols une boisson appelée horchata (genre de sirop d'orgeat). Le goût du souchet rappelle à la fois ceux de l'amande, de la noisette et de la cacahuète. Il est préférable de faire sécher les tubercules préalablement, leur saveur est plus douce. En Espagne ou dans le Midi, on ajoute un peu d'horchata dans le pastis, ce qui lui donne un goût très agréable.

CULTURE

▶ **Sols préférés :** légers, frais ou humides, riches en humus, bien ameublis ; les terres trop lourdes et compactes sont néfastes.
▶ **Climat :** tempéré, chaud et humide.
▶ **Exposition :** ensoleillée.
▶ **Multiplication :** par plantation de tubercules ou par division de touffes.
▶ **Culture :**
Par plantation de tubercules : de mars jusqu'à la fin avril (suivant les régions), planter 3 à

6 tubercules par poquet, en respectant 30 cm entre ceux-ci. Les rayons sont espacés de 40 cm, recouvrir les tubercules de 2-3 cm de terre fine. Il est possible de planter un tubercule tous les 5-6 cm dans un rayon profond de 3 cm.

Par division de touffes : dans les régions ne craignant pas les gelées, laisser en place quelques touffes qui passeront l'hiver sans problème, diviser celles-ci au printemps ; planter aux mêmes distances.

En faisant tremper les tubercules dans l'eau pendant quelques heures, puis en les égouttant légèrement et en les enrobant de lithothamne, on activera leur levée.

▶ **VOISINAGE :** peu importe.

▶ **FACTEURS LUNAIRES :** planter les tubercules en lune décroissante de préférence.

▶ **ROTATION :** il entre dans la catégorie des plantes à racines ; le souchet n'est pas exigeant, mais il est préférable d'appliquer une rotation de 3 ou 4 années.

▶ **FUMURES, FERTILISATIONS :** normales.

▶ **FERTILISATIONS FOLIAIRES :** pas nécessaires.

▶ **SOINS :** effectuer des binages et des sarclages en prenant la précaution de ne pas endommager les nouvelles pousses se trouvant autour des touffes. En cas de grosse chaleur ou de sécheresse, effectuer des arrosages profonds plutôt que fréquents ; craint le manque d'eau, paillage conseillé. On peut butter les touffes quand les feuilles atteignent une quinzaine de centimètres de haut.

VARIÉTÉS

Le type botanique.

GRAINES

▶ **PORTE-GRAINES :** pour la reproduction, garder des tubercules de la récolte précédente en évitant de les laver ; les conserver à l'abri de l'humidité.

▶ **LEVÉE :** quelques semaines après la plantation des tubercules.

▶ **INTERVALLE ENTRE LA PLANTATION ET LE DÉBUT DE LA RÉCOLTE :** environ 7 mois.

RÉCOLTE ET CONSERVATION

La récolte se fait en octobre-début novembre en arrachant les touffes à l'aide d'une fourche-bêche et en les secouant au-dessus d'un tamis grossier, pour éliminer la terre et récupérer les tubercules. Les laver et les étaler au soleil sur une toile, 1 ou 2 jours, les conserver dans un sac en toile ou une boîte en bois à l'abri de la lumière et de l'humidité.

MALADIES ET PARASITES

Néant.

NOMS ÉTRANGERS

ANGLAIS : *earth almond, rush nut, chufa, chufa flat sedge.* **ALLEMAND :** *Erdmandel, Chufa, Kaffeewurzel, Erdmandelzypergras.* **ESPAGNOL :** *chufa, cotufa, juncia avellanade.* **ITALIEN :** *mandorla diterra, dolcicchini.* **NÉERLANDAIS :** *aardmandel.*

Tétragone cornue (P, *)

Cycle végétatif : annuelle.
Famille : Aïzoacées ou Ficoïdacées.
Noms botaniques : (1) et (2) *Tetragonia tetragoniodes* O. Kuntze.
Synonymes français : épinard de Nouvelle-Zélande, épinard des pauvres, tétragone étalée.

Plante potagère, cultivée pour ses feuilles, entières, triangulaires, épaisses et charnues ; ses tiges sont ramifiées, étalées, rampantes, pouvant atteindre plus de 1 m. Origine : Nouvelle-Zélande. Floraison : généralement en juillet-août. Fleurs : hermaphrodites, solitaires, verdâtres à jaunâtres, sans pétales, à l'aisselle des feuilles.

UTILISATIONS

La tétragone est un succédané de l'épinard dont elle rappelle un peu le goût ; les feuilles et les parties tendres des tiges, cuites et hachées, se consomment à l'identique : au beurre, à la crème, au jus, en potage, gratinées, etc. Les jeunes feuilles tendres se mangent crues en salade, accompagnées d'œufs mimosa ou de petits lardons. Ajouter quelques feuilles d'oseille à celle de la tétragone relève le goût du plat. La tétragone remplace avantageusement l'épinard pendant l'été.

PROPRIÉTÉS

Antiscorbutiques, nourrissantes, rafraîchissantes et revitalisantes.

CULTURE

▶ **Sols préférés :** frais, légers, bien aérés, fertiles, pas trop acides et riches en humus.

▶ **Climat :** aime la chaleur, résiste à la sécheresse qui arrête seulement sa végétation, craint le froid.

▶ **Exposition :** chaude et ensoleillée.

▶ **Multiplication :** par semis.

▶ **Culture :** semer de mars en mai (quand les gelées ne sont plus à craindre), soit directement en place, soit en poquets espacés de 80 cm en tous sens et préparés avec du compost ; semer 3 ou 4 graines par poquet à 1 cm de profondeur. Il est possible de semer la tétragone en godets, sur couche sous châssis ou en serre, 3 ou 4 graines par godet ; mettre en place quand il n'y a plus de risques de gelée, aux mêmes distances. Ne garder que 2 pieds par poquet.

La germination des graines (capsules) étant difficile, il est conseillé de les faire tremper dans l'eau tiède pendant 24 à 36 h, puis de les enrober de lithothamne.

▶ **Voisinage :** éviter les plantes qui font trop d'ombre.

▶ **Facteurs lunaires :** semer de préférence en lune décroissante.

▶ **Rotation :** cette plante peu épuisante entre dans la catégorie des plantes potagères herbacées ; peut revenir à la même place au bout de 3 ans.

▶ **Fumures, fertilisations :** normales, préparer les poquets avec un bon compost et du terreau.

▶ **Fertilisations foliaires :** quelques saupoudrages de lithothamne pendant la végétation.

▶ **Soins :** effectuer des binages, sarclages et arrosages en cas de sécheresse (malgré sa résistance, la tétragone redoute la sécheresse).

▶ **Taille :** pincer les extrémités des tiges lors des récoltes, cela fera grandir les feuilles et favorisera la ramification.

VARIÉTÉS

Le type botanique.

GRAINES

▶ **PORTE-GRAINES :** choisir quelques beaux sujets semés en godets et repiqués fin avril-début mai, sous tunnel plastique ou châssis. Ne pas récolter les feuilles, car les graines se trouvent à l'aisselle de celles-ci ; tuteurer les tiges pour favoriser l'ensoleillement. Récolter les capsules à maturité, en septembre-octobre, les faire sécher et les ensacher.

▶ **DURÉE GERMINATIVE :** 3 ou 4 ans.

▶ **NOMBRE DE GRAINES AU GRAMME :** entre 10 et 12.

▶ **LEVÉE :** de 10 jours à plusieurs semaines s'il ne fait pas assez chaud ; la levée est plus rapide pour les semences qui ont trempé pendant au moins 24 h.

▶ **INTERVALLE ENTRE LE SEMIS ET LE DÉBUT DE LA RÉCOLTE :** environ 3 mois.

RÉCOLTE ET CONSERVATION

On cueille d'abord les grandes feuilles puis, de temps en temps, le bout des tiges, au fur et à mesure des besoins ; la récolte se prolonge jusqu'aux gelées ; en cas d'abondance, le surplus sera congelé.

MALADIES ET PARASITES

▶ **LES LIMACES :** dévorent les jeunes plants. Voir le paragraphe qui leur est consacré page 44.

NOMS ÉTRANGERS

ANGLAIS : *New Zealand spinach.* **ALLEMAND :** *neuseeländischer Spinat.* **ESPAGNOL :** *espinaca de Nueva Zelandia, tetragona.* **ITALIEN :** *tetragona.* **NÉERLANDAIS :** *vierhouk.*

Thym commun (A, *)

Cycle végétatif : vivace.
Famille : Labiées, Labiacées ou Lamiacées.
Noms botaniques : (1) et (2) *Thymus vulgaris* Linné.
Synonyme botanique : *T. collinus* Salisbury.
Synonymes français : barigoule, faligoule, farigoule, frigoule, mignotise du Genevois, pote, pouilleux, thym français, thym des jardins, thym ordinaire, thym vrai, thym vulgaire.

Petit arbrisseau de 20-40 cm de hauteur ; plante condimentaire, médicinale et aromatique, l'une des plus connues ; ses feuilles sont persistantes, aromatiques, étroites, enroulées sur les bords, de couleur verte au-dessus et grisâtre au-dessous ; ses tiges sont feuillues, dressées, rameuses et ligneuses. Le thym est très mellifère. Origine : Bassin méditerranéen, spontané dans le Midi. Floraison : de mai à octobre. Fleurs : hermaphrodites, blanches ou roses, en bouquets à l'aisselle des plus grandes feuilles.

UTILISATIONS

Les feuilles fraîches ou sèches des jeunes pousses rendent savoureux les salades, les sauces, les marinades, les grillades, les ragoûts, les courts-bouillons, les poissons, les rôtis, divers potages, etc. ; elles parfument la charcuterie, le gibier, les volailles, le lapin, certains légumes (pommes de terre, légumes secs, etc.) ; elles entrent dans la composition des bouquets garnis. La saveur du thym est légèrement piquante, mais très agréable.

Les feuilles et les sommités fleuries sont employées en infusion. Le thym est utilisé en parfumerie, dans les bains, dans la fabrication de certaines liqueurs, dans les dentifrices. La médecine fait appel au thym depuis les temps anciens. Son odeur repousse certains insectes parasites du potager.

PROPRIÉTÉS

Antiseptiques, antirhumatismales, antispasmodiques, apéritives, bactéricides, balsamiques, digestives, diurétiques, emménagogues, stimulantes, toniques et vermifuges ; contient une huile essentielle.

CULTURE

▶ **Sols préférés :** légers, chauds, sains, meubles et légèrement calcaires ; le thym s'accommode de toutes les terres pas humides.

▶ **Climat :** tous, à bonne exposition ; craint les grands froids en terre humide.

▶ **Exposition :** abritée, chaude et ensoleillée.

▶ **Multiplication :** par semis, division de touffes ou bouturage.

▶ **Culture :**

Par semis : semer d'avril à mai, en pépinière, recouvrir peu les graines, plomber le sol ; repiquer quand les plants sont assez forts, généralement de décembre à la mi-avril, soit en lignes éloignées de 40-50 cm, soit le plus souvent en bordure, les plants étant espacés de 20 cm sur le rang. Les semis en place peuvent être utilisés, il suffira d'éclaircir aux mêmes distances. Au repiquage, il est bon de praliner les racines avec une bouillie de lithothamne (100 g par litre d'eau).

Par division de touffes : planter les éclats des vieilles souches en mars-avril ou en septembre en enfonçant les tiges assez profondément.

Par bouturage : planter de jeunes rameaux courant juillet de préférence aux deux tiers de leur longueur, bien tasser la terre au pied de chaque bouture, puis arroser régulièrement. Il faut environ 2 mois pour que l'enracinement s'effectue, la mise en place se fait généralement au printemps. Le bouturage devra se faire dans un endroit abrité, sinon il faudra protéger les jeunes plants des fortes gelées.

La division de touffes et le bouturage sont les modes de reproduction les plus fréquents. Pour chaque mode de reproduction, le sol devra rester assez humide pour favoriser la reprise. Le thym est parfois cultivé comme plante ornementale dans les rocailles.

▶ **Voisinage :** il éloigne certaines chenilles dont la piéride du chou. Éviter d'installer une pépinière à ses côtés.

▶ **Facteurs lunaires :** les touffes de thym peuvent rester en place pendant 3 ou 4 années, il faudra attendre autant de temps pour qu'il revienne au même endroit. On le classera parmi les plantes exigeantes à cause de sa longue durée en place.

▶ **Fumures, fertilisations :** normales.

▶ **Fertilisations foliaires :** pas nécessaires.

▶ **Soins :** les binages et sarclages sont de rigueur, arrosages en cas de sécheresse. Couper légèrement les tiges au printemps.

VARIÉTÉS

Le thym d'hiver *(T. vulgaris* var. *hyemalis)* aux feuilles plus larges et plus amères, le thym citronné *(T. citriodorus)* à odeur de citron, très apprécié dans la cuisine des poissons, le thym sauvage ou serpolet *(T. sernyllum)*...

GRAINES

▶ **Porte-graines :** à partir de la 2e année de culture, on récolte les graines au fur et à mesure qu'elles mûrissent ; il est évident qu'il ne faut pas couper les tiges des producteurs de semences avant la montée à graines.

▶ **Durée germinative :** 3 ans.

▶ **Nombre de graines au gramme :** 6 000.

▶ **Levée :** une semaine environ.

▶ **Intervalle entre le semis et le début de la récolte :** semis, 12 à 15 mois ; division de touffes, quelques mois (attendre que les éclats soient suffisamment enracinés) ; bouturage, 10 à 12 mois.

RÉCOLTE ET CONSERVATION

On récolte pratiquement toute l'année, selon les besoins.

Le meilleur moment pour récolter le thym destiné à la conservation est le début de la floraison ; couper les tiges, les disposer en petites bottes, les suspendre la tête en bas dans un local aéré pour les faire sécher. Placer les tiges dans des boîtes hermétiques.

MALADIES ET PARASITES

Néant.

NOMS ÉTRANGERS

ANGLAIS : *french thyme, connon thyme, gerden thyme.* **ALLEMAND :** *Thymian, Gartenthymian, französischer Thymian.* **ESPAGNOL :** *tomillo común, tomillo salsero, tomillo fino.* **ITALIEN :** *timo, timo comune, pepolino.* **NÉERLANDAIS :** *tijm.*

Tomate (P, *)

Cycle végétatif : annuelle.
Famille : Solanacées.
Noms botaniques : (1) et (2) *Lycopersicon esculentum* Miller, Gardner.
Synonymes botaniques : *Lycopersicum solanum* Medik, *L. pomumamoris* Moench.
Synonymes français : pomme d'amour, pomme d'or, pomme du Pérou.

Plante potagère herbacée qui forme le trio des légumes les plus consommés en France avec la pomme de terre et la carotte ; ses feuilles odorantes sont composées de plusieurs folioles (parties d'une feuille) irrégulières ; ses tiges sont vertes, grosses, demandant presque toujours à être tuteurées. Cette plante haute de 40 cm à plus de 2 m suivant les variétés est cultivée pour ses fruits de formes diverses (ronde, en poire, oblongue, aplatie) et de couleurs variées (rouge, jaune, orange, rose violacé, blanche, rouge à stries jaunes) ; leur grosseur change énormément suivant les variétés, les plus petits sont de la taille d'un grain de raisin, les plus gros dépassent largement le kilogramme. Ce sont les Espagnols et les Portugais qui ont ramené la tomate en Europe vers le XVIe siècle ; elle fut d'abord cultivée comme plante ornementale, puis, près de deux siècles plus tard, comme plante potagère. Origine : Amérique méridionale (Pérou, Mexique). Floraison : de mai à septembre. Fleurs : hermaphrodites, jaunes, en grappes, autogames.

UTILISATIONS

Crus, les fruits se consomment en salade, au sel, en tarte, ils accompagnent beaucoup de plats en entrée. Cuits, ils sont employés dans les potages, en soufflé, farcis de différentes manières, en coulis, sautés, gratinés et ils entrent dans la composition de nombreuses sauces ; ils sont l'un des ingrédients de divers plats de légumes comme la ratatouille, sont délicieux avec les poissons, les viandes, les omelettes, les quiches, etc.

Les fruits encore verts se mangent en confiture. Les tomates des variétés à petits fruits peuvent être confites dans le vinaigre à la manière des cornichons. Les fruits de la tomate sont à la base du ketchup. Les boissons à base de jus de tomates sont excellentes.

Les feuilles de tomate fraîches et froissées sont un très bon remède contre les effets des piqûres d'insectes, il suffit de frotter l'endroit atteint. La macération de feuilles et gourmands de tomate s'utilise contre certains insectes parasites des plantes.

PROPRIÉTÉS

Antiscorbutiques, apéritives, digestives, dépuratives ; contient des vitamines A, B1, B2, B3, B5, B6, B8, C, E, K et U ainsi que du brome, du calcium, du cobalt, du cuivre, du fer, de l'iode, du magnésium, du manganèse, du nickel, du phosphore et de la silice.

CULTURE

▶ **SOLS PRÉFÉRÉS :** légers, frais, riches en humus, sains et bien ameublis ; éviter les terres humides compactes et peu profondes.

▶ **CLIMAT :** tempéré, chaud ; la tomate redoute le froid.

▶ **EXPOSITION :** ensoleillée.

▶ **MULTIPLICATION :** par semis ou bouturage.

▶ **CULTURE :**

Par semis : en février-mars, semer sur couche chaude ou en serre chauffée (environ 20 °C de température), soit directement en godets (4 ou 5 graines par pot). Les graines devront être peu recouvertes de terreau ou de compost mélangés à de la terre fine. Par la suite, ne garder que le sujet le plus robuste. Semer en caissettes et repiquer les plants jeunes (2 feuilles), sur couche, en pépinière ou en godets. S'il gèle, couvrir les châssis avec des paillassons. Quand les beaux jours arrivent, aérer si la température est clémente.

On repique en place les plants de tomate quand les gelées ne sont plus à craindre et que les plants atteignent 12-15 cm ; si les plants sont trop longs, il faut les coucher au fond du trou en laissant la tête sortir de terre. Les plants en godets seront plantés avec la motte. La distance de plantation est de 70-80 cm entre les rangs et de 50 cm sur la ligne. Pour les variétés à petits fruits (cerise), il est préférable d'écarter un peu plus les plantations et de ne faire qu'un seul rang à cause de leurs tiges buissonnantes. Avant chaque plantation, commencer par planter un tuteur à chaque plant, surtout pour les variétés à gros fruits.

Praliner les racines des plants issus de pépinière (à racines nues) avec une bouillie de lithothamne, pour faciliter la reprise.

Lors de la plantation, il est très important d'incorporer dans le sol environnant des feuilles d'ortie hachées qui protégeront en partie les pieds de tomate contre les maladies cryptogamiques.

Par bouturage : installer quelques plants de tomate en avril-début mai, sous châssis ou tunnel plastique ; garder les gourmands et les planter aux mêmes distances, tenir le sol frais ; ces plants issus de boutures vont pousser assez vite et ils donneront de nombreux fruits en septembre-octobre.

Si le temps est très calme, il sera intéressant de secouer légèrement les bouquets de fleurs pour faciliter la pollinisation.

▶ **VOISINAGE :** la carotte, l'oignon, l'asperge, le persil, le chou, l'alkékenge font bon voisinage avec la tomate, le céleri et le basilic méritent, eux, d'être plantés entre les pieds de tomate ; en revanche, la pomme de terre, le fenouil, le concombre, le chou-rave, le haricot sont à éloigner de cette plante.

▶ **FACTEURS LUNAIRES :** semer de préférence en lune croissante.

▶ **ROTATION :** la tomate entre dans la catégorie des plantes potagères à fruits ; il est préférable d'attendre 3 ou 4 années avant de la faire revenir à la même place ; cette plante très populaire est peu épuisante.

▶ **FUMURES, FERTILISATIONS :** normales, apporter un peu de compost bien décomposé au pied de chaque plant.

▶ **FERTILISATIONS FOLIAIRES :** toutes les 2 ou 3 semaines, saupoudrer ou effectuer une pulvérisation à base d'algues marines.

▶ **SOINS :** binages, sarclages, arrosages si nécessaire, pailler en cas de sécheresse ; il faut éviter d'arroser les feuilles. Tuteurer chaque pied. On peut butter les rangs de tomate. Supprimer les gourmands. Il est bénéfique de semer du trèfle blanc nain entre les rangs de tomate. En fin de saison, ne pas supprimer toutes les feuilles, seulement les plus gênantes.

▶ **TAILLE :** pour une plante à une seule tige, cela consiste à pincer la tige principale une feuille au-dessus du 3e bouquet pour une culture hâtive ; au-dessus du 4e ou 5e bouquet pour une culture ordinaire. Supprimer les gourmands à l'aisselle des feuilles. Pour le pincement du dernier bouquet, qui s'effectue vers la mi-août, pincer au-dessus du bouquet.

La taille sur des plantes à plusieurs tiges (2 en général) commence par le pincement de la tige principale (quand la plante est bien reprise), au-dessus des 2 premières feuilles ; par la suite, 2 tiges vont se développer qu'il faudra tuteurer. Supprimer les bourgeons latéraux, procéder comme pour la taille à tige unique.

Les variétés à petits fruits (cerise, groseille, prune, poirée, etc.) ne se taillent pas.

LA TAILLE DE LA TOMATE

VARIÉTÉS

▶ **VARIÉTÉS À FRUITS GROS OU MOYENS :** 'Reine des hâtives', 'Super-Marmande', 'Saint-Pierre', 'Casaque rouge', 'Fournaise', 'Perfection', 'Marmande' (très bonne), 'Merveille des marches', 'Délice des jardiniers' (l'une des meilleures), 'Des Andes' (en forme de piment doux), 'Roma' ou 'Olivette', 'Pierrette', 'Grosse du Vaucluse', 'Marianne', 'Prince Borghèse' (fruits moyens, très bons, ne se taillant pas) ; diverses variétés américaines, dont 'Beefsteak', 'Nova', 'Des rivières indiennes', etc. ; diverses russes, dont 'Kecskemti', 'Solymari', 'Szabadfoldi korai', 'Minerkikorai', 'Kurzelek pulowski', etc. ; toutes ces tomates sont à fruits rouges.

▶ **VARIÉTÉS À PETITS FRUITS, NE SE TAILLANT PAS :** 'Poire jaune' (excellente), 'Poire rouge', 'Cerise jaune', 'Cerise rouge', 'Prune jaune' (excellente, de grande production), 'Prune rouge', 'Des Comores', 'Subartic plenty' (tomate rampante, fruits violacés, très hâtive, excellente, catalogue Thomson et Morgan).

▶ **VARIÉTÉS À TRÈS PETITS FRUITS :** 'Groseille rouge', 'Groseille jaune'.

▶ **FRUITS ROSE VIOLACÉ :** 'Rose de Berne', 'Pomme violette' (excellente, grosse, tardive), 'Cœur de bœuf'.

▶ **FRUITS JAUNES :** 'Sunrise', 'Plissée', 'Grosse jaune lisse', 'Négib', etc.

▶ **FRUITS ROUGES AVEC DES STRIES JAUNES :** 'Tiregella' (dans les catalogues anglais, plus curieuse que bonne).

▶ **FRUITS BLANCS :** 'White beauty'.

▶ **FRUITS ORANGE :** 'Rayon de soleil' (très grosse, excellente), 'Tangella' (variété anglaise).

Il existe de nombreuses autres variétés. Les tomates cerises portent le nom botanique de *L. esculentum* var. *cerasiforme* (Dunal) Alefeld ; les tomates en forme de poire de *L. esculentum* var. *pyriforme* (Dunal) Alefeld ; les tomates groseilles de *L. esculentum* var. *pimpinellifolium* (Juslen) Mill ; les tomates violettes de *L. esculentum* var. *violaceum* Lehm ; les tomates russes de *L. esculentum* var. *bukasovii* Mazkievicz.

GRAINES

▶ **PORTE-GRAINES :** choisir parmi les pieds les plus vigoureux des différentes variétés, conserver les plus beaux fruits qui seront récoltés bien mûrs, les semences des premiers fruits étant supérieures. Couper les fruits choisis en morceaux, récupérer le jus et les graines (très important) dans un verre. Consommer les morceaux de chair, laisser les graines dans le verre sans y toucher pendant plusieurs jours (suivant la température) jusqu'au développement d'une moisissure blanche en surface. Les graines sont prêtes à être nettoyées : jeter la moisissure, verser les graines et le jus dans une passoire à trous fins, faire couler l'eau du robinet pour laver les semences, frotter légèrement celles-ci avec le bout des doigts, égoutter, les éponger si possible, les étaler sur des couvercles en matière plastique (elles ne colleront pas). Trouver un local suffisamment chaud (15 à 20 °C) pour qu'elles sèchent vite, sinon elles risquent de moisir. Si certaines sont collées entre elles, les poser dans le creux de la main et les frotter avec l'autre main, quelques mouvements suffiront. Les semences seront étonnamment propres. Les ensacher et les conserver dans des boîtes en fer.

▶ **Durée germinative :** 4 années.

▶ **Nombre de graines au gramme :** de 300 à 400 graines.

▶ **Levée :** de 6 à 10 jours.

▶ **Intervalle entre le semis et le début de la récolte :** 4 mois et demi à 5 mois.

RÉCOLTE ET CONSERVATION

Les fruits sont plus savoureux quand ils viennent juste d'être récoltés. Ils se conservent quelques jours s'ils ne sont pas trop mûrs ; dans ce cas, les exposer au soleil sur le rebord d'une fenêtre.

En fin de saison, les derniers fruits, sains mais pas tout à fait mûrs, seront cueillis et conservés dans un local à 12 à 15 °C de préférence. On suspendra les pieds entiers (variétés à petits fruits), attachés par la racine, la plupart des fruits finiront de mûrir.

MALADIES ET PARASITES

▶ **Le mildiou :** le dessous des feuilles est atteint de taches brunes, irrégulières, les feuilles finissent par se dessécher ; les fruits sont aussi attaqués, portant d'abord des taches jaunâtres, marbrées, puis noirâtres ; ils sont bosselés. Le fruit est souvent touché au pédoncule et finit par pourrir. Éliminer les pieds malades et les brûler ; fertilisations foliaires régulières ; incorporer au sol des feuilles d'ortie hâchées lors de la plantation ; 1 à 3 pulvérisations de bouillie bordelaise à 1,5 % (en préventif) à 3 ou 4 semaines d'écart au début de la formation des fruits ; bien laver les fruits avant consommation. Mettre un fil de cuivre (enlever préalablement le vernis au papier de verre) en travers de la tige principale. Pratiquer une bonne rotation et des fumures correctes. Le mildiou apparaît souvent en fin de saison, lors des pluies du début d'automne.

▶ **La maladie fauve :** jaunissement des feuilles (le dessous se couvre d'un duvet jaune à brun), qui se dessèchent et meurent. En prévention : pulvérisations de bouillie bordelaise ; éliminer les premières feuilles atteintes et les brûler. Éviter que les plantes souffrent de la sécheresse ou de l'humidité. Cette maladie survient surtout en serre.

▶ **L'enroulement des feuilles :** les folioles s'enroulent vers le haut et deviennent cassantes. Éliminer les feuilles atteintes et les brûler. Cette maladie généralement peu dangereuse est due aux pucerons ; pulvériser des macérations d'orties (voir le paragraphe consacré aux pucerons page 43).

▶ **Le chancre :** naissance sur le bas des tiges de taches grisâtres, puis noirâtres, allongées, nombreuses, donnant l'aspect d'un chancre. Éliminer les pieds atteints en les brûlant ; traitement à la bouillie bordelaise (voir le mildiou). Cette maladie peut apparaître dans les terres trop humides et lourdes.

▶ **La gangrène des fruits :** taches d'un brun foncé à noir sur les fruits encore verts, qui se développent assez rapidement. Éliminer et brûler les fruits atteints. Cette maladie est souvent due à une humidité prolongée. En période de sécheresse, éviter d'arroser trop souvent (il vaut mieux pailler) surtout avec de l'eau trop froide (l'exposer au soleil). Éviter l'arrosage des feuilles.

▶ **La noctuelle de la tomate :** la chenille perfore les feuilles et les fruits, ces derniers finissent par tomber. Pulvérisations d'insecticide végétal. Mettre des pièges à insectes qui attraperont les papillons. Détruire les larves du ver gris lors des travaux du sol.

▶ **Les pucerons :** s'attaquent aux feuilles qui s'enroulent. Voir le paragraphe consacré à la lutte contre les pucerons page 43.

▶ **La courtilière :** s'attaque aux racines. Voir le paragraphe consacré à la lutte contre la courtilière page 44.

▶ **Le doryphore :** ronge les feuilles. Ramasser les adultes, les larves et les œufs et les détruire. Pulvérisations d'insecticide à base de roténone.

NOMS ÉTRANGERS

Anglais : *tomato, love apple.* **Allemand :** *Tomate, Liebesapfel.* **Espagnol :** *tomate.* **Italien :** *pomo d'oro ou pomodoro.* **Néerlandais :** *tomaat.*

Tomate en arbre (P, ***)

Cycle végétatif : vivace (sous serre).
Famille : Solanacées.
Noms botaniques : (1) et (2) *Cyphomandra betacea* Sendtner.
Synonyme botanique : *Solanum betaceum* Cavanilles.
Synonyme français : tomate de la Paz.

Joli arbuste, mesurant parfois plus de 5 m en Amérique du Sud et plus de 3 m chez nous, doté d'une végétation très rapide, car il peut atteindre près de 2 m à 1 an ; sa tige a l'aspect d'un véritable tronc d'arbre, elle est dressée et ramifiée ; ses feuilles sont très grandes, pétiolées, entières, charnues, ornementales, en forme de cœur, d'un vert luisant. Elle est cultivée pour ses fruits de couleur rouge à maturité qui ont la forme et la grosseur d'un œuf de pintade ou de poule Cayenne. Origine : Amérique du Sud. Floraison : d'avril à juin (2e année de culture). Fleurs : hermaphrodites, verdâtres à roses, en longues grappes.

UTILISATIONS

Une fois ôté la peau (qui est amère) et les graines, les fruits s'utilisent dans les salades de fruits, en compotes, accompagnent les poissons, etc. Leur pulpe est très savoureuse, sucrée et parfumée, un peu acidulée, elle est très rafraîchissante.

CULTURE

▶ **Sols préférés :** très humifères, ameublis et frais.

▶ **Climat :** chaud ; à cultiver dans le Sud, rentrer en serre l'hiver.

▶ **Exposition :** chaude et ensoleillée.

▶ **Multiplication :** par semis.

▶ **Culture :** plante de culture méridionale ou de grande serre, puisqu'elle atteint environ 3 m de hauteur. Pendant les froids, la température ne devra pas descendre au-dessous de 9 °C. Semer en février-mars, en godets remplis de terreau sablonneux, sur couche ou en serre chauffée ; déposer 2 ou 3 graines par godet, les recouvrir d'un peu de terreau, tenir la terre suffisamment fraîche pour favoriser la levée.

Quand les plants peuvent supporter la transplantation, les repiquer avec leur motte dans de très grands pots ou bacs d'un diamètre minimal de 70-80 cm, contenant un mélange de terre, de terreau de feuilles et de compost. À la belle saison, sortir si possible les plantes et les exposer dans un endroit abrité, les rentrer lorsque les nuits deviennent fraîches.

▶ **Facteurs lunaires :** semer de préférence en lune croissante.

▶ **Rotation :** pour les plantes cultivées en pots, le problème ne se pose pas ; en cas de culture en pleine terre, attendre 4 ou 5 années avant de cultiver la tomate en arbre au même endroit.

▶ **Fumures, fertilisations :** normales, apporter surtout du compost bien décomposé.

▶ **Fertilisations foliaires :** tous les 15 jours environ à base de lithothamne.

▶ **Soins :** binages, sarclages, ainsi qu'arrosages réguliers.

▶ **Taille :** si la plante devient trop haute, il faut la tailler (de janvier à mars) en prenant soin de ne pas supprimer les bourgeons floraux.

VARIÉTÉS

Le type botanique.

GRAINES

▶ **PORTE-GRAINES :** prélever les graines de fruits cueillis bien mûrs et issus d'arbustes parmi les plus vigoureux ; laver les graines, les faire sécher à l'ombre et les ensacher.

▶ **DURÉE GERMINATIVE :** 3 ou 4 ans, voire plus.

▶ **NOMBRE DE GRAINES AU GRAMME :** 240 à 290.

▶ **LEVÉE :** environ 1 ou 2 semaines.

▶ **INTERVALLE ENTRE LE SEMIS ET LE DÉBUT DE LA RÉCOLTE :** environ 21 ou 22 mois.

RÉCOLTE ET CONSERVATION

La récolte s'étale généralement de novembre à janvier. On choisit les fruits mûrs, quand ils prennent une couleur rouge vermillon. Ils se conservent plusieurs semaines au frais.

MALADIES ET PARASITES

▶ **L'ARAIGNÉE ROUGE :** petit acarien rouge suçant la sève sous les feuilles. Voir le paragraphe consacré à l'araignée rouge page 46.

▶ **L'ALEURODE :** petite mouche blanche, dont les larves vertes sucent la sève au-dessous des feuilles. Traiter avec une solution nicotinée, avec une infusion de tanaisie, avec un insecticide végétal à base de roténone et de pyrèthre, avec une solution de macération d'absinthe. Bien aérer la serre.

NOMS ÉTRANGERS

ANGLAIS : *tree tomato*. **ALLEMAND :** *Baumtomate.* **ESPAGNOL :** *tomate árbol, tomatera arbórea, palo de tomate.* **ITALIEN :** *pomodoro arboreo.* **NÉERLANDAIS :** *tomaten boom.*

Topinambour (P, *)

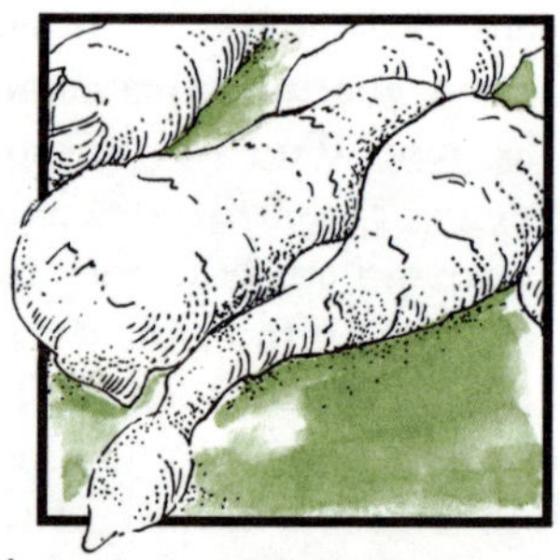

Cycle végétatif : annuel.
Famille : Composées.
Noms botaniques : (1) et (2) *Helianthus tuberosus* Linné.
Synonymes français : artichaut du Canada, artichaut de Jérusalem, artichaut de terre, poire de terre, soleil vivace.

Plante potagère et fourragère ressemblant au tournesol ; elle a une mauvaise renommée depuis l'Occupation : elle revenait très souvent sur la table à cette époque. Aujourd'hui, on devrait lui rendre le mérite d'avoir maintenu beaucoup de Français en bonne santé, grâce à sa valeur nutritive. Le topinambour possède des tiges annuelles, de plus de 2,50 m de hauteur parfois, elles sont dressées, fortes, ramifiées à la base, très vigoureuses. Ses feuilles sont ovales, alternes, pointues, pétiolées, garnies de poils rudes au toucher. Il produit des tubercules irréguliers, difformes, de couleur rouge ou jaune selon les variétés, se renflant à partir de la fin de l'automne. Origine : Amérique du Nord, introduit en France vers le XVIIe siècle. Floraison : en septembre-octobre, fleurit peu, parfois pas du tout. Fleurs : hermaphrodites, jaunes, en capitules ; ne produisent pas de graines sous notre climat.

UTILISATIONS

Les tubercules sont consommés cuits à la vinaigrette, en purée, en beignets, à la crème, frits, en matelote, au beurre, gratinés, à l'étouffée, sous la cendre puis au beurre (comme des pommes de terre). Il est préférable de cuire les tubercules à l'eau salée, en y ajoutant 2 ou 3 feuilles de sauge officinale pour diminuer les flatulences (gaz gonflant le tube digestif). Le goût du topinambour cuit est proche de celui des fonds d'artichaut. On peut également utiliser les tubercules crus, râpés ou coupés en petits carrés, associés avec d'autres crudités.

Cette plante potagère est aussi cultivée pour l'alimentation des animaux. Ne leur donner que des tubercules fraîchement arrachés et avec modération. Les tiges et les feuilles vertes plairont aux lapins.

Depuis quelques années, le topinambour est cultivé pour la fabrication d'alcool dont un certain pourcentage peut être ajouté à l'essence. Il est même possible de rouler avec de l'alcool de topinambour uniquement, des essais concluants ont été effectués dans ce sens.

PROPRIÉTÉS

Désinfectantes, énergétiques ; contient des vitamines A, C, PP ainsi que du calcium, du cuivre, du fer, du magnésium, du phosphore, du potassium, du sodium, du soufre, du zinc.

Le topinambour est l'ami du foie, il favorise la sécrétion lactée, il est recommandé aux diabétiques.

CULTURE

▶ **Sols préférés :** toutes les terres saines, de préférence riches en humus et pas trop humides.

▶ **Climat :** très rustique ; résiste au froid rigoureux ainsi qu'à la sécheresse.

▶ **Exposition :** de préférence ensoleillée, mais peut donner satisfaction à la mi-ombre.

▶ **Multiplication :** par plantation de tubercules.

▶ **Culture :** planter les tubercules depuis le début mars jusqu'à la mi-avril, en lignes espacées de 0,70 m et à 0,60 m sur le rang, à une profondeur de 8-10 cm.

Il est avantageux de semer du trèfle blanc nain entre les rangs (en avril), celui-ci empêchera la prolifération des herbes sauvages et enrichira le sol en azote.

▶ **Voisinage :** éviter tout voisinage, car cette plante très haute donne beaucoup trop d'ombre, il est bon de cultiver le topinambour dans un coin du jardin ou comme brise-vent pour certaines cultures.

▶ **Facteurs lunaires :** planter de préférence les tubercules en lune décroissante.

▶ **Rotation :** plante épuisante, entrant dans la catégorie des plantes potagères exigeantes. Cultiver le topinambour de préférence derrière des plantes améliorantes (légumineuses). Pratiquer une alternance de 3 ou 4 années.

▶ **Fumures, fertilisations :** normales.

▶ **Fertilisations foliaires :** quelques saupoudrages de lithothamne pendant les premiers mois de la culture (facultatif).

▶ **Soins :** binages, sarclages, paillage en cas de sécheresse si l'on n'a pas semé de trèfle blanc nain entre les rangs. Il est parfois avantageux de butter les rangs, pour rendre les plantes plus résistantes contre le vent.

▶ **Taille :** l'étêtage des plantes peut être effectué quand celles-ci atteignent environ 1,50 m de hauteur afin de limiter la prise au vent.

VARIÉTÉS

Le 'Topinambour commun blanc' (tubercules jaunes, très bon rendement, très parfumé) ; le 'Topinambour commun rouge' (tubercules rouge violacé, ayant les mêmes qualités que la variété précédente) ; le 'Topinambour fuseau' (tubercules en fuseau, lisses, roses, de saveur fine, mais plus fades) ; le 'Topinambour patate' (tubercules jaunes, gros, obtus aux deux extrémités, moins déformés que les deux premières variétés) ; le 'Topinambour violet de Rennes' (tubercules violacés, ronds, assez lisses, de grosseur moyenne).

GRAINES

Le topinambour ne produit pas de graines sous notre climat. On le multiplie par plantation de tubercules.

▶ **Intervalle entre la plantation et le début de la récolte :** environ 7 mois (quand le feuillage se dessèche).

RÉCOLTE ET CONSERVATION

Récolter les tubercules selon les besoins (de novembre à la fin mars) ; il est conseillé de les utiliser le plus tôt possible après l'arrachage.

Pour arracher plus aisément pendant les grands froids, couvrir le sol de paille ou de feuilles sèches. Bien récolter tous les tubercules et les fragments car, cette plante étant envahissante, le moindre petit morceau de tubercule restant en terre repousse l'année suivante. Pour conserver les tubercules après l'arrachage, pour les expédier dans un colis par exemple, les placer dans la tourbe, les tubercules arriveront intacts.

MALADIES ET PARASITES

Son plus grand ennemi est le vent.

NOMS ÉTRANGERS

ANGLAIS : *sunflower artichoke, Jerusalem artichoke, topinambur.* **ALLEMAND :** *Erdbirne, Topinambur, Erdapfel, Saukartoffel.* **ESPAGNOL :** *aguaturma, alcachofa de tierra, criadilla de tierra, pataca, topinambo, namara, girasol tuberoso.* **ITALIEN :** *girasole del Canada, tartufoli, pero di terra, tartufo di canna.* **NÉERLANDAIS :** *aardpeer, Jeruzalemartisjok.*

GUIDE PRATIQUE

Quelques conseils pour la maison et le jardin

Dans la maison

L'un des meilleurs modes de cuisson des légumes est celui à l'étouffée car la cuisson à l'eau fait perdre une quantité non négligeable de substances indispensables à notre santé. La cuisson à la vapeur (en Cocotte-minute) est à écarter à cause de sa trop haute température de cuisson, qui supprime beaucoup de vitamines et de sels minéraux.

Pour faciliter la cuisson des légumes secs ayant plus d'une année, ajouter à l'eau de cuisson 1 cuillerée à soupe de sucre de canne.

Les fleurs de lavande repoussent les mites des armoires tout en parfumant le linge. Toutes les essences naturelles de plantes sont à conserver à l'abri de la lumière et de l'air.

Pour arroser les plantes d'intérieur avec l'eau du robinet : la tirer quelques heures à l'avance pour qu'elle prenne la température de la pièce avant de la distribuer aux plantes ; si elle est calcaire, ajouter 1 cuillerée à café de vinaigre (cidre ou vin) par litre d'eau.

Installer saule pleureur ou figuier assez loin de la maison car les racines de ces arbres font de gros dégâts. Il faut planter sur le plateau bactérien d'une fosse septique des arbustes absorbant l'eau, tels que bambous, fusains, troènes, lauriers roses, tamaris ou aucubas ; des plantes à fleurs peuvent également y être cultivées, comme les balsamines, les chrysanthèmes, les iris, les géraniums, les pensées ainsi que le gazon japonais.

Dans le jardin

Éviter de créer un potager le long d'une haie de peupliers, ces derniers absorbent énormément d'eau ; ils sont aussi défavorables au voisinage d'une maison. Éviter les arbres fruitiers dans le potager, car on ne peut récolter dessus et dessous ; sinon, les planter aux endroits où ils feront le moins d'ombre. Quelques plantes potagères supportent l'ombre, surtout en été : le cerfeuil, le persil, le cresson des jardins, la mâche, tandis que la mélisse, la menthe, la rhubarbe et la roquette s'adaptent à la mi-ombre.

LES SEMIS

Ne jamais acheter de semences dont la date de garantie de conservation de la faculté germinative des graines n'est pas indiquée sur le paquet, ou se renseigner auprès d'un vendeur. Les dates de semis varient d'une région à l'autre ; même à l'intérieur d'un département, un écart d'une semaine ou deux est courant. Ne pas semer trop dru ni trop profond ; ne semer ni trop tôt, ni trop tard. Il vaut mieux recouvrir peu les graines que trop.

Une partie de la réussite des radis de tous les mois réside dans le semis : il faut que la terre soit bien tassée et riche en humus.

Avec une terre bien ameublie, pour éviter le tassement par piétinement lors de la confection des semis, installer des planches à déplacer au fur et à mesure des travaux.

Les semis en lignes sont très nettement préférables aux semis à la volée qui sont souvent irréguliers et difficiles à biner et à sarcler. Arroser toujours les semis avec de l'eau suffisamment réchauffée. L'eau de pluie, récupérée de préférence dans des récipients non métalliques, sera précieuse pour l'arrosage des semis, des plantes d'intérieur, des châssis ou serres.

Noter les dates de semis, cela sera utile pour les années suivantes. Leur éclaircissage doit être fait le plus tôt possible, l'air et la lumière y circuleront mieux, on évitera l'étiolement des plants. Lorsqu'on démarre, ne garder si possible que les plants les plus vigoureux.

En cas de sécheresse, pour favoriser la levée des haricots : les tremper une nuit dans l'eau ; bien arroser le fond du rayon avant d'y déposer les graines ; les recouvrir de terre environnante non mouillée ; tasser légèrement.

Pour réussir les chicorées frisées et scaroles destinées à être consommées en été, il faut avoir une levée très rapide de 2 jours maximum ; sinon elles monteront prématurément à graines, avant leur développement.

Généralement les graines de persil de 2 ans lèvent mieux.

Pour le démarrage de certaines plantes, principalement la carotte, il est préférable d'éclaircir en deux fois.

REPIQUER, BINER, PINCER

Avant repiquage, il faut choisir des plants vigoureux, trapus, bien formés et éliminer les plants chétifs ; ne pas attendre que les plants soient trop forts ; avant l'arrachage des plants, soulever la terre avec le plantoir pour les arracher plus facilement et surtout pour ne pas abîmer les radicelles (le chevelu).

Les choux pommés montent rarement si on les repique profond, jusqu'au collet. Certains plants, principalement les choux, demandent beaucoup de chevelu (radicelles) avant la mise en place définitive ; 2 méthodes : repiquer 1 ou 2 fois les plants en pépinière ; soulever les plants en pépinière à l'aide d'un plantoir, 1 ou 2 fois (cette dernière solution donne satisfaction si les plants sont assez clairs).

On augmente largement la durée d'utilisation des tuteurs ou des poteaux en les mettant en terre dans le sens opposé à leur développement (la tête en bas) ; enlever toujours l'écorce.

Il vaut mieux planter des griffes d'asperge de 1 an, le résultat est souvent meilleur qu'avec des griffes de 2 ans.

Avant d'éclaircir les plants, si la terre est trop sèche, arroser d'abord quelques heures avant et parfois aussi après pour boucher les interstices.

En plantant des caïeux d'ail en mai, on récolte vers le début d'août des petites têtes (sans caïeux) ; en replantant ces mêmes têtes l'année suivante, on obtient de très bons résultats.

Biner et sarcler régulièrement. Travailler la terre au bon moment, si possible sans retournement profond. À partir de la fin mars et jusqu'à l'automne, ainsi qu'en période de gel ou de neige, la terre ne doit plus être retournée, mais travaillée avec des outils adaptés à cet effet.

Si les bulbes d'ail, d'oignon ou échalote remontent à la surface quand les racines se développent, c'est généralement le fait d'une terre pas assez ameublie.

Les courges coureuses, les melons ou les concombres peuvent être pincés ; attention, ne pas pincer les cornichons dont on cueille les fruits jeunes.

En cas d'absence, étendre sur le sol, sous les porte-graines de claytone de Cuba ou de pourpier, dont les graines tombent facilement, une toile Agril P 17 ; même s'il a légèrement plu (la toile devra être solidement maintenue), les graines seront récupérées.

Dès leur apparition, supprimer les tiges florales de la rhubarbe pour ne pas épuiser les pieds. Il serait avantageux de supprimer les fleurs des pommes de terre, le rendement serait légèrement supérieur.

Pour que les pommes des choux-fleurs restent fermes et blanches, rabattre les feuilles environnantes pour recouvrir les inflorescences.

Éviter de laisser fleurir les touffes de ciboulette, même non utilisée ; il vaut mieux la tailler à 1 cm au-dessus du sol, généralement 1 fois par mois.

Supprimer oignons ou échalotes qui montent dès le début de l'apparition des tiges florales.

LUTTER CONTRE LA SÉCHERESSE ET LE FROID

Quand les nuits sont fraîches, il vaut mieux arroser le matin ; quand les nuits sont chaudes, plutôt le soir. Pour les plantes en place, les arrosages profonds seront toujours supérieurs à de petits arrosages répétés. Pailler en période de sécheresse.

En cas de sécheresse, pour arroser les tomates, utiliser des bouteilles en plastique sans fond et munies de leur bouchon percé d'un trou de quelques millimètres ; enfoncer le goulot à côté de chaque pied de tomate, remplir d'eau, celle-ci s'écoulera doucement.

C'est surtout pendant la sécheresse que les binages sont les plus profitables.

Les tontes de gazon peuvent être très utiles au jardin potager ; les étaler entre les rangs de plantes légumières, sur une épaisseur de 5-6 cm, c'est efficace contre la sécheresse ; elles apporteront aussi une source non négligeable de matière organique.

En automne ou au début de l'hiver, si, dans la soirée (vers 18 h), le thermomètre extérieur est à 5 °C ou en dessous, il y a risque de gelée, rentrer légumes et plantes fragiles.

Ne pas se priver de 1 ou 2 rangs de pommes de terre hâtives à cause du risque de gelée : soit, le soir, on les couvre avec un tunnel plastique à ôter le matin ; soit, le soir, on couvre chaque plant avec un gros pot de fleur renversé ; puis, le matin on enlève ces pots pour les poser entre les rangs.

Si l'artichaut n'apprécie guère les grands froids, il est aussi très sensible à l'humidité : le protéger lors des froids et le découvrir quand le temps le permet. Ne pas oublier qu'une terre profondément aérée absorbe et conserve mieux l'eau.

Lors des froids, couvrir les planches de fraisiers avec des feuilles sèches. Le paillage ne doit être pratiqué qu'à partir de la fin mai, rarement avant car il gênerait le réchauffement de la terre ; en revanche, il sera bénéfique lors des grandes chaleurs.

ENRICHIR LE SOL

Apporter annuellement une fumure correcte (compost) ainsi que des fertilisants naturels riches en macro et micro-éléments.

La poudre d'algue marine lithothamne en bouillie peut être avantageusement utilisée pour cicatriser les tailles ou les coupes des arbres. En saupoudrage, elle désinfecte les litières des cages à lapins et fait disparaître les mauvaises odeurs tout en enrichissant le fumier. En janvier, il sera bon d'appliquer au pinceau une bouillie de lithothamne (ajouter un demi-verre de lait par litre d'eau pour faire un liant) aux troncs et aux branches charpentières des arbres fruitiers ; doser 400 à 500 g de lithothamne par litre d'eau.

Pour gyrobroyer un engrais vert (s'il n'est pas trop haut), une tondeuse fera l'affaire. La plupart des plantes potagères n'aiment pas les fumures fraîches. Utiliser de préférence de la cendre de bois en mélange dans un compost ; sinon mélanger à la terre lors des labours d'hiver à raison de 3 kg/are environ ; la cendre de bois apporte de la potasse, de la chaux et un peu de phosphore ; ne pas l'employer en surface car elle dessèche la terre. Pratiquer des rotations longues et intelligentes.

REPOUSSER LES INDÉSIRABLES

Les fèves semées courant novembre (pour les régions à climat doux) sont très peu atteintes par le puceron ; pour celles issues d'un semis de fin d'hiver (février-mars) le pincement au-dessus de la 6e fleur joue le même rôle ; en plus il active le développement des gousses.

Pour éviter la bruche des haricots secs écossés : les mettre quelques heures au congélateur ; les conserver au réfrigérateur pendant 4 ou 5 jours, au-dessous du freezer, à environ – 2 °C ou – 3 °C ; lors des froids, les déposer dans un local où il gèle. Dans tous les cas, les haricots devront être très secs ; 15 jours avant de récolter les haricots secs, pulvériser une solution aqueuse de nicotine en laissant macérer 1 paquet de tabac gris dans 20 l d'eau.

Utiliser les pièges à insectes Gobexor ou lumineux pour capturer, de jour comme de nuit, les mouches, les guêpes, les frelons, les chenilles, les larves, les papillons, les perce-oreilles, les fourmis, etc. ; non toxiques dans les vergers, les jardins, en camping..., les abeilles et les coccinelles sont épargnées.

Le soir, à l'aide d'une lampe électrique, repérer la sortie des tunnels des courtilières, y verser une solution d'insecticide végétal dosée à 4 cuillerées pour 5 l d'eau, arroser abondamment.

Le marc de café est un bon engrais phosphaté, il sera utile au jardin en repoussant certains insectes parasites ; lors des semis de carotte, en répandre légèrement sur les rayons ; le marc de café est également utile (modérément) pour les plantes d'intérieur.

Dans le courant de l'hiver, période plus calme, en profiter pour passer à l'eau de Javel légèrement diluée ou à la bouillie bordelaise rames à haricots et tuteurs à tomates pour éviter les maladies cryptogamiques.

Les plantes aromatiques (sauge, thym, romarin, menthe, sarriette, rue officinale, hysope, camomille, absinthe, tanaisie, lavande, etc.) plantées çà et là sont doublement utiles : elles repoussent certains insectes et offrent leur valeur gustative et leurs propriétés.

Ne pas traiter les aubergines avec un insecticide naturel contenant de la roténone ; elles ne supportent pas plus les pulvérisations d'essences naturelles de plantes.

Les radis parmi les jeunes carottes repoussent les araignées rouges.

En installant les plants de tomate, incorporer superficiellement autour de chaque pied des feuilles d'orties hachées : elles limiteront les attaques du mildiou.

Quelques conseils pour éloigner ou éviter les fourmis dans les arbres fruitiers : attacher autour du tronc une ceinture couverte de glu ; mettre autour du tronc un rempart de sciure de bois ; semer autour des arbres concernés du cerfeuil ; pendre au bas du tronc des gourmands de tomate. Pour les arbres fruitiers attaqués par la gomme (substance visqueuse et collante) : la gratter et frotter l'emplacement avec des feuilles d'oseille ou avec un tampon vinaigré.

Pour avoir des cornichons et des concombres très propres, il suffit de les faire grimper sur des branchages ou sur un grillage. Concernant les melons, certaines variétés peuvent grimper, pour d'autres il suffira de poser le fruit sur une tuile ou une ardoise. Pour tous ces légumes-fruits, ainsi que pour les courges, la meilleure façon de protéger la plante et les fruits sera un bon paillage. En mars-avril, après un binage efficace et un apport de compost et de fertilisants naturels, pailler les fraisiers, les fruits seront propres.

DU POTAGER À LA CUISINE

Un potager de 500 à 600 m² est suffisant pour alimenter en légumes un foyer de 2 personnes.

Pour faire sortir les chenilles des choux, il suffit de les laver à l'eau vinaigrée ; pour faire sortir les mollusques, laver les légumes avec une eau très salée.

Ne jamais éplucher d'avance ail, oignon ou échalote ; trop longtemps à l'air, ils deviennent nocifs pour la santé.

Les jeunes pousses étiolées de salsifis ou de scorsonère sont savoureuses préparées en salade. Nos salades les plus toniques et minéralisantes seraient la romaine, la mâche et le pissenlit. Il est très bon de varier ses salades, nous sommes très riches en espèces et variétés.

Dans l'eau de cuisson des topinambours, des salsifis, des scorsonères, des haricots secs en grains, ajouter 3 ou 4 feuilles de sauge qui limiteront les gaz intestinaux. Au lieu de préparer les betteraves potagères à l'eau, les cuire plutôt au four ou, mieux, les manger crues, râpées. Éviter le blanchiment des salades car il y a une grande perte de leur valeur minéralisante.

Ne jamais laver les légumes destinés à la conservation (carotte, betterave, pomme de terre, navet, oca, radis d'hiver, etc.). Pour conserver ou expédier des plantes aux racines ou tubercules fragiles, tels que les rhizomes des crosnes du Japon, il suffit de les mettre dans de la tourbe : elles se conserveront 2 à 3 semaines sans problème. Les plantes potagères à tubercules ou à racines destinées à la conservation hivernale doivent être issues de semis tardifs.

LES PIQÛRES D'ORTIES OU D'INSECTES

Contre les effets des piqûres d'orties, se frotter tout de suite avec des feuilles d'oseille, de plantain ou de lierre terrestre ; la douleur disparaîtra très rapidement. Contre les effets des piqûres d'insectes (guêpes, abeilles, moustiques, aoûtats), enlever l'aiguillon, frotter avec des feuilles froissées de lavande, de cerfeuil, de basilic, de cassis, de choux, de mauve, de noyer, de plantain lancéolé, de persil, de genêt, une gousse d'ail, ou une tête de poireau coupée en deux.

Pour les suites de piqûres de guêpes ou d'abeilles, conserver une dose homéopathique de Vespa 9 CH (guêpes) et d'Apis 9 CH (abeilles) ; avaler ces granules après avoir enlevé le dard, les effets secondaires en seront diminués.

Pour se débarrasser des orties sans gants, un conseil (interdit aux chauves) : avant d'arracher ces plantes urticantes, se passer la main dans les cheveux et tirer sur ces « chatouilleuses »... C'est surprenant.

ENTRETENIR LA PELOUSE

Au printemps, il est bon d'aérer la pelouse ; les divers outils destinés au travail de la terre sans retournement feront l'affaire ; opérer progressivement (en plusieurs fois) car le meilleur outil du monde n'y résisterait pas ; la première fois, faire une aération de quelques centimètres ; quelques jours après, recommencer un peu plus profondément ; les courageux renouvelleront la manœuvre une 3e fois.

Pour les allées ou les cours à désherber, l'huile de coude est très efficace ! Au printemps, employer un herbicide naturel à base de sel marin : faire fondre 80 g de sel marin pour 4 l d'eau, solution pour 1 m². Autre solution pour 10 l d'eau : ajouter 1 kg de chaux éteinte et 150 g de soufre, bien mélanger et arroser. Ces solutions doivent être toujours utilisées sur un sol humide.

NETTOYER LES OUTILS

En fin de saison de jardinage, il faut nettoyer les outils, puis huiler avant de les ranger ; au printemps suivant, on sera très content de les retrouver en bon état. De même, lorsque tondeuse à gazon et motoculteur se reposent, démonter la bougie pour la nettoyer ; à l'aide d'une burette, introduire un peu d'huile (la valeur d'un verre à digestif) à l'emplacement de la bougie ; faire faire 1 ou 2 tours au piston à l'aide de la cordelette, revisser la bougie à la main ; au printemps, ces engins démarreront facilement.

Au potager, ne pas oublier les fleurs, elles sont si belles ! Un dernier conseil général : aimer ce que l'on fait !

Pour les animaux domestiques

Un chien ou un chat sont utiles dans une maison individuelle, car ils éloignent ou éliminent les rongeurs. Ajouter de l'ail cuit et pilé à la nourriture du chien ; saupoudrer quotidiennement celle-ci avec du lithothamne.

Pour les lapins, il est indispensable de leur fournir à boire ; de garder leurs récipients toujours propres ; de leur donner une alimentation saine et équilibrée ; de tenir leur clapier propre. Ne jamais leur présenter d'herbe récoltée le long des routes, celle-ci est polluée par les échappements des voitures. Les céréales germées sont très bénéfiques pour les lapins, les volailles et autres animaux.

Voici quelques plantes sauvages pouvant nourrir les lapins domestiques : le laiteron, la carotte sauvage, le liseron, le pissenlit ou le séneçon. Les plantes cultivées qui leur sont destinées sont la chicorée sauvage, la gesse, la luzerne, le latier corniculé, la minette, la pimprenelle, la vesce, les trèfles, le chou fourrager, le chou-navet, le chou-rutabaga, la carotte fourragère et la betterave fourragère.

Certaines feuilles d'arbres sont très appréciées des lapins : celles de l'acacia, du châtaignier ou du frêne. Proscrire impérativement les plantes suivantes : le mouron rouge, le pavot, la digitale, la ciguë, la renoncule ou la chélidoine ; elles sont dangereuses. Donner prudemment aux lapins les coupes de jeunes trèfles ou de luzerne, ne pas conserver ou proposer de végétaux couverts de rosée, les lapins peuvent être météorisés (gonflés par accumulation des gaz intestinaux).

Lors des grands froids de l'hiver, il faut penser aux oiseaux en leur donnant du saindoux et des miettes de pain ; ils nous le rendent bien en nous débarrassant d'une foule d'insectes parasites des plantes.

Les meilleures recettes de cuisine

CAROTTE

Carottes râpées à l'estragon

Gratter, laver et râper les carottes ; les mettre dans un plat, assaisonner de crème fraîche (environ 10 cl) additionnée de 3 c. à soupe de citron, de poivre, de sel et d'estragon haché.

■ Servir frais en entrée ; selon le goût, on les assaisonnera avec d'autres plantes condimentaires (menthe, ciboulette, etc.).

CHOUX

Choux brocolis sautés

Cueillir les inflorescences des brocolis munies de leur tige dès le début de leur développement (ils sont tendres). Séparer la tige des boutons floraux, la couper en deux sur environ 1 cm de longueur (pour faciliter la cuisson).

■ Plonger les brocolis pendant 4 ou 5 mn dans un récipient d'eau bouillante salée. Les retirer à l'aide d'une passoire et les plonger dans l'eau froide pendant quelques instants, les égoutter. Faites-les sauter au beurre pendant environ 5 mn, assaisonner.

■ Au moment de servir, saupoudrer de cerfeuil haché. Les brocolis cuits à l'eau bouillante salée, puis plongés dans l'eau froide, égouttés et préparés avec une sauce vinaigrette, composent une entrée délicieuse.

CONCOMBRE

Concombres farcis
(pour 4 pers.)

Faire chauffer de l'eau, y plonger les concombres pendant 2 mn, les éplucher et les couper en tronçons de 5 cm environ, les passer sous l'eau froide et les égoutter ; pendant ce temps, hacher finement un oignon et plus grossièrement un deuxième et une carotte ; préparer 200 g de champignons de Paris (les laver, les couper et les arroser d'un jus de citron).

■ Faire cuire à feu doux la carotte et l'oignon grossièrement hachés dans un peu de beurre ou d'huile, ajouter les champignons, saler et poivrer ; cuire pour éliminer l'eau des champignons, laisser refroidir.

■ Hacher 2 tranches de jambon, mélanger les champignons, la carotte et le jambon et en farcir les concombres que l'on met dans un plat creux dont le fond est recouvert de couennes puis d'oignon finement haché.

■ Couvrir d'un bouillon jusqu'aux trois quarts de la hauteur des tronçons de concombres farcis ; couvrir le plat d'une feuille d'aluminium ; laisser cuire environ 30 mn.

■ Arroser les concombres farcis avec un mélange bien malaxé et lisse de beurre et de farine, réduit dans un jus de citron. Servir chaud.

Concombres au gratin
(pour 4 pers.)

Éplucher 2 concombres, les fendre en 2 dans le sens de la longueur, enlever les graines, les couper en bâtonnets de 2-3 cm ; les faire cuire à feu doux pendant 10 mn (dans 50 g de beurre), saler et poivrer.

■ Quand les concombres sont cuits, les égoutter, les mettre dans un plat, verser une sauce Béchamel, saupoudrer de gruyère ou de comté râpés, mettre au four bien chaud pour gratiner. Servir chaud.

Concombres marinés

Couper les concombres en tranches, en faire un lit de préférence dans un pot en grès, les recouvrir de feuilles de fenouil hachées, de graines de coriandre écrasées, puis de feuilles de cerisier ; immerger le tout sous de l'eau bouillie et bien salée.

■ Laisser macérer au moins 2 mois avant de consommer.

CROSNE DU JAPON

Attention !

Les crosnes doivent être préparés ainsi avant d'être cuisinés : prendre un torchon propre, y étaler un peu de gros sel, puis les crosnes, fermer le torchon, frotter le torchon contre les crosnes, laver les crosnes plusieurs fois.

Crosnes du Japon à la crème
(pour 4 pers.)

Laver et frotter 750 g de crosnes, les plonger dans l'eau bouillante, les faire cuire environ 20 mn, les égoutter, puis les faire à nouveau cuire à feu doux pendant 10 mn dans une poêle beurrée, saler et poivrer.

■ Délayer un jaune d'œuf avec de la crème fraîche, chauffer à feu doux en remuant à l'aide d'une cuillère en bois ; quand la sauce nappe la cuillère, il faut arrêter de remuer et la verser sur les crosnes.

■ Saupoudrer le plat de persil et de cerfeuil finement hachés. Servir chaud.

Crosnes à l'italienne
(pour 6 pers.)

Laver et frotter les crosnes, les jeter dans l'eau bouillante salée, laisser bouillir environ 3 mn, les égoutter.

■ Faire fondre 50 g de beurre dans une cocotte, y verser les crosnes, les laisser cuire pendant 10 mn, poivrer, saler, arroser les crosnes avec 2 dl de sauce tomate, continuer la cuisson pendant 5 à 6 mn.

■ Beurrer un plat, y verser les crosnes par lits successifs intercalés de comté ou de gruyère râpés (100 g au total), couverts de parmesan (100 g également) ; finir par ce dernier en y déposant quelques noisettes de beurre.

■ Remettre au four pendant environ 5 mn (pour gratiner). Servir chaud.

Crosnes braisés
(pour 4 pers.)

Nettoyer et frotter les crosnes, les faire cuire dans l'eau bouillante pendant 20 mn à feu doux.

■ Égoutter les crosnes, mettre du beurre dans une poêle, quand celui-ci est bien chaud (il commence à se colorer), verser les crosnes, saler, poivrer.

■ Couvrir la poêle, faire cuire à feu doux pendant environ 15 mn. Verser les crosnes dans un plat légèrement chaud, les saupoudrer de persil finement haché et servir chaud.

COURGES

Tortelli de zucca
(recette italienne)

Choisir une courge contenant peu d'eau (potimarron, courge olive, *butternut, marina di chiogga),* l'éplucher et enlever les graines, la couper en tranches et les mettre à cuire au four, de préférence la veille ou au moins quelques heures avant la préparation, les égoutter.

■ Prendre un grand plat creux, y mettre la courge en ajoutant du parmesan râpé, de la noix de muscade râpée, assaisonner, mélanger le tout pour en faire une farce. Si la pâte n'est pas assez ferme, saupoudrer de chapelure ; si elle est trop amère, ajouter un peu de sucre de canne ; si elle est trop ferme, verser un peu de lait.

■ Faire des pâtes fraîches, découper celles-ci en rectangles comme pour les raviolis, mettre la farce, replier chaque extrémité et rouler.

■ Cuire 10 à 12 mn (suivant l'épaisseur de la pâte) dans l'eau bouillante salée et additionnée d'une cuillerée d'huile pour éviter qu'elles collent. Les égoutter et les mettre dans un récipient plat, bien étalées, ajouter du beurre et du parmesan râpé. On peut mettre plusieurs couches successives dans le plat.

Boudin de courge
(recette italienne)

Préparer une pâte avec 6 amandes sèches concassées, 80 g de sucre, 10 g de sel et 3 jaunes d'œufs, bien mélanger.

■ Couper 1 kg de courge en petits morceaux, cuire à feu doux avec 0,75 l de lait, laisser bouillir en surveillant jusqu'à réduction complète du lait ; pendant la cuisson ajouter la pâte à la purée de courge, bien mélanger, monter en neige les blancs d'œufs et les verser lentement en mélangeant doucement le tout.

■ Mettre au four dans un plat beurré pendant environ 1 h. Servir chaud.

Omelette aux fleurs de courge

Procéder de la même manière que pour l'omelette aux fleurs de pissenlit. Ne cueillir que les fleurs mâles qui ne portent pas de fruit.

Courge en friture
(recette italienne)

Éplucher une courge à pulpe ferme (potimarron, giraumon, *butternut*), la couper en morceaux (comme des frites), faire cuire lentement dans du lait en ajoutant une pincée de sel.

■ Une fois le lait absorbé, essuyer les morceaux, les rouler dans des jaunes d'œufs battus avec de la chapelure. Faire cuire rapidement dans du beurre. Servir très chaud. Saupoudrer éventuellement de sucre de canne.

Courge au parmesan
(recette italienne)

Couper une courge épluchée en dés. Les laisser un peu dans de l'eau salée, les égoutter, puis les essuyer ; mettre 50 g de beurre dans une casserole, ajouter les morceaux de courge, saler, poivrer, les faire cuire en les retournant pour les faire bien rissoler.

■ Les mettre dans un plat, les parsemer de parmesan et de beurre, mettre au four. Quand le contenu du plat prend une jolie couleur dorée, servir rapidement.

Risotto de courge
(recette italienne)

Couper en cubes de 2 x 2 cm une courge épluchée et préparée ; faire revenir les morceaux pendant quelques minutes avec du beurre, ajouter du bon bouillon ; il faut que les cubes soient bien imbibés sans plus.

■ Après 20 mn de cuisson, servir avec du fromage râpé à volonté. En Italie, on ne se sert que du parmesan râpé, en France, il vaut mieux l'acheter à la coupe, il a beaucoup plus de goût.

Courge gratinée

Couper environ 1 kg de courge en dés, les faire revenir dans 75 g de beurre, laisser cuire pour qu'ils rejettent leur eau, les passer à la Moulinette ; faire un roux blond avec 50 g de beurre et 40 g de farine, ajouter 0,5 l de lait, assaisonner avec un peu de sel, de poivre et de noix de muscade.

■ Laisser cuire environ 10 mn en remuant hors du feu ; ajouter 3 œufs battus, mélanger la préparation à la purée de courge, verser le tout dans un plat beurré, saupoudrer de chapelure, arroser de beurre fondu, mettre le plat au four et gratiner. Servir chaud.

Beignets de fleurs de courge

Cueillir les fleurs mâles (celles qui n'ont pas de fruit entre la fleur et le pédoncule) peu de temps avant l'utilisation (cela leur laissera le temps de jouer leur rôle de reproducteur !). Les laver.

■ Préparer une pâte à beignets (pour une quinzaine de beignets il faut 8 c. à soupe de farine, autant d'eau, 2 œufs, 1 c. d'huile d'olive, 1 pincée de sel), la laisser reposer un certain temps. Tremper les fleurs dans la pâte à beignets et les passer dans la friture.

■ Une autre façon de procéder : tremper les fleurs dans des œufs allongés avec du lait, puis les passer dans la farine, saler, poivrer, les déposer dans la friture. Ces fleurs de courge croustillantes sont excellentes.

Courges aux dés de jambon

Couper en morceaux une partie d'une courge ou quelques courgettes ; pendant ce temps, faire revenir dans une poêle des oignons ou des échalotes, ajouter de l'ail et des petits dés de jambon (tranche épaisse que l'on découpe en petits morceaux), assaisonner.

■ Jeter les morceaux de courge, couvrir de rondelles de tomate. Cuire à l'étouffée. Servir chaud. Les morceaux de jambon peuvent également être remplacés par des petits lardons ; selon le goût, on ajoutera un piment doux découpé en petits quartiers. Ce plat peut être cuit au four, parsemé de gruyère ou de comté râpés.

Gâteau aux courgettes

Ingrédients : 300 g de courgettes crues, non épluchées, râpées, 300 g de sucre, 350 g de farine, 2 dl d'huile, 2 œufs, 150 g de noix hachées, 1/2 sachet de levure en poudre, 2 c. à café de cannelle, un zeste de citron râpé, 1 pincée de noix de muscade, 1 pincée de sel, 10 g de beurre et 1,5 c. à café de bicarbonate de soude.

■ Mélanger au fouet électrique le sucre, les œufs, puis incorporer les courgettes râpées et l'huile, mélanger de nouveau ; ajouter la farine, les épices, le zeste de citron, le beurre.

■ Beurrer et fariner le moule, y verser la préparation. Faire cuire à four doux pendant 1 h. Démouler et décorer le gâteau de noix.

Un potage original

Prendre un gros pâtisson cueilli à maturité ; du côté du pédoncule, découper un cercle suffisamment grand pour enlever les graines et un peu de pulpe, garder le chapeau ainsi découpé. Couper en dés divers légumes : carotte, navet, poireau, chou, 2 ou 3 oignons, mettre le tout dans le pâtisson qui servira à la fois de plat et de soupière ! Ajouter un peu de crème fraîche et un peu d'eau, couvrir avec le chapeau. Faire cuire à four doux pendant environ 3 h. Servir chaud.

Pâtisson gratiné

Éplucher un pâtisson à demi-maturité, le couper en dés, cuire à l'eau salée, égoutter puis mettre dans un plat creux, saupoudrer de gruyère ou de comté, passer au four et servir chaud.

Mousseline de potiron doux (potimarron)

Laver et couper (sans enlever la peau) en petits morceaux environ 800 g de potimarron, les jeter dans une casserole, ajouter 2 oignons coupés en morceaux, 1 pincée de thym, 1 feuille de laurier, assaisonner, recouvrir d'eau, laisser cuire 1 h.

■ Passer le tout au mixer ou à la Moulinette ; au moment de servir, mélanger cette purée de potimarron avec 1 c. à soupe de purée d'amande ou, à défaut, avec un peu de crème fraîche.

Le spaghetti végétal

Le spaghetti végétal, curieux légume, accompagne quelques viandes, par exemple une grillade de bœuf servie avec une sauce béarnaise, une côte de porc préparée à la sauce piquante ou une entrecôte grillée accompagnée d'une sauce bordelaise. Il peut aussi être préparé à la sauce blanche relevée avec un peu de noix de muscade. Un plat de spaghetti végétal agrémentera agréablement certains plats de poissons.

Spaghetti végétal gratiné

Faire cuire de dans l'eau bouillante salée la courge entière pendant environ 20 à 30 mn. La retirer de l'eau, l'ouvrir en deux dans le sens de la longueur.

■ Retirer les graines à l'aide d'une fourchette et extraire les filaments ressemblant à des spaghettis, les égoutter, puis les verser dans un plat à gratin beurré, couvrir de comté ou de gruyère râpés (le parmesan convient également) et de quelques noisettes de beurre. Laisser gratiner. Servir chaud.

Spaghetti végétal en entrée à la sauce tartare

Faire cuire la courge spaghetti comme il est dit précédemment, retirer les graines et extraire les filaments, les égoutter, les laisser refroidir.

■ Préparer une sauce tartare à l'échalote hachée et 2 jaunes d'œufs durs broyés, ajouter du sel, du poivre, 2,5 dl d'huile de son choix, 1/2 c. à soupe de vinaigre, 1 à 2 c. d'échalote et de persil finement hachés.

■ Couvrir le plat de rondelles de tomate, d'olives et de câpres, assaisonner. Servir frais ou glacé. Ce plat peut être accompagné d'une sauce mayonnaise ou de thon à la catalane.

Spaghetti végétal à la sauce tomate

Toujours les mêmes préparation et cuisson ; verser dans un plat beurré les filaments, assaisonner, ajouter la sauce tomate, passer au four. Servir chaud.

Velouté de spaghetti végétal

Préparer une sauce veloutée, c'est-à-dire un genre de sauce Béchamel, dans laquelle le lait est remplacé par du bouillon de veau ou de volaille, auquel on a ajouté des parures de champignons et que l'on fait cuire doucement, avant de passer le tout.

■ Mettre les filaments préparés et cuits comme précédemment dans un plat, y ajouter la sauce, assaisonner, passer quelques minutes au four, incorporer un jus de citron, servir chaud en agrémentant le plat de persil haché.

Spaghetti végétal en beignets

Plonger les filaments préparés et cuits comme précédemment quelques instants dans la pâte à beignets puis dans la friture, manger chauds ces spaghettis croustillants.

Confiture de courge aux abricots

Laver, éplucher et retirer les graines de la courge. Couper la courge en dés, les mettre dans une terrine, les recouvrir de sucre de canne, puis les couvrir avec un torchon, les conserver au frais (pas au réfrigérateur). Faire tremper 500 g d'abricots par 0,5 l d'eau tiède.

■ Le lendemain, couper en lamelles les abricots préalablement égouttés ; verser les dés de courge dans une bassine à confiture, ajouter les abricots, faire cuire à feu doux (sans faire bouillir) jusqu'au perlé.

■ Lors du remplissage des pots, ajouter éventuellement quelques amandes. Boucher les pots et les conserver au frais. Les proportions sont fonction des goûts.

Courgettes à la poêle

Couper en rondelles assez minces (sans les éplucher) des courgettes jaunes appelées 'Zucchini golden burpee', dont on trouve les graines dans les catalogues anglais.

■ Éplucher quelques oignons, les couper en morceaux et les faire revenir à la poêle ; y ajouter les courgettes, assaisonner, servir chaud. C'est un plat vite préparé.

■ Cette même variété de courgettes, jeunes et tendres (l'ongle rentre facilement dans sa peau), peut se préparer crue, sans être épluchée, coupée en rondelles fines, assaisonnées avec une vinaigrette, seules ou accompagnées d'autres crudités (tomate, concombre, etc.).

Courge au riz

Dans une cocotte, mettre des morceaux de courge et de tomate à rissoler quelques minutes ; ajouter ensuite un bon bouillon ou de l'eau. Mettre le riz (1/6 de riz pour 5/6 de jus de cuisson).

■ Laisser cuire 20 à 30 mn jusqu'à disparition complète du bouillon. Saler, poivrer. Ajouter des quatre-épices. Couvrir de fromage râpé (comté, gruyère ou parmesan). Servir chaud.

Courge râpée en entrée

Certaines variétés de courges, telles que le potimarron ou la courge de hubbard, peuvent ainsi être râpées crues, puis assaisonnées avec un peu d'huile d'olive ; saler, garnir le plat d'olives noires. Adjoindre éventuellement divers condiments, selon les préférences.

Soupe au potimarron
(pour 8 pers.)

Laver et couper le potiron doux, retirer les graines, le diviser en morceaux de quelques centimètres, ne pas l'éplucher (environ 1,5 kg de potimarron).

■ Mettre dans une cocotte 1 l d'eau, puis 2 beaux oignons coupés en quatre et les morceaux de potimarron ; faire cuire environ 15 mn, puis mixer le tout en versant 1 l de lait ; assaisonner selon le goût.

■ Généralement au dernier moment, on ajoute du gruyère ou du comté râpés. Il est possible de remplacer une partie du lait par de l'eau.

Gratin de potimarron aux oignons
(pour 4 pers.)

Éplucher environ 250 g d'oignons, les émincer et les faire revenir dans un peu d'huile d'olive (3 c. à soupe) durant une dizaine de minutes.

■ Pendant ce temps, éplucher (facultatif) et couper en cubes environ 1 kg de potiron doux que l'on jette dans l'eau bouillante salée. Les faire pocher pendant 10 mn, les égoutter.

■ Frotter un plat à gratin avec une gousse d'ail, puis le beurrer et le garnir de couches successives de potimarron et d'oignons ; couvrir de fromage râpé (comté, gruyère ou parmesan). Faire gratiner au four pendant environ 15 mn. Servir chaud.

■ Le potimarron peut être remplacé par d'autres variétés de courges, la plupart devront être épluchées.

NAVET

Navets farcis

Éplucher une douzaine de navets ronds, plats ; les creuser en gardant une épaisseur d'au moins 3 cm. Pendant ce temps, éplucher environ 100 g d'oignons, les hacher, les faire revenir dans du beurre ou de l'huile pendant 2 à 3 mn, puis les étuver pendant 5 mn en secouant la poêle de temps en temps.

■ Ajouter aux oignons les morceaux de navets, les faire cuire pendant 5 à 6 mn, couvrir le récipient, ne pas oublier de secouer la poêle de temps à autre ; quand c'est cuit, écraser à l'aide d'une fourchette et incorporer 200 g de chair à saucisse ; laisser sur le feu pendant 2 mn en remuant ; verser le tout dans un plat creux, laisser refroidir.

■ Ajouter 1 œuf entier, quelques branches de persil finement hachées, assaisonner, mélanger le tout. Farcir les navets évidés puis les poser côte à côte dans un plat à gratin préalablement beurré ou huilé, ajouter sur chaque navet farci 1 ou 2 noisettes de beurre.

■ Mettre au four, faire cuire à feu moyen pendant 20 mn. Pendant la cuisson, arroser plusieurs fois de sauce. En cours de cuisson, ajouter éventuellement 1 ou 2 c. à soupe de vin blanc chaud ou d'eau bouillante.

OIGNON

Oignon cuit dans la braise
(pour ceux qui possèdent une cheminée ou un poêle)

Mettre quelques beaux oignons (non épluchés) à cuire dans la cendre et la braise ; quand ils sont cuits, enlever l'enveloppe extérieure, les manger chauds en ajoutant un morceau de beurre.

PANAIS

Panais au gratin

Éplucher et laver une quantité à peu près égale de panais et de pommes de terre, les couper en rondelles, les faire cuire à l'eau salée séparément, les égoutter.

■ Mettre dans un plat à gratin beurré ou huilé, en alternant couche de pommes de terre et couche de panais, recouvrir le tout de fromage râpé (comté ou gruyère). Laisser gratiner, servir chaud.

Panais cru en salade

Le panais râpé, cru et assaisonné avec une vinaigrette, fait une excellente entrée, seul ou accompagné d'autres crudités (carotte, chou, betterave, navet ou radis noir râpés).

PISSENLIT

Omelette aux boutons de fleurs de pissenlit

Cueillir des boutons de fleurs de pissenlit non ouverts et avec un bout du pédoncule ; les laver et les égoutter.

■ Dans une poêle, faire fondre du beurre ; quand celui-ci est chaud, y jeter les boutons floraux, les laisser fondre pendant 2 ou 3 mn. Battre les jaunes d'œufs, les verser sur les boutons floraux, laisser cuire normalement. Servir chaud.

■ Les boutons floraux de pissenlit accompagnent ou garnissent certains plats (champignons ou rôti de veau). Il faut les faire mijoter 5 mn avant de servir.

RAIFORT SAUVAGE

Sauce au raifort sauvage
(pour 4 pers.)

Pour accompagner viande rouge, râble de lapin, choucroute et divers autres plats.

■ Faire un roux avec 30 g de beurre et 40 g de farine (environ 5 mn) ; ajouter progressivement 0,5 l d'eau en mélangeant vivement, laisser cuire 20 mn.

■ Verser 1 c. à soupe de raifort râpé et 1 dl de vin blanc sec ; laisser mijoter pendant 5 mn ; saler et poivrer.

Sauce au raifort sauvage

Pour accompagner un pot-au-feu.

■ Utiliser une casserole en terre de préférence ; faire fondre du beurre ou de l'huile dans la casserole, y ajouter le raifort râpé, ajouter la valeur de 2 morceaux de sucre, faire revenir au roux.

■ Ajouter du bouillon du pot-au-feu (environ 1 bol) ; la sauce ne doit être ni trop épaisse ni trop liquide ; faire cuire à feu doux pendant 45 mn ; avant de servir, ajouter un jaune d'œuf, du sel et du poivre, mélanger le tout.

Crème au raifort sauvage

Pour accompagner les poissons, sauce suédoise.

■ 1,5 dl de crème fraîche épaisse, 1/2 c. à soupe de vinaigre de cidre ou de vin, 1/2 c. à café de sucre, 2 c. à soupe de raifort râpé ; battre la crème afin qu'elle devienne lisse, puis mélanger le tout et servir.

Sauce au raifort sauvage

Pour accompagner les viandes, recette suédoise.

■ Faire une sauce Béchamel claire avec du bouillon de viande, y ajouter un peu de crème fraîche et le raifort râpé, puis une noix de beurre ; servir chaud.

Comment conserver pendant plusieurs mois du raifort sauvage râpé ? Râper le raifort et en remplir un verre à moutarde ; couvrir le verre d'huile ; boucher le verre et conserver au frais.

TOPINAMBOUR

Topinambours à la crème fraîche

Laver soigneusement les tubercules, les cuire dans l'eau salée ; quand ils sont cuits, les éplucher, les couper en tranches, les mettre dans une cocotte légèrement beurrée, les couvrir de crème fraîche bouillante ou de béchamel, les laisser mijoter doucement. Servir chaud.

Topinambours sautés

Laver et éplucher les tubercules, les couper en tranches (comme les pommes de terre), les faire sauter à la poêle avec un peu de beurre ou d'huile ; lorsqu'ils sont cuits et dorés, les saupoudrer de persil haché. Servir chaud.

Adresses utiles

Association aveyronnaise pour la conservation des variétés locales, M. Michelin, Golinhac, 12190 Estaing.
Association des amis de Tréffort-Cuisiat, du Revermont et des pays de Bresse, mairie de Tréffort-Cuisiat, 01370 Saint-Étienne-du-Bois.
Association des croqueurs de pomme (Maison des associations), BP 702, 90020 Belfort CEDEX.
Association des croqueurs de pomme et amateurs de fruits de pays de Loire, 3, allée Beau-Rivage, 44200 Nantes.
Association des croqueurs de pomme du terroir du Jarez, Mavius-Blanc, 7 A, rue des Roches, 42800 Rive-de-Gier.
Association des croqueurs de pomme, section de l'Ile-de-France, J.-D. Henin, 24, rue Émile-Zola, 95600 Eaubonne.
Association Écologie et artisanat, La Thomassine, 04100 Manosque.
Association Flor-Apis, 2750, avenue de Vanières, Domaine de Touchy, 34100 Montpellier.
Association Jardins et ressources, 44, avenue Léo-Lagrange, 25000 Besançon.
Association pour la sauvegarde des variétés méritantes menacées Sauve qui pomme, La Mazière, Peyrolles, 30124 L'Estréchure.
Association pour l'inventaire et la conservation des plantes cultivées dans les pays de Loire, Enith, 2, rue Lenôtre, 49000 Angers.
Centre régional de ressources génétiques, 19, rue Jean-Roisin, 59000 Lille.
Comité interprofessionnel national de l'agriculture biologique (CINAB), 24, les Cirollières, 91770 Saint-Vrain.
Conservatoire biologique de Brière et du pays nantais, La Vallée-d'Henrieux, Fégréac, 44460 Saint-Nicolas-de-Redon.
Conservatoire botanique de Nancy, 100, rue du Jardin-Botanique, 54600 Villers-lès-Nancy.
Conservatoire botanique de Porquerolles, 50, avenue Gambetta, 83400 Hyères.
Conservatoire botanique du Stangalarc'h, 29200 Brest.
Maison de la Santé, 3, rue Émile-Level, 75017 Paris : germoir (pour graines).

PRODUITS POUR ENRICHIR LE SOL

A. Grelin, Arbin, 73800 Montmelian : grelinettes et graines.

A.N.I.S., Les Ludes, 86370 Marcay :
fertilisants naturels et organiques, produits de protection des cultures.

Agri-Natur, 59, rue Saint-Lazare, 49100 Angers :
insecticides à base de jus de tabac (Niconat), engrais, amendements.

Agrimer, BP 29, Prat-Menan, 29880 Plouguerneau :
algues marines pour sol et fertilisation foliaire.

Allègre Bernard, les Bachelards, BP 3, 42370 Renaison :
fabricant-distributeur d'insecticides à base de pyréthrines naturelles.

Barbin (Établissements), Pavillon E.I.B., BP Fleurs 475, 94638 Rungis CEDEX :
terreaux, écorces, engrais, amendements organiques, aérobêches.

Bio-Fumeco, SARL, Fumeco-Leze, la Tuilerie, 09130 Artigat :
amendements organiques, terreaux, terres de bruyère.

Biosystèmes France, Parc d'activité des Bellevues, BP 227, 95614 Cergy-Pontoise CEDEX :
systèmes de capture d'insectes.

Biotero, Z.I., rue du Vieux-Sainte-Marie, 76190 Yvetot :
paillettes de lin, composts.

Carrières de Saint-Nabor (Société de), 67530 Ottrott :
poudres de roche siliceuse, composts.

Compagnie française des fumures naturelles, 77400 Thorigny-sur-Marne :
compost végétal.

D.S.A.T. Service, BP 33, 49320 Brissac-Quincé :
actibêches.

Darcy, 10, rue Jules-Ferry, 92300 Levallois-Perret :
engrais et insecticides biologiques.

Devalance René, domaine de Choisel, 51120 Queudes :
distributeur de fertilisants.

Dietorama, BP 4, 69240 Thizy :
insecticide végétal (Phytolinsect), huiles essentielles pour sol et plantes (Stimuphytol).

Ferme de Sainte-Marthe (GEP), BP 10, 41700 Cour-Cheverny :
amendements et engrais organiques, engrais verts, insecticides, essences de plantes, pièges à insectes, livres.

Fertibio, BP 25, 56530 Queven :
fabricant-distributeur d'amendements et de fertilisants marins organiques.

Fertyl 47, usine de la Grappe Dorée, route des Pétroles, 49080 Bouchemaine :
engrais, amendements organo-minéraux.

Future aux Bois, 24, rue Rousseau, 91240 St-Michel-sur-Orge :
poudres d'orties, extraits d'algues et de prêle.

Guigue (Société), 84450 Jonquerettes :
fertilisants.

Magellan, La grande Blanchère, 35240 Retiers :
filets anti-insectes, pièges à insectes, engrais, amendements et produits phytosanitaires, engrais verts, semences.

Michut, Panossas, 38460 Crémieu :
fabriquant d'engrais organiques.

Muller R.C., la Devenière, 53140 Saint-Cyr-en-Pail :
fabricant de composts et de terreaux forestiers, poudres de roche.

Or Brun, le clos du Merceron, 85160 Saint-Jean-de-Monts :
fumiers de ferme et algues marines.

Pépinière Rhône-Alpes, RN 75, 01440 Viriat :
zéolite naturelle, espèces fruitières anciennes.

Phytotech, 16, rue Vézelay, 75008 Paris :
fertilisants naturels et biologiques BIOP'S.

Pistal, 1, rue du Coq-Gaulois, BP 25, 77170 Brie-Comte-Robert :
fabriquant d'insecticides à base de pyrèthre végétal et d'huiles essentielles parfumées.

Profertyl (le Jardinier naturel), rue Léon-Foucault, Z.I. de la Sphère, 14200 Hérouville-Saint-Clair :
fabricant, distributeur en jardineries, magasins bio, libres services agricoles : engrais verts et orga-

niques (lithothamne), composts, terreaux, produits de traitement 100 % naturel, pièges à phéromones, tourteaux de ricin (contre les taupes), fructiplus (contre les insectes grimpants).

Superbiomin, Europ-Labo, BP 24, 67610 La Wantzenau :
poudres de roche.

Victor le Jardinier, BP 115, 14200 Hérouville-Saint-Clair :
engrais verts, composts, traitements naturels, paillettes de lin, nichoirs, abris, livres ... (Vente par correspondance).

GRAINES BIOLOGIQUES

Baumaux, 11, rue des Quatre-Églises, 54000 Nancy :
catalogue très complet, de nombreux légumes et plantes condimentaires rares et oubliés, fleurs, dahlias, plantes asiatiques, gamme de semences biologiques.

Biau-Germe, 47360 Montpezat :
graines en culture bio : potagères, condimentaires, florales, et quelques légumes rares.

Danneyrolles J.-L., “Le potager d'un curieux”, La Molière, Saignon, 84400 Apt :
semences de culture biologique et quelques légumes rares.

G.E.P. (Ferme de Sainte-Marthe), BP 10, 41700 Cour-Cheverny :
grand choix de légumes anciens, non traités après la récolte ou issus de culture biologique.

Germinance, La Couptière, 49150 Bocé :
semences issues de culture biologique.

Léonides, Lourdines, 86120 Curcay/Dive :
semences biodynamiques, potagères, aromatiques, et florales.

GRAINES ET PLANTS

Arche de Noé (L'), route de Montmorency, BP 91, 95332 Domont CEDEX :
plantes condimentaires rares et plantes vivaces rares.

Castros-Gérand (les Doigts verts), BP 23, 33560 Carbon Blanc.

Club “La mémoire verte”, BP 20, 33670 La Sauve :
grand choix de semences (réservées aux adhérents de l'association).

Fabre S.A., 42, rue Mazelle, 57045 Metz Cedex 01.

Gaec Hortiflor (Bureau et fils), 49170 Savennières :
gamme de légumes rares.

GFA, Marionnet François, BP 3 Soings-en-Sologne, 41230 Mur-de-Sologne :
catalogue intéressant, nombreuses variétés de fraisiers.

Graines Gondian S.A., 26401 Crest :
gamme de variétés anciennes en grandes surfaces et jardineries.

Paris-Hollande, 1, rue des Lavandières, Sainte-Opportune, 75001 Paris :
un bon choix et certains légumes rares.

Sanrival, 21, rue du Calvaire, 92210 Saint-Cloud :
un bon choix de légumes, en jardineries et grandes surfaces.

Willemse-France, 59934 Tourcoing CEDEX.

Et tous les distributeurs Clause, Tézier, Truffaut, Vilmorin, etc.

Bibliographie

Aubert, Cl., 1972-1973, *le Jardin potager biologique, comment cultiver son jardin sans engrais chimiques et sans traitements toxiques,* Paris, Le Courrier du livre, 224 pages.

Basteleus, R., *Votre potager naturel,* Paris, Rossel, 176 pages.

Biard, A., 1981, *Mon jardin sans engrais chimique,* Saint-Sylvain-d'Anjou, Agriculture et vie, 168 pages.

Bon jardinier (le), nombreuses éditions (152e), Paris, La Maison rustique, 1 668 pages, en 2 volumes.

Bois, D., 1927-1937, *les Plantes alimentaires chez tous les peuples et à travers les âges* (tome 1 pour les phanérogames légumières), Paris, Lechevalier, 4 volumes.

Boivert, Cl. et Hubert, A., 1977, *Herbes et Épices, petit dictionnaire de sorcellerie culinaire,* Paris, Albin Michel, 208 pages.

Candolle, A., 1883, *l'Origine des plantes cultivées,* Paris, Germer-Baillière, 378 pages (réédition en 1984, Marseille, Jeanne Lafitte).

Cardon, M., 1980, *le Jardin potager,* Paris, Flammarion, 204 pages.

Carlier, L., 1979, *les Secrets du vieux jardinier*, Soissons, Andrillon, 160 pages (8e édition).

Dr Colgan, M., 1986, (traduction de P. Mathieu), *les Vitamines, votre programme personnalisé pour mieux vivre et plus longtemps,* Paris, Solar, 256 pages.

Couplan, F., 1986, *Retrouvez les légumes oubliés,* Paris, La Maison rustique, Flammarion, 216 pages.

Delplace et Dauguet, 1982, *Culture potagère,* Paris, Lamarre-Poinat, 448 pages.

Fromage, M., et Sabourin, L., 1964, *Dans votre jardin, des légumes toute l'année,* Paris, Flammarion, 204 pages.

Hlava, B., et Lanska, D., 1979, *les Plantes saveur qui ensoleillent votre cuisine,* Paris-Bruxelles, Elsevier-Séquoia, 264 pages.

Lhoste, J., 1947, *Ce qu'il faut savoir des maladies des plantes cultivées et de leurs ennemis,* Paris, Paul Lechevalier, 2 vol., 368 et 764 pages.

Lieutaghi, P., 1978, *le Livre des bonnes herbes,* Verviers (Belgique), Marabout, 2 tomes, 220 et 220 pages.

Mansfeld, R., 1962, *Vorlaüfiges verzeichnis Landwirtschaftlich oder gärtnerisch kultivierter Pflanzenarten,* Berlin, Akademie Verlag, 660 pages.

Marchenay, Ph., et Lagarde, M.-F.,1986, *À la recherche des variétés locales de plantes cultivées,* Hyères, Conservatoire botanique de Porquerolles, 212 pages.

Michel, L., 1981, *le Jardin biologique,* Paris, Rustica, 96 pages ; *Le Jardin sur la table*, Actes Sud.

Monsieur Jardinier, *le Potager biologique,* Bordas.

Nicholson, G., 1892-1893, *Dictionnaire pratique d'horticulture et de jardinage,* Paris, Doin, Librairie agricole, Vilmorin-Andrieux, 5 volumes illustrés.

Pailleux, A., et Bois, D., 1899, *le Potager d'un curieux, histoire, culture et usages de 250 plantes comestibles peu connues ou inconnues,* Paris, La Maison rustique, 680 pages (réédition en 1984, Marseille, Jeanne Lafitte).

Renaud, V., 1982, *le Potager au naturel,* Lyon, Camugli, 288 pages.

Rodet, J.-C., 1978, *Vous ne pouvez plus ignorer l'agriculture biologique,* Lyon, Camugli, 168 pages.

Rodet, J.-C., 1982, *Vous ne pouvez plus ignorer les aliments biologiques,* Lyon, Camugli, 152 pages.

Schmid, O., et Henggeler, S., 1982, (traduction de Cl. Aubert), *Ravageurs et maladies au jardin : les solutions biologiques,* Paris, Terre vivante, 224 pages.

Soltner, D., *Planter des haies, brise-vent, bandes boisées ; l'Arbre et la haie ; Petit Guide des arbres et haies champêtres,* Angers, Sciences et techniques agricoles.

Tanaka, T., 1976, *Cyclopedia of Edible Plants of the World,* Tokyo, Keigaku publ. co., 924 pages.

Thorez, J.-P., 1985, *le Petit Guide du jardinage biologique, potager et verger*, Paris, Terre vivante, 288 pages.

Tronickova, E., 1986, (traduction de B. Faure), *Plantes potagères,* Paris, Gründ, 224 pages.

Dr Valnet, J., 1972, *Aromathérapie, traitement des maladies par les essences des plantes,* Paris, Maloine, 412 pages (5e édition).

Dr Valnet, J., 1972, *Traitement des maladies par les légumes, les fruits et les céréales,* Paris, Maloine, 408 pages (5e édition).

Vilmorin-Andrieux, 1891, *les Plantes potagères, description et culture des principaux légumes des climats tempérés,* Paris, Vilmorin-Andrieux, 732 pages (2e édition).

Vincent, P., 1985, *Docteur légume,* Paris, France-Empire, 264 pages.

REVUES ET PÉRIODIQUES

Agriculture et Vie (organe de diffusion de la méthode agrobiologique Lemaire-Boucher), Les Loges, 49480 Saint-Sylvain-d'Anjou.

Bulletin de l'Association pour l'inventaire et la conservation des plantes cultivées, AICPC, Enith, 49000 Angers.

Bulletin de la société des croqueurs de pomme, BP 7, place d'Armes, 90016 Belfort CEDEX.

Du sol à la table, 8, place de la République, 49320 Brissac-Quincé.

Jardins de France (revue de la Société nationale d'horticulture de France), 84, rue de Grenelle, 75007 Paris.

Le Jardin du cheminot (revue de l'Association nationale de jardins familiaux du personnel de la SNCF), 23, rue Yves-Toudic, 75481 Paris CEDEX 10.

Lettre aux amis des champs et des jardins (bulletin de l'Union des cercles d'agriculture biodynamique), 4, rue de la Grande-Chaumière, 75009 Paris.

Nature et Progrès (bulletin de l'association du même nom), BP 6, 69921 Oullins CEDEX.

L'Œil ouvert (revue de consommateurs de l'agrobiologie), 9, rue Cels, 75014 Paris.

Pour nos jardins (revue de la Société d'horticulture et des jardins populaires de France), 95 à 107, boulevard Saly, 59308 Valenciennes CEDEX.

Les Quatre Saisons du jardinage (revue de jardinage biologique), 6, rue Saulnier, 75009 Paris.

Rustica, 67, rue Blomet, 75015 Paris.

Vivre en harmonie (revue fondée par Raymond Dextreit), 5, rue E.-Level, 75007 Paris.

Index et tableau des semis

Ce tableau vous permet de planifier les semis de légumes tout au long de l'année, selon la méthode approprié (○ : en place ou en pépinière ; + : sur couche chaude ; ⊕ en place ou sur couche chaude). De plus, il fait fonction d'index en renvoyant aux pages où sont traitées chacune des plantes.

L'astérisque qui accompagne certains noms indique que le légume peut être multiplié par division de touffes ou bouturage.

PLANTES	MOIS												PAGE
	1	2	3	4	5	6	7	8	9	10	11	12	
Absinthe commune*			○	○									79
Ail ordinaire		○	○							○	○		80
Ail rocambole		○	○							○	○		83
Alkékenge jaune doux			+	+									84
Amarante				○	○								85
Aneth				○	○								87
Angélique officinale			○	○			○	○	○				89
Anis vert				○	○								90
Ansérine bon-henri*			○	○	○			○	○	○			92
Arroche			○	○	○	○	○						93
Artichaut*		⊕	⊕	○									95
Asperge			○	○	○								98
Aubergine		+	+										101
Balsamite*			○	○					○	○	○		104
Basilic			+	+									105
Bette (voir poirée)				○	○								276
Betterave potagère			+	○	○								107
Bourrache officinale			○	○	○								109
Calebasse			+	+	+○								111
Capucine tubéreuse				⊕	⊕								113
Cardon				⊕○	○								114
Carotte		+	⊕○		○	○							116
Carvi					○	○	○	○					120
Céleri à côtes		+	+	+○	○								121
Céleri-rave		+	+	+○	○								122
Cerfeuil		○	○	○	○	○	○	○					125
Cerfeuil musqué*			○	○					○	○			126
Cerfeuil tubéreux		○	○								○		128
Chervis*			○	○					○	○	○		130
Chenillette			○	○	○								131
Chicorées					○	○	○	○					133
Chou brocoli branchu				○	○	○							137
Chou de Bruxelles			○	○	○								139
Chou de Chine							○	○					141
Chou-fleur		+	+		○	○		○					143
Chou frisé				○	○	○							145

PLANTES	**MOIS**												**PAGE**
	1	2	3	4	5	6	7	8	9	10	11	12	
Chou navet				○	○								146
Chou pommé		○	○	○	○	○		○					148
Chou-rave			○	○	○	○							152
Ciboule de Chine*			⊕	⊕						○	○		154
Ciboule commune*			○	○						○	○		155
Ciboule de Saint-Jacques*							○	○					157
Ciboulette*			○	○						○			158
Claytone de Cuba				○	○	○	○						159
Concombre et cornichon			+	+	○								160
Concombre des Antilles				+									163
Coriandre				○	○				○				165
Courges				+	○								166
Crambe*			○	○	○								174
Cresson alénois			○	○	○	○	○	○	○				176
Cresson des jardins			○	○	○	○	○	○					178
Crosne du Japon			○	○									179
Échalote		○	○							○	○	○	181
Énothère bisannuelle			+	○					○	○			183
Épinard			○	○					○	○			184
Estragon*				○	○			○					186
Fenouil bulbeux			○	○				○					188
Fenouil doux			⊕	○	○								190
Fève		○	○										191
Ficoïde glaciale		+	+		○	○							193
Fraisier*							○	○	○	○		○	195
Gesse commune			○	○									199
Haricot commun					○	○	○						200
Haricot d'Espagne					○	○							204
Hélianti		○	○	○									206
Hysope*		+	+	○	○				○	○			207
Igname de Chine*				○			○						209
Laitue		+	+○	○	○			○	○				211
Lavande officinale*			○	○	○			○	○	○			215
Lentille			○	○									217
Limaçon				○	○								218
Livèche*			○	○	○			○					220
Macéron			○	○						○	○		221
Mâche							○	○	○				223
Maïs sucré et éclaté				○	○	○							225
Margose à piquants		+	+										228
Marjolaine à coquille			+⊕	○	○								230
Martynia de Louisiane				+									231
Mélisse officinale*			○	○	○					○			233
Melon				+									234
Menthe*			○	○				○	○	○	○		238
Moutarde de Chine								○					240
Navet			○	○	○		○	○					241
Oca du Pérou			+	+○	○								244

PLANTES	MOIS												PAGE
	1	2	3	4	5	6	7	8	9	10	11	12	
Oignon		○	○	○				○	○				246
Oignon de Catawissa		○	○							○	○		249
Oignon patate		○	○										250
Origan*			○	○					○	○	○		251
Oseille commune*			○	○	○								253
Panais			○	○	○								255
Pastèque				+									257
Patate douce			+										258
Patience*			○	○	○								260
Persil			○	○	○	○	○	○					262
Persil à grosse racine			○	○									264
Piment		+	+										266
Pimprenelle grande				○	○				○				268
Pimprenelle petite				○	○				○				269
Pissenlit*			○	○	○	○							270
Poire-melon*	+	+											272
Poireau		+○	○	○	○			○					274
Poirée				○	○								276
Pois		○	○	○	○								278
Pois-asperge				○	○								281
Pois chiche		○	○	○	○					○	○		282
Pomme de terre			○	○	○								284
Pourpier					○	○	○						290
Radis	+	+	○	○	○	○	○	○	○				291
Raifort sauvage*			○	○					○	○			294
Raiponce cultivée					○	○					○		295
Rhubarbe*		+	+	○	○			○	○				297
Romarin*			○	○	○	○	○	○					299
Roquette			○	○	○	○	○	○					301
Rue officinale*			○	○	○								302
Salsifis			○	○	○								304
Sarriette commune					○								305
Sarriette vivace*			○	○	○				○	○			307
Sauge officinale*			○	○					○				308
Sauge sclarée*			○	○									310
Scolyme d'Espagne					○	○							311
Scorsonère			○	○									313
Souchet comestible			○	○									314
Tétragone cornue			○	○	○								316
Thym commun*			+		○	○	○		○				317
Tomate		+	+										319
Tomate en arbre		+	+										323
Topinambour			○	○									324

Table des matières

Vous trouverez, dans les pages suivantes, le portrait de la plupart des végétaux présentés dans ce livre. Certains sont très connus, d'autres le sont moins. Pour les premiers, nous nous sommes efforcés de « dénicher » les variétés les plus curieuses ou les plus rares. Dans tous les cas, vous trouverez les caractéristiques des plantes ainsi que leur mode de culture dans le corps de l'ouvrage. L'index figurant pages 346 à 348 vous permettra de vous y reporter facilement. Signalons enfin que toutes les photos ont été réalisées dans le jardin de l'auteur, Victor Renaud, sur les légumes et les plantes officinales qu'il a lui-même cultivées.

Crédits photographiques : Christian Hochet/Rustica et Victor Renaud.
Dessins : Marie-Claude Eyraud.
Mise à la couleur : Magali Eyraud-Bailliot.

Maquette de couverture : Jean-Noël Zawalski/Rustica.
Photos de couverture : J.-C. Mayer/G. Le Scanff (photo principale) et A. Roullier.

Maquette : Inéluctable, Paris.
Réalisation et mise en pages : Nord Compo, Villeneuve-d'Ascq.

Achevé d'imprimer en janvier 1995
sur les presses de l'Imprimerie Jean-Lamour, 54320 Maxéville

Absinthe

Ail

Ail rocambole

Alkékenge

Amarante bicolore

Angélique

Anis vert

Ansérine bon-henri

Arroche verte

Artichaut 'Vert de Laon'

Asperge

Aubergine blanche

Balsamite

Basilic frisé

Basilic 'Grand violet'

Basilic 'Monstrueux mammouth'

Basilic à petites feuilles

Betterave jaune

Betterave 'Rouge globe'

Betterave blanche

Bourrache officinale

Capucine tubéreuse

Cardon

Carotte 'De Chantenay'

Carotte 'Nantaise'

Carvi

Céleri à côtes

Céleri-rave

Cerfeuil

Cerfeuil musqué

Cerfeuil tubéreux

Chervis

Chenillette

Chicorée frisée

Chicorée scarole 'Verte à cœur plein'

Chicorée 'Rouge de Vérone'

Chou brocoli Calabrais

Chou de Bruxelles

Chou cabus

Chou de Chine ('Pe-tsaï')

Chou de Milan

Chou-fleur 'Violet de Sicile'

Chou frisé 'Grand du Nord'

Chou-navet

Chou-rave

Ciboule de Chine

Ciboule commune

Ciboulette

Claytone de Cuba

Cornichon 'Vert de Massy'

Concombre des Antilles

Coriandre

Crambe

Cresson alénois

Cresson de terre

Crosne du Japon

COURGES ET POTIRONS

Courge 'Brodée galeuse d'Eysines'

Courge-potiron d'Alençon

Courge-potiron doux d'Hokkaïdo

Courge olive

Courge 'De Hubbard bleue'

Courge 'Marina di Chioggia'

Courge 'De Hubbard dorée'

Courge 'À trompe d'Albanga'

Courge musquée 'Pleine de Naples'

Courge musquée 'De Provence'

Courge 'Cou tors d'été'

Courge 'Sweet dumpling'

Courge de Siam

Échalote longue

Échalote ronde

Énothère bisannuelle

Épinard

Estragon

Fenouil bulbeux

Fenouil doux

Fève

Ficoïde glaciale

Fraise ‘Alpine blanche’

Gesse commune

Haricot d'Espagne

Haricot nain 'Saint-Esprit rouge'

Hélianti

Hysope

Igname de Chine

Lentille

Laitue 'Frisée à couper d'Amérique'

Limaçon

Livèche

Macéron

Mâche 'De Hollande à grosse graine'

Maïs éclaté 'Pop-corn bleu'

Maïs éclaté 'Pop-corn fraise'

Margose à piquants

Martynia de Louisiane

Mélisse officinale

Melon 'Petit gris de Rennes'

Moutarde de Chine 'À feuilles de chou rouges'

Menthe bergamote

Menthe panachée

Navet 'Demi-long de Croissy'

Navet 'Jaune boule d'or'

Navet 'Rouge plat hâtif à feuille entière'

Oca du Pérou blanc

Oignon de Catawissa

Oignon 'Jaune paille des vertus'

Oignon patate

Oseille 'Vierge à feuilles rouges'

Origan

Panais

Pastèque à confiture 'À graine rouge'

Patate douce

Patience

Persil commun

Persil frisé

Persil à grosse racine

Piment fort

Pimprenelle grande

Pimprenelle petite

Pissenlit

Poire-melon

Poireau 'Bleu de Solaize'

Poirée à carde blanche

Pois à grains ridés à rames

Pois-asperge

Pois chiche

Pomme de terre 'Early rose'

Pomme de terre 'Institut de Beauvais'

Pomme de terre 'Négresse'

Pourpier vert

Radis de tous les mois 'Rond écarlate'

Radis 'Noir gros rond d'hiver'

Radis 'Rose d'hiver de Chine'

Raifort sauvage

Raiponce cultivée

Rhubarbe

Romarin

Roquette

Rue officinale

Salsifis

Sarriette commune

Sarriette vivace

Sauge officinale panachée

Sauge sclarée

Scolyme d'Espagne

Scorsonère

Souchet comestible

Tétragone cornue

Thym

Tomate 'Beauté blanche'

Tomate 'Délice des jardiniers'

Tomate 'Prune jaune'

Tomate 'Des Andes'

Tomate 'Négib'

Topinambour 'Violet de Rennes'

Salsifis

Sarriette commune

Sarriette vivace

Sauge officinale panachée

Sauge sclarée

Scolyme d'Espagne

Scorsonère

Souchet comestible

Tétragone cornue

Thym

Tomate 'Beauté blanche'

Tomate 'Délice des jardiniers'

Tomate 'Prune jaune'

Tomate 'Des Andes'

Tomate 'Négib'

Topinambour 'Violet de Rennes'